OCÉANIE

OU

CINQUIÈME PARTIE DU MONDE.

REVUE GÉOGRAPHIQUE ET ETHNOGRAPHIQUE
DE LA MALAISIE, DE LA MICRONÉSIE, DE LA POLYNÉSIE ET DE LA MÉLANÉSIE;

OFFRANT LES RÉSULTATS DES VOYAGES ET DES DÉCOUVERTES DE L'AUTEUR
ET DE SES DEVANCIERS, AINSI QUE SES NOUVELLES CLASSIFICATIONS ET DIVISIONS
DE CES CONTRÉES,

PAR

M. G. L. DOMENY DE RIENZI,

VOYAGEUR EN OCÉANIE, EN ORIENT, ETC., ETC., MEMBRE DE
PLUSIEURS ACADÉMIES DE FRANCE ET D'ITALIE, DE LA SOCIÉTÉ DE GÉOGRAPHIE,
DES SOCIÉTÉS ASIATIQUES DE PARIS ET DE BOMBAY (INDE), ETC., ETC.

« Cherchez la science et la vérité, dussiez-vous ne les trouver
« qu'à l'extrémité du monde. »
MOHAMMED.

TOME PREMIER.

PARIS,
FIRMIN DIDOT FRÈRES, ÉDITEURS,
IMPRIMEURS-LIBRAIRES DE L'INSTITUT DE FRANCE,
RUE JACOB, N° 24.

M DCCC XXXVI.

L'UNIVERS.

HISTOIRE ET DESCRIPTION
DE TOUS LES PEUPLES.

OCÉANIE,

Par M. G. L. D. DE RIENZI.

MEMBRE DE PLUSIEURS ACADÉMIES, ETC.

TYPOGRAPHIE DE FIRMIN DIDOT FRÈRES,
RUE JACOB, N° 24.

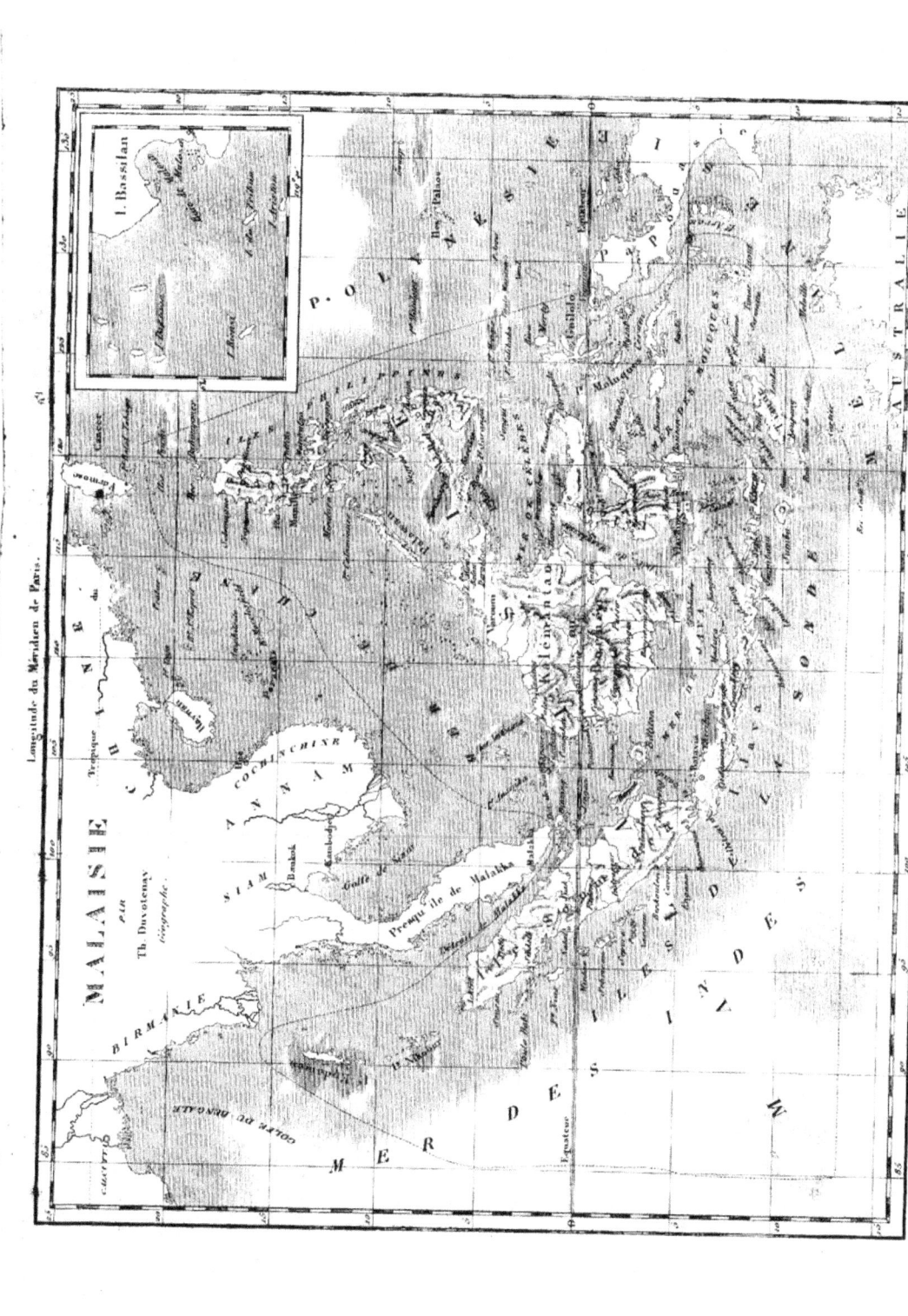

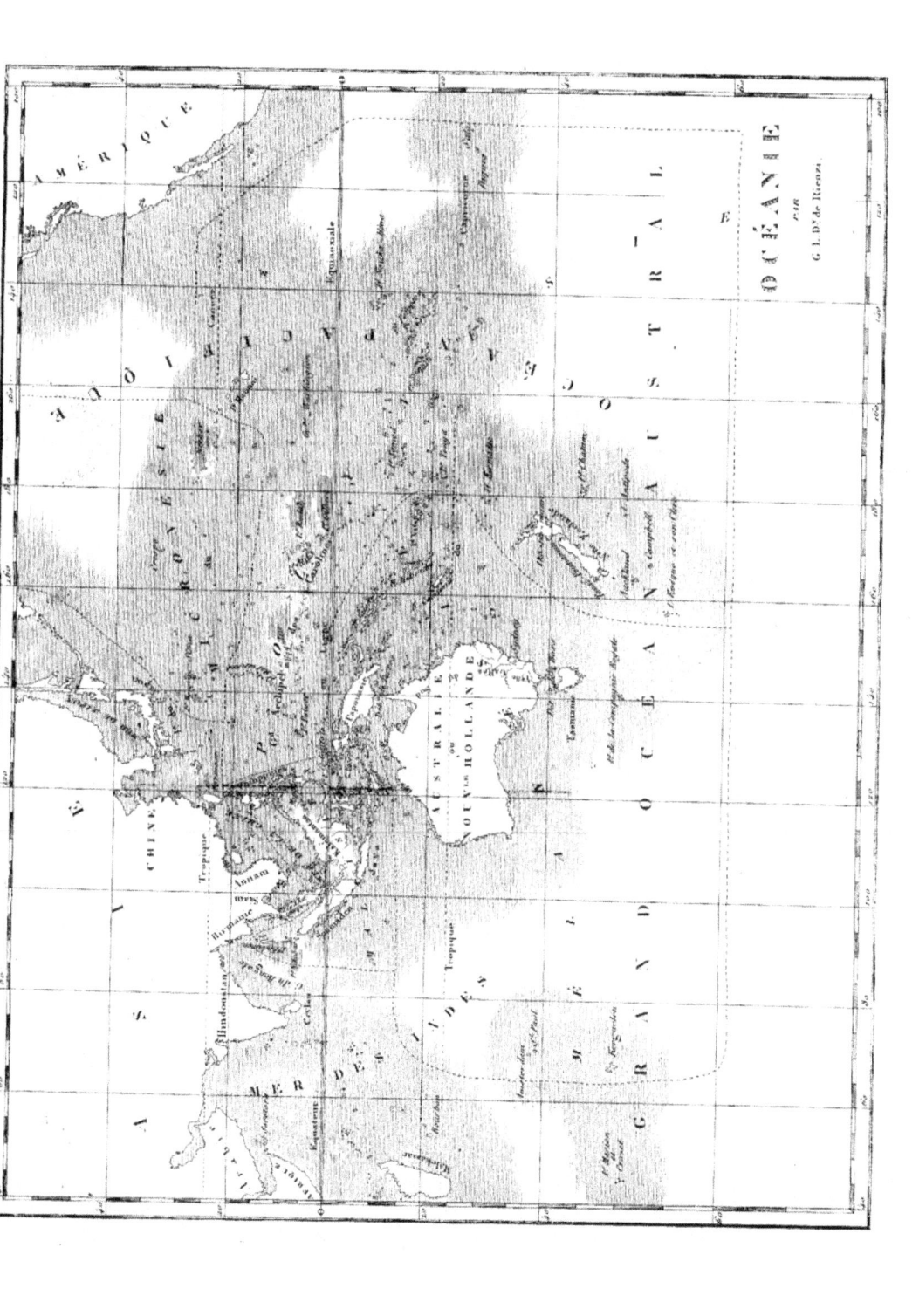

L'UNIVERS,

OU

HISTOIRE ET DESCRIPTION
DE TOUS LES PEUPLES,
DE LEURS RELIGIONS, MOEURS, COUTUMES, ETC.

OCÉANIE
OU
CINQUIÈME PARTIE DU MONDE.
PAR M. L.-D. DE RIENZI,
VOYAGEUR EN OCÉANIE, MEMBRE DE PLUSIEURS ACADÉMIES DE FRANCE, D'ITALIE ET DES INDES, ETC., ETC.

AVANT-PROPOS INDISPENSABLE.

MES savants collaborateurs de *l'Univers pittoresque* ont eu l'immense avantage de décrire des peuples qui possèdent une histoire plus ou moins étendue. Il n'existe pas encore un livre spécial et complet sur l'Océanie. Parmi les nombreuses nations civilisées ou barbares et les tribus sauvages dont je dois parler, il en est peu qui aient des annales écrites, et encore sont-elles tronquées ou mêlées de fables, ou bien elles ne remontent qu'à une époque peu éloignée. L'isolement où la plupart de ces contrées se trouvent, et l'absence presque générale de toute littérature, en sont la principale cause : néanmoins Haouaï, Taïti, Tonga, et Java surtout, nous offriront une moisson historique aussi neuve qu'abondante. Notre ouvrage sera à la fois un résumé des meilleurs voyages connus, et souvent des divers voyages anciens et récents, presque tous inédits, de l'auteur lui-même; un recueil des traditions les plus authentiques; en un mot, la *Revue pittoresque*, *ethnographique* et quelquefois *encyclopédique* (*) de l'Océanie. Nous pouvons le dire sans crainte, cette revue, après avoir été long-temps méditée, a été faite consciencieusement. Elle contiendra : 1° sous le titre de Tableau général, les généralités les plus importantes de l'Océanie; 2° la description et l'histoire de la Malaisie ou grand archipel indien; 3° *id*. de la Micronésie; 4° *id*. de la Polynésie;

(*) Nous avons fait tous nos efforts pour que la Malaisie surtout, qui est la division la plus grande, la plus peuplée, la plus riche, la plus importante de l'Océanie, et que nous avons parcourue presque dans tous les sens, fût aussi complète dans toutes ses parties que l'état des connaissances de nos prédécesseurs et des nôtres a permis de le faire dans notre ouvrage, qui contient la matière de 6 vol. in-8° ordinaires.

1ʳᵉ *Livraison.* (OCÉANIE.)

5° *id.* de la Mélanésie. Plusieurs des dessins qui accompagnent le texte sont inédits, et ont été exécutés par l'auteur, sur les lieux ; les autres sont empruntés aux ouvrages les plus estimés ; douze morceaux de musique, dont huit inédits, un tableau idiomographique de vingt et une langues de ces contrées, deux inscriptions importantes, enfin une nouvelle carte générale et trois nouvelles cartes particulières de l'Océanie, complèteront les descriptions. Le secours indispensable des gravures dans un ouvrage d'un genre neuf, aidera merveilleusement à l'intelligence de notre revue, qui en contiendra environ deux cents.

Avant d'entrer en matière, nous devons avertir nos lecteurs que nous avons fait tous nos efforts pour rendre exactement l'orthographe et la prononciation si importante des mots étrangers par l'orthographe française, de manière qu'un Français, ou un étranger qui connaît notre langue, se fît comprendre des indigènes, en prononçant les mots tels que nous les avons orthographiés. Ainsi j'ai écrit *matrado* et non *mont-tradak*, *manila* au lieu de *manille*, *djokjokarta* pour *joyacarte*, *véguiou* et non *waigiou*, *haouai* et non *owhyée*, *kangarou* et non *kanguroo*, *brahman* et non *brame*. J'ai respecté surtout l'orthographe des noms propres. On lira dans cet ouvrage *Magalhaës* au lieu de *Magellan*, *Chongui* à la place de *Shongee*. L'*u*, qui dans presque tous les idiomes de l'Orient, sauf le chinois, a le son de *ou*, a été remplacé par *ou* dans tous les mots autres que le français et le chinois. J'ai donc écrit *coumana* au lieu de *cumana*, *soumadra* et non *sumatra*. Quand un mot étranger se trouvait au pluriel, je lui ai donné l'*s* comme dans la langue française. Ainsi, je dis la langue *malayoue* et les mots *malayous*. Ajoutons que les poids, mesures et monnaies étrangères sont presque toujours convertis en poids, mesures et monnaies de France ; que toutes les longitudes sont tracées à partir de l'observatoire du méridien de Paris ; enfin, que le (?) désigne les faits, les positions, les lieux, et les chiffres qui sont encore douteux.

Après avoir achevé le tableau général de l'Océanie, et la description de la Malaisie, je regrettai, et on regrettera sans doute avec moi, que M. le capitaine d'Urville n'ait pu accepter la proposition écrite que M. A. Firmin Didot et moi lui avions faite le 10 août 1834, de vouloir bien se charger pour l'*Univers pittoresque* de la Polynésie, de l'Australie et de la Mélanésie dont je n'ai vu que quelques terres, mais dont ses travaux et son bel ouvrage nous ont si bien fait connaître une grande partie ; du moins, il a eu l'obligeance de m'aider de ses avis pour tous les lieux qu'il a visités ou reconnus et que je n'ai pu visiter moi-même. Quant aux îles que ni lui ni moi n'avons vues, j'ai consulté les meilleurs documents ; j'ai puisé aux meilleures sources ; et j'ai toujours eu soin de les indiquer et de parler de leurs auteurs avec un sentiment de justice et même de bienveillance, malheureusement peu commun aujourd'hui. Si mon naufrage, mes pertes et mes malheurs m'ont ravi le souvenir des noms, des dates et de quelques lieux, je n'ai perdu ni la mémoire des faits, ni la mémoire du cœur.

Il est impossible de décrire avec une parfaite exactitude tant de pays curieux, tant de peuples de races diverses, si on ne les a vus et étudiés soi-même, et si on n'a assisté aux scènes extraordinaires que la nature et l'homme semblent à l'envi déployer aux regards du voyageur. J'ose croire que mes cinq voyages, entrepris par l'amour de la science dans diverses parties de l'Océanie (sans autre soutien que mon zèle et mon courage), m'ont mis à même d'ajouter un assez bon nombre de faits nouveaux aux faits publiés par mes illustres prédécesseurs. Le suffrage d'un ami zélé de la vérité, et d'un sévère ennemi de la flatterie, le suffrage enfin de M. D. d'Urville pour m'encourager dans cette entreprise, m'est tellement précieux, que je ne puis me dispenser de le citer, ne fût-ce que comme une noble récompense de mes longs et pénibles travaux, et pour inspirer plus de confiance aux nombreux lecteurs d'un ouvrage aussi neuf que difficile.

Réponse de M. J. Dumont d'Urville à M. G. L.-D. de Rienzi, voyageur, membre de plusieurs académies, etc., etc., au sujet de la proposition énoncée plus haut.

Paris, 20 août 1834.

Monsieur,

Je n'ai pu qu'être flatté de l'offre que vous m'avez faite de la part de M. Firmin Didot, et en votre propre nom. C'est avec joie que j'aurais concouru à cette importante publication; mais des occupations multipliées, et le temps que je suis obligé de consacrer à des engagements antérieurs, m'empêchent de céder à votre proposition. Du reste, d'après les nombreux entretiens que j'ai eus avec vous sur vos voyages dans l'Océanie, et ce que je connais à votre sujet, je suis parfaitement convaincu que vous traiterez vous-même très-pertinemment, et surtout dans un véritable esprit de vérité et de philosophie, les diverses divisions de cette grande partie du globe, et que vous pouvez faire connaître à vos lecteurs plusieurs faits nouveaux.

Quant à certaines parties des îles Carolines occidentales, de la Papouasie, etc., que vous avez vues, et où aucun Français n'a eu l'occasion d'aborder; surtout, quant aux îles de la *Malaisie* que vous avez parcourues en divers sens, et dont vous avez visité plusieurs points presque inconnus, nul n'est sans doute en état de les décrire aussi exactement que vous.

Vous pouvez vous autoriser de cette lettre en tout ce qui vous sera agréable.

J'ai l'honneur d'être, Monsieur, avec une parfaite considération et un véritable attachement,

Votre dévoué,

J. D. D'URVILLE.

TABLEAU GÉNÉRAL.

APERÇU GÉNÉRAL DE L'OCÉANIE.

L'Océanie, ou cinquième partie du monde, plus étendue à elle seule que le reste de notre globe, en est la moins connue, et pourtant la plus curieuse et la plus variée. C'est la terre des prodiges; elle renferme les races d'hommes les plus opposées, les plus étonnantes merveilles de la nature, et les monuments les plus admirables de l'art. On y voit le pygmée à côté du géant et le blanc à côté du noir; près d'une tribu patriarcale, une peuplade d'anthropophages; non loin de hordes sauvages les plus abruties, des nations civilisées avant nous: les tremblements de terre et les aérolithes bouleversent les campagnes, et les volcans foudroient des villages entiers. Sur son continent austral, les animaux les plus bizarres, et dans l'île la plus grande, à la fois, de ses archipels et du globe, l'orang-houtan, bimane anthropomorphe, présentent aux philosophes un profond sujet de méditation. Une de ses îles s'enorgueillit de la majesté de ses temples et de ses palais antiques, supérieurs aux monuments de la Perse et du Mexique, et comparables aux chefs-d'œuvre de l'Inde et de l'Égypte; d'autres étalent des pagodes, des mosquées et des tombeaux modernes, rivalisant d'élégance et de grâce avec ce que l'Orient et la Chine nous offrent de plus parfait en ce genre.

Embarquez-vous à Lima, vos yeux errant sur l'abîme ne verront que le ciel et la mer, jusqu'à six cents lieues des côtes du Pérou; mais bientôt paraissent de nombreux attolons, ou groupes de petites îles riantes (*), probablement surgies depuis peu de siècles, et s'élevant à peine au-dessus des ondes; d'autres, plus anciennes, perçant les nuages de leur tête granitique. Ici des ruisseaux, bondissant de collines en collines, se perdent sur

(*) Les îles de la Polynésie.

une côte basse, couverte de mangliers et de palétuviers; là, le noir basalte s'élève hardiment en colonnes prismatiques, que les vagues mugissantes inondent de leur blanche écume. Tantôt un volcan furieux menace de réduire en poudre la contrée que sa lave a produite et fertilisée; tantôt des bosquets égayés par le ramage des plus jolis oiseaux, embellis par le succulent bananier, le jasmin et le gardénia suaves, et l'évi aux pommes d'or, embaument l'atmosphère, rafraîchie par les brises des montagnes. Les mers de ces rivages nourrissent d'excellents poissons, et renferment en leur sein des palais de coraux et de madrépores, et des coquillages de la plus grande beauté. Quelques-uns de ces petits paradis insulaires étendent leurs plages en forme d'un arc ou d'une harpe; de frêles polypes (*) construisent lentement les récifs qui les entourent comme un mur, et entre ces récifs, effroi de nos grands navires, se jouent les pirogues volantes des Polynésiens. En échange de leur ignorance, la nature généreuse a doté ces peuples fortunés d'une terre féconde et d'un printemps éternel; elle se plaît à nourrir, sans les condamner au travail, ces enfants aimables et insouciants, qui, dans leur penchant à la volupté, violent innocemment les lois de la pudeur (**).

Continuez votre navigation à travers cet immense labyrinthe, vous rencontrerez, vers le milieu de votre course, un cinquième continent (***),

(*) Le polypier est la demeure des polypes réunis, où ils forment des récifs et des îles madréporiques. Ces architectes neptuniens travaillent peut-être à élever un continent polynésien, en soudant, pour ainsi dire, ces îles rapprochées les unes des autres, dont ils comblent les intervalles.

(**) Dans un grand nombre d'îles de la Polynésie, et principalement à Nouka-Hiva, Taïti, Péliou, Haouaï, etc., sans les institutions despotiques qui oppriment la plupart de ces îles, ces peuples seraient sans contredit les plus fortunés du monde.

(***) L'Australie ou Nouvelle-Hollande.

presque aussi grand que l'Europe, et qui présente l'image d'un monde renversé. Là, d'autres astres, d'autres êtres, d'autres climats; on y salue le soleil levant, quand la nuit nous couvre de ses ténèbres; on y jouit de l'été, pendant que l'hiver nous attriste; l'automne paraît lorsque nous avons le printemps; le baromètre descend à l'approche du beau temps, et s'élève pour annoncer l'orage: quelquefois en décembre les forêts prennent feu; quelquefois le vent du nord-ouest, semblable au Kamsin d'Égypte, brûle la terre, la réduit en poudre, et agrandit les vastes solitudes australiennes. Vous admirerez un volcan sans cratère et sans lave, qui lance continuellement des flammes; des végétaux gigantesques, dont quelques-uns croissent dans l'Océan, et d'autres dans le sable pur; des cerises qui grossissent avec le noyau à l'extérieur; des poires ayant la queue à la partie la plus large du fruit; des oiseaux singuliers, tels que l'aigle et le rouge-gorge blancs, le cygne et le kakatoua noirs, le casoar qui marche et ne peut voler; des crabes bleus, des homards sans pattes, et des chiens qui n'aboient pas; le kangarou, composé étrange du chat, du rat, du singe, de l'opossum et de l'écureuil; l'échidné épineux, mammifère sans mamelles, qui paraît être ovipare; et l'ornithorynque, qui tient à la fois des phoques et des quadrupèdes, de l'oiseau et du reptile, créature fantastique que Dieu a jetée sur le globe, pour renverser par sa présence tous les systèmes des naturalistes et confondre l'orgueil des savants (voy. pl. 3).

Passez le détroit dangereux de Torrès, voguez vers l'ouest: de petites îles, riches du produit de leur sol, et jouissant du plus beau climat, vont déployer leurs beautés devant vous. Plus loin sont de grandes terres magnifiquement pittoresques (*), les plus riches du globe, depuis long-temps fréquentées par les vaisseaux mar-

(*) Les îles formant la Malaisie ou Archipel des Indes orientales.

chands de l'Europe. Mais malgré tant de variétés, vous retrouverez dans toute l'Océanie une physionomie particulière, que la nature a profondément imprimée à cette immense partie du monde.

Supposons réunis les hommes de ces diverses contrées sur un point central, à Sidney (*), par exemple : le Malaisien vous offrira ses épices précieuses, le camphre, le benjoin et l'ambre gris, le sagou réparateur et l'excitant bétel, l'or, les perles et les diamants. Le Mélanésien présentera le bois de fer, l'ébène, la chair délicieuse du wombat et le solitaire menura, admirable oiseau dont la queue prend la forme d'une lyre ; et ces ravissants oiseaux de paradis qui ornent la tête des noirs Papouas et des belles Européennes. Le Polynésien vous apportera le fruit de l'arbre à pain, l'enivrante boisson du kawa, le bois odoriférant de sandal, le redoutable casse-tête, et vous prêtera ses filles bien faites et jolies, quoique jaunes.

Le Bouguis, l'aîné de leur civilisation, brave marin et adroit commerçant, le Bouguis, roi des mers océaniennes, donnera au Malai, au Tagale, au Javan, au Dayak et au Papou, le kriss fatal (**), l'opium, le sel, l'arak, les toiles et les étoffes de coton, en échange du rotan, du bambou, du curcuma, du gingembre et de la plus fine écaille ; il troquera, pour les ustensiles de fer et de cuivre, pour la soie ouvrée, la porcelaine et le thé de l'industrieux et rusé Chinois, ces fameux nids d'oiseaux, ces nerfs de cerf, ces nageoires de requin, et ces tripans (***) qui ornent la table des sybarites du céleste empire (****). L'Australien, stupide et nu, ne prendra aucune part à ce grand concours ; et l'Européen, qui règne déjà sur une partie de ces peuples, viendra au milieu d'eux les instruire ou les commander, les juger ou les combattre, méditer ou s'enrichir.

ÉTAT DES CONNAISSANCES DES ANCIENS.

Les anciens plaçaient toute la terre habitable dans un quadrilatère au nord de l'équateur. Manilius, Pomponius-Méla et plusieurs autres géographes admettaient pourtant l'existence d'un grand continent austral habité par les peuples dits *Antichthones*. On croyait généralement que l'ancien monde avait, de l'est à l'ouest, une longueur double de sa largeur du nord au sud. En se servant de l'ouvrage de Marin de Tyr, ouvrage perdu, qu'il corrigea pour former ses tables, Ptolémée rectifia, au IIe siècle de l'ère chrétienne, les idées et les travaux de ses prédécesseurs. Il les surpassa, et ne fut pas surpassé.

D'après ces tables fameuses, les connaissances géographiques des anciens s'étendaient, en Europe, au 60e degré de latitude nord ; en Afrique, aux îles Fortunées (Canaries), et à la côte occidentale, jusqu'au cap Joby ; au midi de l'Afrique, jusqu'au cap Prasum (cap Brava), par le 10e degré de latitude méridionale ; dans l'Asie occidentale, au pays de Kirguis ou des Alains-Scythes ; dans l'Asie orientale, à cette chaîne de monts situés à l'orient de Lassa, qui sépare le Tibet de la Chine.

Cattigara, ou Chétigera, un peu au sud de Thinae (Tanasérim), dans le pays de Sinæ (Siam), est le dernier point à l'orient, connu par le célèbre géographe d'Alexandrie.

Quelque temps après, on parcourut la côte de la presqu'île de Malakka et du golfe de Camboge, jusqu'à la pointe de ce nom (*notium promontorium*). Ces découvertes furent insérées dans les tables de Ptolémée.

On connut vraisemblablement, dans l'Océanie, l'île, ou partie de l'île de *Jaba-Diu* (l'île de l'Orge), qui s'y trouve placée au sud de la Chersonèse

(*) Capitale de l'Australie.

(**) Arme droite ou en zig-zag, quelquefois empoisonnée.

(***) Holothurie, genre singulier de zoophytes mous, de forme cylindrique, et qui paraissent hermaphrodites.

(****) C'est ainsi que les Chinois nomment leur pays.

d'Or (presqu'île de Malakka), et qui semble rappeler l'île de Java, terme des connaissances des anciens dans cette partie du monde. On doit naturellement supposer qu'ils ont également connu les îles intermédiaires d'Andamen et de Nicobar, celles du détroit de Malakka et la grande île de Soumâdra.

Les Arabes, après avoir conquis une grande partie de l'ancien monde, s'adonnèrent à la culture des sciences et des lettres, et entreprirent alors des expéditions plus utiles. Tout semble indiquer que, dès les temps les plus reculés, ce peuple se livra à la marine et au commerce, et qu'il fréquentait les différents marchés de l'Orient. Ceylan (l'ancienne Taprobane, le Sérandib des Arabes) fut, au milieu du VI° siècle, le centre du commerce intermédiaire de l'Inde, si nous en croyons le témoignage de Cosmas (*); et c'est aux Arabes surtout que Ceylan dut son importance commerciale, pendant tout le moyen âge, jusqu'à l'époque des conquêtes des Portugais dans l'Inde.

Après avoir établi des colonies sur la côte orientale d'Afrique jusqu'à Sofala, et pénétré dans l'intérieur du vaste continent africain, au-delà du Sahara et aux bords du Niger, ils fondèrent des colonies dans la grande île de Madagascar, s'établirent dans plusieurs îles de la Malaisie, et y propagèrent l'islamisme, que leurs sectateurs étendirent sur la côte de la Nouvelle-Guinée.

Au IX° siècle, deux Arabes eurent le noble courage de pénétrer dans le vaste empire de la Chine.

L'intrépide Marco Polo, Vénitien, consacra vingt années à parcourir les différentes contrées de l'Orient. Polo est le premier Européen qui ait visité, dans le XIII° siècle, une partie des îles Malaises; mais, grâce à l'injustice des hommes, et surtout de ses compatriotes, la mémoire de ce grand et véridique voyageur, qui mérite d'être placé sur la même ligne que Colomb et Magalhaës, fut calomniée pendant six cents ans, et son voyage, peut-être, n'est-il pas encore bien compris.

Christophe Colomb, espérant aborder dans l'Inde par l'occident, découvrit l'Amérique; et l'on sut enfin qu'une moitié de l'univers était inconnue à l'autre. Améric Vespuce, pilote du capitaine espagnol Ojéda, eut l'honneur de donner son nom à cette vaste Amérique, que Colomb avait découverte en 1492; mais on a injustement avancé qu'il était son ennemi: ils furent toujours liés d'une étroite amitié. En côtoyant l'Afrique, Barthélemy Diaz doubla le cap des Tempêtes, nommé aujourd'hui cap de Bonne-Espérance, dans l'année 1486; mais ce ne fut qu'en 1498, après la découverte de l'Amérique, que l'Inde vit flotter dans ses ports le pavillon de Vasco de Gama.

Balboa trouva ce que Gama ne soupçonnait pas, et ce que Colomb avait en vain cherché, le chemin de la Chine et de l'Inde par l'ouest.

En 1513, Vasco Nunez de Balboa, gouverneur de la colonie espagnole de Santa-Maria, dans l'isthme de Darien ou Panama, ayant été informé par ses guides, que d'une montagne voisine on pouvait voir la mer, s'élance seul, atteint le sommet, et, contemplant ce majestueux océan opposé à l'Atlantique, tombe à genoux, rend grâce à Dieu de l'importante découverte qu'il vient de faire, franchit rapidement l'espace qui le séparait du rivage, se jette dans les flots, et, couvert de son bouclier, l'épée à la main, et au nom de son souverain Hernando d'Espagne, il prend possession d'un océan qui couvre près de la moitié de la surface du globe, sans se douter peut-être qu'il renfermât un troisième monde. Cette immense étendue resta encore sept ans inconnue. La fin du XV° siècle et le commencement du XVI° furent une époque de prodiges; et la gloire des *conquistadores* surpasserait toutes les autres gloires, si leurs exploits n'avaient fait si souvent gémir l'humanité. Quels hommes et

---

(*) Vid. *Cosmas indicopleustes*, apud Montfaucon, page 336.

quelles actions ! Comme on devait être fier alors d'être Espagnol ou Portugais ! Les autres nations semblèrent n'avoir travaillé que pour ces deux peuples. La découverte de la boussole, de la poudre à canon, de l'imprimerie, qui enrichit les modernes des connaissances des anciens, et les progrès de la géographie, semblèrent tout préparer pour donner à la péninsule hispanique une nouvelle gloire.

Jamais l'homme ne parut plus grand que lorsque, s'emprisonnant dans un bois fragile, bravant les tempêtes, les ardeurs de la zone torride, les horreurs de la soif et de la faim, et les tourments de l'esclavage, il parcourut la circonférence de notre globe pour y chercher de nouveaux mondes et de nouveaux membres de la grande famille des hommes.

L'audacieux Magalhaës, Portugais, fut le premier qui osa se hasarder dans les immenses espaces de ce mystérieux océan. Après avoir traversé l'extrémité du continent de l'Amérique méridionale, qui reçut son nom, il ne découvrit que deux archipels importants, celui des Mariannes et celui des Philippines, où il périt par la main des insulaires de Mactan. Grace à son expédition, on acquit la preuve qu'aucun continent n'existait au nord de l'équateur dans cette partie du globe; et le vaisseau de Magalhaës, parti d'Espagne le 10 août 1519, rentré dans le port de San Lucar le 17 septembre 1522, après avoir fait le tour de notre globe, donna ainsi la première démonstration de sa sphéricité.

En 1526, Alvar de Saavedra part du Mexique, se dirige vers les Moluques, et en 1527, revenant de Tidor au Mexique, découvre la Nouvelle-Guinée.

Juan Gaetan fit des découvertes nombreuses en 1542, et reconnut cette grande terre avec beaucoup de soin. On ne saurait trop regretter la perte des documents de son voyage.

En 1587, Mendana visita les îles Salomon, et ne put les retrouver dans son second voyage en 1595 ; mais il découvrit les îles Nouka-Hiva (les Marquises) et quelques autres, et enfin l'île si riche de Santa-Cruz, où il ne put, malgré tous ses efforts, fonder une colonie.

Ferdinand Quiros, pilote de Luis Paz de Torrès, opéra d'importantes découvertes au sud de l'équateur. C'est lui qui le premier nous a fait connaître Taïti et les îles du Saint-Esprit (Cyclades de Bougainville). L'opinion la plus générale est que *Torrès* opéra son retour dans l'Archipel, nommé improprement grand archipel d'Asie ou archipel des grandes Indes, par le détroit dangereux qui porte son nom et sépare la Nouvelle-Guinée de la Nouvelle-Hollande.

Deux Hollandais, Schouten et Lemaire, trouvèrent en 1615 et 1616 plusieurs îles. Ils prolongèrent la côte septentrionale de la Nouvelle-Guinée, et tracèrent sa configuration d'une manière approximative.

Quelques auteurs ont prétendu que les Portugais avaient visité les premiers la Nouvelle-Hollande, et qu'une politique jalouse leur fit cacher leur découverte ; d'autres ont pensé que Torrès visita la partie septentrionale de ce vaste continent : ce qu'il y a de plus certain, c'est que Dirk-Hartighs parcourut, en 1616, la côte ouest de la Nouvelle-Hollande, qu'il nomma terre d'Endraght, du nom du vaisseau qu'il montait. De 1616 à 1619, les Hollandais Hertog, Edels, Nuitz, Witt, Carpenter et Pelsart reconnurent successivement divers autres points de cette vaste terre; mais c'est à tort qu'on attribue à Carpenter l'exploration du golfe de Carpentarie. Il fut exploré d'abord par Abel Tasman, qui de 1642 à 1644 découvrit la Nouvelle-Zeeland, plusieurs des îles Tonga et Viti, longea une partie de la côte méridionale de la Nouvelle-Guinée, et fixa une limite à l'étendue des terres de la Nouvelle-Hollande, vers l'est.

Après avoir long-temps parcouru l'océan Pacifique comme un simple aventurier, Dampier reçut, en 1699, une mission du gouvernement anglais, signala quelques îles nouvelles au nord de la Nouvelle-Guinée et de la Nouvelle-Bretagne. Ses relations prouvent un navigateur judicieux, un observateur habile et exact.

L'amiral Anson, en 1741, traversa ces mers sans rencontrer aucune terre nouvelle; mais la relation de son voyage, écrite avec soin, fournit d'utiles renseignements sur les contrées qu'il visita. En 1767, Wallis et Carteret trouvèrent plusieurs îles intéressantes.

Le plus grand navigateur de la France, Bougainville (voy. *pl.* 1, *fig.* 1), se signala par les plus belles découvertes; il indiqua, le premier, plusieurs îles de l'archipel Dangereux (Pomotou), les îles des Navigateurs, de la Louisiade et des Anachorètes; il retrouva les terres du Saint-Esprit et les îles de Salomon qui n'avaient pas été revues. Sa relation, pleine de savoir et de charmes, est un des plus beaux monuments du XVIIIe siècle. Il fut puissamment secondé par le savant Commerson.

La géographie du tiers du globe était couverte de ténèbres, lorsque l'immortel Cook (voy. *pl.* 1, *fig.* 2) commença ses voyages de circumnavigation. Ce marin, aussi heureux qu'intrépide, parcourut trois fois le grand Océan. On lui doit la découverte de la Nouvelle-Calédonie, des nouvelles Hébrides et des îles Sandwich; et il s'immortalisa par les belles reconnaissances de Taïti, de plusieurs autres îles, et des détroits de Torrès, de Cook et de Behring. Sir Joseph Banks, Solander, Anderson et les deux Forster se sont dignement associés à sa gloire.

L'illustre et infortuné Lapérouse (voy. la *planche* 1, *figure* 3) marcha sur les traces de Cook; il fit, entre autres découvertes, celle de deux grandes îles dans l'archipel des Navigateurs (Hamoa); après quelques reconnaissances du plus grand intérêt, il se perdit enfin sur les écueils de Vanikoro.

Vancouver, et surtout d'Entrecasteaux, chargé de découvrir les traces de Lapérouse, se distinguèrent par les plus importantes explorations. MM. de Rossel, Beautems-Beaupré et Labillardière ont publié chacun une relation du voyage de d'Entrecasteaux.

De 1800 à 1804, Baudin et Flinders, l'un pour la France, l'autre pour l'Angleterre, furent chargés d'explorer l'Australie. Les observations des naturalistes qui accompagnaient Baudin (voy. *pl.* 1, *fig.* 4), consignées dans l'intéressant récit de Péron, et les travaux hydrographiques de Flinders, vinrent enrichir la science d'une foule de faits nouveaux.

En 1804 et 1805, Krusenstern parcourut l'Océanie, et avec lui le pavillon russe y parut pour la première fois. Ce navigateur publia d'excellents mémoires sur ces régions.

C'est à Kotzebüe que la géographie dut, en 1816, la découverte de diverses îles, notamment dans les Carolines orientales. Les remarques du savant M. de Chamisso, Français, établi en Prusse, et compagnon de Kotzebüe, forment un digne appendice aux travaux de cet illustre marin. M. Choris, dessinateur de l'expédition, a joint à ses dessins des notes intéressantes.

En 1823, MM. de Bougainville et du Camper, dans leur voyage de circumnavigation, parcoururent l'Océanie; cet important voyage n'a pas encore été publié, sauf un album précieux. MM. de Freycinet, Duperrey, Bilinghausen, Beechey et Lütké firent successivement d'utiles découvertes. Le premier rapporta de riches matériaux en histoire naturelle. M. Arago, frère du célèbre astronome, et dessinateur de l'expédition de *l'Uranie*, a publié séparément ses observations sous le titre de *Promenade autour du monde*. Cette *Promenade*, fort agréable, est accompagnée de dessins pleins de charmes. Les observations de Beechey sont du plus haut intérêt, ainsi que les travaux de MM. Lütké et Martens sur la Caroline, et ceux de M. Duperrey, dont MM. J. de Blosseville, d'Urville, Lesson et Garnot ont enrichi la relation par leurs doctes recherches.

En 1826, 27 et 28, *l'Astrolabe*, sous la direction de M. le capitaine Dumont d'Urville, sillonna les mers de l'Océanie. Sous le rapport géographique, les résultats de cette expédition ont été l'exploration de 400 lieues des côtes de la Nouvelle-Zeeland, de l'archipel Viti, des îles Loyalty, et l'exploration de toute la partie méridionale de la Nouvelle-Bretagne, de la partie septentrionale de la Nouvelle-Guinée, dans un développement de 360 lieues, et des îles Vanikoro, Hogoleou et Péliou. M. d'Urville eut la gloire d'élever à Vanikoro un monument sur le lieu même où périt un ami de l'humanité, l'infortuné Lapérouse. Dans toutes ses opérations, il fut secondé, avec autant de zèle que de talent, par MM. Jacquinot, Lottin, Quoy et Gaymard.

M. Morrell, Américain, et M. Laplace, Français, ont visité, le premier en 1829 et 30, le second en 1830 et 31, quelques parties de l'Océanie. Le voyage de M. Morrell renferme quelques détails curieux et d'autres passablement exagérés; celui de M. Laplace offre de l'intérêt, et il est écrit avec élégance.

Nous n'avons pas nommé quelques autres marins, dont les travaux recommandables n'offrent pas le même intérêt que ceux des grands navigateurs; cependant Bligh, Cowley, Spielberg, Padilla, Drake, Delcano, Cavendish, La Barbinais, Roggewein, Byron, Shortland, Pagès, Surville, Marion, Crozet, Marchand, Forest, Meares, Turnbull, Edwards, Wilson, Malspina, Vlaming, Portlok, Dixon, King, Hall et Dillon méritent notre estime par leurs travaux, leurs malheurs ou leurs efforts.

La justice exige que nous mentionnions aussi les marins français qui ont mérité l'estime de leur patrie, en agrandissant son commerce. Depuis 1825, plusieurs capitaines au long cours ont parcouru quelques parties de la Malaisie et le grand Océan. Nous nommerons MM. Roquefeuille, Duhautcilly, Chemisard, Jh. Desse, Darluc, de Beaufort, Dussumier; M. Renaud, qui a fait deux voyages autour du monde; M. Lafond, que j'ai vu à Singhapora, à l'époque de mon naufrage, et qui a exploré plusieurs îles de la Polynésie et des Philippines; enfin M. Amanieu, le seul marin qui ait tenté avec succès la circumnavigation du globe, sur une frêle goélette. Je me sens heureux d'avoir pu consacrer ce peu de lignes à des officiers braves et instruits dont les travaux devraient être mieux appréciés.

Nous n'oublierons pas les voyageurs en Océanie qui ont rendu aux sciences des services plus ou moins grands, et qui souvent ont observé avec plus de fruit que les marins, attendu qu'ils ont généralement une instruction plus spéciale et toujours plus de loisir. Ces voyageurs ont souvent pénétré dans l'intérieur des terres, et étudié longuement les mœurs et les traditions des peuples, surtout quand ils parlaient leur langue. Les expéditions nautiques au contraire ne font que des apparitions temporaires très-courtes sur le rivage qu'elles doivent explorer : leurs chefs ne peuvent guère s'interner chez les indigènes, et manquent, par conséquent, l'occasion d'approfondir l'histoire naturelle et l'anthropologie, les plus importantes de toutes les sciences aux yeux du voyageur philosophe.

Nous avons déjà parlé de Marco Polo, en suivant l'ordre chronologique. Les missionnaires catholiques ont été les premiers à explorer la Malaisie et une partie de la Polynésie. Les PP. Clain, Cantova, Legobien, Zuniga, Taillandier, Duberron et Cortil, Gervaise, Bernardo de la Fuente, etc., ont rendu quelques services à la géographie et à l'idiomographie, mais ils sont loin d'avoir eu le savoir de nos missionnaires en Chine et en Amérique. Les missionnaires protestants, américains et anglais, Ellis, Bingham, Thurston, Stewart, W. Williams, Yate, Stack, H. Williams, R. Davis, Fleetcover, Jefferson, Threlkeld, Nott, et quelques autres, ont publié sur la Polynésie des relations peu étendues, mais intéressantes. L'aventurier Mendez Pinto, et l'aventurier Beniowski, malgré leurs exagérations et leur peu de savoir, nous font encore gémir, dans des récits pleins d'intérêt, sur leurs aventures et leurs malheurs. Ils ont d'ailleurs assez bien décrit les mœurs des peuples parmi lesquels ils se sont trouvés. Le célèbre poëte Camoëns visita quelques parties de la Malaisie, et sa muse a immortalisé à la fois les héros de sa patrie, les contrées qu'il parcourut, et ses propres infortunes. Pigafetta, Gemelli Carreri, Forest et Sonnerat ont laissé quelques remarques utiles sur les Moluques et la Nouvelle-Guinée. M. le docteur Leyden a déployé un grand savoir dans ses recherches philologiques sur les îles Malaises. M. Marsden a parfaitement décrit la grande île de Soumâdra. Java a eu dans sir Stamford Raffles un excellent historien. M. Crawfurd a répandu beaucoup d'érudition sur l'Archipel qu'il appelle Indien (la Malaisie). Parmi les auteurs anciens, il faut nommer avec distinction Radermacher, Rumph, Stavorinus, Valentyn, Argensola, Wurmb, Poivre, Villalobos, Bekmann, Meinungen, Wolzongen et Raynal. Parmi les modernes, Horsfield, Blum, Anderson, Crisp, Woodard, Vollangen, Graaf, Dalton, Temmink, Blancard, Bromm, Miller, Reinwarts, Hamilton, Milburn, le comte Hogendorp fils, le colonel Nahuijs, M. de Jouy, auteur célèbre de Sylla et des Ermites, le colonel Bonelle, MM. Boze, Deschamps, Leschenault de la Tour, Duvaucel et Dyard ont illustré plusieurs parties de l'histoire naturelle, l'idiomographie, le commerce ou les coutumes de divers peuples de la Malaisie occidentale. MM. Gaudichaud, Grant, Collins, Broughton, Wentworth, Cunningham, Mitchell, Brown, Oxley, Evans, etc., ont enrichi la science d'un grand nombre de faits sur l'Australie et la Tasmanie. MM. Mariner, Marsden, Leigh, F. Hall, Liddiard-Nicholas, Richard Cruise, John Savage, Kendall, Ellis, Tombe, Johnson et le docte Meyen ont mis au jour des relations fort curieuses sur Tonga, la Nouvelle-Zeeland et une partie de la Polynésie. MM. le marquis de Sainte-Croix, Comyn et le colonel don Ildefonse de Aragon ont donné des documents exacts sur la statistique d'une partie des Philippines.

J'ai connu plusieurs de ces navigateurs et de ces voyageurs pleins de zèle pour la science. J'ai connu encore à Malakka, un Français, M. Tassin, qui a exploré l'intérieur de la péninsule de ce nom et ses riches mines; dans les îles de Sounda, M. le comte de Vidua, savant archéologue; au Bengale, M. E. Chaigneau, digne neveu du célèbre mandarin cochinchinois de ce nom; à Manila, M. P. Genu, médecin instruit, et M. le docteur V. Godefroy, qui, après s'être livré long-temps avec succès à l'étude de l'histoire naturelle et à la pratique de l'art médical dans l'Inde et aux Philippines, est enfin de retour à Paris. Il est à désirer que ces honorables voyageurs publient les résultats de leurs recherches dans diverses contrées de l'Océanie.

Mais, outre les voyageurs, plusieurs savants distingués ont traité avec beaucoup de sagacité et sans quitter leurs pénates, différentes parties de l'Océanie. Le président de Brosse se présente à leur tête; il est suivi par le sage Fleurieu, qui nous fit connaître la reconnaissance d'une partie des îles de Nouka-Hiva, opérée en 1791 par Marchand, capitaine de commerce. Blumenbach illustra plusieurs branches de l'histoire naturelle de l'Océanie. Pinkerton, et surtout Malte-Brun, ont éclairé en partie sa géographie, et ont eu de dignes successeurs dans MM. Walkenaer, A. Balbi, Huot, de Larenaudière, Eyriès, Maccarthy, etc. M. Ernest de Blosseville, frère du savant navigateur de ce nom, a publié un ouvrage remarquable sur les colonies pénales de l'Angleterre en Australie. M. Decaisne a présenté à l'Académie des sciences des considérations intéressantes pour la géographie botanique de l'île Timor. Burney, et surtout le savant Dalrymple, ont rédigé des collections importantes de voyages. Après eux se placent Ramusio et les auteurs espagnols du *Viagero universal*. L'*Histoire des Voyages de Laharpe* est une mauvaise compilation d'un littérateur qui n'était pas géographe; mais depuis Laharpe, la France a eu plusieurs recueils d'une utilité incontestable : nous citerons l'*Histoire des Voyages* de M. le baron Walkenaer, dont nous désirons vivement la continuation ; la collection des *Voyages autour du monde* par Bérenger ; la *Bibliothèque universelle des Voyages* de M. Albert Montémont ; et, pour compléter la liste des ouvrages qui existent sur l'Océanie, nous citerons encore le *Dictionnaire géographique* de Kilian, qui renferme plusieurs articles fort bien faits, ainsi que le Nouveau dictionnaire de M. Maccarthy, qui nous ont enfin délivrés de ces éternels Vosgien, où l'erreur semblait avoir pris racine ; les *Annales des Voyages*, le *Journal des Voyages*, the *Asiatic Journal*, the *Missionary Register*, les *Annales maritimes*, la *Revue maritime* et le *Journal de la marine*, et la *Bibliothèque des Voyages*, par Boucher de La Richarderie, ouvrage qui exigerait une seconde édition.

Nous finirons ce chapitre en mentionnant avec les plus grands éloges, la *Table des positions géographiques*, par M. P. Daussy, les cartes générales ou détaillées de l'Océanie, publiées d'après de Manevillette, d'Entrecasteaux, Malespina, Duperrey, Krusenstern, d'Urville, Lütké, Arrowsmith, Horsburgh, Maclaer, Ross, Robinson, Espinosa, Brué, Lapie, Burghaus, Van den Bosch, King, et quelques cartes détaillées qu'on trouve dans les atlas des derniers navigateurs. J'ai dû citer tous les voyageurs et auteurs qui ont écrit sur l'Océanie ; mais je dois déclarer que je n'ai lu que ceux qui m'ont fourni des renseignements, que je citerai soigneusement dans le cours de cet ouvrage.

Quant à nous, qui avons consacré vingt-un ans de notre vie à sillonner les mers et à explorer les terres, qui avons parcouru pendant douze ans la plupart des contrées de l'Orient et de l'Inde, Canton et Macao en Chine, les Philippines, etc., et qui avons fait cinq voyages dans diverses parties de l'Océanie, où nous avons découvert deux îles (*) et visité plusieurs terres et plusieurs peuples et tribus, inconnus en Europe, il ne nous est pas permis de nous juger nous-même ; mais nous honorerons d'avoir obtenu pour nos travaux l'approbation du grand circumnavigateur M. Dumont d'Urville, que nous avons insérée dans notre avant-propos et celle du savant géographe et statisticien M. Adrien Balbi (*).

DIVISIONS GÉOGRAPHIQUES.

L'ancien monde nous offre trois parties ou divisions bien distinctes par leur position, leurs dimensions, et leurs formes, ainsi que par leurs caractères physiques et moraux. Dans la double Amérique, l'une et l'autre ont leurs traits particuliers, et l'Océanie présente également des divisions naturelles qu'on ne saurait confondre, bien qu'elles aient donné lieu à tant d'écrits et de propositions contradictoires. Dans un mémoire géographique sur l'Océanie, suivi de la classification des races d'hommes et des langues de ses innombrables îles, lu à la Société de géographie de Paris (**), j'avais séparé l'Océanie en cinq division, savoir :

1° La Malaisie ou Océanie occidentale

(*) Voyez le nouveau Dictionnaire géographique de M. Maccarthy, la France littéraire, etc. Une de ces îles a reçu le nom du *Tribun*, l'autre de *Rienzi* : elles sont situées dans l'archipel de Holo ou Solou ; on en trouvera la description au chapitre *Holo* dans la Malaisie.

(*) « Nous avons les plus grandes obligations, dit M. Balbi (Abrégé de géographie, « Introd., page 10»), à un voyageur célèbre, M. G. Louis-Domeny de Rienzi, qui, « dans ses longs et nombreux voyages, a « parcouru les cinq parties du monde, où « il a fait de savantes découvertes historiques, anthropologiques, philologiques et « archéologiques. M. de Rienzi en a rapporté « plusieurs objets précieux, acquis depuis « son naufrage, qui a privé le monde savant « d'une des plus riches collections qu'un « voyageur eût encore formée. Dans le corps « de notre ouvrage, nous avons souvent « signalé au lecteur tout ce que nous devons « à cet intrépide explorateur. »

(**) Dans la séance du 16 décembre 1831, l'impression de ce *Mémoire* fut votée à l'unanimité.

tale. Elle renferme les îles nommées improprement Archipel Indien par les Anglais, qui, au reste, paraissent avoir adopté le nom parfaitement convenable de Malaisie, qu'on doit au savant naturaliste M. Lesson (*). Je proposais de donner à Bornéo, centre et foyer de cette division, le surnom de *Mégalonésie* ou grande île, parce qu'elle est en effet la plus grande île du globe, et que le nom de Bornéo (**), tout mutilé qu'il est, n'appartient qu'à une des principautés de cette vaste terre.

2° La *Micronésie* ou Océanie septentrionale, qui n'embrasse que les très-petites îles et rochers déserts, paraissant au sud, un peu au-dessous du tropique du Cancer, et s'élevant au nord jusqu'auprès du 40° parallèle. Elles sont bornées à l'ouest par les îles Borodino, et à l'est par l'île Neker, vers le 167° degré de longitude occidentale. Le groupe de Mounin-Sima est le plus important de la Micronésie.

3° La *Polynésie*, que je proposais de nommer *Pléthonésie Tabouée*, c'est-à-dire multitude d'îles consacrées par le *Tabou* (interdiction religieuse que nous expliquerons au chapitre de la religion des peuples de l'Océanie). Elle renfermait les îles occidentales des Guedes ou Saint-David ou Freewill, l'île Nevil, le grand archipel des Carolines, y compris les îles Peliou et Matelotes, celui de Gilbert et Marshall, le grand Cocal et les autres îles de cette chaîne, et enfin toutes les îles de la mer du Sud ou du grand Océan, depuis l'archipel d'Haouaï ou de Sandwich, au nord, jusqu'aux îles de l'*Évêque et son clerc* (***) au midi; et depuis l'île Tikopia, près de Vanikoro, à l'ouest, jusqu'à l'île Sala (****), à

(*) J'aurais préféré le mot *Malayousie*, qui est plus conforme à l'orthographe des indigènes de cette contrée, puisqu'on dit la langue malayou, et non la langue malaise.

(**) Le nom de la Sultanie, dite de Bornéo, est Varouni, et celui de l'île est Kalamatan.

(***) Ces deux petites îles sont situées au sud de la Nouvelle-Zeeland.

(****) L'île Sala y Gomez.

l'est, en s'approchant de l'Amérique.

4° L'*Océanie centrale*, qui se composait de la Nouvelle-Guinée, à laquelle j'imposais le nom de *Papouasie*, des îles adjacentes dites îles des Papous, et de toutes les îles à l'est et au sud-est, habitées par la race noire, telles que les îles Salomon, Viti, Nouvelle-Irlande, Nouvelle-Bretagne, sauf l'Australie, etc.

5° L'*Endaménie* ou Océanie méridionale. Sous ce nom je comprenais le continent de l'Australie ou Nouvelle-Hollande, l'île Van-Diemen, la Nouvelle-Calédonie, Mallicolo, etc., habitées exclusivement par des noirs fort laids et à formes grêles, bien différents des Papouas. Je chercherai à prouver au chapitre Anthropologie et Ethnographie, que les noirs de l'Australie ou Nouvelle-Hollande et de la plupart des îles de cette division de l'Endaménie (que les Anglais nomment Australasie, et M. le capitaine d'Urville Mélanésie) sont originaires de la Papouasie ou Nouvelle-Guinée.

Je proposais enfin de remplacer le nom d'*Océanie* par celui de *Vulcanésie*, car cette cinquième partie du monde offre presque partout des volcans ou des traces de volcans.

Dans la séance du 5 janvier 1832, l'illustre navigateur M. Dumont d'Urville lut un mémoire sur les îles du grand Océan, dans lequel, après avoir adopté ma deuxième division de la Micronésie, il l'étendit au sud et y comprit toutes les îles Carolines. Il proposa de donner à l'Australie propre et aux archipels qu'on y a réunis, le nom de *Mélanésie* (*).

(*) On peut voir à ce sujet le *Bulletin de la Société de géographie de Paris* (t. XVII, n° 5, janvier 1832), qui peut éclaircir cette matière, et le Mémoire sur les îles du grand Océan, dans le *Voyage de l'Astrolabe autour du monde*, par M. le cap. Dumont d'Urville, t. II, 2° partie. Voici un extrait de ce Mémoire :

« Nous imposerons, dit M. d'Urville, à « l'Océanie boréale le nom de *Micronésie*, « qui ne diffère que par *la terminaison* de « celui de M. D. de Rienzi..............
....

Je n'ai pu me résoudre à accepter la division trop étendue de la Micronésie, établie par M. d'Urville, parce que, d'une part, je ne vois aucun rapport entre les îles Mounin-Sima et les Carolines; d'autre part, parce que j'ai cru voir dans les Carolines et même dans les habitants des îles Guedes ou Saint-David ou Freewill (*), de véritables Polynésiens, chez la plupart desquels existe la Trinité taïtienne, l'infame société des aritois, le tatouage et même le *Tapou*, sous le nom de *Penant* aux Carolines, et de *Emo* aux îles Radak. J'ai de plus en ma faveur l'opinion du savant M. de Chamisso, et celle de M. Lütké, navigateur distingué, qui ont si bien jugé les peuples des îles Carolines.

Au reste, nos divisions en litige n'offrent que des différences de peu d'importance, géographiquement parlant, mais elles en ont davantage sous le rapport ethnographique. Personne, à mon avis, ne connaît mieux l'Océanie orientale et méridionale que M. le commandant d'Urville; le grand voyage de l'*Astrolabe* parcourt le monde sous son pavillon, et sa vieille et imposante autorité ne saurait être balancée par celle d'un voyageur qui, grâce à son naufrage, n'a encore publié que des fragments. Cet ouvrage d'ailleurs n'étant que le prodrome de mes longs voyages, ce ne sera qu'à regret que j'arborerai quelquefois un nouveau pavillon; mais j'adopterai la division de la Mélanésie, proposée par ce grand navigateur, parce qu'après y avoir longtemps réfléchi, j'ai reconnu : 1° qu'elle embrassait tous les pays exclusivement habités par des noirs océaniens, quoique appartenant aux deux races noires *Papoua* et *Endamène*, que j'ai distingués plus haut; 2° que ces deux races étant répandues et mêlées dans des îles quelquefois éloignées de leur centre, il était trop difficile de les rattacher géographiquement à une de mes divisions primitives de la Papouasie et de l'Endamènie. En effet, les habitants de Mallicolo sont Endamènes ou Australiens, ainsi que ceux de la Nouvelle-Calédonie, tandis que les naturels de l'île Van-Diemen ou Tasmanie appartiennent à la race papoua. Pour éviter cette difficulté géographique, et simplifier mon travail, j'adopte entièrement la division de Mélanésie de M. d'Urville, et je renonce à mes deux divisions de Papouasie ou Océanie centrale, et d'Endamènie ou Océanie méridionale. Mes trois premières divisions resteront telles que je les ai expliquées au commencement de ce chapitre. Dans la Mélanésie, qui remplacera mes 4ᵉ et 5ᵉ divisions, la Nouvelle-Guinée seule gardera le nom de Papouasie (*), et la Nouvelle-Hol-

« Vous voyez, messieurs, que les divisions « que je propose pour les îles de l'Océanie, « offrent des différences essentielles avec « celles qui vous ont été indiquées par un « infatigable voyageur, M. de Rienzi. Sans « m'ériger en juge de son système, et tout « en proclamant qu'il a su, dans son intéressant Mémoire, présenter une foule de « faits curieux et nouveaux touchant les « peuples de l'Océanie, il me semble, si je « puis m'exprimer ainsi, que son système « est plus artificiel, et le mien plus naturel. « La nomenclature de M. de Rienzi, reposant sur des divisions physiques et géométriques, offre sans doute des coupes plus « régulières; mais la mienne, assujettie à des « rapports plus ou moins intimes, mais toujours positifs, entre les peuplades qui composent chaque division, aura l'avantage de « rappeler, avec sa désignation, la nature et « le caractère propre de ses habitants. Ainsi « l'on saura sur-le-champ que je veux traiter des peuples cuivrés parlant une langue « commune et esclaves du *tapou*, ou des « peuples cuivrés parlant des langues diverses et étrangers au *tapou*, ou enfin des « noirs de l'Océanie, suivant qu'on verra « paraître dans mon récit les désignations « de Polynésiens, Micronésiens et Mélanésiens. » M. d'Urville s'est peu occupé de la première division, ou Malaisie, dont il n'a visité que quelques points.

(*) Ces insulaires ressemblent, surtout par la taille et la couleur, plus aux Taïtiens et aux Dayaks qu'aux Bissayas et aux Malais.

(*) Dès le commencement de l'an 1827, j'avais écrit à MM. Malte-Brun et Abel Rémusat, pour les inviter à faire accepter le nom de *Papouasie*, que j'avais déjà imposé à cette grande terre.

lande conservera le nom d'Australie.

De plus, nous étendrons l'Océanie jusqu'aux îles Andaman ou plutôt Endamen d'une part, et l'île Kerguelen de l'autre. Les îles Nicobar, Pinang et Singhapoura, et les îles Saint-Pierre ou Amsterdam et Saint-Paul s'y trouveront comprises.

Nous considérerons une partie de l'île de Madagascar et de Formose, et la presqu'île de Malakka comme des colonies malaises.

Nous adopterons enfin les noms employés par les indigènes, avec la synonymie des premiers découvreurs ou des navigateurs les plus connus ; car il faut bien le dire, par une injustice révoltante, les derniers venus ont osé changer le nom des premiers, et les ont souvent remplacés par des noms de très-mauvais goût. Cook lui-même n'a pas été exempt de cette faiblesse. Il serait temps enfin que justice se fît, et que le monde géographique ne fût pas aussi souvent bouleversé que le monde politique. Justifions cette proposition par un seul exemple.

Graces aux six noms qu'il porte, ne sera-t-il pas bientôt impossible de reconnaître l'archipel de *Nouka-Hiva*, qui est appelé, en son entier ou en partie, tantôt *Mendoza*, tantôt de la *Révolution*, par ceux-ci les *Marquises*, par ceux-là *Washington* ? On doit s'empresser de simplifier la science, au lieu de l'embrouiller chaque jour davantage.

Pour la plus grande intelligence de l'*Océanie*, je prie mes lecteurs de relire attentivement ce chapitre, et de recourir de temps en temps à ma carte générale et aux trois cartes particulières de la Malaisie, de la Polynésie et de la Mélanésie, gravées dans l'atlas de l'*Univers pittoresque*.

LIMITES ASTRONOMIQUES, SURFACES, POPULATIONS, CLIMAT ET PLACES IMPORTANTES.

L'Océanie est située entre l'Asie, l'Afrique, l'Amérique méridionale et l'Océan glacial antarctique, sans avoir aucune relation entre les trois continents précités.

Sa surface, en suivant les bornes que nous lui avons imposées, forme plus de la moitié de la surface du globe. Elle a en largeur 2,375 lieues de 25 au degré, et 4,650 en longueur. Nous lui donnerons pour limites astronomiques, au nord, les rochers qui existent aux approches du 40° parallèle ; à l'est, l'île Sala au 107° degré de longitude occidentale, et l'île Copper par le 135° id., en remontant au nord ; à l'ouest les îles Endamen à l'entrée de la mer de Bengale ; et suivant une ligne flexueuse au sud-ouest, ses limites s'étendront jusqu'à l'île Kerguelen vers le 67° de longitude orientale, et au sud elles se termineront aux îles de l'Évêque et de son clerc, vers le 55° de latitude méridionale.

Les quatre grandes divisions que nous avons déjà signalées donneront à l'Océanie, en ne comptant que les terres, une surface (en compte rond) d'environ 500,850 lieues carrées de 25 au degré, avec une population de plus de 25 millions ; surface et population réparties comme il suit :

	SUPERFICIE. lieues carrées de 25 au degré.	POPULATION. habitants.
Malaisie	100,000	21,000,000
Micronésie	1,250 ?	?
Polynésie	18,600	1,150,000
Mélanésie	381,000	2,400,000
Total	500,850	Total 25,150,000

Ces estimations ne sont qu'approximatives ; elles diffèrent de celles que notre honorable ami, M. Adrien Balbi, a consignées dans son excellent Abrégé de géographie ; mais nous avons étendu la surface de l'Océanie, et il n'est pas étonnant que nos estimations soient différentes : je suis loin, au reste, de les croire exagérées.

Le climat de l'Océanie est généralement tempéré par les brises de terre et de mer, malgré sa situation intertropicale, et on y trouve peu de lieux insalubres.

Les villes les plus importantes de l'Océanie sont : dans la Malaisie, Batavia et Manila ; dans la Polynésie, Agagna (îles Mariannes), Matavaï et Hono-Rourou ; dans la Mélanésie,

Dori, la baie du bois de Sandal (île Viti Levou), Sidney et Hobart-Town.

GÉOGRAPHIE POLITIQUE ET COLONISATION.

Disons un mot de la géographie politique de l'Océanie. Les possessions des Hollandais dans la Malaisie comptent environ dix millions d'habitants. Leur gouvernement voyant les Anglais s'établir dans l'île Melville, au nord de l'Australie (ce qui semble annoncer l'intention d'avoir un point opposé à Timor, qui leur permette de prendre part au commerce des Moluques, et peut-être de s'établir au sud de la Papouasie); le gouvernement de Batavia, dis-je, a décrété naguère la prise de possession de la côte sud-ouest de cette belle et vaste Papouasie.

Le Portugal occupe la partie nord-est de l'île Timor et les deux petites îles de Sabrao et de Solor, avec cent quarante mille habitants.

L'Espagne, maîtresse de la plus grande partie de l'archipel des Philippines avec trois millions de sujets chrétiens ou idolâtres, l'Espagne cherche à s'avancer dans l'intérieur de Leyte, de Samar et de Mindoro, de Mindanao et de la Paragoua (Palawan.)

L'Angleterre possède Poulo-Pinang et Singhapoura, l'île Melville au nord, Norfolk à l'est, et la Tasmanie au sud de l'Australie. Elle possède toute la côte orientale (Nouvelle-Galles du sud), quelques points au sud, à l'ouest et au nord de ce continent, presqu'aussi grand que l'Europe, et qu'un jour peut-être elle occupera tout entier. Ses possessions en Océanie comptent environ deux cent mille sujets, dont le nombre croît chaque jour, grâce à une habile administration.

Toutes ces puissances profitent de nos préjugés, de notre maladresse et de notre coupable incurie en matière de colonisation, et la France n'a pas un pouce de terre dans cette immense Océanie.

Depuis la paix de 1814, la France a vu sortir de ses ports plusieurs expéditions. Leurs résultats scientifiques sont honorables pour le gouvernement qui les ordonnait, les chefs qui les dirigeaient, les savants qui en faisaient partie. Mais si la continuation de la paix permet enfin au gouvernement de s'occuper plus activement de nos intérêts et de notre commerce, si rétréci au-delà des mers, il doit le protéger dans l'Océanie, à Java, à Soumâdra, aux Philippines, et surtout à Célèbes et à Bornéo. Qu'il jette les yeux sur quelques-unes de ces myriades d'îles à l'orient de Célèbes, que l'Angleterre, la Hollande et l'Espagne ont épargnées, et je lui indiquerai celles de Veguiou et de Sainte-Isabelle (*), la côte orientale de la Papouasie, et à l'ouest, la côte septentrionale de Bornéo, qui deviendraient par nous un foyer de commerce et de civilisation pour l'Océanie, comme Alger pourrait l'être pour le nord et le centre de l'Afrique. On a donné à peu près l'égalité de droits aux hommes de couleur libres; détruisons progressivement l'esclavage des noirs, après avoir instruit et donné un métier à chacun d'eux. Colonisons ensuite les pays que j'ai cités, où la nature est si active et l'homme si indolent. Portons à ces terres vierges, sans souvenirs et sans célébrités, les lumières de la religion éternelle, les bienfaits de la science, de la liberté et de l'égalité des droits, les instruments perfectionnés de l'agriculture et de l'industrie de l'Europe. Enrichissons-les d'abord des productions les plus utiles des deux mondes, qui changeront leur vie matérielle, et plus tard de l'imprimerie, qui a changé l'état moral de notre société. Que leurs relations avec nous reposent sur ces deux bases, échanger les pensées, échanger les besoins. L'association et le progrès seront les plus sûrs moyens de rendre ces peuples meilleurs, et partant, plus heureux. Ne cherchons pas à les maîtriser, mais à les bien diriger, et leur avenir répondra aux destinées de la France. Des bords de la Moscowa aux sommets des pyramides, des champs de la Louisiane aux rives du Crichna, la France a

---

(*) Dans l'archipel des îles Salomon,

ébranlé le monde par de sanglantes conquêtes. Propager sa civilisation chez ces peuples que nous nommons sauvages, c'est la seule conquête à laquelle elle doive aspirer aujourd'hui. Je présente à mon pays une de ces pensées qui peuvent changer la face du monde. Faire marcher l'humanité dans des voies nouvelles et vers un but commun de bonheur, France, voilà ta mission! ambitionne une gloire aussi pure!

Dans aucune partie du globe, la France n'a fait autant de découvertes qu'en Océanie; dans aucune autre, la France n'a aussi bien mérité l'estime des peuples; et cependant, malgré cette prétendue ambition dont on ose l'accuser, il n'existe pas d'Océanie française, quoique l'on compte une Océanie anglaise, hollandaise, espagnole et portugaise. Nous avons pourtant sur ces contrées, autant qu'aucune des puissances qui y régnent, ce que la politique appelle des droits. Que le gouvernement français pèse dans sa sagesse tous les avantages de la colonisation (*) que j'ai proposée, et puisse-t-il exaucer les vœux d'un citoyen, ami zélé de la justice et de l'humanité, et non moins ami de sa patrie!

ANTHROPOLOGIE ET ETHNOGRAPHIE,
OU
DES RACES D'HOMMES, DE LEURS VARIÉTÉS, ET DES CARACTÈRES DES DIFFÉRENTS PEUPLES ET TRIBUS.

La science de l'homme, ou anthropologie, et la description des peuples, ou ethnographie, doivent tenir le premier rang, et ce n'est que par les voyages qu'elles peuvent devenir un jour exactes, mathématiques, dégagées de tout esprit de système, le flambeau enfin de la géographie et de l'histoire. On s'est trop hâté de classer les caractères physiques et moraux des peuples, d'après des observations inexactes et incomplètes. L'anthropologie et l'ethnographie sont donc encore très-peu avancées; et on ne doit pas s'en étonner, quand on a vu naguère Linné et Buffon admettre l'existence des hommes à queue, et quelques savants refuser de croire à l'existence de peuples sans culte.

Un savant naturaliste et voyageur, M. le colonel Bory de Saint-Vincent, a classé dans un ouvrage, où le courage s'allie à l'érudition, les espèces qui constituent son *genre homme*. Après avoir fait les réflexions qui suivent, nous n'avons pas osé l'imiter. N'est-il pas vrai que la nature permet rarement que les espèces diverses d'animaux procréent entre elles, sauf le loup et le chien, le chien et le chakal, l'œgagre (*) et la brebis, le pinson et le moineau, le serin et le chardonneret? N'est-il pas constant que, même la plupart du temps, les races métives qui en résultent ne peuvent se perpétuer et périssent? Cependant, nous avons vu dans les climats les plus opposés, le mélange des hommes les plus dissemblables par la taille, la couleur et même la conformation, enfanter constamment une postérité féconde. Ces réflexions nous ont donc forcé à ne considérer, dans la grande famille humaine, que des races et des variétés.

LES MALAIS.

La race la plus étendue est celle des Malais. Ces peuples, marins et commerçants, nous paraissent être originaires de la côte occidentale de la grande île de Bornéo; et en cela nous ne partageons pas l'opinion du savant Marsden, qui place leur berceau dans le ci-devant empire de Menangkarbou. Ils conquirent la péninsule de Malakka, à laquelle ils ont donné leur nom, et ils colonisèrent vraisemblablement les côtes orientales de l'île de Madagascar et de l'île Formose. La plupart des états maritimes de Soumâdra, une partie des Moluques et des Nicobars, Pinang, Nias, Singhapoura, Linging, Bintang, etc., sont habités par cette race. (Voy. la *pl. 9.*)

(*) L'auteur a présenté à M. le comte de Rigny, ministre de la marine, un projet détaillé de colonisation océanienne.

(*) *Capra œgagrus*, espèce de chèvre sauvage.

Les Malais, établis sur presque toutes les côtes de l'Océanie occidentale, semblent tenir à la fois des Hindous et des Chinois; mais leur peau se rapproche du rouge de brique foncé des Illinois et des Caraïbes, et quelquefois du blanc ou du noir, grace au mélange des peuples. A Timor, on en voit de rouges foncés et d'autres tannés ; à Bornéo ils ont le teint plus clair; à Ternati ils sont très-basanés et tirant vers le bistre. Les plus laids sont ceux de Linging, les plus beaux, ceux de Maïndanao, les plus braves ceux de Palembang. Les femmes sont assez jolies, propres, souples et très-lascives; les plus belles sont celles de Nias, de Zamboanga, d'Iloilo, de Holo, de Java, d'Amboine, de Boulacan (*), de Manila et de Formose : n'oublions pas que les femmes des deux derniers pays sont presque blanches. La grosseur de la tête des Malais est moindre que le septième de la hauteur; leur nez est court, gros et quelquefois épaté; leur bouche est très-large, même chez les femmes. Les Européens trouvent ces bouches monstrueuses, car la beauté est relative; les Chinois prétendent que nous avons des *yeux de bœuf*, et les yeux obliques et bridés des Chinois nous paraissent hideux. Ce que je puis assurer de la grande bouche des Malais, c'est que, si ce qui est utile est beau, leurs bouches sont fort belles. Je m'explique : l'air étant bien plus dilaté sous la zone torride que sous la zone tempérée, il est nécessaire que l'organe de la respiration soit plus étendu. Les Européens à la bouche étroite sont presque suffoqués dans la Malaisie à la moindre indisposition. Si la nature daignait répondre à tous nos *pourquoi*, nos systèmes sur le vrai, le beau, le bon, le bien, l'utile et l'agréable, seraient souvent renversés.

Les Chinois établis dans presque toutes les îles malaises s'y marient avec des femmes du pays, parce qu'ils ne peuvent en amener de Chine, et, de ce mélange, il résulte que beaucoup de Malais ont les yeux bridés et obliques, comme les Chinois; mais, chose étrange! nulle part ceux-ci n'ont pu répandre leur langue, excepté à Véguiou, tant elle déplaît à ces peuplades, dont la langue est aussi douce que l'italienne et la portugaise.

Les Malais ont la taille bien faite; leur stature est moyenne et carrée, et ils ont peu d'embonpoint; leurs pieds, quoiqu'ils marchent sans chaussure, sont très-petits. Le sagou, le riz, les épiceries et les poissons sont leur nourriture ordinaire.

Les uns mâchent le bétel, mêlé avec la chaux vive, la noix d'arec et le tabac (ce mélange est nommé *siri* à Java); les autres, le gambir (*), qui leur rend le palais, la langue et les dents noirs, comme ceux d'un chien chinois, sans altérer leurs gencives. Le bétel et le gambir paraissent très-sains et très-stomachiques, car les Malais ont l'haleine parfumée. L'habitude de mâcher le bétel est aussi en usage chez les Mélanésiens de la Papouasie et de la Nouvelle-Irlande. Dans les îles de Linging, Lingan, Bintang, Singhapoura, Pinang, Soumâdra, Java, etc., ils ne vont jamais nus, mais ils entourent leur corps d'un sarong, portent une veste, et un bonnet ou un mouchoir à la tête. A Java, l'homme noble, le *orang kaya*, y ajoute le manteau et quelquefois un bonnet appelé *koulouk*. Les prêtres seulement y sont habillés de blanc et portent une espèce de turban. Quoique un bon nombre de Malais soient musulmans, je n'en ai vu aucun qui rase entièrement ses cheveux. Ils sont en général marins, quelquefois pirates, artisans industrieux, adroits commerçants. Orgueilleux et jaloux, libertins et perfides, mais braves et indépendants, hors des villes on les voit presque toujours armés du kriss, souvent

(*) Dans l'île de Louçon, la plus grande des Philippines.

(*) C'est une substance fort astringente qu'on extrait des feuilles du *nauclea gambir*, grande plante sarmenteuse. Le gambir ou kino remplace avantageusement le cachou. Il contient beaucoup d'acide gallique et de tannin, aussi l'emploie-t-on en Chine et à Batavia pour tanner les cuirs.

empoisonné avec la résine du terrible oupas (voy. les pl. 10 et 11).

Leur angle facial est un angle ouvert de 80 à 85 degrés. Peu d'entre eux ont l'angle de 85 à 90, comme on le trouve chez quelques variétés européennes. L'angle que nous avons pris est celui qui résulte de deux lignes, partant des dents incisives supérieures, et se rendant, l'une au bas du front ou à la racine du nez, et l'autre au trou auriculaire.

Les Javans et les Balinais ou Baliens, inférieurs en tout aux Malais, nous paraissent issus des Bornéens et des Hindous ; nous les considérerons comme hybrides ou métanges. Les premiers ont le teint jaune, les seconds sont plus blancs et mieux faits.

LES POLYNÉSIENS ET LES DAYAS (*).

La seconde race est celle des Polynésiens. Nous croyons avoir trouvé dans la race des Dayas et autres peuples de Bornéo, le berceau des peuples malaisiens, mélanésiens et polynésiens. Leur teint blanc-jaunâtre plus ou moins foncé, l'angle facial aussi ouvert que celui des Européens, la haute stature, la physionomie régulière, le nez et le front élevés, les cheveux longs et noirs, la beauté, la grâce, les manières souples et lascives de leurs femmes, et surtout des danseuses, les rapports quoique altérés de leurs langues, l'habitude de l'agriculture, de la chasse et de la pêche, l'habileté à construire leurs pirogues et à fabriquer leurs ustensiles, leurs immenses cases, leurs croyances religieuses, les sacrifices humains (voy. la pl. 19), leurs coutumes et une sorte particulière de consécration ou tapou, tout indique la plus grande ressemblance entre les Dayas et les Polynésiens. La comparaison serait même plus exacte entre ceux-ci et les Touradjas et les Bouguis de Célèbes; mais les Touradjas et les Bouguis, chez lesquels les propriétés des grands et des prêtres sont réputées sacrées, ainsi que

(*) Leur véritable nom est Daya et non Dayak.

nous paraissent, ainsi que nous l'avons déjà dit, appartenir à la race Daya, de même que les Balinais, les peuples des îles Nias, Nassau ou Poggy, les Ternatis, les Guiloliens et ceux d'une partie des Moluques, de l'archipel de Holo, des îles Philippines et des îles Palaos. Ces trois derniers surtout paraissent être originaires de Célèbes et de Bornéo; mais la ressemblance des Taïtiens, des Nouveaux-Zeelandais et surtout des Battas (*) avec les Dayas est frappante, selon le récit des voyageurs les plus dignes de foi. Nous ajouterons que leur langue forme en quelque sorte (**) le milieu entre la malayou et la polynésienne, et que les Malais et les Javans des côtes de Bornéo les reconnaissent comme les aborigènes, les *Orany-Benoa* du pays.

Il est facile de voir que la différence des climats, les communications avec les îles placées dans les différentes divisions de l'Océanie, de nouvelles relations, de nouveaux besoins, des aliments quelquefois opposés, l'influence des peuples étrangers, et surtout le mélange des races noire et malaise avec celle des Dayas, ont dû introduire des changements notables entre ceux-ci et les peuples polynésiens, et peuvent seuls expliquer toutes ces nuances qu'on rencontre parmi les habitants de cette partie du monde. Ainsi le mélange des Lampouns, des Reyangs et des Chinois, a donné aux premiers les yeux obliques des seconds; ainsi la réunion des Nicobariens et des Andamens a fait de ceux-là des mulâtres; ainsi, dans les îles de Louçon, de Soumâdra et dans l'archipel des Carolines, s'est opéré le mélange de toutes les races de l'Océanie. Tous les Polynésiens ignorent l'usage de l'arc et des flèches comme

(*) Les Battas descendent des Biadjous, tribu des Dayas. Les savants désignent quelquefois les Biadjous sous le nom de *malem*, qui, en hindoustani, signifie *montagnards*.

(**) Nous avons pris pour point de comparaison la langue des Dayas-Maroots qui habitent le nord de l'île Bornéo, avec celles de Taïti, d'Haouai et de la Nouvelle-Zeeland et le malayou de Soumâdra.

instruments de guerre; tous font usage de la boisson enivrante du *kawa*, et chez quelques-uns les lois de l'étiquette ont déjà acquis un assez grand développement.

Les peuples de Haouaï, de Taïti et de Tonga, sont de tous les habitants de la Polynésie ceux qui ont fait le plus de progrès vers la civilisation. Les Nouveaux-Zeelandais réunis en peuplades peu considérables, et vivant sous un ciel plus âpre et sur un sol pauvre en ressources alimentaires, sont beaucoup moins avancés. Mais leur population plus grande que celle des autres états polynésiens, leur énergie, leur activité et leur aptitude pour les arts et métiers, font espérer que leur civilisation plus tardive fera un jour des progrès plus rapides.

LES ALFOURAS.

Les voyageurs et les géographes nous représentent les *Alfouras* ou Harafours comme une race à part; cependant ils ne constituent nulle part une race particulière. Ce mot, dans la langue des Dayas de Bornéo, signifie *hommes sauvages*; dans une partie de Bornéo on les appelle aussi *Pounams*. Ainsi, dans les régions caucasiennes on donne le nom de *Lesguis* à tous les peuples montagnards. Il répond à celui de Bedahs ou Veddahs (*), de l'île de Ceylan, qui habitent les parties les plus inaccessibles des montagnes et surtout des forêts. Ceux-ci sont considérés comme aborigènes dans les différentes parties de cette île. Dans l'Inde, les Bhils, les Kallis, les Gônds, les Coulis, les Toupahs, les Kiratas (**), les Boglipours et les Garrohs du Bengale vivent dans le même état, et sont considérés également par les Hindous comme aborigènes de cette vaste contrée. A Ceylan, il existe en outre une race indomp-

(*) Les *Pourânas* mentionnent une tribu sauvage de *Vyadas* qui vivait dans les forêts de l'Hindostan. Ne serait-elle pas la tribu des *Padæi*, composée de chasseurs sauvages et dont parle Hérodote?

(**) Le nom de cette tribu se donne aussi dans l'Inde à tous les sauvages habitants des bois.

tée qu'on désigne sous le nom de *Rambah-Bedahs*, qui vivent à la manière des singes. Accompagné d'une escorte de Bedahs des environs de Ratnapoura, lorsque j'ai visité le pic Adam, en compagnie de M. Layard, fils du collecteur de Colombo, j'ai pu juger, à mes dépens, cette race de bandits stupides; mais je ne connais les Rambah-Bedahs que par les récits des Bedahs, qui les placent infiniment au-dessous d'eux.

Il est vraisemblable que la race noire a formé la population primitive de l'Océanie. Dans notre opinion, les Alfouras appartiennent, à peu d'exceptions près, à cette race que nous croyons endamène, et qui était primitivement disséminée dans la plupart de ces archipels où elle s'était étendue après avoir été chassée de Bornéo. Cette île, qu'on pourrait regarder comme l'*officina gentium* de l'Océanie, renfermait une race de noirs endamènes, et une autre continue sous le nom de Papouas. Ces Papouas, qui n'existaient d'abord qu'à Bornéo, ont vaincu et presque exterminé les Endamènes. Ils ont ensuite envahi les côtes des îles voisines, décimé les populations endamènes, et les ont enfin reléguées dans l'intérieur des terres, jusqu'à ce qu'ils aient été eux-mêmes vaincus par la race malaise. Dans l'intérieur des terres, on voit souvent la première race mêlée et confondue avec la seconde.

Les naturels de la Malaisie ont appliqué le nom d'Alfouras, non aux hommes d'une seule couleur, car ils ne sont pas tous noirs, mais aux différentes tribus vivant dans l'état sauvage. En effet, les Alfouras de Bourou sont cuivrés, les Battas ou Alfouras de Soumâdra sont d'un jaune foncé; les Touradjas ou Alfouras de Célèbes leur ressemblent, tandis que les Alfouras de Maïndanao, de Mindoro, etc., sont d'un noir foncé, et ceux de Louçon et de Bouglas de deux nuances noires, car ils sont mêlés d'Endamènes et de Papouas. Au reste, comme il est prudent de s'étayer de l'opinion de ses devanciers, je dirai que cette remarque a déjà été faite, mais seule-

2.

ment pour les noirs de l'île de Louçon, par *el padre Bernardo de la Fuente*, jésuite espagnol. Voici la traduction de ses propres paroles : « Ces peupla- « des (les Alfouras de Louçon) se par- « tagent en deux races, dont l'une « est plus semblable aux nègres que « l'autre (*). »

LES MÉLANÉSIENS DIVISÉS EN ENDAMÈNES ET PAPOUAS.

La troisième race, en classant les races d'après leur extension, est celle des Igolotés ou Papouas, qui dominent une grande partie de la Mélanésie. Nous les croyons originaires de la grande île de Bornéo, où ils existent encore. Cette race, dont la couleur est d'un noir jaunâtre, porte le nom d'*Igoloté* et de *Dayer* à Bornéo, nom qu'elle se donne elle-même à la Nouvelle-Guinée. Mêlés ou non, mais habitant le même sol, les Papouas et les Endamens, les vainqueurs et les vaincus, occupent encore une partie de Louçon, de Mindoro, de Bouglas, de Maindanao, de Timor, de Soumâdra, de Célèbes, de Java, quelques cantons de Madagascar et de l'intérieur de Formose, et autres îles sous le nom de Aëtas, Negritos, Negrillos, Zambales, Finguianes, Italones, Kalingas, Igorrotes, etc. (**). Il est important de remarquer que les voyageurs confondent les Igolotés ou Papouas avec les Endamens ou noirs primitifs de la Malaisie, qu'on rencontre simultanément avec les premiers dans ses plus grandes îles (***). Je puis assurer que les Papouas sont plus noirs que les Endamènes et que les Changallas de l'Abyssinie, auxquels ils ressemblent, excepté par les cheveux, et qu'ils ont comme ceux-ci la physionomie agréable, et les formes ar-

(*) *Vid. Hervas, Catalogo delle lingue*, p. 99 ; et l'*Aritmetica delle nazione conosciute*.

(**) A Soumâdra, on les désigne sous le nom de *Orang-karbou* (*hommes buffles*) ; à Madagascar, sous celui de *Vinzimbers*.

(***) Néanmoins les noirs de Bouglas, de Panay et des autres îles Philippines, ont une teinte plus noire que tous les autres noirs que nous avons vus en Océanie.

rondies. Je dois également observer que les Endamènes, du moins ceux de la Papouasie, et les Australiens de la terre d'Arnheim dans le nord de l'Australie, qui appartiennent aussi à la race endamène, sont plus laids, plus petits et plus agiles, et que leurs traits sauvages, leurs yeux hagards, leur teint fuligineux ou enfumé, et leur maigreur les distinguent des Papouas. Malte-Brun, qui a été suivi par la plupart des géographes, a consacré une grande erreur de son imposante autorité, en confondant ces deux races sous le nom de nègres océaniens. Ajoutons que leur couleur est beaucoup moins noire que celle des peuples noirs de l'Afrique.

LES PAPOUAS.

Le mot de Papoua est une altération de *Poua-Poua*, brun-brun ; c'est ainsi que les Malaisiens désignent cette race. En s'avançant au nord, elle a dû s'établir dans les îles Philippines, et au nord-ouest, dans la presqu'île de Malakka, où elle porte le nom de Semang. En s'avançant vers l'est, elle aura rencontré les noirs endamènes de la Nouvelle-Guinée, qu'elle a vaincus, et de là elle se sera étendue dans les îles de la Louisiade, de la Nouvelle-Bretagne, de la Nouvelle-Irlande, dans l'archipel de Salomon, dans celui de Sainte-Croix ou de Quiros, dans les îles Loyalty et dans la Nouvelle-Calédonie, dans l'archipel de Viti, et jusque dans l'île de Van-Diemen. Le célèbre *Cook* eut connaissance à Taïti d'une tradition qui constatait l'existence des Papouas dans cette île, peu de temps avant son arrivée. A la Nouvelle-Zeeland, il existe un grand nombre de ces noirs. On en a remarqué à Oualan, à Hogoleou et à Goulaï dans les Carolines. Le capitaine Lütké, de la marine russe, a trouvé l'île Pounipet, une des plus grandes de cet archipel, entièrement habitée par eux. Observons que les pirogues des Papouas de la Nouvelle-Guinée et de toutes les îles de la Mélanésie ont la même forme, ce qui indique une origine commune. Leur taille est assez grande ; leur peau est noire et luisante, avec un huitième environ de jaune ; leur angle facial est au maximum de 69°, et de 63 à 64° au minimum ; leurs cheveux sont noirs, ni lisses, ni crépus, mais laineux, assez fins, frisant beaucoup et naturellement ; ce qui donne à leur tête un volume énorme en apparence. Ils sont rarement tatoués, et, sauf ceux de Dori (*), ils vont généralement nus. Les Hybrides de la Nouvelle-Guinée et de Véguiou soutiennent leur chevelure épaisse par un peigne en bois à long manche, et garni de trois, cinq, sept branches et plus. Ils ressemblent, par cette immense toison ébouriffée, à ce charlatan qui vend de l'huile de Mangkassar sur toutes les places de Paris (voy. pl. 11). D'autres noirs, tels que ceux de la Nouvelle-Bretagne les laissent tomber sur les épaules en mèches nattées et peintes en rouge. Parmi les nombreuses variétés de la race papoua, celle de Viti semble occuper le premier rang, et celle de l'île Van-Diemen et de Mallicolo le dernier.

Je terminerai ce que j'ai dit de cette race par une observation que je crois digne de quelque intérêt.

J'ai vu dans la Haute-Égypte plusieurs momies et plusieurs statues de Phta, d'Ousimandéi et de Sésostris, dont l'angle facial était semblable au nôtre, et qui offraient un caractère particulier. Le devant de la tête y était beaucoup plus déprimé ; le front plus incliné en arrière, ainsi que le nez, et le trou auditif plus élevé que ceux des Européens, de manière que leurs oreilles étaient plus hautes que les nôtres. Il en est de même chez quelques Papouas.

LES PAPOU-MALAIS.

Du mélange des Malais avec les Papouas provient une variété hybride à laquelle on donne improprement le nom de Papous. Nous pensons qu'il faudrait les distinguer des Papouas, en leur donnant le nom de *Papou-Malais*, que nous continuerons de leur donner dans le cours de cet ouvrage. Ils habitent le littoral des îles Véguiou, Salouati, Gamen et Battanta,

(*) Et non Dorey ou Dorery.

et la partie septentrionale de la Nouvelle-Guinée, depuis la pointe Sabelo jusqu'au cap de Dori. Ils ont emprunté aux deux races dont ils descendent les habitudes qui les distinguent : ainsi, les uns sont mohammédans, les autres adorent des fétiches. Leur jargon fourmille de mots malais. Leur taille est généralement petite ; et ils sont souvent infectés de cette horrible lèpre furfuracée qui règne généralement chez les peuples de race noire de la mer du Sud. Leur angle facial est de 64° au minimum, et au maximum de 69°.

LES ENDAMÈNES ET LES AUSTRALIENS.

La Nouvelle-Guinée ou Papouasie est, à mon avis, le foyer des Mélanésiens, quoique cette race vienne primitivement de Bornéo, ainsi que toutes les races de l'Océanie.

Tous les naturels de la Mélanésie sont plus ou moins noirs-jaunâtres ; mais, nous le répétons, Malte-Brun s'est trompé, en confondant tous les noirs océaniens en une seule race. Il en existe une autre qui, quoique noire, est aussi distincte de celle des Papouas que la race bosjimane est distincte de celle des Caffres : elle habite l'intérieur, et vraisemblablement le sud de la Nouvelle-Guinée. Cette race, que les Papouas nomment *endamène*, nom qui rappelle celui des noirs hideux des îles Andamen, avec lesquels elle offre la plus triste ressemblance, a dû être très-nombreuse dans la Nouvelle-Guinée. Mais ces malheureux Endamens, devenus assez rares (*) par les persécutions et les guerres continuelles que leur ont faites les Papouas, qui les surpassent en bravoure, en intelligence et en beauté (relative, du moins), ont déserté la Papouasie. S'abandonnant aux flots sur de frêles canots, ils auront traversé le détroit de Torrès au milieu des récifs, et se seront établis dans le vaste continent de l'Australie, où cette race semble devoir s'éteindre, tôt ou

(*) La plupart des Endamènes de la Papouasie, vus par des européens, sont des captifs destinés à être vendus.

tard, de même que les naturels de l'Amérique, devant la population européenne. Ainsi, partout le fort écrase le faible; et partout la race noire est opprimée par les races cuivrées, jaunâtres ou tannées, qui, à leur tour, sont subjuguées par les races blanches.

Décrire les Australiens, c'est décrire les Endamènes de la Papouasie. Les Australiens sont, ainsi que les Endamènes, moins noirs que les noirs d'Afrique, mais ils sont d'une teinte plus jaunâtre que les Papous, et tirant vers la couleur de la suie vieille et terne. Plusieurs tribus ont une teinte bistre, faiblement jaune plutôt que noire; la boîte osseuse du crâne passablement ronde; le front fuyant en arrière; les cheveux floconnés et non pas lisses, et ordinairement crépus. Leurs bras sont très-longs, et leurs jambes grêles encore plus longues; ils sont généralement velus, mais plusieurs sont glabres; ils ont la bouche d'une grandeur démesurée, le nez fort large et épaté, les narines également larges, les dents un peu proclives, mais d'un bel émail. Chez quelques-uns la mâchoire inférieure, très-avancée, leur donne beaucoup de ressemblance avec les Hottentots; et leur visage, vu de profil, est hideux d'animalité. Leur angle facial est très-aigu, et ne s'élève que de 60 à 66°, tandis que celui de l'*orang-houtan*, auquel l'Australien n'est guère supérieur que par le langage, est généralement de 62 à 65°. Ces êtres existent sans mélange non seulement dans l'Australie, mais aussi à la Nouvelle-Calédonie et dans la plupart des îles de l'archipel du Saint-Esprit, où ils se montrent dans toute leur difformité (voy. la *pl.* 11). On les représente méfiants et timides dans plusieurs tribus australiennes. Dans la terre de Grant, ils sont vindicatifs, voleurs et perfides; on les a dit aussi anthropophages. Ils ont une aversion constante pour les Européens, et leurs mœurs, leurs coutumes et leur langage varient à l'infini. Leurs femmes ont les hanches plus larges que les hommes; elles ont le sein énorme, flasque et pendant; mais elles sont moins hideuses que les hommes. Ces êtres misérables sont, dans le genre humain, ceux qui se rapprochent le plus de la brute. Ils vivent par couples ou en tribus, sans lois, sans arts, sans industrie, sans autre religion qu'un grossier fétichisme, sauf quelques tribus qui croient au pouvoir d'un esprit malfaisant, et repoussent l'existence d'un être bon. Ils ne couvrent de leur corps que les épaules, sur lesquelles ils jettent une peau de kangarou (*), et leur tête, qu'ils revêtent d'une étoffe grossière. Dans certaines parties du centre et de l'ouest de l'Australie, et principalement de la terre d'Édels, le pays a paru plus beau, et les habitants ont paru moins difformes à quelques Anglais; mais, malgré nos longues recherches à ce sujet, nous n'oserons pas décider cette question, parce qu'ils ne l'ont pas décidée eux-mêmes, et que nous n'avons pu visiter ni ces parties, ni la Nouvelle-Galles méridionale.

Les malheureux Australiens n'ont pas d'habitations, pas même de tentes. Ils disputent aux bêtes fauves le sol où ils reposent. Ceux des environs du port Jackson construisent des huttes, ou plutôt des espèces de nids, formés de branches entrelacées et recouvertes d'écorces. Leur pays est si pauvre, qu'ils ne peuvent se nourrir que du poisson qui abonde sur les côtes, de quelques opossums (**) qu'ils tuent avec des piques en bois, et d'oiseaux et écureuils volants, qu'ils attrapent en grimpant sur les arbres. Ils se régalent, quand ils en trouvent, de miel sauvage et de gomme de mimosa, qu'ils aiment passionnément. Ils se servent de petites massues, ainsi que toutes les tribus sauvages; ils connaissent l'usage du feu, et ne mangent pas la chair des animaux crue, quoi qu'en disent quelques colons, toujours disposés à les dénigrer. Ils pos-

(*) Quadrupède rongeur, de la famille des marsupiaux, qui a les jambes de derrière beaucoup plus longues que celles de devant, et dont la femelle a une poche sous le ventre.

(**) Quadrupède du genre Didelphe.

sèdent du moins trois qualités fort estimables ; ils chérissent leurs mères, leurs enfants et la liberté. Au reste, l'existence de ces êtres malheureux n'est pas longue. Parmi les tribus de l'Australie, la moins stupide paraît être celle des environs de Sidney, et la plus abrutie celle qui réside aux environs de la baie des Verreries (*Glass House's Bay*), dans la Nouvelle-Galles méridionale. Si on considère avec soin la grosseur de la tête et les protubérances des Australiens, leur agilité à grimper, leur corps velu, l'os frontal très-étroit et comprimé en arrière comme chez les animaux, et la conformation de leur glotte, tout rapproche des orangs-houtan les hommes de cette race, qui est devenue peut-être plus difforme depuis qu'elle est établie dans l'Australie, parce que ce vaste continent manque de plantes alimentaires. Ces misérables tribus, ainsi que nous l'avons dit, semblent appartenir à une seule souche, celle des Endamènes. Les hommes qui la composent ne différent guère que par les usages et le langage. Les uns possèdent un idiome doux et sonore, qui n'a d'analogie avec aucun de ceux qui nous sont connus ; les autres (par exemple, dans la baie des Verreries) emploient un idiome plein de sifflements et de battements de langue, et dont certains mots appartiennent plutôt à la bête qu'à l'homme.

Au lieu d'abrutir ces malheureux par des liqueurs fortes, et de les corrompre par les communications avec les déportés, il serait juste, et par conséquent utile, de cultiver leur faible intelligence; mais les Européens se contentent de faire périr les tribus paisibles en diminuant leurs moyens de subsistance, ou d'exterminer les tribus farouches. Quel droit cependant avons-nous d'arracher à ces hommes une terre que le ciel leur a répartie pour y vivre à leur gré, si ce n'est pas pour les faire jouir des bienfaits de la fraternité ?

LES ALBINOS.

Quant aux Albinos, aux hommes à loupes et à goitres, qu'on rencontre dans l'Océanie comme ailleurs, et à ces esclaves de l'île Nias, qui ont la peau blanchâtre et couverte d'écailles, on ne doit les considérer que comme des hommes affligés de difformités ou de maladies. Les habitants de Poulo-Nias sont souvent atteints de cette lèpre blanchâtre et affreuse qui infecte les Papouas, et dont les individus qui en sont affectés portent, dans l'île de Java, le nom de Kakerlaks. Malte-Brun a commis une erreur grave, en prenant quelques-uns de ces individus pour une race.

Pour me résumer, j'ai trouvé dans l'Océanie quatre races bien distinctes : la *malaise*, la *polynésienne* ou *daya*, l'*endamène* et la *papoua*, lesquelles ont donné naissance, par leur croisement, à un certain nombre de *variétés*.

LES AITHALO PYGMÉES, LES PITHÉKOMORPHES ET LES MÉLANO PYGMÉES.

A ce sujet, nous éprouvons la plus grande difficulté pour classer quelques individus que nous avons vus sur la côte de Soumâdra : les premiers formaient une famille composée de trois membres; ils n'étaient pas tout à fait noirs, mais fuligineux; ils avaient les bras, les jambes et le reste du corps fort petits, et la tête extraordinairement grosse; leur taille ne dépassait pas quatre pieds six pouces (mesure de France). Ils venaient de l'intérieur du royaume de Palembang, pays dont les habitants sont d'une fort belle taille ; mais je ne puis comprendre s'ils appartenaient à une variété, ou s'ils étaient une famille de nains. Les seconds étaient d'une taille moyenne, et leur teint était très-basané ; leurs formes offraient beaucoup de ressemblance avec celles des singes, et leurs corps étaient entièrement couverts de longs poils : ils nous dirent qu'ils habitaient l'intérieur de Menangkarbou, et qu'ils formaient une petite peuplade.

Ces hommes appartenaient-ils à la race des Endamènes ou Australiens que nous avons décrits plus haut? Quoique leur couleur fût moins noire, nous pencherions à les classer parmi les Endamènes. Seraient-ils une variété de cette race? Pour mettre nos lecteurs en état de mieux juger cette question, et pour compléter cet article, nous ne saurions mieux faire que de répéter le passage de l'excellent abrégé de géographie de M. Balbi, où il a mentionné notre découverte :

« M. L.-D. de Rienzi a vu lui-même, près de la baie des Lampoungs, des hommes de très-petite taille qui appartiennent à la variété qu'il nomme *Aithalo-Pygmées*. « Voilà donc, » dit-il dans son mémoire sur la classification des différentes races qui habitent l'Océanie, « Voilà donc, sur les plages brûlantes que traverse l'équateur, des hommes dont la taille peut être opposée à celle qu'on attribue aux Lapons, aux Samoyèdes, aux Esquimaux et autres peuples qui vivent au milieu des glaces et des frimas de la zone boréale. »

« Cet infatigable voyageur a vu aussi, sur la côte orientale (*) de cette île, quelques individus que les naturels appellent *Gougons*. « Ils venaient, dit-il, de l'état de Ménangkarbou. » Ces hommes appartiennent à la race qu'il propose de nommer *Pithékomorphes* (ou à formes de singes), parce qu'ils offrent quelque ressemblance avec ces quadrumanes par leur corps couvert de longs poils, l'os frontal très-étroit et comprimé en arrière, la conformation de leur glotte et leur peu de conception. A ce sujet, M. de Rienzi ajoute : « Ils ne surpassent guère les singes en intelligence, mais enfin ils sont hommes; et, comme l'observe profondément Pascal, l'homme n'est, nulle part, ni ange, ni brute. »

Outre ces deux variétés, j'ai vu encore dans l'île triangulaire de Panay (Îles Philippines) une autre variété de vrais noirs de la plus petite taille, mais bien faits, auxquels j'ai imposé le nom de *Mélano-Pygmées*. Ils vivent dans les bois et les montagnes. Leurs enfants portent le nom d'un arbre ou d'un rocher; l'un se nomme *Papaya*, l'autre *Batou*, etc. Leurs cheveux ne sont pas crépus comme ceux des Africains. Ils sont absolument nus et si légers à la course, qu'ils prennent souvent des animaux sans le secours de leurs flèches, et alors ils demeurent comme les corbeaux autour du cadavre jusqu'à ce qu'ils l'aient dévoré. Ces hommes mènent une vie fort paisible avec leurs femmes et leurs enfants, loin des Bissayas et des Espagnols.

LES SAUVAGES COMPARÉS AUX PEUPLES CIVILISÉS.

J'ai déjà décrit plusieurs races et variétés d'hommes et plusieurs peuples plus ou moins civilisés et plus ou moins dégradés; mais comme il sera encore souvent question des peuples sauvages dans notre ouvrage, j'ai cru devoir donner ici quelques considérations générales sur un sujet aussi intéressant pour l'anthropologie et l'ethnographie, comparer l'homme dans ses divers états et donner mes conclusions. J'ai visité jadis quelques-uns des peuples et tribus sauvages de l'Amérique, et récemment un grand nombre de ceux de l'Océanie. J'ai reconnu, en dépit de Rousseau, qu'il n'existait pas de peuples vraiment sauvages, et que le soi-disant état de nature était un mot vide de sens. L'homme vit partout en société; la liberté est pour lui un moyen et non un but; il est né pour la perfectibilité. Nos révolutions font quelquefois rétrograder l'humanité, puis elle reprend sa marche et perfectionne de nouveau. Je ne me suis donc servi du mot de *sauvages* que pour être mieux compris; j'aurais préféré nommer ces hommes, des *enfants demi-barbares*.

La reconnaissance des nations éleva des autels aux inventeurs de l'agriculture et de l'industrie. Les philosophes grecs ont peint des plus noires couleurs les Celtes immolant tous les étrangers qui tombaient dans leurs mains, les Hyrcaniens jetant aux vautours les cadavres de leurs pères, et l'antre ensanglanté du Cyclope. Tacite et Rousseau, vivant dans un siècle corrompu, indignés de la corruption qu'ils flétrissaient en vain, cherchèrent, pour faire honte à leurs compatriotes, le premier chez les sauvages de la Germanie, le second chez les

(*) Sur la côte d'Andragiri.

sauvages de l'Amérique, les modèles d'une société heureuse, telle qu'ils en avaient créé l'image dans leur propre cœur; mais Tacite n'a pas dit que les Germains épousaient leurs sœurs et même les veuves de leurs pères, et qu'ils sacrifiaient des victimes humaines; et Rousseau a oublié de mentionner le viol et l'anthropophagie des Américains. Quant à moi, qui écris l'histoire et non le roman de l'homme, je n'ai point cherché un monde idéal dans les fables de l'âge d'or, et je ne l'ai trouvé que dans la jeunesse de la civilisation de quelques nations privilégiées.

Ces *sauvages*, ces prétendus *enfants de la nature* m'ont offert, à quelques exceptions près, les traits de la peur, de l'hypocrisie, du vol, des plus honteuses superstitions, de la plus révoltante férocité, et même de l'anthropophagie. Les Dayas, les Oumbaïens, les Vitiens, les Battas, les Maïndanaens, les Idaans, les Nouveaux-Zeelandais, les Harnoans, les Noukahiviens et d'autres Océaniens nous en fournissent la preuve. Leur physionomie expressive peint toutes les passions avec une mobilité difficile à saisir. Tantôt c'est la menace et la fureur; tantôt c'est une gaîté folle; mais toujours elle conserve quelque chose de faux et de sinistre. La défiance et l'ingratitude sont au fond de leur caractère. Les présents excitent leur cupidité; ils essayent d'enlever par la force ce qu'on leur a refusé, sans que les dons qu'ils ont reçus leur inspirent le moindre sentiment de justice ou de bienveillance. Ils méconnaissent l'autorité même du père de famille; ils sont paresseux, vindicatifs; quelques-uns vont jusqu'à confondre leurs sœurs, leurs filles et leurs mères dans leurs brutales ardeurs.

Chez eux les femmes sont généralement esclaves; du moins elles ne sont considérées que comme des bêtes de somme, des animaux sans ame, destinés aux travaux les plus pénibles et les plus abjects. Je n'ai jamais vu un sauvage en embrasser un autre de son sexe, ou même d'un sexe différent. Ils ont quelques qualités physiques supérieures aux nôtres. Leur mémoire est prodigieuse; leur odorat, leur vue, leur ouïe deviennent par un continuel exercice d'une subtilité, d'une force, d'une finesse inconcevables à des hommes tels que nous, qui faisons si peu d'usage de nos facultés les plus précieuses. La mousse des arbres, le mouvement du soleil et des étoiles, les traces des hommes ou des animaux, les dirigent à travers les forêts les plus épaisses. Ils connaissent si bien leur pays que plusieurs d'entre eux m'en ont tracé la carte sur le sable avec la plus grande exactitude. Ils se communiquent leurs idées par le tatouage ou autres signes hiéroglyphiques. Ils sont généralement hospitaliers; vous êtes admis au repas de l'Océanien et de l'Américain sans qu'ils vous fatiguent de questions indiscrètes ou humiliantes : le premier partage avec vous ses cocos et son poisson, le second sa *sagamité* et le gibier qu'il a quelquefois bien de la peine à se procurer; le Polynésien vous régale du kawa, et l'Américain fume avec vous le calumet de la paix. Amant passionné de son indépendance, l'un et l'autre la préfèrent à tous les biens. Le sauvage n'a pas à payer comme l'Européen, l'air, l'eau, le feu, les vêtements, les aliments, sa naissance, sa correspondance, la permission de voyager, son mariage et jusqu'au coin de terre où reposent ses cendres. Le sol qu'il habite produit des fruits sans culture, et les eaux lui donnent abondamment du poisson. Mais si l'homme civilisé n'était soumis qu'à des lois justes ou à une bonne éducation; si notre état social était enfin réformé; devenus moins criminels et par conséquent plus justes, plus modérés, alors seulement nous serions plus heureux que ces sauvages trop vantés. Leurs forces corporelles, qu'on a tant exagérées, sont peu supérieures à celles des Européens, et leur intelligence est très-bornée : quelques-uns même, tels que les Endamènes et les Australiens, ne sont guère supérieurs sous ce rapport aux orangs-houtan. C'est une chose triste à savoir, qu'à peine un sixième des parties habitables du globe est possédé par des nations agricoles et civilisées :

et encore que de degrés différents dans la civilisation!

Cependant les Taïtiens, les Carolins, les Tongas, les Rienziens (*), les insulaires de Freewill et quelques autres, qui vivent dans un état mitoyen entre la barbarie et la civilisation, ne doivent pas être confondus avec les sauvages perfides et anthropophages dont nous avons parlé plus haut. Les Carolins et les Rienziens semblent être au printemps de leur vie sociale. L'aimable simplicité qui règne dans leurs mœurs et dans leurs manières, ce patriotisme franc et généreux qui anime tous les cœurs et arme tous les bras, offrent un spectacle intéressant, un caractère de civilisation naissante qui semble condamner la corruption d'une civilisation trop avancée, le luxe, l'envie, l'égoïsme, la mollesse et la triste vanité de nos temps, et la vieillesse hargneuse, avide et inquiète des empires européens, où règnent les espions, les délateurs, les provocateurs, les prostitutions, les débauches les plus effrénées, et les abominables flatteurs, qui disent encore aux pasteurs des peuples, ce qu'ils disaient aux Tibères, aux Nérons, aux Caligulas; tout va bien, tandis que l'ambition, l'intrigue, l'envie, la calomnie, la lâcheté morale, le manque de patriotisme et de croyances, l'injustice, la fausseté, la ruse, l'amour désordonné de l'or et des voluptés, et l'égoïsme enfin, cette lèpre de notre temps, qui résume à lui seul tous les vices, sont, en morale, nos progrès les plus réels.

Ces *peuples adolescents* de la Polynésie, plus heureux que nous, pourraient, graces aux progrès d'une civilisation qui serait fondée par un législateur philosophe, pourraient, dis-je, prétendre à de nobles destinées, à un état aussi heureux qu'il est permis à l'homme d'en jouir. Mais laissons une consolante hypothèse pour un triste positif, et occupons-nous de peindre

(*) Voyez la Description de l'île Rienzi dans l'archipel de Holo, elle est citée dans le nouveau Dictionnaire géographique de M. Maccarthy, etc.

les hommes tels qu'ils sont et non tels qu'ils pourraient être. Ajoutons, pour conclure, que l'homme, soumis aux lois et à la justice, est moins malheureux que ces sauvages, qui n'ont aucun frein, et chez qui une indépendance déréglée et de féroces superstitions produisent des vices et des crimes qui ne sont pas rachetés par de grandes vertus, de grands talents, de belles actions et des habitudes conservatrices.

D'après tout ce que nous avons dit précédemment, il est facile de voir que l'homme est né pour la société; que le prétendu état de nature est, malgré Rousseau, plus malheureux et moins naturel que l'état civilisé, et que les hommes qu'on appelle sauvages sont encore plus indisciplinables que nous. Cependant, de tous les sauvages, ceux qui, sous le doux ciel de l'Océanie, sont livrés aux travaux de l'agriculture et de la pêche, sont moins cruels et ont fait plus de progrès en civilisation que les sauvages chasseurs de l'Amérique et les sauvages nomades de l'Afrique et de l'Asie. Pour dire toute la vérité, les paysans de l'Irlande et de la Basse-Bretagne, les uns et les autres d'origine celtique, ne m'ont point paru supérieurs à certains sauvages de l'Océanie.

Mais pour apprécier ce sujet avec justice et justesse, il ne faut jamais oublier que sans l'anatomie et la physiologie de l'animal bimane, mammifère, omnivore, cosmopolite et raisonneur plutôt que raisonnable, qu'on appelle homme, être à la fois si sublime et si bas, la métaphysique et la psychologie sont des sciences vaines; que sans l'idiomographie on ne peut bien connaître l'histoire des nations, et que ces deux études très-différentes doivent s'appuyer l'une sur l'autre sans jamais se confondre. C'est par leur secours qu'on pourra mieux connaître les peuples éloignés de nous. C'est en les enrichissant de productions ou d'animaux utiles, et non pas en ravageant leur pays; c'est en s'efforçant de les instruire au lieu de les asservir, qu'on gagnera la confiance de nos frères, Pygmées ou Patagons, noirs, fuligineux, jaunes, rouges, verdâtres, blancs ou tannés, aux formes agréables ou aux formes de singes, disséminés sur le globe et surtout sur le grand Océan : ce n'est qu'ainsi qu'on pourra améliorer le sort de ces membres plus ou moins forts, plus ou moins éclairés, plus ou moins méchants de la grande famille du genre humain, mais qui tous gémissent et se déchirent sur ce globe étroit et misérable où nous ne faisons que passer.

La France et l'Angleterre au XVIII° et au XIX° siècle ont fait voyager des astronomes pour mesurer le globe, et découvrir les parallaxes de Mars et de Vénus; des navigateurs pour régler les longitudes en mer, calculer les déclinaisons de l'aiguille aimantée et les variations du pendule, et des naturalistes pour embellir nos jardins et augmenter nos collections. Quand paraîtra-t-il un nouveau Pythagore qui voyagera dans l'unique but d'étudier l'homme, ses races et leurs variétés? Favorisé par un Marc-Aurèle ou un Colbert, il irait observer l'Esquimaux pygmée au cercle polaire, le Patagon géant près du détroit de Magellan, le Bosjiman dans la Hottentotie, les Kimos à Madagascar, les Kimoïs dans l'empire d'Annam, les restes des malheureux Caraïbes dans la double Amérique, l'Endamène ou noir océanien dans les déserts sablonneux et embrasés de la vaste Australie, le Polynésien dans les îles lointaines de la mer du Sud, et l'orang-houtan dans les forêts vierges de Bornéo. Alors, pour la gloire de son Mécène et pour l'intérêt de la science et de l'humanité, il étendrait partout l'empire de la raison, et enrichirait sa patrie des bienfaits de la vérité ; et si ce voyageur philosophe devenait jamais législateur, il chercherait à réunir les esclaves de l'Asie et les hommes libres de l'Occident, les républicains de l'Amérique et les serfs de l'Océanie, sous les saintes lois de la charité universelle.

L'ORANG-HOUTAN.

Après avoir tracé le caractère et les mœurs des races d'hommes de l'Océanie, et avant de passer à l'histoire naturelle, et en particulier à la zoologie de cette partie du monde, nous avons cru devoir donner la description et l'histoire de l'orang-houtan (*), bimane qui tient le milieu entre l'homme et le singe. Je commencerai par l'orang roux.

J'ai vu sur un navire baleinier un jeune individu femelle de cette espèce, qui appartenait au capitaine et qui mourut en ma présence au bout de huit jours. Après sa mort, je l'étudiai de mon mieux. Son angle facial était de 60 à 65 degrés, c'est-à-dire peu inférieur à celui des Endamènes, des Australiens, des Bosjimans et des Hottentots dont nous avons parlé plus haut. Cet individu mort ressemblait à l'homme par l'estomac, le foie, le cœur et le cœcum, un os hyoïde pareillement conformé, le même système dentaire, mais plus fort, les mains et les ongles plats. Il lui ressemblait encore par la forme arrondie de sa tête et le volume de son cerveau; mais sa glotte différait de la nôtre. Il n'avait ni la queue, ni les abajoues, ni le postérieur calleux de certains singes. Sa taille était de trois pieds quatre pouces.

J'ai possédé un véritable orang roux, environ trois mois; il avait été rencontré au sud de la baye de Malodou (île de Bornéo), et pris dans une trappe d'où on l'avait tiré et amené à bord, avec peine. Je l'avais acheté 10 *mattas*, ou environ 40 francs. Il avait le nez large et plat, les yeux petits et enfoncés, la mâchoire inférieure très-avancée, les oreilles élevées, le front déprimé et les os des joues semblables à ceux des Mongols; les dents grandes et fortes, offrant quelque ressemblance avec celles du lion, la bouche très-large et couleur de chair, le visage grisâtre, la poitrine carrée, la face longue et blême, un très-gros ventre, de longs bras qui dépassaient

(*) Et non pas orang-outang, ainsi que l'écrivent les Européens. Le mot *orang* est malayou, il signifie homme, et *houtan* forêt, tandis que le mot *outang* signifie dette. Ainsi *orang-houtan* se traduit littéralement par homme de la forêt.

ses mollets (*), beaucoup plus charnus que ceux des singes. Il était à peine adulte, et cependant sa taille était de quatre pieds de hauteur ; il se tenait ordinairement accroupi, la tête penchée sur la poitrine. Son corps était couvert d'un pelage roux fauve, assez long, excepté à l'intérieur des mains, au ventre, au visage, aux oreilles et au sommet de la tête, qui était un peu chauve.

Il avait été trouvé dans les bois ainsi que d'autres orangs, armé d'une espèce de bâton, semblable à celui dont se servent la plupart des habitants de nos campagnes, et s'avançant ainsi fièrement contre les Dayas. Plus tard, il ne marchait guère qu'en s'appuyant à droite et à gauche, à une cloison, à un meuble, aux bastingages, aux mâts ou au cabestan du navire, et il grimpait lestement sur les vergues et dans les haubans. Il n'est pas exact de dire que ces bimanes ne peuvent se tenir debout, ainsi que l'a avancé le savant docteur M. Clarke Abell, qui a jugé, peut-être, de toute l'espèce par un seul individu faible et malade.

L'orang roux diffère beaucoup des singes. *Bagous* (**) (c'est le nom que j'avais donné au mien) n'avait ni l'irréflexion du macaque, ni la férocité du babouin, ni la malice, le caractère hargneux et les grimaces de la guenon, ni la pétulance du magot, ni la lubricité du cynocéphale, ni la malpropreté du sagouin ; il n'avait guère des nombreuses espèces de singes que la faculté imitative.

Un Biadjou m'a dit que les orangs savent allumer du feu : mais ce qui est certain, c'est qu'ils savent se construire de petites cabanes qui leur servent d'habitations ; qu'ils savent ramasser des crabes et des mollusques au bord de la mer, casser des moules et des patelles sur un rocher, et jeter des cailloux dans des *taclovos* ou *tridachnes* (*) (bénitiers) pour les arracher sans danger avec leurs mains et ensuite les manger ou les porter dans leurs cabanes afin d'augmenter leurs provisions ; et que l'amour de ces êtres pour leurs femelles et pour leurs petits est vraiment admirable.

Bagous était docile, imitateur intelligent, affectueux envers moi et envers mon domestique qui le soignait. Son humeur était douce, sa physionomie portait l'empreinte de la mélancolie. L'orang est tellement brave dans ses forêts, qu'il défie plusieurs hommes et les terrasse ; mais il s'assouplit facilement à notre éducation. J'avais dressé le mien, sans peine, à plusieurs usages domestiques, et ses habitudes étaient naturellement propres.

Bagous mangeait volontiers du lait, des légumes, du riz, des fruits, du miel, du poisson et de la viande. Il buvait beaucoup de thé, et il était excessivement friand de confitures chinoises et surtout de sucreries. J'en mettais quelquefois dans mes poches, et il ne tardait pas à me les voler. Il savait déboucher une bouteille, porter mon karpous (**) et mon turban ; fermait et ouvrait la porte, faisait son lit ; et comme il était très-frileux, il s'affublait de couvertures et de nattes au point d'en suer. Un jour qu'il avait mal à la tête, il se serra spontanément avec mon châle, et se coucha. Une jolie danseuse daya, à laquelle il faisait ordinairement les yeux doux, ayant cherché à le consoler, il parut la supplier de le laisser seul et de ne faire aucun bruit autour de lui.

Mon orang me servait à table ; il paraissait fier et satisfait quand je le faisais dîner avec moi ou fumer mon houka, et il buvait volontiers un verre de porto à ma santé (voy. la *pl.* 8). Alors il ressemblait assez par les ma-

---

(*) Les bras des Australiens de la terre d'Arnheim, qui sont certainement plus longs que les nôtres, ne le cèdent guère en longueur à ceux de cet orang ; mais leurs jambes sont aussi grêles que les leurs.

(**) Ce mot malayou signifie joli, gentil.

(*) Espèce d'huîtres dont quelques-unes pèsent plus de cent livres. C'est la plus grande des coquilles connues. Il en existe une vraiment gigantesque dans l'église Saint-Sulpice, à Paris.

(**) Sorte de bonnet malais.

nières et par la taille à un petit Endamene (habitant primitif de la Nouvelle-Guinée) de l'âge de 15 à 16 ans, qui aurait été sourd et muet.

L'intéressant *Bagous* n'avait qu'un défaut, celui d'être un peu voleur; mais il savait le faire oublier par d'excellentes qualités. D'ailleurs, devais-je exiger d'un orang-houtan qu'il connût le droit de propriété, si peu respecté par un grand nombre d'hommes civilisés? Un autre désagrément que j'avais encore à supporter de lui, quoiqu'il fût indépendant de son caractère, c'est que toutes les fois qu'il voulait m'exprimer sa joie, il faisait entendre un grognement rauque comme celui du cochon, précipité et rapide comme le claquement d'un fouet, en alongeant et haussant à la fois la mâchoire inférieure et la remuant avec vivacité. Ce grognement insipide et désagréable me désenchantait, malgré moi, de l'intérêt que je lui portais, à cause de sa gentillesse et de son bon naturel. J'eus le malheur de le perdre à bord. Tout l'équipage le regretta, et moi je le regretterai toujours.

Une femelle de l'espèce des orangs roux fut amenée à Paris, en 1808. Napoléon la fit venir aux Tuileries. Ce devait être un spectacle vraiment curieux, que de voir le plus grand capitaine des temps modernes, le dictateur de l'Europe, oublieux des soins de son vaste empire, observant gravement un être chétif et le caressant de cette même main qui ébranlait le monde. Que de réflexions dut faire le législateur de la France, s'il songea que cet être à conformation humaine était peut-être une espèce dégénérée d'hommes semblables à ceux qu'il échauffait des étincelles de son génie, et à l'aide desquels il accomplissait de si grandes choses! Oh! alors que l'humanité dut lui sembler misérable, en la voyant ainsi dégradée, et en même temps qu'elle dut lui sembler grande, en songeant à sa gloire! Le pauvre orang ne pouvait comprendre l'honneur qu'on lui accordait. On le déshabilla, la journée était froide, il prit un rhume, et mourut quelque temps après d'une fluxion de poitrine. Napoléon avait appelé cette femelle, mademoiselle Desbois.

Un orang mâle de la Malaisie fut transporté en 1826 à Java, et de cette île à Londres, où il arriva heureusement. Le docteur Clarke Abell, passager, comme lui, à bord du vaisseau *le César*, s'est fait l'historien de son voyage. Quelques naturalistes lui ont donné le nom de *Pongo Abellii*. Cependant le pongo de Wurmb avait des abajoues; celui-ci n'en avait pas, ainsi qu'on va le voir dans le récit du docteur Abell; aussi il me paraît difficile d'admettre leur identité. « Lorsqu'il fut à bord (dit son biographe), on chercha à s'assurer de lui par une chaîne fixée à un câble; mais il réussit bientôt à détacher la chaîne, et il s'en fut sur le pont, la traînant après lui. Comme elle le gênait dans sa marche, il la roula deux fois autour de son corps, et en laissa pendre l'extrémité sur son épaule. Quand ensuite il s'aperçut qu'elle n'y tenait pas, il la plaça dans sa bouche. On le laissa enfin circuler librement dans le navire, et il devint familier avec les matelots, qu'il surpassait en agilité. Ils faisaient la chasse après lui dans les cordages, et lui donnaient dans leurs jeux des occasions multipliées de déployer son adresse. Tant que nous restâmes à Java, il logeait dans un grand tamarin, près de mon habitation; le soir il préparait son lit, en entrelaçant de petites branches de l'arbre et en les couvrant de feuilles. Pendant le jour, il restait couché sur la poitrine, la tête avancée hors de son lit, pour observer ce qui se passait au dehors. Quand il apercevait quelqu'un avec du fruit, il descendait pour en obtenir une portion. Cet animal était en général très-doux; mais quand on l'irritait, sa colère n'avait point de bornes; il ouvrait sa bouche, montrait ses dents, et mordait ceux qui l'approchaient : deux ou trois fois on eût pu croire que dans sa rage il allait se suicider. Lorsqu'on lui refusait quelque nourriture qu'il désirait ardemment, il poussait des cris aigus, s'élançait avec fureur dans les cordages, puis revenait et tâchait encore de l'obtenir. Si on la lui refusait de nouveau, il se roulait sur le pont, comme un enfant en colère, en remplissant l'air de ses cris, puis se relevait tout à coup et disparaissait de l'autre côté du navire. La première fois que cela arriva, nous crûmes d'abord qu'il s'était jeté dans la mer; après beaucoup de recherches, on le trouva caché sous les cordages. Il ne faisait point de grimaces comme les autres singes, et n'était point disposé comme eux à faire perpétuellement de mauvais tours. Il était d'ordinaire doux, grave et même mélancolique. Lorsqu'il se trouvait pour la première fois en présence d'étrangers, il promenait autour de lui des regards inquiets, et pouvait rester des heures entières, la tête cachée dans ses pattes. S'il était trop incommodé par leur examen, il allait se blottir sous le premier abri qui se trouvait à sa portée. Il faisait voir sa douceur par la patience habituelle avec laquelle il supportait les injures; il fallait qu'elles fussent bien violentes pour qu'il les ressentît; cependant il avait toujours soin d'éviter ceux qui le tourmentaient. Il montrait au contraire beaucoup d'attachement pour les personnes dont il était bien traité; il allait s'asseoir près d'elles, s'en rapprochait le plus possible, et ce pauvre animal, dans sa tendresse, portait même souvent leur main à sa bouche. Le contre-maître, qui était son favori, attendu qu'il lui laissait prendre la moitié de sa portion, lui apprit à manger avec une cuiller. C'était un spectacle curieux que de le voir prendre le café avec une gravité grotesque. Ma qualité d'historien m'oblige cependant de dire, à la charge de mon héros, que, malgré sa reconnaissance pour les bienfaits du contre-maître, il lui dérobait souvent son eau-de-vie. Après le contre-maître, j'étais peut-être son ami le plus intime; il me suivait sur les points écartés du navire où je me rendais, afin de lire tranquillement loin du bruit de l'équipage. Après s'être bien assuré que mes poches ne contenaient rien qu'il pût manger, il s'étendait à mes pieds, fermait les yeux, puis les ouvrait de temps à autre pour observer mes mouvements.

« Son plus grand plaisir était de se suspendre aux cordages par les bras, et de jouer avec les enfants. Il les provoquait en les frappant légèrement, quand ils passaient près de lui; il s'éloignait d'eux ensuite par bonds; mais il leur ménageait de temps en temps le plaisir de le prendre. Il faisait à la fois usage de ses bras, de ses pattes et de ses dents. Il dormait ordinairement sur une voile du grand mât, dont il ramenait une partie sur lui, pour lui servir de couverture. Lorsqu'il disposait son lit, il prenait le plus grand soin d'écarter tout ce qui pouvait en rendre la surface inégale. Quelquefois, pour le contrarier, j'en prenais possession avant lui; il secouait alors la voile avec violence pour m'en faire sortir; mais quand elle était assez large pour nous contenir tous les deux, il se résignait et venait se coucher tranquillement près de moi. Si toutes les voiles étaient déployées, il allait à la recherche d'une autre couverture, dérobait les chemises que les matelots faisaient sécher, et se permettait même souvent d'enlever les draps des hamacs.

» A la hauteur du cap de Bonne-Espérance, il souffrit beaucoup du froid, surtout le matin, lorsqu'il descendait des mâts. La pauvre bête, habituée à la température brûlante de l'archipel oriental, frissonnait de tous ses membres, accourait à ses amis, se précipitait dans leurs bras, et les serrait étroitement dans ses pattes pour se réchauffer contre eux. Quand on voulait se débarrasser de ses étreintes, il poussait des cris plaintifs.

« Dans deux occasions distinctes, je témoignai les plus vives alarmes. La première fois, ce fut à la hauteur de l'île de l'Ascension, un jour que l'on venait d'apporter huit tortues à bord du navire. Il s'éleva sur-le-champ plus haut qu'il n'était jamais monté; et, de cette élévation, il considérait les tortues déposées sur le pont : ses longues lèvres, projetées en avant, avaient pris la forme du museau d'un chien, et il poussait un gémissement inaccoutumé, qui tenait à la fois du grognement du porc et du croassement du corbeau. Au bout de quelque temps, il descendit enfin; mais il continuait à jeter des regards craintifs sur les tortues, et il s'en tenait toujours à plusieurs toises de distance. Sa seconde terreur fut causée par l'aspect de quelques hommes nus qui se baignèrent dans la mer. Enfin, il arriva malade à Londres, et y mourut au bout de 19 mois. »

En 1817, on amena en Angleterre un jeune orang roux, de Bornéo, qui n'avait que deux pieds et demi de haut, et une femelle, qui périt dans la traversée. Celle-ci était, dit-on, de la taille d'un enfant de 7 à 8 ans. Tout l'équipage eut lieu d'admirer son adresse, son agilité et sa force; elle s'était formée aux manœuvres, et les exécutait aussi bien que les matelots, qui partageaient leur portion avec elle. Cet animal mourut par suite de la brutalité avec laquelle le capitaine en second, homme stupide et cruel, la frappa un jour dans un accès de colère. Il fut vivement regretté de tout l'équipage.

The Asiatic Researches, t. XV, nous fournissent le récit suivant sur l'orang-houtan roux de Soumâdra. « En 1826, deux officiers anglais du brick *Mary-Anna-Sophia*, MM. Fish et Graigman, qui étaient en relâche à Ramboun, sur la côte nord-ouest de Soumâdra, furent avertis qu'un animal de la plus haute taille se trouvait perché sur un arbre du voisinage. Ils formèrent sur-le-champ le projet de s'en emparer mort ou vif. Plusieurs chasseurs du pays se joignirent à eux. En le voyant approcher, l'animal, qu'ils reconnurent pour un orang-houtan de la plus grande espèce, descendit de l'arbre et se mit à fuir sur deux pieds, avec assez de vitesse, et s'aidant quelquefois de ses mains et d'une branche d'arbre. Dès qu'il eut atteint d'autres arbres, on reconnut combien il était habile à grimper. Malgré sa taille élevée et son poids, il saisissait de faibles branches, et s'en servait comme eût pu le faire un des singes de la petite espèce que l'on voit en Europe. Les habitants de Soumâdra assurent que, dans les vastes forêts de l'intérieur de l'île, où les grands arbres sont très-rapprochés, ces animaux s'élancent de l'un à l'autre avec autant de vitesse qu'un cheval peut en mettre à la course. Le bosquet dans lequel l'orang-houtan poursuivi se réfugia était assez petit; mais les mouvements de l'animal étaient si vifs et si prompts, que les chasseurs restèrent long-temps sans pouvoir l'ajuster, et le manquèrent à diverses reprises. Ils prirent alors le parti de couper plusieurs arbres, afin de ne lui laisser d'autre refuge que ceux qu'ils laisseraient debout. On l'atteignit enfin, et une grêle de balles lui traversèrent le corps. Il se coucha sur une branche, qu'il tenait fortement embrassée, et rendit par la bouche une prodigieuse quantité de sang; ses viscères sortaient par les blessures qu'on lui avait faites au ventre, et offraient un spectacle horrible. Les chasseurs, ayant épuisé toutes leurs munitions, résolurent, pour achever leur capture, d'abattre l'arbre sur lequel le malheureux orang-itoutan s'était cramponné; mais dès que cet arbre toucha la terre, le blessé s'élança sur un autre, avec autant d'agilité que s'il n'eût rien perdu de ses forces. On renouvela le procédé dont on venait de se servir; on reprit la hache, et l'on abattit, l'un après l'autre, presque tous les arbres du bosquet. Réduit enfin à se défendre par terre, l'animal abattu montra encore un courage digne d'un meilleur sort : accablé par le nombre, percé d'outre en outre à grands coups de lances, on le vit s'emparer d'une de ces armes, et, selon l'expression des témoins du combat, *la briser aussi facilement que si c'eût été une carotte!* Pendant son agonie, on fut forcé de reconnaître dans cet animal une grande similitude avec l'homme, en étudiant l'expression de son regard mourant et de ses gestes, les intonations plaintives de sa voix, et surtout son intelligence et son courage. Malgré ses douleurs atroces, il n'était point abattu, et s'efforçait de prolonger sa vie, en contenant les parties blessées. Mais rien ne put arrêter les impitoyables meurtriers, jusqu'à ce que la victime eût rendu le dernier soupir. On fut alors étonné de la taille et des proportions du vaincu. Cet orang-houtan avait environ 6 pieds de hauteur, le corps bien proportionné, la poitrine large, la tête d'une grandeur moyenne, les yeux un peu plus petits que les nôtres : le nez paraissait plus saillant que chez les autres singes ; la bouche était très-fendue ; une barbe frisée, couleur noisette, et de trois pouces de long, couvrait les lèvres et les joues ; elle semblait plutôt un ornement qu'un disgracieux appendice au visage ; les bras étaient bien plus longs que les membres postérieurs. La beauté des dents, dont aucune ne manquait, indiquait que l'animal était encore jeune. Le poil qui recouvrait tout le corps était poli, doux et luisant. Ce qui surprenait le plus les assistants, était la ténacité avec laquelle sa vie avait résisté aux coups nombreux qu'il avait reçus. Sa force musculaire devait avoir été bien grande, car l'irritabilité de la fibre se manifesta encore lorsque le cadavre eut été transporté à bord, et hissé, pour y être écorché. Dans cette opération, faite long-temps après la mort, l'action du couteau détermina un mouvement effroyable de contraction sur les parties charnues. Cette espèce de vie galvanique inspira un tel sentiment d'horreur, que, lorsqu'on parvint aux régions dorsales, le capitaine du *Mary-Anna-Sophia* ordonna de suspendre la dissection jusqu'à ce que la tête eut été détachée. Cet orang avait dû voyager durant plusieurs jours, avant d'arriver au lieu où on le surprit, car il avait de la boue jusqu'aux genoux. Sans doute il s'était égaré en sortant des forêts impénétrables de cette partie de l'île, dans lesquelles nul habitant n'aurait osé s'aventurer. Les paysans, accourus à cette chasse, attribuèrent alors à l'orang les cris singuliers qu'ils entendaient depuis quelques jours, et qui n'appartenaient à aucun des animaux féroces de la contrée.

« À la hauteur de son corps était de 6 pieds six pouces. Desséchée, sa peau avait encore 5 pieds 4 pouces de hauteur, de l'épaule à la cheville du pied ; le cou avait 3 pouces, la face 8. La figure était complétement nue, si ce n'est au menton et au bas des joues, où commençait la barbe ; les cheveux, d'un noir plombé, tombaient sur les côtés et sur les tempes ; les paupières étaient garnies de cils ; ses lèvres paraissaient minces ; les oreilles, appliquées contre la tête, avaient un pouce et demi de haut en bas ; ses bras étaient très-étendus. »

La capture de cet individu inoffensif, ainsi que de ceux de cette espèce, était une horrible boucherie ; elle fut accompagnée de cruautés que la morale doit réprouver, et dont la science ne put tirer aucun profit ; car ces marins n'avaient aucune connaissance de l'anatomie, et dessinèrent d'une manière incorrecte les débris mutilés de ce monstrueux orang.

Dans la même année (1826), un orang, pris vivant dans la Malaisie, fut embarqué sur le navire *l'Octavie*. Il ressemblait presque à un noir de Mozambique par son museau prolongé, et par la couleur de sa peau ; à l'exception des lèvres, du tour des yeux, du dedans des mains et des pieds, le reste de cette peau était uni et lisse. Il marchait tantôt sur ses deux pieds, tantôt en s'aidant des membres antérieurs, qui étaient plus longs que ses jambes. Ses yeux, bruns, étaient enfoncés dans leurs orbites ; le nez était court, les lèvres saillantes, les épaules larges et aplaties ; les fesses à demi nues, mais distinctes. Les marins de *l'Octavie* avaient baptisé du nom de *George* cet individu, qui vivait familièrement avec eux. Il servait le café à table, rendait plusieurs services à bord, nettoyait le pont, et puisait de l'eau. Il soignait les habits des officiers, comme l'aurait fait un valet de chambre. Corrigé pour quelque faute, il montrait du repentir comme un enfant qui pleure. La nourriture favorite de George était le riz; mais il aimait les fruits, buvait du thé, du café et du vin blanc. Quand il tombait malade, il se laissait tâter le pouls et médicamenter.

Il existe dans l'Hindoustan un orang nommé *golok*, qui ressemble infiniment à l'orang roux, mais dont la taille est entre celle de l'orang roux et celle du champanzé. Ce bimane me paraît former une variété dans l'ordre orang, qui se composerait alors de trois espèces, savoir : l'orang roux, le gibbon et le champanzé, et peut-être le pongo.

J'ai vu souvent un orang golok chez M. *Mount-Stuart Elphinstone*, gouverneur de Bombay, administrateur habile et voyageur distingué (*). Il était libre une partie de la journée, mais sous la surveillance de ses gardiens; il sortait volontiers de sa hutte, et y rentrait à leur commandement; il marchait ordinairement debout, mais en s'appuyant. Sa taille était bien inférieure à celle de l'homme; ses bras, peu poilus, n'étaient pas démesurés comme ceux du gibbon, et son pelage était roux foncé. Doux et mélancolique, il jouissait de beaucoup d'intelligence, et offrait la plus grande ressemblance avec celui de Bornéo, si ce n'est qu'il était plus grand.

Deux orangs-houtan furent envoyés du royaume de Karnate dans l'Hindoustan, par un vaisseau côtier, en présent à un autre gouverneur de Bombay; ils avaient à peine quatre pieds de hauteur, mais ils marchaient debout, et avaient les formes presque humaines. Leurs actions étaient aussi très-imitatives, et ils annonçaient par leur tristesse qu'ils regrettaient infiniment la perte de leur liberté. La femelle tomba malade pendant son voyage, et mourut; le mâle, après avoir donné toutes les démonstrations possibles de la douleur qu'il éprouvait, refusa obstinément de manger, et mourut au bout de quelques jours.

Jusqu'ici il a été très-difficile d'observer les mœurs et les habitudes des orangs-houtan roux dans les îles de Sounda et de Bornéo, et du golok dans l'Inde, tandis qu'on l'a fait avec moins de peine et de dangers pour les orangs noirs, ou champanzés, qui vivent en Afrique, et surtout dans le pays d'Angola et dans le Congo; mais, par ce que j'ai pu en apprendre moi-même, j'oserai avancer que les orangs roux de Bornéo vivent ordinairement par couples, se réunissant rarement en bandes, et vivant plus rarement encore dans un état d'isolement, excepté quand ils sont vieux. Les orangs de l'Inde ont encore plus de douceur que ceux de la Malaisie; mais ils sont généralement moins forts.

Pour compléter l'histoire de l'orang-houtan, nous donnerons un extrait des récits de quelques voyageurs, sur le champanzé d'Afrique. *Purchas*, qui les a observés à l'état de nature dans les forêts du royaume de Loango, raconta à Battel, voyageur portugais, qui résida à Angola près de 18 ans, que l'orang noir marche droit, sans appuyer ses mains sur le sol; qu'il vit dans les bois et se perche sur des arbres, au milieu desquels il a disposé une espèce de toit qui le met à l'abri de la pluie. Il se nourrit, lui dit-il, de noix sauvages, jamais de chair; et quand, dans leurs bivouacs, les naturels ont éteint du feu pendant la nuit, les champanzés viennent les remplacer autour de ces braises ardentes, et paraissent se chauffer avec plaisir. Ces animaux lancent des pierres et construisent des huttes. « On ne saisit jamais les gros vivants, » ajoute Battel, « parce qu'ils sont si robustes, que dix hommes ne suffiraient pas pour les arrêter; mais les noirs en prennent quantité de jeunes, après avoir tué la mère. Lorsqu'un de ces animaux meurt, les autres témoignent de la tristesse, et couvrent son corps de feuillage. Un orang, dit un voyageur, enleva un de mes négrillons, qui vécut plusieurs semaines

---

(*) Voyez son Voyage dans le Kaboulistan.

parmi ces animaux, sans qu'ils lui fissent du mal. » Labrosse, cité par Buffon, va plus loin encore : « Il avait, » dit l'éloquent naturaliste, « connu, à Loango, une négresse qui, enlevée par de grands singes, demeura trois ans avec eux dans les forêts, où ils l'avaient logée dans une hutte de feuillage, et cette négresse n'avait eu qu'à se louer des bons traitements qu'elle reçut. »

Le même Labrosse, ayant acheté d'un nègre deux de ces orangs, âgés seulement d'un an, ne dit pas si le nègre les avait instruits ; il paraît croire, au contraire, que c'était d'eux-mêmes qu'ils faisaient une grande partie des choses que nous avons rapportées ci-dessus.

« Ces animaux, dit-il, ont l'instinct de s'asseoir à table comme les hommes ; ils mangent de tout sans distinction ; ils se servent de couteaux, de la cuiller, de la fourchette, pour couper et prendre ce qu'on leur sert sur l'assiette ; ils boivent du vin et d'autres liqueurs. Nous les portâmes à bord. Quand ils étaient à table, ils se faisaient entendre des mousses, s'il avaient besoin de quelque chose ; et quelquefois, quand ces enfants refusaient de leur donner ce qu'ils demandaient, ils se mettaient en colère, leur saisissaient les bras, les mordaient et les abattaient sous eux. Le mâle fut malade en rade ; il se faisait soigner comme une personne ; il fut même saigné deux fois au bras droit : toutes les fois qu'il se trouva depuis incommodé, il montrait son bras, pour qu'on le saignât, comme s'il eût su que cela lui ferait du bien. »

Jobson raconte que, dans la Sénégambie, les orangs-houtan se réunissent quelquefois en troupes au nombre de trois ou quatre mille, et marchent par rangs de files sous la direction du plus grand d'entre eux. Dans ces circonstances, ils se montrent très-audacieux et fort méchants. Jobson assure que lorsqu'il passait devant eux avec les hommes de son équipage, ils grimpaient sur des arbres, d'où ils les regardaient passer ; quelquefois, à l'aide de leurs mains, ils ébranlaient ces arbres par de violentes secousses et en faisant craquer leurs dents. Pendant que le vaisseau était à l'ancre, ils avaient coutume d'escalader des rochers ou des hauteurs qui dominaient la mer ; puis quand les gens de l'équipage descendaient sur le rivage, les plus grands de ces bimanes accouraient au-devant d'eux en gambadant et semblaient leur faire la grimace ; mais ils prenaient promptement la fuite dès qu'ils avaient remarqué des vues hostiles contre eux. Un jour, l'un d'eux fut tué d'un coup de fusil qu'on lui tira du canot ; mais le canot n'était pas encore amarré que les autres orangs l'avaient emporté avec eux. On parvint à découvrir, dans le bois, le lieu de leur demeure. Leurs habitations étaient construites avec des plantes et des branches d'arbres enlacées entre elles, et paraissaient assez commodes.

On rencontre rarement chez les orangs-houtan cette brusquerie folâtre et impatiente commune aux singes ; leurs gestes, leurs actions sont plus paisibles et plus réfléchis. Agiles, adroits et doués d'une force musculaire assez puissante, ils résistent à l'éléphant, et le repoussent à coups de bâton, ou seulement avec leurs poings ; ils ne cessent de combattre qu'après l'avoir tué. Quelquefois il leur est arrivé de lancer des cailloux à des personnes qui les insultaient.

Bosman raconte que, derrière le fort anglais de Wimba, sur la côte de la Guinée, plusieurs grands singes s'élancèrent à l'improviste sur les esclaves de la compagnie des Indes, et que, malgré une résistance vigoureuse, ils parvinrent à les vaincre. Maîtres du champ de bataille, ils se préparaient à crever, avec des bâtons, les yeux de leurs prisonniers, lorsque ces derniers furent secourus par une troupe de nègres accourus à propos. Il ajoute que les orangs-houtan enlèvent des négresses et les entraînent dans leurs habitations, et qu'un négrillon, emporté dès la plus tendre enfance par ces animaux, vécut parmi eux pendant plus d'une année. Étant parvenu à s'échapper, il en dépeignit quelques-uns qui étaient aussi grands et aussi gros qu'un homme. Il assura, du reste, qu'ils ne lui avaient fait aucun mal. Bosman rapporte encore que les jeunes orangs-houtan tettent leurs mères, en se tenant suspendus à leurs mamelles et en leur étreignant le corps avec leurs bras, et que toutes les fois qu'une femelle est tuée, ses petits se laissent prendre sans opposer de résistance.

Buffon, qui avait possédé un orang, raconte qu'il marchait toujours sur ses deux pieds, même en portant des choses lourdes. « Son air (dit-il) était assez triste, sa démarche grave, ses mouvements mesurés, son naturel doux et très-différent de celui des autres singes ; il n'avait ni l'impatience du magot, ni la méchanceté du babouin, ni l'extravagance des guenons. Il avait été, dira-t-on, instruit et bien appris ; mais les autres que je lui ai comparés, avaient eu de même leur éducation. Le signe et la parole suffisaient pour faire agir notre orang-houtan ; il fallait le bâton pour le babouin et le fouet pour tous les autres, qui n'obéissaient guère qu'à la force des coups. J'ai vu cet animal présenter sa main pour reconduire les gens qui venaient le visiter, se promener gravement avec eux et comme de compagnie ; je l'ai vu s'asseoir à table, déployer sa serviette, et s'en essuyer les lèvres, se servir de sa cuiller et de sa fourchette pour porter les mets à sa bouche, verser lui-même sa boisson dans un verre, le choquer lorsqu'il y était invité, aller prendre une tasse et une soucoupe, l'apporter sur la table, y mettre du sucre, y verser du thé, le laisser refroidir pour le boire, et tout cela sans autres instigations que les signes ou la parole de son maître, et souvent de lui-même ; il ne faisait du mal à personne, s'approchait même avec circonspection, et se présentait comme pour demander des caresses. Il aimait prodigieusement les bonbons : tout le monde lui en donnait ; et comme il avait une toux fréquente et la poitrine attaquée, cette grande quantité de choses sucrées contribua sans doute à abréger sa vie : il ne vécut à Paris qu'un été, et mourut l'hiver suivant à Londres. »

Vosmaër nous a donné la relation suivante d'une femelle amenée d'Afrique en Hollande dans l'année 1776. « Cet orang-houtan ne faisait point en mangeant de poches latérales au gosier, comme toutes les autres espèces de singes ; il était d'un si bon naturel qu'on ne lui vit jamais montrer la moindre marque de méchanceté ou de rancune : on pouvait sans crainte lui mettre la main dans la bouche. Son air avait quelque chose de triste. Il aimait la compagnie, sans distinction de sexe, donnant seulement la préférence aux gens qui le soignaient journellement et qui lui faisaient du bien ; il paraissait les affectionner davantage ; souvent, lorsqu'ils se retiraient, il se jetait à terre, de désespoir, poussant des cris lamentables, et déchirant par lambeaux tout le linge qu'il pouvait attraper, dès qu'il se voyait seul. Son garde ayant quelquefois la coutume de s'asseoir auprès de lui à terre, il prenait du foin de sa litière, l'arrangeait avec soin, et semblait, par toutes ces démonstrations, l'inviter à s'asseoir à côté de lui.

« La marche ordinaire de cet animal était à quatre pieds, comme celle des autres singes ; mais il pouvait bien aussi marcher debout sur les pieds de derrière, et, muni d'un bâton, il s'y tenait appuyé souvent fort long-temps : cependant il ne posait jamais les pieds à plat à la façon de l'homme, mais recourbés en dehors ; de sorte qu'il se soutenait sur les côtés extérieurs des pieds de derrière, les doigts retirés en dedans, ce qui dénotait l'habitude de grimper sur les arbres. Un matin, nous le trouvâmes déchaîné, et nous le vîmes monter avec une merveilleuse agilité contre les poutres et les lattes obliques du toit. On eut de la peine à le reprendre. Nous remarquâmes une force extraordinaire dans ses muscles ; on ne parvint qu'avec beaucoup de peine à le coucher sur la dos : deux hommes vigoureux eurent chacun assez à faire à lui serrer les pieds, un troisième à lui tenir la tête, et un quatrième à lui repasser le collier par-dessus la tête et à le fermer mieux. Dans l'état de liberté, l'animal avait, entre autres choses, ôté le bouchon d'une bouteille contenant un reste de vin de Malaga, qu'il but jusqu'à la dernière goutte, et remit ensuite la bouteille à sa même place.

« Il mangeait presque de tout ce qu'on lui présentait. Sa nourriture ordinaire était du pain, des racines, particulièrement des carottes jaunes, toutes sortes de fruits, et surtout des fraises; mais il paraissait singulièrement friand de plantes aromatiques, comme du persil et de sa racine; il mangeait aussi de la viande bouillie ou rôtie et du poisson. On ne le voyait point chasser aux insectes, dont les autres singes sont d'ailleurs si avides. Je lui présentai un moineau vivant, il en goûta la chair et le rejeta bien vite dans la ménagerie; et lorsqu'il était tant soit peu malade, je l'ai vu manger un peu de viande crue, mais sans aucune marque de goût. Je lui donnai un œuf cru, qu'il ouvrit des dents et suça tout entier avec beaucoup d'appétit. Le rôti et le poisson étaient ses aliments favoris. On lui avait appris à manger avec la cuiller et la fourchette. Quand on lui donnait des fraises sur une assiette, c'était un plaisir de voir comme il les piquait une par une et les portait à sa bouche avec la fourchette, tandis qu'il tenait l'assiette de l'autre main. Sa boisson ordinaire était l'eau; mais il buvait volontiers toutes sortes de vin, et principalement le malaga. Lui donnait-on une bouteille, il en tirait le bouchon avec la main, en buvait très-bien à la régalade, de même que dans un verre à bière, et cela fait, il s'essuyait les lèvres comme une personne. Après avoir mangé, si on lui donnait un cure-dent, il s'en servait au même usage que nous. Il tirait fort adroitement du pain et autres choses hors des poches. On m'a assuré qu'étant à bord du navire, il courait librement parmi l'équipage, jouait avec les matelots, et allait quérir comme eux sa portion à la cuisine.

« A l'approche de la nuit il allait se coucher; il ne dormait pas volontiers dans sa loge, de peur, à ce qu'il me parut, d'y être enfermé. Lorsqu'il voulait se coucher, il arrangeait le foin de sa litière, le secouait bien, en apportait davantage pour former son chevet, se mettait le plus souvent sur le côté, et se couvrait chaudement d'une couverture, étant fort frileux. De temps en temps, nous lui avons vu faire une chose qui nous surprit extrêmement la première fois que nous en fûmes témoins.

« Ayant préparé sa couche à l'ordinaire, il prit un lambeau de linge qui était auprès de lui, l'étendit fort proprement sur le plancher, mit du foin au milieu, en relevant les quatre coins du linge par-dessus, porta ce paquet avec beaucoup d'adresse sur son lit pour lui servir d'oreiller, tirant ensuite la couverture sur son corps. Une fois, me voyant ouvrir à la clef et refermer ensuite le cadenas de sa chaîne, il saisit un petit morceau de bois, le fourra dans le trou de la serrure, le tournant et retournant en tout sens, et regardant si le cadenas n'ouvrait pas.

« A son arrivée, l'animal n'avait point de poils, si ce n'est du noir à la partie postérieure du corps, sur les bras, les cuisses et les jambes. A l'approche de l'hiver, il en acquit beaucoup; le dos, la poitrine et toutes les autres parties du corps étaient couvertes de poils châtain clair : les plus longs avaient trois pouces.

« Il vécut près de six mois en Hollande, et après sa mort on le plaça dans le musée du prince d'Orange. »

François Pyrard raconte qu'il existe dans la province de Sierra-Leone une espèce d'animaux, gros et membrus, nommés *baris*, dont la sagacité est si grande et l'instinct si docile, que lorsqu'on les élève et qu'on les instruit dès leur enfance, ils rendent les mêmes services qu'une personne; qu'ils marchent ordinairement sur les deux pattes de derrière seulement; qu'ils manient adroitement le pilon, et broient dans un mortier, à l'aide de cet instrument, ce qu'on leur donne à piler; qu'ils vont puiser de l'eau à la rivière dans de petites cruches et les rapportent sur leur tête; mais qu'arrivés sur le seuil de la porte, si on ne les débarrasse de ce fardeau, ils le jettent à terre, puis, qu'en voyant la cruche vidée et brisée, ils se mettent à pleurer et à se lamenter.

Le *bari* dont nous parle Pyrard se trouve aussi désigné par les noms d'*enjoko*, de *quojas-moras* et *quinomorrou*; il se rapproche singulièrement de l'homme par ses formes et par son humeur.

Barbot prétend qu'on tire un grand avantage, sur la côte de Guinée, de l'adresse de l'orang-houtan, en l'employant à divers travaux domestiques, par exemple, à tourner la broche et à soigner le rôti; ce qu'il fait avec une dextérité étonnante.

Je raconterai deux anecdotes fort singulières sur l'orang-houtan, qui était, je pense, beaucoup plus répandu (*) autrefois qu'il ne l'est aujourd'hui. Arrien, je crois, dit qu'Alexandre en rencontra dans l'Inde une troupe formidable, et qu'en la voyant il fit ranger ses phalanges en bataille, et s'apprêtait à les combattre, pensant que c'était une armée ennemie, lorsque Taxile lui représenta que le vainqueur de la Perse et de l'Inde allait se mesurer avec des Cercopithèques (c'est ainsi qu'ils sont nommés par les plus célèbres géographes de l'antiquité; voy. Strabon, liv. 15, édit. in-folio). Mais il est facile de reconnaître dans le texte même, qu'il ne s'agit ici que de l'orang-golok. Les Cercopithèques n'ont que la moitié de la taille de l'homme, marchent à quatre pattes, ont une longue queue, et ne savent certainement pas se ranger par ordre en bataille. Le nom des Cercopithèques est appliqué maintenant aux guenons, dont l'angle facial est de 50 à 60 degrés.

L'auteur d'un ouvrage tibétain traduit en langue mongole, et du mongol en français par M. Klaproth, et qui traite de l'origine des progrès de la religion de *Bouddha*, dans l'Inde et dans d'autres pays de l'Asie, raconte le trait suivant: « Après que la véritable religion de « *Chakiamouni* eut été répandue dans « l'Hindoustan et chez les barbares « les plus éloignés, le grand-prêtre « et chef de la croyance *bouddhiste*, « ne voyant plus rien à convertir en- « tre les hommes, résolut de civiliser « la grande espèce de singes appelés « *jaktcha* ou *raktcha*, d'introduire « chez eux la religion de Bouddha, « et de les accoutumer à la pratique « des préceptes, ainsi qu'à l'observa- « tion exacte des rits sacrés. L'entre- « prise fut confiée à une mission, sous « la direction d'un prêtre regardé « comme une incarnation du saint « *Khomchim-Botisato*. Ce prêtre réus- « sit parfaitement, et convertit une « prodigieuse quantité de singes à la « croyance indienne. »

Ces raktchas n'étaient-ils pas des orangs-houtan et non des singes? Ne pourrait-on pas en dire autant du fameux singe Hanoumân, chef d'une armée de singes qui secourut Rama, dans la guerre que ce prince fit à Râvana, roi de Lanka (Ceylan); guerre qui est devenue le sujet du Ramayana, chef-d'œuvre de Valmiki, le premier poète de l'Hindoustan; à moins que celui-ci n'ait voulu désigner sous le nom de singes les tribus sauvages de cet admirable pays?

Les faunes, les satyres, les sylvains, les ægypans, les saguires et autres monstres, composés d'homme et d'animal, à qui les filles de Paul-Émile et de Phocion rendirent hommage, n'étaient peut-être que des orangs-houtan. Leur nez aplati, leur vigueur et leur libertinage sont des traits caractéristiques qui semblent appuyer cette généalogie. Dans la suite les poètes don-

---

(*) Il parait qu'il existait dans les Gorgades, que nous appelons aujourd'hui les îles du cap Vert, car ces Gorilles qu'Hannon, fameux navigateur carthaginois, y tua 336 ans avant J.-C., et qu'il regardait comme des femmes sauvages, n'étaient vraisemblablement que des orangs-houtan femelles.

nant l'essor à leur imagination, chargèrent le portrait de l'homme des bois, et lui donnèrent des pieds de chèvre, une queue et des cornes; mais le type primordial resta, et le philosophe le reconnaît jusque dans les monuments les plus défigurés par l'imagination d'Ovide et les pinceaux des peintres et des sculpteurs grecs.

Les anciens ne sachant quelle origine donner aux sylvains et aux satyres, supposèrent qu'ils étaient issus des dieux.

Les Dayas, les Malais et les Bouguis supposent que les orangs sont des hommes que Dieu a condamnés à la dégradation, et a privés de l'usage de la parole pour leur faire expier quelque crime inconnu. Quelques noirs d'Afrique prétendent que ce sont des paresseux qui ont fui dans les forêts et refusent de parler pour n'être pas obligés de travailler. D'autres noirs prétendent, au contraire, que les orangs-houtan sont issus d'un singe et d'une négresse; mais cette question des métis donnerait deux problèmes à résoudre au lieu d'un seul.

D'après cette idée, quelques auteurs ont conjecturé de leur côté, que les enfants qu'on a trouvés depuis deux siècles, vivant à quatre pattes, avec les loups et les ours, dans les grandes forêts de l'Europe, et ayant perdu peu de leur stupidité dans la société où ils furent placés, pourraient bien avoir eu pour pères des orangs-houtan.

Le premier de ces sauvages, dont l'histoire fasse mention, est celui qu'on trouva en 1544, dans les forêts de la Hesse : il vivait avec les loups, et on lui en donna le nom. Quand on eut réussi à lui faire entendre quelques mots d'allemand, il dit hautement à la cour du prince Henri, qu'il aimerait bien mieux retourner avec les loups que de vivre avec les hommes.

En 1647, on rencontra dans les bois de l'Irlande un homme-quadrupède, qui bêlait comme les moutons; au lieu de confier son éducation à un philosophe, on le remit à des saltimbanques, qui le montrèrent pour de l'argent dans les foires de la Hollande.

Nous avons eu enfin en France le fameux sauvage de l'Aveyron, qui n'a guère surpassé ses aînés.

Nous terminons ici l'histoire de l'orang, que nous nous sommes efforcé de rendre aussi complète que le cadre de cet ouvrage nous l'a permis. Pour résumer notre opinion à leur égard, nous dirons que les jeunes offrent plus de ressemblance avec l'homme que les vieux, quoique ceux-ci aient le ventre moins gros que les premiers. Cet être singulier nous semble former un genre à part, le genre que nous croyons devoir nommer *bimane-anthropomorphe*. L'orang n'a pas le son de la parole, quoiqu'il paraisse comprendre jusqu'à l'expression de notre physionomie. S'il parlait, nous ne ferions aucune difficulté de le placer au-dessous de la plupart des races d'hommes caucasienne, mongole, américaine, malaise et polynésienne; mais nous le considérerions comme égal aux individus de la race endamène ou australienne, et de la hottentote, et à ceux de la variété bosjimane, ou plutôt saib, variété la plus abrutie de la race hottentote. Les crétins des Alpes, des Pyrénées et du Caucase, m'ont paru plus machines que mon orang; car *Bagous* aurait pu sans peine servir de domestique et d'ouvrier, et remplacer le tyran et le plus méchant des animaux, c'est-à-dire l'homme, dans tous les cas où l'homme ne fait qu'exécuter les pensées d'un homme ordinaire.

Je me félicite de pouvoir citer à l'appui de mon opinion celle du savant et respectable docteur Vrolik. « Le « champanzé, dit-il, est plus supérieur « au Hottentot, et celui-ci est bien « plus au-dessous du nègre que la brute « n'est au-dessous de lui. »

Un admirable écrivain, dont le génie méconnut souvent la nature, et se trompa sur l'organisation et les rapports des êtres, Buffon a dit : « La langue et tous les organes de la voix sont les mêmes que dans l'homme chez l'orang-houtan, et il ne parle pas. Le cerveau est absolument de la même forme et de la même portion, et cependant il ne pense pas. Y a-t-il une preuve plus évidente que la matière seule, quoique parfaitement organisée, ne peut produire ni la pensée ni la parole qui en est le signe, à moins qu'elle ne soit animée par un principe supérieur. » Mais s'il m'est permis d'émettre une opinion opposée à celle du Pline français, les organes de la voix ne sont pas exactement semblables dans l'orang et dans l'homme : les poches thyroïdiennes du premier sont placées au-devant du larynx, de manière à ce que l'air qui sort de la glotte s'y engouffrant, produit un mouvement sourd, vague et rauque, qui l'empêche d'avoir jamais un langage articulé. Sans cette différence, l'orang eût sans doute exprimé sa pensée dans une langue claire, distincte et logique, ainsi que l'homme. D'ailleurs la parole n'est pas une preuve infaillible d'un principe supérieur animant la matière, car les perroquets parlent très-distinctement. La nature de l'orang se rapproche de celle de l'homme. On n'a trouvé nulle part le moindre débris des individus de ce genre à l'état fossile, même parmi les pétrifications ou les dépôts les plus modernes. Ainsi, conformément aux lois de la géologie et au témoignage de la Bible, l'orang, de même que l'homme, est au nombre des animaux qui ont été les derniers créés sur notre globe.

HYDROGRAPHIE.

L'Océanie étant presque entièrement composée d'îles, doit avoir un petit nombre de grands fleuves. Il serait pourtant téméraire d'assurer que le grand continent de l'Australie et la Papouasie n'offre aucune grande rivière, ainsi que l'ont fait plusieurs géographes. Nous attendrons de nouvelles explorations, pour ne pas porter un jugement précipité.

Le Brisbane et le Hawkesbury paraissent être, jusqu'à ce jour, les deux plus grands fleuves de l'Australie ; l'Indragiri de Soumâdra ; le Solo, ou Reng-Awan, de Java ; le Pelendji, de Mindanao ; le Tajo, de Luçon ; le Chinrana, de Célèbes. Mais le plus grand fleuve de l'Océanie est incontestablement, jusqu'à ce jour du moins, le Kappouas et ensuite le Bendjermassin, tous deux dans la grande île de Bornéo, ou plutôt Kalamatan. Les lacs de cette partie du monde ne peuvent être comparés, pour l'étendue, à ceux des autres divisions du globe ; mais nous n'en connaissons pas d'aussi grand que le Kini-Ballou, situé dans la partie nord-est de Bornéo, et auquel les naturels donnent le nom de mer. Après celui-là, il faut nommer le Danao-malayou, dans l'intérieur de la même île ; ensuite le Laout-Donao, dans le district de Priaman, à Soumâdra, et le Pandgil, dans le nord de cette île ; le Maïndanao, à Maïndanao ; le Vay, à Luçon ; le Tapara-Karadja, à Célèbes ; le lac Arthur, dans la Tasmanie ; et le Roto-Doua, dans l'île septentrionale de la Nouvelle-Zeeland. On dit qu'un grand lac vient d'être découvert dans l'Australie, et qu'une grande rivière, découverte également depuis peu, et qu'on a nommée la Murray, se jette dans ce lac immense, qui communique avec la mer, près du golfe de Saint-Vincent.

Le navigateur en Océanie est témoin parfois des phénomènes les plus extraordinaires : d'horribles trombes, d'affreux typhons bouleversent la terre et l'Océan (voy. pl. 20). On rencontre tantôt une mer de feu, produite par les exhalaisons lumineuses des eaux, ou une mer de lait, résultant d'un courant d'eau blanchâtre (*), dans l'espace compris entre Célèbes, la Papouasie et les Moluques ; tantôt des crustacés microscopiques teignent en rouge une mer qu'on nomme alors *mer de sang* ; tantôt les œufs de certains animaux marins, d'une couleur

(*) Ce phénomène a lieu surtout aux mois de juin, août et septembre. Cette mer blanche périodique couvre surtout la surface du bassin où les îles de Banda sont situées. Elle répand la nuit une clarté qui la fait confondre avec l'horizon ; son bouillonnement fait disparaître les poissons tant qu'elle est agitée, et devient dangereuse pour les navires. Cette eau vient des côtes de la Papouasie et du golfe de Carpentarie.

grisâtre, forment des mers de poussière, aux environs de la Papouasie et près des côtes septentrionales de l'Australie. Mais le plus grand de ces phénomènes, c'est la phosphorescence de ces mers. Ici les vagues onduleuses se déploient en écharpes d'argent; là, des étoiles scintillantes semblent répéter les étoiles du ciel; là, une bande de lumière vacillante semble couvrir le sein des flots; là encore des feux étincelants s'exhalent sur leur surface : et des êtres chétifs, de simples zoophytes mous produisent toutes ces merveilles; tandis que le physétère, le douyong, l'éléphant marin, le cachalot, et d'autres énormes cétacés, mêlent leurs épouvantables mugissements aux voix tonnantes des tempêtes.

GÉOLOGIE ET OROGRAPHIE.

Les innombrables îles de l'Océanie n'appartiennent pas généralement à une formation primitive, et elles sont, à quelques exceptions près, des produits volcaniques. Dans nulle autre partie du monde on ne compte autant de volcans; nulle part la surface du globe n'est plus hérissée d'inégalités. Les chaînes de montagnes ont une polarité et une direction remarquable du nord au sud, et vers le milieu elles présentent une grande courbure de l'ouest à l'est. La plus longue et la plus haute traverse la Papouasie. Là, les montagnes sont entassées sur des montagnes, que surmontent d'autres montagnes, couvertes de neiges éternelles. Une chaîne importante commence aux îles des Andamens et de Nicobar, forme les îles de Soumâdra, de Java, de Timor, et passe vraisemblablement dans l'Australie par le cap Diémen. Dans la Mélanésie, les îles Salomon sont courbées du sud-est au nord. Tous les archipels de la Polynésie sont dirigés du nord au sud. Voici les points les plus culminants du système de l'orographie océanienne :

Dans la MALAISIE la chaîne de Soumâdra présente :
Le Gounong-Kosoumbra, dont la hauteur est toises de 2,350
Le Gounong-Passamon, que les Européens nomment mont Ophir................ 2,172
Le Berupi, volcan........................ 2,050
Les monts les plus élevés de Java ne s'élèvent pas à plus de................ 2,000
Le sommet du mont de Cristel, à Bornéo, environ............................ 1,400
Le mont Alvay, volcan dans l'île Luçon aux Philippines..................... 1,700
Le mont Taal, volcan.................... 1,264
Le mont Cavayan dans l'île Negros (d'après l'auteur) environ................ 600
Le mont Lampo-Batan à Célèbes.......... 1,200 ?
Le pic de Céram......................... 1,333
Dans la MICRONÉSIE, la femme de Loth... 60
Dans la POLYNÉSIE, le volcan (île Assomption) aux Mariannes................ 1,000 ?
Le mont Maouna-Roa (île Hawaï)......... 2,483
Le Maouna-Koa, id...................... 2,189
L'Oroëna (île Taïti).................... 1,705
Le pic Egmont dans Ikana-Mawi (Nouvelle-Zéeland), environ................ 1,300
Dans la PAPOUASIE, le mont Arfak, environ. 1,500
Dans la MÉLANÉSIE, le pic à l'est de la rivière des Cygnes (Australie)...... 1,600 ?

Dans un travail spécial, j'ai compté sur toute la surface du globe, 557 volcans éteints ou en ignition, dont 63 pour l'Océanie. Je signalerai les principaux dans les descriptions particulières.

Les vents et les courants qui règnent dans ce vaste océan, suivent le mouvement général de l'atmosphère et de la mer de l'est à l'ouest. Chaque île a ses brises de mer et de terre : les unes pendant le jour, les autres pendant la nuit; ce qui rafraîchit constamment les terres équatoriales ou intertropicales.

L'Australie, véritable continent de l'Océanie, offre au midi une pointe haute, qui semble se continuer dans une chaîne de montagnes s'étendant assez loin vers le nord. Elle paraît comprendre toutes les variétés de formations géologiques : la primitive, la secondaire et la volcanique.

Les hautes îles ressemblent de loin à de grandes montagnes qui s'élancent du milieu de l'Océan : plusieurs sont si hautes, que leurs sommets sont rarement sans nuages. Celles qui sont entourées d'un récif et d'une plaine fertile le long des bords de la mer, ont communément une pente plus douce, au lieu que les autres ont un escarpement brusque.

Toutes les îles basses du tropique

semblent avoir été produites par des animaux ressemblant aux polypes, ou à des *lithophytes*, espèce de zoophytes composés de substances pierreuses de forme végétale (voy. *pl.* 7). Ces animalcules élèvent peu à peu leurs habitations au-dessus d'une base imperceptible, qui s'étend de plus en plus à mesure que la construction s'élève davantage; ils emploient pour matériaux une espèce de chaux, mêlée de substances animales. On peut avancer que les îles de la Polynésie sont presque toutes madréporiques et volcaniques.

Bornéo, Célèbes, la Tasmanie, la Papouasie et la plupart des îles depuis cette grande terre jusqu'à la Nouvelle-Zeeland paraissent appartenir au système de formation primitive. En France, par 46° de latitude nord, la ligne des neiges perpétuelles se trouve à la hauteur d'environ 1500 toises au-dessus du niveau de la mer. Sur le pic de Teyde, à l'île de Ténériffe, par les 28° de latitude nord, on rencontre de la neige à la hauteur de 1800 toises. Le mont Egmont, dans la Nouvelle-Zeeland, gît par environ 39° de latitude sud; mais, comme on éprouve toujours dans les latitudes australes un froid beaucoup plus vif que dans les degrés correspondants de l'hémisphère boréal, il est présumable que le climat du mont Egmont est égal à celui de la France, et, par conséquent, que la ligne des neiges perpétuelles est à 1300 toises. Comme la neige paraît occuper un tiers de sa hauteur, la montagne sera donc élevée de 1845 toises, ce qui est un peu moins que le pic de Ténériffe, haut de 1904 toises. Les sommets des autres montagnes, dans l'intérieur de la Nouvelle-Zeeland, tant au canal de la Reine-Charlotte qu'à la baie Dusky, paraissent couverts de neiges éternelles.

En longeant la côte de la baie Dusky au mois de mai de l'année 1773, le grand observateur Forster vit tous les sommets des montagnes couverts de neige, et remarqua la même chose, au mois d'octobre de la même année, de l'autre côté de l'île méridionale, lorsque les vents contraires le portèrent au loin le long de la côte sud-est, presque jusqu'à l'île Banks; ce qui lui prouva que ces montagnes forment une chaîne continue qui se prolonge à travers toute l'île du sud, et qu'elles n'ont guère moins de 1600 à 1800 toises de hauteur. Forster conjecture, avec assez de probabilité, qu'une si longue chaîne renferme des veines métalliques aussi riches qu'utiles.

La montagne située au milieu de la grande péninsule de Taïti ou de Tobréonou, est une des plus hautes des îles du Tropique: dans plusieurs endroits sa pente est aisée; elle est entrecoupée par un grand nombre de vallées très-profondes, qui convergent vers le milieu de l'île, où se trouve le sommet le plus élevé, éloigné, d'après une estimation très-exacte, d'environ sept milles de la pointe Vénus. En admettant l'exactitude de ces données, il s'ensuivra, d'après les calculs de la trigonométrie, que cette montagne a 1225 pieds de hauteur.

Il est évident que les îles tropicales de l'Océanie jouissent depuis longtemps de leur fertilité actuelle; mais les parties les plus méridionales de la Nouvelle-Zeeland, le groupe Macquarie, etc., se trouvent encore dans cet état informe où elles sont originairement sorties du chaos, avec cette différence, que le sol devient meilleur et plus fécond à chaque pas que l'on fait depuis le pôle, vers des climats plus doux, où le soleil exerce son influence bienfaisante.

TREMBLEMENTS DE TERRE.

Les tremblements de terre les plus fréquents ont lieu dans les pays volcanisés, au milieu des volcans et dans leur voisinage. Les phénomènes qu'ils produisent, comparés à ceux des volcans, portent à les regarder comme les effets d'une même cause, les feux souterrains. S'il se forme un nouveau volcan, les tremblements cessent, ou ne se font sentir que dans les éruptions violentes. C'est ce qu'on a observé lors de la formation des volcans de Monte-Nuovo, près de Naples, et de Jorulo, dans le Mexique.

Les tremblements de terre sont ordinairement précédés par des bruits sourds, des mugissements souterrains très-forts, et souvent par des émanations gazeuses. Les animaux avertissent des tremblements par leur inquiétude et leurs cris, soit parce qu'étant plus près de la terre ils entendent mieux le bruit qui les précède, soit parce que leurs organes reçoivent l'impression de quelque gaz. A Manila, à la suite d'un violent tremblement, les herbes qui couvraient les savanes voisines acquirent des propriétés nuisibles, et un morne voisin du volcan éprouva quelque changement dans sa configuration. A Coumana, une demi-heure avant la catastrophe, on sentit une forte odeur de soufre près de la colline du couvent de Saint-François, et ce fut là que le bruit souterrain fut le plus fort. On vit en même temps paraître des flammes sur les bords du Rio Manzanarès et dans le golfe de Cariaco.

Le foyer des tremblements paraît être à une grande distance de la surface du globe; quelquefois on les ressent dans les mines sans qu'on s'en aperçoive à l'extérieur.

Les secousses des tremblements de terre qui ne sont pas toujours suivies d'éruptions de flammes, ouvrent des cavernes remplies d'eaux, et ces eaux entraînent des trachytes broyés, des argiles, des ponces, et d'autres matières incohérentes. C'est là ce qu'on pourrait appeler des explosions boueuses, selon Kellian.

VOLCANS.

Les volcans agissent à de grandes profondeurs, ainsi que le prouvent les roches primitives de granit, de gneiss et de micaschiste, qu'ils lancent. Moins ils sont élevés, et plus leurs éruptions sont fréquentes. Ils paraissent tous situés dans les trachytes, roche porphyroïde à feldspath vitreux, privée de quartz, qu'on nommait anciennement porphyre trapéen. Le système des basaltes est le plus souvent éloigné des volcans qui sont encore en activité, et les collines basaltiques paraissent d'une formation volcanique plus ancienne.

La position des volcans en activité, au voisinage de la mer, est très-remarquable, surtout lorsqu'on observe qu'il y a des volcans sous-marins, dont l'existence a été constatée récemment par l'île *Julie*, qui a paru et disparu dans la Méditerranée en 1832 (*). Les mugissements et les bruits souterrains, l'apparition ou l'augmentation de la fumée sont les premiers symptômes des crises volcaniques. Bientôt le bruit devient plus fort; la terre tremble, ébranlée par de terribles secousses; la fumée redouble, s'épaissit, se mélange de cendres, s'élève en colonnes, se condense en nuages. Bientôt des pierres incandescentes et des masses en fusion sortent du volcan avec une explosion épouvantable et retombent autour du cratère. Cependant les secousses et les tremblements continuent et redoublent; la matière fondue se soulève, monte dans le cratère, et, en débordant, se répand sur les flancs du volcan. Souvent, lorsque la lave s'élève, les parois s'entr'ouvrent, et elle jaillit par ces nouvelles issues. Au milieu des torrents de feu, d'énormes courants d'eau et de boue sortent quelquefois des volcans; des gaz méphitiques se répandent dans les lieux enfoncés. Après l'éruption, les tremblements cessent, les explosions et les déjections diminuent, et le volcan semble jouir d'un instant de repos; mais bientôt un nouvel accès reproduit les mêmes phénomènes. Enfin, après un temps plus ou moins considérable, la crise cesse entièrement.

On a vu souvent des poissons lancés par des volcans, parce qu'ils vivent par milliers dans les lacs souterrains, et parce qu'au moment des grandes éruptions ils sortent par des crevasses, entraînés par l'impulsion de l'eau boueuse qui descend sur la pente des montagnes. Le volcan presque éteint d'*Imbabura* (aujourd'hui département

(*) Voyez Humboldt dans Kellian.

de l'Équateur) a vomi en 1691 une si grande quantité de petits poissons connus dans le pays sous le nom de *Prenadillas*, que les fièvres putrides qui régnaient à cette époque furent attribuées aux miasmes qu'exhalaient ces poissons.

Les plus grands volcans du monde connu sont le Popocateptl au Mexique, qui s'élève à 5500 mètres, et l'Antisana à 6000 mètres. La grande montagne ignivome du Chimborazo atteint 6700 mètres, mais c'est un immense dôme trachitique qui n'a jamais été vu en éruption. Le Gounong-Api dans le groupe de Banda, celui de Barren dans l'île de ce nom, et celui de Tomboro dans l'île de Soumbawa, occupent peut-être le premier rang dans les volcans de l'Océanie. Le Keraouia dans l'île de Haouaï offre la singularité fort remarquable de n'être point situé au sommet d'une montagne, mais dans une plaine d'une élévation médiocre. Le continent austral (l'Australie ou Nouvelle-Hollande), terre des monstruosités et des êtres les plus bizarres, offre une singularité non moins remarquable d'un volcan sans cratère et sans laves, et qui lance continuellement des flammes.

SALSES.

Dans quelques contrées, on voit sortir du sol des jets d'eau poussés par des gaz et chargés de boues, en gerbes, s'élevant jusqu'à 60 mètres de hauteur, accompagnés de détonations, de vents, de sifflements et de bruits souterrains, et lancer quelquefois à quelques mètres de distance, des pierres pesant plusieurs quintaux. On donne le nom de salses (*) à ces boues déposées dans les environs, et principalement autour des ouvertures qui les ont vomies. Elles forment des espèces de petits cratères qui rappellent, sur une échelle extrêmement petite, l'idée des cônes volcaniques. Il en existe un à Timor, un à Kambing entre Simao et Timor, un à Java, un dans la province de Carthagène en Amérique, un à Tourbaco au Mexique, un autre près d'Agrigente en Sicile, un autre encore dans la presqu'île d'Okerena, non loin de Bakou, etc. Mais il faut bien distinguer les éruptions des salses, qu'on nomme improprement volcans d'eau, d'air et de boue, avec les éruptions boueuses vomies par de véritables volcans. L'importance et les immenses résultats des éruptions volcaniques sont d'une nature bien différente de celle de ces petits cratères de salses qui ne paraissent tenir qu'à des dégagements qui viennent des couches les plus superficielles de la terre, où des combinaisons chimiques, produites par l'introduction d'une eau saturée de chaleur et de certains gaz, suffisent pour produire ce phénomène.

RÉSULTAT HYPOTHÉTIQUE DES EFFETS PRODUITS PAR LES VOLCANS ET LES POLYPES SUR NOTRE GLOBE ET PRINCIPALEMENT SUR LA POLYNÉSIE.

Nous avons dit que l'Océanie nous paraît être, presque en entier, le résultat de produits volcaniques. Les volcans ont cessé de brûler dans l'intérieur de l'Asie et en Auvergne, en Vivarais, dans l'Irlande, dans le Luxembourg, sur la rive gauche du Rhin, et dans d'autres contrées. Dans l'Océan atlantique il n'y a de volcans que ceux de l'Islande; dans la Méditerranée que l'Etna, Stromboli et le Vésuve; et cette mer présente, dans presque toutes ses îles, des cratères sans feux. La puissance volcanique est éteinte sur le continent de l'Afrique, où elle ne paraît pas avoir jamais été fort étendue, et dans le sud-est de l'Asie, sauf l'île de Ceylan, où elle brûle encore. Elle s'éteint en Europe et au centre de l'Amérique, quoiqu'elle règne encore dans les Cordillières; elle brûle avec plus de furie à Soumâdra, à Java, aux Moluques, aux Philippines, en un mot, dans toute la Malaisie; elle est plus grande encore dans la Micronésie et dans la Polynésie; elle se trouve à l'état sous-marin dans le grand Océan, ou Océan pacifique, ou mer du Sud;

(*) On leur donne le nom de salses, parce que l'eau et la boue que jettent ces prétendus volcans sont salées.

elle a formé des îles à l'extrémité de la Polynésie orientale, et vers les côtes occidentales de l'Amérique qui confinent avec elle. Enfin, dans cet immense océan Pacifique, berceau de l'Océanie, dont Vulcain est le véritable père (ce qui m'avait fait proposer d'appeler Vulcanésie cette 5ᵉ partie du globe, qui mériterait mieux que l'Amérique, le nom de Nouveau-Monde), il y a beaucoup de volcans sous-marins, sans indices de terres ou de rochers à la surface des eaux. Par toutes ces raisons, nous pensons que la nature souterraine est au plus fort de son travail dans la Malaisie et la Micronésie; qu'elle ira, enfantant des terres, principalement dans la Polynésie, jusqu'à ce qu'elle ait formé, de concert avec les polypes, un vaste continent; que l'Australie est le continent le plus récemment formé; et que l'Amérique, l'Europe et même l'Asie et l'Afrique ont été jadis dans l'état insulaire (*). Mais si on nous demandait en quel temps ces grandes divisions sont sorties des eaux, comme le sol des îles océaniennes, et à quelle époque leurs volcans ont cessé de brûler, ce serait la matière d'une importante, mais longue discussion, dans laquelle le cadre trop rétréci de l'*Univers pittoresque* ne nous permet pas d'entrer.

HISTOIRE NATURELLE.
MINÉRALOGIE.

On ne peut former un tableau complet des richesses minérales de l'Océanie, puisqu'on ne connaît qu'imparfaitement l'intérieur de ses terres; mais on peut assurer que Bornéo possède les plus riches mines de diamants du globe; que les Philippines, Célèbes, Timor, sont riches en mines d'or; que l'étain abonde à Banka, à Soumâdra, à Billitoun, Lingan et Célèbes; qu'on rencontre souvent le plomb et le cuivre à Louçon, Timor, Soumâdra et dans la Nouvelle-Galles méridionale; le fer à Bornéo, à Soumâdra, à Billitoun, à Célèbes et dans la Tasmanie; le sel à Java, Bali et Célèbes; le soufre dans cette dernière et dans les îles imperceptibles de la Micronésie, et enfin, le charbon de terre à Soumâdra, à Java et dans quelques îles moins grandes, ainsi qu'à la Nouvelle-Galles et dans la Tasmanie. Dans quelques-unes enfin, on trouve des marbres et des pierres précieuses.

Les *mines d'étain* de l'île de Banka, dans l'Océanie hollandaise, donnent, année commune, 58 pour cent, et sont d'une exploitation très-facile, surtout lorsqu'on les compare à celles du Cornouailles, en Angleterre, regardées cependant comme les plus productives de l'ancien continent. Malgré l'imperfection de leur exploitation, les mines de Banka rapportaient 66,000 pikles(*) d'étain en 1750. Ce produit, selon M. Crawfurd, était tombé à environ 10,000 pikles, depuis 1799 jusqu'à l'époque de l'occupation de Java par les Anglais. En 1817, il s'était déjà élevé jusqu'à 35,000 pikles, ou 2083 tonneaux anglais, égalant, par conséquent, la moitié du produit de toutes les mines du Cornouailles à la même époque. Pendant mon séjour dans la Malaisie, cette production a encore considérablement augmenté. M. Crawfurd estime à 88,362 onces anglaises, la quantité d'or retirée annuellement des mines de Matrado, dans l'île de Bornéo, exploitées par environ 6000 Chinois. On verra à l'article Bornéo, que mon estimation est plus élevée. Il porte à 35,530 onces, le produit des mines de ce métal dans le pays des Battas, dans le pays de Menangkarbou et dans la sultanie d'Achin; et il évalue à 30,973 onces tout l'or recueilli annuellement dans les îles Célèbes, Timor et autres parties de cette division; ce qui donne, pour toute la Malaisie, un total de 154,865 onces, équivalant à 4700 kilogrammes, ou à une valeur d'environ

---

(*) L'illustre Laplace, qui nous honorait de ses conseils et de son amitié, nous semble avoir démontré par ses savants calculs l'insularité primitive de l'ancien monde.

(*) Le pikle fait un peu plus de 125 liv. poids de France.

2,980,000 piastres d'Espagne, c'est-à-dire, environ 15 millions de francs. On voit par là que la Malaisie doit occuper une place distinguée parmi les contrées les plus aurifères du globe. On a trouvé, dans quelques vallées des cantons aurifères de Célèbes, des morceaux d'or pur dans leur gangue, du poids de 4 et un autre de 12 livres.

Les territoires de Benjermassin et de Ponthiana, dans l'île de Bornéo, les monts cristallins, au nord de cette île, et quelques vallées dans celle de Célèbes, offrent, avec l'Inde, le Brésil et l'Oural, les seules contrées connues du globe où l'on ait encore trouvé des *diamants*. Les plus riches mines sont situées dans les environs de Landak, dans l'île de Bornéo. Les Dayas, ou les indigènes de ce pays, sont les seuls qui les exploitent, et leurs précieux produits sont taillés et polis par les Bouguis établis dans cette île. C'est dans les mines de Landak qu'on a trouvé un des plus gros diamants connus, après celui que possédait le Grand-Mogol, au temps de Tavernier.

BOTANIQUE.

La végétation est admirable dans toute l'Océanie(*); mais celle de la Polynésie et d'une partie de la Mélanésie est loin d'offrir les richesses de la Malaisie. Cependant les côtes de Taïti présentent en abondance l'arbre à pain, le bananier, le cocotier et l'*inocarpus edulis*, dont les habitants mangent le fruit, semblable à la châtaigne par la forme et le goût. L'intérieur de cette île possède des *eugenies*, des *mimosa*, des bambous et des palmiers; et ses montagnes offrent plusieurs espèces de grandes fougères. Dans les archipels de Viti, de Tonga et de Hamoa, ou plutôt Samoa, la végétation offre beaucoup de rapport avec celle de Taïti; mais dans leurs épaisses forêts brille l'immense palmier parasol (*corypha umbraculifera*), qu'on ne voit pas à Taïti, mais qu'on trouve dans la Malaisie. Il forme une colonne, terminée par des feuilles en éventail qui servent de toits aux cases des indigènes. A l'ombre de ces bois croissent le *tacca pinnatifida*, le *saccharum spontanæum*, le *mussænda frondosa*, et l'*abrus precatorius*, dont les graines pisiformes d'un beau rouge de corail, marquées d'une tâche noire, ornent le cou et les bras des belles polynésiennes. Le sandal se trouve à Haouaï, à Taïti et à Nouka-Hiva. Toutes ces plantes croissent naturellement; et c'est sans doute parce que la nature a été si généreuse envers les habitants des régions intertropicales, qu'ils sont généralement indolents, apathiques et rarement ambitieux. Cependant ils cultivent quelques plantes, telles que les patates douces, les ignames et les deux espèces de choux caraïbes. Ils possèdent un fruit exquis, l'évi ou pomme de Cythère, *spondias cytherea*, le mûrier à papier (*), la plante qui enivre les poissons (voy. la *pl.* 2), le vaquois, *pandanus odoratissima*, dont les feuilles servent à tresser ces belles nattes qu'on doit à l'industrie des insulaires de la mer du Sud. N'oublions pas le *to*, canne à sucre de Taïti, qui fournit le sucre le plus estimé, et le *kawa* (**), boisson spiritueuse, qu'on obtient en faisant digérer de l'eau sur les grosses racines du poivrier enivrant (*piper methysticum*), et une espèce de coton (*gossypium religiosum*) dont on fait un grand usage. Presque toutes ces plantes se retrouvent dans la Nouvelle-Calédonie, dont les montagnes ont plus de 2400 mètres de hauteur: quelques-unes renferment des melaleucas et autres arbres de petite dimension, quoiqu'ils soient gigantesques dans les

---

(*) On peut compter environ 7 à 8000 plantes dans toute l'Océanie, dont plus de 4000 pour l'Australie, et environ 75,000 dans le reste du globe.

(*) *Broussonetia papyrifera*.

(**) Il y a identité entre ce mot et le mot *kavoua*, café des Arabes, qui se prononce de la même manière. Ces deux boissons sont servies chaudes. Il est probable que les Arabes ont autrefois navigué dans la Polynésie.

plaines. Les *pandanus*, les *heritiera*, les bonnets carrés, *barringtonia*, étendent leurs branches au-dessus des eaux.

La Papouasie offre des trésors au botaniste : rien n'approche de la majesté imposante de la nature dans ses vastes et épaisses forêts ; mais ces forêts impénétrables ne seront pas décrites de long-temps. Cependant nous pouvons nommer les orchidées et les fougères parasites, qui s'y établissent sur le tronc des cocotiers et des *caryota urens*. Parmi les arbres principaux il faut distinguer l'ébénier, le canari, l'arbre à pain, le sagoutier, le muscadier uviforme, l'arékier, le *tectona grandis* (arbre à tek), précieux pour la construction des navires, le lingoa, le bois de fer et le casuarina, dont les sauvages font leurs lances, leurs instruments les plus pesants et surtout les casse-têtes (*aito* à Taïti) destinés aux combats, et le *cycas circinalis*, végétal ambigu qui semble tenir le milieu entre les grandes classes naturelles des monocotylédons et des dicotylédons, dont les Papouas mangent avec délices les amandes grillées. Les plantes de la Papouasie habitent aussi la Nouvelle-Calédonie.

Les îles Mariannes, les îles Péliou et les îles Carolines, étalent en outre la plupart des productions de la Polynésie, les orangers, les citronniers, la canne à sucre, le curcuma et le bambou.

Le sandal blanc, arbre odoriférant, est très-commun aux îles Nouka-Hiva, Viti et Haouaï. La Nouvelle-Zeeland et l'île Norfolk nous offrent ce lin précieux (*phormium tenax*), le plus beau du monde, et dont les larges feuilles fournissent une filasse aussi fine que la soie ; le myrte à thé, et une espèce de pin dont les feuilles guérissent le scorbut (voy. la *pl. 4*).

Partout où l'on aperçoit des récifs de corail, on voit les *bruguiera* s'établir dans l'eau salée, et le *pandanus* odorant envahir les rochers ou le sable du rivage. Enfin la mer fournit l'*agar-agar*, espèce de fucus qui est soluble dans l'eau et qui y forme une matière gélatineuse dont les Chinois se servent au lieu du sucre, à cause de son bon marché.

A la Nouvelle-Irlande (Mélanésie), on trouve l'arbre à pain, et le poivrier-cubèbe y croît à l'ombre des forêts.

Dans l'Australie la botanique offre les formes les plus élégantes, les plus variées et les plus insolites. Le *metrosideros* donne la plus belle fleur de ce continent, mais les arbres ont peu d'ombrage, point de fraîcheur, et leur verdure est sombre et monotone. La nature lui a refusé les plantes alimentaires. Le cocotier, commun dans la Malaisie et la Polynésie, n'a pu y pousser des racines, et le *phormium tenax* n'a pu s'y naturaliser. On y trouve seulement le sagoutier, le chou palmiste, des racines d'arum et une espèce de bananes sauvages. Les malheureux indigènes se nourrissent de quelques racines de la fougère comestible, de semences d'une sorte de *pandanus*, de souches du *xanthorrea*, de quelques tubercules et des gommes de *mimosa*. Quand ils en manquent, ils vivent d'insectes, de crabes, d'opossums ou de lézards qui ont à peine senti la chaleur du feu. Mais les Anglais y ont naturalisé pour leur usage, entre autres plantes, l'orge, le blé et le maïs, qui rend deux cents fois la semence, l'abricotier, le pêcher, etc. Le *xanthorrea*, le *lepto spermum* (*), le *melaleuca*, le *casuarina*, le *dacridium* aux fleurs presque microscopiques, sont les arbres les plus précieux de ce pays ; d'autres dont le bois est veiné de toutes couleurs offrent d'immenses avantages à l'ébénisterie, ainsi que le cèdre rouge (*cedrela australis*) qui fournit des planches d'une couleur rougeâtre. Cunningham a découvert un encalyptus qui fournit une manne sucrée, analogue à celle de l'Inde. Le *castanospermum* et le *caladium macrorhyzum*, en temps de disette, pourraient fournir une ressource alimentaire. L'écorce de l'*hibiscus heterophyllus* pourrait servir à fabriquer des cordages. On doit citer encore le *flindersia australis* (voy. la *pl. 2*), et le singulier cephalotes, plante

(*) C'est l'*encalyptus robustus*.

précieuse dans ce climat sec, et dont les feuilles, en forme de godet, sont toujours remplies d'eau. On y trouve plusieurs espèces d'eucalyptus, dont une s'élève jusqu'à deux cents pieds de haut (*). L'eucalyptus, au reste, se trouve aussi dans quelques-unes des îles Moluques, et le melaleuca à Timor et à Amboina. Les protiacées, les restiacées, les épicradées et les caustis, dont les fleurs sont hermaphrodites, n'existent que dans l'Australie ou dans l'hémisphère austral.

Mais c'est dans la Malaisie que la végétation se montre dans tout son luxe et sa splendeur. C'est là que croissent les plantes les plus utiles et les plus précieuses. C'est sous le beau ciel de ces îles fortunées que s'élèvent l'*elæocarpus monogynus* aux fleurs élégantes, le *cussonia thyrsiflora*, ornement des forêts, le *canarium commune*, l'*averrhoa carambola*, le cœur de bœuf, et diverses autres amonacées, et de gracieux arbustes, tels que le bois de la Chine, l'*agati grandiflora*, l'*abroma angusta*, l'*erythrina corallodendron*, etc., etc. C'est ici que le muscadier, le giroflier et le cannellier exhalent leurs parfums. Le poivre, le camphre, le coton, le gingembre, le café, le riz qui vient dans l'eau et le riz qui croît sur les montagnes, le tabac, l'arek, le bétel, le gambir, le bambou, le rotang, le sagoutier, l'arbre à pain, l'arbre à sucre ou djagri, et l'arbre qui donne le benjoin odorant, sont aussi des produits de cette division océanienne. On y trouve la mangue sucrée, le mangoustan, le ramboutan (espèce de litchi), l'odorante eugénie, la banane savoureuse, le papayer (voy. la *pl. 2*), le jaquier, le goyavier, le dourian, le tamarinier, dont le fruit éteint les ardeurs de la fièvre, la grenade, le pampelmousse et l'oranger. Parmi les fleurs on peut distinguer l'*ampi-ampi*, le beau *magnolia*, et la *raflesia*, plante parasite, d'une structure insolite et la plus grande de toutes les fleurs, mais dont l'odeur est repoussante. Je citerai également la *rienziana disticha* (*), plante précieuse. L'auteur, qui l'a découverte dans l'île de Bintang, l'a donnée, en l'accompagnant d'une description, à l'Académie de médecine, dès son arrivée à Paris, lors des ravages du choléra en France. Cette plante ainsi que le melaleuca, dont on extrait le *miniak kayou-pouti* (extrait du bois blanc), est fort utile dans l'emploi des remèdes curatifs de cet horrible fléau. Mais à côté des plus belles fleurs, des aromates les plus précieux, des plantes les plus salutaires, croissent les plus redoutables poisons. A Java, à Bornéo et à Célèbes, le terrible oupas (**), arbre du genre antiare de Leschenaut, fournit un horrible poison. Sur les rivages de l'île Company, vers la côte septentrionale de l'Australie, croît une seconde espèce de ce genre observée dans les lieux pierreux, par Robert Brown, qui l'a désignée sous le nom de *antiaris macrophylla*, c'est un petit sous-arbrisseau, remarquable par la grandeur de ses feuilles, et dont cet habile botaniste a donné une bonne description et une excellente figure dans ses *General remarks*, t. V, p. 70.

ZOOLOGIE.
MAMMIFÈRES.

Le règne animal offre peu de traits de ressemblance dans les quatre divisions de l'Océanie. On conçoit que les grandes espèces n'ont pu se répandre dans les petites îles de la Polynésie. Il n'y a que le chien, le cochon, le chat, le rat et la poule qui y existassent dans l'état de domesticité avant Cook et Bougainville.

Les forêts des grandes îles de Sounda et de Bornéo nourrissent les orangs, les gibbons et les différentes espèces et variétés de ces deux genres. Mais ce n'est, je crois, qu'à Bornéo qu'on rencontre le pongo, espèce d'orang à tête pyramidale de la nuque au museau, et dont la force est supérieure à celle de six hommes.

(*) Ce genre est très-rapproché des *melaleucas*.

(*) Nous la décrirons à l'article Bintang.
(**) Nous le décrirons à l'article Célèbes.

Un grand nombre d'espèces de singes fréquentent les îles de l'Océanie.

Les kangarous, les phalangers, les opossums, les kasoars, et quelques autres espèces, sont communs à l'Australie et à quelques points de la Malaisie. Buffon a confondu les trois premiers avec les sarigues.

Le wombat, dont la chair est bonne à manger, et qu'on pourrait naturaliser dans nos basses-cours, existe plus particulièrement dans les îles du détroit de Bass.

Le rhinocéros unicorne de Soumâdra et le rhinocéros bicorne de Java vivent dans les forêts les plus solitaires de ces deux îles, et le bicorne dans Bornéo. L'éléphant, le tigre et le *maiba*, ou tapir bicolor de Malakka, se retrouvent à Bornéo ainsi qu'à Soumâdra.

Il existe dans presque toute la Malaisie des buffles et une race de chevaux, bons, quoique petits.

L'ours noir ou malai, le porc-épic, la civette et la loutre sont assez nombreux dans l'intérieur de Soumâdra, de Java et dans le nord de Bornéo. Forest dit que l'éléphant vit aussi dans la petite île de Holo; mais comme il n'assure pas l'y avoir vu, il est probable qu'il a répété un conte des naturels qui l'ont induit en erreur.

Bornéo et les îles de Sounda sont la patrie des élégants chevrotains, napou, kantchil et pélandok, et de la jolie antilope noire et à crinière grise, *kambing-houtan* des Malais. C'est encore à Bornéo, à Célèbes et même à Bourou qu'on trouve le *babi-roussa* (cochon-cerf), le zebou, ou bœuf à bosse, ou plutôt à loupe graisseuse, et le bizarre phalanger. Le buffle, soit sauvage, soit domestique, existe dans presque toute la Malaisie.

Les phoques et l'éléphant marin, le gigantesque cachalot, dont la gueule est monstrueuse, le douyoung, amphibie singulier, et d'autres mammifères aquatiques, peuplent les solitudes des mers océaniennes.

Dans différentes îles et surtout dans les cavités des rochers de la Nouvelle-Irlande, on rencontre une énorme roussette, mammifère ailé, et j'ai trouvé la roussette ordinaire et le tagouan ou grand écureuil volant dans l'île de Singhapoura et dans celle de Bintang.

Les galéopythèques (deuxième tribu du genre chéiroptère), qui grimpent sur les arbres comme les chats, et voltigent comme les oiseaux, existent à Ternate et aux îles Philippines. Les Bissayas les nomment *Cologo* et *Cagouang*, les Tagales et les Pampangans *Gigoua*.

Dans les îles situées entre Bornéo et la Papouasie, vit le *babi-houtan* (cochon des bois). Dans la Papouasie et dans les îles des Papous, on doit remarquer le chien-papou qui y vit sauvage ou demi-sauvage, suivant le degré de lumières des indigènes, dont il est plutôt l'associé que le serviteur. On trouve encore dans l'Australie un chien qui n'aboie jamais, mais il n'accompagne plus l'homme sur la terre de Diémen.

Les animaux de l'Australie se distinguent presque tous par un caractère de marsupialité, ou double poche, sauf le phoque, la grande chauve-souris ou roussette (*), et le chien. Les dasyures sont des animaux carnivores, dont quelques-uns, de la taille d'un fort renard, sont funestes aux troupeaux; mais ils paraissent confinés dans la Tasmanie, sauf un petit nombre qu'on dit avoir rencontrés au-delà des montagnes bleues. Le wombat, qui ressemble, en petit, à un ours, fournit un mets excellent. Le koala, ou paresseux des colons, est de la grosseur d'un chien: il grimpe sur les arbres pour se nourrir de feuilles. Le kassum est un petit animal qui vit d'insectes. Le kangarou, dont les deux pattes de derrière sont plus longues que celles de devant, et dont la taille est de 5 pieds de longueur, dépasse à la course les chiens les plus agiles, et peut les terrasser d'un coup de sa queue.

(*) On doit distinguer ces chauve-souris frugivores du vampire, espèce de phyllostome dont on a fait le type d'un sous-genre particulier parmi les chauve-souris insectivores.

ORNITHOLOGIE.

Les timides mégapodes, de la tribu des gallinacées (*), et le kasoar, armé d'un casque, donnent un caractère particulier à l'ornithologie des Moluques. Ce kasoar se retrouve aussi aux îles de Sounda; mais celui de l'Australie est privé du casque. On voit, à Soumâdra, un faisan de la plus rare beauté, et l'angang ou oiseau rhinocéros, qui porte sur son bec une espèce de corne. Ce n'est qu'en Australie qu'on trouve le kasoar sans casque et le *psittacus formosus*. Les perroquets et les kakatouas fatiguent de leurs cris rauques les antiques et impénétrables forêts de la Papouasie; mais, dans cette contrée majestueuse la vue est réjouie à l'aspect du grand oiseau de paradis (**), qui s'élance comme un ballon, et auquel les plumes placées au-dessous des ailes servent de parachute (voy. *pl*. 3). Là et aux îles Arrou brillent différentes espèces de ce ravissant oiseau et, en outre, le *lori*, dont les teintes rouges si variées surpassent en splendeur celles de la plus belle tulipe; le papoua, dont le plumage d'azur se mêle à l'azur des cieux; le *mainat-mainou*, au plumage d'un bleu foncé métallique, aux pattes, au bec et à la queue d'un or brillant, et qui est marqué d'une grande tache blanche au milieu de ses rémiges. On voit à Java et à Soumâdra le *mainat-gracula*, dont la docilité surpasse celle de toutes les espèces de perroquets. Il montre la plus grande aptitude à retenir les airs et les paroles que son maître lui apprend, et il les répète à son moindre désir. Son plumage, d'un beau noir, réfléchit toutes les couleurs primitives de la lumière, qui vient se décomposer sur les prismes fidèles de sa robe de deuil. Dans l'Australie, le *loriot prince*

(*) Il diffère peu des mégapodes qu'on trouve à Véguiou, à Boui et aux Mariannes.

(**) On y trouve différentes espèces de ces magnifiques oiseaux. Nous les décrirons quand nous aborderons la Papouasie et les îles Arrou.

4ᵉ Livraison. (OCÉANIE.)

régent a la livrée mi-partie de jaune, d'or et de noir de velours. Le cygne, blanc en Europe, et le kakatoua, blanc en Chine et dans les Moluques, sont noirs dans cette étrange région. On y voit des perruches de toute taille et de toute couleur, et les bruyants martin-chasseurs et le moucherolle crépitant, dont le cri imite, à s'y méprendre, le claquement d'un fouet. A la Nouvelle-Zeeland se pavane le nestor, autre espèce de perroquet qu'on n'a pas encore retrouvée ailleurs. Le calao noir, au bec semblable à une corne de bélier, au cou jaune et à la queue blanche, fréquente le port pittoresque de Dori. Il se nourrit de muscades, et il est bon à manger quand il est jeune. On le rencontre à Véguiou et à Céram. Le cassican habite les îles de Norfolk et de la Nouvelle-Calédonie.

Dans l'île d'Amboine, le martin-pêcheur étale avec grace son plumage d'un vert sombre. A Taïti, on voit avec surprise l'oiseau des tropiques, la frégate, oiseau de passage, et le manchot de la zone glaciale, dont une espèce particulière, l'*aptenodites papua*, s'étend jusqu'à la Papouasie et aux îles des Papous. On trouve dans presque toute la Malaisie différentes familles de pigeons, et surtout le pigeon à coup de poignard, et le galéopithèque, ainsi que la salangane, qui avale l'écume de la mer, ou plutôt le frai de poisson, délayé de manière à former une espèce de colle pour construire ces nids que les Chinois recherchent tant.

Bornéo, dont l'ornithologie est si riche et si peu connue, renferme des paons magnifiques, des coqs recherchés pour les combats, et cet étrange poivrier, oiseau curieux, dont nous donnerons la description à l'article Bornéo, car nous ne l'avons trouvée nulle part.

On recherche à Haouaï le mohos, nuancé des plus brillantes couleurs, et le *héorotaire*, dont le plumage, d'un rouge foncé, sert à parer le manteau des rois indigènes. Dans plusieurs îles sont des merles fort beaux. Le merle à cravate frisée de la Nouvelle-

Zeeland et de l'Australie sont fort bizarres; leur langue ressemble à un pinceau. N'oublions pas l'épimaque royal, dont le plumage réunit l'émeraude et le rubis, le jais et le saphir; ni le coucou de Maindanao, dont le noir, le gris, le roussâtre, le jaune et le vert doré forment régulièrement un damier volant; ni la colombe verte de Hoto, qui brille du plus vif éclat. Le dragon existe principalement à Java, ainsi que la cicade musicale, dont le cri est semblable au son d'une trompette.

COUP D'ŒIL SUR L'ERPÉTOLOGIE, L'ENTOMOLOGIE, L'ICHTYOLOGIE, LA CONCHYOLOGIE, LA ZOOPHYTOLOGIE, ETC.

Le crocodile *biporcatus* (à deux arêtes) existe dans toute la Malaisie, dans la Papouasie, aux îles Viti (Mélanésie), etc.; mais il n'est plus représenté à la Nouvelle-Irlande que par un grand *toupinambis*, dont la peau sert à recouvrir le bruyant tam-tam. On confond souvent, et mal à propos, le crocodile *biporcatus* de l'Océanie avec le caïman (*alligator*), dont l'Amérique est la patrie, avec le *chamsés* du Nil (l'ancien crocodile), et le gavial de l'Asie, bien que ces sauriens offrent entre eux des différences remarquables; de même qu'on confond le python de la Malaisie avec le *boa constrictor*, qui ne diffèrent pas moins. Les reptiles-marins nous paraissent avoir été créés avant les reptiles terrestres, dont nous allons parler.

On trouve le *lacerta vitatta* depuis Amboine jusqu'à la Nouvelle-Irlande, et l'hémidactyle à Taïti et à Borabora. Le lézard de maison est très-commun. Le grand iguane existe aux Philippines, et la chair de ce reptile est un mets recherché. Les forêts de la Malaisie sont infectées par le python colossal (voy. pl. 4), serpent redoutable, qui, enlacé autour du tronc d'un arbre, attend à l'affût sa victime, s'élance sur elle, l'entoure, la presse, l'écrase dans ses replis tortueux, et la broie avec ses dents meurtrières. Le genre amplicéphale, à tête de carlin, forme au moins quarante-cinq espèces de serpents particuliers à Java, où l'on trouve les plus beaux serpents de l'Orient. La morsure de la vipère verte y est le plus subtil des poisons.

Les tortues vertes abondent à la terre d'Arnheim et au fond du golfe de Carpentarie. Les tortues qui donnent le caret (écaille) sont nombreuses, et forment, ainsi que le tripan (holothurie de mer), une des branches principales du commerce des Malais, des Bouguis, des Biadjous et des Carolins avec les Chinois. Depuis quelques années, les Européens et les baleiniers américains se livrent, dans une grande partie de la Polynésie et de la Mélanésie, à ce commerce infiniment lucratif.

On trouve dans la Malaisie des homards, des inachus et des crabes d'une grandeur remarquable. Dans l'Australie les crabes se distinguent par leur couleur bleue.

Les myriapodes, en malayou *alipan*, connus vulgairement sous le nom de cent-pieds ou mille-pieds, désolent les jardins de la Malaisie. Les scorpions et les scolopendres sont nombreux à la Nouvelle-Irlande. A Java, la blatte kakerlagor et de petites fourmis rousses s'insinuent partout, dévorent et détruisent tout.

Dans la vaste Malaisie les papillons brillent des plus belles couleurs. Les diptères, tels que les mousquites, etc., sont peu nombreux en espèces, et ils sont d'autant plus rares qu'on s'éloigne des grandes terres. On rencontre le *velia oceanica* sur la surface du Grand-Océan. Dans plusieurs îles de la Malaisie, et particulièrement dans celle de Soumádra, on rencontre l'insecte qui donne la laque dont on fait ce vernis précieux, que nous sommes obligés d'emprunter, ainsi que tant d'autres choses, aux Chinois industrieux.

Sur les côtes de la Papouasie et des Moluques vivent les singuliers phyllosomes, les *abima* et les *smerdis*, dont les feux perpétuels font étinceler l'Océan.

Les poissons d'eau douce sont abondants en Océanie. Une espèce de carpe et le pomfret sont les plus estimés. Mais c'est surtout dans les mers que fourmillent les poissons; plusieurs sont excellents à manger, et la beauté de leurs couleurs surpasse la nouveauté de leurs formes. On y voit les trigleslyres, les scorpènes, des marteaux bizarres, les jolis petits scinques des Moluques, aux raies dorées et à la queue azurée, les brillants balistes, les serrans et les chelmons dont l'éclat est fantastique; ainsi que la chimère antarctique, qu'on voit près du cap de Bonne-Espérance et qu'on retrouve au cap sud de Van-Diémen. Le coffre triangulaire et le coryphène resplendissant, le requin toujours affamé, et l'empereur ou espadon, armé d'une scie, s'y livrent d'affreux combats.

On trouve souvent de belles espèces de coquillages. Aux îles de l'Amirauté, les habitants attachent à l'extrémité de leurs parties naturelles la coquille *bulla ovum*, ou ovule, tandis que le reste du corps est entièrement nu. On rencontre dans presque toutes les mers de l'Océanie l'arche, la vis tigre, différentes espèces de porcelaines, l'haliotide, les turbos marbrés (voy. *pl.* 6), la cérithe blanche, le cadran escalier, la mitre épiscopale, la conque du triton, qui sert de trompette de guerre; le murex chicorée, la harpe, l'huître perlière, etc. Dans les baies paisibles des Moluques, naissent et se développent de belles coquilles: le scalata, d'une blancheur éclatante, et que les amateurs recherchent tant, la carinaire vitrée, les nautiles papyracés, l'argonaute flambé et la volute éthiopienne.

Dans l'Australie, dans la Papouasie, les Moluques et autres îles, on rencontre des hélices aussi délicates que jolies, de grandes tridacnes et des hippopes (voy. *pl.* 6), l'aplysie d'Urville et autres mollusques.

Les araignées ne sont pas rares dans ces contrées encore si peu connues. Les sangsues de l'Australie pourraient être utiles à la médecine, et les eaux croupissantes renferment souvent des *infusoires* curieux.

On y rencontre les entozoaires, ou vers intestinaux, qui ne paraissent pas des animaux végétants, malgré la place que leur assigne l'illustre Cuvier; des échinodermes; des actinies et des polypes, êtres singuliers qui ont une puissance de reproduction telle qu'on peut les couper transversalement ou verticalement, et que chaque tronçon donne naissance à un nouvel animal; les tribus madréporiques de coralines éponges, sans organe digestif, et ne vivant que par l'absorption corticale; des astéries, des gorgones, des méduses, zoophytes jouissant en tout temps de la sensibilité et du mouvement volontaire, et qui font de ces animaux-plantes des êtres fort singuliers.

MONOTRÈMES.

Il existe en Australie des animaux vraiment extraordinaires qu'on a nommés d'abord paradoxaux et dont on a fait aujourd'hui le genre monotrème. Tels sont l'*échidné*, dont les mâchoires sont dépourvues de dents, et dont la langue est extensible comme celle du fourmilier; et surtout l'ornithorynque, qui appartient, pour ainsi dire, à tous les genres. Il forme la nuance entre les phoques et les oiseaux; ses pieds réunissent des nageoires à des griffes, sa mâchoire se termine en bec de canard, et sa structure interne le rapproche des squales et des reptiles. Il a environ un pied et demi de long, et il habite ordinairement les lacs d'eau douce.

M. Mekel pense qu'il est seulement mammifère, et par conséquent lactifère; le savant M. Geoffroi-Saint-Hilaire, qu'il est ovipare. Si nous osions émettre notre humble opinion, nous serions porté à croire que l'ornithorynque a une double nature oviparique et mammifère, quoique ce singulier arrangement anatomique ne se soit rencontré nulle autre part. Mais la plupart des êtres dans l'Australie ont un caractère opposé à celui de leurs congénères du reste du globe. On découvre enfin quelquefois en Océanie des fossiles tels que des antholithes, des entomolithes, des crustacites, des ichtyolithes, des amphibiolithes, etc. Un capitaine bougis, peu instruit, il est vrai, nous a assuré qu'à Sainte-Isabelle, une des îles Salomon, on trouvait de nombreux débris de corps marins et de quelques fossiles de grands quadrupèdes, si nous l'avons bien compris. Il nous donna le tibia d'un énorme mammifère qui nous a paru être le mammouth, animal antédiluvien. Nous l'avons donné gratuitement au Muséum d'histoire naturelle avec une dent de mastodonte, un tronc de palmier volcanisé trouvé dans un cratère de l'île Célèbes, et un grand nombre d'autres objets curieux. Ne pourrait-on pas dire, au sujet de ces fossiles, que si des races d'animaux sont éteintes, notre époque assiste peut-être à de nouvelles créations?

Nous entrerons dans des détails satisfaisants sur les diverses branches de l'histoire naturelle, en décrivant successivement les quatre divisions de l'Océanie, et principalement la Malaisie, la plus riche de toutes.

RELIGION.

Tous les cultes ont des sectateurs en Océanie. La religion de *Mohammed* y est la plus suivie; elle est professée par les Javanais, les Malais de Soumâdra, de Bornéo, des Moluques, les Bougis, les Mangkassars, les Maïndanéens, les Holoans, les Lampoungs et les Reyans. Le point le plus oriental où elle se soit répandue, est la partie occidentale de la Papouasie. J'ai vu plusieurs navires appartenant à l'illustre Mohammed Ali, vice-roi d'Égypte, transporter des Javanais et des Bougis pour faire le pèlerinage de la Mecque.

Le *brahmanisme* n'est professé que par quelques peuplades de l'intérieur de Java et par la plus grande partie des insulaires de Madoura et de Bali.

Le *polythéisme*, le *panthéisme*, une espèce de *sabéisme*, et le plus grossier *fétichisme* se partagent toutes les autres tribus océaniennes. Quelques peuplades de Bornéo, de Loucon, de l'Australie et de la Tasmanie, n'ont aucune espèce de religion, et la plupart des Mélanésiens n'ont d'autres croyances que l'existence de mauvais génies et une idée vague d'une nouvelle vie. Quelques tribus des Carolines adorent une espèce de trinité, sous le nom d'*Alouélop*, *Lagueleng* et *Olifat*. Les dieux principaux de la Nouvelle-Zeeland sont *Noui-Atoua*, le maître du monde, le père; Dieu le fils, et Dieu l'oiseau ou l'esprit. Toutes les autres divinités sont subordonnées au père; mais chaque naturel a son *atoua*, espèce de divinité secondaire qui répond assez exactement à l'ange gardien des chrétiens. Telle était aussi la croyance des Taïtiens, avant que les missionnaires anglicans les eussent convertis à leurs dogmes. Les églises catholique, calviniste et anglicane, comptent un grand nombre de croyants dans les quatre divisions de l'Océanie. Le *bouddhisme* y est professé par une partie des habitants de l'île Bali, et par tous les Chinois établis dans la Malaisie, qui sont restés fidèles à leurs mœurs, à leur costume et à leur culte.

INSTITUTIONS RELIGIEUSES.

Nous emprunterons à M. Lesson quelques lignes sur l'importante et singulière institution du tabou en usage dans toute la Polynésie, et qui caractérise ses habitants. « Avant l'arrivée des Européens dans leurs îles, « ces peuples étaient esclaves de la terrible superstition du *tabou*, qui « leur imposait une foule de privations, et qui a coûté la vie à tant « d'innocents. Cette loi barbare défendait aux femmes, sous peine de « la vie, de manger du cochon, des « bananes et des cocos, de faire usage « du feu allumé par des hommes, et « d'entrer dans l'endroit où ils mangent. Le prédécesseur du fameux « *Taméhaméha* (*) était tellement tabou, qu'on ne devait jamais le voir

(*) On ne peut guère rendre le sens de ce mot en français que par celui d'*interdiction religieuse*.

« pendant le jour, et que l'on met-
« tait à mort impitoyablement quicon-
« que l'aurait vu un instant, ne fût-
« ce que par hasard. » Ajoutons de plus
grands détails que nous emprunterons
à un article publié naguère par M. le
commandant d'Urville, un des plus
savants navigateurs dont la France
puisse s'honorer.

« Le *tabou*, ou plus correctement *tapou* à la Nouvelle-Zeeland, est une
superstition bizarre et vraiment carac-
téristique pour tous les peuples de la
race polynésienne, depuis ces grandes
îles, jusqu'aux îles Haouaï, dont la
direction suit une zone inclinée à la
méridienne, et dont les habitants parlent tous une langue commune dans
son origine. Sans nul doute, le but
primitif du tapou fut d'apaiser la colère de la divinité, et de se la rendre
favorable, en s'imposant une privation
volontaire proportionnée à la grandeur de l'offense ou à la colère pré-
sumée de Dieu. Il n'est guère de système de religion où quelque croyance
de ce genre n'ait pénétré, où elle
n'ait été caractérisée par des actes
plus ou moins extravagants. En tout
temps et en tous lieux, l'homme a
presque toujours fait son dieu à son
image, et lui a prêté naturellement
ses passions et ses caprices. Il a d'ailleurs jugé plus facile et plus prompt
d'expier ses crimes et ses offenses envers la divinité, par des privations
temporaires qui dégénèrent souvent
en une vaine forme, que de chercher
à lui plaire en devenant meilleur et
en faisant du bien à ses semblables.
Il est inutile de citer des exemples de
cette déplorable erreur ; l'histoire religieuse de la plupart des peuples n'est
guère qu'un long et triste recueil de
toutes les folies de l'homme.

Plus que tout autre habitant de la
Polynésie, le Zeelandais est aveuglément soumis aux superstitions du tapou, et cela sans avoir conservé en
aucune façon l'idée du principe de morale sur lequel cette pratique était
fondée. Il croit seulement que le tapou est agréable à l'*atoua* (Dieu), et
cela lui suffit comme motif détermi-
nant : en outre, il est convaincu que
tout objet, soit être vivant, soit matière inanimée, frappé d'un tapou
par un *prêtre* (voy. la *pl.* 17), se
trouve dès lors au pouvoir immédiat
de la divinité, et par là même interdit à tout profane contact. Quiconque
porterait une main sacrilége sur un
objet soumis à un pareil interdit, pro-
voquerait le courroux de l'*atoua*, qui
ne manquerait pas de l'en punir en le
faisant périr, non-seulement lui-même,
mais encore celui ou ceux qui auraient
violé le tapou. C'est ainsi que l'atoua
se vengea, dit-on, sur le voyageur
Nicholas, du sacrilége que cet Anglais avait commis en maniant un pistolet taboué, pour avoir servi au chef
d'Ouatara à l'époque de sa mort.

Mais le plus souvent les naturels
s'empressent de prévenir les effets du
courroux céleste en punissant sévèrement le coupable. S'il appartient à
une classe élevée, il est exposé à être
dépouillé de toutes ses propriétés, et
même de son rang, pour être relégué
dans les dernières classes de la société.
Si c'est un homme du peuple ou un
esclave, souvent la mort seule peut
expier son offense.

Pour concilier certaines idées de
justice avec le respect dû aux régle-
ments du tapou, le chef Touai me
disait que ses compatriotes avaient arrêté que les étrangers seraient excu-
sables d'y manquer quand ils se trouveraient pour la première fois chez
eux, mais que leurs fautes ne seraient
pas tolérées dans un second voyage.
Un mot du prêtre, un songe, ou quelque pressentiment involontaire, don-
ne-t-il à penser à un naturel que son
dieu est irrité, soudain il impose le
tapou sur sa maison, sur ses champs,
sur sa pirogue, etc., c'est-à-dire qu'il
se prive de l'usage de tous ces objets,
malgré la gêne et la détresse auxquelles cette privation le réduit.

Tantôt le tapou est absolu et s'applique à tout le monde : alors personne ne peut approcher de l'objet ta-
poué sans encourir les peines les plus
sévères. Tantôt le tapou n'est que
relatif, et n'affecte qu'une ou plu-

sieurs personnes déterminées. L'individu soumis personnellement à l'action du tapou est exclu de toute communication avec ses compatriotes; il ne peut se servir de ses mains pour prendre ses aliments. Appartient-il à la classe noble, un ou plusieurs serviteurs sont assignés à son service, et participent à son état d'interdiction; n'est-il qu'un homme du peuple, il est obligé de ramasser ses aliments avec sa bouche, à la manière des animaux.

On sent bien que le tapou sera d'autant plus solennel et plus respectable qu'il émanera d'un personnage plus important. L'homme du peuple, sujet à tous les tapous des divers chefs de la tribu, n'a guère d'autre pouvoir que de se l'imposer à lui-même. Le rangatira, selon son rang, peut assujettir à son tapou ceux qui dépendent de son autorité directe. Enfin, la tribu tout entière respecte aveuglément les tapous imposés par le chef principal.

D'après cela, il est facile de prévoir quelle ressource les chefs peuvent tirer de cette institution pour assurer leurs droits et faire respecter leurs volontés. C'est une sorte de *veto* d'une extension indéfinie, dont le pouvoir est consacré par un préjugé religieux de la nature la plus intime. Aux siècles d'ignorance, les foudres spirituelles du Vatican n'eurent pas des effets plus rapides, plus absolus sur les consciences des chrétiens timorés, et leurs décrets n'obtenaient pas une obéissance plus explicite que ceux du tabou en Polynésie, et surtout à la Nouvelle-Zeeland. A défaut de lois positives pour sceller leur puissance, et de moyens directs pour appuyer leurs ordres, les chefs n'ont d'autre garantie que le tabou. Ainsi, qu'un chef craigne de voir les cochons, le poisson, les coquillages, etc., manquer un jour à sa tribu par une consommation imprévoyante et prématurée de la part de ses sujets, il imposera le tapou sur ces divers objets, et cela pour tout le temps qu'il jugera convenable Veut-il écarter de sa maison, de ses champs, des voisins importuns, il taboue sa maison, ses champs. Désire-t-il s'assurer le monopole d'un navire européen, mouillé sur son territoire, un tabou partiel en écartera tous ceux avec qui il ne veut point partager un commerce aussi lucratif. Est-il mécontent du capitaine, et a-t-il résolu de le priver de toute espèce de rafraîchissements, un tabou interdira l'accès du navire à tous les hommes de sa tribu. Au moyen de cette arme mystique et redoutable, et en ménageant adroitement son emploi, un chef peut amener ses sujets à une obéissance passive. Il est bien entendu que les chefs et les arikis, ou prêtres, savent toujours se concerter ensemble pour assurer aux tapous toute leur inviolabilité. D'ailleurs, les chefs sont le plus souvent arikis eux-mêmes, ou du moins les arikis tiennent de très-près aux chefs par les liens du sang ou des alliances. Ils ont donc un intérêt tout naturel à se soutenir réciproquement. Le plus souvent ce tabou n'est qu'accidentel et temporaire. Alors certaines paroles prononcées, certaines formalités en déterminent l'action, comme elles en suspendent le pouvoir et en déterminent la durée. Nous n'avons que très-peu de données à l'égard de ces cérémonies; il est sans doute réservé aux missionnaires de lever un jour les ténèbres qui enveloppent ce sujet.

Seulement il m'a semblé que, pour détruire l'effet restrictif du tabou, le principe de la cérémonie consistait dans l'action d'attirer et de concentrer sur un sujet déterminé, comme une pierre, une patate, un morceau de bois, toute la vertu mystique étendue d'abord sur les êtres taboués; puis, à cacher cet objet dans un lieu à l'abri de tout contact de la part des hommes.

Jusqu'ici, M. Nicholas seul nous a cité un exemple de ces rits mystiques, ceux dont il fut témoin quand Wirria, après beaucoup d'instances, consentit à se dessaisir en sa faveur du peigne taboué qui avait servi à ce chef pour se couper les cheveux.

Mais il faudrait des explications motivées de ces différents rits, pour se faire une idée exacte des opinions religieuses de ce peuple.

Certains objets sont essentiellement tapous ou sacrés par eux-mêmes, comme les dépouilles des morts, surtout de ceux qui ont occupé un rang distingué. Dans l'homme, la tête l'est au plus haut degré, et par conséquent les cheveux qui lui appartiennent. C'est une grande affaire pour ces insulaires que de se couper les cheveux; quand cette opération est terminée, on veille avec un soin extrême à ce que les cheveux coupés ne soient pas abandonnés dans un lieu où l'on pourrait marcher dessus. L'individu tondu reste tabouté durant quelques jours, et ne peut toucher à ses aliments avec ses mains. M. Savage, qui ignorait la véritable cause de cette restriction, l'attribuait à un motif de propreté. Il en est de même de la personne qui vient d'être tatouée, car l'opération du *moko* ou tatouage entraîne également un tapou de trois jours. C'est pour la même raison que ces sauvages ne peuvent souffrir aucune sorte de provisions dans leurs cabanes, surtout de celles qui viennent d'êtres animés, comme viande, poisson, coquillages, etc.; car si leur tête venait à se trouver, même en passant, sous un de ces objets, ils s'imaginent qu'un pareil malheur pourrait avoir des suites funestes pour eux. M. Savage, le premier, remarqua que ces insulaires ne s'asseyaient qu'avec beaucoup de répugnance sous des filets chargés de pommes de terre. Les premiers Européens qui les visitèrent mirent à profit cette superstition pour se débarrasser de l'importunité de leurs hôtes : pour cela, ils n'eurent qu'à suspendre au plafond de leurs cabanes un morceau de viande.

De ce moment les naturels n'eurent garde d'en approcher. Ce préjugé est tellement enraciné chez eux, que certains chefs faisaient quelquefois difficulté de descendre dans les chambres des navires, parce qu'ils redoutaient qu'on ne vînt en ce moment à passer par-dessus leur tête en se promenant sur le pont. Jamais il ne leur arrive de prendre leurs repas dans l'intérieur de leurs maisons, et ils ne peuvent souffrir que les Européens prennent cette liberté chez eux. Si ceux-ci ont besoin de se rafraîchir, ils sont obligés de sortir de la cabane pour avaler un verre d'eau ou de tout autre liquide.

C'est un crime que d'allumer du feu dans un endroit où des provisions se trouvent déposées.

Un chef ne peut pas se chauffer au même feu qu'un homme d'un rang inférieur; il ne peut pas même allumer son feu à celui d'un autre : tout cela sous peine d'encourir le courroux de l'atoua.

Les malades atteints d'une maladie jugée mortelle, les femmes près d'accoucher, sont mis sous l'empire du tapou. Dès lors ces personnes sont reléguées sous de simples hangars en plein air, et isolées de toute communication avec leurs parents et leurs amis. Certains aliments leur sont rigoureusement interdits; quelquefois ils sont condamnés pour plusieurs jours de suite à une diète absolue, persuadés que la moindre infraction à ces règles causerait à l'instant même leur mort. Riches, les malades sont assistés par un certain nombre d'esclaves, qui, de ce moment, partagent toutes les conséquences de leur position; pauvres, ils sont réduits à la situation la plus déplorable, et contraints de ramasser avec leur bouche les vivres qu'on leur porte. L'accès des cases ou des malades tabouts est aussi rigoureusement interdit aux étrangers qu'aux habitants du pays.

C'est ainsi que M. Nicholas nous dépeint l'état où se trouva Douatara, du moment où sa maladie fut déclarée mortelle.

L'*atoua* s'était établi dans son estomac, et nul pouvoir humain n'eût pu l'en chasser. Douatara était rigoureusement séquestré de toute communication avec les profanes, et M. Nicholas eût été massacré sur-le-champ s'il eût voulu violer le tapou. Par une exception spéciale, M. Marsden put jouir de ce privilége, en son double titre d'ariki et de tohounga (prophète); encore cela n'eût peut-être pas suffi, s'il n'eût menacé les naturels de canonner Rangui-Hou, dans le cas où ils eussent persisté dans leurs refus. L'atoua, disaient-ils, était occupé à dévorer les entrailles de Douatara, et ce chef périrait (mate mac) dès qu'elles seraient toutes dévorées. Pour mieux le soustraire à tout rapport avec les étrangers, ses amis voulaient d'avance le transporter sur l'île isolée où il devait être inhumé; mais Douatara les en empêcha au moyen d'un pistolet dont il était armé, et dont il les menaçait quand ils voulaient s'approcher de lui. Quelque temps avant sa mort, ses femmes et ses parents veillaient autour de lui, et attendaient en silence le moment où il allait expirer. Le prêtre ne le quittait pas non plus; il veillait à l'accomplissement de toutes les cérémonies requises en pareille circonstance, et ne permettait pas que rien se fît sans son entremise. Ils croyaient en général que la mort de Douatara avait été causée par les prières de Ware, qui s'était ainsi vengé de ce chef, pour les coups de fouet qu'il en avait reçus.

Tous les ustensiles qui ont servi à une personne, durant sa maladie, sont taboués, et ne peuvent plus servir à nulle autre au monde : ils sont brisés ou déposés près du corps du défunt.

A la mort de Douatara, les missionnaires furent obligés de renoncer aux vases dans lesquels ils lui avaient apporté des vivres ou des potions.

Tout homme qui travaille à construire une pirogue ou une maison est soumis au tapou; mais, en ce cas, l'interdiction se réduit à lui défendre de se servir de ses propres mains pour manger; il n'est pas exclu de la sociéte de ses concitoyens.

Les plantations de patates douces, ou koumaros, sont essentiellement tapous, et l'accès en est soigneusement interdit à qui que ce soit, durant une certaine période de leur crue.

Des hommes sont préposés à leur garde, et en éloignent tous les étrangers. De grandes cérémonies accompagnent toujours la plantation et la récolte de ces précieuses racines. Pour les planter, les chefs se revêtent de leurs plus beaux atours, et procèdent à cette importante opération avec toute la gravité possible. Un de ces chefs, voyant un jour le ciel sillonné de nuages blancs, disposés d'une façon particulière, fit observer à M. Kendall que l'atoua plantait ses patates dans le ciel, et qu'en sa qualité d'atoua sur la terre, il devait imiter l'atoua du ciel en ces occasions.

Lorsque je visitai le village et les forêts de Kawa-Kawa, dit M. d'Urville, toutes les instances, tout le crédit du missionnaire qui m'accompagnait, ne purent obtenir des naturels la permission de nous laisser passer en vue de ces cultures sacrées. On se condamne au tapou, au départ d'une personne chérie, pour attirer sur elle la protection de la divinité. La mère de Changui se taboua lorsque ce chef partit pour l'Angleterre, et une femme était chargée de la faire manger. Alors le tapou représente assez bien ce que quelques dévots catholiques entendent par le mot vœu.

Quand une tribu entreprend la guerre, une prêtresse se taboue; elle s'interdit toute nourriture durant deux jours; le troisième, elle accomplit certaines cérémonies, pour attirer la bénédiction divine sur les armes de la tribu.

Il est des saisons et des circonstances où tout le poisson qu'on pêche est tapou, surtout quand il s'agit de faire les provisions d'hiver. Là, on retrouve le but politique qui fit instituer les carêmes, et autres abstinences semblables, en Europe et ailleurs.

Un jour, M. Kendall ayant offert du porc à Waraki, qui était venu le visiter tandis qu'il dînait, ce chef en mit un morceau entre ses dents, fit une longue prière, et le jeta ensuite; puis il dit qu'il allait manger comme à l'ordinaire. C'est par le tapou que les Zeelandais scellent un marché d'une manière inviolable : quand ils ont arrêté leur choix sur un objet qu'ils n'ont pas le moyen de payer sur-le-champ, ils y attachent un fil, en proférant le mot tapou ; on est certain qu'ils viendront le reprendre dès qu'ils pourront en livrer la valeur.

Le tapou joue ainsi le rôle le plus important dans l'existence du Nouveau-Zeelandais. Il dirige, détermine ou modifie la plupart de ses actions. Par le tapou, la divinité intervient toujours dans les moindres actes de sa vie publique et privée, et l'on sent quelle influence une telle considération doit avoir sur l'imagination d'hommes pénétrés, dès leur plus tendre enfance, d'un préjugé aussi puissant. M. Nicholas paraît être le premier voyageur qui ait bien saisi toute la valeur et toutes les conséquences du tapou chez les Nouveaux-Zeelandais ; voici ce qu'il dit à ce sujet :

« Pour suivre la valeur du tapou dans
« ses acceptions nombreuses et va-
« riées, il faudrait détailler minutieu-
« sement toutes les circonstances de
« l'économie politique de ces peuples ;
« tâche au-dessus de mes forces. Il
« règle non-seulement leurs institu-
« tions, mais encore leurs travaux
« journaliers, et il y a à peine un seul
« acte de leur vie auquel cet impor-
« tant dissyllabe ne se trouve mêlé.
« Bien que le tapou les assujettisse,
« comme on a pu voir, à une foule
« de restrictions absurdes et pénibles,
« il est néanmoins fort utile, par le
« fait, chez une nation si irrégulière-
« ment constituée. En l'absence des
« lois, il offre la seule garantie ca-
« pable de protéger les personnes et
« les propriétés, en leur donnant un
« caractère authentique que personne
« n'ose violer : sa puissante influence
« peut même arrêter les pillards les
« plus cruels et les plus avides. »

Les Nouveaux-Zeelandais croient fermement aux enchantements, qu'ils nomment *makoutou*. C'est une source intarissable de craintes et d'inquiétudes pour ces malheureux insulaires, car c'est à cette cause qu'ils attribuent la plupart des maladies qu'ils éprouvent, des morts qui arrivent parmi eux. Certaines prières adressées à l'atoua, certains mots prononcés d'une manière particulière, surtout certaines grimaces, certains gestes, sont les moyens par lesquels ces enchantements s'opèrent. Nouvelle preuve que partout les hommes se ressemblent plus qu'on ne pense.

Toutes les fois que les missionnaires, pour démontrer aux naturels l'absurdité de leurs croyances touchant le tapou et le makoutou, leur ont offert d'en braver impunément les effets dans leurs propres personnes, les Zeelandais ont répondu que les missionnaires, en leur qualité d'arikis, et protégés par un Dieu très-puissant, pourraient bien défier la colère des dieux du pays ; mais que ceux-ci tourneraient leur courroux contre les habitants, et les feraient périr sans pitié, si on leur faisait une semblable insulte.

Les songes, surtout ceux des prêtres, sont d'une haute importance pour les décisions de ces sauvages.

On a vu des entreprises, concertées depuis long-temps, arrêtées tout à coup par l'effet d'un songe, et les guerriers reprendre le chemin de leurs foyers, au moment où ils se repaissaient de l'espoir d'exterminer leurs ennemis, et de se régaler de leurs corps. Résister aux inspirations d'un songe serait une offense directe à l'atoua qui l'a envoyé.

M. Dillon ne put se débarrasser des importunités d'un naturel qui voulait s'embarquer sur son navire pour se rendre en Angleterre, qu'en assurant à cet homme qu'un songe lui avait annoncé qu'il périrait infailliblement s'il entreprenait ce voyage.

Les Zeelandais rendent de grands honneurs aux restes de leurs parents, surtout quand ils sont d'un rang distingué : d'abord on garde le corps durant trois jours, par suite de l'opinion que l'ame n'abandonne définitivement sa dépouille mortelle que le troisième jour ; le corps est revêtu de ses plus beaux habits, frotté d'huile, orné et paré comme de son vivant. Les parents et amis sont admis en sa présence, et témoignent leur douleur par des pleurs, des cris, des plaintes, et notamment en se déchirant la figure et les épaules, de manière à faire jaillir le sang. Plus encore que les hommes, les femmes sont assujetties à ces démonstrations cruelles de sensibilité. Malheur à celles qui viennent à perdre consécutivement plusieurs proches parents! leur figure et leur gorge ne seront long-temps qu'une plaie sanglante, car ces démonstrations se renouvellent plusieurs fois pour chaque personne.

Au lieu de laisser le cadavre étendu, comme en Europe, les membres sont ordinairement ployés contre le ventre, et ramassés en paquet; le corps est ensuite porté et inhumé dans quelque endroit isolé, entouré de palissades et taboué. Des pieux, des croix ou des figures sculptées et rougies à l'ocre, annoncent la tombe d'un chef : celle d'un homme du commun n'est indiquée que par un tas de pierres. Ces tombes portent le nom de *oudou pa*, maison de gloire.

On dépose sur la tombe du mort des vivres pour nourrir son *waidoua* (esprit); car, bien qu'immatériel, il est encore, selon la croyance de ces peuples, susceptible de prendre des aliments. Un jeune homme à toute extrémité ne pouvait plus consommer le pain qu'un missionnaire lui offrait, mais il le réserva pour son esprit, qui reviendrait s'en nourrir, disait le moribond, après avoir quitté son corps, et avant de se mettre en route pour le cap Nord.

Un festin général de toute la tribu termine ordinairement la cérémonie funèbre; on s'y régale de porc, de poisson et de patates, suivant les moyens du défunt. Les parents et les amis des tribus voisines y sont conviés. Le corps ne reste en terre que le temps nécessaire pour que la corruption des chairs leur permette de se détacher facilement des os. Il n'y a pas d'époque fixe pour cette opération, car cet intervalle paraît varier depuis trois jusqu'à six mois, même un an. Quoi qu'il en soit, au temps désigné, les personnes chargées de cette cérémonie se rendent à la tombe, en retirent les os, et les nettoient avec soin : un nouveau deuil a lieu sur ces dépouilles sacrées; certaines cérémonies religieuses sont accomplies; enfin, les os sont portés et solennellement déposés dans les sépulcres de la famille. Ce sont des caveaux ou des grottes formées par la nature; les ossements y sont communément étendus sur de petites plates-formes, élevées à deux ou trois pieds au-dessus du sol.

Il paraît qu'il y a des circonstances où les cadavres ne sont point inhumés, et où ils sont conservés dans des coffres hermétiquement fermés, ou déposés de suite sur des plates-formes, comme on le fit pour le père de Wiwia, pour cet enfant que M. Cruise vit à Kawera-popo, et sans doute aussi pour le corps de Koro-Koro. Probablement cela ne se pratique que pour les corps qui ont été préparés après la mort, et dont on ne craint point la putréfaction, tandis que pour les autres, on attend que la chair puisse se détacher des os, par un séjour suffisant dans la tombe.

Non-seulement les restes des morts sont essentiellement taboués, mais, en outre, les objets et les personnes employés dans les cérémonies funéraires sont assujettis au tapou le plus rigoureux. Avant de rentrer dans le commerce habituel de leurs compatriotes, ces personnes ont à subir des purifications particulières, dont la nature et les détails nous sont encore inconnus.

La cérémonie de relever les os des morts joue le plus grand rôle chez ces sauvages. Les parents n'ont acquitté leurs devoirs envers leurs enfants, les enfants envers leurs parents, et les époux entre eux, qu'après avoir accompli cette indispensable opération. D'après l'idée que j'ai pu m'en former, l'enterrement ne serait qu'un état provisoire pour donner au corps le temps de se dépouiller de sa partie corruptible et impure; l'état de repos définitif, pour le défunt, n'aurait lieu que du moment où ses os seraient déposés dans le sépulcre de ses ancêtres.

Ces naturels bravent les périls les plus grands, les fatigues les plus pénibles, pour rendre ces devoirs à une personne qui leur est chère, quelle que soit la distance où elle aura péri, pourvu seulement qu'ils aient l'espoir de réussir. Les parents ont toujours eu soin de réclamer les os de leurs enfants qui sont morts pendant leur séjour à Port-Jackson; la possession de ces dépouilles chéries calme leurs regrets.

C'est faire un outrage sanglant à une famille, à une tribu, que de violer la tombe et de profaner les restes d'un de ses membres : le sang seul peut laver une pareille injure. Le chef Chongui exerça une vengeance terrible sur les habitants de Wangaroa, qui s'étaient permis de violer la tombe de son beau-père. M. Marsden, missionnaire à la Nouvelle-Zeeland, raconte ainsi ce fait :

« Je revis Chongui au retour de son expédition. Je lui demandai des nouvelles. Voici le récit qu'il me fit : Quelque temps avant son voyage vers le cap Nord, on lui avait dit que les habitants d'un lieu peu éloigné de Wangaroa avaient enlevé les os du père de sa femme, du tombeau sacré où ils étaient déposés, pour en faire des hameçons. Mais il ne voulut pas ajouter foi à ce rapport, sans avoir d'abord examiné lui-même le sépulcre. S'y étant transporté, il n'y trouva plus que quelques côtes et la partie supérieure du crâne, qui avait été brisé. Les os des bras et des mains, ainsi que ceux des mâchoires, avaient été mis en pièces, et transformés en hameçons. Désormais sûr du fait, il marcha vers le village où demeuraient ceux qui avaient commis le sacrilège; s'étant approché d'eux en plein jour, et à portée de fusil, il leur déclara qu'il venait pour les châtier d'avoir violé le sépulcre où les os de son beau-père avaient été déposés, et d'avoir transformé ces os en hameçons. Ils reconnurent leur tort et la justice de la conduite de Chongui : alors, sans entrer dans le village, celui-ci fit feu sur eux, et tua cinq hommes; sur quoi le parti attaqué le pria de cesser le feu, alléguant que la mort de ceux qui venaient de succomber était une expiation suffisante pour l'offense commise. Changui répondit qu'il était satisfait, et l'affaire fut ainsi terminée du consentement des deux parties.

« Chongui m'interpella pour savoir si nous ne regardions pas comme un crime grave de profaner les sépulcres des morts, et de faire de pareils outrages à leurs restes, et si ce peuple, qu'il venait de châtier, n'avait pas mérité, par ses crimes, la peine qu'il lui avait infligée. Tout en admettant qu'il était juste de punir de pareils outrages, je répondis que j'étais fâché qu'il eût péri du monde, et que je craignais que ce qu'avait fait Chongui n'excitât ses adversaires à venger la mort de leurs amis. Chongui répliqua qu'ils n'étaient pas capables de faire la guerre contre lui, et qu'en conséquence il était tranquille. »

Les cadavres des hommes du peuple sont enterrés sans cérémonie. Ceux des esclaves ne peuvent jouir de ce privilége; ils sont jetés à l'eau ou abandonnés en plein air. Quand les esclaves ont été tués pour crimes, vrais ou prétendus, leurs corps sont quelquefois dévorés par les hommes de la tribu.

Une des coutumes les plus extraordinaires de la Nouvelle-Zeeland, c'est qu'à la mort d'un chef, ses voisins se réunissent pour venir piller ses propriétés, et chacun s'empare de ce qui lui tombe sous la main. Quand c'est le premier chef d'une tribu qui vient de mourir, la tribu tout entière s'attend à être saccagée par les tribus voisines. Aussi, c'est pour elle un moment d'alarme et de désolation universelle. A moins qu'elle ne soit puissante, et qu'elle ne compte un grand nombre de guerriers disposés à la défendre, la mort d'un chef entraîne souvent la ruine de sa peuplade.

Peut-être les ennemis ou les voisins

d'une tribu choisissent-ils de préférence cette occasion pour l'opprimer, parce qu'en ce moment, outre la perte de son chef, ce qui doit naturellement affecter le moral de la tribu, un devoir religieux et sacré commande aux enfants, et à tous les parents du chef, de se livrer à un deuil absolu, ce qui les empêche, par conséquent, de veiller à leur propre défense. »

Nous parlerons des autres institutions religieuses à mesure que nous décrirons les différentes contrées océaniennes.

DU GOUVERNEMENT ET DES PRÊTRES.

L'Océanie présente toutes les méthodes gouvernementales; mais ce qui la caractérise, c'est que partout le mode y est plus ou moins féodal : dans les empires despotiques de Sourakarta et de Djokdjokarta, le pouvoir suprême, ainsi que les institutions politiques, offrent des formes diverses. Dans la Malaisie, ce sont des monarchies électives, dont le chef est choisi par une aristocratie héréditaire qui en restreint l'autorité, ainsi que dans la presqu'île de Malakka, en Asie et en Afrique, dans la grande île de Madagascar, où cette espèce de gouvernement a été vraisemblablement naturalisée par les Malais. Dans l'archipel des Moluques, chez les Dayas de Bornéo, et autres peuples, chaque famille isolée forme une petite société dont le chef ne reconnaît aucun supérieur. Dans la Polynésie, où le féodalisme se retrouve avec de grandes nuances, la noblesse forme une caste séparée, dont l'orgueil est insupportable, et qui tient le peuple dans un abaissement difficile à concevoir. Les rois et chefs électifs de Passoumah et des Reyangs, dans l'île de Soumâdra, ceux de Bornéo, Célèbes, Maïndanao, Timor, Rotouma, et des îles de Noukahiva, ont une autorité fort limitée; mais les chefs des Carolines, de Peliou, de Radak, de Haouaï, de Tonga, de Taïti et autres îles, sont de véritables despotes.

Les prêtres musulmans et chrétiens ont une assez grande influence dans la Malaisie; mais celle des prêtres polynésiens était immense chez ces peuples, et particulièrement dans les archipels de Haouaï et de Taïti, avant l'introduction du christianisme dans ces deux contrées. Dans plusieurs îles ils joignent le glaive à l'encensoir. A Viti, ils sont au-dessus des rois. Les sacrifices humains, commandés encore aujourd'hui par ces nouveaux Calchas à la Nouvelle-Zeeland et ailleurs, sont la triste preuve de leur puissance. Le sacerdoce est inconnu chez la plupart des Malaisiens.

INDUSTRIE, COMMERCE ET HISTOIRE DU COMMERCE EN OCÉANIE.

Sous le rapport du commerce, et surtout de l'industrie, la différence entre les divers pays de l'Océanie est fortement tranchée. Les Tagales, les Bissayas, les Dayas, les Javans se livrent avec succès à l'agriculture; les Bouguis, les Malais, les Holoans, à la navigation; les Célébiens, les Tagales, le Balinais et les Javanais, à l'art du tisserand et du bijoutier; ceux de Soumâdra principalement excellent dans les ouvrages d'or et d'argent en filigrane. Les Carolins fabriquent de beaux tissus de l'écorce du mûrier; les Javans savent tailler et polir le diamant et les pierres précieuses. Les Européens ont établi dans la Malaisie des usines, des sucreries, des indigoteries, des manufactures, des ateliers. Les Polynésiens, et ceux de Rotouma surtout, font de belles nattes; ceux de la Nouvelle-Zeeland, de beaux manteaux; et la sculpture de leurs pirogues, de leurs pagayes (*) et de leurs tambours, sont des chefs-d'œuvre d'élégance. Il en est de même des habitants de la Nouvelle-Bretagne et des îles Salomon. Les Dayas entendent l'exploitation des mines.

L'industrie des Mélanésiens ne se distingue guère en général de celle des orangs-houtan; cependant l'art du potier, inconnu des Polynésiens, est cultivé par les Papouas du port Dori.

(*) Rames.

Dans l'Australie, le commerce est nul parmi les indigènes.

Le commerce le plus considérable se fait dans la Malaisie; les Javanais, les Bouguis, les Mangkassars et les Malais paraissent s'y être livrés dès la plus haute antiquité, et on connaît leurs relations avec les Arabes durant le moyen âge. Les Carolins occidentaux fréquentent le port de Guaham, dans la Micronésie, et y échangent leurs productions avec celles des Mariannais et des Espagnols des Philippines. Dans la Polynésie, les Nouveaux-Zeelandais échangent leur précieux *formum tenax* (espèce de lin) avec les Anglais établis dans l'Australie; et le port de Hono-Rourou, aux îles Haouaï, est le marché des Américains, qui font le commerce des États-Unis avec la Chine, et qui exportent beaucoup de bois de sandal de Haouaï pour ce grand empire. Mais ce sont les Chinois qui font le plus d'affaires en Océanie. Leur commerce avec la Malaisie surpasse d'un tiers celui même des Anglais.

Les principales places commerçantes de l'Océanie sont : Batavia, Manila, Amboina, Coupang, Dilli, Mangkassar, Sourabaya, Samarang, Rhiou, Singhapoura, Pinang, Manado, Achin, Bevouan, Dori, Hono-Rourou, Mataval et Papeïti; les îles Pomotou et Nouka-Hiva, Sidney et Hobart-Town, la baie des Îles, et Houkianga, dans la Nouvelle-Zeeland.

Toutes les mers de l'Océanie sont fréquentées par les baleiniers qui y font la pêche du cachalot. Dans les îles australes de Macquarie, etc., ces baleiniers se livrent à la chasse des phoques.

Nous allons esquisser l'histoire des établissements de commerce les plus importants.

Les Portugais, sous les ordres du grand Alphonse d'Albuquerque, visitèrent, pour la première fois, les parages de Java et de Soumâdra pendant l'année 1510. Ce héros conquit la ville de Malakka en 1511; il fit annoncer cet événement aux principales nations de l'Asie et des îles Malaises, en les invitant à continuer leurs relations commerciales avec cette place importante; il leur promit sa protection, et fit partir, pour répandre cette nouvelle, Antoine de Abreu, avec trois navires, que des marchands malais et javanais accompagnèrent. Abreu se dirigea vers Java et les Moluques; il débarqua au port d'Agaçaï, que l'on croit être Grisse à l'extrémité orientale de Java: il continua sa navigation vers Amboine, la principale des îles Moluques; il prit possession, au nom du roi de Portugal, de toutes les contrées où il relâcha. Un de ses navires fit naufrage au retour; l'équipage se sauva à Banda, et la cargaison, après un second naufrage, fut envoyée à Malakka.

Pendant les années 1520 et 1521, Antoine de Britto, commandant une flotte de six navires, fut envoyé aux Moluques; il relâcha pendant dix-sept jours à Agaçaï, et fit reconnaître l'île de Madoura par un de ses navires : mais le capitaine qui le commandait eut l'imprudence d'aller à terre sans précaution, il fut fait prisonnier et le gouverneur d'Agaçaï paya sa rançon. Quatre autres bâtiments portugais arrivèrent aux Moluques, presqu'au moment où l'escadre de Britto y débarquait des troupes. Les Portugais y apprirent avec autant d'étonnement que de chagrin l'arrivée de l'amiral espagnol Hernando de Magallhaës, qui avait doublé le cap de Horn, et qui se trouvait alors aux Philippines.

Vers cette époque, les Portugais firent avec le roi de Sounda, appelé plus tard roi de Bantam, un traité pour l'achat du poivre. Jean de Barros, qui passa ensuite au service d'Espagne, nous a laissé une description de l'île de Java. Il nous apprend qu'elle était divisée en deux contrées bien distinctes, celle de Sounda dans la partie occidentale, et celle de Java dans la partie orientale de l'île. Les côtes furent visitées pour la première fois par les Siamois, vers l'an 800 de l'ère vulgaire; ils allaient de Siam à Mangkassar, et avaient naufragé à Bali, d'où ils furent transportés à Java.

Les Portugais furent les dominateurs de tous ces parages pendant environ quatre-vingt-dix ans. Vers 1595, un négociant hollandais, appelé Houtman, était en prison pour dettes à Lisbonne : il avait appris le secret de la navigation et du commerce des Portugais dans les îles de Sounda ; car à cette époque, il y avait peu de relations imprimées sur les Indes, et peu de moyens de s'instruire dans la marine. Il proposa à ses compatriotes de Hollande de leur découvrir cet important secret, si l'on voulait payer ses dettes. Sa proposition fut acceptée à Amsterdam. Le premier voyage des Hollandais aux Indes orientales eut lieu en l'année 1598. Houtman commandait l'expédition : il fit voile vers Bantam, dont le roi était en guerre avec les Portugais. Il lui offrit des secours, qui aidèrent ce monarque à les chasser. Houtman obtint la permission de bâtir une factorerie à Bantam même. Cet établissement est le premier que les Hollandais fondèrent dans l'archipel indien. En 1602, la compagnie des Indes fut instituée dans les Pays-Bas.

À l'exemple des Hollandais, la compagnie anglaise des Indes, que la reine Élisabeth avait réorganisée sur un nouveau plan, en 1602, envoya une flotte de quatre navires, commandée par le capitaine Lancaster, qui arriva à Achin dans l'île de Soumâdra, et fit voile ensuite pour Bantam, où les Anglais formèrent un établissement.

En 1610, Pierre Both, premier gouverneur général hollandais, arriva à Bantam ; il reconnut que cette situation n'était pas favorable pour un grand établissement permanent ; il se transporta à Jacatra en 1619 : cette place fut prise d'assaut et détruite ; en 1621 (le 4 mars), il fonda une ville qu'il nomma Batavia, près des ruines de Jacatra. Cette ville se peupla en peu de temps, et devint la capitale d'un empire nouveau. La prospérité du commerce hollandais croissait annuellement.

Ainsi trois peuples européens parurent successivement dans les îles de la Malaisie, les Portugais, les Hollandais et les Anglais : nous ne parlerons point des Espagnols, parce qu'ils bornèrent leur ambition aux îles Philippines. Les Portugais, maîtres de l'Inde entière pendant près d'un siècle, commirent beaucoup de fautes dans leur administration. Nous les jugeons trop sévèrement aujourd'hui ; nous ne songeons pas que l'Europe s'efforçait alors de sortir de la barbarie du moyen âge. Les Hollandais, qui dominèrent après eux, profitèrent des leçons de l'expérience, et se conduisirent d'abord avec une grande prudence : leurs établissements, qui étaient faibles et précaires dans l'origine, ne cessèrent de s'accroître, de se réunir, de se consolider, et finirent par former un empire.

Les Portugais montaient des navires énormes de 1500 à 1600 tonneaux ; 5 à 600 hommes en formaient l'équipage. Ces citadelles mobiles étaient mal construites, elles éprouvèrent de fréquents naufrages et des avaries continuelles. La conquête des terres et la propagation du christianisme étaient les deux affaires principales ; la colonisation était pour eux d'une moindre importance. Mais leur ardeur à convertir les peuples au catholicisme indisposa contre eux les souverains de ces contrées et les rendit suspects : ils perdirent en quelques années tous les avantages immenses qu'ils avaient acquis.

Le Portugal ne recueillit, par conséquent, que des fruits éphémères de la plus brillante expédition qu'offrent les annales de l'histoire : il fallut envoyer des escadres pour réprimer les révoltes des Moluques. Il fallut croiser dans la mer Rouge et dans le golfe Persique, afin d'y intercepter le commerce d'Alexandrie et de Constantinople ; le Portugal fut bientôt hors d'état de fournir des troupes et de l'argent.

Lorsque les Hollandais et les Anglais parurent aux Indes, la civilisation avait fait des progrès immenses en Europe. Les gouvernements connaissant mieux leurs véritables intérêts, ils abandonnèrent les spéculations commerciales aux particuliers. Ils leur accordèrent des privilèges en formant des compagnies marchandes ; ce qui évita au gouvernement de faire des avances. Telle fut l'origine de la puissance des Pays-Bas aux Indes orientales. Ils avaient fondé Batavia ; une occasion se présenta de s'emparer de Malakka : alors tout le commerce de cette place importante passa à Batavia, qui devint ainsi la métropole de ce qu'on appelait alors l'Asie australe et orientale.

Les Hollandais agirent avec adresse pour s'emparer successivement de la plupart des possessions qu'ils possèdent encore aujourd'hui. Ils profitèrent de toutes les guerres entre les nations indigènes, et contractèrent chaque fois des alliances avec l'un des deux partis, selon leur intérêt. Un accroissement de territoire et de commerce en était toujours le fruit.

Ils trouvèrent un rival déjà redoutable dans la compagnie anglaise ; mais ils parvinrent à la bannir, non par les armes, mais par une plus grande habileté dans les spéculations. Ces avantages immenses étaient d'autant plus inespérés, que dans l'espace de quinze années, c'est-à-dire de 1602 à 1617, les Anglais avaient établi des comptoirs à Patani, près Malakka ; à Achin, Ticao, et à Jambi, dans l'île de Soumádra ; à Bantam et à Jacatra, dans l'île de Java ; ils en avaient plusieurs à Bornéo, à Célèbes et aux Moluques, et les Hollandais en avaient très-peu. Malgré cette supériorité, les Anglais ne purent soutenir la concurrence, ils abandonnèrent Bantam en 1633 ; ils avaient antérieurement perdu Jacatra, et ne pouvant lutter contre la fortune hollandaise, ils eurent la prudence de se concentrer à Bencoulen, dans l'île de Soumádra, où ils se maintinrent avec succès.

A la fin du XVIIᵉ siècle, un nouveau concurrent se présenta. Louis XIV ambitionnait le commerce des Indes orientales, il avait des relations à Siam. Forbin y fut envoyé avec quelques soldats ; mais la fin tragique de Constantin Foulcon, en 1690, ruina ses vastes projets. Cet homme adroit était parvenu à devenir ministre du roi de Siam, et peu s'en fallut qu'il ne montât sur le trône. Si une révolution imprévue, qui occasiona la perte de Foulcon, n'avait pas eu lieu dans ce royaume, le commerce de l'Asie et des îles malaises passait sous la domination française.

Nous n'entrerons point dans d'autres détails sur l'histoire des XVIIᵉ et XVIIIᵉ siècles ; nous y reviendrons en traitant chacune des divisions de cet ouvrage. En 1808, le maréchal Daendels fut nommé gouverneur général par le premier roi qu'ait eu la Hollande, Louis Napoléon. Jamais on ne vit déployer plus d'activité et de talents. Daendels fut le réformateur de la plupart des abus des possessions hollandaises en Orient, et l'un des fondateurs de leur prospérité.

En 1811, la Hollande fut réunie à la France : Napoléon remplaça Daendels par le général Janssens : trois mois après l'arrivée de ce gouverneur général, les Anglais s'emparèrent de l'île de Java et du reste des possessions de la Neederlande.

Le 13 août 1814, ces colonies furent restituées aux Hollandais. Leur pavillon fut arboré à Batavia le 19 août 1816, et M. le baron Van den Cappellen vint exercer les fonctions de gouverneur général des Indes orientales. M. Debus de Gesignies l'a remplacé en 1824, en qualité de commissaire général du roi. Il a été remplacé à son tour par M. le général Van den Bosch. M. Baud a été nommé après ce gouverneur, et M. le général Évens, ancien ministre des Pays-Bas, vient d'être nommé récemment, en 1834, gouverneur général des possessions hollandaises dans la Malaisie.

MOEURS ET COUTUMES.

La polygamie est en usage dans toute l'Océanie, ainsi que dans l'Orient ; mais elle est plus particulièrement pratiquée par les grands et les chefs.

Le tatouage, c'est-à-dire les dessins

qu'un art remarquable grave d'une manière indélébile sur la peau d'une grande partie des Océaniens, fixera plus tard notre attention.

Ces peuples ont un grand nombre de coutumes bizarres concernant le mariage. Les femmes sont assez bien traitées dans certaines îles, principalement dans la Malaisie, excepté chez les Battas, et quelques autres peuples ; dans d'autres, leur sort n'est guère préférable à celui des bêtes de somme.

L'anthropophagie existe dans différentes parties de l'Océanie, mais surtout à Soumâdra, à Bornéo, à Noukahiva, dans les archipels de Viti, de Salomon, de Hamoa, de la Nouvelle-Calédonie, de la Nouvelle-Zeeland et dans l'Australie. L'esclavage y est également en usage et principalement dans la Malaisie. Les îles de Célèbes et des Philippines, Poulo-Nias, Bali, Bornéo, Holo, Maïndanao, Timor, Arou, la Papouasie, etc., sont le théâtre des pirateries, du trafic d'hommes et de toutes les horreurs qui l'accompagnent. C'est aux Achinais, aux Bouguis, aux Malais et surtout aux Holoans qu'on doit imputer tous les crimes de cette traite océanienne. J'ai appris moi-même dans l'archipel de Holo que les pirates de ces mers enlevaient, dans les Philippines seulement, environ deux mille Tagales ou Bissayas, la plupart chrétiens. J'ai encore appris dans l'île Maïndanao qu'un jeune Français, né à Paris, fils unique d'une dame veuve, et qui avait reçu une éducation soignée, avait été enlevé à quelques milles de Missamis, ville de cette île qui appartient aux Espagnols. Le brave colonel Santa-Romana, corrégidor de Missamis, fit en vain des démarches pour le tirer des mains de ses maîtres. Ils demandaient 6,000 piastres pour sa rançon : certes, la rançon de notre malheureux compatriote aurait pu être aisément payée, s'il avait eu à sa disposition la fortune qu'il avait déjà acquise, en ramassant aux environs de Missamis et de Sourigao de la poudre d'or obtenue simplement au moyen du lavage.

Dans la vie domestique les mêmes usages se retrouvent chez tous les Polynésiens. Ils font cuire leurs aliments dans des fours souterrains, au moyen de pierres chaudes. Tous font des bouillies avec la pulpe de coco, le taro et le fruit à pain, remplacés par le riz ou le sagou dans la Malaisie et la Papouasie. Tous prennent leurs repas à terre et les jambes croisées, et se servent de leurs mains au lieu de fourchettes, à la manière des Orientaux. Leurs ustensiles sont à peu près les mêmes (voy. *pl.* 15). Presque tous boivent avec délices l'enivrant kawa, et il est le régal de leurs assemblées (voy. *pl.* 18). Leurs habitations se ressemblent; elles sont vastes et réunissent plusieurs familles, sans fermeture, à Taïti, à Tonga, à Nouka-Hiva, etc. (voy. *pl.* 14). Mais les villages fortifiés, ou pahs (*) des Zeelandais, sont construits toujours sur des pitons, en des lieux d'un accès difficile, ras de terre et palissadés, attendu que ces hommes belliqueux sont presque toujours en guerre de tribus à tribus. Chez tous les insulaires du grand Océan, on voit des maisons en quelque sorte municipales, destinées aux assemblées publiques. Chez la plupart, on présente en chantant un rameau en signe d'amitié, et la manière de saluer consiste à se frotter (honi) mutuellement nez contre nez.

COSTUMES.

Nous avons décrit les mœurs et coutumes des Malais, ainsi que celles des Australiens, au chapitre de l'anthropologie.

A chaque partie de l'Océanie, nous ferons connaître les mœurs particulières des peuples qui les habitent.

On remarque l'analogie la plus grande dans le costume des habitants de la Polynésie.

Les Taïtiens, les Haouaïens et les Noukahiviens ne portent ordinairement qu'une pagne étroite, ou *maro*, pour couvrir ce que la pudeur défend de montrer. Ils savent fabriquer, ainsi

(*) Et non hippas.

que les Tongas et les Rotoumaïens, une étoffe très-fine, réservée aux femmes, et des étoffes plus communes. Ils tirent la première de l'écorce de l'*aouté* (*broussonetia papyrifera*), et la deuxième de l'hibiscus et du liber, partie fibreuse de l'écorce de l'arbre à pain (*artocarpus incisa*). Ils les teignent en rouge avec les fruits d'un figuier sauvage, ou en jaune avec le curcuma. Les deux sexes se drapent avec grace, lorsque la température se refroidit; les femmes surtout savent jeter sur leurs épaules une large pièce d'étoffe avec tant d'art, que cette espèce de manteau retrace par ses plis onduleux la beauté du costume antique. Les chefs seuls peuvent porter le vêtement qu'on nomme *tipouta*. Les Nouveaux-Zeelandais se couvrent avec de riches manteaux fabriqués avec les fibres soyeuses du *phormium tenax*. Tous les Polynésiens aiment la parure. Ceux de Taïti et de Howaï se couronnent de fleurs; ceux de Nouka-Hiva et de Rotouma préfèrent les dents des cachalots; les Zeelandais placent des bâtons peints dans les lobes des oreilles, et des plumes de différentes couleurs dans leurs cheveux. Les habitants de la Papouasie font quelquefois usage du maro. Quant aux Vitiens et à plusieurs autres insulaires de la Mélanésie, ils ont déjà reçu l'influence des Polynésiens dans leur costume ainsi que dans leurs mœurs.

Un genre d'ornement assez singulier, et que nous ne devons pas passer sous silence, c'est le tatouage. Ce mot paraît venir de *tatou*, qui est le mot propre à Taïti. Il consiste à graver certains dessins sur la peau d'une manière ineffaçable. Cette opération, assez difficile et douloureuse, est en usage dans toute la Polynésie, dans l'île Savou, chez les Dayas de Bornéo, etc. Les chefs et les prêtres polynésiens sont souvent tatoués de la tête aux pieds. Nous avons donné le portrait de Chongui d'après un buste en bois sculpté par ce célèbre chef zeelandais. Certes, ce tatouage indique un art peu commun (voy. *pl. 4*).

Quelques Mélanésiens se font mal- adroitement des incisions, d'autres se contentent de tracer des lignes rouges, noires, blanches, et plus rarement jaunes, avec des substances colorantes sur la figure ou sur la poitrine, à peu près comme les Hindous, quoique ce ne soit pas, comme ceux-ci, pour caractériser la secte à laquelle ils appartiennent; mais il est probable que c'est simplement une parure, ou une marque pour distinguer leurs tribus.

Les femmes des îles Haouaï et Rotouma ont l'habitude de se poudrer les cheveux avec la chaux de corail.

Aux îles Haouaï, l'éventail est un autre ornement commun aux deux sexes : les plus ordinaires sont faits avec des fibres du cocotier, et ont un manche bien poli. Cook dit qu'on emploie aussi à cet usage les plumes du coq et de l'oiseau des tropiques. Néanmoins, les plus estimés sont ceux qui ont pour manche l'os du bras ou de la jambe d'un ennemi tué sur le champ de bataille : ceux-là sont conservés comme des objets précieux, et se transmettent de père en fils, comme des trophées d'un prix inestimable. Il est pourtant une chose à remarquer dans ces îles, c'est qu'on n'y voit point d'hommes ni de femmes qui aient les oreilles percées, et que l'idée d'y attacher quelque ornement leur est inconnue.

Il nous reste à faire mention d'une autre espèce de mode particulière à Haouaï, et qui n'existe peut-être plus, car l'influence du protestantisme a déjà réformé quelques-unes de leurs habitudes. Nous la représentons à la planche d'après Cook, qui assure que cette mode consistait en un masque fait avec une grosse courge, qui a des trous pour les yeux et le nez : le dessus est garni de petites branches vertes, qu'on prendrait de loin pour de belles plumes flottantes, et au bas sont attachées de petites bandes d'étoffe, qui ont l'air d'une barbe tressée. Les deux fois que les Anglais virent de ces insulaires se promener avec ces masques, en faisant des éclats de rire et toutes sortes de contorsions, ils crurent que c'était une mascarade. Il ne leur fut

5° *Livraison.* (OCÉANIE.) 5

pas possible de s'assurer si l'usage de ces masques avait pour objet de se garantir la tête des coups de pierre, comme on pourrait le présumer, ou bien s'il n'avait lieu que pour certains jeux publics, ou seulement pour quelque espèce de mascarade (voy. pl. 4).

ARITHMÉTIQUE.

Dans leurs transactions commerciales, les Malaisiens emploient ordinairement les Chinois et les Indiens de la côte de Coromandel. Les Javanais se servent, pour calculer, de caractères numériques qu'ils ont reçus des Hindous, et qu'ils forment par des entailles sur des morceaux de bambou. Le calcul et le change sont généralement confiés aux femmes, dont l'adresse est bien supérieure à celle des hommes.

L'histoire de l'arithmétique de ces contrées deviendrait l'objet de recherches intéressantes. Tout porte à croire que chaque peuple avait autrefois un système particulier de numération ; leurs langues respectives en offrent des traces. On retrouve encore ceux de Tambora et de Ternate, sous leurs formes primitives. Cependant un caractère général se rencontre dans l'arithmétique de tous ces peuples, depuis Madagascar jusqu'aux Philippines, et même jusque dans la mer du Sud.

Le plus bas terme de classification est l'échelle binaire. Dans la presqu'île de Malakka, les peuples à cheveux laineux ne comptent que jusqu'à deux. L'unité s'appelle *naï*, et le mot deux *be*.

L'échelle quaternaire est usitée dans le dialecte appelé *ende*, l'un de ceux employés à Flores. Le radical quatre est désigné par le mot *woutou*; on en ignore la dérivation. On exprime le mot huit par deux fois quatre.

Le calcul par cinq est fort répandu dans la Malaisie, et principalement chez les nations les moins civilisées de l'est. Dans le langage des Célèbes, le mot *lima* signifie cinq, et en outre *la main*. A Ende, pour exprimer le nombre six, on dit cinq et un, et le nombre sept, cinq et deux.

On présume que les montagnards de Sounda calculaient autrefois par six, parce que le mot *ganap* signifie six et total.

L'échelle denaire, c'est-à-dire le calcul par dizaine, l'a emporté sur tout autre système dans la Malaisie, comme dans le reste du monde, à mesure que la civilisation a progressé.

L'expression *mille* est la plus haute de la série numérique de tous les peuples malaisiens, excepté les Javanais. Un fait assez étonnant, c'est que, dans toutes ces contrées, on se serve vulgairement des expressions vicieuses de dix mille, au lieu de cent mille ; cent mille, pour dix millions. Mais cet usage n'existe pas chez les Lampouns. Le mot *laka* signifie chez eux 100,000, au sens exact.

Le dialecte de la cour, chez les Javanais, offre un moyen lumineux de découvrir l'origine des quatre premiers chiffres : *un* exprime la forme la plus simple : c'est le mot *tungill*, qui signifie seul dans la véritable acception du mot ; deux (*kaleh*) signifie avec un autre, ce qui désigne un objet corrélatif ; le mot *trois* est sanskrit ; le mot quatre (*kawan*) signifie une touffe de poils d'un animal, sans doute pour rendre une idée collective ; l'étymologie du mot *gangsal*, c'est-à-dire cinq, est inconnue.

On forme le nombre ordinal en allongeant le nombre de la particule *ka* ou *peng*.

Les Australiens ne comptent guère au-delà de leurs cinq doigts.

POIDS ET MESURES.

Dans la Malaisie, la plus petite mesure des céréales s'exprime par le mot *gagam*, qui désigne la quantité de riz qu'on peut tenir dans le creux de la main ; trois *gagams* font un *pochong*, quantité égale à ce que l'on peut réunir dans les mains en formant une cavité ; deux pochongs font un *gedeng*, cinq gedengs font un *songgo*. C'est la plus haute mesure connue dans plusieurs provinces. La mesure la plus usuelle est le *hamat*, qui équivaut à 24 songgos.

La mesure la plus commune des liquides est une écaille de noix de coco.

Les Chinois qui habitent la Malaisie font usage d'une mesure de pesanteur appelée *tahel*, qui varie beaucoup. Dix tahels équivalent à un kati, ou environ 20 onces, mesure commune d'Europe ; cent katis font un pikle, ou 125 livres ½ de France, et 30 pikles font un coyan. Dans les transactions avec les Européens, ce sont ces mesures qu'on emploie le plus communément.

Le *bahara* est un poids en usage pour le poivre. Sa pesanteur varie dans les diverses îles de cette partie de l'Océanie, depuis 396 livres brutes jusqu'à 560.

Dans le voisinage de Soumâdra on se servait de grains de riz pour peser l'or, avant que les étrangers eussent fait connaître d'autres procédés plus exacts. En général, on a adopté les termes du continent pour désigner les poids et mesures. Vingt-quatre pois écarlate avec une pointe noire, appelés rakat, font un *mas*; seize mas font un tahel. Le mot rakat est évidemment le *raktika* ou *retti* des Hindous; le mas est leur *mascha;* le tahel est leur *tola* ou *tolaka*.

Leur balance (ou *trazou*, ou *trajou*), ainsi que le prouve son nom, est originaire de l'Asie occidentale. Le *peson* (ou *dachin*) viendrait de la Chine par la même raison, ainsi que le *kati* et le *pikle*, qui sont également des dénominations chinoises.

Les mesures de longueur sont moins précises que les mesures de pesanteur; les parties du corps humain, connues parmi tous les autres peuples, en désignent les subdivisions. Le *chankat* désigne, à peu près, la longueur d'un homme depuis les pieds jusqu'à l'extrémité étendue de la main.

Dans un pays où il n'y a point de grandes routes, où l'on doit faire un grand nombre de détours, et où les transports se font, la plupart du temps, par eau, il ne peut y avoir de mesure itinéraire précise. Aussi compte-t-on vulgairement par journées, qui peuvent valoir chacune 20 milles anglais.

On désigne une marche d'environ 20 milles et demi, par le mot *ounjoutan*. Après cette marche, les porteurs font une halte.

Les mesures de superficie ne sont pas plus exactes. Les Soundas, ou Javanais des montagnes de l'ouest, emploient le mot *louwak* pour désigner un espace de terre en général. Ordinairement le calcul se fait approximativement par l'estimation de la culture des buffles.

MONNAIES.

Il nous reste à parler des monnaies. A Palembang, à Achin, à Bantam et à Cheribon, on se sert d'une petite monnaie d'étain, dont la forme est une petite lame irrégulière creusée au milieu, connue sous le nom de *pichis :* 560 pichis équivalent à une piastre d'Espagne. Autrefois on faisait usage à Java, surtout pendant l'empire de Majapahit, d'une monnaie de cuivre représentant des figures fantastiques, aujourd'hui inintelligibles.

M. Raffles, qui nous a fourni plusieurs détails sur l'arithmétique, nous apprend que les anciens Javanais employaient, au lieu de dates, une écriture symbolique appelée *chandra sangkala* (lumière des dates royales). Les dix chiffres représentent ce qui suit : 1, l'homme, la terre ; 2, les yeux, la face ; 3, le feu ; 4, l'eau ; 5, le vent ; 6, les saisons ; 7, les montagnes ; 8, les animaux ; 9, les cavernes, les portes ; 10, la fin, la fuite, un char. Avec ces dix espèces de symboles, on forme des sentences emblématiques.

Nous pensons qu'il serait utile de méditer ce système, qui expliquerait peut-être certaines parties de la cosmographie et de la morale de quelques peuples orientaux ; car l'Inde, suivant notre opinion, a répandu les sciences, d'un côté, vers l'Égypte, et de l'autre, vers la Malaisie.

Les monnaies anciennes en or sont rares dans la Malaisie ; on n'y a découvert que deux fois des monnaies en argent. Cependant ce pays fournit de nos jours le 8° de l'or en circulation dans le monde entier; et les mines de diamant (*), malgré leur mauvaise exploitation, ont déjà donné un diamant qui est le troisième en grosseur et en beauté qui soit connu dans le monde. Si les Hollandais n'avaient pas, ainsi que les Espagnols en Amérique, laissé dans les mains de peuples ignorants l'art d'exploiter ces mines, quelles richesses ne tireraient-ils pas de leurs colonies malaisiennes.

Il est à présumer que les monnaies d'or ne furent frappées qu'après l'introduction du mohammédisme dans ces îles, car elles portent des légendes en caractères arabes, et des noms de princes musulmans. A Achin, à Mangkassar et à Kedda, on donne aux monnaies d'or la dénomination de *mas*. Dans la province d'Achin, 15 *pichis* forment un *mas*, égal à 18 francs.

Dans les Philippines on n'emploie que la piastre d'Espagne;

Dans l'Australie, toutes les monnaies d'Angleterre.

Dans plusieurs parties de la Polynésie les dents de baleine servent de monnaies.

IDIOMOGRAPHIE OU DES LANGUES ET DE LEURS DIALECTES.

Après avoir traité l'anthropologie et les différentes divisions de l'ethnographie des contrées océaniennes, essayons de classer et de comparer leurs langues, moyen le plus sûr de faire connaître l'origine et les rapports de leurs habitants.

Pour faire sentir l'importance de ce genre d'études, un seul exemple suffira. Le P. Legobien a prétendu que les habitants des îles Mariannes n'avaient aucune idée du feu quand elles furent découvertes par les Espagnols. Mais comment un peuple dont la langue nous offre les mots *feu* (gouafi), *brûler* (sonog), etc., aurait-il ignoré l'usage de ce précieux élément?

Si l'on admet que la langue des Dayas est la mère du polynésien, ainsi que nous l'avons établi au chapitre de l'anthropologie, il en résulte que, malgré leur altération et leurs dissemblances, le taïtien, le tonga, le mawi (*), ou nouveau-zeelandais, le haouaïen et les idiomes de Rotonma et de l'île Waïhou dérivent de la première. J'ai trouvé, en effet, une centaine des mots polynésiens les plus nécessaires dans la langue daya. La langue bouguise, qui est fille du daya, et en est l'idiome le plus cultivé, est, à notre avis, la mère du batta de Soumâdra, du boloan et du maïndanéen. Elle a fourni beaucoup de mots aux langues tagale, bissaya, endé, soumbavoua, ternati, timoari, lombok, boutong, salayer, etc.; elle renferme bon nombre de mots sanskrits, et se divise en bougui vulgaire et en ancien bougui, qui est destiné aux écrits religieux. Elle a conservé des hiéroglyphes qui mériteraient l'attention des philologues.

Nous ne pouvons guère constater la filiation ni les rapports du papoua, parce que chaque fraction de ce peuple, divisé en tribus, ayant peu de communications entre elles, s'est formé un jargon particulier. Il en est de même des Australiens, et cette remarque est applicable aux innombrables jargons des innombrables tribus mélanésiennes. Néanmoins le papoua de la Nouvelle-Guinée renferme plusieurs mots essentiels tirés de l'idiome des igolotes de Bornéo.

La langue malayou, la plus étendue des langues, est parlée dans l'île de Soumâdra, où elle a pris naissance, et où elle conserve sa pureté, principalement dans le pays de Reddak, selon M. Crawfurd. On la parle aussi sur toutes les côtes des îles qui font partie de la Malaisie, dans une partie de la peninsule de Malakka, et, ce qui

(*) A Bornéo.

(*) M. d'Urville a proposé de donner le nom de *Mawi* à la langue des Zeelandais, d'après celui de *Ika na mawi* que porte l'île septentrionale la plus fertile et la plus importante des deux îles qui composent la Nouvelle-Zeeland. Il nous semble que cette dénomination pourrait être appliquée à ses habitants qu'on nommerait alors les *Mawiens*.

est encore plus extraordinaire, à Madagascar près des côtes d'Afrique, et dans l'île Formose, située près de la Chine et du Japon. Elle a reçu plusieurs mots sanskrits, talingas et arabes. Cette langue, aussi douce que l'italien et le portugais, est consacrée aux affaires et au commerce; elle est comme l'hindoustani dans l'Inde, la langue franque à Alger et au Levant, et le français en Europe. Le malayou a touché le continent asiatique, s'est approché de celui de l'Afrique, mais il n'a pas abordé en Amérique, et il n'a reçu aucun mot des langues de ce double continent. On doit en dire autant du polynésien.

La plus grande partie des autres langues de la Malaisie, et même plusieurs de la Polynésie, présentent un grand nombre de racines malayones, surtout la bissaye et la tagale, en usage dans les îles Philippines. A ce sujet, nous observerons que le P. Zuniga se trompe étrangement quand il croit voir une parenté entre le tagale et les idiomes des Araucans du Chili et des Patagons.

Le langage écrit chez les malais purs est appelé *djawi*, mot corrélatif à celui de *kawi*, ou javanais savant.

Plusieurs géographes et philologues ont répété que tous les peuples de race malaise parlent, depuis Madagascar jusqu'à l'île Waihou, des dialectes d'une seule et même langue, et que cette langue est le malayou; mais cette erreur, tant de fois répétée, n'en est pas moins une erreur.

Le *sounda* est la langue des montagnards de la partie occidentale de Java; le *madourais* est en usage à Madoura. Le balinais, parlé à Bali par un demi-million d'individus, est peu connu; mais il paraît renfermer beaucoup de mots sanskrits.

Le tidorien, les idiomes de Guilolo, Timor-Laout, Amboina, Oby, Arrou, Salibabo, Bouro, Bo, Popo, Kissir, Moa, Sermatta, etc., sont, il est vrai, des dialectes du malayou; mais le ternati en diffère beaucoup, ainsi que les langues de Sanguir, Céram, Saparoua, Soumbava, Endé, Timor et Samba, ou Sandelbosch, qui ont emprunté un certain nombre de mots bouguis.

Dans les groupes de Soumbava et de Timor on parle plusieurs langues particulières. Dans celle-ci le savant M. Freycinet cite celle des Vaiquenos, vers la partie sud-ouest, et celle des Bellos, vers le nord-est; et il assure que les 63 petits états et tribus de cette île ont chacun un dialecte très-différent.

Il est nécessaire d'observer qu'on rencontre très-souvent des mots malayous dans ces langues parlées, parce que ce peuple, entreprenant et civilisé, est presque toujours mêlé avec les Moluquais, ou habite leurs côtes; on trouve jusqu'en Polynésie des mots d'origine malayoue. Certaines tribus de Papous et d'Australiens en possèdent quelques-uns. Mais ce qui est plus frappant, c'est que presque tous les peuples de l'Océanie, ainsi que les Malekasses, les Sidéians, ou Formosans, et les Malakkans emploient la numération des Malais, peu ou point altérée. J'ajouterai que, dans la région montueuse de la péninsule de Malakka, on ne parle plus la langue des vainqueurs, mais un grand nombre d'idiomes d'une nature opposée, ainsi que dans l'isthme caucasien. La langue javane est, à notre avis, fille de la langue bouguise, et mêlée de malayou et de sanskrit. Elle a, comme celle-ci, une langue sacrée, ainsi que la taïtienne, et, de plus, une de cour, que les Javanais appellent *basa-krima*. Nous avons déjà dit que les anciens Javans avaient aussi une écriture symbolique, qu'ils employaient au lieu de dates, et qu'ils nomment *chandra sanghala*, c'est-à-dire, lumière des dates royales.

Dans la Polynésie les langues caroliniennes et mariannaises offrent beaucoup de rapports avec le malayou et le tagale ainsi qu'avec les idiomes polynésiens.

Les alphabets des Bouguis et des Battas présentent entre eux la plus grande analogie; celui des Tagales est plus compliqué. Les formes grammaticales de Taïti et de Haouaï semblent dénoter une ancienne civilisation. Dans la langue polynésienne, si bien fixée dans ses racines et sa syntaxe, on reconnaît le système du malayou dans sa plus grande simplicité; cependant, et ce point est digne de fixer l'attention, le polynésien ressemble moins au malayou qu'au malakassou, et le tonga, qui en est peut-être le dialecte le plus poli, ressemble plus au tagale qu'au malayou.

Le malekassou offre les plus grands rapports de prononciation, et même de signification, avec toutes les langues océaniennes, et principalement avec le malai, pour la construction des mots composés et dérivés.

Cette langue n'a ni déclinaisons, ni genres, ni nombres, ni distinction de substantif et d'adjectif. Elle a, ainsi que les idiomes européens, des particules qu'on place avant les mots pris pour adjectifs, afin d'en exprimer les degrés de comparaison.

Les noms de titres ou d'emplois commencent ordinairement par *on* ou *omp* qu'on ajoute au mot qui forme le verbe de même signification.

Les pronoms malekassous sont semblables aux nôtres.

Cette langue n'a aucune conjugaison : les verbes n'ont ni temps, ni personnes, ni genres, ni voix; elle distingue la voix par quelques particules de même que le temps, ce qui fait qu'on est toujours obligé de joindre les pronoms aux verbes pour distinguer les personnes. Les verbes se divisent en actifs ou réciproques, passifs, potentiels, impératifs et unitifs ou exprimant une action faite de société, comme voyager ensemble, etc.

La langue malekassou que parle la population entière de l'île de Malekassar (que nous nommons improprement Madagascar), une des plus grandes îles du globe, est aussi douce qu'harmonieuse. Elle présente dans la construction de ses mots des formes simples, mais riches et ingénieuses, et elle devrait nous intéresser d'autant plus que la France a occupé une partie de ce beau pays, et possède des droits qu'elle pourrait aisément faire valoir, si une expédition forte et sagement conçue abordait cette vaste contrée, pour y établir les bienfaits de l'industrie et d'une civilisation analogue aux besoins et aux habitudes de ces intelligents insulaires.

En admettant le foyer primitif de la Polynésie dans l'île de Bornéo et chez les Dayas, et principalement chez les Dayas marouts ou idaans (*), qui habitent le nord de cette grande terre, et dont la race offre tant de ressemblance avec les Polynésiens, la grande difficulté serait levée. La langue et les peuples polynésiens, ainsi que les langues et les peuples de l'Océanie occidentale et australe, seraient venus de ce point central. J'ai déjà considéré les Dayas et les Igolotès de Bornéo comme leurs souches, et M. Balbi a consigné notre opinion dans son excellente géographie. Ainsi, une langue et un grand peuple océanien se seraient répandus de Bornéo à Madagascar, c'est-à-dire à 1400 lieues à l'ouest, et de Bornéo à Waihou (île de Pâques), 2520 lieues à l'est; enfin de Formose et de Haouaï au nord, jusqu'à l'extrémité de la Nouvelle-Zeeland, au sud, environ 1800 lieues.

Les révolutions, les mélanges des peuples, et tant d'autres causes, ont dû introduire des modifications plus ou moins importantes dans cette langue daya-polynésienne, et principalement dans les îles Mariannes et les îles Carolines, fréquentées jadis par les Chinois, les Japonais et, peut-être, les Arabes; et aujourd'hui par les Tagales, les Bissayas, le Noukahiviens, les Bouguis et les Européens: mais ces altérations ne détruisent pas son origine.

M. Lesson a cru trouver l'origine des Polynésiens en Asie chez les Mongols; M. d'Urville pense qu'ils sont arrivés de l'occident même de l'Asie; plusieurs savants qu'ils sont des-

(*) Cette langue marout ou idaan est répandue avec quelques altérations depuis le nord jusqu'à l'est de Bornéo, et vraisemblablement dans la plus grande partie de cette immense région.

cendus des Hindous; et quelques autres qu'ils viennent d'Amérique. Cette question, si importante et si difficile, ne sera peut-être pas résolue de long-temps. En attendant mieux, j'invite le lecteur à consulter le tableau polyglotte comparatif ci-joint, de 21 langues de l'Océanie, pour mieux apprécier mon humble opinion à ce sujet.

Je me suis servi des vocabulaires de Forster et de Bougainville pour la langue de Taïti; de la grammaire de M. Kendal pour le mawi, ou nouveau-zeelandais; de l'atlas ethnographique de Balbi pour le Formosan et l'Australien des environs de Sydney. Les autres vocabulaires étaient publiés, sauf le tableau de six langues, savoir: celui des dayas-marouts ou idaans, celui de Holo, de Gouap, d'Oulia, ou Goulaï, et enfin celui des Bouguis, que j'ai rapportés de l'Océanie. Les deux premiers vocabulaires n'ont jamais été publiés; et les vocabulaires de Gouap et d'Oulia offrent quelques différences avec ceux qui ont été donnés par M. de Chamisso: il en est de même du bouguis avec celui qu'a publié sir Stamford Raffles.

Ces différences sont présentées aux lecteurs dans le tableau suivant des langues les plus importantes de l'Océanie.

ERRATA DU TABLEAU GÉNÉRAL.

Pages.	colonnes.	lignes.
1	2	avant-dernière. — 6 volumes, *lisez* : 12.
2	1	7. — un tableau, *lisez* : 2.
2	1	8 et 9. — 21 langues de ces contrées, *lisez* : 42 langues comparées.
2	1	11. — trois nouvelles cartes, *lisez* : quatre.
2	1	17. — deux cent, *ajoutez* : quatre-vingt.
6	1	9. — après cette ligne mettez pour titre : *État des connaissances des modernes.*
11	1	26. — après le mot publiées, *ajoutez* : par.
11	1	49. — deux îles, *lisez* : trois îles.
11	2	80. — après Rienzi, *ajoutez* : la dernière d'Ariston.
12	2	37. — après Micronésie, *ajoutez* : dont il adopta également le nom sans aucun changement.
14	1	42. — trois cartes, *lisez* : quatre.
14	1	43. — après la Malaisie, *ajoutez* : de Bornéo.
20	1	20. — qu'elle se donne, *lisez* : nom que porte encore une tribu de.
25	1	24. — après Idaans, *ajoutez* : quelques Australiens.
27	1	16. — et découvrir, effacez ces deux mots.
48	1	14. — unicorne, *lisez* : bicorne.
88	1	15. — bicorne, *lisez* : unicorne.
48	1	17. — et le bicorne dans, *lisez* : et de celle de.

L'UNIVERS.　　　　　　　　　　　　　　　OCÉANIE.

TABLEAU POLYGLOTTE COMPARATIF DE 21 LANGUES OCÉANIENNES.

Français.	Malaïou (javi) (langue écrite).	Javan vulgaire.	Batta.	Mo- luquois (terraté).	Bouréo, Dayo- Manat et Idaan.	Bouréou, Dayo- Manat et Idaan.	Bouréou (langue écrite).	Houaan, bas Houdo et non Sulou.	Patan- pana, Tagala.	Carriers Goup- ou Yap.	Carriers Oulan- ou Gvalai.	Chamorro ou Mariais de Gonaham.	Haouaï ou Sanwi- cren.	Taïti.	Maori ou Nouv-Zé- landais.	Paraoua de Dout.	Noveau Calédonien.	Australien des environs de Sidney.	Tasmanien ou de l'I. V.-Di- men.	Malatoc ou Malaïkan.	Malayoc asiatique Sidicin ou Ferraoua.	Malgach Madécasse.	Afri- Madécasse.
Un.	Sa.	Soji.	Sada.	Birui.	Ouni.		Sadi.	Isa.	Isa.	Rep.	Itta.	Hatchabai.	Kahi.	Tahi.	Tahi.	Oere.	Parai.	Ouaïk.	Metamn.	Sa.	Sat.	Ra.
Deux.	Doua.	Loro.	Doea.	Romoddi.	Doui.		Doua.	Daosa.	Dalava.	Rou.	Roua.	Hougbpei.	Loua.	Roua.	Roua.	Sieou.	Paroo.	Boula.	Pouker.	Doa.	Raouha.	Roue.
Trois.	Tga.	Teloo.	Toloe.	Ramogi.	Toroa.		Telou.	Toulou.	Tatgo.	Talep.	Tolon.	Toargeebayfei.	Todou.	Toru.	Toorou.	Kioot.	Par-giern.	Brou.	Kaiacha.	Tga.	Taurn.	Telou.
Quatre.	Ampat.	Popat.	Opat.	Raa.	Ampat.		Apat.	Apa.	Ta.	Zeerga.	Ta.	Fatfat.	Eha.	Ha.	Wa.	Takc.	Par-bai.	Karga.	Talkaoos.	Ampat.	Hpat.	Hit.
Cinq.	Lima.	Lima.	Lima.	Romantoha.	Rima.		Lima.	Lima.	Lima.	Laib.	Lima.	Limjyei.	Rima.	Riuma.	Rima.	Rima.	Par-bai.	Rianare.	Bielra.	Lima.	Hpot.	Lima.
Six.	Nam.	Nam.	Anam.	Raoa.	Nom.		Mea.	Anam.	Anim.	Hen.	Honoa.	Goaweitjai.	Ono.	Hono.	Ono.	Oanioë.	Panim-pihi.	Banoaë-ouafi.		Nam.	Noaa.	Inom.
Sept.	Toudjou.	Pitou.	Tondi.	Tomdil.	Pitoa.		Pitou.	Pitoa.	Pito.	Me-dilip.	Fitaou.	Folgheiyel.	Hitou.	Hedou.	Witoa.	Fike.	Panim-Rou.	Banoue-Joha.	Droqué.	Toudjou.	Potto.	Fitou.
Huit.	Delapan.	Voulou.	Ooaloa.	Toh-anigt.	Houia.		Hasia.	Vale.	Vale.	Merron.	Vale.	Gomarghyat.	Baroa.	Ouaroa.	Wadou.	Ouet.	Panim-Gien.	Blanoir-broui.	Lochen.	Delapan.	Kaouthpa.	Valoa.
Neuf.	Sambilau.	Sanga.	Sa.	Syeu.	Soui.		Bamera.	Siaom.	Syam.	Morep.	Siga.	Sighwal.	Ira.	Hiva.	Iva.	Sihoa.	Panim-hraf.		Hamberlan.	Sambilan.	Maonah.	Siva.
Dix.	Sapoulon.	Sa-poulou.	Sa-poulou.	Yudjami.	Sa-poulou.		Sa-poulou.	Sa-poulou.	Polo.	Ragga.	Ekonat.	Mamatai.	Ouni ?	Hanroa.	Ngaoudon.	Samhoat.	Pasomik.		Saguelaon.	Sagoaha.	Kitti.	Fooit.
Totas et quelques- uns.	Djegot.	Onlou.			Woneiou.			Bislig.	Koumi.	Iol.	Atchai.	Ouei ?	Vaha.	Waha.	Araki.	Soumbour.	Poah-mang.		Kid.	Djeget.	Montoat.	Vau.
Loncher.	Moulout.	Chargam.	Kepala.		Teteauro.		Baha.	Dativ.	Langele.	Tamal.	Perjoud.	Waha.	Arihi.	Arthi.	Soamoebaeu.	Karga.	Nonas.	Kapata.	Montoat.	Moutoun.	Vau.
Chef ou nolde.	Kapala.	Ratou.	Kapala.		Kalopa.		Dativ.	Nam.	Nam.	Tuméti.	Chamorra.	Arihi.	Nadou.	Ahi.	Ahi.	Sert.	Badjan.			Kapota.	Montoau.	Idon.
Corps (genre noblel).	Tohoniki.		Kal-gsa.		Tchoali ?			Abi.	Siak.	Tsboat.	Niljon.	Palausin.	Naou.	Ahi.	Ahi.	Onki.	Ja.		Drougè.	Teluoki.		Let.
Cat.	Parau poean.	Ontoo.	Benton haroe.		Beuchia.		Makoaeri	Vooktai.	Sork.	Tamal.	Loemmi.	Wahind.	Wohind.	Wahind.	Bhhoaé.	Miia.	Ait.	Loudouan.		Paraau-poean.	Mateusa.	Bahi.
Femme.	Soukat.	Timbook.	Bevar.		Bescor.		Geawal.	Ik.	Poiga.	Tapra.	Doukoatou	Revou.	Oneroa.	Bai.	Arero.	Kepranhi.	Taklang	Gaveuroaroa.	Somken.	Bronar.	Dada.	Lét.
Grand.	Brinar.	Gotaik.	Djalma.		Ourong.		Ourani.	Like.	Alaon.	lovpe.	Maman.	Marau.	Wart.	Tai.	Noui.	Pak.	Malek.	Yeaudah.	Pboorée	Orang.	Vaomai.	Vola.
Homme.	Orang.	Lawsag.	Liat.		Lia.		Liat.	Bea.	Marom.	Monna.	Houla.	Peilan.	Haii.	Tai.	Marama.	Boum.	Osoa.		Loudab.	Laoeet.	Vanouaï.	Tera.
Large.	Lidah.	Wonlen.	Boulen.		Beuleau.		Braiena.	Dacinweing.	imps.	Lomi.	Goiwna.	Tahisi.	Marama.	Wart.	Waré.	Maura.	Dalali.	Baide.			Mari.	Bioc.
Maison.	Roumak.	Ourmak.	Ak.		Boumak.		Dacinweing.	Ai.	Nao.	Maran.	Goaava.		Tai.	Tai.	Tai.	Masotoa.		Tallaeg.	Lecora.	Bonank.	Lavot.	Tali.
Mer quelque- fois eans.	Laoet.	Saghara-gedek.			Danmasu.		Ouai.	Ina.	Toubig.	Leo.	Langoeien.	Foueagrogo.	Tai.	Tai.	Kanooli.	Lat.		Waioom.	Biruana.	Mama.	Mat.	Teta.
Mère.	Mema.	Biang.	Indooa.		Inii.		Indonaa.	Itua.	Naun.	Laogkein.	Mata.	Mata.	Mata.	Mata.	Kanoorli.	Rahren.	Mi.	Eigona.	Maeri.	Main.	Raa.	Biad.
Œil.	Mata.	Mata.			Yaya.		Mata.	Mata.	Mata.	Iaoaig.	Tamaog.	Miodo.	Mate.	Matoa.	Morgen.			Bareaa.	Nacrermena.	Bapa.	Ania.	Mama.
Père.	Bapa.	Bapek.	Ama.		Bahi.		Aml.	Anas.	Ama.	Tama.	Dahdi.	Tabon.	Ir.	Ir.	It.	Waka.		Masapa	Rudetrervenoal	Kereht.	Krontil.	Bala.
Petit.	Kerthil.	Tahaile.	Katechii ?		Bain.		Arobied.	Uniod.	Veeik.	Edjala.	Dhkrl.	Vaha.	Puolsu.	Vaha.	Oas.		Col-sg.	Permool.	Prahau.	Prabou.	Kee i?	Lake.
Presque.	Prahous.	Prahoa.	Prahou.		Wanka.		Prabou.	Praboo.	Valtemon.	Vahka.	Pera.	Ra.	Ba.	Ra.	Earo.		Permool.	Cabeta.	Babi.	Bab.	Oasi.	Marboit.
Parts. Sauvage quelquefois pourlet.	Babi.	Goerengh.	Babi.		Bahoci.		Baki.	Babi.	Bosa.	Rossa.	Pera.	Brou.	Henoma.	Vrooua.	Saharou.	Cabrrta.			Koudum.	Koudou.	Nil.	Test.
Soleil.	Koedoun.	Kondouu.	Koadeen.		Habon.		Kouaou.	Senaog	Arao.	Laupa.	Ngaisa.	Rone.	Pobo.	Orajou.	Kadoa.	Malou.			Mata.	Tanah.	Lehoo.	Mavit.
Terre.	Mata.	Taash.	Tana.		Taah.		Mataa-anang	Loga.	Goo.	Ai.	Mori.	Mate.	Majei.	Maro.	Maro.	Molan.	Marsa.		Tenah.	Kaspala.	Konrggr.	Ma.
Tête.	Kapalo.	Andaa.	Oulon ?		Dogoda.		Oulon.	Abi.	Nau.	Kalow.	Mzakdua	Maccaal.	Vabii.	Vabon.	Dhovakes	Boureebei.	Iveotogu.	Hoaniveedlaar	Bousagarhiedi	Ra-Para.	Mat.

LITTÉRATURE.

Les peuples océaniens n'ont pas, que je sache, de traités sur les sciences; mais les Javanais, les Malais, les Tagales, et surtout les Bouguis, possèdent quelques notions d'astronomie; ils connaissent les planètes et leur cours, les pléiades, Syrius, Orion, Antarès et la grande Ourse, et se guident sur les astres dans leur navigation. Les Mangkasars emploient les noms arabes consacrés par leur religion, pour désigner leurs mois lunaires. Les Bouguis, au contraire, divisent en 12 mois leur année solaire de 365 jours, laquelle commence le 16 mai. Ils possèdent un grand nombre de légendes, d'ouvrages sur l'histoire, la religion et les lois, des traductions de l'arabe, du malayou et du javan, des contes et des chansons historiques nommées *galigas*, fondées sur des traditions nationales. Plusieurs de ces chansons célèbrent les exploits de *Saouira-Gading*, le premier chef des états de Louvou, qui avait étendu ses conquêtes jusqu'au détroit de Malakka.

Les codes de Ouadjou, de Boni, de Mangkasara et de Mandhar jouissent d'une réputation méritée dans toute la Malaisie, et plusieurs de leurs lois ont été adoptées par les princes malais et javans. La littérature javane est plus riche que la bouguise, mais seulement en traductions; ce qu'on doit attribuer, je pense, à ce que Java a formé un grand empire à trois reprises différentes, tandis que Célèbes est encore divisée en plusieurs petits états souvent ennemis.

Les Javanais ont plusieurs romans, entre autres celui du malheureux Pandji, prince dont l'histoire est entièrement enveloppée de fables; plusieurs apologues traduits du sanskrit; des chansons et quelques morceaux de poésie indigène ancienne, et enfin une paraphrase des deux grands poëmes épiques de l'Inde : le Mahabharata de Viâsa et le Ramâyna de Vâlmîki, le plus grand des poëtes indiens. Les Tagales et les Bissayas ont quelques faibles traductions de drames religieux espagnols, et quelques chansons.

Nous citerons dix morceaux, dont quatre appartiennent à la littérature javane, et un fragment d'un poëme célébien, tous fort remarquables; un *pantoun* des habitants de l'île Rienzi dans l'île de Holo; une chanson bouguise, un chant de guerre et de marine des Carolines; une espèce de romance tagale de l'île de Louçon, dans l'archipel des Philippines; et, dans la Polynésie, un chant de deuil d'une femme de Haouaï.

Les morceaux javans sont tirés de l'abrégé des ouvrages de MM. Raffles et Crawfurd, par M. Marschal. Nous nous sommes permis quelques légères corrections dans la traduction. Les autres voient le jour pour la première fois, dans une langue européenne, sauf le chant de Haouaï, et celui des Carolines, qui, cependant, diffère de celui donné par M. de Chamisso; nous les avons rapportés de l'Océanie, et traduits en français.

Le *Brata-youdha*, dont le manuscrit le plus complet appartient au radjah de Blelting, dans l'île de Bali, est un poëme épique, composé par Pouseda en kawi, langue classique de Java, vers l'an 784 de l'ère vulgaire, ou, selon d'autres, vers 1167; il se compose de 719 stances de différents rhythmes. Les beautés de cet ouvrage peuvent être comparées avec les plus grandes compositions des Grecs, des Latins et des modernes. On y trouve, entre autres, plusieurs stances absolument semblables à certains passages d'Homère, de Shakspeare et de Milton; ce qui est d'autant plus étrange, que les Javanais n'ont jamais eu la moindre connaissance de nos grands poëtes de l'Occident.

Le tableau de la marche des enfants de Pandou; la douleur d'Ardjouna (*) au moment où ce héros va combattre ses propres parents, l'épisode de la veuve de Salia, depuis le moment où un rêve lui prédit la destinée de son

---

(*) Un des cinq enfants de Pandou, roi d'Astina.

époux, jusqu'au moment où elle le rejoint dans les cieux, sont d'admirables morceaux de poésie.

L'ouvrage classique, intitulé *Manek-maya*, qui renferme la mythologie des Javanais, est écrit avec la simplicité et quelquefois avec la sublimité biblique. A côté de quelques monstruosités, on y trouve des descriptions comparables à tout ce que la mythologie grecque a produit de plus beau. Le poème de Brata-youdha et le Manek-maya nous présentent le contraste de la cour, des rois, et la rusticité des premiers habitants de Java, réunis en corps de nation dans la partie orientale de cette île. Ces mythes prouvent que l'esprit humain a suivi la même marche progressive au-delà de l'équateur et dans nos contrées occidentales.

Nous allons citer un passage de chacun de ces deux poëmes. Voici celui de Brata-youdha :

« Alors Krichna (*) donne un libre cours à sa colère ; elle bouillonne dans son sein ; il en éprouve toutes les fureurs ; il se lève, terrible, éblouissant, semblable au tout-puissant Wichnou ; son aspect réunit les forces des trois pouvoirs et des trois mondes ; sur ses épaules, d'où sortent quatre bras, s'élèvent trois têtes et trois doubles yeux.

« Le pouvoir et la majesté de chaque dieu entrent dans sa personne.

« Son corps grandit, sa poitrine pousse des rugissements terribles comme ceux du lion. Alors la terre tremble dans ses fondements, les cimes des montagnes s'ébranlent et se heurtent ; les vagues de la mer se soulèvent comme les plus hautes collines, et s'entr'ouvrent comme des abîmes ; les monstres des mers sont jetés sur le rivage.

« Aussitôt l'épouvante s'empare du cœur des cent *kourawas* (**) ; ils sont immobiles et silencieux ; leur regard est pâle, effaré ; Kerna lui-même semble pétrifié. Souyoudana et Youyoutsa tombent d'effroi ; on les croirait sans vie et sans volonté.

« *Drouna* et *Bisma*, et le bon Pandita Narada(*), se mettent en prière, et jettent des fleurs odoriférantes devant le dieu ; ils lui disent :

« N'êtes-vous donc pas le dieu du « jour ? ne soyez pas le dieu de la « destruction. Ayez pitié de ce monde « et de ce qu'il renferme. »

Voici un passage du Manek-Maya :

« Avant que les cieux et la terre fussent créés, *Sang-yang-wisesa* (le Tout-Puissant) existait. Cette divinité était placée au centre de l'univers ; elle désira intérieurement que le Régulateur suprême lui accordât un souhait. Aussitôt tous les éléments se heurtèrent, et il entendit, au milieu d'eux, une répétition de sons semblable au battement rapide d'une cloche. Il leva les yeux, et il vit un globe suspendu au-dessus de sa tête ; il le prit et le sépara en trois parties : une partie devint les cieux et la terre, une autre partie devint le soleil et la lune, et la troisième fut l'homme, ou *Manek-maya*.

« La volonté de Sang-yang-wisesa ayant été accomplie, il voulut bien parler à *Manek-maya*, et lui dit : Tu seras appelé *Sang-yang-gourou* ; je place une entière confiance en toi ; je te donne la terre et tout ce qui en dépend, afin que tu en uses et que tu en disposes selon ton plaisir. Après ces paroles, le Tout-Puissant disparut. »

Voici un extrait du *Jaya-langkara*, ouvrage d'une haute antiquité, qui indique le costume d'un Javanais accompli, et les qualités morales qu'il doit s'efforcer d'acquérir :

« Un jeune homme d'une naissance « distinguée se reconnaît aux qualités « suivantes : Son cœur et son esprit « seront calmes et tranquilles. Il saura « réprimer ses passions, et se taire « quand il le faut. Jamais il ne « dira une fausseté ; il ne craindra « point la mort ; il sera exempt d'or- « gueil, et sa dévotion consistera à « secourir les malheureux.—Il exécu-

---

(*) Dewa incarné.

(**) Fils de Drestarata, roi d'Astina.

(*) Un saint et aussi un savant.

« tera promptement ce qu'il entre-
« prendra, et pénétrera doucement les
« intentions des autres; il sera toujours
« discret, actif et intelligent. Lors-
« qu'il rencontre un homme instruit,
« il doit s'attacher à lui comme a un
« ami, et ne point le quitter avant
« d'en avoir acquis tout ce qu'il est
« possible d'en apprendre. — Aussi
« long-temps qu'il vivra, il doit avoir
« soif de connaissances; son langage
« sera doux et cultivé; et il faut que
« son aspect et sa taille soient sans
« défaut; sa contenance doit être ai-
« mable et semblable à celle de *Batara-
« asmara*, le dieu de l'amour, quand il
« descend sur terre; et lorsqu'on le
« regarde, il doit faire naître cette
« pensée: *Combien il sera grand dans
« la guerre!*
« Il portera un *chelana-chindi* avec
« un *dodot* vert foncé; sa ceinture
« sera d'or. Son kris aura une gaîne
« de *satrian* et une poignée de *lung-
« gaksmi*. Le *soumping* (espèce de
« fleur artificielle qui pend sur les
« oreilles) sera d'or et à la manière
« de *soureng-peti* (brave à la mort),
« et il portera une bague d'or au pouce
« de la main droite. »

Dans le morceau suivant, un ancien poète javanais fait le portrait de sa maîtresse:

« Le visage de la vierge que j'aime a l'éclat de la lune; la splendeur du soleil est éclipsée par sa présence, et elle en a dérobé les rayons. Elle est tellement belle qu'on ne peut décrire sa beauté. — Rien ne manque à sa taille; ses cheveux, lorsqu'ils ne sont pas attachés, tombent jusqu'à ses pieds en boucles noires et ondoyantes. — Ses sourcils sont comme deux feuilles de l'arbre *imbo*; ses yeux sont étincelants, son nez aquilin, ses dents noires, luisantes et bien rangées; ses lèvres de la couleur de l'écorce fraîche du *mangoustan* (vermillon tirant sur le brun); ses joues ont la forme du *dourian* (fruit arrondi). — Ses deux seins, parfaitement ronds, s'inclinent l'un vers l'autre. Ses bras sont comme un arc; ses doigts, longs et flexibles, ressemblent aux épines de la forêt, ses ongles à des perles; sa peau est d'un jaune éblouissant, semblable à l'or natif, avant que ce métal ait été soumis à l'action du feu; son pied est aplati sur la terre, sa démarche majestueuse comme celle de l'éléphant. — Cette beauté ravissante était parée d'un *chindi-patola* de couleur verte, entouré d'une ceinture d'or. A ses doigts étaient des bagues, productions de la mer; ses boucles d'oreilles étaient d'émeraudes entourées de rubis et de diamants; et une épingle d'or, ornée de rubis, enchâssée d'or et d'émeraudes, attachait ses cheveux. Son collier était formé de sept pierres précieuses; elle était parfumée avec tant d'art qu'il était impossible de distinguer l'odeur d'aucun parfum. »

Parmi les grands ouvrages de la littérature javanaise, il faut citer le *Brata-youdha*, ou la Guerre sacrée, poëme épique, et le *Manek-maya*, ouvrage mythologique. Les chants suivants caractérisent assez bien les divers peuples auxquels ils appartiennent. Nous citerons un passage d'un poëme célèbien plein de feu et d'énergie:

« Si le monde entier te haïssait,
« moi je t'aimerais encore; je t'aime-
« rais toujours; mon amour pour toi
« ne pourrait s'altérer, quand même
« il y aurait deux soleils dans le fir-
« mament. Enfonce-toi dans la terre,
« ou passe au milieu du feu, je veux
« te suivre. Notre amour est récipro-
« que, et le destin ne peut nous séparer.
« Que Dieu nous enlève ensemble, ou
« bien ta mort me sera fatale. Les
« moments où je vais auprès de toi
« me sont plus précieux que si j'allais
« vers les plaines de la félicité. Sois
« irritée contre moi, ou repousse-
« moi, mon amour ne changera point.
« Ton image seule se peint sur l'œil de
« mes idées. Si je dors et si je veille,
« ma passion fait que je te vois par-
« tout, que je te parle toujours. Si
« j'expire, ne dis pas que je meurs
« par le décret ordinaire du destin,
« mais dis que je suis mort d'amour
« pour toi. Rien n'est comparable à

« ces délicieuses extases, qui peignent
« mon amour si vivement à mon ima-
« gination. Que je sois loin de ma
« patrie, que je sois aussi loin de toi
« qu'on peut le supposer, mon cœur
« est toujours près de toi. Dans mon
« sommeil, je te cherche et j'espère
« toujours te trouver, etc. »

Pantoun des habitants de l'île Rienzi dans l'archipel de Holo.

Ambo jongo bourra bansi, bansi,
Doudou dibawa batang,
Ambo jougo, me nanti, me nanti
Manapo tida datang.

Je joue sur un chalumeau, un chalumeau;
Assis dessous un arbre,
Je joue en attendant, en attendant,
Pourquoi ne venez-vous pas?

L'Amour constant. Chanson bouguise.

(C'EST UNE FEMME QUI PARLE.)

« Brani, ô mon bien-aimé, j'ai gravi le mont escarpé pour suivre des yeux ton départ. Les vents fougueux d'outara (le nord), père des tempêtes, font une profonde impression sur mon âme. Elle est tourmentée parce que j'ignore ta destinée. La vague mugissante, arrivant de la grande terre, mère de Kalamatan (*), vient chaque jour rouler sur le rivage, et toi, exilé de ta patrie, tu vogues au gré des vents, tu cours trafiquer à Tanna Papoua (**), près des monts d'où s'élance le soleil. Sur mes épaules flotte le sabok (***) que tu portais : tu me l'as donné pour gage de ton amour. Doux souvenir! sur quelque rivage que tu portes tes pas, sois-moi fidèle; partout mon amour te suivra constamment. »

Chanson érotique d'un étranger à une Gadise du pays des Dayas dans l'île de Bornéo.

« Viens, belle Gadise (****); belle Gadise, viens ce soir dans le *balley* (*****); je ne suis plus étranger pour toi,

(*) L'île de Bornéo.
(**) La Nouvelle-Guinée.
(***) Écharpe.
(****) Ce mot signifie *jeune fille*.
(*****) Grande maison destinée à loger les étrangers et à donner des fêtes.

puisque tes bras sont devenus ma patrie. Tu m'offriras ta boîte de *siri* (*), et tu feras résonner les *katingangs* (**) à mon oreille avide de t'entendre; tu fixeras tes yeux mourants de tendresse, sur mes yeux qui dévorent tes charmes; tu danseras avec tes compagnes, tu danseras avec cette grace voluptueuse qui t'accompagne partout; tu placeras le *salindani* (***) sur tes épaules, et, avec tes mains légères, tu le développeras de cent façons différentes pour dessiner tes formes élégantes. Je te donnerai le *kipass* (éventail) et le *kiatcha* (miroir) que m'ont fournis le *Tchina* (Chinois) et le *serani* (chrétien), que je t'ai promis, et nous chanterons ensemble un *seramba* (****); nous verrons ensuite qui des deux sait mieux exprimer l'amour. Ah! ce sera celui qui le sentira le mieux. A ce soir, belle Gadise; belle Gadise, à ce soir. »

Chant de guerre et de marine des îles Carolines (*****).

Le peuple en foule sur le rivage dit :
Notre chef met à la voile.
N'allez pas vous briser sur les écueils.
L'équipage. La terre est hors de vue.
Voici le reflux, voici le reflux.
(Alors on entend le commandement du chef.)
Que vos pirogues aillent de conserve;
Les vagues veulent s'y précipiter;
Gouvernez bien vos navires.
L'équipage. Gouvernons bien, gouvernons bien.
(Le peuple dit :)
Le flux les emporte devant nous.

Romance tagale de l'île de Louçon dans l'archipel de Philippines.

Que faire à présent,
Séparée de toi?

(*) Le bétel prend le nom de *Siri* dans une partie de la Malaisie.

(**) Les katingangs sont de petits gongs placés sur un châssis, formant une espèce d'harmonica métallique.

(***) Écharpe. Cette danse du salindani (mot daya, étranger au malai) est très gracieuse. Elle rappelle la danse du châle en Europe.

(****) Espèce de chant dialogué, ainsi que le pantoun et le sayar.

(*****) Celui qu'a donné M. de Chamisso offre quelques différences.

Tout m'importune, hélas!
Infortunée, que deviendrai-je?
Nos bois étaient si agréables
 Avant ton départ!
Qu'ils sont tristes aujourd'hui!
Ils sont tristes comme mon cœur.
Que faire à présent,
 Séparée de toi?
Tout m'importune, hélas!
Infortunée, que deviendrai-je?

CHANT DE DEUIL HAOUAIEN (*).

C'EST UNE FEMME QUI CHANTE SUR LA TOMBE DU FAMEUX KIAOU-MOAOU, GOUVERNEUR DE MAWI.

Hélas! hélas! mort est mon chef;
Mort est mon seigneur et mon ami;
Mon ami dans la saison de la famine;
Mon ami dans le temps de la sécheresse;
Mon ami dans ma pauvreté;
Mon ami dans la pluie et dans le vent;
Mon ami dans la chaleur et dans le soleil;
Mon ami dans le froid de la montagne;
Mon ami dans la tempête;
Mon ami dans le calme;
Mon ami dans les huit mers.
Hélas! hélas! il est parti mon ami,
Et il ne reviendra plus.

MUSIQUE.

Tous les peuples, civilisés ou sauvages, de l'Océanie, aiment passionnément la musique; mais elle a fait plus de progrès à Java que dans le reste de cette partie du monde; car nous ne comptons pas la musique des habitants des Philippines, qui ont adopté celle des Espagnols ou des créoles du Mexique et du Pérou, établis à Manila. Pour donner une idée du caractère de la musique de ces peuples, nous publierons ici douze morceaux, savoir : un de Célèbes, un de Java, un des Chinois qui habitent le nord de l'île Bornéo; un de Zamboanga, dans l'île de Maindanao; un air de danse des îles Haouaï; un chant de l'île Gouap, dans l'archipel des Carolines; un chant de mort de l'île Taïti; un air des Papouas de la Nouvelle-Guinée; un des indigènes de l'île Traman, la plus méridionale du groupe d'Arou, et enfin un air australien des sauvages de la terre d'Arnheim. Nous avons rapporté ces morceaux de l'Océanie, et nous avons eu soin de les noter nous-même. Ils sont tous inédits, sauf celui de Java, celui de Haouaï, et celui de Gouap, qui offre néanmoins quelque différence avec l'air donné par Choris. Plusieurs de ces morceaux sont assez piquants, et celui de Zamboanga peut être mis à côté d'une de nos jolies romances (voy. la *pl.* ci-contre).

La plupart des instruments de la Malaisie viennent de la Chine ou de l'Europe, sauf les flûtes et les rababs. Les Polynésiens et les Papouas possèdent le syrinx. Les Javanais sont plus riches: Ils emploient plusieurs instruments (*) à vent, à cordes, et de percussion, tirés de l'Inde et de la Chine, ou inventés à Java (voy. *pl.* 15).

Air des marins Bouguis de l'île Célèbes. (*Malaisie.*)

N° 1. Tempo giusto.

(*) Ce morceau est traduit d'après la traduction de M. Ellis, missionnaire anglais.

(*) Nous n'avons pas cru pouvoir mieux faire que d'extraire de l'ouvrage de M. Raffles le chapitre sur les instruments, ainsi que celui sur le théâtre.

OCÉANIE.

Koubayoung. — Le Prisonnier. Air javan (*Malaisie.*)

Tsin-Sa. — Air des Chinois habitant le nord de l'île Bornéo. (*Malaisie.*)

Air chanté par une demoiselle metive Hispano-Malndanaise de Zamboanga. (*Malaisie.*)

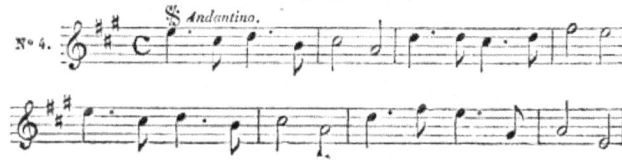

OCÉANIE.

Air original du ballet de Montezouma,
Autrefois en usage au Mexique et aujourd'hui à Gouaham (*Polynésie.*)

N° 8. *Allegro.*

Chant de Mort de Taïti. (*Polynésie.*)

N° 9. *Largo flebile.*

A - ghi ma - té   a   waï   to   pa   ya   a - ghi ma - té

a waï to pa ya . . . .

Air des Papouas de la Nouvelle Guinée (*Mélanésie.*)

N° 10. *Allegro moderato.*

Air des indigènes de l'île Traman, dans le groupe d'Arou. (*Mélanésie.*)

N° 11. *Allegretto giusto. Tremblotté et mystérieux.*

Air australien des sauvages de la terre d'Arnheim.

N° 12. *Andante.*

6ᵉ *Livraison.* (OCÉANIE.)

INSTRUMENTS DE MUSIQUE.

Parmi les instruments à vent, le plus grossier est appelé *angkloung*. Les montagnards de la partie occidentale de Java en font usage. Il est fait avec des bambous coupés comme des tuyaux d'orgue, dont les tons montent graduellement : ils sont attachés à une latte. On voit souvent des troupes de 40 à 50 montagnards jouant tous à la fois de cet instrument, en dansant.

Il y a, dans l'île de Bali, un instrument à vent qui ressemble à la flûte traversière ; le son en est aigu comme celui de la clarinette ; il a quatre pieds anglais de longueur ; quatre ou cinq personnes jouent ensemble. Le *souling* est une autre flûte, ainsi que le *serdoum*. Chez les Malais on joue isolément de cet instrument. Les Persans et les Européens ont introduit l'usage de la trompette, appelée *nafiri* et *salompret*. Le *srouni* paraît être une espèce de hautbois, ou de trompette dont il est question dans les romans.

Il y a trois instruments à cordes : le *chalempoung*, qui a 10 à 15 cordes : cet instrument se joue comme la harpe ; le *trawangsa*, qui ressemble à une guitare : les montagnards de Sounda, à Java, en font usage ; c'est une espèce de *kachapi*, qui ressemble au luth. Le *rebab* (*), instrument apporté de la Perse, est un petit violon à deux cordes, que l'on fait vibrer avec un archet, et qui donne des intonations parfaites. Les conducteurs d'orchestres javanais jouent du rabab.

Il y a beaucoup d'instruments de percussion. Le tambour est connu sous plusieurs noms. Outre les variétés qui sont d'invention indigène, il y en a qui viennent d'Arabie et d'Europe.

L'instrument qui approche le plus du tambour, est le *gong*, dénomination commune à toutes les langues de la Malaisie. Le gong paraît provenir de la Chine ; il est fabriqué d'une composition de cuivre, de zinc et d'étain ; il y en a de 4 à 5 pieds de diamètre ; le maillet est recouvert de gomme élastique ; on le suspend ordinairement à un riche cadre. On ne peut se faire une idée de la force et de la beauté des tons qu'on en retire : placé dans un des grands orchestres de l'Allemagne, de la France ou de l'Italie, cet instrument serait du plus grand effet ; mais dans un orchestre malai ou chinois, les oreilles en sont peu de temps abasourdies. (Voy. *pl. 15.*)

Le *kentouk* et le *kampoul* sont des variétés de gong de petite dimension.

Le *kromo*, ou *bonang*, est une suite de petits vases ou gongs, arrangés sur deux lignes dans un châssis. Le son de cet instrument est clair ; son intonation est parfaite.

Le *gambang*, ou *staccado*, est subdivisé en plusieurs variétés. Le *gambang-kayou* est formé de plusieurs barres ou touches de bois sonore, qui diffèrent graduellement de longueur. On les place sur une caisse de bois, et l'on joue cet instrument avec un marteau. Le *staccado*, formé de touches de métal, est appelé *gander*.

Les instruments que nous avons décrits servent à composer les orchestres. Le mot *gamalan* signifie exécution musicale. Il y en a de sept espèces : la première, appelée *manggang*, est la plus simple et la plus ancienne ; on s'en sert dans les processions. On l'appelle quelquefois par dérision *gamalan kodok ngorek*, chant des grenouilles et des crapauds, à cause de son manque d'harmonie.

La *salendro* est la plus parfaite exécution musicale de Java : c'est une symphonie de plusieurs instruments qui ont le même nombre de notes. La *pelak* diffère de la salendro en ce qu'elle réunit des instruments bornés à un plus petit nombre de notes, et que les intonations en sont très-aiguës. La *miring* diffère de la salendro et de la pelak. Ces trois dernières espèces servent aux accompagnements dans les représentations théâtrales. La *gamalan choro Bali* (musique à la façon de Bali) n'a point de *rebab*, ou violon ; cette mu-

---

(*) Le violon est nommé *rabeca* en portugais. Ce mot me semble venir du persan et de l'arabe.

sique ressemble d'ailleurs à la *salendro*. La *sakaten* diffère de la *pelak* en ce qu'elle compte un plus grand nombre d'instruments. On ne joue la *sakaten* que devant le monarque, ou dans les occasions solennelles. La *srounen* est la musique guerrière; on y a introduit les trompettes ainsi que d'autres instruments à vent.

THÉATRE.

Il y a deux espèces de compositions dramatiques : le *topeng*, dont les personnages sont des hommes masqués, et le *wayang*, qui se représente par des ombres et des marionnettes. Les sujets du topeng sont ordinairement puisés dans les aventures de Pandji, le héros favori de l'histoire de Java. Lorsque les représentations ont lieu devant le prince, les personnages ne portent point de masques, et récitent eux-mêmes leur rôle. En général, le *dalang*, ou chef de la pièce, récite le dialogue, tandis que les acteurs exécutent les scènes par des gestes. La musique de la *gamalan* accompagne et varie ses expressions, selon la nature de l'action et les divers sentiments dont les acteurs sont animés. Ceux-ci sont habillés avec magnificence, selon l'ancien costume. L'amour et la guerre sont les thèmes constants de toutes les pièces; les combats entre les chefs terminent souvent la scène, et ressemblent à nos ballets.

Les pièces représentées sans masque, devant le souverain, ont plus de perfection que les autres. Un *topeng* est généralement composé de dix personnes, outre le dalang; quatre jouent le gamalan, et les six autres sont les acteurs. On représente souvent des bouffonneries : un chien, un singe, un idiot font les frais de la scène, et excitent le rire des spectateurs.

Il existe aussi une espèce de pantomime, appelée *Baroung'an*; les personnages sont habillés en bêtes féroces, et exécutent des combats. Ce genre d'amusement est ordinairement accompagné du gong et du tambour.

Les sujets des wayangs, ou scènes ombrées, sont pris ordinairement dans les premiers temps de l'histoire de Java, avant la destruction de l'empire de Majapahit.

Les figures (voy. *pl.* 16) ont 18 pouces à deux pieds environ de hauteur; elles sont de cuir de buffle, dessinées et travaillées avec beaucoup de soin; ces figures sont ordinairement grotesques; leur nez est excessivement allongé.

Ces figures sont attachées par un clou de corne; elles ont un morceau de corne à chaque main pour les faire mouvoir. Une étoffe blanche, en forme de rideau, est étendue devant les spectateurs, sur un cadre de 10 à 12 pieds de long sur cinq pieds de haut; on le rend transparent au moyen d'une lampe suspendue par derrière. Le gamalan commence la représentation; les figures exécutent les scènes, et le dalang prononce le dialogue.

Il y a trois espèces de wayangs. La première est le *wayang-pourwa*; la seconde le *wayang-gedog*, et la troisième le *wayang-klitik*.

Dans le *wayang-pourwa*, les plus anciens de tous les sujets sont puisés dans la mythologie, avant le règne de *Parikisit*, et jusqu'à ce prince. Les dieux, les demi-dieux et les héros de Java et de l'Inde sont mis en action, selon les poèmes de Rama et de Mintaraga, contenant la pénitence d'Ardjouna sur le mont Indra, et le fameux Brata-youdha, ou la guerre de Pandawa.

Le dalang récite d'abord quelques vers en kawi (*), qu'il accompagne d'une interprétation pour les personnes illettrées; il fait paraître les acteurs derrière le rideau; on voit l'ombre de leurs costumes; les spectateurs sont pénétrés du sujet, s'y intéressent et écoutent en extase, pendant des nuits entières, l'histoire merveilleuse de leurs ancêtres.

Le *wayang-gedog* est pris dans la période de l'histoire depuis Parikisit jusques et y compris le règne de l'infortuné Pandji, et celui de Laléan, son successeur, à l'époque du rétablisse-

(*) Langue sacrée.

ment de ce dernier à Pajajaran. La *gamelan pelag* accompagne la représentation ; le dalang récite le poëme en javanais.

Le *wayang-klitik* est plutôt un jeu de marionnettes que d'ombres chinoises ; les figures sont de bois, d'environ dix pouces de hauteur, peintes et dorées avec soin. On ne se sert point de rideau transparent. Le sujet est puisé dans l'histoire de l'empire de Pajajaran, et jusqu'à la fin de l'empire de Majapahit. Les aventures de Manak Jing'ga, chef de Balembang'an, et de Demar-Voulan (lumière de la lune), ainsi que les malheurs de la princesse de Majapahit, sont le plus communément mis en scène.

Toutes ces représentations entretiennent la connaissance de l'histoire nationale parmi le peuple javanais, qui est aussi avide de cet amusement que nos peuples d'Europe sont avides de spectacles.

La profession de dalang est traitée avec respect ; leur emploi ressemble, sous plusieurs rapports, à celui des anciens bardes. Ils sont les auteurs et les directeurs de leurs pièces. La cérémonie qui leur est confiée, de donner la bénédiction au premier enfant de chaque famille, en répétant divers passages des anciennes légendes, ajoute un haut degré de considération à l'emploi de dalang.

Outre ces représentations, il y a une espèce de wayang appelée *Wayang beber*; c'est un assemblage de feuilles pliées de fort papier, sur lesquelles le sujet est dessiné. Le dalang en donne l'explication pendant qu'on déploie les feuilles. Le sujet est pris dans le récit arabe de *Bagin-ambia*. Un tambour et la musique de la gamelan animent l'action.

Nous parlerons des danses, des jeux et des combats des divers peuples de l'Océanie, dans les descriptions particulières de chacune de ces contrées.

ARCHITECTURE ET SCULPTURE.

L'architecture n'existe pas, pour ainsi dire, en Océanie. On ne peut placer au rang des beaux-arts la construction de quelques cases en roseaux ou en bois. Cependant les habitations des Nouveaux-Zeelandais et des Tongas sont aussi solides qu'élégantes dans leur simplicité. Elles se distinguent par des sculptures qui annoncent les premiers rudiments du dessin.

Les monuments informes de Tinian et de Saypan, les statues bizarres qui existaient naguères à l'île de Pâques, les idoles barbares qu'on trouve dans les moraïs de la Polynésie, sont l'œuvre d'un peuple auquel les arts libéraux sont encore inconnus. Mais Soumâdra, Bornéo, Bali et Célèbes, contiennent, je pense, des restes de l'architecture hindoue, et quelques fragments d'antiquités antérieures à l'époque de l'établissement des Hindous dans la Malaisie. Tels sont les monuments sacrés de la montagne de Lawou dans l'île de Java. Mais à l'égard des ouvrages qui rappellent les mythes et le style hindous, c'est encore à Java qu'on peut les admirer dans les temples majestueux de *Brambanan*, de *Kobondalam*, à *Tchandi-siwou* (mille temples), et sur ces nombreuses statues colossales, et ces colonnes, et ces bas-reliefs, terminés et polis avec un art étonnant.

J'entrerai dans les plus grands détails sur ces monuments, à l'article Java, car je considère l'architecture des peuples, examinée dans toutes ses branches, comme un des traits principaux de leur caractère moral.

L'architecture militaire en Océanie ne consiste que dans l'art de fabriquer quelques palissades en bois.

L'architecture navale y est simple, mais la sculpture des *korokoros* malais, et surtout des pirogues (voyez *pl.* 12 et 13) des Polynésiens, annonce autant d'intelligence que de goût. Celles des Carolins d'Oulia ont mérité le nom de barques volantes; rien n'est plus remarquable que les pirogues à balanciers et les pirogues doubles de Taïti, de Haouaï, de Nouka-Hiva et de Rotouma; mais ces ouvrages, exécutés d'après un art traditionnel, sont de plus en plus négligés depuis que les Européens leur apportent le fer, l'argent, les modèles de leurs navires, et surtout de nouvelles idées. Quant aux Australiens, ils ne s'élèvent guère au-dessus de l'art de creuser un tronc d'arbre pour en faire un bateau.

A une époque qui n'est pas fort éloignée, les costumes, les mœurs, les croyances et les arts de Haouaï et de Taïti auront entièrement disparu, pour faire place à ceux de l'Européen, qui bouleverse le monde pour le mieux maîtriser.

CONCLUSION DU TABLEAU GÉNÉRAL.

Si, dans ce tableau, nous nous sommes étendus sur les races, les institutions, les coutumes et les langues des habitants de l'Océanie, plus que sur l'histoire naturelle de ce pays, c'est que nous pensons que l'étude du genre humain est plus importante que celle d'une haliotide (*), d'un perroquet ou d'un kangarou. Il faut pourtant l'avouer, ce ne sera que par la comparaison d'un grand nombre de faits fournis par la physiologie, l'architecture rurale, religieuse, civile, navale et militaire, les croyances et les institutions, l'industrie et les mœurs, et surtout par l'étude des langues comparées (étude si difficile à cause des idiomes plus ou moins imparfaits, plus ou moins mélangés, où l'analyse, véritable fil d'Ariane, manque entièrement); ce ne sera, dis-je, qu'à l'aide de tous ces moyens qu'on parviendra à se former un jour une opinion passablement exacte sur l'origine des peuples, et surtout des peuples de l'Océanie.

Ce tableau général est terminé; je l'ai fait avec amour, avec soin et en conscience. Mais il n'est qu'une pierre d'attente à cet édifice si vaste et si difficile à élever.

Malgré cinquante siècles de civilisation, malgré la conquête d'Alexandre,

(*) Ce mot est formé de deux mots grecs qui signifient oreille marine. C'est un genre de coquillage univalve d'un vert moiré d'une grande beauté.

des Arabes et des Européens, l'Inde, cette *croix* des géographes, est encore mal décrite. Nous connaissons fort peu ses fleuves bienfaisants, son Himâlâya qui domine toutes les montagnes du globe, sa religion et son histoire; toute sa poésie, qui présente l'idée de l'infini; sa philosophie, qui prouve la plus grande puissance d'abstraction; son admirable langue d'où dérivent en partie les langues grecque, latine, **Gothique, germanique.** le persan, le zend, l'irlandais, et tant d'autres idiomes. Les peuples de cette admirable contrée vivent d'une vie à eux, d'une vie poétique, immense, excentrique et solitaire; ils ont eu peu de relations intimes avec les peuples qui les ont conquis; ils en ont peu encore avec les Européens qui les gouvernent, avec ces hommes dont la moitié ne rêve que la guerre, et l'autre est livrée aux habitudes boutiquières et prosaïques.

Dans notre Europe, l'Albanie et la Sardaigne ne sont pas encore bien décrites; l'histoire de l'homme, en Afrique et en Amérique, est encore dans l'enfance; l'Asie centrale nous offre encore ses mystères; comment oserions-nous donc décrire hardiment cette immense partie du monde qui ne date guère, pour nous, que du dernier siècle? Comment déterminer l'étendue de ces innombrables îles dont la position est souvent peu connue, dont les contours sont inexactement tracés, et dont les longitudes sont trop souvent fixées à l'estime? Comment dénombrer la population de peuples dont quelques-uns ne comptent pas au-delà du nombre de leurs doigts? Comment classer les langues et les dialectes, les mœurs et les croyances, les lois et les formes de gouvernement de certaines peuplades qui n'ont ni écriture, ni tradition, ni culte; des peuplades dont nous ignorons les idiomes et que nous n'avons vues qu'en passant, à travers leurs préjugés et les nôtres, leurs craintes et nos méfiances? Le doute est la voie qui conduit à la vérité : les efforts continuels de nos successeurs pourront seuls dissiper ce doute!

MALAISIE

OU
GRAND ARCHIPEL DES INDES ORIENTALES.

I. APERÇU GÉNÉRAL.

La Malaisie, nommée improprement grand archipel des Indes orientales, puisqu'elle offre, presque sous tous les rapports, un caractère différent de ce continent, m'a paru la division la plus belle et la plus riche, non-seulement des cinq autres parties du monde, dont j'ai visité les pays les plus intéressants à mon gré, mais encore du reste de l'Océanie. Les îles riantes, mais souvent monotones et pauvres de la Polynésie ou de la Mélanésie, qu'on commence à peine à cultiver, et qu'on a trop vantées, peuvent-elles être comparées aux magnifiques terres de cet immense archipel, qui fournissent les épices des Moluques, l'étain de Banka, l'argent de Java, l'or des Philippines, l'ambre gris et les perles de Holo, le camphre et les diamants de Bornéo? La luxuriance du sol de la Malaisie, la variété et l'importance de ses productions y ont toujours attiré le commerce, et ont excité, dans tous les temps, l'envie des grandes nations. Cette contrée est la source intarissable des richesses, devenues aujourd'hui plus que jamais l'objet de l'ambition des hommes.

Parmi les naturels, les Malais, et surtout les Bouguis de Célèbes, possèdent au plus haut degré le génie de l'industrie et l'esprit commercial. Ces marins entreprenants habitent toujours près de la mer, comme les cocotiers de leurs îles. Au commencement de la belle saison, ils quittent leurs rivages sur des bâtiments de vingt à soixante-dix hommes, pour visiter les plages où leur intérêt les attire. Il n'est point de pays, depuis la Papouasie jusqu'à l'Inde, et depuis les Philippines jusqu'à l'Australie, que leur activité ne rende tributaire.

Leurs entreprises sont favorisées par la sûreté et la facilité de la navigation des mers qu'ils fréquentent, par le nombre considérable d'îles qui les entourent, la proximité des côtes, l'absence des orages et la direction constante des vents. Tous ces avantages réunis leur permettent de tenter sur de frêles prahos de longs trajets, qui partout ailleurs seraient regardés comme des entreprises téméraires.

II. ORGANISATION POLITIQUE, MŒURS ET CARACTÈRE DES MALAIS.

Un fait de la plus haute importance, méconnu souvent par les législateurs et les philosophes, c'est que les mœurs d'un pays sont généralement subordonnées à sa législation, de même que le caractère d'un homme dépend de son éducation. On sera convaincu de cette vérité, si on étudie l'époque de notre histoire féodale, et si on la compare à l'organisation politique et aux mœurs des Malais. Les mêmes lois ont enfanté les mêmes mœurs, les mêmes usages, les mêmes préjugés, le même despotisme avec la même servitude. Une aristocratie héréditaire, resserrant tout le pouvoir dans ses mains, en profite pour défendre ses priviléges et ses prérogatives contre le roi ou soulthan; et pour opprimer la multitude, elle s'engraisse de ses sueurs, de ses travaux, de son sang, et la réduit à l'abrutissement. Cette aristocratie se divise en grands vassaux de la couronne, qui n'obéissent au souverain que selon leur bon plaisir, et en arrière-vassaux qui en usent de même à leur égard. Une petite partie de la nation, composée de nobles (sous le nom d'*Orangkaya*), vit dans la plus grande indépendance; tout le reste de la nation ne se compose plus que de *serfs*, vivant dans l'ignorance et la soumission à ses chefs. Je reculerai peut-être devant l'idée de définir le caractère d'un seul homme; mais comme je pense qu'il est moins difficile de connaître une nation qu'un individu, j'essaierai de peindre les peuples avec qui j'ai long-temps vécu.

Courbés sous l'empire de l'organisation féodale, les Malais sont inquiets et turbulents, comme nos chevaliers du moyen âge ; comme eux ils aiment avec passion les émigrations lointaines, la guerre et la navigation, les entreprises hasardeuses, les périlleuses aventures, les fêtes et le pillage, les combats et les jeux, la vengeance et la galanterie. Quoiqu'ils parlent la langue la plus douce et la plus harmonieuse de l'Orient et du monde, les Malais sont perfides, féroces et implacables dans leurs inimitiés. Peu religieux, n'obéissant à d'autre loi qu'aux préjugés insensés d'un prétendu honneur, rarement d'accord avec les lois de la justice et de l'humanité, on les voit toujours les armes à la main, et ils sont toujours en guerre, soit entre eux, soit avec leurs voisins.

Les compagnies et les gouvernements européens établis jadis ou aujourd'hui dans la Malaisie, se sont accordés unanimement pour faire un règlement qui défend aux capitaines de leurs nations de ne recevoir sur leurs navires que deux ou trois matelots au plus, originaires de ces îles, et seulement dans le plus grand besoin. De funestes accidents, causés par le peu de prudence qu'on avait mise à les recevoir à bord, n'avaient que trop bien nécessité ces précautions. On avait vu fréquemment quelques-uns de ces insulaires embarqués, pourtant en petit nombre, sur un vaisseau, armés du kriss fatal (*), se précipiter à l'improviste sur l'équipage, et semer la mort dans ses rangs avant qu'on pût s'emparer d'eux. Il est souvent arrivé que des pirogues, montées par une trentaine de Malais, ont attaqué, avec un courage inouï, des vaisseaux européens de quarante canons. Ces hommes intrépides tentaient hardiment l'abordage, et se rendaient maîtres des vaisseaux après en avoir massacré l'équipage. On pourrait ajouter que, semblables aux Kirguises,

(*) Le kriss est un poignard à lame tantôt droite et tantôt en zigzag, et quelquefois empoisonné avec la résine de l'ipas. Il est admirablement travaillé. Tout Malais qui n'est pas serf le porte toujours avec lui; il se croirait déshonoré s'il sortait de sa maison sans cette arme.

aux Tcherkess, aux Gallas et aux Bedaouïs (*), ils ne se font aucun scrupule de dépouiller l'étranger, l'Européen surtout, l'Européen issu d'une race qui leur a arraché par la ruse ou par la force la plus belle partie de leurs états. En conscience, nous appartient-il à nous, spoliateurs du globe, de leur faire un crime de nous dérober quelques faibles parcelles des richesses que nous leur avons enlevées? Mais, malgré leurs défauts et leurs vices qui se ressentent des vices de leur organisation, les Malais m'ont paru dans mille circonstances un peuple respectable, qui possède tous les éléments d'une grande nation, et que les Européens calomnient presque toujours. On vient de voir quelle est leur bravoure. Je leur connais, en outre, quatre grandes qualités; ils sont fidèles à l'amitié, reconnaissants, hospitaliers, et, malgré le servage que les classes inférieures ne supportent qu'en frémissant, ils chérissent tous la liberté plus que tous les autres biens. Là où ils sont libres, là est leur patrie. De grandes destinées seront réservées aux Malais, si un grand homme parvient un jour à diriger un ou plusieurs peuples de cette race. J'en dis autant des Dayas, la seule race, à mon avis, supérieure à celle des Malais.

III. PRÉCIS DE L'HISTOIRE DES MALAIS.

Ces nombreux insulaires, que nous croyons originaires de la côte occidentale de Bornéo, colonisèrent dans des temps reculés l'île de Soumâdra, et établirent un foyer remarquable de

(*) Que nous nommons bedouins. Il faut ajouter, pour être juste, qu'en revanche j'ai trouvé chez ces quatre nations le plus grand respect pour l'hospitalité et un dévouement admirable à l'amitié. Je n'ai pas oublié surtout les deux premières, quoique je fusse bien jeune quand je les visitai avec mon bon et savant mentor, André Ariston. Voyez les Fragments de ce voyage dans le Mercure de France de 1819, dans l'Indépendant de 1819, le *Times* de 1820, les Journaux et Revues germaniques de cette époque, etc.

leur civilisation dans l'intérieur de cette île, au pays de Menang-Karbou, entre les rivières de Palembang et de Siak, et répandirent une longue prospérité dans cette grande terre. Ils durent en partie leur civilisation aux Télingas, aux Chinois et aux Arabes. Vers l'an 1160 de l'ère vulgaire, un de leurs chefs appelé *Sri Touri Bouwana*, qui se prétendait issu d'Alexandre-le-Grand, vint s'établir, à la tête d'une colonie, sur la presqu'île opposée, dite *Oujoung Tanah*, qui prit alors le nom de *Tanah Malayou*, terre malaise. Les nouveaux habitants furent nommés *Orang debawah ang'inn* (*hommes de dessous le vent*). Ces émigrés avant fondé la ville de *Singhapora* (ville du lion), inspirèrent de la jalousie aux princes de Majapahit. Sri Touri Bouwana mourut en 1208. *Iskander Châh*, le troisième de ses successeurs, pressé par les troupes de Majapahit, après trois ans de combats successifs, se retira au nord en 1252, et alla fonder la ville qu'il appela *Malakka*, du nom d'un fruit (*myrobolanum*) qui se trouve en abondance dans les environs; il y mourut en 1274. En 1276, le soulthan Mohammed-Châh embrassa l'islamisme; il étendit son empire sur la péninsule et sur plusieurs îles adjacentes.

Tels sont les seuls détails que l'on possède sur l'histoire générale des Malais. Nous ignorons jusqu'à quel point on peut ajouter foi à leur chronologie, parce que la ville de Malakka n'était pas encore fondée au XIIIe siècle, et que, par conséquent, il y a un anachronisme dans leurs fastes. Nous allons ajouter à ces détails l'histoire particulière du royaume d'Achin.

Au-dessus du pays des Battas et dans tout le rayon nord-ouest de Soumâdra, s'étend le royaume d'Achin, le seul de la contrée qui ait joué un rôle historique de quelque importance. Les annales de ce pays ont une foule de points de contact avec les victoires portugaises dans l'Inde.

Dès 1511, le grand Alphonse d'Albuquerque aborda la côte de Soumâdra, où parurent ensuite, et tour à tour, Perez d'Andrade et Diégo Pacheco. Ce dernier y périt en cherchant d'imaginaires îles d'or. Depuis cette époque, la lutte commença entre les rois d'Achin et la puissance portugaise qui venait de fonder sa métropole de Malakka. En 1521, Jorge de Brito attaqua Achin, que défendait le rajah Ibrahim, chef intrépide de cette ville, et devenu plus tard soulthan de tout ce pays. Divers historiens lui attribuent une série d'attaques contre Malakka, de 1528 à 1530, attaques qui se continuèrent avec plus de vigueur sous le règne suivant. Le roi d'Achin, Siri Al-Radin, assiégea cette place tantôt en personne, tantôt par son général Lacsemana, en 1537, en 1547, en 1567, avec quinze mille hommes et deux cents pièces d'artillerie; en 1573, en 1574, de concert avec la reine javanaise de Japara; en 1575, avec une flotte qui, au dire des contemporains, couvrait le détroit de Malakka; enfin, en 1582. Aucune de ces tentatives, dont Faria de Sousa, Mendez Pinto, Castanheda, Barros et Diégo de Couto nous ont laissé les détails, n'aboutit à la conquête de la ville menacée; mais elles coûtèrent à la cour de Lisbonne des dépenses énormes d'hommes et de matériel, pour défendre une possession que chaque nouveau siège compromettait.

Le successeur d'Al-Radin, usurpateur qui se fit soulthan d'Achin et qui est connu sous le nom d'Aladin, laissa Malakka plus tranquille. Ce fut lui qui accueillit le capitaine anglais Lancaster, fondateur du comptoir de Padang, sur la côte de Soumâdra.

Les hostilités ne recommencèrent que sous Pedouka-Siri, le plus puissant des rois d'Achin. Il parut en personne devant Malakka en 1615, avec cinq cents voiles et soixante mille hommes; mais, attaqué par la flotte portugaise, il fut obligé de prendre la fuite. En 1628, il tenta une nouvelle agression, qui fut suivie de résultats plus désastreux: douze mille Achinais, coupés de leurs navires, tombèrent au pouvoir de leurs ennemis. Achin resta tranquille jusqu'en 1640, époque à laquelle Pedouka-Siri s'en empara de concert avec les Hollandais, devant qui tomba enfin cette ancienne métropole du grand archipel des Indes orientales, aujourd'hui la Malaisie. Toutefois, le seul profit qu'en retirèrent les Achinais, fut de la voir livrée à d'autres Européens.

Pedouka-Siri mourut l'année même de cette victoire, et après lui la couronne achinaise tomba en quenouille. De 1640 à 1700, on ne voit plus que des dynasties de femmes, sous lesquelles la puissance et l'éclat du pays diminuent et s'éteignent.

Dans cet intervalle, les Hollandais peuplent la côte de comptoirs, et viennent camper presque sous les murs d'Achin. Les Français y paraissent, en 1721, sous la conduite de Beaulieu, tandis que les Anglais, jaloux de neutraliser l'influence hollandaise, fondent tour à tour les échelles de Bencoulen, d'Indrapour, de Padang, de Natal, de Tappanouli, et arment le fort de Marlborough. La guerre de 1781 leur a servi de prétexte pour occuper Padang et les autres factoreries hollandaises; mais les traités de 1815 et de 1824 ont réintégré les Hollandais dans la possession de leurs anciens établissements, et ce sont les seuls Européens qui occupent quelques points de la grande terre de Soumâdra.

IV. CODES DES LOIS DES MALAIS DE SOUMADRA, JAVA, BORNEO, CÉLÈBES, ETC.

Soumâdra, ainsi que Java, *Tanaougui*, ou le pays des Bouguis (Célèbes), Bornéo, Holo et les Moluques composent ce que l'on peut appeler proprement le groupe malai; mais ces terres sont habitées par des nations radicalement distinctes des Malais, parlant un langage également distinct, malgré la ressemblance d'un certain nombre de mots, et se servant chacune, pour ainsi dire, de caractères particuliers et différents. Ces nations sont gouvernées par leurs lois et leurs institutions respectives; et, si l'on en excepte l'état de Menangkarbou dans Soumâdra, ce n'est que sur les côtes de ces îles, et dans la presqu'île de Malakka, que l'on trouve de véritables Malais. C'est des Dayas et non des Malais qu'est issue la population primitive de ce vaste archipel.

Indépendamment des lois du kôran, qui sont plus ou moins observées dans ces états, mais qui ne concernent que la religion, le mariage et les héritages, les Malais possèdent plusieurs codes nommés *oundang-oundang*, ou *instituts*. Quelques-uns comprennent les branches les plus importantes des lois civiles et criminelles; d'autres ne contiennent que des règlements pour la perception des droits de douane. Les *oundang-oundang* malayous, les divers recueils d'*addat*, ou coutumes anciennes, et quelques parties des *seradjet* malayous et des *akal* malayous, ou annales et traditions des Malais, renferment ce que l'on peut nommer le cours complet de leurs lois, coutumes et usages, relativement au gouvernement, à la propriété, à l'esclavage, aux héritages, au commerce : enfin, le *hirakat malakka* contient l'histoire de l'établissement des Malais dans la péninsule.

Les lois criminelles d'Achin sont extrêmement sévères. Celles de Siak offrent des rapports intimes avec les lois de Menangkarbou. Plusieurs états malais de l'île de Bornéo ont chacun des institutions et des lois particulières, qui offrent peu de différences avec celles des états de Soumâdra.

Java possède plusieurs *oundang-oundang* célèbres, mais moins anciens que les lois et annales des états bouguis. Celles-ci sont conservées dans les livres qui existent encore pour la plupart; mais on ne les trouve dans leur pureté que dans les états du centre de l'île Célèbes. Lorsqu'un délit n'est pas prouvé, les Malais ont recours à l'épreuve judiciaire du feu, ou à d'autres épreuves bizarres qui firent si longtemps l'opprobre de l'Europe.

V. HABITATIONS ET AMEUBLEMENTS DES ROIS, DES GRANDS ET DES PARTICULIERS.

A Soumâdra, à Célèbes, aux Philippines, à Java, et autres îles, les maisons des habitants de la campagne sont construites sur un terrain un peu élevé au-dessus du sol : elles coûtent environ dix francs. Les parois et les compartiments sont faits de bambou tressé; le toit est formé de feuilles lancéolées de nipa, ou d'une espèce de bambou sirap. On n'y voit ordinairement d'autre ouverture que la porte. D'un côté est le logement des chefs de famille ; celui des enfants est vis-à-vis. Une *varanda* ou galerie orne toute la longueur de la façade : c'est là que les femmes se livrent à leurs occupations domestiques, et que les hommes prennent le frais.

Les maisons des chefs ont cinq à six chambres; les supports sont de bois. La valeur de la maison d'un chef est d'environ 300 francs (voy. la pl. 21).

Il n'y a que les Chinois qui habitent des maisons de briques; aussi distingue-t-on facilement leurs campongs ou bourgs, de ceux des Malaisiens.

Les habitations rurales ne sont jamais isolées, mais agglomérées les unes à côté des autres, de manière à former un village, dont l'étendue varie en raison de la fertilité des terres qui l'environnent, et surtout de l'abondance des eaux ; car les mohammedans font plusieurs ablutions par jour. La population d'un village n'est guère moindre de 50 habitants, et n'excède pas 200.

Les villages sont plantés d'arbres utiles et cachés sous le feuillage de la plus belle et de la plus épaisse végétation. A une très-faible distance en dehors, le voyageur n'aperçoit que des amas de verdure de la plus grande fraîcheur, et s'imagine avoir devant lui une admirable solitude parsemée de délicieux bosquets.

Les plantations de riz sont disposées à l'extérieur; leurs irrigations forment des îles innombrables; lorsqu'elles sont en maturité, ces cultures offrent une longue surface dorée dont la magnificence l'emporte sur celle des plus riches moissons d'Europe.

On retrouve dans les campagnes de Java les mœurs simples des anciens patriarches. Chaque village forme une communauté qui a ses fonctionnaires, et quelquefois un temple et des prêtres.

Les grandes villes sont remarquables par la propreté et la régularité de leurs rues, et ne diffèrent des villages que par leur plus grande étendue, parce qu'il ne s'y trouve pas de maison qui ne soit entourée d'un jardin. Une grande place carrée, ouverte de toutes parts, est disposée au milieu de ces villes. D'un côté se trouve la mosquée, et de l'autre est bâtie la demeure du chef.

Le palais du monarque est appelé *kadatan*, ou *kratan*, contraction de *ka-datou-nan* (demeure du prince). La partie intérieure est appelée *dalem*. Le kratan offre à l'extérieur l'aspect d'un vaste carré de hautes murailles semblables à nos remparts, entouré d'un fossé et garni de canons.

Une large place vide, terminée par des barrières, est ouverte devant la façade principale : on l'appelle *aloun-aloun*. Le kratan du soulthan de Djogjakarta n'a pas moins d'une lieue de circuit. Pendant le siége de 1812, il contint 15,000 personnes. Le kratan de Sourakarta n'est pas aussi grand.

Un large escalier est placé du côté de l'aloun-aloun, c'est-à-dire à l'entrée principale. Au sommet du kratan se trouve une plate-forme appelée *setingel*, sur laquelle le souverain va s'exposer aux regards du peuple. Les Pangerans, princes de sa famille, et sa noblesse, sont rangés sur les marches au-dessous de lui. Cette plate-forme est, en quelque sorte, le trône où il est investi de l'autorité suprême. Au centre de l'aloun-aloun, et sur le front de la plate-forme du setingel, sont plantés deux arbres majestueux de la famille des figuiers : ce sont deux *vareigners*. C'est, depuis les premiers temps de l'histoire de Java, l'indication ordinaire de la résidence royale.

La principale porte d'entrée du kratan est appelée *brojo-nolo*. On entre d'abord dans une grande cour, ensuite de laquelle est une autre cour, ayant également une porte, puis une place carrée. Au centre de cette place est construite une vaste galerie ouverte, élevée sur un double rang de piliers et richement décorée de peintures et de dorures, à laquelle on donne le nom de *mendopo* ou *bangsal*. D'un côté de la place, il y a en outre deux autres mendopos de moindre grandeur, réservés aux pangerans avant l'audience du soulthan, et, de l'autre côté, est placé l'appartement de ce dernier. Les lambris du mendopo de Djokjokarta sont remarquables par leur éclat et leur magnificence : ils sont ornés de dessins représentant plusieurs carrés dont les aires diminuent progressivement les unes dans les autres. Ce genre d'ornement est particulier à Java ; il se rapproche de l'architecture de la Birmanie et de Siam.

Les palais des chefs de provinces et de la noblesse sont distribués comme ceux du monarque. La mosquée est bâtie sur l'un des côtés de l'alounaloun.

Les habitations de la basse classe sont meublées avec une grande simplicité. Les lits, dont la forme est la même que celle de nos canapés, se composent d'une natte fine et d'oreillers recouverts d'étoffes coloriées. Les Javanais ne font usage ni de tables ni de chaises ; ils prennent leurs repas assis sur une natte, les jambes croisées. Les aliments, placés dans de petits vases de cuivre ou de porcelaine commune de Chine, sont servis sur un grand plat de cuivre ou de bois. On n'y porte que la main droite, selon la coutume des musulmans, et on n'y touche qu'avec un doigt et le pouce. On fait rarement usage de la fourchette et du couteau ; on ne se sert de la cuiller que pour prendre les liquides.

L'ameublement des personnes de distinction est plus nombreux. Leurs habitations sont garnies de nattes, de tapis, de piles d'oreillers et de lits. Dans les provinces administrées directement par le gouvernement hollandais, on fait usage de miroirs, de tables et de chaises. Les Javanais ont adopté cet usage pour recevoir les visites des Européens ; ensuite, les chefs indigènes en ont fait un objet de luxe. La plupart de leurs maisons sont disposées en chambres, dont quelques-unes sont entièrement meublées à l'européenne, pour recevoir les chefs du gouvernement. Malgré la différence de culte, les indigènes ne se font pas le moindre scrupule de s'asseoir à table avec leurs hôtes. Les canapés sont recouverts d'étoffes américaines.

Les jours de fête sont célébrés avec des illuminations brillantes : on couvre de festons enflammés les bambous, les cocotiers et les autres plantes arborescentes qui ornent les jardins situés près des villes (*).

VI. HABILLEMENT DES ROIS, DES GRANDS ET DES PARTICULIERS.

L'habillement est nécessaire dans plusieurs provinces de Soumâdra, de Bornéo, de Célèbes et de l'intérieur de Java, et surtout dans les parties élevées de ces îles, à cause de la température modérée de l'atmosphère. Cet habillement est en grande partie composé du produit de la culture du sol. Peu d'articles proviennent des contrées étrangères. Les étoffes bleues et les cotons des deux Amériques, les draps, les velours et d'autres objets, sont importés en grande quantité pour l'usage des chefs de la nation. Ils adoptent quelques portions du costume européen, telles que les chapeaux et les bas.

Les habitants de la Malaisie sont généralement mieux vêtus que ceux des Antilles. Ils ont beaucoup de recherche dans leur mise et ils méprisent un homme malpropre.

Avant que les anciennes lois somptuaires commençassent à tomber en désuétude, chaque classe d'habitants avait un costume particulier, auquel elle ne pouvait apporter aucune modification : certaines étoffes étaient réservées seulement aux princes de la famille royale. Aujourd'hui, il n'y a plus guère de distinction importante que dans la manière de porter le kriss, ou poignard.

(*) Nous empruntons à MM. Raffles et Crawfurd plusieurs détails de ces deux chapitres pour ce qui concerne Java.

Les femmes sont chargées de préparer tout ce qui regarde l'habillement de leurs maris; l'épouse d'un roi est soumise elle-même à cette coutume, comme celle du paysan le plus pauvre. On entend souvent les hommes parler avec emphase de la supériorité des étoffes que leurs femmes, leurs filles ou leurs maîtresses leur ont préparées.

Il serait trop long d'énumérer toutes les variétés du costume du peuple de Java. Il suffira de dire que la plupart sont composées d'étoffes de coton, et que les parties principales du vêtement d'un Javanais des classes inférieures sont le *sarong*, pièce d'étoffe semblable à un sac sans fond et qu'on porte comme le *plaid* des montagnards écossais; le *kolambi*, espèce d'habit à manches courtes; le *kriss*, poignard indispensable pour la défense personnelle, et surtout un mouchoir plié d'une manière particulière et originale, pour remplacer le turban ordonné par le culte musulman. Les hommes ont les cheveux tournés sur le sommet de la tête et retenus avec un peigne.

Le costume des femmes est remarquable par sa simplicité (ainsi que le lecteur pourra le reconnaître à la *pl.* 24). Elles ne portent point, comme les hommes, de mouchoir sur leurs cheveux, elles se contentent de les relever sur le derrière de la tête, en les attachant avec une épingle de corne de buffle ou de cuivre.

Les hommes et les femmes portent des bagues aux doigts.

L'usage de se noircir les dents est communément répandu dans toute la Malaisie; les insulaires craignent d'avoir *des dents de chien*, c'est-à-dire des dents blanches. Ils les noircissent, en enlevant l'émail de la partie antérieure aux enfants de l'âge de 8 à 9 ans. Cette opération, et l'usage du tabac et du siri, ne sont pas les seules causes de destruction de leurs dents. Dans quelques îles, ils ont l'habitude de les limer; à Soumâdra, ils les font revêtir d'or; à Bali, et dans d'autres villes, ils les relèvent vers les oreilles, comme on le voit aux idoles de Bouddha.

Les hommes et les femmes font fréquemment usage de parfums, d'huiles aromatiques, de poudre jaune et de poudre noire, et d'autres substances exhalant l'odeur du musc. Ils brûlent de l'encens de benjoin et des gommes odoriférantes dans les appartements.

Les prêtres portent un vêtement blanc, et une sorte de turban semblable à celui des Arabes.

Les personnes de haute distinction ont deux espèces de costumes : celui de guerre et celui de cour. Le costume militaire se compose en partie d'un pantalon appelé *chelana*, et de trois kriss, dont le premier a été acquis par l'officier qui le porte; le second provient de ses ancêtres, et le troisième lui a été donné par le père de son épouse au moment de son mariage. Deux de ces poignards sont placés aux deux côtés de la ceinture, et le troisième par derrière. Une épée est suspendue au côté gauche avec un baudrier.

Le costume de cour laisse à nu les épaules, les bras et tout le torse jusqu'à la ceinture. Il se compose d'un seul kriss porté au côté droit et d'un instrument tranchant semblable à un couteau, appelé *wedung*, porté au côté gauche. Cet instrument indique que la personne qui le porte est prête à couper les arbres et l'herbe lorsque son souverain lui en donnera l'ordre (voy. *pl.* 24). La tête est couverte d'un bonnet imité des Arabes, appelé *koulouk*, et qui fut introduit par un soulthan; il est blanc ou d'un bleu clair. Plusieurs chefs, lorsqu'ils ne sont pas en grand costume, préfèrent le velours noir orné d'or. Toute la partie du corps qui se trouve découverte, est frottée de poudre blanche ou jaune brillante. Le souverain lui-même suit cet usage.

Les enfants du bas peuple ne portent aucun vêtement, jusqu'à ce qu'ils soient parvenus à l'âge de six ans.

Les hommes de la classe noble ont un costume qui se compose d'une espèce de jupe d'indienne, appelée *jarit*, plus ample que le sarong dont nous avons parlé, et d'un *sabouk* de soie ou d'indienne, semblable à une veste,

Ils portent, dans leur maison, une simarre qui tombe jusqu'aux genoux, et quand ils sortent, ils endossent un vêtement de soie ou de velours bordé de dentelles, nommé *sikapan*, semblable par la forme aux jaquettes de Frise, qu'on portait il y a deux siècles. On suppose que cette mode fut apportée à Java par les Hollandais lors de la conquête de Jacatra. Sous ce sikapan, ils ont une veste blanche boutonnée jusqu'au collet, et remplaçant la chemise des Européens. Ils portent aussi une sorte de chapeau semblable à ceux des jockeys, formé d'un morceau de drap ou de velours. Dans les districts occidentaux de Java, ils font usage d'un large chapeau, semblable à un bassin renversé, fait de lanières de bambou peint et verni, et qui résiste également à la pluie et aux rayons du soleil.

Le costume des dames de la haute classe n'offre d'autre différence avec celui des femmes des classes inférieures que par le luxe et la richesse des étoffes, des épingles et des bagues en pierreries. Les nobles et leurs femmes portent pour chaussures des sandales, des souliers ou des pantoufles. Dans quelques cantons, les régents et les autres fonctionnaires portent des pantalons de nankin, avec des bottes et des éperons, selon la mode européenne.

Les Javanais se laissent croître leur chevelure dans toute leur longueur. Les Malais et Bouguis, au contraire, ont les cheveux courts. Les hommes de la haute classe regardent comme de bon ton l'usage qu'ils ont adopté de les laisser flotter sur leurs épaules.

L'étiquette veut que toute femme qui paraît à la cour, se présente avec des diamants et des fleurs dans ses cheveux, et qu'elle porte une ceinture de soie jaune, rouge aux extrémités, appelée *sembong*.

Depuis que le *makouta* (*) est perdu, le souverain se couvre la tête d'un bonnet de velours, toutes les fois qu'il donne audience à des autorités européennes.

VII. NAVIGATION ET GÉOGRAPHIE DES MALAIS.

Environnés d'une mer soumise à deux moussons qui rendent les voyages faciles, les peuples de la Malaisie se sont essentiellement livrés à la marine. Cette facilité de naviguer, même dans leurs plus grands voyages, tels que ceux de la Chine à la Nouvelle-Hollande, a, de nécessité, retardé le progrès dans l'art de la marine chez ces insulaires; les équipages des navires européens sont souvent étonnés de rencontrer, loin de la terre, de frêles embarcations océaniennes, quelquefois sans boussole, n'ayant d'autre moyen de se reconnaître que l'observation imparfaite des astres.

Cependant la boussole est en usage dans la Malaisie, ainsi qu'en Chine. Il est étonnant qu'on ne s'y serve que de mots javanais pour la division des aires du vent, tandis les Arabes ne se servent que de mots tirés des langues européennes. Ceci porterait à croire que les Chinois avaient fait connaître à ces peuples la polarité de l'aimant. Il est d'ailleurs reconnu que ces insulaires étendaient fort loin leurs excursions maritimes avant l'arrivée des Portugais aux Indes orientales.

Les Malais divisent l'horizon en 8 parties: le nord, appelé *outara*, et le sud, *salatan*; l'est, *rimour*, et l'ouest, *barat*: ces deux parties se subdivisent en nord-est, *pading*; est vrai, *djati*; et sud-ouest, *tanggara*. Le nord-ouest est désigné sous le nom de *laout*; l'ouest vrai, sous celui de *rapat*, et le sud-est, sous celui de *daya*. Il y a huit côtés additionnels, qu'on désigne en ajoutant le mot *samata*; ainsi barat-sa-mata-outara signifie ouest-nord-ouest.

Les peuples de la Malaisie ont fait

(*) On appelle *Makouta* la couronne d'or de Majapahit qui a disparu à l'époque du bannissement de l'empereur Mangkourat. Raffles, en parlant de l'histoire de Panbgi Witen, ajoute: *The history of Makutta pati*. Ce titre me paraît être composé de deux mots sanskrits.

peu de progrès en géographie. L'univers, pour eux, est dans leurs archipels. Le plus savant Malaisien ne connaît que les contrées suivantes : le Coromandel, Siam, Ava, la Chine, le Japon, l'Arabie, la Turquie, la France, l'Espagne, la Hollande et l'Angleterre; et encore leurs connaissances, à cet égard, sont très-imparfaites.

Les dénominations les plus usitées pour désigner une petite île sont *poulo* et *nousa*. Souvent on la désigne en donnant une idée de sa configuration. Ainsi l'île du Prince de Galles (Prince of Wales island) est appelée Pinang, c'est-à-dire noix d'arek, parce que cette île en a la forme. On a donné à plusieurs îles le nom d'*Obi* ou *Ouwi*, c'est-à-dire igname, parce qu'elles offraient la forme de ce légume.

Dans le langage recherché, Bali est appelé *Nousa-kambaryan*, l'île submergée; Lombok est nommée *Sasak*, ou le radeau.

Quelques personnes font venir le nom de Bali du mot *retour*, parce que les habitants de cette île abandonnèrent le culte de Mohammed pour retourner au culte brahminique. Une des dénominations de l'île de Madoura paraît venir du sanskrit; c'est l'expression *Nousa-antara*, l'île adjacente entre deux, c'est-à-dire Java et le pays des Hindous. En effet, une des deux parties de l'île de Java, qui s'approche de Madoura, fut habitée par des Hindous.

Les dénominations d'étymologie arabe ne se sont point répandues dans ces contrées, excepté l'expression *Al-Rami* ou *Lameri*, employée par leurs savants pour désigner Soumâdra, et le nom de Jawi ou Jawa, pour désigner la Malaisie.

VIII. CONTES MALAYOUS.

Nous avons parlé de la littérature des Malais avec autant de détail que le cadre de l'*Univers pittoresque* pouvait nous le permettre, au chapitre de la *littérature*, dans le *Tableau général de l'Océanie*. Il nous reste à citer un de leurs contes, car ces peuples, ainsi que tous les Orientaux, réussissent dans ce genre plus que dans les autres branches de la littérature. Celui que nous allons donner est populaire dans la plupart des îles de la Malaisie, et surtout à Soumâdra. Nous avons pensé qu'il pourrait égayer quelques-uns de nos lecteurs dont l'imagination repousse les articles serieux d'une certaine longueur. Ce conte, au reste, nous paraît digne de ceux des Mille et une nuits, qui charment les hommes de tous les âges et de tous les pays.

LA RUSE L'EMPORTE SUR LA FORCE. CONTE MALAYOU.

Parmi les premiers souverains d'Hind et de Sind, aucun n'était plus puissant que le radjah Souran. Tous les radjahs d'Orient et d'Occident lui rendaient hommage, excepté celui des Chinois. Cette exception, qui déplaisait beaucoup au monarque, l'engagea à lever des armées innombrables pour aller conquérir ce pays : il entra partout en vainqueur, tua plusieurs soulthans de sa propre main, et épousa leurs filles, approchant ainsi à grands pas du but de son ambition.

Lorsqu'on apprit en Chine que le radjah Souran avait déjà atteint le pays de Tamsak, le radjah de la Chine fut saisi d'une grande consternation, et dit à ses mandarins et capitaines rassemblés : « Le radjah Souran menace de ravager mon empire; quel conseil me donnez-vous pour m'opposer à ses progrès? » Alors un sage mandarin s'avança : « Maître du monde, » dit-il, « ton esclave en connaît le moyen. »
— « Mets-le donc en usage, » répondit le radjah de la Chine. Et le mandarin ordonna d'équiper un navire, d'y charger une quantité d'aiguilles fines, mais très-rouillées, et d'y planter des arbres de Cahamach et de Birada. Il ne prit à bord que des vieillards sans dents, et cingla vers Tamsak, où il aborda après peu de temps. Lorsque le radjah Souran apprit qu'un vaisseau venait d'arriver de la Chine, il envoya des messagers pour savoir de l'équipage à quelle distance était situé leur pays.

Les messagers vinrent questionner les Chinois, qui répondirent : « Lorsque nous mîmes à la voile, nous étions tous des jeunes gens, et, ennuyés d'être privés de la verdure de nos forêts au milieu de la mer, nous avons planté la semence de ces arbres; aujourd'hui, nous sommes vieux et cassés, nous avons perdu nos dents, et ces semences sont devenues des arbres qui ont porté des fruits, long-temps avant notre arrivée en ces lieux. » Puis ils montrèrent quelques-unes de leurs aiguilles rouillées : « Voyez, » poursuivirent-ils, « ces barres de fer étaient, lorsque nous quittâmes la Chine, de la grosseur du bras; à présent la rouille les a rongées presque entièrement. Nous ne savons pas le nombre d'années qui se sont écoulées durant notre voyage, mais vous pouvez le calculer d'après les circonstances que nous venons de vous présenter. »

Les messagers rapportèrent au radjah Souran ce qu'ils avaient entendu : « Si le récit de ces Chinois est véritable, » dit le conquérant, « il faut que leur pays soit à une distance immense. Quand pourrions-nous l'atteindre? Le plus sage est de renoncer à notre expédition. » Et, à la tête de son armée, il se mit en marche pour retourner dans ses états.

IX. INDUSTRIE ET COMMERCE DE LA MALAISIE.

Les productions de la Malaisie étant depuis plusieurs siècles en usage en Chine, les Chinois, malgré leur patriotisme, sont devenus tributaires de ce commerce étranger d'importation, qui s'y fait sur des bâtiments transportant environ 20,000 tonneaux de marchandises. Ce commerce s'est étendu considérablement par les établissements nombreux que les Chinois ont formés dans cet immense archipel.

Selon M. Crawfurd, des djonques, ou grands navires, de 100 à 150 tonneaux, amènent annuellement dans les ports de Java 4 ou 500 individus chinois. Les Philippines et Holo, Bintang, Banka, et autres îles, recrutent également des habitants du céleste empire; et la Malaisie reçoit ainsi l'excédant de la population de la Chine. Si les lois chinoises ne s'opposaient point sévèrement à l'émigration des femmes, la Malaisie deviendrait bientôt un second empire chinois. Les émigrés épousent des Malaises, des Tagales, des Bissayas et des Dayas; mais ils forment une classe particulière, conservant les mœurs primitives, au point que dans l'île de Bornéo, sur les côtes occidentales, où ils sont au nombre de plus de 200,000, ils bravent souvent l'autorité des princes indigènes, sèment la discorde entre eux et les gouvernements hollandais, ne sont plus tributaires que de nom, et finiront, peut-être, par envahir cette île si riche et la plus grande du globe, que leurs pères ont possédée jadis.

L'or et l'argent, qui existent en abondance dans une grande partie des îles malaises, sont exploités, particulièrement à Java et à Bornéo, par les Chinois. Dans cette contrée entre les fleuves de Samba et de Pantianak, six mille ouvriers de cette nation industrieuse et laborieuse exploitent annuellement de l'or pour une valeur de trois millions de francs.

Le commerce de l'étain est encore plus important. Les îles occidentales recèlent les mines les plus riches qui existent dans le monde. La petite île de Banka en possède la principale, et elle livre annuellement, à un prix modique, 4,725,000 livres d'étain, un tiers de plus que les mines du Cornwall, en Angleterre, qui forment une des branches importantes du commerce anglais. Elles sont également exploitées par les Chinois.

Les épices, telles que girofle, muscade, macis et fleurs de muscade, poivre, camphre, ainsi que le sucre, sont recherchés des Japonais et des Européens, auxquels les Hollandais les fournissent. D'après le compte des cinq dernières années, inscrit aux registres des douanes de Calcutta, il a été importé au Bengale 3,776,000 livres de poivre, et les produits de la Malaisie lui ont coûté une somme annuelle d'un million et demi de livres sterling, ou 37 millions de francs, et 100,000 tonneaux de bois de teck qu'elle a livré en échange.

L'Océanie hollandaise, non compris Java, qui récolte au moins 150 mille quintaux de café, produit environ 6000 tonneaux de cette fève précieuse, et douze à quinze millions de livres de sucre qu'elle vend à l'Europe. Les Chinois s'occupent de cette culture. Ces sucres, en raison de leur abondance et du bas marché de la main d'œuvre, peuvent être livrés à 2 piastres, ou 10 fr. 40 centimes, le pikle (125 livres de France). Environ 8 centimes la livre, ou $\frac{1}{4}$ du prix des sucres de l'Amérique.

Le pikle de poivre se vend cinq piastres; le pikle le revend de 9 à 10 piastres, c'est-à-dire à cent pour cent de bénéfice.

Le coton est cultivé avec succès à Java; les six millions d'habitants de cette île non seulement en tirent leurs vêtements, mais encore en font une exportation considérable. Le pikle y vaut de 10 à 12 piastres d'Espagne.

Il faut remarquer que les femmes y sont les uniques marchands, car les Javans se mêlent peu de commerce; la plupart des hautes productions commerciales sont entre les mains des étrangers, surtout des Chinois, des Hindous, des Arabes et des Européens.

L'Europe fournit, en revanche, à la Malaisie, tout le fer et le coton (*) que consomme cette grande partie de l'Océanie. Ce sont les deux articles principaux, et le débit en est sûr. Ces objets sont recherchés par 12 millions d'acheteurs répandus dans ces îles. Un seul port de Java, pour son usage particulier, a consommé en une année 14,000 quintaux de fer. La destruction de la piraterie, la protection du commerce et la continuation de la paix, ont singulièrement augmenté le commerce de ce beau pays, et rendu à ses métropoles, telles que Bantam, Achin,

(*) C'est surtout le coton de l'Inde qui est réexporté dans la Malaisie.

Ternate, Bornéo (*), cette opulence et cette grandeur qui étonnèrent les premiers navigateurs européens.

X. AGRICULTURE.

Les Malais, artisans, marchands, marins et guerriers, ont peu d'estime et de goût pour l'agriculture, et ils l'abandonnent en grande partie aux Chinois établis parmi eux.

Les Chinois sont en effet les hommes les plus laborieux et les plus industrieux du monde; ils entreprennent et exécutent les plus grands travaux. Les montagnes les plus escarpées sont rendues praticables : j'étais dans l'admiration en voyant celles des environs de Kouan-tcheou-fou (que nous nommons Canton), coupées en terrasses semblables de loin à des pyramides immenses, divisées en plusieurs étages qui paraissent s'élever jusqu'aux nues. Chacune de ces terrasses a été labourée et ensemencée de riz ou de tout autre grain, et rapporte annuellement sa moisson : mais ce qui étonne davantage, c'est de voir l'eau de la rivière, du canal ou de la fontaine qui baigne les pieds de la montagne, et s'élève de terrasse en terrasse jusqu'à son sommet, au moyen d'une sorte de chapelet si léger que deux hommes seuls suffisent à le transporter et le faire mouvoir. La mer elle-même, qui semble menacer de miner et d'engloutir le rivage qu'elle bat de ses flots, a cédé au travail persévérant et à l'industrie des Chinois, qui l'ont forcée de lui céder une partie de son lit, et ont fixé ses limites. Aussi, chez eux point de ces fêtes nombreuses qui, en Italie, en Espagne, en Portugal et ailleurs, dévorent un temps précieux perdu dans l'inaction. Tous les jours de l'année sont des jours de travail, à l'exception du premier, consacré à des visites réciproques, et du dernier, consacré à la cérémonie pieuse des devoirs qu'ils rendent à leurs ancêtres. Un citoyen oisif encourt le plus profond mépris,

(*) Pigafetta nous apprend que Bornéo contenait 25,000 maisons en 1520. En 1828 elle n'en comptait pas 3000.

ses compatriotes le repoussent, et il est considéré comme un être nuisible au peuple, par cela seul qu'il lui est inutile. Le gouvernement ne le tolère que dans le cas d'impotence; bien différent en cela des autres gouvernements de l'Asie, où l'on souffre des Dervichs, des Fakirs, des Joguis et autres individus qui se font un état de l'oisiveté. « S'il existe dans un coin du céleste empire un homme qui ne fasse rien, il doit y en avoir un autre qui souffre et qui manque du nécessaire, » disait un empereur chinois dans une instruction publique où il exhortait le peuple au travail. Rien n'est beau comme cette maxime : aussi est-elle gravée dans l'esprit de tous les Chinois; et chez eux toute maxime sage et vraie devient une loi.

Mais quelle différence entre les Chinois, et même entre ceux qui sont établis dans la Malaisie, et les peuples malais ! L'agriculture des Malais, peu avancée et encore informe, parce que ce peuple, brave et aventurier, la méprise, ne l'empêche pas d'être très-misérable avec le terrain le plus productif. Dans des contrées où la nature a semé ses trésors les plus précieux, la culture des terres est abandonnée à des esclaves, c'est-à-dire à des hommes sans amour du travail, parce qu'il ne leur rapporte rien, et qui, par suite de leur condition, sont ordinairement ignorants, sans émulation, sans courage, et, d'ailleurs, sans cesse arrachés à leurs travaux par leurs maîtres, qui aiment mieux les employer à leurs entreprises et à leurs expéditions maritimes. Aussi le sol, presque entièrement en friche, rapporte à peine assez de riz pour suffire à la subsistance de ses habitants.

Il est malheureux que les Malais négligent les avantages qu'ils pourraient tirer de la fertilité de leur terrain. Il serait pour eux la source des plus grandes richesses; car ils pourraient former les plus beaux vergers, s'ils voulaient se donner la peine de rassembler des arbres et les plantes à fruits qu'ils possèdent en abondance et presque sans aucune culture; mais ils les laissent dispersés çà et là, dans leurs terres, sans travail et sans ordre.

Depuis que les Hollandais se sont établis et sont devenus les maîtres à Java, l'agriculture est devenue plus florissante dans cette île que chez les Malais, ainsi que l'a fort bien observé le respectable Poivre. Ces négociants conquérants ont su y implanter et consolider leur domination, en profitant habilement des désordres enfantés par les lois féodales en vigueur, et annihiler la puissance des rois et des grands vassaux, tantôt en aidant ceux-ci contre les souverains, tantôt en protégeant les souverains contre les vassaux, quand ils étaient à demi terrassés par ces derniers. Aussi les Javanais, abattus et sans force, ont perdu peu à peu cette turbulence et cette agitation inquiète produites par leur organisation gouvernementale. Ils se sont adonnés avec plus de zèle et de succès à la culture des productions de leur île, et principalement de celle du riz, de l'indigo, de la canne à sucre et du café : ce sont les peuples de la Malaisie les plus avancés en agriculture. Dans la partie orientale de Java, dans l'île voisine de Madoura et dans celle de Solor, qui en est plus éloignée, les habitants élèvent des troupeaux de buffles d'une grosseur monstrueuse, les emploient avec avantage au labourage, et se nourrissent de leur chair, qui est bonne et nutritive. Ils y élèvent, en outre, une grande quantité de bœufs d'une belle espèce, et peut-être les plus grands du monde.

Les pâturages consistent, communément dans la Malaisie, en un *gramen* de la hauteur de cinq à six pieds, que l'on voit paraître au commencement de la saison des pluies, et qui finit sa végétation avec cette saison, c'est-à-dire au bout de trois mois.

Un tableau de comparaison de l'agriculture des différents pays du monde ferait bien comprendre d'un côté la misère et les malheurs de toute espèce qui accompagnent l'abandon de l'agriculture, de l'autre, l'heureuse influence qu'elle exerce sur la civilisation et la prospérité d'un peuple qui

7ᵉ *Livraison.* (Océanie.)

l'honore et la pratique, et quels immenses avantages elle peut procurer à l'humanité.

Dans les îles de la Malaisie, on destine de préférence le Luffle et la vache au trait, le bœuf et le cheval au transport des fardeaux. Un bœuf peut porter une charge de quatre quintaux, tandis qu'un cheval n'en porte que trois. Mais ce poids doit être moitié moindre dans les contrées montagneuses et sur les mauvaises routes.

Le prix d'un bœuf ou d'une vache varie de 21 à 42 francs; celui du buffle de 30 à 60. On laboure la terre avec une charrue, faite en bois de teck, d'une construction si légère qu'un homme peut la transporter sur ses épaules : elle se compose du corps, d'un timon et de la poignée.

On fait encore usage d'une autre charrue qu'un seul buffle suffit pour traîner, dans le labourage des jardins et des champs qui avoisinent les plantations; elle est de forme chinoise.

La herse est aussi faite de bois de teck : elle a une seule rangée de dents, et la forme d'un râteau européen. Le manche et le joug sont en bambou. Pour augmenter son action, le conducteur s'assied dessus.

Deux bœufs ou deux buffles suffisent pour traîner la charrue ou la herse.

Nous ne décrirons pas la bêche et les autres instruments d'agriculture; ils n'offriraient qu'un médiocre intérêt à nos lecteurs. Nous dirons seulement que ces instruments sont bien inférieurs aux nôtres. Ce sont ordinairement les hommes qui s'occupent à labourer, sarcler et herser; les femmes sont chargées de semer le riz et de le recueillir, et en outre de le porter au marché, quand on n'emploie pas de bestiaux à cet usage.

Il y a a Java deux sortes de terres, les unes qu'on arrose au moyen d'inondations par les eaux courantes, et les autres sur lesquelles on ne peut diriger ces inondations. On nomme les premières *sawahs*, et les secondes *tégal* ou *gaga*. Les *sawahs* sont les terres de première qualité. On ne forme de grandes rizières. Elles rapportent deux moissons par année, sans que les saisons leur soient nécessaires. On les arrose en enlevant une petite digue placée sur les coteaux afin d'arrêter les eaux. Ces terres ont ordinairement cinquante à soixante pieds d'étendue, et sont arrangées en terrasses, de manière que l'inondation se fait graduellement. Les *tégals* sont utilisées pour la culture du riz des montagnes, le blé de Turquie et d'autres végétaux. Elles sont arrosées par les pluies périodiques.

Les terrains de première qualité sont principalement composés de sable, et se rencontrent auprès des grandes eaux courantes. Les terrains de seconde qualité sont composés d'argile pure : ce sont ceux des plaines centrales. Il y a encore des terrains d'une qualité inférieure à ces deux premiers, et formés d'alluvions : on les trouve sur les côtes.

XI. HISTOIRE NATURELLE DE LA MALAISIE.

BOTANIQUE.

Riz et autres plantes céréales. — Légumes.

Le riz, *oryza sativa* de Linné, sert de nourriture à une plus grande portion du genre humain que le froment et les autres céréales. Les habitants de l'Hindoustan, de la Chine, de la Perse, du Japon, de la presqu'île au-delà du Gange, de presque tous les pays asiatiques et africains situés entre les tropiques, et d'une grande portion des deux continents américains, emploient le riz au lieu de pain pour leur nourriture.

La substance farineuse du riz est saine, légère, d'une digestion facile, et donne du ton à l'estomac et aux intestins. Mais l'analyse chimique a fait connaître qu'à volume égal le riz contient moins de substance alimentaire que le froment.

On compte beaucoup d'espèces différentes de riz.

Le Bengale envoie en Europe une grande quantité d'une qualité assez médiocre. Celui qui nous vient de Madagascar et de Java est encore plus mauvais. Celui de l'Égypte, de la Chine et de Manila est préférable.

Mais les riz des États-Unis d'Amérique, et particulièrement celui de la Caroline, sont très-estimés, et se vendent dans les ports européens à un prix deux fois plus élevé que ceux qui viennent de l'Hindoustan.

Cette différence provient sans doute de la supériorité de la méthode de culture des Américains sur celle des pays de l'Orient. Mais on a réussi récemment à améliorer un peu la qualité du riz de l'Inde, en l'important en Europe, non en grains nus, comme on faisait auparavant, mais en grains couverts de leurs pellicules, ce qui les garantit de la détérioration ordinaire, produite par la fermentation durant un aussi long voyage.

Le riz paraît être indigène de la Malaisie. Tous les peuples de ces contrées, depuis Madagascar jusqu'à Bornéo, le connaissent sous le nom de *padi* ou *bras*. Les habitants des Philippines le nomment *palay*. On désigne généralement sous le nom de *sawah* tout ce qui concerne la culture de ce graminée. Le riz est le principal aliment des peuples civilisés de cette partie du monde qui habitent les contrées situées entre les tropiques et les îles adjacentes. Tout semble indiquer qu'il n'y a pas une origine étrangère.

Les Javans en font une exportation considérable à Soumâdra, à Malakka, à Bornéo, à Célèbes, aux Moluques, à Ceylan, au cap de Bonne-Espérance, et même à l'île de France et à Bourbon, quand ces deux dernières îles ne peuvent en recevoir de Madagascar. Ils en fournissent à ces îles de 6 à 8 milles tonneaux, et en retirent, par conséquent, un revenu d'environ 5 millions de sica roupies, ou douze millions cinq cent mille francs.

Cette même espèce de riz est encore cultivée sur les montagnes et dans les marais; mais les Javans vendent ordinairement le second à l'intérieur, quoiqu'il soit moins substantiel et d'un goût moins agréable que le premier, ou riz sec.

Rumph nous fait connaître une autre variété de riz (*oryza glutinosa*), qu'on n'emploie jamais que comme friandise; les Malais lui donnent le nom de *poulout* et les Javans celui de *kettang*.

Il est rare que le riz soit mûr partout à la fois dans un même champ; la moisson dure jusqu'à dix jours sur un même terrain. On transporte la récolte au village, où on la fait sécher au soleil; puis on en fait des bottes qu'on dépose dans des greniers. On ne se sert pas, comme en Europe, de fléau ou de bestiaux pour séparer le riz de la paille, on le foule aux pieds; mais on le transporte le plus communément au marché avant cette opération. Dans toute la Malaisie, et principalement aux Philippines, à Java et à Timor, ce sont les femmes qui émondent le riz à l'aide de mortiers et de pilons de bois. Quand il a subi cette opération, on peut aisément le conserver pendant plusieurs années.

Les terres vierges où on cultive le riz donnent 25 à 30 pour cent; les terres des montagnes, 15; les terres des marais, 25, et seulement 15 ou 16 quand on fait deux récoltes. A Mataran, un acre anglais fournit, dans les deux moissons, 570 livres *avoir du poids*, et à Kadou 641 dans une seule.

Le salaire des moissonneuses se paie en leur donnant le 8°, le 6°, et quelquefois même le 5° ou le quart.

Le *jawa-wout* (*panicum italicum*) était, à ce qu'on assure par tradition, le seul graminée que l'on consommait dans l'île à l'époque de sa découverte. On dit que cette plante lui a donné son nom.

Le manioc d'Amérique (*jatropha manihot*), appelé *obi Bolanda*, corruption du terme *obi de Hollande*, ce qui prouve de son introduction par les Neerlandais, croît spontanément, au nombre de plusieurs variétés, dans les haies.

Le *taro*, ou *arum esculentum* de Linné, si précieux, est peu cultivé, ainsi que le chili, l'oignon, le concombre, etc.

Le *gadoung* (*dioscorea triphylla*) croît abondamment dans l'état sauvage.

Le froment ou blé est appelé *gandoum* en persan, d'où dérive le nom malais de ce graminée; il est nommé *trigo* (*) par les Javanais. On le cultive comme le riz des montagnes. Le grain en est petit, de couleur foncée, et de qualité médiocre, parce que la culture n'en est point soignée. Il peut croître avec succès dans les contrées élevées. Celui qui provient des îles adjacentes, voisines du Bengale, est à si bas prix qu'on ne peut l'acheter à meilleur compte dans aucune contrée du globe.

Les Hollandais ont introduit, depuis quelques années, la pomme de terre (*solanum tuberosum*), les navets, les carottes, les choux, le mahi, le kédel, et l'ijo, dont les Chinois fabriquent l'excellente sauce de soy, la batate, etc. Les Malais l'appellent *obi Europa*, et les Javanais *kantang Olanda*. Le goût de la pomme de terre de Java est plus délicat que celui des pommes de terre d'Europe; elle est supérieure à celles qui proviennent de l'Hindoustan. On trouve dans les Philippines, à Java, et dans quelques autres îles, les navets, les carottes, les choux, etc.

XII. DES PLANTES EMPLOYÉES DANS LES MANUFACTURES ET LES ARTS.

Après le riz, la culture du *coton* est la plus utile dans la plupart des îles de la Malaisie, et surtout dans celle de Java. Il y en a deux espèces : le coton herbacé (*gossypium herbaceum*) et le coton en arbre (*gossypium arboreum*). On y trouve un grand nombre de variétés de la première espèce, et chaque île offre des variétés particulières. Mais ce qui est étrange, c'est que les cotons de Java sont les plus médiocres de la Malaisie, quoique cette île offre le meilleur système de culture de toute l'Océanie. Les noms étrangers de *mori* (arabes), *hollanda* (hollandais), *francés* (français), *engrès* (anglais), qui caractérisent les variétés, semblent désigner les peuples qui les y ont naturalisés.

Le coton de Java est inférieur à celui d'Égypte; mais on le reçoit sans

(*) Ce mot vient, je pense, du portugais *trigo*, blé, lequel est dérivé peut-être du mot latin *triticum*.

quarantaine en Europe, parce que la peste est inconnue à Java.

Il y a d'autres plantes filamenteuses : le *rami* (*ramium majus*) est une sorte d'ortie de la hauteur de cinq à six pieds; on extrait de l'écorce de sa tige une filasse excellente pour les corderies. Le *ganja*, ou le chanvre (*cannabis sativa*), n'est pas cultivé pour substance filamenteuse, mais pour un suc narcotique qu'on extrait de cette plante; elle est originaire de l'Inde.

Le *bagou* (*gnetum gnemon*), le *varou* (*hibiscus tiliaceus*), produisent, par la macération, de la filasse pour les pêcheries.

Le *glougo* (*morus papyrifera*), qui sert à la fabrication du papier, est cultivé en abondance dans quelques provinces de Java. Le papier qu'on en tire est communément d'un brun sale, mal fabriqué, et ne peut être garanti des atteintes des *dermestes*, insecte très-commun dans cette île. Si les anciens manuscrits trouvés à Chéribon ont été écrits sur du papier de glougo, ce genre de manufacture est singulièrement déchu de son éclat primitif.

Le *lontar* (*) (*borassus flabelliformis*), originaire des Indes occidentales, est un palmier qui produit une sorte de vin employé dans les manufactures de sucre. Les feuilles de cet arbre servaient de papier aux insulaires, avant que les étrangers leur eussent appris la manière de le fabriquer; ils les coupaient en bandes d'environ 3 pouces de large, sur douze à dix-huit pouces de long; et, après les avoir raclées avec un instrument de fer, ils les rattachaient ensemble par un cordon à leurs deux extrémités. On présume qu'ils avaient pris cet usage des Hindous.

Le *gabang*, ou palmier à éventail (*corypha umbraculifera*), est un autre palmier; la nervure du milieu

(*) C'est à tort que quelques naturalistes le nomment *lantar*. C'est le *lontarus* de Rumph. Loureiro en a indiqué une autre espèce également originaire de l'Inde; c'est le *borassus tunicata*, dans lequel les supports des feuilles sont inermes.

de ses feuilles est employée à la confection des cordages. Le jonc appelé rotin (*) (*calamus rotang*) est une des principales plantes usuelles et épineuses de ces contrées ; il y en a un grand nombre de variétés de différentes grosseurs, et entre autres la variété appelée *salak*, dont le fruit dur est de la grosseur d'un œuf de poule, et enveloppé d'une pulpe blanche recouverte d'une écorce ; son odeur est forte, et son goût acide. Cette variété est la seule qu'on cultive, parce que cette plante croît dans les forêts en très-grande abondance. Les *salaks* de Bornéo, de Soumâdra, et de quelques parties de Célèbes, sont les meilleures ; celles de Java sont d'une qualité inférieure.

Le *bambou* (*arundo bambos*) est un roseau dont on trouve plusieurs variétés sauvages et cultivées. Quelques espèces sont cultivées pour leur beauté, d'autres pour leur utilité. Le bambou s'élève jusqu'à la hauteur de 40 à 50 pieds, forme des clôtures, et se renouvelle perpétuellement en poussant de nouveaux jets (voy. pl. 63). Il est d'une immense utilité dans une foule d'opérations, soit d'économie rurale, soit d'architecture navale, et généralement dans toutes les occasions où le bois est nécessaire : il sert de planches, de liens, de bâtons, de perches, et même de flambeaux. Le *samnear*, qui est le plus grand, a jusqu'à 100 pieds de haut ; avec les plus grosses tiges on peut faire un bateau. Le bambou *tcho* fournit aux Chinois un papier très-solide, dont ils font des parasols, et dont les peintres se servent pour y déposer l'œuvre de leurs pinceaux. Plusieurs Asiatiques tirent leurs plumes du *bicha*, et, dans le système de Linné, cette espèce porte à juste titre le nom d'*arundo scriptoria*.

Le *niboung* (*caryota urens*) et le *nipah* (*cocos nypa*) sont aussi d'une grande utilité. La tige du niboung est longue, parfaitement droite, et sert à la construction des maisons ; l'extérieur de ce bois est dur, mais l'intérieur est très-poreux ; on le creuse facilement pour en faire des canaux et des gouttières. Les pousses des feuilles de cet arbre sont bonnes à manger, ainsi que de tous ceux de la famille des palmiers. Le *nipah* est un petit palmier de cinq à six pieds de long ; il s'élève dans les lieux marécageux. Comme les autres palmiers, il produit une substance vineuse. De ses feuilles (*atap*) on fait des nattes grossières et on couvre la toiture des maisons.

Nulle contrée du monde ne produit autant de bois de construction que la Malaisie. Le *teck* (*tectona grandis*) en est le plus robuste et le plus précieux, ainsi que dans l'Inde et dans la Birmanie. Il est inférieur au teck du premier pays, et supérieur à celui du second. Il s'élève de 80 à 100 pieds dans son entière croissance ; son diamètre est de 5 à 8 pieds. Il fleurit à Java pendant la saison sèche, et ses fruits se forment au mois de novembre. Il est du petit nombre des arbres des régions équinoxiales qui perdent leurs feuilles comme dans les climats tempérés. On en rencontre dans les plaines, et sur des collines élevées de trois à quatre cents pieds au-dessus du niveau de la mer, de même que l'acajou des deux Amérique. Il y a des forêts entières de ces arbres ; le teck détruit tous ceux qui l'avoisinent, lorsqu'il se trouve sur un sol favorable. Son bois, presque incorruptible, est le plus précieux qu'on connaisse pour la construction des navires. Java est la seule contrée de la division malaisienne où il croît en abondance. On le rencontre en moindre quantité à Madoura, quoique près de Java. On l'a implanté à Célèbes et à Amboine, où Rumph l'y importa de Madoura. Il n'est indigène ni à Malakka, ni à Soumâdra ni à Bornéo.

Le *lingoa* (*pterocarpus draco*) est presque aussi fort et aussi durable que le teck. Il a été apporté à Java et autres îles des Moluques, où il remplace le teck. Ses fleurs, et même dans quelques variétés son bois, donnent un parfum aussi agréable que le sandal. Rumph le divise en quatre va-

---

(*) Les Européens l'appellent *rotang* ; son véritable nom malais est *rotan*.

riétés. Cet arbre est employé par les ébénistes.

Le *bitangor*, appelé par les Européens *pohoun* (*uvaria*), le *marbao* (*metro sideros*), et d'autres bois, servent à divers usages. On trouve plusieurs variétés de l'ébène; elles sont inférieures à l'ébène des îles de France, de Bourbon et de Madagascar, et se trouvent répandues à Bourou, à la Nouvelle-Guinée, à Guilolo. Dans les contrées malaisiennes l'ébène reçoit le nom de *kayou-arang* (bois de charbon).

On trouve dans les forêts de cette immense et riche Malaisie plusieurs sortes de gommes et de résines, entre autres le *damar*, dont Rumph compte quatre variétés, et qui fournit, sans culture, une espèce de térébenthine : j'en ai trouvé dans l'île du *Tribun* et dans l'île *Rienzi* une 5ᵉ variété qui, étant brûlée, donne un parfum semblable à celui du plus pur encens. Le *bendoud* (*ficus elastica*), qui fournit le caoutchouc, existe aussi dans la Malaisie.

On y rencontre un arbre (*bassia* L.) dont le tronc ressemble à celui du *canary*, et dont le fruit a la forme d'une noix. Le bassia produit un suif d'une couleur jaune, et qu'on obtient facilement en faisant bouillir ses noix. On pourrait peut-être le naturaliser en Europe, ou du moins y introduire ses noix ou le suif qu'on en extrait, afin d'alimenter les nombreuses fabriques de la partie du monde la plus industrieuse.

Le rarak (*sapindus saponifera*) contient une grande abondance d'alcali pur; on l'emploie au lieu de savon.

Parmi les arbres qui fournissent les matières colorantes, l'indigo (*indigofera tinctoria*) mérite le premier rang. On le trouve à l'état sauvage dans plusieurs districts. Il y en a trois variétés, qui ne différent les unes des autres que par leur port et le temps de leur maturité. Il y en a une autre espèce à Soumâdra, que les Européens ont appelée *marsdenia tinctoria*, du nom de M. le docteur Marsden, qui l'a apportée en Angleterre.

La *marsdenia* ne croît pas en buisson, comme les autres variétés de l'indigo; elle s'élève en grimpant, de même que la vigne, avec de petites feuilles pinnées de 3 à 4 pouces anglais de long. On fait indistinctement usage à Soumâdra de l'indigo véritable et de la *marsdenia*.

A Java, l'indigo semble préférer un sol élevé, principalement celui des montagnes; mais on le cultive aussi dans les plaines. C'est ordinairement dans le mois de juillet qu'on l'ensemence, et au milieu de septembre qu'on commence à le récolter. La saison de fabriquer continue pendant deux mois, et on récolte la plante trois fois seulement.

Voici le mode de sa fabrication : après quelques jours de macération, on fait bouillir les branches et les feuilles qu'on mêle avec de la chaux vive, et on n'emploie l'indigo que lorsqu'il est réduit à cet état demi liquide. Les Javanais en font des exportations chez leurs voisins. Ils ignorent complétement la manière de fabriquer la pure fécule en une masse solide. Les colons hollandais en fabriquent de très-petites parties, mais à des prix considérables.

La fabrication de cette denrée appartient entièrement à l'industrie européenne. Les Chinois, si habiles d'ailleurs dans la fabrication du sucre, ne peuvent l'obtenir. Le procédé employé par les Français et les Anglais dans le Bengale, y a été apporté pendant l'occupation britannique. Le meilleur paraît être celui introduit à Java par M. Petel, Français instruit, habitant de ce pays. M. Crawfurd nous apprend que M. Gott de Leeds, pendant la dernière guerre, a vendu à Londres de l'indigo de Java d'une qualité bien supérieure à celui qu'on fabrique au Bengale et à Guatemala, et à tous ceux qu'on avait fabriqués précédemment.

Le *kassoumba* (*carthamus tinctorius*), qui donne une matière couleur de safran, est originaire de ces îles. Il est cultivé avec succès à Bali, à Mangkassar, à Tourate dans l'île de Célèbes, et à Soumbawa dans l'état de Bima.

L'*arnotto d'Amérique* (*bixa orellana*) donne la même couleur.

On cultive beaucoup de turmeric (*curcuma longa*), dont on extrait une couleur jaune, fort belle, mais peu durable; on en compte trois variétés, dont une à l'état sauvage.

On fait un grand usage du *sappan* ou bois de Brésil (*cesalpina sappan*); le meilleur se trouve à Soumbawa et dans les Philippines, où il porte le nom de *soubicao*. Cet arbre croît sans culture. Le *meng koudou* (*morinda*) est un arbre de grandeur moyenne, dont les racines fournissent une couleur rouge. Cet arbre est employé pour supports dans les plantations de poivre et de café, d'après les procédés récemment introduits par les Européens. Il y en a deux espèces, l'une à petites, l'autre à grandes feuilles (*citrifolia* et *morinda umbellata*). La première seule renferme le principe colorant. On doit préférer l'*umbellata* des îles orientales de la Malaisie.

L'*oubar*, dont on se sert pour donner une couleur brune aux filets des pêcheurs, ressemble à l'*hematoxylon* ou bois rouge de Hondouras en Amérique.

XIII. DES ARBRES A GOMME, DU SAGOUTIER, ETC.

Le *gomouti* ou *saugoer* (*borassus gomutus*) donne une liqueur saccharine qui est d'un grand usage. Cet arbre, d'un aspect sauvage, est le plus gros de tous les palmiers, mais il est moins haut que le cocotier. Son fruit ressemble à celui du néflier; il est triangulaire, et sort de l'organe de la fructification; il est attaché à des filaments spathiques de trois à quatre pieds, qui poussent une si grande abondance de fruits, qu'un seul jet suffit pour la charge d'un homme. La pulpe qui couvre extérieurement ce fruit produit un suc vénéneux, si stimulant et si corrosif, qu'il occasione de la douleur et de l'inflammation lorsqu'on l'applique sur la peau. M. Crawfurd, à qui nous empruntons quelques détails sur le gomouti et sur plusieurs plantes, nous apprend que les Malais en préparent un liquide dont ils se servent à la guerre. Les Hollandais l'ont appelé *hel water* (eau d'enfer): mais l'intérieur du fruit est salutaire.

Les Chinois en fabriquent le *toddi*. On perce un des spathes (*), pendant trois jours successifs, avec un petit bâton, lorsque le fruit commence à paraître. La sève se porte vers la partie blessée: on fait alors une incision au spathe, on y adapte un pot de terre ou un bambou pour recevoir la liqueur, qui a le goût du vin nouveau. Le palmier doit être âgé de neuf à dix ans pour supporter cette opération. Il produit pendant deux années.

La liqueur se trouble en peu de jours; elle devient blanchâtre, acidule; la fermentation vineuse commence, et elle acquiert bientôt une qualité spiritueuse. Elle sert à la fabrication d'un sucre graisseux et de couleur foncée, d'une saveur particulière: c'est le seul sucre dont se servent les naturels du pays. Le vin de ce palmier sert à la fabrication de l'arrak, si renommé, de Batavia.

A l'insertion des branches sur le tronc, on trouve une substance filamenteuse. Elle sert à faire des cordages qui sont meilleurs, plus durables et à meilleur marché que ceux de la noix de coco: la marine européenne en a fait usage pendant ces dernières années.

Ce palmier fournit une troisième substance usuelle, qui sert à calfater les vaisseaux, et ressemble à de l'amadou; on l'exporte en grande quantité pour la Chine.

Le gomouti fournit aussi, comme le sagou, une farine médullaire, mais d'une qualité inférieure. Elle a un goût qui déplaît aux Européens: les pauvres s'en nourrissent.

Cet arbre ne prospère point sur les côtes basses, où le cocotier croît avec tant de facilité: il est habitant des montagnes; il y préfère les vallées marécageuses et les environs des eaux.

(*) Enveloppe de la fleur avant qu'elle s'épanouisse.

Le *kanarium* (*diœc. pent.*) produit la meilleure huile comestible. Ce grand arbre porte un fruit oblong qui ressemble à la noix de nos vergers ; l'amande de sa droupe (*) a le goût de la noisette et donne en abondance une huile que l'on préfère à celle de coco. Le kanarium est originaire des contrées où l'on trouve le sagou ; il a été importé à Célèbes et à Java par le commerce.

Le *bétel* (*piper betle* Lin.) est un article important d'horticulture. Ses feuilles ont une saveur que les peuples de la Malaisie aiment infiniment et qu'ils mêlent avec la noix d'arek (**). Rumph, que l'on nomme aussi Rumphius, en décrit six espèces et plusieurs variétés, tant sauvages que cultivées. Cette plante grimpante paraît être originaire de la Malaisie ; car si l'on peut connaître le pays d'où une plante est originaire par le plus ou moins de facilité à la cultiver, le bétel doit provenir des régions équinoxiales. Il croît très-facilement à Java, et avec plus de difficulté dans l'Hindoustan.

On le cultive dans des jardins séparés, près des habitations, parce qu'il a besoin de beaucoup d'eau ; il préfère la terre des rizières et le voisinage de la mer ; il grimpe autour des perches ou des arbres.

Les feuilles peuvent servir dès la seconde année. Cette plante continue à en produire d'une excellente qualité pendant trente ans ; mais elles dégénèrent plus tard.

Après ces plantes, nous devons parler du suc épais appelé *goutta gambir*, ou mieux encore *gatah*. Ce mot malais signifie *gomme*. Le gambir ressemble à la *terra japonica* ou au catéchou : il provient du *funis uncatus* de Rumph, appelé vulgairement gambir.

(*) Péricarpe charnu ou enveloppe renfermant un seul noyau comme la pêche, etc.

(**) Les Malais l'appellent *pinang*, les Javanais *jambi*, les Amboinais *poua*, c'est-à-dire le fruit par excellence. Le mot areka nous paraît dérivé du *telinga*, une des langues de l'Inde.

Le Dr Hunter a publié, au neuvième volume des Actes de la Société linnéenne, un excellent mémoire sur le gambir.

Cette plante s'élève à cinq ou six pieds ; à la fin de la première année, elle produit des feuilles dont on fait usage, et continue ainsi pendant vingt à trente ans, deux fois chaque année. On fait bouillir les feuilles dans des pots de terre ; il en sort un suc qui acquiert la consistance d'un sirop. On en fait des gâteaux carrés ou ronds. Ce genre d'industrie n'est pas connu à Java, mais dans la partie orientale de Soumâtra, à Malakka, à Rhiou, et sur la côte occidentale de Bornéo. On exporte le gambir pour la Chine : il y sert à tanner le cuir. On l'emploie aux Indes pour le mâcher avec le bétel et l'arek. Son goût amer et astringent affecte la langue ; mais lorsqu'on y est accoutumé, il n'est pas désagréable, dit Crawfurd ; j'ajouterai que le gambir est très-stomachique, et que les petits pains qu'on en fait, se conservent pendant plusieurs années.

Crawfurd dit que le tabac (*nicotiana*) est cultivé dans toute la Malaisie pour l'usage domestique ; mais qu'à Java, à Maindanao et à Loucon, c'est en outre un objet d'exportation : il aurait pu ajouter, à Négros, Célèbes et autres îles. On en fait à Java des semis sur les montagnes, à trois mille pieds au-dessus du niveau de la mer ; on le transplante ensuite dans les plaines fertiles du nord, on le sème dans la terre des rizières, arrosées par des canaux artificiels. Il ne lui faut point d'engrais, ce qui prouve l'excessive fertilité du sol de cette grande île. On y alterne souvent la culture du riz et du tabac ; quelques arrosements lui suffisent pour tout soin. Que l'on juge combien cette plante acquerrait de valeur à Java, si elle était confiée à des cultivateurs industrieux de l'Europe, puisque, dans la province de Kadou, elle s'élève ordinairement jusqu'à huit ou dix pieds. La transplantation se fait au mois de juin, c'est-à-dire à l'époque de l'hiver de l'hémisphère austral ; il mûrit en octobre et novembre, dans les mois de l'été, avant les pluies : il est haché lorsqu'il est encore vert, et après qu'on en a ôté la nervure fibreuse.

Le tabac fut planté en Portugal vers l'année 1559; il fut bientôt importé dans les établissements portugais de la Malaisie. En 1601, la dernière année du règne de Panambaham, empereur de Matarem, l'usage de fumer le tabac s'introduisit à Java.

Mais l'arbre le plus précieux de la Malaisie est un palmier admirable par sa production, et qui supplée en partie au défaut du travail de ses peuples qui, sauf les Javans, les Tagals, les Bissayas et quelques Dayas, méprisent l'agriculture. Cet arbre, est le sagoutier. Il croît sans culture dans les forêts ; sa hauteur est d'environ 25 à 30 pieds, et il devient quelquefois si gros qu'un homme ne peut l'embrasser. Les chefs malais commencent à en faire des plantations considérables.

Le sagoutier (*metroxylum sagou*) se multiplie lui-même, comme le mûrier, par ses graines et ses rejetons. La forme du fruit ressemble à celle d'un œuf. Son écorce, de l'épaisseur d'un pouce, recouvre immédiatement des faisceaux de fibres qui s'allongent, se croisent et s'enlacent les unes dans les autres, et renferment une farine gommeuse intercalée dans les intervalles formés par ses nœuds innombrables. Quand cette substance est mûre, on distingue à l'extrémité des palmes de l'arbre une poussière blanche qui transpire au travers des pores de la feuille. Alors le Malaisien l'abat par le pied, le divise en plusieurs morceaux qu'il fend ensuite par quartiers, comme nous faisons du bois de corde à brûler ; puis il extrait la farine qui se trouve enveloppée entre les fibres, en délayant le tout dans de l'eau commune et le passant dans une chausse de toile fine, pour séparer cette substance des fibres auxquelles elle est attachée. Ensuite il fait évaporer l'humidité de cette pâte en l'exposant au soleil, et en remplit des moules de terre de formes diverses, où il la laisse se sécher et durcir. Cette pâte ainsi élaborée se conserve plusieurs années ; c'est une nourriture très-saine, et la principale ressource des Malais, qui se servent du tronc pour la construction de leurs maisons, des feuilles pour la toiture, etc.

La préparation du sagou est très-simple. Les naturels se contentent de le délayer dans l'eau ; quelquefois ils le font cuire. Ils parviennent à séparer la fleur de cette farine et à la réduire en petits grains de la forme de ceux du riz, et plus petits encore. Ainsi préparée et transformée, elle devient non-seulement un aliment que les vieillards infirmes choisissent de préférence à l'autre, mais encore un remède pour les maladies de poitrine. Lorsqu'elle est cuite dans du bouillon ou bien dans de l'eau pure, elle se transforme en une substance gélatineuse, agréable à manger. On voit d'immenses forêts de sagoutiers dans l'île de Céram.

XIV. DES ARBRES FRUITIERS.

Aucune contrée du globe n'est plus abondante en fruits que les îles de la Malaisie. La plupart de ceux qu'on trouve dans les régions équinoxiales y ont été naturalisés ; mais il n'y en a que très-peu qui soient originaires des climats tempérés.

La majeure partie croît sans aucune culture dans l'état sauvage. Les arbres fruitiers sont plantés irrégulièrement autour des villages, sans qu'on ait choisi le sol qui leur convient.

Il y a des fruits qui mûrissent toute l'année : tels sont la banane, le jack ; d'autres, tels que les mangues, les mangoustans, les dourians, ne viennent en maturité à Batavia que dans la saison sèche ; ils mûrissent plus tard dans les contrées élevées : l'industrie peut donc suppléer à la nature pour en procurer dans toutes les saisons.

La banane, que les Malais appellent *pisang*, peut tenir le premier rang parmi leurs fruits. Cette plante, connue sous le nom de figuier d'Inde (*musa paradisiaca*), est un des aliments les plus nécessaires à l'homme. On la trouve dans toute la zone torride; mais, dans ces îles, elle est d'une qualité supérieure à celle de l'Amérique : aussi les Malais la mangent-ils sans lui faire subir aucune transformation, tandis que les Américains la font torréfier avant de la manger.

Il y a jusqu'à seize variétés de bananes cultivées et cinq variétés sauvages dans la Malaisie : on n'en connaît que trois espèces dans l'Amérique équinoxiale. A Maïndanao et dans les forêts des îles Philippines, on trouve encore en abondance une autre espèce de banane sauvage (*musa textilis*), dont l'épiderme fibreux est employé à la fabrication des étoffes, et que les Anglais appellent *manila rope*, parce qu'on en peut faire des cordages.

Il y a deux sortes d'*arbre à pain* (*artocarpus incisa*), l'une produisant des graines, et l'autre qui n'en produit pas. Cette dernière variété est la véritable espèce d'arbre à pain, ou *rima* en malai. On le fait torréfier. Il est inférieur dans la Malaisie à celui qui croît dans les îles de la mer du Sud. La variété à graines paraît être originaire de la partie orientale de l'Archipel indien ; on l'y trouve à l'état sauvage. Il paraît probable que les Malais et les Javanais l'apportèrent de Banda à Java, lorsqu'ils y faisaient le commerce des épiceries, avant l'arrivée des Européens.

Le fruit le plus exquis de l'Orient, et peut-être du monde, est le mangoustan (*garcinia mangostana*). Il est légèrement acide, d'une saveur extrêmement délicate et très-sain ; il a l'aspect d'une grenade mûre ; il est petit et sphérique : une écorce brune, dure à l'extérieur, plus douce et moins foncée intérieurement, recouvre une pulpe blanche et transparente comme la neige : cette pulpe est la seule partie mangeable du fruit.

Il y en a une seconde espèce (*garcinia celebica*), qui croît dans les forêts de Java et de Célèbes ; mais il ne faut pas la confondre avec le véritable mangoustan, qui prospère à peine au nord de la latitude de Louçon, aux îles Philippines, et qu'on a vainement tenté de naturaliser aux Moluques, à Cochin, à la Chine et à Siam.

Le fruit le plus estimé des indigènes est le dourian (*durio zibethimis*), auquel les étrangers, repoussés par sa couleur et son odeur, attachent bien moins de prix. Il a presque la grosseur d'une tête humaine, tantôt sphérique, tantôt ovoïde, sa couleur est d'un vert jaunâtre ; il ressemble au fruit de l'arbre à pain, mais il est plus volumineux quand il est mûr. Ses graines, enveloppées d'une belle pulpe blanche, sont renfermées dans cinq cellules longitudinales, dont chacune contient, depuis une jusqu'à quatre semences de la grosseur d'un œuf de pigeon : une légère pellicule, qui recouvre la pulpe, leur servant d'enveloppe, les empêche d'adhérer les unes aux autres. Cette pulpe est la partie mangeable, comme celle du mangoustan. M. Crawfurd, à qui nous avons emprunté de nombreux et curieux détails sur la culture et autres parties de l'histoire naturelle de Java, assure qu'on n'en est jamais rassasié. Pour manger ces graines, on les fait rôtir ; elles ont le goût du marron. Le dourian croît dans toute la Malaisie : on n'a pu le naturaliser ni à Ava ni à Siam. Les monarques de ces contrées en reçoivent des présents de la presqu'île de Malakka.

L'arbre qui produit ce fruit ne paraît pas exister dans l'état sauvage. Il est originaire de Malakka ; il croît sur un terrain généralement médiocre, et il a l'aspect de nos pommiers. On en compte trois variétés, parmi lesquelles celle de Bornéo produit des fruits plus gros que la tête d'un homme. Le dourian coûte souvent autant qu'une douzaine d'ananas.

Le *jack* (*artocarpus integrifolia*) se divise en deux variétés, savoir : le *jack* proprement dit, et le *champadak*; le premier produit des fruits d'une grosseur monstrueuse, qui naissent sur le tronc et sur les plus fortes branches. Un seul fruit de jack est quelquefois la charge d'une femme allant au marché. Il croît en abondance ; il y en a dans toutes les saisons. Les naturels du pays en consomment une grande quantité; mais son goût, très-fort, déplaît généralement aux Européens : il est très-nutritif et originaire de l'Indoustan. Le second, moins gros que le jack, d'une forme plus oblongue et plus mince, produit des fruits d'un goût plus agréable, renfermant en petite quantité une matière farineuse. Les Javanais préfèrent le champadak au jack, et le prix du premier est plus élevé que le prix du second. Le champadak est évidemment originaire de ces îles, car on ne le retrouve en aucune autre contrée.

Le fruit appelé mangue (*mangifera indica*) paraît originaire de l'Inde, où il est cultivé, surtout dans le midi de la presqu'île. Il y en a cinq variétés principales ; et on en connaît deux variétés sauvages, outre celle qu'on nomme *mangue fétide*. Ce fruit, cultivé avec soin, atteint un grand degré de perfection. Les Orientaux en font le plus grand cas, mais les Européens le dédaignent. Le soulthan de Java en possède dans ses jardins une variété appelée *dodol* en javanais, qui est supérieure aux mangues du Bengale et de Malabar. On ne le connaissait pas encore à Banda et à Amboine avant l'année 1655, pendant laquelle les Hollandais l'y ont introduit.

Le *pamplemousse* ou *shaddok* (*citrus decumanus*) prospère à Batavia, ce qui lui a fait donner le nom de *Batavi nimbou* : il fut apporté de l'Amérique par un capitaine de navire, appelé Shaddok.

L'*ananas* (*bromelia ananas*) croît en abondance et presque sans culture ; ce fruit est deux ou trois fois plus gros que celui de nos serres chaudes. Le meilleur ananas coûte ordinairement à Java vingt centimes de France. Il est probable que les Portugais apportèrent ce fruit de l'Amérique : il fut introduit dans l'Hindoustan, sous le règne de l'empereur Akbar. Il était cultivé à la Chine avant l'année 1594.

Les deux variétés *nona* (*anona squamosa* et *reticulata*) sont fort répandues. Elles sont originaires de l'Amérique espagnole. On donne à ce fruit le nom de *srikaya*, parce que son goût a quelque chose d'un mets fait avec du lait et des œufs.

Le *jambou* (*eugenia jambos*) est d'un goût assez fade. Il en existe plusieurs variétés, cultivées et sauvages. Le jambou *kling*, qui ressemble assez à la poire appelée *cuisse-madame*, est la meilleure ; elle est originaire de la côte de Coromandel.

Le *guava* (*psidium pomiferum*), qui, selon Rumph, a été apporté du Pérou aux îles Philippines par les Espagnols, se trouve en abondance dans la Malaisie.

La *papaya* (*carica papaya*) est un fruit assez agréable, et c'est un excellent aliment pour les bestiaux. Les naturels n'en font aucun cas, ils prétendent qu'il n'est bon que pour les porcs. Ce fruit, qui fut également apporté par les Espagnols ou par les Portugais, contient une grande quantité de saccharine. Il donne des fruits en abondance pendant toute l'année.

Le véritable *cachou* (*anacardium occidentale*) est peu estimé : ce sont les Portugais qui l'ont implanté dans la Malaisie. Il est d'une qualité inférieure dans les contrées de formation secondaire.

On donne pour supports à cette plante le manguier, le jack et l'érythrina, sur la côte de Malabar, le bois élancé de l'arékier, et même le cocotier dans l'Archipel indien. Elle grimpe autour de ces supports, comme la vigne autour de l'échalas. Les Européens préfèrent le *dadap* (*erythrina corallodendrum*) et le mangkoudou (*morinda citrifolia*), dont nous avons déjà parlé. On forme les plantations dans des parties défrichées de forêts ; les plantes ont deux pieds de hauteur ; à Bencoulen, on met entre elles une distance de quatre pieds, et à Pinang de sept et demi. Chaque pied pousse horizontalement plusieurs rejetons autour du pied principal ; à Pinang on les détache de leur support, on les enterre dans une fosse circulaire de dix-huit pouces de diamètre, et on laisse le sommet de la tige, seul hors de terre. Cette opération se fait dans la saison humide ; elle fait naître un nombre plus considérable de rejetons. L'on récolte les fruits au bout de trois ans. L'arbuste est en plein rapport la cinquième année, jusqu'à la neuvième, et décroît vers la quatorzième; il dépérit totalement entre la vingtième et la trentième année de son existence, selon que la nature du sol lui est plus favorable.

On fait sécher le fruit en l'étendant sur des nattes exposées au soleil. Le poivre blanc n'est que la même graine très-mûre qu'on a laissée séjourner dans de l'eau courante pendant une dizaine de jours.

Le café est un article d'une culture très-étendue. Cette plante croît mieux sur les montagnes que dans les plaines; aussi sa qualité dépend du sol. Sa meilleure exposition est dans les vallées des hautes montagnes à trois ou quatre mille pieds au-dessus du niveau de la mer. Les terres les plus favorables à cette plante sont les terres grasses substantielles mêlées de sable, et elle souffre dans les terres argileuses. Ses feuilles, au lieu d'un vert sombre, y deviennent jaunâtres. Le café des plaines vient promptement en maturité, mais la graine en est grosse, spongieuse et peu aromatique.

Cette plante fut apportée en 1723, d'Arabie à Java, par le gouverneur général Zwaardekroon. Elle n'est guère cultivée hors des limites de cette île.

Le cacao a été introduit aux îles Philippines, par les Espagnols, qui l'y ont apporté de l'Amérique. On commence à le cultiver à Java.

Le *doukouh*, de la grosseur d'un œuf de pigeon, approche beaucoup du mangoustan et du dourian, au rang desquels il est placé dans l'estime des indigènes.

Le *ramboutan* (*nephelium lapsaceum*), de la même grosseur que le doukouh, est recouvert d'une enveloppe dure et épineuse; l'intérieur renferme une pulpe légèrement acide et agréable à manger.

La grenade (*punica granatum*), apportée de la Perse, la calebasse, la gourde, le melon musqué, le melon d'eau (*cucurbita citrullus*), les fraises et la pêche, ont été apportés par les Européens. C'est aux Arabes qu'on doit l'introduction du raisin.

Le *tamarin* (*tamarindus indica*) est l'un des plus grands arbres de la Malaisie, dont il est originaire. Sa taille égale celle de nos plus grands châtaigniers; son feuillage est si épais qu'il répand une fraîcheur délicieuse autour de lui. Aussi le voyageur le recherche avec empressement pour y faire sa halte au milieu du jour, et y puiser une boisson aussi agréable que salutaire. On le plante en avenues. Ses fruits, fort estimés, sont une des branches les plus considérables d'exportation; ils acquièrent la plus grande perfection à Java, et ne mûrissent point aux Moluques. Les orangers, les citronniers et les autres végétaux comestibles de la famille des aurantiacées sont fort répandus dans la Malaisie, et surtout à Java, où on en fait peu de cas.

XV. PLANTES A ÉPICERIES.

Le poivre noir (*piper nigrum*) est trop connu pour que nous en donnions la description. Cette plante s'élève en grimpant à la hauteur de 35 pieds; le fruit est vert; il devient rouge et ensuite noir en se séchant. On le récolte deux fois chaque année. La culture du poivre noir est plus soignée à Java qu'ailleurs, quoiqu'il soit d'origine étrangère; mais il prospère mieux dans les autres îles de la Malaisie. Il est difficile de déterminer quelle est la meilleure qualité du poivre de Java ou du poivre de la côte de Malabar. Celui de Bantam paraît être le meilleur de tous ceux qu'on récolte dans la grande île de Java. Il préfère les montagnes de roche primitive.

L'arbre dont les produits sont les plus considérables dans la plus vaste et la plus importante division de l'Océanie que nous décrivons, est le giroflier (*caryophyllus aromaticus*), l'un des plus beaux de cette contrée. Le tronc est droit; il s'élève jusqu'à cinq pieds avant de pousser des branches; son écorce, fortement adhérente au bois, qui est très-dur, est unie et d'une couleur gris sale. Ce bois néanmoins ne peut servir à la marqueterie. Le giroflier pousse beaucoup de nouvelles feuilles vers le mois de mai, époque à laquelle commence la mousson, ou saison humide des Moluques. Son fruit, primitivement vert, ensuite d'un jaune pâle, devient d'un beau rouge très-varié. C'est quand il a subi cette dernière transformation qu'on le récolte. Cette plante se divise en cinq variétés, savoir : le giroflier ordinaire ou giroflier femelle, celui à tige pâle, le *kiry* ou *loury*, le giroflier royal, qu'on ne rencontre que rarement, et le giroflier sauvage. Le giroflier femelle donne une excellente huile volatile : on n'estime pas le giroflier sauvage.

De toutes les plantes usuelles, le giroflier est, peut-être, celle dont les limites géographiques sont les plus resserrées. Il a été introduit de Matchian et des cinq îles Moluques à Amboine, peu de temps seulement avant l'arrivée des Portugais. Il ne prospère point dans les grandes îles telles que Guilolo et Ceram; il ne dépasse guère à l'est des limites des îles Bourou et Xoula. Les Javanais et les Bougnis le transportèrent à Java et à Mangkassar; mais il n'y donne point de fruits. Cependant il fut transporté, il y a cinquante ans, à l'île de France, à l'île Bourbon et en Amérique, où depuis je l'ai vu prospérer; mais ses fruits sont d'une qualité bien inférieure à ceux des îles Moluques.

Le giroflier ne peut prospérer sur les bords de la mer, dont les éclaboussures lui nuisent, ni sur le sol des montagnes, où il est exposé au froid. Ce que nous disons des éclaboussures de la mer semblera puéril aux Européens; cependant, dans la Malaisie, le sol est si fertile, qu'on y rencontre sur les côtes une foule de plantes, cultivées avec succès.

Le giroflier préfère une terre substantielle sur un lit de gravier. La jeune plante a besoin de l'ombrage des canarys et des cocotiers, pour qu'elle soit à l'abri des rayons du soleil. Cet arbre peut vivre jusqu'à cent trente ans dans les îles dont il est originaire; mais à Amboine, il ne vit pas au-delà de 75 ans.

La récolte des clous de girofle est fort simple. On balaie la terre sous les arbres; on cueille le fruit à la main ou avec des bâtons recourbés; seulement on doit secouer l'arbre légèrement. On place ces clous sur des claies, et on les expose ainsi au-dessus d'un feu très-faible qui leur donne une couleur brune. Le soleil achève de les dessécher. Dans quelques endroits, avant de les fumer, on les échaude avec de l'eau bouillante. Cette récolte se fait depuis le mois d'octobre jusqu'à celui de décembre.

Le muscadier (*nux myristica*) est un arbre de 40 à 50 pieds, qui a beaucoup de ressemblance avec le giroflier : ses branches sont plus latérales; son écorce est unie, de couleur cendrée mêlée de vert; l'intérieur est rouge. La liqueur qui en sort par incision tache les étoffes; les feuilles, semblables à celles de notre poirier, mais plus oblongues et plus grandes, sont grisâtres en-dessous : cette particularité est le caractère distinctif des noisetiers. L'arbre souffre et ne produit point de fruit, si on lui fait subir l'élagage. Sa fleur, qui offre l'aspect du lis des vallées, renferme au milieu un petit pistil rouge; le fruit mûrit en 9 mois. Le muscadier produit continuellement des fleurs et des fruits, et son fruit est cramoisi.

On compte jusqu'à huit espèces de noix muscades, qui paraissent être autant de variétés modifiées par la nature.

Les fleurs mâles croissent séparément. Il est arrivé quelquefois que des planteurs ignorants les ont coupées.

Le muscadier croît dans une plus grande étendue de pays que le giroflier. On l'a rencontré dans l'Australie, à la Cochinchine et dans le Dekkan de l'Inde. Le meilleur est celui qui croît dans les îles Moluques et dans la Nouvelle-Guinée.

Quant au macis, espèce de filet rouge qui recouvre la muscade, les naturels de ces contrées l'estiment si peu qu'ils le négligent; mais les Européens en font beaucoup de cas.

On connaît deux espèces de noix muscade dans le commerce; la meilleure qualité, que l'on cueille, est envoyée en Europe; la qualité inférieure, que l'on ramasse au pied de l'arbre, est vendue dans les Indes.

Les arbres sont plantés à la distance de 24 pieds : un acre anglais produit environ 304 livres.

Le *massoy* (*cortex oninus*, Rumph.) est un autre arbre à épicerie. Son fruit est semblable au *langseh* ; son écorce est de deux espèces : celle de la partie inférieure du tronc est la plus grosse. Son nom spécifique vient de sa dénomination vulgaire *onin*. Cette écorce est un cosmétique dont on fait usage à Java, et même à la Chine et au Japon.

Le *culitlawan* (*laurus culitlawan*, L.) ressemble au *cassia lignea*. L'arbre est élevé et fort; le fruit a la forme d'un petit gland grisâtre et uni; on le voit rarement et il paraît sans fleur. L'écorce seule est employée; sa couleur cendrée est moins foncée que celle du massoy : on en fait un cosmétique, et on l'utilise aussi dans la cuisine à Java et à Bali. En la distillant, on en extrait une huile essentielle et une eau âcre.

XVI. DES FLEURS D'ORNEMENT.

Les divers peuples de la Malaisie aiment beaucoup les fleurs : les femmes croiraient leur parure incomplète si elles ne se chargeaient de fleurs; les hommes eux-mêmes en portent très-souvent.

Leur parfum est quelquefois si fort qu'il affecte trop fortement les organes des Européens : ce qui oblige souvent les naturels de renoncer à en parer leurs appartements.

Les fleurs qu'on cultive le plus communément sont le *champaka*, apporté du Bengale (*Michelia champaka*); le *malor* ou *malati* (*nyctanthus*), dont la fleur est blanche; le *tanjoung* (*mimusops elengi*); le lis aquatique (*nymphæa-nelumbo*), qui est sacré dans la mythologie des anciens Égyptiens, ainsi que dans celle des Hindous, et par conséquent des Javans, des Balinais et autres peuples du grand Archipel indien; le *kamboja* (*plumeria obtusa*), aux feuilles sombres et funèbres, aux pétales blancs au dehors et jaunes en dedans; le *soulassi* (*ocimum*), que l'on plante sur les tombeaux, à l'époque de la cérémonie annuelle à la mémoire des morts.

La plupart des plantes d'Europe, et principalement la rose, perdent leur parfum et dégénèrent promptement dans ces contrées, quoiqu'elles y croissent d'abord en abondance pendant quelques années.

XVII. PLANTES ET RÉSINES POUR LA PARFUMERIE.

Le benjoin (*styrax benzoin*) est un arbre d'une grandeur médiocre. Il produit une gomme, employée comme encens chez les musulmans et les catholiques. On obtient cette gomme au moyen d'une incision faite à l'écorce. Pendant les trois premières années de la croissance de l'arbre, elle est blanche; elle brunit ensuite. Le benjoin cesse de produire à l'âge de douze ans. Il croît dans les plaines chaudes et le voisinage des rivières, et se propage par le semis.

Le *lignum aloes*, bois d'aigle, ou *agalotsin*, produit une substance onctueuse. Cet arbre, originaire de Siam, et particulièrement du royaume de Tsiampa, est exporté en Chine et au Japon. Il est généralement peu connu.

Le bois de sandal (*santalum*) croît principalement sur les montagnes. On connaît trois variétés. Cet arbre est originaire de la Malaisie; mais nous le retrouverons dans la Polynésie.

La meilleure qualité de sandal existe depuis la partie orientale de Java jusqu'à Timor.

XVIII. PLANTES MÉDICINALES.

Les plantes médicinales de la Malaisie paraissent être d'une utilité supérieure à celles de l'Inde, de la Chine et de l'Amérique. M. le docteur Horsfield a donné, à ce sujet, des détails d'un grand intérêt pour les enfants d'Hippocrate. Nous les invitons à prendre connaissance de l'ouvrage de ce savant médecin voyageur. Nous citerons seulement les plantes médicinales qui nous ont paru le plus en usage dans la Malaisie et en Europe.

Le *cubèbe* (*piper cubeba*) est un remède excellent pour la guérison de la syphilis simple. Cette plante a une odeur aromatique particulière, et un goût singulier, sans âcreté. Une dose de trois drachmes, prise sept à huit fois dans une journée, à la manière du *cortex peruvianum*, quoiqu'elle ne produise aucun effet sensible, arrête l'écoulement, et tous les symptômes inflammatoires, dans l'espace de 24 à 72 heures ; mais si on ne la continue pas plusieurs jours encore après la cessation de ces symptômes, ils reparaissent. Pris en grande quantité, ce médicament a des qualités doucement cathartiques, et, dans certaines circonstances, il diminue l'engorgement des parties.

Ce fut un Anglais qui en fit, par hasard, la découverte pendant l'occupation militaire de Java ; les naturels du pays eux-mêmes, et les Européens, n'en avaient aucune connaissance. Le peu de publicité donnée à cette découverte retarda long-temps l'expérience qu'on en a faite dans nos climats tempérés d'Europe.

Le tamarin, dont nous avons déjà parlé, est un fruit précieux. On en fait une limonade fort salubre, et sa pulpe est souvent employée, dans plusieurs maladies, dans la Malaisie, en Perse, en Turquie, en Arabie, en Nubie, en Abyssinie et autres contrées de l'Orient. Sa pulpe, mêlée avec l'huile de pignon d'Inde, est un purgatif très-sûr et très-doux, que les indigènes emploient fréquemment. Les médecins de la Malaisie ordonnent, dans le cas d'érysipèle, un cataplasme fait avec les feuilles de tamarin broyées.

Le *datoura* est une plante narcotique dont l'activité est très-remarquable. En 1815, un batelier javanais, descendant la rivière dans son canot, rencontra sur la rive un Chinois qui le pria de l'y recevoir et de le conduire à sa destination, et lui fit manger des viandes mêlées de datoura. Le Javanais s'endormit aussitôt, et fut très-surpris le lendemain de se trouver dépouillé de tout ce qu'il avait sur lui, dans une forêt, où le traître Chinois l'avait transporté pendant son sommeil.

Le *kamadou* (*urtica urens*) est une plante qui possède des qualités très-stimulantes. L'*antchar* et le *tchettik* sont remarquables par leurs propriétés vénéneuses.

Le *ricin* ou *palma-christ*, croît sur les côtes de Java et de Soumâdra ; il est éminemment purgatif.

La *godomollo* (*artemisia*) est une plante astringente et aromatique.

Le *bromelia ananas* est un excellent diurétique.

Le *gambir* (*volcameria inermis*) est un tonique fort en usage parmi les Malais.

Le *mandakakki* (*plumeria*) est une plante émolliente fort estimée.

Le *wadouri* (*asclepias gigantea*) est un puissant émétique.

Il y a des plantes qui croissent en arbustes dans les climats tempérés, et qui sont des arbres dans la zone équinoxiale. Tel est le kayoupouti (*melaleuca leucodendron*), espèce de myrte d'une hauteur gigantesque. On en connaît trois espèces ; deux servent à l'économie domestique. La plus grande espèce croît à Bornéo, à Bourou et à Céram, où elle y forme la rencontre des forêts sur les montagnes, et fait périr les arbres qui l'entourent. Les Moluquois emploient son écorce à calfater. Ils distillent les feuilles de la plus petite espèce, et en obtiennent une huile remarquable par sa propriété sudorifique. Le kayoupouti (bois blanc) a été ainsi nommé, à cause de la blancheur de son écorce. Cette huile prise en friction, est d'un grand effet contre les douleurs rhumatismales.

L'arbre qui produit la cannelle n'est pas originaire de la Malaisie ; il vient de Ceylan. J'en ai vu près de Zamboanga, dans l'île de Maïndanao, et M. Reinwart en a naturalisé plusieurs espèces dans le jardin de Buitenzorg, près de Batavia.

La *casse* est originaire des Philippines, de Soumâdra, de Bornéo et de Célèbes. Le meilleur *camphre* vient de Bornéo. Nous en parlerons dans la description de cette grande île.

Le *cardamome* (*amomum cardamomum*) se trouve à Java, dans les deux états de culture et de nature. Il réussit beaucoup aux Moluques, où il fut apporté en 1670.

On fait beaucoup usage dans ces îles du *gingembre* (*amomum zinziber*); dans plusieurs contrées cette denrée est préférée aux plus fines épiceries. On en cultive deux variétés, le grand et le petit; il y a des sous-variétés remarquables par leurs couleurs brune et blanche.

On a naturalisé à Java la vanille, qui y a été apportée d'Amérique.

Nous ne dirons rien ici de la minéralogie, ni de la zoologie : nous avons traité ce sujet d'une manière aussi complète que nous étions capable de le faire, au tableau général de l'Océanie ; et à chaque description particulière des îles qui va suivre, nous parlerons des parties les plus importantes de l'histoire naturelle que nous aurions pu omettre.

XIX. MALADIES.

Nous dirons peu de chose des maladies auxquelles sont sujets les habitants de la Malaisie.

Les maladies inflammatoires y sont moins fréquentes qu'en Europe. On a vu souvent des criminels, âgés de cinquante à soixante ans, auxquels le bourreau avait coupé le nez ou une main, ou un pied, se laver seulement avec de l'eau fraîche, et guérir en peu de jours.

Les fièvres rémittentes et intermittentes, ainsi que la petite vérole et la syphilis, y sont assez communes. La lèpre règne dans différentes parties de la Malaisie, ainsi que dans presque toute l'Océanie.

La chaleur du climat rend l'usage des bains indispensable dans la Malaisie. Les Javanais surtout suivent rigoureusement les préceptes de l'islamisme : ils se baignent au moins cinq fois par jour, et vont même à l'eau pour satisfaire à des besoins que les gens du commun, en Europe, satisfont sans scrupule et sans pudeur dans des rues peu fréquentées. Aussi, il n'existe peut-être pas au monde de villes plus propres que celles de l'île de Java.

Il est nécessaire de changer souvent de vêtements, à cause de la transpiration presque continuelle qu'on éprouve dans toutes les îles de la Malaisie ou grand Archipel indien. Un coup de soleil y est quelquefois mortel, surtout pour les Européens. Les préceptes du Kôran qui ordonnent les ablutions, l'usage du turban et la sobriété dans les repas, et qui proscrivent l'usage du vin et des boissons spiritueuses à tous les musulmans, sont d'excellentes lois d'hygiène dans les régions intertropicales : elles semblent prouver que le grand Mohammed a fait sa religion pour les peuples de la zone torride.

Le choléra-morbus, ou plutôt le mordechi de l'Inde (c'est là son véritable nom), a exercé ses ravages dans les différentes parties de la Malaisie. (Voy. à ce sujet l'article Samarang, dans la description de Java.)

XX. ILES ENDAMÈNES OU ANDAMEN.

DESCRIPTION GÉOGRAPHIQUE ET HISTOIRE NATURELLE.

Le système de la grande chaîne soumâdrienne qui commence aux Endamènes, mal à propos nommées Andamen, nous fait comprendre dans la limite géographique de la Malaisie les sauvages de ces îles qui appartiennent à la race endamène, éparse dans un grand nombre d'îles de l'Océanie. Les côtes de tout le groupe des Endamènes, et principalement de la grande île, sont hérissées de rochers ; seulement en certains endroits on découvre quelques baies sablonneuses, où les bateaux peuvent prendre terre.

La fougère épineuse, les palétuviers et une espèce de rotang (*calamus*) sauvage, couvrent les rivages des baies et des criques, tandis que les parties centrales se revêtent d'arbres aussi grands que variés, mais qui ont un aspect sombre et mélancolique, à cause du grand nombre de plantes grimpantes et parasites et des bruyères dont ils sont entourés. Ces arbrisseaux, en croissant et en mêlant leurs branchages, forment une forêt impraticable qui s'étend sur tout le pays. Les petites îles n'en sont pas moins hérissées que les autres, et elles renferment toutes quelques collines médiocres. La grande se fait remarquer par une montagne prodigieuse à laquelle sa forme a fait donner le nom de *pic de la Selle*. Par un temps serein on l'aperçoit à la distance de vingt-cinq lieues, et il s'élève à près de deux mille quatre cents pieds de hauteur perpendiculaire. On ne remarque dans ce groupe aucune rivière considérable; mais des petits ruisseaux, descendant des montagnes, fournissent aux habitants une eau pure et limpide, et forment dans leur chute une multitude de petites cascades, ombragées par les forêts dont ces hauteurs sont couronnées.

Le sol de ces îles est très-varié. Dans quelques-unes, c'est un riche terreau noir, dans d'autres une argile blanche et noire. Ici un sable léger, là une argile mêlée à des cailloux de couleurs différentes; ailleurs une terre rouge et jaune; mais le terreau noir est le plus commun. Non loin de l'extrémité de la grande île, où le sol est haché et rocailleux, on a reconnu les traces de l'existence de métaux, particulièrement d'étain, et dans une pierre de taille on a trouvé des feuillets d'un jaune brillant, comme de la poudre d'or. Quelques-unes des hauteurs qui ceignent la côte, offrent à leurs bases des couches schisteuses, d'une couleur bleuâtre. On y a reconnu la brescia ou poudding, et une espèce d'ocre rouge assez semblable au cinabre. Il est même probable que les montagnes renferment des mines de mercure.

Les forêts immenses qui couvrent ces terres présentent une grande variété d'arbres. Les plus communs sont : le poan, le dammar (arbre qui fournit une résine), et autres arbres à huile ; le bois rouge pour la teinture, l'ébène, le beddam ou amandier, le soundré, le tchingré et le bindé, qui sont utiles à la construction et pourraient l'être à l'ébénisterie; le plaas, qui sert aux habitants à faire des arcs ; le keutch, qui fournit la *terra japonica*; le laurier d'Alexandrie, le peuplier et le bambou, employés à divers usages ; le melori ou arbre à pain des îles de Nicobar, l'aloès, le rotan, et plusieurs variétés d'arbrisseaux. On y a aussi trouvé un petit nombre d'arbres fruitiers sauvages ; mais un fait remarquable, c'est que le cocotier, si commun dans les pays des tropiques, est ici presque inconnu.

Les seuls quadrupèdes qu'on ait aperçus dans ces îles sont le sanglier, le singe et le rat. On y voit un grand nombre de reptiles, parmi lesquels le plus commun est le serpent vert, dont le venin est subtil; des mille-pieds, dont quelques-uns ont dix pouces de long, et des scorpions très-dangereux.

Les forêts sont peuplées d'une multitude d'oiseaux de différentes espèces : les plus communs sont les pigeons, les perroquets, les martins-pêcheurs, les courlieux, les hérons et les chouettes. Pendant la nuit l'air retentit au loin du chant d'une espèce d'oiseau dont la voix ressemble à celle du coucou.

Les principales cavernes des rochers offrent un asile à ces salanganes (hirondelles) dont les nids sont bons à manger. C'est dans les grottes qu'elles pondent leurs œufs : l'incubation commence en décembre, et continue jusqu'au mois de mai. On n'a trouvé dans leurs nids que deux œufs blancs tachetés ; mais on croit qu'elles pondent tous les mois.

Le poisson fourmille dans les havres et dans les criques : on y trouve le mulet, la sole, la sardine, l'alose, la langouste, la vieille, la chevrette et le diable. Les récifs sont tapissés de coquillages, et dans quelques endroits on ramasse des huîtres d'une excellente qualité. On y voit aussi des requins d'une taille extraordinaire, et les naturels sont renommés pour leur courage et leur adresse à les combattre.

A ce sujet nous traduirons le récit suivant, que nous avons emprunté à *The asiatic Journal*. Nous avons cru, pour distraire nos lecteurs de la gravité du sujet, et d'après la réputation des Endamens, pouvoir placer chez eux la scène que la Revue anglaise place dans la même mer et sur les bords de l'Hougli.

XX. COMBAT D'UN HOMME ET D'UN REQUIN.

« Je me promenais sur les bords de la rivière, dans un moment où des bateaux du pays débarquaient leur chargement à terre. Un nombre considérable de coulis ou porteurs étaient occupés sur le rivage à cette opération ; tout à coup, je les vis tous s'enfuir du bord de l'eau, comme frappés d'une terreur soudaine ; bientôt après ils revinrent par un mouvement de curiosité, tout en craignant de s'approcher du rivage ; enfin, ils s'éloignèrent de nouveau. J'appris que ce trouble était occasioné par l'apparition d'un poisson énorme et d'un aspect étrange, qui nageait presque au milieu des bateaux. Sachant que les crocodiles étaient assez communs, je conjecturai d'abord que le poisson en question devait être un de ces terribles reptiles ; mais, me rappelant qu'ils étaient bien connus des indigènes, je me dirigeai vers la grève, pour reconnaître quel était l'animal qui leur paraissait si terrible. J'aperçus alors un requin monstrueux, tantôt nageant à la surface de l'eau, tantôt s'enfonçant comme s'il eût poursuivi sa proie.

« Dans cet instant, un habitant, placé sur le toit de la chambre de l'un des bateaux, et tenant à la main une corde qu'il roulait lentement, épiait les mouvements du requin d'un œil qui indiquait l'intention de l'affronter dans son propre élément. Il avait fait une sorte de nœud coulant à la corde, et, la saisissant d'une main, il étendait l'autre bras, comme s'il eût déjà nagé. Son attitude était vraiment pittoresque, pendant qu'il attendait l'approche du requin. Celui-ci se montra près de la surface de l'eau, à une vingtaine de pieds du bateau. Aussitôt l'homme plongea dans le fleuve, à une très-petite distance des effroyables mâchoires du monstre ; le requin se retourna immédiatement et nagea gravement vers son adversaire. Ce dernier, à son tour, sans être intimidé, allongea son bras resté libre, et nagea vers son ennemi. Arrivé à peu près à deux pieds de lui, il plongea sous son ventre, et presque au même instant l'animal s'enfonça dans l'eau. L'agresseur intrépide, dans cette lutte épouvantable, reparut bientôt de l'autre côté du requin, nageant hardiment avec la main qu'il avait libre, et tenant de l'autre la corde derrière son dos. L'animal, qui s'était également montré de nouveau, nagea aussitôt vers lui, et tandis qu'il s'élevait au-dessus du corps de l'homme, afin de pouvoir saisir sa proie, celui-ci, faisant un effort violent, descendit perpendiculairement, les pieds en avant ; le vorace animal le suivit par un mouvement tellement simultané, que je ne pus me défendre de l'idée qu'ils s'étaient enfoncés dans l'eau en combattant. Il me parut qu'ils étaient restés près de vingt secondes hors de vue ; pendant tout ce temps, l'inquiétude m'empêcha de respirer, et je tressaillais d'horreur en attendant l'issue de ce combat affreux. Tout à coup l'intrépide agresseur parut, tenant ses deux mains au-dessus de sa tête, et criant : *Tan ! tan !* d'une voix qui annonçait la victoire qu'il venait de remporter au fond des eaux. Les gens du bateau étaient prêts ; ils tirèrent aussitôt la corde, et la victime, qui, en se débattant, frappait l'eau de colère, fut amenée sur le rivage, et dépecée en peu d'instants.

« On mesura le requin ; sa longueur était de dix pieds neuf pouces, et sa plus grande circonférence de trois pieds sept pouces. L'Hindou ne portait d'autres marques du monstre qu'une légère blessure au bras gauche, qu'il avait dû recevoir d'un coup de la queue ou d'une des nageoires de son redoutable ennemi. »

XXI. CARACTÈRE DES ENDAMÈNES, OU ANDAMENS.

Les Andamens ou plutôt Endamènes nous paraissent être descendants de ces Endamènes de Bornéo (dont nous avons déjà parlé au chapitre de l'anthropologie), auxquels ils ressemblent par la couleur de leur teint, qui est d'un noir *fuligineux*, par leur petite stature, et leur aspect sauvage et féroce, ainsi que les Endamènes de la Papouasie, les Australiens et autres insulaires. Le capitaine Hamilton, qui les a vus dans un état où il devait leur inspirer la crainte, les dépeint comme un peuple doux, se nourrissant de riz et d'autres végétaux. Mais nous préférons nous en rapporter à la relation des deux voyageurs arabes qui, après avoir parcouru l'Inde et la Chine, au IX° siècle de l'ère chrétienne, visitèrent ces sauvages, et nous les ont dépeints tels qu'ils le sont par les Anglais, qui tentèrent de s'y établir.

« Par-delà les îles Nejabalos (probablement Nicobar) s'étend la mer d'Endamen. Les peuples qui l'habitent mangent de la viande crue; leur teint est noir, leur chevelure frisée, leur air et leur aspect affreux; leurs pieds ont près d'une coudée de longueur, et ils vont entièrement nus. Ils n'ont point de barques, et, s'ils en avaient, ils dévoreraient tous les navigateurs qui passeraient dans ces lieux. »

Ajoutons, pour achever leur portrait, que leurs lèvres sont épaisses, leur nez aplati, leur ventre proéminent, leurs membres décharnés et mal formés. Leurs femmes se couvrent d'une espèce de petit tablier, mais il ne leur sert que comme ornement, et elles le quittent sans témoigner la moindre honte de paraître dans un état complet de nudité. Les hommes sont adroits, rusés, vindicatifs, ingrats, mais chérissent l'indépendance plus que tous les autres biens. Tous les matins ils se frottent le corps de boue, ou se vautrent dans des mares, à l'instar des buffles, pour se garantir de la piqûre des insectes; et ils teignent leur chevelure laineuse avec de l'ocre rouge et du cinabre, ainsi que plusieurs peuplades de la Mélanésie. Le capitaine d'un pattmar indien m'a assuré qu'ils étaient anthropophages.

Les Endamènes n'ont pas encore essayé de cultiver la terre. Les femmes sont chargées de ramasser des coquillages sur les récifs, pendant que les hommes tuent, avec leurs flèches, les oiseaux ou les sangliers dans les forêts, et les poissons dans la mer. Ils sont fort adroits dans cette pêche singulière, et ils savent même attirer les poissons avec des torches allumées au milieu de la nuit la plus obscure. Ils font cuire leurs mets sur une espèce de gril fait de bambous; mais il n'emploient ni sel, ni aucun autre assaisonnement.

Ces insulaires sont pleins de vivacité. Ils aiment infiniment les chansons et la danse. Leur langue est douce, et leurs chants se composent d'un récitatif accompagné d'un chœur. Selon M. Colebroocke, à qui nous devons une partie de l'histoire naturelle de ce pays, ils dansent en rond, chacun se donnant tour à tour des petits coups de pied, en frappant son derrière. Ils se saluent en élevant une jambe et en touchant avec la main la partie inférieure de la cuisse.

Leurs huttes consistent en 3 ou 4 piquets fixés en terre, liés les uns aux autres au sommet, en forme de cône, sur lequel on forme un toit de branches et de feuilles d'arbres; construction qui rappelle les premiers rudiments de l'architecture. Ils ornent ces huttes de quelques vases de terre et de défenses de sanglier.

Leurs canots consistent en un tronc d'arbre creusé au moyen du feu ou avec des instruments en pierre; ils se servent aussi de radeaux faits de bambous, pour passer d'une île à l'autre. Leurs arcs sont fort longs et d'une forme bizarre. Leurs flèches sont garnies d'un os de poisson ou d'une défense de sanglier, et quelquefois d'un seul morceau de bois pointu durci au feu. Ils font également usage d'un bouclier en bois. Leurs filets ne peuvent servir qu'à prendre du petit poisson; leurs femmes tressent des paniers d'osier très-grossiers, pour porter les coquillages et autres aliments.

Le climat des îles Endamens est assez tempéré; les marées y sont régulières; le flux vient de l'ouest et s'élève ordinairement jusqu'à huit pieds. La variation de la boussole est de 2°30 vers l'est.

Un établissement anglais fut formé dans une petite île à l'extrémité méridionale de la grande Endamen, en 1791, sous le nom de Chatam, et de là transporté au port Cornwallis, dans une petite île près de la côte orientale, à cinq lieues environ de l'extrémité septentrionale, et dans une situation admirable. Il fut destiné à recevoir les criminels condamnés, au Bengale, à la déportation. Mais il fut abandonné en 1793, à cause de son insalubrité et des mœurs insociables des naturels. C'est dans ce port qu'en 1824, eut lieu le rendez-vous de l'escadre anglaise qui s'empara plus tard de Rangoun et de quelques points de la côte de l'empire Birman qui sont restés à la compagnie des Indes. On suppose que la population de ces îles ne s'élève pas à plus de 3000 sauvages.

A une distance de 15 lieues à l'est des Endamens, j'ai aperçu en mer le volcan de l'île Barren, vomissant des laves rougeâtres, et jetant, peu loin du navire, des pierres de soixante à cent quintaux, qui faisaient bouillonner les flots comme un océan enflammé.

XXII. ARCHIPEL DE NIKOBAR.

A une distance de 80 lieues environ au sud des Endamens, gît l'archipel de Nikobar (les *Frederiks'oerne*, ou *îles de Frédérik* des Danois). Il comprend dix îles principales, et un grand nombre d'autres beaucoup plus petites, disposées en groupes. La grande île avait jadis un petit établissement danois au fond d'une baie spacieuse et sûre, que les fièvres ont détruit. Pendant que j'étais au Bengale, M. le colonel danois Krefting, gouverneur des colonies danoises de l'Inde, m'avait donné une lettre de recommandation pour le chef du poste militaire qui restait encore à Nikobar avec quelques soldats, car les missionnaires l'avaient abandonné. Les dernières nouvelles reçues de ce pays m'empêchèrent d'aller le visiter; mais, grace à la bienveillance de M. Krefting, je vais donner une courte description d'un pays intéressant, sur lequel nous n'avons encore aucune relation détaillée.

Les habitants des îles Nikobar sont craintifs, hospitaliers, et ressemblent aux Malais par les formes du corps et la couleur de la peau; leurs yeux sont petits et légèrement obliques. Ils sont doux et soumis, à moins qu'ils ne soient excités par la jalousie ou quelques provocations. C'est à tort que quelques marins les ont représentés comme cannibales. Leurs femmes sont jolies, bien faites et d'une grande douceur. Mais ce peuple, ignorant le premier des arts, l'agriculture, et dépourvu de toute industrie, périt peu à peu de misère. Dans leur habillement, une petite bande de drap pend derrière eux, et c'est peut-être là l'origine de ce conte absurde dû à l'ignorance de Kioping, marin suédois, que ces insulaires avaient une queue, ainsi qu'on représente le diable. Cette erreur inconcevable a été adoptée par Linné, Buffon et Monboddo.

Les îles principales sont : Grand-Nikobar, la plus grande de tout l'archipel; Petit-Nikobar, ou Sambelang; Ketchoul; Kamorta, où les Autrichiens ont fondé, en 1778, une colonie, qu'ils ont abandonnée depuis; Noncovery, où les Danois avaient un établissement, également abandonné; Tricouta, Teressa, Tchaouri, Tillantchang, Tafouin et Karnikobar, la plus septentrionale. En vue des trois îles Nikobar proprement dites, il y a un vaste et excellent port.

La plupart de ces îles sont montagneuses, et quelques-unes d'une hauteur considérable, Trikouta, Tafouin et Karnikobar sont plates et couvertes de forêts de cocotiers. Les autres îles sont également riches en cocotiers, en aréquiers et bétel, en cèdres, en bois de construction d'une taille immense, tels que le bois de teck, le bindé et autres; des cannes à sucre, des lauriers-cassia, du bois de sassafras excellent, le *larum*, nommé *metori* par les Portugais, qui donne un fruit meilleur que celui de l'arbre à pain de Taïti, dont il diffère; le manguier, dont le fruit est précieux pour la table et pour la médecine; l'igname, etc.

Les buffles et les bœufs, amenés d'Europe et de l'Inde, y ont singulièrement multiplié.

Les nids d'oiseaux bons à manger, que les Indiens nomment *hinléné*, y abondent. On y trouve le pigeon, le perroquet, d'énormes chauve-souris, le chien, le sanglier, le cochon, le singe, le crocodile et un grand nombre de reptiles et de scorpions.

Leur commerce consiste en ambre gris, en écaille de tortue, cocos, cannelle sauvage, et en admirables et nombreux coquillages, qu'ils échangent contre des draps, du fer et du tabac.

Les Nikobariens ont une idée confuse d'un Dieu inconnu, d'un être élevé qu'ils nomment *Knallen*.

Leurs villages sont composés de 10 à 12 huttes. Ils sont commandés par un capitaine, qui dirige le commerce avec les étrangers.

XXIII. POULO-PINANG OU L'ÎLE PINANG.

DESCRIPTION, PRODUCTIONS ET APERÇU HISTORIQUE.

Poulo-Pinang (en malais île de l'Arek), nommée également île du Prince-de-Galles, est située à l'entrée du détroit de Malakka, près de la côte occidentale de la presqu'île de ce nom, par 5° 25 de lat. N. et par 98° de long. orientale. Elle a près de 5 lieues de long, du N. au S., et 3 lieues de large. Cette île semble de loin n'être que la pointe avancée du royaume continental de Keddah, tant le canal qui les sépare est étroit. La rade formée par le détroit qui la sépare de Keddah est immense; elle contient plusieurs havres excellents, même pour les plus gros vaisseaux; il y existe un bassin intérieur formé par l'extrême pointe orientale de l'île et celle de Jérajah, dans lequel les navires peuvent recevoir toutes les réparations nécessaires, excepté celles qui exigent qu'ils soient mis en chantier.

Une chaîne de montagnes, assise sur le milieu de cette île, renferme des sources nombreuses qui arrosent abondamment son sol sablonneux. Ce sol, qui repose sur un fond de granit, composé d'un terrain noirâtre, mêlé de gravier et de terre glaise, autrefois fécondé par les feuilles des arbres séculaires qui le couvraient, a beaucoup perdu de sa richesse dans les endroits où ils ont été abattus; cependant dans l'intérieur il est encore susceptible de toute sorte de culture, et on en a utilisé une grande partie avec succès. Les principales productions sont le poivre, le café, le sucre, le gingembre, le bétel, les noix de coco, les yams, les patates, les oranges, les citrons, les grenades, les mangoustans et le caoutchou. On y a implanté la noix muscade, le piment, la cannelle et le girofle. Les forêts fournissent d'excellents bois de construction et de mâture de toutes les grandeurs; les joncs, les bambous et les rotans sont si serrés dans quelques endroits, qu'ils arrêtent la circulation de l'air, et y engendrent des miasmes fétides.

Cette île faisait autrefois partie du royaume de Keddah (*). Le capitaine Light, Anglais, ayant eu occasion de rendre quelques services au souverain de ce pays, celui-ci, dans sa reconnaissance, lui donna sa fille en mariage, et pour dot la propriété de Poulo-Pinang. Le capitaine Light, en bon patriote, fit hommage à l'Angleterre du territoire concédé. Le gouvernement du Bengale, calculant les immenses avantages qu'il recueillerait d'un établissement qui unirait

---

(*) Dans les limites qu'on assigne à ce royaume, habite la peuplade sauvage connue sous le nom de Samang.

le commerce du Bengale avec celui de la Chine, et diminuerait la prépondérance hollandaise dans ces parages, accepta sans hésitation cette offre aussi généreuse. Il envoya sir John Macpherson pour fonder une colonie dans cette île. Light en fut nommé gouverneur, et le 11 août 1786, jour anniversaire de la naissance du prince de Galles, dont le nouvel établissement reçut le nom, il en prit possession au nom de la Grande-Bretagne, avec toutes les formalités d'usage. Le roi de Keddah ayant paru s'effaroucher de cet envahissement d'une puissance qui pouvait devenir son ennemie, Light vainquit ses scrupules en lui faisant oublier l'avenir, au moyen de quelques avantages présents, et stipula en sa faveur une redevance annuelle de 60,000 piastres.

Il bâtit d'abord le fort Cornwallis, aussi mal construit que mal situé, et qu'une frégate de 64 détruirait aussi facilement que la batterie qui domine la rade de Malakka. Il attira dans Poulo-Pinang une infinité de colons et de négociants de tous les pays. Sous son administration, cette île parvint en huit ans à un incroyable degré de prospérité. La population se composa d'abord de Malais, qui furent là, comme à Singhapoura, plus doux et plus paisibles que dans le reste de la Malaisie, et de quelques centaines de Chinois attirés par ses promesses. Ces derniers formaient le principal noyau commercial de l'île, par leur industrie et leur activité.

Quoique l'amour du pays domine fortement les laborieux Chinois, ils n'hésitent cependant pas à le quitter pour aller chez d'autres peuples amasser des richesses, dont ils vont jouir plus tard dans leur patrie, en payant une immunité au mandarin chargé d'exécuter la loi contre les émigrants, obtenant à ce prix une heureuse sécurité. Ils ont d'ailleurs le soin d'arranger leur vie à l'étranger, de manière à ce qu'elle leur rappelle les souvenirs et les habitudes de leur patrie. Ils ont à Poulo-Pinang des cimetières semblables à ceux de Kangton. Leurs habitations sont ornées à l'extérieur de peintures symétriques, et à l'intérieur d'un autel à Konfoutze (Confucius), sur lequel est sa statue, avec le génie familier qui lui parle à l'oreille, et devant lequel ils brûlent constamment des parfums et des papiers dorés. Le seul regret qu'ait éprouvé leur patriotisme, c'est d'avoir été contraints à planter et à cultiver l'arbre à thé, qui dans peu d'années s'est parfaitement acclimaté sur cette terre fertile qui demande à peine les soins de l'homme.

Quinze ans après, la population de Pinang s'était décuplée. En 1802, elle s'élevait à 10,000 âmes, en 1805 à 15,000, en 1821 à 35,000, en 1830 à 45,000, dont 19,000 Malais et 8,000 Chinois; le reste se composait d'Anglais, de Hollandais, de Portugais, d'Américains, d'Arabes, de Parsis, de Siamois, de Birmans, de Choulias, d'Annamiens et de quelques noirs d'Afrique. Cette augmentation de population s'est opérée en partie au détriment de la ville de Malakka, qui a marché depuis vers une décadence effrayante.

Le capitaine Light avait tracé, contre le fort Cornwallis, le plan de la ville de *Georges-Town*, dans la première année de son administration; elle est le chef-lieu et la seule ville de l'île. Les naturels l'appellent *Tanjong-Painaike*. Elle est bâtie au N.-E. de l'île. Ses rues, coupées à angles droits, sont remarquables par leur largeur et leur propreté. Elle possède des marchés qui abondent en toutes sortes de denrées. Chaque jour, Georges-Town s'enrichit d'établissements nouveaux. La société des missions de Londres, qui y tient une succursale, y a fait établir un asile pour les orphelins de pères européens, plusieurs hôpitaux et un dispensaire pour les naturels. Il y a un séminaire dirigé par des missionnaires catholiques français. On compte un grand nombre d'écoles, une bibliothèque, un journal et une revue littéraire. Devenue un point de relâche entre le Bengale et la Chine, Georges-Town s'est transformée en un vaste entrepôt, où les commercants étrangers viennent échanger leurs marchandises pour du numéraire, ou pour des produits de même valeur. Comme port militaire et comme port marchand, Poulo-Pinang justifia si bien dans le commencement les prévisions de la compagnie anglaise des Indes, par les avantages dont elle dota son commerce, qu'elle voulut les doubler en augmentant son territoire aux dépens de la Birmanie. En 1802, elle conclut avec le roi de Keddah un traité par lequel elle obtint la cession du district maritime qui fait face à l'île de Pinang, moyennant une redevance annuelle de 10,000 piastres, stipulée en faveur de ce prince. Ce territoire annexé, qui comprend une étendue de soixante orlongs, à partir des bords de la mer, n'est guère au-dessous de celui de Poulo-Pinang par sa fertilité. Il fournit deux produits inconnus à cette île, ce sont l'étain et le marfil ou dents d'éléphant. Ce district a reçu des Anglais le nom de province de Wellesley.

XXIV. COMMERCE ET INDUSTRIE.

Le commerce de Pinang semble décroître depuis quelques années ; c'est, sans doute, ce qui a porté le gouvernement anglais à l'affranchir des droits d'entrée et de sortie qui l'entravaient. Tous les bâtiments de la côte occidentale de la Birmanie, destinés surtout pour la Chine, y mouillent pour se rafraîchir et acheter les articles de commerce dont ils ont besoin. Les navires de la compagnie des Indes, aussi destinés pour la Chine, viennent y charger de l'étain, des rotans, du sagou, du poivre, des noix de bétel, de l'arek, des nids d'oiseaux et autres productions ; ils versent dans les entrepôts les thés qu'ils en rapportent, et qui sont exportés ensuite en Europe. Les négociants européens y importent les produits de leurs manufactures, tels que des ustensiles de coutellerie, des armes à feu, des ancres, des clous, de la ferblanterie, des feuilles de plomb, des barres de fer, des livres, des chaussures, des câbles, des meubles, plusieurs articles de draperie, de verrerie, de chapellerie, de quincaillerie, de bonneterie, des instruments de physique et mathématiques, des montres, des articles en plaqué, des couleurs pour la peinture, des vins, etc. On y importe, en outre, un grand nombre de marchandises de Madras et du Bengale et une grande quantité d'articles des produits territoriaux de l'Hindoustan et des côtes d'Afrique, tels qu'opium, tabac, benjoin, camphre, poudre d'or, dents d'éléphant, etc. Le plupart de ces marchandises sont ensuite exportées à Soumâdra, Djonkseylon (Jan Silan), où les Français avaient commencé à s'établir en 1688, et autres îles. Les importations se sont élevées de 1827 à 1828, à 13,380,241 fr., et les exportations à 15,156,774 fr. La monnaie de compte en usage à Pinang est la piastre d'Espagne, laquelle se divise en 10 kopangs, dont chacun comprend 10 pièces. La monnaie courante est frappée dans l'île : c'est une pièce d'étain, dont 16 pèsent 604 grammes 725. On pèse l'or et l'argent au boungkal, dont le poids égale 2 piastres d'Espagne. Seize tacls égalent 1 katty, 100 kattys égalent 1 pikle, 40 pikles égalent un koyan, et le koyan égale 2,413 kilogrammes 204. La mesure en usage pour les tissus est l'astah, dont la longueur équivaut à 18 pouces anglais.

Le malayou est la langue du pays.

Poulo-Pinang offre une température si calme et si uniforme, une atmosphère si pure qu'on l'a nommée le Montpellier des Indes. Au point culminant de cette île et vers le nord saillit un pavillon de signaux, qu'entourent des habitations clair-semées. C'est là que les Anglais, malades dans l'Hindoustan, viennent chercher la guérison et la santé. L'air est si salubre dans cette partie montagneuse de l'île, qu'il serait difficile d'en donner une idée. Le thermomètre y varie à peine de 5° à 6° pendant tout le cours de l'année. Aussi les Européens se donnent-ils rendez-vous sur ces hauts plateaux pour leurs promenades, et y viennent-ils en pèlerinage. Montés sur d'excellents chevaux de Soumâdra, les créoles s'y rendent à l'envi par des sentiers rocailleux que la hache a frayés au travers d'arbres de haute futaie, serrés comme des pilotis. J'arrivai moi-même malade dans cette île, et j'y retrouvai la santé après un court séjour, dans une maison située sur le plus élevé de ces plateaux, où je reçus les soins les plus affectueux de l'excellent missionnaire anglais M. Hutchins, que j'avais surnommé le Jupiter olympien et le Jupiter sauveur de Poulo-Pinang.

Depuis 1805, la compagnie anglaise des Indes a établi à Georges-Town une administration régulière, et y a envoyé un gouverneur sous la dépendance du gouverneur général de l'Hindoustan. Mais il est probable que les possessions britanniques à l'est et au sud du Salouen (*) formeront plus tard un gouvernement dont Pinang pourrait devenir le chef-lieu. Le gouverneur de cette île a déjà sous sa dépendance le *deputy resident* de Singhapoura et celui de Malakka.

ILES DE SOUNDA,
IMPROPREMENT NOMMÉES DE LA SONDE.

On comprend sous ce nom les îles de Soumâdra, Java, Soumbawa, Endé ou Flores, Timor, Arrou et les îles qui en dépendent; mais nous n'y placerons pas Bornéo, ainsi que l'ont fait quelques géographes : Bornéo n'appartient nullement à ce groupe. Le nom de *Sounda* nous paraît venir du sanskrit *Sindou* (*grande eau*), et rappelle le *Sund* ou entrée de la mer Baltique.

XXV. SOUMADRA (SUMATRA.)
HYDROGRAPHIE, OROGRAPHIE ET VOLCANS.

Cette grande terre, connue des Arabes sous le nom de Saborma, s'étend du nord-ouest au sud-est, l'espace de 376 lieues; sa largeur varie de 20 à 85 lieues. Une chaîne de montagnes la traverse dans toute sa longueur : elle se rapproche surtout de la côte occidentale, mais ses côtes sont basses et marécageuses. Sur les gradins des chaînes secondaires se développent quatre grands lacs, qui forment des torrents redoutables et de magnifiques cascades. La plus célèbre de ces cascades, celle de Mansselar, descend du Gounong-Passaman (mont Ophir des Européens), qui est élevé de 2,170 toises au-dessus du niveau de la mer, selon Robert Nairne, tandis que la plus haute montagne de Soumâdra, le Gounong-Kossoumbra, a une élévation de 2,350 toises. Sur le versant occidental on ne trouve que des torrents ou petites rivières, excepté la Sinkel; mais sur le versant opposé, des plaines de 60 lieues de large sont arrosées par de grands cours d'eau, tels que le Siak, l'Indragiri, dans le royaume de Siak, la Jambi, entre le royaume de ce nom et Palembang, et la Toulang, grossie de la Moussi dans ce dernier royaume.

On y connaît cinq volcans : celui de Berapi a 2,033 toises de hauteur; celui de Gounong-Dembo, 1,877, et l'Ayer-Raya, situé sur les chaînes secondaires, et le plus actif de tous, 1,377 au-dessus de la mer; aussi les tremblements de terre sont fréquents à Soumâdra.

XXVI. EXCURSION A LA MONTAGNE SACRÉE DE BONKO.

La montagne de Bonko, inconnue jusqu'à ce jour, mérite une description particulière. Nous l'avons extraite des *Malayan-Micellanies*.

Le *Gounong-Bonko*, ou montagne du *Pain de sucre*, s'élève détachée de la chaîne régulière dont elle fait partie; elle est, par sa conformation singulière, un excellent point de reconnaissance sur cette partie de la côte. Le Bonko est situé à dix-huit milles (six lieues) environ dans le nord-est de Benkoulen; mais sa position et sa distance de cette ville n'avaient jamais été bien déterminées; deux fois déjà les Européens avaient cherché, mais en vain, à le gravir, et l'opinion po-

---

(*) Rivière de la Birmanie à l'est de laquelle sont situées les provinces de Martaban, Yé, Tavay, Tanasserim, conquises par les Anglais en 1826 sur l'empereur aux pieds d'or: c'est le titre que prend l'empereur des Birmans.

pulaire veut qu'il soit inaccessible. Les montagnes remarquables, comme celle-ci, passent généralement, dans l'opinion des naturels, pour être la demeure des esprits, et leurs sommets sont considérés comme *kramats*, ou lieux d'une sainteté particulière. Le sommet du *Pain de sucre* est, dit-on, un *kramat* de cette espèce, et l'on assure que, par superstition, les naturels s'aventurent quelquefois à le visiter. Une société d'Anglais, alors maîtres de Bencoulen (en juin 1821), résolut de hasarder une nouvelle tentative, espérant corriger et étendre les observations déjà commencées sur la côte, et parvenir à une reconnaissance plus complète de cette partie du pays.

Nos lecteurs ne liront pas sans intérêt le récit de cette opération importante, qui d'ailleurs fera connaître ce pays si singulier et si pittoresque, mieux que toutes les descriptions méthodiques.

Après avoir traversé la rivière de Benkoulen, ces Anglais parcoururent le pays à cheval jusqu'à Labou-Ponar. Ils prirent ensuite à pied la direction de Pandjong, dans le pays des Revangs, vu l'impossibilité de conduire les montures plus loin. Le troisième jour, ils passèrent toute la nuit à Redjak-Bessi, dernier village qu'on trouve sur le chemin de la montagne. Ce village est situé sur les bords de l'Ayer-Kiti, ruisseau qui tombe dans le Simpang-Ayer, au-dessous de Pandjong. Dans cet endroit, on prit des dispositions pour escalader la montagne, et l'on se précautionna d'une petite tente, dans le cas où un jour ne suffirait pas pour la gravir. Partis de Redjak-Bessi, les voyageurs firent environ 5 milles sur un terrain inégal, peu élevé d'abord, mais bientôt devenu plus roide et présentant enfin les obstacles les plus grands. Arrêtés bientôt au pied d'un rocher suspendu au-dessus de leurs têtes, ils dressèrent leur tente dans cet endroit même, car il eût été impossible de la porter quelques pas plus loin. Le chemin, depuis Redjak-Bessi, est traversé d'épaisses forêts qui cachent entièrement la vue de la montagne; et, depuis ce village, on cesse de l'apercevoir, quoique, de plus loin, elle semble suspendue au-dessus. C'est alors que cette compagnie parut se faire une idée des difficultés qu'allait présenter la roideur de la montée.

Peu après avoir quitté Redjak-Bessi, les voyageurs traversèrent, sur un pont de bambous construit pour le moment, une petite rivière ou torrent qui se précipite d'une hauteur considérable dans un abîme affreux, resserré entre deux rochers, et ne laissant aux eaux qu'un canal fort étroit. Ce pont, suspendu à plus de cent pieds au-dessus du torrent, et d'où la vue se perd dans l'immensité d'un spectacle magnifique, forme, avec la cascade et le bois épais qui l'environnent, un tableau tout-à-fait romantique. Ils rencontrèrent de dangereux précipices; mais le dernier était fait surtout pour les décourager. Ils furent obligés de le franchir, en faisant plusieurs pas sur le bord très-étroit d'un rocher à pic et d'une élévation tellement considérable, que l'œil plongeait au fond de cet abîme sans pouvoir rien distinguer. Un tronc d'arbre desséché fut le point d'appui d'où, avec un élan vigoureux, on réussit à quitter cet endroit dangereux. Après ce passage, l'épaisseur de la mousse et l'apparence rabougrie des arbres indiquaient les approches du sommet. En effet, vers les deux heures, les voyageurs se trouvèrent au point le plus élevé de la montagne. C'était une place stérile dont la largeur ne dépasse pas cinq *yards* (quinze pieds), entourée partout de précipices, cachés en partie par des djongles, ou broussailles. De toutes les personnes qui composaient la société, lorsqu'on commença à s'élever au-dessus de la base de la montagne, quelques-unes seulement atteignirent le grand but de cette excursion. Les autres restèrent sous leur tente, découragés par les obstacles qui croissaient; mais le petit nombre de ceux qui ne se laissèrent point rebuter, fut amplement dédommagé par le point de vue admirable qu'on découvrit de ce sommet. La ligne des côtes, depuis Layé, au nord, jusqu'à une distance considérable par-delà Bouffalou, au sud, se dessinait sous leurs yeux; à l'aide d'une lunette, on distinguait les navires dans le bassin de Rat-Island, ainsi que les remparts blanchis du fort Malborough. Au sud, l'œil plongeait sur les hauteurs de Boukit-Kandies, ou la croupe du lion, et Boukit-Kabout (hauteur du brouillard), qui forment une ligne droite avec le Pain-de-Sucre. Au centre de l'île, la vue était interceptée par une masse de nuages qui dirigeaient leur course vers la montagne, ce qui força les voyageurs à faire, avec le plus de célérité possible, les observations et les relèvements projetés. Dans l'impossibilité d'apporter jusqu'à cet endroit des instruments d'un gros volume, on dut exécuter les opérations avec un compas de petite dimension.

La végétation, sur ce sommet, a tous les caractères des plantes alpines. Une mousse épaisse tapisse les rochers et les troncs d'arbres, et l'on rencontre plusieurs arbustes des espèces particulières aux régions élevées, tels que le *vaccinium*, le *rhododendro*..., etc. On y trouva aussi une plante que les naturels regardent comme pouvant remplacer le thé, et remarquable par ses feuilles épaisses et brillantes; elle formera un nouveau genre dans la famille des myrtacées. Les observations terminées, la société songea à redescendre, le nuage continuant à s'approcher de plus en plus et menaçant de couvrir la montagne et les environs d'un déluge de pluie. Les mêmes difficultés qu'ils avaient éprouvées à la montée se renouvelèrent à la descente. Cependant elle fut facilitée en quelques endroits, au moyen des bambous attachés solidement au pied de arbres qu'on rencontrait çà et là, au bord des escarpements, le long desquels on se laissait glisser; mais il y avait beaucoup de précautions à prendre pour se retrouver sur les pieds au moment où les mains quittaient cette espèce de rampe.

La société était environ à la moitié de la descente, quand les nuages qui enveloppaient alors la cime du mont, tombèrent en pluie et rendirent la marche encore plus difficile. Heureusement les parties les plus escarpées étaient franchies, et les arbres, devenus plus nombreux, offrirent quelque abri contre l'orage. Mais bientôt l'eau afflua tellement de toutes parts, que la dernière partie de la descente se fit au milieu d'un véritable torrent. La compagnie atteignit la tente une heure avant le coucher du soleil. Aux environs, tout était inondé. La pluie continuant à tomber par torrents, on résolut de pousser jusqu'à Redjak-Bessi, plutôt que de passer la nuit dans une position si incommode. Ayant forcé la marche, on arriva au village aux approches de la nuit.

Après un jour de repos, le 16, on atteignit Pounjong, et le jour suivant, pour regagner Bencoulen, on se dirigea par le pays de Boukit-Kandies, sur la rivière de Bencoulen. Après avoir passé au moins douze fois la rivière de Bencoulen, depuis leur départ de Pandjong, les voyageurs s'embarquèrent sur les sampans, espèce de grands bateaux chinois, que l'on avait commandés d'avance, et le bagage fut placé sur des radeaux de bambous. Les embarcations durent franchir d'abord une suite continuelle de petites cascades rapides, en risquant de se heurter contre les troncs d'arbres et autres obstacles qui hérissent cette partie de la rivière. Deux fois entraînés, les bateaux se remplirent d'eau; ce ne fut pas sans peine qu'on évita d'être submergé. La rivière de Bencoulen devient plus profonde, et son cours plus régulier, au-dessous de l'endroit où elle se réunit avec le Rindorvati.

Grace à ce court mais pénible voyage des Anglais, on connaît aujourd'hui la hauteur du fameux Gounong-Bonko, montagne en quelque sorte *tabouée* ou consacrée. Elle est de près de trois mille pieds; sa forme pittoresque et la manière hardie dont elle se dessine au milieu de la chaîne des monts qui l'environnent, la rendent fort remarquable: elle se compose de masses de basalte et de trap, substance qui domine dans cette partie de Soumâdra. Tout le pays traversé dans cette excursion est extrêmement montueux et resserré : les habitants y sont fort rares. Une forêt sombre et sauvage le couvre presque en entier, et elle fournit de fort beaux bois, en grande quantité. On admire la richesse du sol le long des rivières; celui des forêts n'est guère moins fécond, surtout là où s'élèvent les massifs de bambous, que l'on sait occuper généralement les meilleurs terrains. Le riz se cultive spécialement dans les *ladangs*; mais on ne compte que peu de *sawahs* (terrain nivelé destiné aux irrigations). A Tello-Anou, on voit une petite plantation de muscadiers qui, sans avoir jamais reçu d'engrais, n'ont cependant pas moins de vigueur que ceux qui croissent dans la ville.

Les indigènes de cette partie de Soumâdra, comme ceux du reste de l'île, se livrent peu à la culture des terres. Le sol de ce pays exige des travaux qui effraient leur paresse. C'est surtout aux laborieux Chinois qu'on doit les produits agricoles de l'île : ils fertilisent, à force d'engrais, les plateaux les plus stériles.

XXVII. SOL ET CLIMAT.

L'équateur coupe obliquement Soumâdra en deux parties à peu près égales; néanmoins cette île jouit d'une température assez modérée, le thermomètre ne s'élevant guère au-dessus de 24° de Réaumur, tandis que dans le Bengale je l'ai vu atteindre 34° au commencement du mois de novembre. Dans l'intérieur, les habitants sont obligés d'allumer du feu le matin pour se chauffer, à cause des brouillards (*kabout*) qui enveloppent les collines, et ne sont entièrement dissipés que trois heures après le lever du soleil. Le tonnerre et les éclairs sont fréquents, surtout pendant la mousson de nord-ouest, temps de la saison pluvieuse qui commence en décembre et finit en mars; la mousson sèche commence en mai et finit en septembre. Les gelées, la neige et la grêle sont inconnues à Soumâdra.

On a exagéré l'insalubrité du climat de cette île : la côte occidentale étant marécageuse et très brumeuse, décime les équipages européens qui viennent y faire la traite du poivre, et, sous ce rapport, elle mérite le surnom de *Côte de la peste*; mais tout le littoral, depuis la pointe d'Achin jusqu'aux îles de Banka, offre des sites aussi salubres qu'agréables.

XXVIII. HISTOIRE NATURELLE DE SOUMÂDRA.

MINÉRALOGIE.

Le sol est généralement une terre grasse, rougeâtre, couverte d'une couche noire, et quelquefois calcinée. Les marais, sur toute la partie occidentale, en font parfois comme un vaste lac parsemé d'îles; les trois quarts de Soumâdra, principalement vers le sud, présentent une forêt impénétrable. On trouve dans les montagnes de la steatite, du granit gris, du marbre, du pétrole et du *nappal*, sorte de roche savonneuse. L'or, le cuivre, le fer, le soufre, le charbon de terre, le salpêtre, l'étain, ce rare et précieux minéral, abondent en divers endroits de l'île. Les Malais de Padang et de Menangkarbou vendent par an de 11 à 12,000 onces d'or, recueilli principalement par le lavage. Les mines de Sipini et de Cay donnent de l'or de 18 à 20 karats. M. Crawfurd porte à 36,000 onces la quantité recueillie dans toute l'île, y compris Lemoun, Batang-Assi, Poucatlang et Yambou : nous croyons ce chiffre exagéré. Les Malais seuls ont le privilège d'exploiter l'or, car les Hollandais y ont renoncé, après plusieurs essais infructueux; ils préfèrent l'acheter aux premiers à bon compte. L'acier de Menangkarbou est préférable à celui de l'Europe. L'étain existe près de Palembang; c'est une continuation des riches couches de Banka. La petite île de Poulo-Pisang est presque entièrement formée d'un lit de cristal de roche.

XXIX. BOTANIQUE.

Le riz que l'on cultive dans cette grande île est de deux sortes : le premier, qui est le plus gros, le plus blanc et de meilleur goût, provient des terres hautes et sèches; le second, plus abondant et plus commun, des terres basses et baignées. Le grain se sème à l'époque de la mousson des pluies, au mois d'octobre, et se récolte six mois après, au commencement de la mousson sèche.

Le cocotier est un des végétaux les plus utiles aux Soumâdriens. La pulpe du coco sert d'assaisonnement à presque tous leurs mets, ainsi que dans l'Inde. Ils en tirent une huile à brûler et à oindre les cheveux; ils en extraient une liqueur fermentée, appelée *toddi*; la tête leur fournit un chou bon à manger, et ils font des balais avec les fibres : mais ils dédaignent l'écorce, dont ailleurs on fabrique des cordes, préférant pour cet usage le rotan et l'éjou.

Le bambou s'élève à une hauteur et atteint une grosseur extraordinaires.

Le bétel (*pinang*) forme une des plantations les plus considérables de Soumâdra. On y cultive aussi une foule d'épices, telles que le girofle, le curcuma, le poivre de Cayenne, le gingembre, le cardamome et la coriandre.

L'anou, sorte de palmier, produit le sucre nommé *djaggari*, qui est préféré à celui de la canne, dont les habitants ne se servent que pour le mâcher et se rafraîchir, surtout en voyage. Le djarak, dont la graine produit l'huile de ricin (palma christi); le kratou, ou mûrier nain; le sésame, la casse, le chanvre, les ignames, le maïs, les patates douces, le sagou, y sont également cultivés. Le dourian, dont la pulpe blanche a le goût d'ail rôti et possède des qualités aphrodisiaques, le goyavier, le jaquier, le mangoustan, le manguier, l'arbre à pain, le billinbin, le lança, le brumganier, le jambosier, le bananier, l'ananas, l'oranger, le citronnier, la panpelmousse, produisent les fruits les plus remarquables. On compte parmi les plantes à teinture, le sapan, l'indigo, le cassoumbo, ou carthamus des Indiens, l'oubar, etc.

La flore soumâdrienne est une des plus riches du globe. Toutes les variétés de l'Asie s'y mêlent à un grand nombre d'espèces particulières à la Malaisie. Nous citerons, parmi les plus remarquables, l'arbre triste, *sounda maloune*, qui ne fleurit que la nuit, et le *raflesta*, trouvé par M. Arnold à Soumâdra et à Java; c'est la plus grande des fleurs connues (voy. *pl. 22*), car l'*aristolochia cordiflora*, qui avait eu cette réputation jusqu'à l'instant de la découverte de M. le docteur Arnold, n'a, selon M. de Humboldt, que 16 pouces de diamètre.

Dans les régions équatoriales, le sol manifeste une puissance de végétation que nos climats tempérés ne peuvent nous faire connaître. Nous n'avons pas, parmi les arbres de l'Europe, l'équivalent du boabab africain, ni du bombax océanien; aucun de nos roseaux n'est comparable aux bambous. Mais que dirons-nous d'une fleur de plus de huit pieds de tour, et qui ne pèse pas moins de 15 livres? Ajoutons, pour que rien ne manque a un tel prodige, que cette fleur gigantesque croît et s'épanouit sans tige ni feuilles, qu'elle constitue presque toute la plante, car la menue racine qui l'attache à la terre n'a pas six pouces de longueur.

Nous emprunterons à l'auteur de cette découverte, le docteur Arnold, le récit qu'il en a adressé à un de ses amis en Europe :

« J'accompagnais sir Thomas Stamford Raffles, alors gouverneur des établissements anglais dans l'île de Soumâdra, dans une de ses excursions. Je marchais un peu en avant de l'escorte, lorsqu'un de nos serviteurs malais accourut et me rappela; son regard exprimait une joyeuse surprise. *Suivez-moi*, me dit-il; *une fleur si grande, si belle, si merveilleuse!* A une centaine de pas, je fus en présence de cette merveille, et mon admiration ne fut pas moindre que celle de mon guide. Je voyais, sous des broussailles, une fleur immense appliquée contre la terre; je résolus sur-le-champ de

« m'en emparer et de la transporter dans notre cabane. Armé du *parang* (sorte de serpe) du Malais, je me mis à détacher la plante, et je ne fus pas médiocrement surpris de voir qu'elle ne tenait au sol que par une petite racine, longue tout au plus de deux doigts. J'emportai ce trésor. Si je l'avais découvert tout seul et sans témoins, j'oserais à peine décrire une telle plante; personne ne voudrait me croire sur ma parole; mais je me sens assez fortifié par des témoignages qu'on ne récusera point.

« Notre fleur était fort épaisse dans toutes ses parties; dans quelques endroits elle avait trois lignes, et dans d'autres, le triple. La substance des pétales et du nectaire était nourrissante. Lorsque je vis la fleur en son lieu natal, le nectaire était plein de mouches, attirées apparemment par l'odeur de viande qu'elle exhale.

« Le diamètre de cette fleur prodigieuse est de plus de deux pieds neuf pouces, et, par conséquent, la circonférence est d'environ huit pieds neuf pouces. Suivant notre estimation, le nectaire pouvait contenir une douzaine de pintes, et le poids de toute la fleur n'était pas au-dessous de quinze livres (voy. *pl.* 22). Les indigènes de l'intérieur de Soumâdra nomment cette plante singulière *krouboul*, mot qui, dans leur idiome, signifie *grande fleur*. Ils disent que sa végétation dure trois mois, depuis l'apparition du bouton jusqu'à l'épanouissement de la fleur; qu'on ne la voit qu'une seule fois dans le cours de l'année, vers la fin de la saison pluvieuse. C'est une plante parasite qui pousse sur les racines et le tronc du *cissus angustifolia*. Elle se forme et croît sous une enveloppe globuleuse, comme plusieurs plantes de la famille des champignons. »

Ce géant n'empêche point que des nains, qui lui ressemblent quant à la forme, la contexture et le mode de végétation, ne croissent autour de lui. Le docteur Horsfield a trouvé une *rafflesia*, bien conformée, qui avait à peine trois pouces de diamètre. Quelques espèces établissent une gradation entre ces deux extrêmes.

A la suite du *krouboul*, ou *rafflesia Arnoldi*, on placera la *rafflesia patma*, trouvée par M. Blum dans une petite île, près de Java, et que les habitants nomment *patma*. Elle a cinq pétales et un vaste nectaire, comme celle d'Arnold. Son diamètre est à peu près de deux pieds.

Le savant botaniste Blum a placé dans sa *flore de Java* une autre fleur ou plante qui a beaucoup de rapports avec les précédentes; c'est la *brugmansia Zippelii :* elle croît sur des collines élevées de deux cents toises au moins au-dessus du niveau de l'Océan. On voit que c'est une plante parasite, comme les rafflesias et dont l'odeur n'est pas moins désagréable.

Cette plante rappelle que Réaumur fut autrefois témoin d'une végétation également extraordinaire; mais ce n'était pas une plante parasite : il la vit sur un mur de son parc de Réaumur, dans le Poitou, et il l'a décrite sous le nom de *boletus coralloides fœtidus*. Son odeur était celle d'une chair en putréfaction. Ce singulier corail végétal n'occupait pas moins de place qu'une *rafflesia Arnoldi*, dont l'odeur est comparable à la sienne, car la plante observée par Arnold était en pleine végétation, et loin de l'époque où sa décomposition devait exhaler une odeur cadavéreuse, tandis que ce fut dans un état de putridité déjà fort avancée que Réaumur fit dessiner et décrivit le *bolet* de son parc. Il s'étonnait que le dessinateur pût rester assez près de ce foyer d'infection pour en apercevoir toutes les parties et achever son ouvrage.

Il faut encore compter parmi les plantes les plus précieuses de l'île de Soumâdra, le poivre, le camphre (*dryobalanops camphora*) de Colebrooke, bien différent du laurier camphrier du Japon, le benjoin, la *cassia lignea* (cannelle commune), les rotans, le coton de soie qui provient du bombax, les bois d'ébène, de teck, de sandal et d'aloës, le bois de fer et du café médiocre.

XXX. ZOOLOGIE.

Soumâdra compte beaucoup d'espèces d'animaux qui lui sont communs avec l'Asie méridionale, tels que le *maiba* ou tapir bicolore de Malakka (voyez *pl.* 21) et le gibbon aux longs bras de l'Inde transgangétique. Ses chevaux, ainsi que ceux de toute la Malaisie, sont petits, mais bien faits, hardis et vigoureux. Les vaches, les chèvres et les brebis sont également de petite taille. Le buffle (karbou) y est employé à plusieurs travaux domestiques. Les forêts sont peuplées par l'éléphant, le rhinocéros bicorne (badak), plus petit que ses congénères d'Afrique, avec la peau toute parée d'écussons et hérissée de poils roides et courts(*); l'hippopotame, que Marsden assure avoir vu dans les marais de cette île, et que Cuvier ne voulait pas y admettre; le tigre royal; l'ours noir, qui détruit et ronge le cœur des cocotiers; des antilopes noires à crinière grise, des daims, des sangliers, des civettes, la loutre, le porc-épic et plusieurs espèces de singes, particulièrement le singe à menton barbu (*simia nemestrina*), qui paraît particulier à cette grande terre. Parmi les habitants des forêts, il ne faut pas en oublier le roi, je veux dire l'orang-houtan. Parmi ceux-ci, le *pythecus satyras* semble être plutôt l'analogue du pongo de Wurmb que du chimpanzé d'Angola et du Congo. Cette espèce, autrefois commune à Soumâdra, y devient chaque jour plus rare.

Nous dirons un mot d'une des espèces les plus communes de la famille des singes, mais qui est intéressante par son bon naturel. C'est le *kra* (*fascicularis*), et le chingkau (*si cris-*

(*) Raffles prétend que dans l'intérieur de Soumâdra il existe une espèce de rhinocéros unicorne, nommé *tennou* par les indigènes; mais comme plusieurs peuples malais donnent ce nom au tapir, que les Soumâdriens nomment *bebi-alou*, nous resterons dans le doute à ce sujet.

tala). On éprouve du plaisir à voir les petits du chingkau et du simpai (*si melalophos*) embrasser et caresser leurs mères. Dans la première de ces espèces, l'animal encore jeune se distingue par sa couleur roussâtre, et l'adulte par sa peau noire; dans la seconde, au contraire, la robe des jeunes est fort noire, tandis que celle des vieux est roussâtre, de telle sorte que l'on dirait que les mères ont échangé leurs petits.

On y trouve aussi le siamang. Nous décrirons l'orang et le siamang au chapitre Bornéo.

L'*angang* ou oiseau-rhinocéros, ainsi nommé d'une espèce de corne qu'il porte sur la tête, ne semble pas encore bien classé par les naturalistes : par ses caractères, il paraît appartenir à la famille des kasoars.

Les reptiles fourmillent à Soumâdra, depuis le grand crocodile des rivières qui dévore les hommes, jusqu'aux lézards habitant des maisons, et courant sur le plafond des appartements, qu'ils délivrent des insectes. Le caméléon et le lézard volant se montrent dans les broussailles. Nulle part les insectes ne sont plus nombreux, ni plus importuns que dans cette île. On y trouve des fourmis de toutes sortes, et surtout cette fourmi blanche ou termite qui dévaste tout, maisons, bois, meubles, vivres; véritable fléau de ces contrées orientales, contre lequel l'huile de pétrole paraît seule avoir une vertu préservatrice.

C'est à Soumâdra que le faisan est de la plus rare beauté, plus gros que le faisan ordinaire, d'un plumage plus saillant et plus riche. Les poules d'Inde y abondent; elles atteignent dans le midi de l'île à une hauteur extraordinaire, comme celles de Bantam. L'*ardea argala* du Bengale se trouve dans le royaume de Palembang. Les autres espèces d'oiseaux sont généralement celles du continent indien.

On trouve enfin dans les grottes de l'île de Soumâdra, comme dans une grande partie de la Malaisie, les nids d'oiseaux qu'on doit à la salangane.

XXXI. ÉTATS DE SIAK, D'ACHIN ET AUTRES ÉTATS DE L'ILE DE SOUMADRA. COLONIES HOLLANDAISES DANS CETTE ILE.

Le royaume de Siak occupe la partie moyenne de la côte orientale, que traverse le fleuve de ce nom. D'après M. Anderson, le dernier voyageur qui l'ait parcourue, les villes principales sont Siak, située sur ce fleuve, et résidence du soulthan; Delhi sur la rivière de ce nom; Kampar, port commerçant d'où dépendent les îles de Roupot et de Pantiour; Langkat, ville de commerce qui compte deux cents *prahos* (navires); Batou-Bara, non moins importante pour sa marine, et résidence d'un puissant radjah. Tout ce littoral offre de beaux terrains bien arrosés et couverts de riches cultures, ainsi que des havres et des criques d'une sûreté admirable. Les différents chefs de ces districts se font la guerre entre eux, et le peuple, adonné à la piraterie, lance, au travers du détroit de Malakka, près de deux mille prahos armés, navires marchands en apparence, mais forbans à l'occasion. Le pays des Battas confine avec la soulthanie d'Achin, l'ancien état de Menangkarbou et le gouvernement hollandais de Padang. C'est une espèce de confédération formée par un grand nombre de chefs de district. On n'y compte que des villages, sauf Barous, petite ville, principal marché du camphre, et Tappanouli, bourgade remarquable par l'immense et magnifique baie à laquelle elle donne son nom, et qu'on peut considérer comme une des plus belles et des plus sûres qui existent sur le globe.

Le royaume d'Achin n'embrasse aujourd'hui que l'extrémité septentrionale de l'île. Vers la fin du XVI° siècle et jusqu'à la moitié du XVII°, les Achinais furent la nation prépondérante de la Malaisie, parce qu'ils étaient les alliés de tous les peuples commerçants de l'Orient, depuis le Japon jusqu'à l'Arabie. A cette brillante époque, leur marine comptait 500 voiles, et l'empire achinais s'étendait sur presque la moitié de Soumâdra et sur une grande partie de la péninsule de Malakka. Aujourd'hui il est plongé dans l'anarchie, l'autorité du soulthan ne s'étend qu'à la capitale et aux environs, car tous les chefs de district sont de fait indépendants.

La ville d'*Achin*, qui en est la capitale, est enveloppée d'une forêt de cocotiers, de bananiers, d'ananas et de bambous. Une rivière couverte de bateaux passe au milieu. Sa population a été tellement diminuée, ainsi que son commerce, que nous ne pensons pas qu'on doive la porter à plus de 18 à 20,000 habitants. Le roi exploite tout le commerce d'Achin. Les autres endroits remarquables sont *Telosanconay*, *Pedir*, et *Moukki*, bourgade renommée à cause de la riche mine de cuivre exploitée dans son voisinage.

La partie hollandaise de Soumâdra comprend le gouvernement de Padang et l'ancien état de Menangkarbou, une partie du pays des Lampoungs et le royaume de Palembang. Le gouvernement de Padang a pour chef-lieu Padang, ville peuplée d'environ 12,000 âmes. Il compte encore Natal, Bencoulen avec 8,000 habitants, le fort Marlborough, cédé par les Anglais en 1825, si je m'en souviens, et Pontchang-ketchil dans l'admirable baie de Tappanouli. Les Hollandais se sont emparés sur les padris de Menangkarbou, de la ville de Bangsa, la plus considérable de cet état, et de celles de Paodja-Rachoung et de Menangkarbou; mais ce pays, qui vient d'être désolé par la guerre qui éclata naguère entre ses chefs et le gouvernement général de Batavia, n'est pas encore entièrement soumis à ses nouveaux maîtres.

Le pays des Lampoungs est le plus ingrat de cette île vaste et riche.

Le royaume de Palembang, conquis aussi par les Hollandais et en partie révolté contre eux, est fertile. La capitale a environ 25,000 habitants. Elle est construite sur pilotis, au bord du Mousi. Elle a des relations étendues avec toutes les îles malaises, l'Inde, la Birmanie, Siam, l'Annam et la Chine. La mosquée et le *dalan* (palais du roi) sont deux édifices remarquables.

Les états malais sont gouvernés par un radjah qui prend le titre de soultkon. Ses délégués sont des *datous*, espèce de barons. Dans tous les pays où l'on rencontre ces datous, à Maindanao, à Holo, etc., on doit se dire en pays malais. A Benkoulen, ville hollandaise, et neutre par conséquent, il y a quatre datous, qui ont pour chef un pandjeran, pour représenter les différents pouvoirs indigènes disséminés dans cette grande île.

XXXII. DES DIFFÉRENTS PEUPLES DE SOUMADRA.

La population de cette grande terre est un mélange de peuples divers et de races distinctes fort difficiles à classer. Nous-même en avons déjà décrit deux nouvelles variétés, au chapitre Anthropologie. Nous subordonnerons le classement des races aux délimitations géographiques, ainsi que l'a fait le savant Marsden, avec cette différence que nous considérons les Reyangs, non comme autocthones, mais comme originaires de l'île immense de Bornéo; de même que les Malais de Menangkarbou et de toute l'île de Soumâdra sont issus des Dayas de Bornéo, civilisés plus tard par les Bouguis de Célèbes et les colons hindous qui s'établirent dans cette grande terre. Nous pensons que la comparaison des langues, de l'alphabet, des lois et des coutumes, justifie notre opinion, dont nous croyons avoir démontré l'exactitude dans notre Tableau général de l'Océanie. Nous placerons les Malais dans l'état de Menangkarbou; les Achinais, les Battas, les Reyangs et les Lampouns dans les provinces qui portent ces noms.

Ici, il est facile d'observer la différence du type indien et du type malaisien, malgré quelques mélanges. Les pommettes saillantes, les joues creuses, l'œil petit, le nez épaté, les lèvres larges remplacent chez les Malais la coupe régulière du visage, le nez effilé, l'ovale des contours et l'harmonieuse disposition des traits des Hindous.

XXXIII. COUTUMES DES REYANGS, DES LAMPOUNS ET DES INDIGÈNES DE MENANG-KARBOU.

Le peuple, dont nous allons parler, offre, sous le rapport physique, une grande ressemblance avec les Malais.

Les Reyangs qui habitent l'intérieur de l'île parlent un langage différent du malais; ils s'étendent depuis Layé, dans le nord, jusqu'à la rivière de Sillebar, dans le sud. L'espace compris entre la rivière de Serawy et celle de Benkoulen est occupé par la tribu des Doueblas. La tribu des Serawy est celle qui y domine. Quoique ces diverses tribus semblent ne former qu'un seul peuple, elles ont cependant chacune quelques coutumes qui les distinguent les unes des autres.

Les Reyangs, originaires des bords du Reyang, rivière de la côte occidentale de l'île de Bornéo, sont, ainsi que tous les Malais, d'une taille bien au-dessus de la moyenne. Leurs membres sont petits, mais bien proportionnés. Les femmes ont l'habitude de pétrir la tête de leurs enfants, ainsi que dans quelques îles de l'Océanie. Elles aplatissent le nez, compriment le crâne et allongent les oreilles de manière à ce qu'elles se tiennent droites hors de la tête. Les yeux des Reyangs sont vifs et noirs comme ceux de tous les Océaniens, et quelquefois obliques comme ceux des Chinois. Ce qui provient sans doute d'anciens croisements qu'il est presque impossible d'apprécier. Leurs cheveux sont noirs et épais; les femmes les laissent croître jusqu'à ce qu'ils touchent la terre. Les hommes se brûlent le poil avec la chaux vive, que les Reyangs nomment *chounan*, et les Malais *kapour*.

Ce peuple est d'un naturel paisible, intelligent, grave, réservé, endurant, moins fourbe et moins cruel que les Malais, peu haineux, mais implacable dans ses haines. Sobres dans leur nourriture, les Reyangs vivent de végétaux; mais généreux dans leur hospitalité, ils sacrifient une chèvre pour régaler un étranger. On peut leur reprocher l'indolence, la méfiance et la servilité. Leurs femmes sont dociles, modestes et généralement chastes.

Leur *pandjeran* ou prince, est assisté d'un conseil de *doupattis*, ou chefs de village; mais ceux-ci n'ont qu'une autorité précaire, quoique leur dignité soit ordinairement héréditaire. Le pays des Reyangs est divisé en quatre tribus et il a pour voisin le gouvernement de *Passoumah*, vaste province régie par les mêmes lois et les mêmes coutumes. Là aussi sont quatre pandjerans, qui relèvent du sultan de Palembang, depuis l'époque de la conquête javanaise.

Les lois et coutumes des Reyangs, fixant l'action et la distribution de la justice, sont détaillées avec beaucoup de soin dans leur *addat*, ou code. Celui qui est condamné pour vol paie deux fois la valeur de l'objet volé, avec une amende en sus; le meurtre se rachète par un *bangoun*, somme d'argent qui varie de 80 à 500 piastres, suivant la dignité, l'âge, le rang et le sexe de la victime. Le serment judiciaire est entouré d'une grande solennité et est rarement l'occasion d'un parjure. La peine capitale est presque ignorée à Soumâdra, par la facilité qu'on a de racheter le meurtre. La prison des criminels est une espèce de cage carrée faite en bambou et assurée aux quatre angles par de forts madriers. Cet usage, qui existe encore en Asie, nous autorise à ajouter foi à la cage dans laquelle Timour fit enfermer Bayazid, malgré l'incrédulité de plusieurs de nos historiens.

L'esclavage n'est pas très-dur parmi eux; les esclaves, qui y sont peu nombreux, et les domestiques, vivent, ainsi que dans l'Orient, presque toujours sur le pied de l'égalité, avec les différents membres de la famille.

La cérémonie du mariage est assez bizarre : la vierge doit se défendre même contre la possession légitime; elle lutte de toutes ses forces avec son mari, et cette lutte dure quelquefois plusieurs jours; mais enfin la pudeur succombe, quoique plus tard que chez nous.

La polygamie est tolérée à Soumâdra; mais il est rare, à l'exception des chefs, qu'ils épousent plus d'une femme. Les Malais sont généralement moins ardents que les Asiatiques.

On célèbre une fête ou Bimbang, consacrée aux combats de coqs, à une danse lente, lascive et grotesque, suivie de chants accompagnés du *soulen*, ou flûte malaise, et de la *tinkah*, ou timbale. Les danseuses sont ornées de riches habits de soie, leurs jambes et leurs bras chargés d'anneaux d'or, et leurs cheveux parfumés de fleurs ou d'huile de benjoin : dans les intermèdes, un bouffon divertit l'assemblée.

On voit peu d'exemples de longévité dans cet étrange pays. La durée de la vie excède rarement 60 ans. L'enfant qui naît reçoit un nom; il reçoit plus tard son surnom, suivant les qualités qui le distinguent.

Musulmans ou idolâtres, les Soumâdriens reconnaissent un dieu, l'*allah* des Arabes, dont le nom est fort peu dénaturé dans les quatre idiomes de cette grande terre. Mais ils vénèrent aussi des esprits supérieurs, *Djinns* et *Diouais*; le premier mot vient du persan, et le second est emprunté aux *dioutas* des Hindous.

Les peuples de Soumâdra, et principalement les Reyangs, ont, ainsi que tous les peuples de l'Orient, le plus grand respect pour la tombe de leurs ancêtres. Ils jurent par leurs mânes sacrés. Leur croyance à la métempsycose, empruntée aux Hindous, en diffère d'une manière étrange, puisqu'ils croient que leurs âmes vont se loger, après leur mort, dans le corps des tigres, et c'est là l'origine de leur respect, dont nous avons déjà parlé, pour ces animaux, contre lesquels ils ne se battent qu'à leur corps défendant. Ils prétendent que, dans un district secret de l'intérieur de Soumâdra, les tigres ont un gouvernement et une cour, où ils habitent des villes et des maisons couvertes de cheveux de femmes. Ils vénèrent aussi les crocodiles qui dévorent les baigneurs. Ainsi faisaient les Égyptiens; ainsi agissent encore certaines peuplades nègres envers les serpents. De tous les temps, et en tous pays, les hommes, agités par la crainte, l'espérance, la reconnaissance ou l'admiration, ont élevé des autels aux hommes, aux animaux, aux plantes, aux astres, et même aux phénomènes physiques dont ils croyaient recevoir des bienfaits, ou dont ils redoutaient la colère, ou enfin qui étonnaient leur intelligence.

Ces mœurs, plus particulières aux Reyangs, se reproduisent presque entièrement chez les Lampoungs, qui sont leurs voisins.

Les Lampoungs habitent l'extrémité méridionale de Soumâdra, depuis Palembang jusqu'à la frontière des Passoumah. Ce sont les habitants de l'île qui ressemblent le plus aux Chinois, par leurs visages en losange et leurs yeux bridés. Leurs femmes sont les plus belles et les mieux faites de cette grande terre. Leurs mœurs sont plus corrompues que celles des Reyangs. Ils adorent la mer.

Les naturels de Menangkarbou sont tous mahommédans. La secte des *Padris*, dont le chef était le radjah de Passaman, ayant été vaincue par les Hollandais, ceux-ci ont conservé la suzeraineté du pays.

XXXIV. LOIS ET COUTUMES DES BATTAS ANTHROPOPHAGES.

Nous avons dit qu'il existait, dans la partie septentrionale de Soumâdra, un peuple fort nombreux, occupant tout le pays compris entre Achin, Menangkarbou et la mer : ce sont les Battas.

Les Battas ne résident guère sur la côte, et préfèrent l'intérieur de l'île. Leur population se compose d'environ deux millions d'individus. Leur gouvernement est régulier : ils ont des assemblées délibérantes et d'habiles orateurs. Presque tous les Battas savent écrire; ils ont une langue et une écriture particulières. Ils reconnaissent un seul Dieu suprême, auquel ils donnent le titre de Dibata-assi-assi; ils ont de plus trois autres grands dieux, qu'ils supposent avoir été créés par le premier. Ce peuple n'est pas menteur, comme les Bengalais; il possède le sentiment de l'honneur au plus haut degré; il est belliqueux; il se distingue par sa probité, sa bonne foi et sa prudence. Le pays qu'il habite est parfaitement cultivé, et les crimes n'y sont pas très-nombreux. Cependant, malgré toutes leurs qualités, malgré l'état de civilisation où ils sont arrivés, les Battas n'en sont pas moins de véritables anthropophages. Voici quelques détails à ce sujet, qu'on doit à sir Stamford Raffles :

Il y a quelques années, un homme, ayant été convaincu d'adultère, fut, conformément à la loi du pays, condamné à être mangé. Le supplice devait avoir lieu près de Tappanouli; on invita le résident anglais à y assister; mais il refusa, et son assistant s'y rendit à sa place avec un officier indigène. Arrivés au lieu de l'exécution, ils virent une grande foule de peuple rassemblée : le criminel était lié à un arbre, les bras étendus. L'exécuteur de la sentence, chef d'un certain rang, s'avance vers sa victime, un grand couteau à la main; après lui, venait un homme portant un plat creux, contenant une préparation que les Malais nomment *samboul*, et qui est faite avec du sel et d'autres ingrédients. L'exécuteur appelle à haute voix le mari offensé, et lui demande quelle partie du corps de la victime il désirait. Celui-ci désigna l'oreille droite : l'exécuteur l'abattit aussitôt d'un seul coup, et la remit au mari, qui alla la tremper dans la sauce et la mangea ensuite. Cela fait, tous les assistants se jetèrent sur le corps du supplicié, dont chacun coupa et mangea la partie qui lui convint. Lorsque l'on eut enlevé ainsi une grande quantité de chair de la victime, l'un d'eux lui enfonça un couteau dans le cœur, mais c'était sans doute par déférence pour les deux étrangers qui assistaient au supplice, car jamais l'on ne donne le coup de grâce aux condamnés.

Les Battas ont un code de lois d'une haute antiquité, et c'est par respect pour ces lois et pour les institutions de leurs ancêtres qu'ils se mangent les uns les autres. Ce code condamne à être mangés vivants : 1° ceux qui se rendent coupables d'adultère; 2° ceux qui commettent un vol au milieu de la nuit; 3° les prisonniers faits dans les guerres importantes, c'est-à-dire dans les guerres d'un district contre un autre; 4° ceux qui, étant de la même tribu, se marient ensemble, union défendue parce que les contractants descendent des mêmes père et mère; 5° enfin ceux qui attaquent traîtreusement un village, une maison ou une personne. Quiconque a commis un des crimes énumérés ci-dessus, est dûment jugé et condamné par un tribunal compétent. Après les débats, la sentence est prononcée, et les chefs boivent chacun un coup : cette formalité équivaut chez nous à celle de signer un jugement. On laisse ensuite s'écouler deux ou trois jours pour donner au peuple le temps de s'assembler. En cas d'adultère, la sentence ne peut être exécutée qu'autant que les parents de la femme coupable se présentent pour assister au supplice. Le jour fixé, le prisonnier est amené, attaché à un poteau les bras étendus, et, comme il a été dit ci-dessus, le mari, ou la partie offensée, s'avance et choisit le premier morceau, ordinairement les oreilles; les autres viennent ensuite, suivant leur rang, et coupent eux-mêmes les morceaux qui sont le plus à leur goût. Quand chacun a pris sa part, le chef de l'assemblée s'approche de la victime, lui coupe la tête, l'emporte chez lui comme un trophée, et la suspend devant sa maison. La cervelle appartient à ce chef ou à la partie offensée. On lui attribue des vertus magiques; aussi est-elle ordinairement conservée avec soin dans une bouteille. On ne mange jamais les boyaux; mais le cœur, la paume des pieds, sont réputés les morceaux les plus friands. La chair du criminel est mangée tantôt crue, tantôt grillée, et jamais ailleurs que sur le lieu du supplice; on l'assaisonne avec du sel, on y ajoute souvent du riz. Jamais on ne boit du vin de palmier ni d'autres liqueurs fortes pendant ces repas; quelques individus apportent avec eux des bambous creux, et les remplissent de sang qu'ils boivent. Le supplice doit être toujours public : les hommes seuls y assistent, la chair humaine étant défendue aux femmes. Cependant on prétend que celles-ci s'en procurent de temps à autre à la dérobée. Quelques auteurs affirment que beaucoup de Battas préfèrent la chair humaine à toute autre; mais malgré ce goût prononcé, on n'a pas d'exemple qu'ils aient cherché à le satisfaire hors des cas où la loi le permet. Quelque révoltantes, quelque monstrueuses que puissent être ces exécutions, il n'est pas moins vrai qu'elles sont le résultat des délibérations les plus calmes et rarement l'effet d'une vengeance immédiate et particulière; excepté pourtant quand il s'agit d'un prisonnier de guerre. Lorsqu'elles avaient lieu, il n'y avait pas un seul homme ivre parmi les assistants. L'attachement des Battas pour les lois qui ordonnent ce supplice est plus fort encore que celui des Mohammedans pour la loi du Koran. On a calculé qu'ils mangent, en temps de paix, de soixante à cent individus par an.

Autrefois les Battas étaient dans l'usage de manger aussi leurs parents, quand ceux-ci devenaient trop vieux pour travailler. Ces vieillards choisissaient alors tranquillement une branche d'arbre horizontale, et s'y suspendaient par les mains, tandis que leurs enfants et leurs voisins dansaient et criaient : « Quand le fruit est mûr, « il faut qu'il tombe. » Cette cérémonie avait lieu dans la saison des citrons. Dès que les victimes fatiguées, ne pouvant plus se tenir ainsi suspendues, tombaient par terre, tous les assistants se précipitaient sur elles, les mettaient en pièces et dévoraient leur chair avec délices. Cette coutume de manger les gens âgés est abandonnée aujourd'hui. Il faut espérer qu'ils finiront un jour par renoncer tout-à-fait au cannibalisme.

Le rhinocéros, le buffle, l'éléphant et les tigres sont nombreux dans l'intérieur de Soumâdra; mais nulle part le tigre n'a mieux mérité qu'on lui appliquât le beau vers de Saint-Lambert :

« Toujours ivre de sang et toujours altéré. »

A peine existe-t-il dans les montagnes des Battas une famille dont un de ses membres n'ait été la proie de ces horribles animaux.

Dans plusieurs localités, les habitants ne prennent aucune précaution contre leur fureur, attendu qu'ils les regardent comme des animaux sacrés. De même que les Balinais, ils croient à la transmigration des âmes, et ils appellent les tigres *ninis*, ou grands-pères. On raconte que sur le bord d'une des rivières de l'île, il y eut une année plus de cent individus emportés par ces animaux. Quand ils entrent dans un village, les habitants poussent la folie jusqu'à mettre devant leur maison, comme offrande à l'animal, du riz et des fruits qu'ils apprêtent exprès; ils croient que le tigre, touché de leurs dons, passera sans leur faire aucun mal. Ils en agissent de même à l'approche de la petite vérole, persuadés qu'ils apaiseront par là l'esprit du mal.

XXXV. COUTUMES ET USAGES DES AUTRES PEUPLES DE SOUMADRA.

Les peuples de l'intérieur de Soumâdra habitent des *dousounns* ou villages, situés presque toujours sur les bords d'une rivière ou d'un lac, entourés d'arbres fruitiers et se composant d'un carré de maisons coupées par des passages. Ces maisons sont en bois, cette construction étant la moins dangereuse dans un pays où les tremblements de terre sont fréquents, et la base des maisons est sur des poteaux de sept à huit pieds de hauteur (voy. pl. 21).

Quand ils prennent leurs repas, les naturels ne tiennent pas les jambes croisées comme les Orientaux, excepté les Chinois, mais le coude appuyé sur l'un de leurs genoux, autour d'un grand cabaret en bois, en guise de table, soutenu sur des pieds, et chargé de plats en cuivre. Leurs aliments ordinaires sont le riz, qu'ils préparent en kari à la manière des Hindous, et du poisson; mais dans les grands repas ils y ajoutent différentes espèces de viandes qui sont en horreur aux Hindous, telles que le karbou (buffle), la chèvre et la volaille. Ils salent les œufs de poissons, et ils se régalent souvent d'une espèce de caviar composé de frai de chevrettes.

Leur médecine consiste dans l'emploi de quelques simples. Les maladies les plus horribles à Soumâdra sont la lèpre et l'éléphanthiasis, qui ravagent plusieurs parties de l'Océanie.

L'industrie est peu avancée; cependant le royaume d'Achin possédait jadis des fonderies de canons, et Menangkarbou fabrique encore des armes à feu et des kriss dont la trempe est excellente; mais c'est surtout dans les ouvrages en filigranes d'or et d'argent le plus fin que se distinguent les Soumâdriens. J'en ai vu d'un fini admirable et supérieurs à ceux des Hindous et des Chinois. Ils réussissent encore dans la poterie, le tissage des étoffes et la fabrication du sucre.

Les femmes sont chargées des travaux les plus pénibles : elles portent de l'eau, arrosent les plantations, cultivent la terre, etc., ainsi que les esclaves, qui sont nombreux dans cette île (voy. pl. 23).

Dans un pays de forêts impénétrables, tel que Soumâdra, où abondent les bêtes féroces, la chasse est devenue une nécessité; mais, par un préjugé superstitieux, les habitants respectent les tigres, à moins qu'il n'aient à venger la mort d'un de leurs parents tombés sous les coups de ces animaux, les plus terribles qui soient au monde.

Il existe à Soumâdra, comme chez les Malekasses (*) et chez quelques insulaires de l'Océanie, la coutume bizarre de se limer les dents, qui sont belles et blanches, ainsi que celles des Africains,

(*) Et non pas Malgaches. Voyez le tableau polyglotte des langues dans la 5ᵉ livraison de l'Océanie.

graces à l'habitude de vivre généralement de végétaux. Ils font cette opération au moyen d'une pierre à aiguiser. Les Lampoungs vernissent leurs dents avec de la gomme; les Malais les noircissent par l'usage où ils sont de mâcher le bétel ou le gambir : en d'autres endroits, ils les enchâssent dans une plaque d'or. Dans quelques îles voisines les femmes agrandissent l'ouverture de leurs oreilles de manière à y passer quelque ornement grand comme la main.

Les Soumâdriens aiment passionnément les jeux, tels que les dés, la balle, et par-dessus tout les combats de coqs, ainsi que la plupart des habitants de la Malaisie. Cette coutume, qui existe en Bretagne et en Angleterre sous le nom de *cock-pit*, paraît fort ancienne dans toute cette partie du monde; mais nulle part on ne voit des parieurs plus acharnés, plus forcenés qu'à Soumâdra, si on en excepte les Philippins. Quelques-uns jouent leurs femmes, leurs mères et leurs filles. La race des coqs malais est d'une vigueur et d'un courage rares. L'usage est de ne laisser battre que des coqs d'une couleur opposée. Celui qui tue l'autre en lui ouvrant la poitrine avec ses redoutables ergots, est caressé, choyé, porté en triomphe, et j'ai vu plusieurs de ces vainqueurs emplumés achetés de 60 à 100 piastres (*).

Ces peuples, ainsi que tous les Malais, et surtout ceux des côtes, aiment passionnément l'opium. On en tire annuellement de 200 à 250 caisses du Bengale ou de Malwa. On l'importe en gâteaux de cinq à six livres, enveloppés de feuilles sèches. Les Turcs et la plupart des Orientaux l'emploient en substance; les Malais le fument et s'enivrent de sa fumée au point d'en devenir furieux. C'est ainsi qu'ils excitent leur courage quand ils veulent s'emparer d'un navire, et alors tout l'équipage tombe sous leurs coups. C'est surtout à Java que l'on rencontre de ces forcenés, et les Hollandais ont été obligés de permettre de courir sus malgré leurs dénégations, car ils donnent la mort à tous ceux qu'ils rencontrent sur leur passage; c'est ce qui a eu lieu quelquefois au cri d'amock (*).

Les habitants de la partie sud-est de Soumâdra, et surtout ceux de Palembang, sont d'une haute stature, et paraissent ressembler aux Kayans de Bornéo. Ils sont braves et fiers, tempérants et justes, mais passionnés et violents. Fortement attachés à leurs anciennes coutumes, toute innovation leur déplaît. D'un caractère naturellement indépendant, ils se montrent très-jaloux de leurs franchises antiques. Bien loin d'attacher du prix à la loyauté dans les affaires, ils ne se font aucun scrupule de tromper l'étranger. Ils sont fort adroits dans le maniement de leurs armes. Lorsqu'ils sont attaqués, ils placent en première ligne leurs femmes et leurs enfants. C'est ainsi que périrent dans leur dernière guerre avec les Hollandais cent vingt femmes qui demeurèrent fermes à leur poste, avec leurs enfants dans leurs bras. Ils sont très-industrieux et très-sobres; rarement on les voit se nourrir de viande, bien qu'ils aient des chèvres et de la volaille en abondance. Ils mangent sans répugnance la chair des animaux qu'ils trouvent morts. Ils s'abstiennent cependant de celle de porc. La seule boisson enivrante dont ils fassent usage est une liqueur fermentée extraite du riz; ils l'appellent *broum*, et la réservent pour les jours de fête. De même que les Javans et les autres peuples de l'Orient, ils ont de l'aversion pour le lait et pour les mets dans la préparation desquels il entre. Un chef à qui on en offrait un jour avec du thé, refusa, et ajouta d'un ton mécontent : « Suis-je donc un enfant pour prendre du lait? »

Les Malais de Palembang sont musulmans comme presque tous les Malais; mais leur religion est mêlée d'un

---

(*) La piastre d'Espagne vaut ordinairement de 5 fr. 20 c. à 5 fr. 30 c.

(*) C'est comme si on disait : Voilà l'enragé. L'homme qui est dans cet état est appelé *amokspower*.

reste de paganisme. Leurs idées sur l'univers sont singulières : ils croient que la terre, entièrement immobile, est portée par un bœuf, le bœuf par une pierre, la pierre par un poisson, le poisson par l'eau, l'eau par l'air, l'air par les ténèbres, les ténèbres par la lumière. C'est sans doute une allégorie, mais le sens en est perdu. Ils se disent originaires de la côte occidentale de Bornéo, et non de Johor, ainsi que l'ont avancé quelques auteurs. Ils ont jadis étendu leur domination à Holo, à Palawan (la Paragoua), à Manile, à Mindanao et autres parties des Philippines, ainsi qu'à Poulo-Pinang (île du Prince-de-Galles), Sambelan ou Junksaylen, et *Singhapoura*, la ville du lion. Nous placerons ces îles dans la Malaisie, excepté celle de Sambelan, qui ne contient qu'un très-petit nombre de Malais, et qui touche au continent asiatique, dont elle dépend géographiquement.

XXXVI. CONDUITE DES GADISES OU JEUNES FILLES ENVERS LES ÉTRANGERS.

Selon un usage général, dans toutes les villes où s'arrête le voyageur pour passer la nuit, les jeunes filles ou *gadises* ne tardent pas à venir le soir, lui offrir en cérémonie un présent d'arek et de bétel (siri) (*), pour provoquer ses largesses à leur égard; aussi l'étranger ne manque pas de se munir d'une suffisante quantité d'éventails, miroirs et autres objets de ce genre; l'affluence des dames qui accourent le saluer étant souvent très-considérable. Quelquefois c'est un festin qui est offert à l'étranger, et en cette occasion toutes les beautés des environs sont invitées à s'y présenter, et ne manquent jamais de s'y trouver. Ces festins, qui ont aussi lieu dans les occasions solennelles de mariage, ne sont point sans agrément pour un Européen qui y trouve le piquant de la nouveauté et de la singularité. Ils ont lieu dans les *balleys*, ou maisons publiques : ce sont de vastes bâtiments,

(*) Pinang en malai

ordinairement situés au centre du village, disposés pour ces réunions, et destinés également au logement des étrangers. Voici quel est à peu près le cérémonial de ces fêtes, quand des Européens y assistent : les hommes occupent le fond de l'appartement. Les gadises, dans leurs plus beaux atours, paraissent vers les neuf heures du soir, et prennent place sur les coussins qui garnissent le parquet en demi-cercle; derrière elles se placent les femmes mariées qui les accompagnent; chacune porte une boîte de siri, faite de matières différentes, et plus ou moins ornée, selon les moyens et le rang de la personne. Dans une harangue que le chef du village, ou l'un des anciens, fait alors au nom des dames, il souhaite une heureuse arrivée aux étrangers, et la termine par l'offre du bétel; le voyageur doit faire une réponse analogue, et après avoir ôté de chaque boîte les feuilles de siri, il les remplace par un petit présent proportionné, autant que possible, au rang de la jeune fille, maîtresse de la boîte : on peut toutefois retarder la remise des présents jusqu'à la fin de la réunion; puis, commencent les amusements de la soirée : ils consistent pour les jeunes gens en danses et en chants, pendant que les vieillards, rangés à part en cercle, fument et mâchent de l'opium. Les instruments de musique sont les *katingangs*, espèce d'harmonica, composée de petits gongs placés sur un châssis. Un grand espace se trouve réservé pour la danse, qu'exécutent cinq ou six jeunes filles; le pas en est grave, et le *salindani* ou écharpe arrangée sur leurs épaules, et dont elles tiennent les extrémités à la main pour la développer par toutes sortes de mouvements, rend cette danse très-gracieuse, et lui donne l'apparence de la danse du châle en Europe.

XXXVII. PANTOUNS OU COMBATS DU CHANT.

Le combat du chant ou le *pantoun* semble une espèce de divertissement particulier aux habitants de Soumâdra et à quelques tribus de Bornéo; ils ont un goût très-prononcé pour le chant, exécuté ordinairement par deux personnes assises en face l'une de l'autre, après avoir dansé ensemble, ou bien par quelque jeune fille ou femme, dans l'endroit où elle se trouve, et sans se déranger. C'est d'abord une suite de *pantouns*, en forme de récitatif, ou chant irrégulier; un *bayang*, ou jeune homme, y répond de la même manière, et le combat continue indéfiniment, ou jusqu'à ce que l'un des deux chanteurs se trouve dans l'impossibilité de faire une réponse analogue.

Quand l'un des jeunes gens ou des jeunes filles est fatigué, d'autres reprennent le dialogue à leur place, et continuent ainsi le combat.

Les pantouns malais sont à proprement parler des quatrains, dont les deux premiers vers contiennent une image, et les deux derniers donnent la morale; quelquefois la figure est très-claire, en ce que les quatre vers sont tout entiers employés à l'exprimer, d'autres fois elle reste enveloppée pour éprouver la sagacité de celui qui répond. Quelquefois le tout est compris en une ou plusieurs figures; fort souvent aussi, le commencement du pantoun paraît n'être là que pour la rime, ou du moins n'a aucun rapport avec le sujet. Chez les naturels Néjany et Serawy on donne une plus grande latitude au séramba ou pantoun; la figure embrasse un plus grand nombre de vers, et le poète, au lieu de s'assujettir au rhythme, y substitue souvent une prose mesurée. Le pantoun est fréquemment arrangé en forme d'énigme dont le sens exige de l'intelligence pour être découvert, et souvent une réponse folle vient exciter la joie des assistants. On trouve parfois dans ces pantouns, des mots dérivés du langage de Sounda, qui a passé en partie dans la poésie de toutes les tribus au sud de Kataoun, tandis qu'au nord, c'est le dialecte menangkarbou qui domine. L'origine de cette distinction se rapporte à l'époque des guerres entre Imbang-Jaya, prince javanais, et Touanko-Orang-Mouda de Menangkarbou. Les vestiges de la langue sounda s'arrêtent aux limites des possessions du premier.

Dans ces disputes les pantouns sont supposés être des improvisations, et le sont quelquefois réellement; mais la mémoire de ces insulaires est en général si bien meublée de vers tout faits, qu'à l'instar de plusieurs improvisateurs que j'ai connus à Rome et à Naples, ils ont rarement besoin de recourir à l'invention. La traduction que j'ai déjà essayé de faire ne pourra donner que très-difficilement une idée exacte de leur valeur et de leur signification. Quiconque a cherché à transporter dans une langue d'Europe l'esprit d'une composition orientale, doit avoir senti la difficulté de s'en tirer d'une manière satisfaisante, tant la structure générale de ces langues est différente! Il semble que les idées coulent d'une autre source. Eh bien! ce que nous venons de dire s'applique particulièrement aux pantouns, dont le mérite principal consiste dans la concision, et qui doit surtout renfermer plus de sens que de mots. Les figures et les allusions se font remarquer souvent par leur finesse, et quelquefois on est frappé de la force de l'imagination et du sentiment poétique.

Ces réunions ne sont point les seules occasions où les pantouns soient employés; ils entrent aussi pour beaucoup dans les conversations particulières. C'est un mérite que doit posséder essentiellement quiconque aspire à la réputation d'homme galant. Chez ces peuples, la facilité et l'esprit dans l'espèce de poésie dont nous parlons, sont des moyens d'obtenir les bonnes grâces d'une belle, comme on les obtient dans notre Europe avec des médisances de bon ton, des rouéries ingénieuses, de délicates flatteries, et l'art de dire des riens agréables. Les pantouns sont souvent accompagnés d'un échange de fleurs et autres symboles muets qui ont un sens mystique, intelligible seulement pour les personnes initiées à ce mode secret de communication. Ce langage des fleurs existe dans tout l'Orient. Nous avons donné un échantillon du pantoun à la suite du chapitre de l'idiomographie.

XXXVIII. LANGUES ET DIALECTES DE SOUMADRA.

Nous ne finirons pas cet article, sans observer que plusieurs termes arabes, persans, hindous, portugais, espagnols et hollandais, se sont mêlés, non-seulement dans la langue malayou, mais encore, quoique en plus petit nombre, dans les dialectes reyang, batta, etc. Ces idiomes se prêtent facilement à de pareils néologismes. Les Malais écrivent aujourd'hui en caractères arabes, quoiqu'on retrouve dans quelques peuplades de l'intérieur une écriture primitive et originale. Les idiomes reyang et batta, qui sont les plus répandus à Soumâdra après le malai, offrent moins de différence dans les mots que dans leur sens attributif; mais ce qui est unique peut-être dans les annales des hommes, c'est que deux peuples habitant la même île, arrivés à une civilisation égale, parlant des langues qui ont la même origine, emploient des alphabets distincts, non-seulement l'un de l'autre, mais encore de toutes les autres nations. Au reste, la différence la plus grande qui existe entre le malayou et les autres idiomes de Soumâdra, c'est que le premier s'écrit comme l'arabe, de droite à gauche, tandis que les autres, tels que le batta, le reyang et le lampoung, s'écrivent de gauche à droite, ainsi que le sanskrit et les langues de l'Europe. Les caractères se tracent avec de l'encre sur des feuilles d'arbre, ou bien avec un stylet en fer, et même avec le kriss (poignard), sur des fragments de bambou.

XXXIX. PIRATES MALAIS.

La piraterie, quoique contenue par les Européens établis près de Soumâdra, y exerce encore toutes ses fureurs. En 1830, les Malais de la côte septentrionale de Soumâdra massacrèrent une partie de l'équipage du navire américain *the Friendship* de Salem. En conséquence, le gouvernement des États-Unis expédia la frégate *le Potomac*, pour tirer vengeance de cette barbarie. Ce bâtiment, commandé par le capitaine Downes, arriva le 5 février 1831 devant Kanalah-Batton, et se présenta comme navire marchand, portant pavillon danois, ce qui trompa complétement les indigènes.

Le capitaine Downes envoya en reconnaissance un détachement également déguisé; mais comme le rivage était couvert d'hommes armés, les soldats ne débarquèrent pas. On résolut de faire une attaque le lendemain matin; une troupe de 200 hommes descendit à terre à deux heures, à la faveur de l'obscurité, à peu près à un mille et demi de la ville, sans être découverte par l'ennemi; cependant elle ne tarda pas à l'être, mais elle marcha rapidement sur le premier fort, dont l'accès était très-difficile. Les Malais poussèrent le cri de guerre, et combattirent avec une grande fureur; ce qui n'empêcha pas le fort d'être emporté. Presque tous ceux qui le défendaient furent passés au fil de l'épée; parmi eux se trouvait un chef nommé *Pou-mohammed*.

Une autre troupe d'Américains attaqua un fort derrière la ville : en peu de temps il se rendit. Alors le combat devint général; hommes, femmes, enfants s'enfuirent de tous les côtés; les prahos ne tardèrent pas à être remplis de fuyards, dont plusieurs furent tués par le feu des assaillants. Les assiégeants prirent ensuite le troisième fort, qui était le plus formidable, et le pavillon de l'Union fut arboré sur les batteries. Les Américains mirent ensuite le feu à la ville; la plupart des maisons particulières et des bazars furent détruits. Les troupes se rembarquèrent: elles avaient eu deux hommes tués et quelques blessés.

Les chefs malais envoyèrent des députés au capitaine pour demander la paix, et promettre qu'à l'avenir il ne serait fait aucune insulte à ses compatriotes. On convint de cesser les hostilités; et plusieurs autres chefs du voisinage s'empressèrent de faire leur soumission

XL. ILE NIAS.

Poulo Nias, c'est-à-dire l'île Nias, si inexactement décrite par Malte-Brun, est la plus grande de celles qui bordent la côte occidentale de Soumâdra. Elle a environ 23 lieues du sud-est au nord-ouest; elle est montueuse, sillonnée de rivières, bien peuplée et cultivée avec art, fertile et d'un aspect délicieux. On y voit du riz et des patates douces jusque sur le sommet des collines. Ses villages sont entourés d'arbres fruitiers, de grands cocotiers et de bosquets charmants.

Les habitants de ce beau pays sont robustes, d'une taille moyenne, bien faits, et d'une physionomie et d'un teint qui les rapprochent du beau type hindou. Leurs femmes, sont après celles de Holo, les plus jolies et les plus aimables de cet archipel. Nous avons relevé une erreur grave de Malte-Brun, au chapitre de l'anthropologie, au sujet des hommes à écaille de cette île. Sa population est de près de 200,000 âmes. Elle possède plusieurs mouillages excellents, surtout les ports Souambara et de Tellotelano, sur la côte méridionale de l'île, d'où l'on exporte une grande quantité d'esclaves.

Le pays est divisé en un grand nombre de tribus qui représentent assez bien les *clans* de l'Écosse, et sont gouvernés par 50 radjahs, dont le plus puissant est celui de *Bokonaro*. Ces tribus sont toujours en guerre; c'est pourquoi les villages sont situés sur des hauteurs d'une longue défense, ainsi que chez les Nouveaux-Zeelandais. C'est surtout dans l'île de Nias que les Européens et les Malais vont acheter des esclaves, et là, comme en Afrique, les guerres cesseraient entre tribus, si la cupidité ne leur mettait le fer en main pour entretenir un trafic aussi exécrable qui se consomme au milieu de circonstances révoltantes, malgré la surveillance des croiseurs anglais et la sévérité de quelques gouverneurs hollandais.

Les mœurs, les lois et le costume des Niasiens diffèrent peu de ceux des Soumâdriens, et nul peuple peut-être ne chérit plus son indépendance; car il est souvent révolté du spectacle de l'esclavage dont ses yeux sont souvent affligés.

XLI. ILES POGGHI OU NASSAU ET ILE ENGANO.

MŒURS ET COUTUMES.

Parmi les îles qui environnent Soumâdra, il faut remarquer les îles Pogghi, visitées récemment par John Crisp, qui y a séjourné un mois : c'est le seul voyageur qui nous ait laissé quelques notions sur les mœurs et les usages du peuple qui les habite (*). Un navigateur hollandais a donné à ces îles le nom de Nassau; mais leurs habitants les appellent Pogghi. Ces habitants sont désignés par les Soumâdriens sous le nom d'*Orang-Malawis*. Leur nombre n'est pas considérable; ils sont divisés en faibles tribus, dont chacune habite un petit village sur le bord d'un ruisseau. L'île septentrionale renferme sept villages, dont le principal se nomme Kokoup. L'île méridionale en renferme cinq. La population de ces deux îles monte à peine à 1400 habitants : l'intérieur est inhabité. Porah, ou l'île de la Fortune, a pour population la même race d'hommes et le même nombre d'habitants. Leur taille est rarement au-dessus de cinq pieds et demi; beaucoup restent au-dessous : leurs membres sont bien proportionnés, et ils ont beaucoup d'expression dans la physionomie; leur teint, semblable à celui des Malais, est d'un brun clair, ou tirant sur la couleur du cuivre. Si l'on considère la douceur du climat, la facilité de s'y procurer une nourriture saine et abondante, et le peu d'obstacles qui s'opposent à la communication des deux sexes, on est forcé d'en conclure que ce peuple ne s'est établi que depuis peu de temps dans ces îles. Les maisons y sont de bambou, et construites

(*) Voyez *An account of the inhabitants of the Poggy or Nassau Islands, lying of Sumatra*, by *John Crisp*, esq., in the *Asiatick researches*, vol. VI. pag. 77.

sur des poutres, au-dessous desquelles on place la volaille et les cochons. L'habillement des habitants consiste en un morceau d'étoffe grossière, faite d'écorce d'arbres, qu'ils roulent en ceinture et font passer entre leurs jambes. Ils portent des colliers composés de grains de verre, de petites perles de couleur verte, et autres colifichets (voy. pl. 23). Les femmes qui allèrent rendre visite à Crisp, dans leurs canots, étaient coiffées d'un bonnet de feuilles de pisang (bananes), fait en pain de sucre : deux autres feuilles leur couvraient, l'une la poitrine et l'autre le bas-ventre ; mais étant facile à se déchirer, cette espèce de ceinture avait l'air de franges grossières. Dans l'intérieur des maisons, les deux sexes ne portent qu'un morceau de toile autour de leurs reins. Ils ne font point usage de l'huile de coco pour oindre leurs cheveux noirs, qui deviendraient pourtant plus longs et plus beaux par ce moyen, et ils n'ont pas le même soin de les peigner. Ils liment aussi leurs dents, comme à Soumâdra, pour les rendre pointues, et ont presque tous la peau marquetée de petits points formant divers dessins. Lorsque les enfants ont atteint l'âge de seize ans, on commence à tracer sur leur corps les contours de certaines figures, et, à mesure qu'ils avancent en âge et vont en campagne, on agrandit ces contours que l'on remplit de certaines couleurs. Ces marques sont une récompense accordée à celui qui a vaincu un ennemi ; c'est l'explication qu'on donna à Crisp de cet usage, qui dans son origine aura été, sans doute, une distinction militaire, et qui est aujourd'hui devenu général (voy. la même pl.). Les femmes avaient une étoile sur les épaules, et quelques signes sur le dehors de la main. Le sagou est la principale nourriture de ce peuple. On coupe le palmier-sagou, qui y est fort abondant, lorsqu'il est arrivé à sa grosseur ordinaire ; on en enlève la moelle, et à force de la remuer et de la pétrir dans un baquet, où l'on a soin de renouveler l'eau fréquemment, on parvient à séparer la partie farineuse de la partie filamenteuse. La première se précipite au fond : on la met ensuite dans des sacs faits avec une espèce de jonc, où elle peut se conserver pendant quelque temps ; pour s'en servir, on la lave de nouveau, on l'introduit dans le creux d'un bambou, et on la fait griller au feu. Ces insulaires ont, en outre, des ignames, des patates douces, des pisangs (figues bananes) et autres végétaux ; ils se nourrissent aussi de viande de cochon, de daim rouge, de volaille et de poisson. L'usage de mâcher du bétel, si commun en Orient, leur est inconnu. Les forêts des îles Pogghi renferment quelques tigres et un assez grand nombre de singes, mais pas de chèvres.

Leurs armes sont l'arc et les flèches : le premier est fait en bois de nekboug, espèce de palmier, qui, au bout d'un certain temps, devient très-élastique ; la corde est en boyau ; les flèches sont de bambou ou de quelque autre bois léger, et armées d'une pointe en cuivre ou d'un bois extrêmement dur ; elles sont souvent empoisonnées, et quoiqu'elles ne soient point garnies de plumes, elles n'en sont pas moins lancées avec beaucoup de force et de justesse. Les tribus d'*Orang-Malauis* qui habitent ces îles ne se font point la guerre entre elles ; mais elles ont été autrefois long-temps en guerre avec les habitants d'une île plus au nord, appelée *Seibih*.

La religion de ces peuples est celle de la nature. Les phénomènes les plus marquants, tels que le mouvement apparent du soleil, celui de la lune, le tonnerre, les éclairs et les tremblements de terre, leur donnent l'idée d'un être surnaturel : il se trouve parmi eux des hommes d'une intelligence et d'une pénétration supérieures, qui prétendent avoir des relations avec les puissances célestes, et savent captiver ainsi l'admiration de leurs compatriotes. Ils font quelquefois des sacrifices en volailles et en cochons pour obtenir la guérison de leurs maladies, pour apaiser le courroux de leurs dieux, et pour se les rendre favorables dans leurs entreprises.

Leur manière d'ensevelir les morts ne diffère point de celle des habitants de Taïti : dès qu'un homme a rendu le dernier soupir, son corps est transporté dans un lieu destiné à cet effet, et placé sur un échafaud appelé *ratiaki* : on le pare de coraux et des autres ornements qu'il portait pendant sa vie ; ensuite on le couvre de feuilles, sous lesquelles on le laisse pourrir, et les personnes qui composaient le convoi funèbre s'en retournent à la maison du défunt, où ils arrachent tous les arbres qui l'entourent.

Les chefs de ces insulaires n'ont rien qui les distingue dans leur habillement : ce sont eux qui règlent les cérémonies dans les fêtes publiques, mais ils n'exercent aucune autorité : les différends sont jugés et les délits punis par l'assemblée de tous les habitants d'un village. Les hommes seuls peuvent hériter : la maison, les plantations, les armes et les meubles du père passent à ses enfants. Celui qui a commis un vol un peu considérable, et se trouve inhabile à la restitution, est condamné à mort. L'assassin est remis entre les mains des parents du défunt, qui ont le droit de lui ôter la vie. Les délits sont rares chez ce peuple.

Les mariages se concertent entre les parents des enfants ; lorsque les arrangements sont pris, l'époux se rend à la maison de l'épouse et la conduit chez lui : cette cérémonie est accompagnée de fêtes, et on y tue un cochon. La polygamie n'est point permise. Lorsqu'une femme a manqué à la foi conjugale, le mari a le droit de se saisir de tout ce que possède le séducteur ; quelquefois aussi il punit la femme en lui coupant les cheveux. Si c'est l'homme qui s'est rendu coupable d'infidélité, la femme peut le quitter et retourner chez ses parents ; mais elle ne peut se remarier. Le commerce des deux sexes, entre personnes nubiles, n'est point regardé comme une chose honteuse ni comme un délit. Au contraire, on estime et on recherche davantage une fille qui a eu un enfant avant d'être mariée : il en est même qui en ont eu deux ou trois, que le mari prend avec la mère le jour du mariage.

L'île Engano ou Trompense, située à environ trente lieues de Soumâdra, et entourée de récifs dangereux, est fort peu connue : on la disait habitée par une race d'anthropophages ; mais Charles Miller, qui l'a visitée, n'y a trouvé qu'un peuple simple et grossier, d'une stature haute, d'un teint bronzé, vivant dans des cabanes d'une forme singulière, bâties sur des piliers en bois de fer, et dont la nourriture consiste en poisson sec, noix de coco, patates douces, cannes à sucre et quelques lichens croissant sur les rochers.

XLII. SINGHAPOURA.
LIBERTÉ DU COMMERCE.

Singhapoura (ville du Lion), nommée à tort Sincapour, présente un phénomène nouveau dans l'histoire de l'économie politique, et semble une preuve vivante de l'excellence des théories qu'a révélées cette science admirable et trop négligée, par la rapidité prodigieuse avec laquelle cette île est parvenue au degré de splendeur commerciale et de civilisation qu'elle étale aujourd'hui aux yeux du monde. Hier ce n'était qu'une terre sauvage habitée par quelques pêcheurs et quelques pirates ; aujourd'hui c'est une colonie riche et puissante, où une population active et laborieuse, assemblage d'hommes de toutes les nations, est venue naturaliser les mœurs, les coutumes, les industries les plus variées, et se soumettre d'un accord unanime à l'empire d'une même loi et d'une seule administration.

C'est un beau spectacle à voir et à méditer que cette réunion bizarre, cet étonnant contraste d'hommes divers, naguère ennemis les uns des autres, rassemblés par l'application d'une belle théorie sur le sol de Singhapoura, où vingt peuples, oubliant leurs préjugés nationaux, se sont donné rendez-vous et se livrent chaque jour à des transactions amicales. Ici se hâte lentement un Chinois, à la physionomie grave et réservée, au regard oblique et malin, à la barbe de bouc, et dont la tête rasée et couverte d'une calotte mesquine présente un bouquet de cheveux qui descend en nattes jusque sur les talons : là un Européen au sourire orgueilleux, aux manières aisées, à la désinvolture citadine ; à côté, quelques groupes de coulis (portefaix) malais, avec le mouchoir roulé autour de la tête, ou le chapeau de paille tressée, à forme conique ; plus loin, quelques Arabes ou quelques Hindous. Cette nature sauvage et solitaire, qui n'était troublée naguère que par des reptiles et quelques quadrupèdes inoffensifs, a fait place à de jolies maisons de campagne environnées de vastes jardins. Le palais du gouvernement, entouré d'une galerie à colonnes, s'élève non loin d'une hutte malaise ; un temple protestant à côté de l'église catholique, et un cimetière chinois près d'une mosquée. Dans cette rade, où naviguaient autrefois les prahos des pirates ou la modeste pirogue d'un pêcheur malais, se heurtent et se croisent les navires européens couronnés de canons et ornés de pavillons de toutes les couleurs, les jonques de la Chine, de Siam et d'Annam, les korokoros des Bouguis, les proms de Bornéo, et les pontinos des Philippines. Enfin Singhapoura, en dix années d'existence, nous rappelle la brillante peinture que Fénelon a tracée de l'ancienne Tyr.

XLIII. POSITION DE SINGHAPOURA.

L'île de Singhapoura affecte une forme elliptique ; elle est située à l'extrémité orientale du détroit de Malakka. Elle a environ 10 lieues dans sa plus grande longueur, et 5 lieues dans sa plus grande largeur. Sa superficie est d'environ 270 milles carrés. L'établissement anglais embrasse cependant un circuit de 100 milles environ, dans lequel sont compris à peu près 50 îlots déserts, ainsi que les espaces de mers et détroits en-deçà d'un rayon de 10 milles, à partir des côtes de l'île principale. Elle n'est séparée du continent que par le détroit du même nom, et n'ayant même qu'un quart de mille en plus dans la partie la plus étroite.

Ce canal était autrefois le passage habituel des Indes à la Chine. Mais le front méridional de Singhapoura regarde une vaste chaîne d'îles situées à environ 9 milles de distance, toutes désertes ou tout au plus habitées par quelques races à peu près sauvages, dont on ne connaît guère que l'existence : c'est le canal formé par ces îles qui sert aujourd'hui à la grande communication commerciale entre les parties occidentales de l'Asie, la Chine et l'Océanie. Le passage le plus sûr et le plus commode se trouve si rapproché de Singhapoura, que les vaisseaux, en le traversant, longent de très-près les mouillages.

La ville est située au sud de l'île par 1° 17' latitude nord, et 103° 50' 45" longitude est, sur une rivière, ou plutôt une baie d'eau salée, navigable pour les allèges sur environ trois quarts de mille depuis la mer. Un certain nombre de ces allèges toujours prêtes permet, presque toute l'année, de décharger les marchandises sur les quais, à la porte des magasins, ou de les charger sur les navires.

Les Anglais formèrent l'établissement de Singhapoura en février 1818, mais cette île avait été cédée un siècle auparavant, par le roi de Djohor, au capitaine Hamilton, qui avait fait dans sa patrie des récits exagérés sur sa fécondité ; toutefois les colonisateurs modernes n'avaient aucune connaissance de ce droit préexistant, quand ils obtinrent des possesseurs indigènes la portion du littoral où ils établirent leur comptoir. La possession souveraine dans les limites actuelles n'en fut confirmée qu'en 1825 au gouvernement britannique, par un traité avec le roi des Pays-Bas et les princes malais de Djohor, auxquels cette île appartenait. Cette cession fut faite moyennant la somme de 60,000 piastres, et un tribut annuel de 24,000 piastres, payable à chacun d'eux.

Le commerce de cette colonie prit bientôt un essor prodigieux : la population s'accrut proportionnellement avec la même rapidité.

XLIV. DES DIFFÉRENTS PEUPLES RÉUNIS A SINGHAPOURA.

En 1819, cent cinquante Malais, moitié pêcheurs, moitié pirates, occupaient seuls la petite anse de Singhapoura.

Lors du premier recensement de la population en janvier 1824, elle s'éleva à 10,688; en 1828, elle montait à 15,834, sans compter dans aucun de ces chiffres les troupes, les équipages, ni les condamnés indiens, ni une population flottante d'environ 3,000 âmes. Voici le tableau du recensement de 1827, indiquant la proportion des diverses classes d'habitants :

	Mâles.	Femelles.	Total.
Européens	69	18	87
Indigènes chrétiens	128	60	188
Arméniens	16	3	19
Arabes	18		18
Natifs de Coromandel et Malabar	772	5	777
Natifs du Bengale et de l'Hindoustan	209	35	244
Siamois	5	2	7
Bouguis	766	476	1242
Malais	2501	2289	4790
Javanais	174	93	267
Chinois	5747	341	6088
Caffres	2	3	5
	10,907	3,425	13,732

Au 1er janvier 1830, la population s'élevait à 16,634, dont 12.213 hommes et 4,421 femmes.

Ainsi qu'on vient de le voir, de tous ces peuples d'origines différentes, qui se sont donné rendez-vous à Singhapoura, ce sont les Chinois, les Malais et les Bouguis qui sont les plus nombreux.

Les Chinois forment la masse générale des boutiquiers, ainsi que des ouvriers (*); actifs, laborieux, intelligents, et rusés en affaires, aucun métier ne leur répugne. Eux seuls s'occupent du jardinage, et ils en retirent des bénéfices d'autant plus considérables, que les Talingas et les Malabares, absorbés dans leurs spéculations, enfermés dans leurs boutiques et dans les entrepôts, dédaignent d'exploiter eux-mêmes les ressources territoriales du sol riche et fertile de cette petite île, que féconde encore un climat tempéré.

Les Malais de Singhapoura se divisent en deux classes; les Malais de terre, ou *Orang-Darat*, sont bûcherons, laboureurs et marchands. Ils fournissent des produits du voisinage aux marchés de cette colonie, qui sont ouverts tous les jours et à toute heure, et les approvisionnements de légumes, de fruits, de blé. Les Malais de la mer, ou *Orang-Laout*, sont bateliers, marins ou pêcheurs, et y apportent des poissons, et principalement des tortues vertes, la nourriture animale qui coûte le moins dans cet établissement. Il y a, en outre, une autre classe de Malais qu'on désigne sous le nom d'*Orang-Sallat*, presque tous originaires de la province de Djohor; ce sont eux qui font le service du petit détroit de Singhapoura.

XLV. COMMERCE.

Les Anglais sont les principaux négociants et agents; plusieurs boutiquiers, huissiers-priseurs et courtiers de commerce sont également Anglais. Quoique en petit nombre, ce sont eux qui font toute la force de Singhapoura, parce que sans eux cette colonie, dénuée de capitaux, ne serait plus qu'un comptoir sans ordre, incapable d'inspirer de la confiance, un entrepôt sans activité et sans prospérité.

Au premier rang des négociants, je dois compter un Portugais, M. Almeida, père d'une nombreuse famille, et dont la bienveillante hospitalité envers les étrangers, et principalement envers les Français, mérite toute leur gratitude. Si le cadre de cet ouvrage le permettait, je citerais de lui un grand nombre de traits honorables dont j'ai été le témoin dans mes trois passages à Singhapoura, et en particulier après mon naufrage, sur l'écueil de *Pedrabranca*, peu distant de cette île.

Ici on ne prélève aucune espèce de

(*) Quelques Indiens exercent le métier de bijoutier.

droit d'importation ni d'exportation, ni aucun droit d'ancrage, de relâche, ni aucun autre; mais on tient un registre des importations et exportations. Les patrons des navires sont obligés d'en faire le rapport, et de délivrer des factures à l'employé supérieur commis à cet effet. Pour parer aux frais d'administration, on s'est contenté d'établir quelques droits sur la vente de l'opium, une taxe sur la fabrication à domicile des liqueurs fermentées, une autre taxe sur les jeux, et enfin quelques droits sur la transmission des rentes et des frais de postes. Toutes ces charges peu onéreuses, et presque inaperçues, suffisent pour mettre les dépenses en équilibre avec le budget. Ce budget s'élevait, en 1829, à environ 100,000 piastres.

Grâces à la liberté du commerce et à une administration économe et libérale, Singhapoura, peu productive par elle-même, et n'offrant guère à l'exportation que le cachou, le gambir et le sagou *perlé*, qu'on y prépare avec la matière brute importée du nord de Soumâdra, et quelques instruments aratoires et autres, fabriqués par les Chinois avec du fer d'Europe, est devenue l'entrepôt de tous les peuples commerçants du monde. Le tableau suivant des importations et exportations pendant 1829 indiquera l'importance du commerce et les pays avec lesquels il se traite :

	Importations.	Exportations.
Calcutta	231,646 l. s.	163,135 l. s.
Madras	41,469	113,800
Bombay	27,688	18,804
Angleterre	192,042	278,051
Le reste de l'Europe	54,167	27,223
Chine	179,267	151,989
Poulo-Pinang	88,301	64,612
Malakka	27,862	48,055
Java	228,363	102,637
Iles de France et Bourbon	15,595	11,912
Ceylan	1,935	
Siam	27,581	45,715
Cochinchine	10,844	8,557
Achim	289	
Divers ports du pays	351,472	351,713
TOTAL	1,488,599 l. s.	1,387,201 l. s.

La différence entre les exportations et importations provient surtout des traites que tire principalement le gouvernement sur le Bengale, pour les piastres d'Espagne; traites que paient les négociants, et qui ne sont pas comprises dans les exportations.

Les exportations s'élèvent maintenant à près de 4 millions par an, depuis qu'un nouvel article pour la consommation malaise et chinoise, le coton filé, y a été introduit en masse ces dernières années. Voici le détail des articles exportés en 1829 :

Nids d'oiseaux	quintaux.	221
Benjoin, Siam		700
Camphre, Bornéo		10
Café, Java et Soumâdra		37,358
Poudre d'or, Bornéo, etc.	onces.	14,000
Poivre, Soumâdra	quintaux.	44,672
Sagou, Singhapoura		10,915
Étain, Banca, etc.		16,044
Sucre, Siam		17,349
Riz, Malais et Siam		86,829
Sel, Siam		64,683
Camphre, Chine		1,476
Thé, idem	caisses.	2,640
Soie brute, idem	balles.	855
Opium, Indes	livres	94,109
Gunny (grosse toile) Bengale	pièces.	116,557
Fer en barres, Angleterre	quintaux.	9,555
Coton, Angleterre	pièces.	178,791

Quelques-uns de nos lecteurs seront peut-être curieux de connaître l'importance du commerce des Chinois avec Singhapoura. Ce commerce est le plus considérable après celui des Anglais. J'ai vu dans l'année 1829, dix jonques chinoises, dont quatre d'Émoi et six de Kangton, de 250 à 400 tonneaux. Le chargement de celles d'Émoi se composait de porcelaines, d'ombrelles en papier, de toiles, de petites pâtes à manger semblables au vermicelle, de fruits secs, de petites bougies pour brûler devant les images des dieux, du tabac de Chine extrêmement fin, de quelques pièces de nankin et de la soie écrue. La valeur de ces cargaisons était de 70 à 80 mille piastres. La cargaison des jonques de Kangton consistait dans les mêmes articles, et avait de plus du satin, du camphre, du thé et du sucre-candi, de la laque, de la nacre, du cuivre du Japon, du sang-dragon, de l'orpiment, et un plus grand nombre de nankin, bleu, gris et jaune. La valeur de cette cargaison était proportionnellement semblable à celle d'Émoi.

Les jonques sont lestées avec du granit, si commun aux environs de Kangton. Les cargaisons appartiennent ordinairement aux propriétaires des jonques, qui demeurent en Chine ; mais ils accordent aux commandants, aux officiers, ainsi qu'au reste de l'équipage, la faculté d'avoir à bord une certaine quantité de marchandises, proportionnée à la grandeur de la jonque. Pour une jonque portant 8000 pikles de marchandises, on en accorde 200 au commandant, 100 au premier officier, 50 à chacun des deux commis, et 7 pikles à chaque matelot.

Voici les objets que ces jonques prennent en retour : nids d'oiseaux, camphre de Bornéo, *vichos do mar* (*) ou tripan, bois de sandal et d'ébène, girofle, cannelle, muscade, écailles de tortue, nageoires de requins, cuirs de buffles, et quelques étoffes d'Europe. Les gens de Kangton prennent en particulier de l'agar-agar (*fucus saccharinus*), substance marine que les Malais ramassent dans des écueils de corail aux environs de Singhapoura, et dont les Chinois font une excellente gelée ; de l'étain, du zinc, du poivre, du gambir, et 8 à 10 caisses d'opium du Bengale pour chaque jonque.

La monnaie et les poids sont simples et commodes ; les comptes se tiennent en piastres d'Espagne, divisées en 100 parties, que représentent ou les *doits* hollandais, ou du billon anglais de la même valeur. Presque tout se vend au poids, comme en Chine.

Les poids en usage sont le pikle chinois de 100 *kattis*, ou 133 $\frac{1}{3}$ livres anglaises *avoir du poids*. Le riz produit de Siam et de l'archipel, et le sel se vendent au *koyan* de 40 pikles : la poudre d'or au poids malais boungkal, pesant 2 piastres d'Espagne, ou 832 grains troy. Le riz du Bengale, le froment et les denrées du même pays se vendent au sac de 2 maonds du Bengale, ou 164 $\frac{2}{7}$ livres *avoir du poids*.

(*) Je suppose que ce sont trois mots portugais qui signifient *vers de la mer* : les Anglais écrivent beech de mer, ce qui ne signifie rien. Ce sont des holothuries.

Les poids et mesures d'Angleterre s'emploient fréquemment pour les objets venant d'Europe. Le mode de commerce parmi les négociants est simple et avantageux. Au lieu de confier les affaires à des agents du pays, comme dans d'autres parties de l'Inde, ils les font eux-mêmes, avec l'aide parfois d'un Chinois qui leur sert de courtier ou d'interprète. Les négociants européens font des affaires pour leur compte ; mais la principale partie ne consiste qu'en agences pour le compte de maisons de Londres, de Liverpool, Amsterdam, Anvers, Calcutta, Bombay, Madras, Kangton, Batavia, etc. Il y a aussi des agents des diverses compagnies d'assurance de Calcutta et ailleurs, et les polices se font sans peine pour quelque somme que ce soit.

Dans les transactions avec les indigènes, les orientaux et les Chinois, on se sert de la langue malaise ; simple et facile, les négociants ne tardent pas à en savoir assez pour traiter leurs affaires.

La Chronique de Singhapoura publie chaque semaine le prix courant, le compte des arrivages et départs, et le détail officiel des exportations et importations de la semaine antérieure.

De tels avantages commerciaux eussent été sans garantie, si l'administration de Singhapoura n'eût pas mis les négociants à l'abri de la crainte, comme elle les dégageait de toutes entraves. La liberté et l'égalité qu'on leur accordait devenaient des avantages illusoires, s'ils n'étaient protégés par la justice. On a institué une justice et une police rigoureuse, qui, seules, pouvaient assurer la prospérité de la colonie, en faisant régner l'équité. Pendant les premières années, le résident seul avait rempli les fonctions de juge, et ses décrets étaient néanmoins exécutés sans difficulté. Depuis lors Singhapoura ayant été réunie aux résidences de Malakka et de Poulo-Pinang, on y a installé des cours de justice à l'instar de celles établies dans les possessions anglo-indiennes. Il y a une cour de *recorder*, commune à l'éta blissement et à ceux de Pinang et de Malakka. La force armée, aux ordres du résident, se compose d'environ deux cents cipayes indiens, commandés par des officiers anglais.

XLVI. DESCRIPTIONS.

L'aspect général de Singhapoura présente une surface inégale et onduleuse; elle se divise en plusieurs quartiers. Sur la rive gauche de la rivière, dans la plaine qui fait face à la rade, se trouvent les quartiers malais et européens. C'est dans ce dernier que sont situés l'hôtel du résident, le palais de justice, les prisons, l'hôtel des douanes, le jardin de botanique, l'hospice et une foule de vastes entrepôts. A l'est de la rivière est le Campongglan, où demeurent les Boughis et quelques Malais, et où sont situées leurs mosquées; à l'ouest se trouvent le Campong ou bourg chinois avec ses rues dites de Makao et de Kangton et ses pagodes; et, enfin, le bourg Choulia qu'habitent les Hindous et les Musulmans de l'Inde.

Non loin de là sont de belles forêts abondantes en bois de construction, peuplées de quelques animaux féroces, tels que l'once et le chat sauvage, de nombreux serpents, de singes de plusieurs espèces, de loutres, d'écureuils volants, de vampires, de porcs-épics, de chacals, de bradypes (*), de daims et de *moschus pygmæus* (espèce de lièvre sans oreilles). On y trouve en outre de nombreuses variétés d'oiseaux : les communs sont les grimpeurs et les palmipèdes.

Grace à sa température égale et variant à peine du 20° au 27° centigrade, Singhapoura partage avec Poulo-Pinang la réputation d'un site salubre et favorable aux malades. C'est à cette île que les Anglais viennent demander la guérison des coups de soleil, de la dyssenterie et des fièvres dont ils ont été atteints au Bengale et à la côte de Coromandel. Les produits du sol aident autant que le climat à des cures inespérées.

En outre, les environs de la ville offrent des sites agréables et pittoresques, où le promeneur va savourer avec délices les exhalaisons parfumées d'une nature riante et tempérée, et enivrer son esprit de distractions nécessaires au milieu de cette atmosphère marchande. Ici ce sont des allées où chaque soir, au coucher du soleil, les habitants viennent étaler leur luxe dans leurs jolis équipages traînés par de petits chevaux javanais vifs, forts et pleins de grace; là commence un coteau à la rampe douce et ombragée, couvert à son sommet de charmantes maisons de campagne européennes élevées sur des pieux, et entouré à ses pieds de cases malaises simples et modestes. Puis, du haut de ces monticules, l'œil contemple, au travers de massifs de verdure, la ville de Singhapoura avec sa ligne de rues symétriques et bien alignées, sa rivière animée de barques et de navires, et plus loin, l'entrée du port, défendue par quelques canons en batterie, et le fort (*) commencé, et sa rade en demi-cercle peuplée de mâts et de pavillons aux mille couleurs.

Enfin, il semble, à voir ce pays que dix années ont suffi pour animer et enrichir, que les merveilles prédites par Adam Smith, Say et leurs successeurs, s'y soient réalisées comme par enchantement. Puisse l'avidité des monopoleurs ne pas anéantir, par la suite, la prospérité qu'a procurée à cette colonie un système de commerce aussi sage et libéral dans son application qu'étonnant dans ses résultats !

XLVII. ROYAUME DE LINGAN.

Parmi les îles qui dépendent géographiquement de Soumâdra, il faut encore compter Lingan, île peu importante, Bintang et quelques petites îles,

---

(*) Espèce de paresseux, genre de mammifère de l'ordre des édentés.

(*) Dans les fondations de ce fort j'ai vu une grande inscription en caractères sanskrits, gravés sur un rocher.

formant ensemble le petit royaume de Lingan, dont les Hollandais ont la suzeraineté. Le soulthan de Lingan a cédé à un prince indigène les royaumes de Djohor et de Pahang, situés sur la presqu'île de Malakka, et, moyennant une redevance, l'îlot de Tanjong-Pinang au gouvernement de Batavia. C'est sur cet îlot qu'a été fondé l'établissement hollandais de Riou ; mais, malgré sa franchise, il ne peut lutter avec Singhapoura, qui en est peu éloigné. En 1829, j'ai vu plusieurs centaines de Chinois le déserter pour s'établir dans cette dernière ville. L'îlot de Tanjong-Pinang touche à l'île Bintang, qui a environ 10 lieues de longueur et six de largeur. Elle est couverte de forêts, où les Chinois cultivent le bétel, l'arek, le gambir, le poivre et le sucre. C'est là, qu'après mon naufrage à bord du *Dourado*, je découvris la *Rienziana disticha*, plante utile à la médecine et qui offre le caractère de la végétation australienne. J'ai donné la description de cette plante à l'Académie royale de médecine.

XLVIII. ILE DE BANKA.

Un bras de mer sépare l'île de Soumádra de celle de *Banka*, fameuse par ses mines d'étain, Timah, en malais ; ce bras de mer a pris le nom de détroit de Banka. Les côtes de cette île sont peu habitées : les habitants, redoutant les pirates malais, ont bâti leurs hameaux loin des attérages et dans les vallées intérieures. Mintou, sa capitale, est à une lieue dans les terres, sa population est d'environ 4 à 500 habitants chinois et malais. Les grandes et petites mines Kolong et Koulit sont exploitées par les Chinois. La formation géologique de cette île est de roc primitif. Les plus hautes montagnes sont de granit ; celles d'une moindre élévation sont de pierre ferrugineuse rouge, et c'est entre elles qu'on trouve l'étain dans des dépôts d'alluvion, rarement au-dessous de 24 pieds au-dessous de sa surface. Comme on n'a encore observé qu'environ 3400 milles carrés géographiques, on n'exploite les mines que dans la partie du nord-ouest ; mais il paraît que l'étain abonde dans tout le reste de l'île. On se borne à des excavations perpendiculaires ; les fosses n'ont guère au-delà de 100 pieds de longueur, à cause de l'abondance de la matière. Aussitôt que l'on découvre une minière, après l'avoir sondée, l'on enlève la terre et on la lave, ce que facilitent le grand nombre de ruisseaux qui arrosent l'île. La fusion ne se fait qu'une fois par an et pendant la nuit, pour éviter la chaleur du jour. On peut fondre dans une nuit 6000 livres d'étain ; on en fait des lingots de 50 kattis, environ 60 livres de France. Banka possède d'excellents ports. M. Crawfurd dit expressément que c'est la meilleure route commerciale de Siam au Japon. Singhapoura nous a paru rivaliser sous ce rapport avec Banka. Mais cette dernière île pourrait être un jour d'une grande importance pour les Hollandais, placée comme elle l'est entre Bornéo, Soumádra, Java, les Moluques, les Philippines, Siam l'empire d'Annam et la Chine, et le japon.

L'exploitation des mines est entre les mains d'environ 3000 Chinois, qui, malgré la rudesse de leurs travaux, jouissent d'une bonne santé. Pour connaître la richesse des produits, nos lecteurs consulteront le chapitre Minéralogie de notre tableau général

XLIX. ILE DE BILLITOUN ETC.

Près de Banka est située l'île de *Billitoun*, et non Billington, qui est riche en mines d'étain, et surtout en mines de fer, production rare dans toutes les contrées intertropicales. Celui-ci est d'une excellente qualité. Ses habitants sont braves et entreprenants. Le baron Van der Capellen, ex-gouverneur-général des possessions hollandaises dans la Malaisie, les empêcha non seulement de se livrer à la piraterie pour laquelle ils avaient un penchant décidé, mais encore il établit des chantiers de construction à Billitoun, d'où sortirent les *cruisprawen*, petits bâtiments croiseurs qui, avec des équipages mi-partis d'Européens et d'indigènes, faisaient la police dans ces mers infestées de forbans. Ces pirates sont encore contenus aujourd'hui par une petite garnison hollandaise.

Les autorités anglaises de Malakka, Poulo-Pinang et Singhapoura, et les autorités hollandaises de la côte orientale de Soumâdra, surveillent également les petites îles Carimon, longtemps infestées de pirates. Je ne parlerai point des îles Babi, Sinkep, Sepora, etc.; ell s sont ou inconnues ou d'un mince intérêt. Je me suis même trop appesanti sur quelques petites terres, le cadre de l'Univers pittoresque ne me permettant pas de m'étendre autant que je le voudrais. Je ne donnerai que la position des îles innombrables de l'Océanie qui ne peuvent fournir ni description de quelque intérêt, ni histoire de quelque étendue.

L. ILE DE JAVA.

SITUATION GÉOGRAPHIQUE ET POPULATION.

L'île de Java (*), séparée de la pointe méridionale par le détroit de *Sounda*, s'étend de l'ouest à l'est, en s'inclinant un peu au sud, dans une longueur de 210 lieues, de 103° à 112° long. E.; elle est coupée obliquement par le 7° degré de lat. S. Sa largeur varie de 14 à 50 lieues; sa superficie est évaluée à 5,743 lieues, et sa population, suivant le dernier recensement, à 5 millions, dont plus des deux tiers forment la domination hollandaise, et l'autre tiers forme des états indépendants. Cette population est formée d'un 40° d'Européens, Arabes, Hindous de la côte de Coromandel, Malais, Bouguis, Mangkassars et esclaves; les Chinois y sont au nombre de plus d'un demi-million. Mais le nombre des habitants est sujet à varier; car des maladies épidémiques font souvent des ravages dans la partie nord. En 1822, le nombre des individus moissonnés par le choléra fut de 110,000. En grandeur cette île ne vient qu'après Bornéo et Soumâdra; mais sa population, son agriculture, son industrie, son commerce, ses arts et sa civilisation lui assurent le premier rang dans la Malaisie.

Java est traversée dans sa longueur par une suite de trois chaînes formant 38 montagnes bien distinctes et fort élevées, où l'on compte plus de quinze volcans éteints ou en ignition. L'élévation du Gounoung-Karang, une des principales montagnes, n'est que de 5,263 pieds anglais suivant Horsfield; celle d'Ardjouna, sur la côte orientale, est de 10,614. Les plus hautes ne dépassent pas 12,000 pieds. Elles sont toutes recouvertes de la plus brillante végétation. Parmi ses nombreux volcans, celui dont le cratère est le plus large, est *Tankouban-Prahou*, c'est-à-dire la barque (*Prahou*) renversée, parce que son cratère, qui est situé à 2000 pieds de hauteur, a la forme d'un entonnoir. Celui de Guédé est à environ 10,000 pieds au-dessus de la mer.

Les volcans paraissent avoir formé la base de l'île entière de Java : on trouve en plusieurs endroits les traces d'une origine sous-marine. Nous pensons que la Malaisie, et surtout la Micronésie, la Polynésie et la Mélanésie y compris l'Australie, loin d'être les débris d'un continent, ainsi qu'on l'a dit si souvent, sont au contraire des terres moins anciennes que les autres divisions du globe, des îles qui se rapprochent dans d'horribles mouvements convulsifs, jusqu'à ce qu'elles s'embrassent pour se confondre et ne faire qu'un continent. A partir du détroit de Sounda, cette chaîne volcanique, peu interrompue, qui traverse Java, continue jusqu'au 25° degré à l'est, c'est-à-dire, tout près des côtes occidentales de la Papouasie.

LI. TEMPÉRATURE, CLIMAT ET MOUSSONS.

L'île entière jouit d'un climat salubre, excepté dans quelques exposi-

---

(*) Elle paraît avoir reçu son nom de *javoua*, orge, parce qu'elle produit en abondance un grain de cette espèce (c'est le *panicum italicum*).

tions de la côte du nord, dont on a fort exagéré l'insalubrité, surtout à l'égard de la capitale.

La température est presque toujours la même entre les dix premiers parallèles de l'équateur; les vents périodiques établissent ici deux moussons, ou saisons : celle de la sécheresse, qui dure environ 6 mois, et celle des pluies, qui règne également 6 mois. Les mois de décembre et de janvier sont les plus humides; les mois de juillet et d'août, les plus secs. Durant cette saison, les nuits sont plus chaudes que le jour. Dans les montagnes on passe rarement une journée sans orage, et dès que le bruit de la foudre se fait entendre, on sent la terre trembler sous ses pas; les éclairs embrasent l'atmosphère comme des nuages de feu, et leur lumière est tellement vive et éblouissante qu'on est contraint de fermer les yeux. Quand la pluie tombe, ce n'est pas en brouillard, ni en grain ou en poussière monotone et constante comme à Paris, ce sont des torrents, des cataractes, un déluge : le ciel semble se fondre en eaux pendant plusieurs jours, et les animaux épouvantés font entendre des cris de terreur. Pendant la mousson sèche, on n'éprouve point la sécheresse de l'Hindoustan; mais l'atmosphère est souvent rafraîchie par des pluies à verse qui rendent à la terre toute sa parure.

Le Delta de l'Égypte n'est pas plus fertile que les environs de Sourabaya, dont le sol est sans cesse en culture, et non pas comme celui de l'Europe, asservi à quatre saisons.

Le thermomètre de Fahrenheit s'élève à 95 degrés vers trois heures après midi dans les plaines basses de Batavia, de Samarang et de Sourabaya. Au-dessus de la plaine de Samarang, à 1000 pieds d'élévation, il est souvent à 45° et plus au-dessus de 0; il marque 70° à 74° le matin et le soir, et 87 et demi à midi dans les appartements bien aérés.

Les Hollandais ont établi leurs principales villes loin des volcans; aussi elles ne sont presque pas sujettes aux tremblements de terre.

141. GÉOLOGIE.

La formation géologique de Java est donc essentiellement volcanique. Quelques-uns de ses volcans furent engloutis à des époques récentes, d'autres à des époques inconnues. Des montagnes calcaires, moins élevées que les volcans brûlants, et dont les cimes sont en forme de table, comme la montagne qui porte ce nom au cap de Bonne-Espérance, couvrent en plusieurs endroits les espaces entre deux volcans; des terres d'alluvion sont dans les parties inférieures des cours des rivières, principalement sur la côte du nord : on en reconnaît la limite avec les montagnes primitives et secondaires.

On ne trouve point de granit, ni de diamants, mais beaucoup de schorl pyroxène, de quartz, de mica (*), de feldspath et de cornéenne trapp, principalement dans les montagnes secondaires de la côte du sud : on y rencontre aussi la chrysoprase, l'agate, l'agate jaspée, le cristal de roche, le jaspe commun, la chalcédoine, l'obsidienne et le porphyre. On voit dans les actes de la Société de Batavia qu'on y a trouvé de l'argent en 1723 et 1744, mais que l'exploitation était si peu lucrative qu'elle fut aussitôt abandonnée. On trouve des pyrites ferrugineuses et de l'ocre brun, et on a reconnu l'existence du mercure dans les rizières argileuses de la rivière de Demak. Les terres d'alluvion proviennent d'atterrissements d'une origine beaucoup plus récente : elles commencent à une lieue de la mer, et elles sont formées de sables, de boue et de coquillages. Le sol est varié; mais il consiste généralement en une argile rougeâtre peu fertile, une argile noire très-riche, et une marne jaune entièrement stérile. La terre du bord des rivières et du fond des vallées est de première

(*) Le quartz, le feldspath et le mica sont les éléments essentiels du granit, qui est une roche du sol primordial, mais simplement quand ils sont tous les trois réunis et qu'ils sont immédiatement agrégés entre eux et comme entrelacés.

qualité. Entraînée des montagnes par les eaux courantes, la terre végétale ressemble au terreau de nos jardins d'Europe ; elle ne s'appauvrit pas, et son odeur empyreumatique est facile à reconnaître à l'étranger nouvellement débarqué.

Une île aussi montagneuse doit être sillonnée de nombreuses rivières. En effet, on en compte 50 médiocres, dont 5 a 6 sont navigables à quelques milles de distance de la mer. Les deux plus grandes sont celles de Solo et de Kediri. Leurs rives fertiles offrent tout ce que la foresterie (*) et l'horticulture ont d'utile et d'agréable dans les cinq parties du monde.

LIII. HISTOIRE NATURELLE.

On trouve à Java les différents degrés de l'échelle végétale, depuis les plantes aquatiques jusqu'aux plantes alpines ; la profusion des végétaux étonne à chaque pas, depuis les côtes sablonneuses jusqu'au fond du cratère des volcans.

On compte plus de cent variétés de riz, qui ont presque tous des noms différents. Les plantes les plus utiles qui croissent dans l'île sont le maïs (zea mahis), les fèves ou kachang, le chili (capsilum), la canne à sucre, le cocotier, l'arékier ou pinang, l'arbre à pain, le palmier gomouti, l'arbre à eau ou du voyageur (le ravenal) (**), l'arbre à savon ou rarak (sapindus saponaria), le gambir, le coton, le bendoud, arbrisseau d'où découle la gomme élastique, la banane ou pisang, le bambou, le mangoustan, le rambutan, le jack, le dattier, le grenadier, le figuier, l'ananas, l'arbre du benjoin, le glougo, l'agave, le manioc, le kantang, le tamarinde, le pamplemousse, le copal, le waug-kodou, le kappok, le jambo, le kavari, le tek, le kijatil qui fournit un excellent bois de charpente, la vanille, le cochenille, le pastel, l'anak, le datoura, le mollo, le bolanza, l'arbre qui produit l'eugénia ou pomme de rose, le dourian, l'oranger, le citronnier, le cardamome (kapot), le cacao, le maguey, espèce d'artichaut, le manguier, le poivrier, le kabah, qui fournit une huile balsamique, le tourennapi, qui sert à faire de jolis meubles, l'arum (senté), le cassan, la batate douce, l'yam ou igname des Américains, le sagamounda et le sagou, espèce de palmier, le cafier, abrité par le dadap (erythrina-corollodendrum), le ricinus (dcharak), la calebasse, le tabac.

On y trouve aussi le melon et le raisin, le poivrier, l'indigo, etc. ; plusieurs espèces d'arbres de construction, de charronnage, de menuiserie, d'ébénisterie. Les fougères, qui ne sont en Europe que des plantes herbacées s'élèvent dans l'île de Java à la hauteur de 80 pieds ; rien n'est plus pittoresque qu'un bocage de fougères en arbres. Enfin quelques espèces de mousses s'y élèvent à la hauteur d'un pied.

Cette île importante renferme plusieurs plantes vénéneuses, entre autres l'arbor toxicaria de Rumph, appelé antchar, qui croît à la partie orientale de Java, à Bornéo et à Célèbes, et le tchettik, plante rampante dont la fructification n'est pas encore connue. Le suc vénéneux de ces deux plantes sert à empoisonner des flèches très-minces de bambou, qu'on lance avec des sarbacanes.

Nous décrirons l'antchar ou pohoun oupas, à l'article Célèbes.

Le chameau et l'âne, l'éléphant même, qui est indigène à Soumidra, existent à Java, mais non pas dans l'état sauvage. Les chevaux, qu'on croit être venus d'Arabie, y sont devenus petits, mais sans perdre leur force et leur vivacité. Le porc chinois s'y naturalise à merveille ; les chèvres, le bœuf et la vache y prospèrent, et d'énormes buffles aident l'agriculteur dans ses utiles travaux. Les moutons, les gazelles, les lièvres et les lapins,

---

(*) Je prends la liberté de fabriquer ce mot utile qui nous manque.

(**) Il provient des îles de la mer du Sud et il a été transplanté à Java par d'Entrecasteaux. Je l'ai vu naturalisé à l'île Bourbon.

le tigre (*felis tigris*) et une espèce de léopard, le chat tigre, le chacal, le rhinocéros bicorne, dans la partie occidentale, des cerfs de plusieurs espèces et une grande quantité de singes peuplent ses forêts.

La plupart des oiseaux de basse-cour de l'Europe ont été transportés à Java: les faisans, les jonglis ou grebes, les pies, les cailles, la poule de Java, les bécassines, les canards, les oies sauvages et l'aigle blanc, peuplent les bois et les marais. La famille des perroquets se compose d'une foule d'individus inconnus aux autres contrées de la zone torride. Le kakatoua blanc, dont la tête est ornée d'une aigrette jaune, et le lori rouge y sont assez communs; le magnifique argus mâle (voy. pl. 6), l'émou ou kasoar casqué des Moluques, gallinacée gigantesque, semblable par sa taille à l'autruche africaine et au nhandou de l'Amérique, à la chèvre par son crâne, et au sanglier par ses plumes, y sont naturalisés. La fameuse salangane (*hirundo esculenta*), hirondelle dont le nid excite la gourmandise des Chinois, s'y trouve dans des cavernes situées auprès de la mer. Le crocodile infeste les rivières. Les forêts renferment des serpents de toute grandeur et l'*outar-sawa*, python-améthiste, nommé faussement *boa*, (grande couleuvre des îles de Sounda), espèce qui a plus de 30 pieds de long, ainsi qu'une vipère verte fort dangereuse. Valentyn a compté 538 espèces de poissons. Cette liste a été augmentée depuis.

On y voit des lézards, des caméléons, l'igouane et le jekko, qui tire son nom du cri qu'il fait entendre. Les insectes fourmillent, mais ils sont moins dangereux qu'on ne le suppose.

Les productions minérales paraissent être rares à Java; mais nous pensons que l'étain, le fer, le cuivre, le marbre et même l'or y existent. Les indigènes travaillent fort bien le cuivre, l'étain et le fer étrangers, parce qu'aucun métal n'est exploité dans cette grande île, sauf le soufre et le sel qui y forment un grand objet de commerce.

Nous ne nous sommes pas étendus sur l'histoire naturelle de Java, nous n'avons fait que rappeler ses productions dans une nomenclature assez aride, pour ne pas nous répéter. Nous les avons décrites dans l'histoire naturelle de la Malaisie, que nous avons rendue aussi complète qu'il nous a été possible, et nous y renvoyons nos lecteurs.

LIV. CARACTÈRE DES JAVANS ET LEURS COUTUMES.

Les Javans indigènes, ou *Bhoumi*, sont petits de taille et d'un teint jaunâtre ou tanné; il reste encore, seulement dans les cantons de l'intérieur, quelques noirs, ainsi que dans un grand nombre d'îles de la Malaisie. L'hospitalité est une vertu commune chez les Javans. On est assuré de trouver chez eux un asile et la nourriture, au moins pour 24 heures. Ils sont doux, paisibles. Le domestique est docile et zélé; le maître commande avec égards et bonté. Les liens de famille sont puissants parmi eux, et ce peuple, quoique musulman, est très-tolérant en matière de religion. Le vol et la piraterie comptent un grand nombre de sectateurs dans les classes inférieures; mais les gens aisés du pays sont honnêtes et fidèles, et, de plus, fort attachés aux lieux qui les ont vus naître. Un Javan ne quittera que pour un motif indispensable les tombeaux de ses pères, mais il est crédule, superstitieux et pétri de préjugés : croirait-on sérieusement que quelques Javanais instruits prétendent descendre du dieu Vichnou et que quelques montagnards se disent issus d'un Wouwou (*)?

Les Maures, ou musulmans indiens, les Bouguis, les Malais, les descendants des Portugais et les Arabes forment la liste des étrangers qui habitent Java, non compris les Européens et les Chinois, dont le nombre s'élève à plus de 300,000. Les Chinois ont un capitaine et plusieurs lieutenants pour

---

(*) C'est le nom vulgaire de plusieurs espèces de gibbons, mais plus particulièrement de l'*hylobates agilis*.

chacune de leurs résidences. Ils sont l'âme du commerce de cette île, et dans les provinces indigènes ils sont les fermiers de presque tous les revenus.

Le mohammédisme est la religion du pays, et les habitants ont la plus grande vénération pour les tombeaux de leurs saints, dont quelques-uns sont de beaux monuments.

Chez les Javans, la polygamie n'est pratiquée que par les grands. Le divorce est autorisé par la loi et par la coutume. Les personnes d'une classe inférieure l'obtiennent moyennant 100 francs, et ceux de la classe supérieure, au prix de 250 francs. Les femmes sont laborieuses et entendent bien l'économie domestique.

Leurs naissances sont célébrées par beaucoup de cérémonies. Le père prend le nom qu'on a donné à son fils : s'il s'appelle *Généreux*, le père prend le nom de *père du généreux*. De 8 à 12 ans, les enfants mâles sont circoncis. Les enterrements se font sans ostentation ni cris, mais avec décence et avant le coucher du soleil, ainsi que chez les juifs et les musulmans. Les cimetières sont entourés de kambaja (*plumieria obtusa*), plante dont le feuillage semble inspirer la vénération et la mélancolie.

LV. INDUSTRIE ET MANUFACTURES.

La médecine à Java se réduit à des frictions et à des onctions sur les parties affectées, et, chose étrange ! les médecins indigènes sont plus recherchés par les Hollandais pour le traitement de leurs maladies que les médecins européens.

Les Javans excellent dans la tannerie. La métallurgie a fait quelques progrès dans cette île, et surtout dans l'art du charpentier, du constructeur et de l'ébéniste. L'or et l'argent sont travaillés avec autant d'art qu'à Soumâdra et aux Philippines. Le sel est un objet important de fabrication, ainsi que celle du papier, qu'on fait avec l'écorce du *glougo* (*morus papyrifera*). La chasse et la pêche occupent un grand nombre d'individus. On prend le poisson avec des filets ou au moyen de plantes narcotiques, et le meilleur plat pour ces insulaires consiste en une poignée de langoustins, petits poissons que l'on fait fermenter, saler et sécher au soleil. Les montagnards, descendants des Hindous, ne mangent encore que des végétaux.

L'art de tisser et de teindre les étoffes à Java est très-remarquable.

Nous avons décrit les costumes des Javans dans le tableau général. On peut les diviser en costumes de paysans, de guerre, civils et de cour. Le vêtement des femmes, celui des fiancés, et surtout celui des Bonguines, sont très-riches et très-gracieux (voy. *pl.* 24 et 25).

Ce sont ordinairement les femmes qui fabriquent le coton ; elles séparent la graine au moyen de deux petits rouleaux de bois dont les circonférences se touchent ; ensuite elles le cardent.

Un pikle de coton en laine (135 liv. et demie) se vend onze piastres (environ 57 francs) ; et lorsqu'il est filé, 24 (environ 125 fr.). Le bitord, teint en indigo, vaut 50 francs de plus ; avant d'être tissé il coûte encore 50 francs additionnels. Ainsi la matière prête à fabriquer coûte environ 450 pour cent plus que la matière brute. La fabrication des indiennes n'a fait peu de progrès.

Le coton peint (*jarit*) se distingue en *touri* teint en fil et en *batik* teint en étoffe.

Pour rendre la teinture plus facile et plus solide, on trempe l'étoffe dans de l'eau ; ensuite on la sèche et on la calandre. Alors commence le procédé d'où vient le nom de *batik*. On liquefie une once de cire dans un vase de cuivre ou de coton ; quelquefois on emploie une noix de coco. Le vase a un tube de deux pouces de long par lequel on fait écouler la cire ; ce tube sert de pinceau pour tracer les contours qu'on ne veut pas soumettre à la teinture ; ensuite on plonge l'étoffe dans le bain colorant.

Pour fixer la couleur écarlate on trempe d'abord l'étoffe dans de l'huile, et au bout de cinq jours on la lave dans de l'eau chaude de riz. Le plus souvent il faut dix jours pour teindre en *batik*, quelquefois quinze; alors l'étoffe acquiert une valeur estimative de 100 pour cent.

Quand on connaît ce procédé, il ne semble plus si étonnant que les dessins des étoffes de l'Inde soient si peu corrects. On remue plusieurs fois l'étoffe dans la couleur qu'on veut lui donner, réduite à l'état liquide, afin que toutes les parties en soient pénétrées. C'est ainsi qu'on teint les ceintures de soie appelées *chindi*. Il y a près de cent espèces de *batiks*; les nuances de quelques-unes sont exclusivement réservées aux monarques. Les seules couleurs bien distinctes sont le bleu et l'écarlate; les autres laissent toujours beaucoup à désirer sous le rapport de la perfection. C'est du vin de l'aren (*borassus gomulus*) qu'on forme l'indigo; on l'obtient encore d'autres acides végétaux. Le noir provient de l'écorce exotique appelée *ting'i*, et de l'écorce du mangoustan (*garcinia mangostana*); on le fait au moyen de diverses autres infusions et de celle de la paille de riz. Le vert s'obtient du bleu clair et d'une décoction de *tegrang* (bois exotique), à laquelle on mêle du vitriol.

C'est le *tegrang* seul qui produit le jaune; on y ajoute de l'écorce du nangka (*artocarpus integrifolia*, Jack) et du plein dodol.

On obtient l'écarlate de la racine du wong-koudou (*morinda ombellata*). Quand on a fait bouillir l'étoffe dans l'huile de *wyen* ou *kamiri*, on la lave dans une décoction de merang ou paille de *pari*. Après cette opération on la plonge dans l'infusion du wong-koudou et d'écorce de jirak, variété du fruit appelé *kepoundoung*. La propriété de cette dernière plante est d'augmenter la force de la première. Pour fabriquer le rouge complet, on macère les racines découpées du wong-koudou dans de l'eau, et on les réduit au tiers par l'ébullition; on infuse dans ce liquide du kasoembakling (*bixa orellana*) pour obtenir une couleur rose solide.

Dans les districts maritimes, quand on veut donner à la soie une belle couleur cramoisie, on ajoute de la gomme laque, *tembaloe* ou *embaloe*.

La fabrication du papier se fait avec le gloogo (*morus papyrifera*). Lorsque l'arbre est dans sa deuxième ou troisième année, on en coupe l'écorce et on la divise en morceaux de 18 pouces de longueur. On la laisse dans l'eau pendant 24 heures; alors l'épiderme se détache facilement, les filaments du livret s'amollissent, on les bat avec un morceau de bois, et on les lave à grande eau. On trempe dans une décoction de riz le papier qu'on destine à l'écriture. Ce procédé approche beaucoup de celui qu'on pratique dans les îles de la mer du Sud pour fabriquer les étoffes.

Le soufre est très-abondant dans les pseudo-volcans : son état est très-pur. Le bois équivalant à celui de bourdaine s'y trouve communément. Malgré tous ces avantages, on préfère la poudre à canon apportée d'Europe. Il y a à Grissé, dans l'île de Java, une manufacture de salpêtre, établie sous la surveillance des officiers européens, qui fournit par an 2000 pikles au gouvernement, évalués à environ 4000 fr.

LVI. COMBATS DE COQS. COMBAT DE TAUREAUX.

Les combats de porcs, de cailles, de grillons, etc., sont très en usage à Java parmi les personnes qui ne sont pas d'un rang élevé. Ils jouent aussi au cerf-volant comme les enfants en France.

Le coq est l'animal favori des insulaires de la Malaisie. Les chansons des Bouguis et surtout les poésies des Javans célèbrent souvent les combats de coqs. La race la plus estimée provient de Célèbes et de Bornéo. A Java on les fait combattre sans éperon, comme le font les mohammedans de l'Hindoustan; à Célèbes on leur attache un éperon artificiel de la forme d'une petite faucille, moins meurtrière que les éperons dont on se sert en Angleterre.

Les combats de taureaux sont communs à Madoura, ainsi que dans l'est de Java. On n'emploie ni des chiens, comme en Angleterre, ni des hommes ou des chevaux, comme en Espagne, mais on excite des taureaux attirés par une vache dans un cercle immense nommé *aloun aloun*. Une fois excités, on ramène la vache, et ils se combattent à outrance. Les taureaux les plus estimés sont ceux de Soumanap, qui sont de petite taille, mais braves et vigoureux. Tous ces jeux, et quelques autres, donnent lieu à des paris considérables.

LVII. COMBAT DU BUFFLE ET DU TIGRE.

Le combat chéri des princes et des grands est celui du tigre contre le buffle, supérieur à nos taureaux en taille, en force et en courage, et digne de se mesurer avec ce féroce animal.

C'est à M. Crawfurd, qui a été témoin de ce combat, que nous en empruntons les détails, en les abrégeant.

On prépare, dans une vaste arène, une cage circulaire de gros bambous, qui a environ 10 pieds de diamètre et 15 pieds de hauteur; elle est ouverte en-dessus et fortement attachée à la terre. On introduit d'abord le buffle, et ensuite le tigre. Leur première rencontre dans ce lieu resserré est terrible. Le buffle est l'assaillant: il pousse avec violence son antagoniste contre les barreaux, et cherche à l'écraser. Le tigre, redoutant la force du buffle, veut l'éviter; celui-là saute adroitement à la gorge ou sur la tête de son adversaire, ce qui prouve dans le tigre des habitudes semblables à celles du chat. On laisse reposer les deux combattants après cette première attaque. M. Crawfurd a vu un buffle écraser un tigre au premier effort. Mais il n'en est pas de même dans l'Inde: dans les combats entre un buffle et un éléphant, clouer le buffle à terre en poussant un rugissement épouvantable, est l'affaire d'un instant pour un éléphant aguerri.

Si le tigre refuse de combattre après ce premier assaut, on l'excite en le piquant avec des bâtons pointus, en l'incommodant par la fumée de la paille, ou en lui jetant de l'eau bouillante.

On excite le buffle en lui versant sur la peau une dissolution de piment (*capsicum*), ou en le provoquant avec des orties, dont les aiguillons sont tellement brûlants qu'ils feraient naître une fièvre de rage dans l'homme qui en serait piqué. Cette scène cruelle dure environ une demi-heure. Si l'un des deux athlètes est hors de combat, on introduit d'autres combattants.

Lorsque le tigre a survécu, on le destine à périr par le rampok. Voici l'origine de ce jeu terrible. Un grand nombre de tigres infestent le voisinage des lieux habités; ils s'y introduisent pour tuer les chevaux et les bestiaux; aussi l'on met le plus grand soin à exterminer cet animal.

Dès qu'on a découvert le repaire d'un tigre, les habitants mâles des environs sont appelés pour lui donner la chasse : ils reçoivent les ordres d'un chef; chaque homme est armé d'une lance. On cerne le repaire par deux ou trois rangs de chasseurs : on éveille le tigre par des cris, par le bruit du gong (espèce de tambour), ou par le feu. On laisse assez de place pour qu'il puisse s'échapper jusqu'à une certaine distance, mais sans rompre les rangs : lorsqu'il veut les forcer, on le tue.

Le souverain donne quelquefois le spectacle du ram ok aux habitants de sa capitale. Alors on place des cages remplies de tigres au milieu d'une vaste arène; des piqueurs forment un carré fort étendu de 4 rangs d'épaisseur. Deux ou trois hommes prennent les ordres du prince, placent des feuilles sèches et tressées devant la porte de chaque cage, qu'ils lèvent, y mettent le feu et se retirent à pas lents, au son de la musique. Aussitôt que le tigre sent le feu, il s'élance et cherche à se faire un passage à travers la fumée qui le repousse. Le féroce animal, attaqué de nouveau, veut s'élancer, et périt sous les piques. Quelquefois il se retire au centre du carré : ce qui arrive presque toujours lorsqu'il a déjà combattu un buffle; alors le prince désigne six à huit lanciers qui s'avancent de sang-froid, et ne manquent presque jamais de percer le tigre au premier coup.

L'usage de forcer les criminels à combattre les tigres est aussi ancien que l'empire de Matarem; cependant, depuis long-temps ce cruel amusement est presque tombé en désuétude; il a même été aboli par des traités, ainsi que la mutilation et la torture.

En 1812, deux criminels furent exposés à ce supplice par ordre du soulthan de Djokjokarta. On donna à chacun d'eux un kriss dont la pointe était émoussée; on ouvrit une cage d'où s'élança un tigre. Le premier de ces malheureux fut bientôt mis en pièces; mais le second combattit pendant environ deux heures, et eut le bonheur de tuer le tigre en le frappant plusieurs fois sur la tête, dans les yeux et sous les oreilles. Le concours du peuple à cet horrible spectacle était immense. Là, comme chez nous, dans les temps barbares, le peuple superstitieux crut que le ciel avait ainsi manifesté l'innocence de cet homme; il obtint sa grâce, et même il fut élevé au rang de *mantri*, pour l'indemniser des dangers qu'il avait courus.

LVIII. DANSE.

Le tandak, espèce de danse, est, suivant Raffles, le divertissement chéri des Javanais. A peine est-il nuit, dit-il, qu'on entend de tous côtés les sons d'une musique bruyante : le peuple sort de ses habitations et se porte en foule sur les places publiques où les danseuses sont rassemblées. Sous une tente dressée à la hâte et éclairée d'une quantité de lampes, trois ou quatre femmes à demi nues, la tête parée de fleurs, accompagnées des instruments par des musiciens qui les suivent, et s'accompagnant elles-mêmes de la voix, mettent en mouvement toutes les parties de leur corps : les bras, les jambes, les mains, la tête, les yeux tout est en action. Attirés par la voix de ces sirènes, les hommes viennent prendre part à leurs jeux, la danse va toujours s'animant de plus en plus, les danseuses redoublent d'ardeur, les danseurs veulent les imiter : mais bientôt fatigués d'un exercice aussi violent, ils se retirent et vont reprendre leur place parmi les spectateurs, après avoir payé néanmoins le plaisir qu'ils se sont procuré et embrassé leurs danseuses. Quelque séduisant que soit pour un Javanais un pareil spectacle, il ne peut réjouir les yeux d'un Européen de bon goût. Ces danseuses s'appellent Ronguines (voy. *pl.* 24) et sont les courtisanes du pays : leur profession est généralement méprisée, et il n'est pas de femme honnête qui voulût s'abaisser à danser même en particulier (*).

Le soulthan de Djokjokarta entretient chez lui des danseuses d'un autre genre, qu'on nomme *bedoios* ou *srampis*: elles dansent, dit-on, avec grâce, forment des balets réguliers, et ont quelque ressemblance avec les bayadères de l'Inde. Peu de gens ont eu occasion de les voir, le soulthan et le gouverneur de Samarang ayant seuls le droit d'en avoir. On croit que la gravité hollandaise est ce qui empêche le gouverneur de jouir du même privilège; mais son lieutenant, ou gouverneur javanais, qui est sous ses ordres, a une troupe de bedoios à son service, et fait consister en cela un des plus beaux attributs de sa place.

Lorsque le soulthan se montre en public, ses pages exécutent devant lui une marche, qu'on peut appeler plutôt une danse; mais, ce cas excepté, les Javanais n'ont point de danses particulières aux hommes, comme on en voit chez leurs voisins; et ceux qui, à Batavia, se livrent à cet exercice dans les fêtes solennelles, sont des étrangers de Mangkassar, de Bali et de Bima.

LIX. JAVANS ET AUTRES PEUPLES QUI MANGENT DE LA TERRE.

Il nous reste à parler d'un usage fort extraordinaire. M. Leschenault

(*) Il en est de même dans tout l'Orient Les *almés* de l'Égypte et les danseuses de la Perse, sans être au-dessus de nos figurantes des petits théâtres, sont supérieures aux *devadassi*, que nous appelons bayadères, et surtout aux *ronguines*.

de la Tour, dans une lettre à l'illustre voyageur M. de Humboldt, communique les détails suivants sur les habitants de Java qui mangent quelquefois de la terre :

« Cet aliment est une espèce d'argile rougeâtre, un peu ferrugineuse; on l'étend en lames minces, on la fait torréfier sur une plaque de tôle, après l'avoir roulée en petits cornets ayant la forme à peu près de l'écorce de cannelle du commerce; en cet état elle prend le nom d'*ampo*, et se vend dans les marchés publics. L'ampo a un goût de brûlé très-fade que lui a donné la torréfaction; il est très-absorbant, happe à la langue et la dessèche. Il n'y a presque que les femmes qui mangent l'ampo, surtout dans le temps de leurs grossesses, ou lorsqu'elles sont atteintes du mal qu'on nomme en Europe appétit déréglé. Plusieurs mangent aussi l'ampo pour se faire maigrir, parce que la maigreur est une beauté parmi les Javans (*), et le désir de rester plus long-temps belles leur ferme les yeux sur les suites pernicieuses de cet usage, qui, par l'habitude, devient un besoin dont il leur est très-difficile de se sevrer. Elles perdent l'appétit et ne prennent plus qu'avec dégoût une très-petite quantité de nourriture. Je pense que l'ampo n'agit que comme absorbant, en s'emparant du suc gastrique; il dissimule les besoins de l'estomac, sans les satisfaire. Bien loin de nourrir le corps, il le prive de l'appétit, cet avertissement utile que la nature lui a donné pour pourvoir à sa conservation; aussi l'usage habituel de l'ampo fait-il dépérir et conduit-il insensiblement à l'étisie et à une mort prématurée. Il serait très-utile pour apaiser momentanément la faim dans une circonstance où l'on serait privé de nourriture, ou bien si l'on n'avait pour la satisfaire que des substances malsaines ou nuisibles. »

Il est certain que cet usage existe aussi chez quelques sauvages de la Terre d'Arnheim. Géorgi, dans son excellente Description de la Russie, cite également des exemples de cette singulière manière de se nourrir. Dans le Kamtchatka, près du fleuve Oloutora, et en divers autres endroits, il se trouve, dit-il, une argile lithomarge que les Tungouses et les Russes eux-mêmes mangent, soit seule, soit délayée dans de l'eau ou du lait : elle ne leur cause que des obstructions légères qui leur sont même salutaires dans le printemps, époque où, en mangeant trop de poissons, ils s'attirent des diarrhées. Mais un long usage serait vraisemblablement funeste à la santé.

Cette argile, analysée par Lowtz, contient, sur cent parties, cinquante-huit de terre ferrugineuse, vingt-huit de terre alumineuse, huit de fibres combustibles, sept d'eau.

IX. DIVISIONS GÉOGRAPHIQUES ET POLITIQUES. CAPITALE ET AUTRES VILLES.

Malgré les guerres que le gouvernement vient de soutenir contre le fameux chef Dipo-Negoro, homme d'un grand caractère, dont nous parlerons dans l'histoire de Java, il a conservé l'empire sur toutes les parties de cette grande île. En 1823, cette superbe colonie fut partagée en vingt résidences, y compris les états indépendants.

Voici les villes et les lieux les plus remarquables de cette île florissante :

Batavia, capitale de l'Océanie hollandaise, s'élève avec orgueil dans la résidence de ce nom. Elle est située sur les bords de la rivière Tjiliwong, et, quoique déchue de son ancienne splendeur, elle est encore la première ville commerçante de toute l'Océanie. Sous le gouvernement de l'illustre Daendels, l'ancienne Batavia fut abandonnée et démolie en partie; mais le baron van der Capellen adopta une autre méthode. Il fit réparer quelques édifices de l'ancienne ville, et, pour détruire son insalubrité, fit dessécher les canaux, éloigner les cimetières et les voiries, élargir les rues, et cette métropole des établissements hollan-

---

(*) Le contraire existe en Turkie et en Chine, où la beauté consiste dans l'embonpoint.
L. D. R.

dais dans la Malaisie est à peu près aussi salubre aujourd'hui que les autres villes de Java. Elle possède de beaux édifices, tels que l'église luthérienne, le grand hôpital militaire et le nouveau palais du Weltevreden. La Société des arts-et des sciences est le premier corps savant établi par les Européens dans l'Orient. Le gouverneur habite le beau château de Buitenzoorg, dans la résidence de ce nom; il possède un des plus riches jardins botaniques du globe.

La population de Batavia est de 60,000 ames, y compris la garnison du Weltevreden.

Dans la résidence de Kadou se trouvent les ruines célèbres de Boro-Bodo, que nous décrirons plus bas.

Les autres villes importantes sont Sourabaya, Samarang, Sourakarta et Djokjokarta.

LXI. SOURABAYA.

Sourabaya est la ville de la résidence de ce nom la plus peuplée et la plus florissante, graces à l'activité agricole et commerçante de ses habitants. Après Batavia, elle est la plus importante de l'île, tant par sa situation à l'embouchure du Kediri, auquel on donne aussi quelquefois le nom de Sourabaya, que par sa rade, qui est aussi belle que sûre. Elle possède un arsenal maritime, de beaux chantiers, un hôtel de monnaie pour frapper les petites pièces de cuivre, et une fonderie de boulets.

On connait l'amour des Hollandais pour les fleurs : aussi les jardins de cette ville sont riches en plantes exotiques des plus rares. On y voit des *eugenia* à fleurs rouges et à fleurs blanches de la plus grande beauté, de jolis bosquets de diverses espèces et variétés de roses, et de vastes serres chaudes de balsamines, de reines-marguerites de la Chine, d'œillets d'Inde, de bluets. M. Midelkop, un des plus riches habitants de Sourabaya, est propriétaire d'un superbe jardin et d'une ménagerie d'animaux fort rares. Il tient en cage un oiseau de paradis émeraude vivant, et possède dans un parc fermé trois cents cerfs et biches mouchetés d'une rare beauté.

Sourabaya se divise en quartiers hollandais, chinois et malai. Le premier et le dernier sont dans le genre de ceux de Singhapoura et de Batavia. Mais la ville hollandaise mérite une description toute particulière. Les édifices sont ornés avec goût. L'élégance et la propreté des salons se rapprochent de celles des salons de La Haye ou d'Amsterdam. Les magasins, les ateliers même annoncent une ville opulente. Les voitures sont très-nombreuses, car les personnes aisées ne vont jamais à pied dans ce pays, et les chevaux, quoique petits, sont d'une rare vitesse.

Dans la résidence de Passarouang est le district de Gratté. Dans ce district se trouve le lac Ranou, remarquable par la douceur des crocodiles. Ces reptiles sauriens respectent les Javans du voisinage qui s'y baignent, et qui les régalent quelquefois de poules; mais les indigènes, étrangers à ce canton, ont souvent payé de leur vie une telle témérité.

LXII. SAMARANG. LE MORDECHI OU CHOLERA-MORBUS.

Remarquons dans la résidence de Samarang, Samarang, une des trois grandes villes de Java. Son port est obstrué en partie par un banc de vase.

C'est dans cette ville que le *mordechi*, que nous appelons *choléra-morbus*, a exercé les plus horribles ravages. Il y fut importé, en 1819, de l'Inde transgangétique. De Samarang il commença à s'étendre d'abord le long de toute la côte septentrionale de Java, ensuite dans l'intérieur de l'île. Il emporta dans sa marche cent dix mille habitants. Mais c'est à Batavia, et surtout dans le port de Samarang, où il reparut en 1822, qu'il fut le plus désastreux. Depuis la terrible *peste noire*, que les chroniques contemporaines du XIV° siècle prétendent avoir emporté la moitié de la population de l'ancien continent, jamais épidémie aussi dévorante ne parcourut une aussi vaste surface et ne frappa un aussi grand nombre de victimes. Cet épouvantable fléau se propagea du Delta du Gange, où il est endémique, dans toute l'Asie méridionale et orientale, et dans une grande partie de l'Asie moyenne; il décima les populations des Philippines et du reste de la Malaisie, jusqu'aux extrémités orientales de l'archipel des Moluques.

Après avoir moissonné les îles de Ceylan, de France, de Bourbon, de Madagascar et de Zanzibar, il envahit l'Arabie et pénétra en Perse, en Syrie et en Égypte. De la Perse, il s'étendit en Russie, et parcourut cet empire immense dans toute son étendue. De Moscou et de Saint-Pétersbourg, il se propagea avec une effrayante rapidité jusqu'aux armées entre lesquelles devait se décider le sort de la belliqueuse et malheureuse Pologne. De là, il s'étendit en Hongrie, en Autriche, en Bohême, en Prusse, dans le reste de l'Allemagne, en Angleterre et en France; enfin, franchissant l'Atlantique, il s'élança comme un vautour affamé sur le Nouveau-Monde, et ayant repris son vol vers notre occident, il désole aujourd'hui l'Espagne et Alger. Mais cet inexplicable fléau, qui, aux Grandes-Indes orientales, en Océanie et en Afrique, nous a paru, à nous, voyageur aussi infatigable que lui, peu redoutable pour les Européens, amis de la tempérance, n'a nulle part, peut-être, enlevé plus de victimes qu'à Samarang.

LXIII. ÉTATS DE L'EMPEREUR ET DU SOULTHAN.

Les résidences de Djokjokarta et de Sourakarta sont gouvernées par des princes javans, descendant des empereurs de Matarem, qui, vers la fin du XVe siècle, dominaient presque toute l'île de Java.

A la suite de la guerre terminée en 1755, la compagnie hollandaise des Indes orientales partagea l'empire de Matarem entre l'empereur ou *sousounan* de Matarem et le soulthan de Djokjokarta. Leurs états sont enclavés l'un dans l'autre de manière à en rendre la description difficile. La surface de ces deux états dépendants du gouverneur-général des établissements hollandais (lequel réside à Batavia, et a remplacé la compagnie); leur surface réunie, dis-je, est de quatre mille lieues carrées, et leur population de 1,660,000 âmes, dont un million dans les états du sousounan (*), et 660,000 dans ceux du soulthan.

Sourakarta, capitale du premier, est une grande ville, ou plutôt une réunion de villages, dont la population est d'environ 100,000 âmes.

Djokjokarta est la capitale du second. Sa construction est semblable à celle de Sourakarta, et sa population est également de 100,000 habitants. Mais le palais est très-inférieur au *kraton*, ou palais impérial du sousounan.

Sur la côte septentrionale de Java, j'ai vu Anyer, joli port de relâche et d'approvisionnement pour les navires qui retournent en Europe (voy. pl. 39).

LXIV. PLANTATIONS DES EUROPÉENS.

Parmi les Européens qui se sont livrés avec le plus de succès à la culture des terres dans ces différentes résidences, nous devons nommer avec distinction les planteurs suivants dont les propriétés sont les plus considérables après les grandes plantations du gouvernement hollandais : messieurs de la Bretonnière, Louis et Pitet, Français; Mac Lane, Anglais, et le baron Bowens van der Boyen, Hollandais, dont l'immense plantation de café a été détruite pendant la dernière insurrection contre le gouvernement de Batavia.

M. Dyard, savant voyageur français, a également rendu de grands services à cette grande et riche contrée, en éclairant les colons sur les procédés les plus utiles et les plus économiques à employer dans l'agriculture et dans l'industrie.

LXV. MONUMENTS ANTIQUES ET DU MOYEN AGE.

De toutes les formes qu'a revêtues la pensée pour parler aux peuples, la plus imposante est celle qu'elle emprunte à

(*) Ce mot signifie messager de Dieu.

l'architecture, qui, bien comprise, traduit au philosophe par des formes palpables, les institutions et même les doctrines incompréhensibles au vulgaire ignare et impertinent.

Les monuments m'ont toujours paru fournir la preuve vivante de l'état de la civilisation des peuples. Ils deviennent en quelque sorte la source de leur histoire, lorsqu'il s'y rattache, comme aux antiques édifices de l'Égypte, de la Chaldée et de l'Arménie, de l'Inde et de la Malaisie, une langue, un mythe ou une tradition. Ainsi l'histoire du fameux *Marcius Coriolan* est basée sur la description du temple de la *Fortuna muliebris* à Rome.

Convaincu de cette vérité, je me suis beaucoup occupé pendant vingt-un ans de voyages, de Tunis au Mexique, de Van à Grenade, de l'Ecosse à la Polynésie; des ruines de Troie à celles de Tyr, d'Assab et de Jérusalem; dans les murs de Rome et d'Athènes; en Égypte et dans une partie de l'Éthiopie; en Arabie et en Syrie; dans l'empire ottoman; dans l'Orient; dans l'Inde; en Chine et en Océanie; je me suis, dis-je, beaucoup occupé des inscriptions hiéroglyphiques et cunéiformes, des caractères inconnus, et principalement de l'architecture des nations. J'ai comparé entre eux les monuments de ces divers pays pour juger leur histoire et leurs institutions, de même que je cherchai à connaître les révolutions et l'histoire du globe dans les divers âges de la géologie. Vingt et un ans de voyages n'ont pas suffi pour atteindre mon double but, qui était de connaître la nature et ses époques et surtout l'homme et l'histoire des peuples. Heureux si quelquefois j'ai découvert, pour me servir de l'expression poétique des Arabes, le sens caché des *pierres écrites : hadjar maktoub* !

Dans l'île de Java, l'architecture et la sculpture sa sœur ont fleuri avec plus d'éclat que dans la Perse et dans le Mexique, et ont égalé les chefs-d'œuvre en ce genre de l'Égypte et de l'Hindoustan; néanmoins on n'y a point découvert jusqu'à présent de grands temples souterrains, mais seulement une petite chapelle.

Avant de décrire les nombreux et admirables monuments épars sur le sol de cette île, nous croyons devoir donner d'abord quelques détails sur ceux qui ont été construits depuis l'introduction de l'islamisme dans cette contrée.

LXVI. TOMBEAUX ET MOSQUÉES.

Dans les environs de Chéribon, on trouve le tombeau du célèbre cheik Moulang, qui propagea le premier la religion de Mohammed à Java.

Dans un village nommé Trangoulan, près de l'antique et célèbre Madjapahit, on remarque le magnifique mausolée d'un prince musulman, ainsi que le tombeau de sa femme et de sa nourrice. Il porte la date de 1329, sculptée en relief et dans les anciens caractères en usage chez les mohammédans. A côté on voit les tombeaux de neuf autres chefs. Leur garde est confiée à des prêtres.

A Kediri on voit une mosquée musulmane nommée *Istana-djedong*, construite avec les débris d'anciens *tchandis*, ou temples javanais, qui ont également servi à la construction de plusieurs maisons et édifices. Ces *tchandis* ont été détruits et abattus depuis l'introduction du culte de Mahommed, en haine de l'idolâtrie; leurs débris ont vraisemblablement été tirés de l'antique ville Dara, dont les annales javanaises font si souvent mention. Les mosquées modernes sont d'une médiocre élégance.

Pour décrire tous les monuments antiques de Java, nous avons dû, dans nos excursions archéologiques, consulter les écrits du docteur Horsfield, du capitaine Baker, du colonel Colin Mackenzie, dont l'excursion, en 1812, est insérée dans les actes de la Société de Batavia, de M. Crawfurd, et particulièrement de sir Stamford Raffles, qui s'est distingué pendant cinq ans à Java comme gouverneur et comme archéologue, et qui a fait lui-même des découvertes utiles et remarquables dans cette contrée.

Les ruines d'architecture et de sculpture de cette île classique sont plus nombreuses depuis Chéribon jusqu'à Sourabaya, que dans la partie occidentale. Nous décrirons en détail le temple de Brambanan, celui de Boro-Bodo, les ruines de Sing'a-Sari, dans le district de Ma ang, et les ruines du monument pyramidal de Soukou. Ensuite nous mentionnerons toutes les autres antiquités connues de moindre importance.

LXVII. LE GRAND TEMPLE DE BRAMBANAN.

Les ruines de Brambanan, entre les districts de Pajang et de Matarem, sont bien conservées. Elles furent découvertes par un ingénieur hollandais, construisant un fort à Kletan, près de la grande route qui conduit de la capitale des états du sousounan ou empereur de Sourakarta ou Matarem, à celle des états du soulthan de Djokjokarta. C'est dans cette riche et fertile partie de Java, remarquable par le Merbabou, le Sindoro et le Soumbing, les plus hautes montagnes de l'île, qu'existent une foule de monuments de tout genre, rappelant la puissance et l'antique civilisation de cette belle contrée.

Le Tchandi, ou temple de Kobou-Dalem, est tellement couvert de broussailles, qu'on n'a pu en visiter que l'étendue, laquelle est de 600 à 900 pieds français. Les ruines de la clôture n'ont pas encore été découvertes. A environ 120 pieds du côté de l'ouest du temple, il y avait autrefois deux statues antiques, colossales, représentant des rechas (gardiens du temple) agenouillés. Ces deux statues sont renversées, et l'une d'elles est brisée par le milieu; elles sont taillées d'un seul bloc, et elles étaient jadis en regard l'une de l'autre. Les deux rechas ressemblent aux prêtres mendiants de l'Inde. Leur tête a la hauteur de deux pieds : on peut juger par elle de la grandeur de la statue. Les rechas portent une épée attachée au côté roit d'une large ceinture au milieu du corps, la seule partie qui soit couverte : ils ont la bouche ouverte et fort grande. Leur main droite tient une massue octogone, la gauche un serpent roulé; de petits serpents sont entrelacés autour des manches sur lesquelles la tête et la queue se réunissent en forme de nœuds. Ces statues sont semblables à celles du temple de Bénarès, la Rome et l'Athènes de l'Inde, et leur exécution est de la plus grande beauté. Il est probable qu'en faisant des fouilles on trouverait les statues des divinités de ce temple. La porte a trois pieds et demi de large, sur 12 de hauteur; elle conduit à un appartement de 20 pieds carrés, dont le sol est couvert de décombres; sa hauteur actuelle est de 28 pieds. Le toit est une pyramide quadrangulaire de 14 pieds à sa base. La pierre dont le temple et les statues ont été taillés est d'un grain commun. L'aspect de son intérieur rappelle la pagode à sept enceintes de Siringam (voy. pl. 37).

Non loin de là est un beau bas-relief de 18 pouces sur 5, représentant un éléphant caparaçonné, ainsi qu'ils sont dans l'Hindoustan. On reconnaît dans les figures assises la posture des Hindous pendant la prière appelée toupicha, adressée à la principale divinité du culte brahminique.

LXVIII. TEMPLE ET STATUES DE LORO-DJONGRANG.

Le Tchandi, ou temple de Loro-Djongrang, au nord du village de Brambanan, se composait jadis de 20 petits édifices, dont 12 petits temples : ce n'est plus aujourd'hui qu'une énorme masse de pierres. Le principal temple a 90 pieds de hauteur. En entrant, en face de la porte, on voit une statue de la déesse Loro-Djongrang, avec les attributs du Kouviran, et de la hauteur de 6 pieds 3 pouces. Le premier de ses huit bras tient une queue de buffle, le second une épée appelée courg, le troisième le bhoula, le quatrième le choukour, le cinquième la lune, le sixième l'écu, le septième l'étendard, et le huitième les cheveux de Makassour, qui est le vice personnifié. Il est enlevé avec violence par la déesse, parce qu'il a voulu tuer le taureau *Nandi* (voy. pl. 30). Cette déesse, quelquefois, tient un sabre en sa main. Dans les ouvrages sanskrits elle porte plusieurs noms, tels que ceux de Bhawani, Devi, Mahamia, etc., et surtout celui de Dourga.

Les autres parties du temple renferment une belle statue de Bitara Gana ou Ganesa (dieu de la sagesse), ainsi que celles de Chiva et autres divités hindoues. Toutes ces immenses constructions sont en pierre de taille, sans mortier ni ciment; et les plantes qui ont poussé au milieu de leurs débris, en les environnant de verdure, les couvrent de leur ombrage, et leur prêtent des beautés pittoresques qui ajoutent à leur aspect vénérable.

LXIX. LES MILLE TEMPLES.

A 420 toises au nord et du temple de Loro-Djongrang, on voit les Tchandi-Siwou (mille temples). Jamais on n'a contemplé un plus grand nombre de colonnes, de statues, de bas-reliefs entassés dans un même lieu; tout est terminé et poli avec un goût pur et très-exercé. Les statues des gardiens ou portiers du temple (*rechas*) ont 9 pieds de hauteur quoique agenouillées, et offrent au reste la plus grande ressemblance avec celles du grand temple de Brambanan (voy. pl. 27). Leurs grosses faces offrent une expression de gaîté qu'on ne retrouve dans aucun des monuments épars sur le sol de l'île, ni dans ceux de l'Hindoustan. Tous ces temples renferment une statue de Bouddha, et ont la forme d'un parallélogramme de la longueur d'environ 540 pieds, sur une largeur de 510 : ils sont, à peu près, tous construits sur le même plan, et le style de l'architecture, les costumes et les emblèmes des statues et des bas-reliefs qui les ornent, sont exactement semblables à ceux des temples hindous; ils ont chacun quatre entrées placées aux quatre points cardinaux. Leurs plus grands côtés font face à l'orient et à l'occident. On remarque dans le grand temple une figure de la *trimourti* (triple forme), ou triade hindoue, différente de la triade égyptienne (voy. pl. 30). La distribution intérieure, ainsi que celle des temples de Loro-Djongrang, est en forme de croix, et la plus grande de toutes les salles est placée au centre.

LXX. TEMPLE DE KALIBENING ET SALLE D'AUDIENCE DE KALIBENING. PALAIS DE KALASSAN.

A Kalibening, village peu loin de Brambanan, se trouvent les débris d'un temple pareil à ceux de Tchandi-Siwou et de Loro-Djongrang; mais ses ornements annoncent plus d'art et d'habileté dans l'exécution.

Près du temple de Kalibening se trouvent les ruines d'une salle d'audience; il y a deux statues colossales de rechas, d'une exécution admirable; derrière ces statues est une masse confuse de briques, formant vraisemblablement les restes de cette salle, qui était entourée de 14 piliers. Au dehors, une varanda ou galerie, qui régnait tout autour de cette salle, était soutenue par 22 piliers. Le bâtiment s'étend de l'est à l'ouest. L'appartement intérieur est de 47 pieds, y compris les piliers; sa largeur était de 28; la varanda en avait 12 de large.

Près de Brambanan sont les ruines du palais de Kalassan (voy. pl. 33). Les ruines de Dinangan, sur la route de Brambanan à Djokjokarta, étalent des statues dont une est gigantesque, mais médiocre.

LXXI. TEMPLE DE BORO-BODO ET STATUE DE BOUDDHA.

Dans les limites de la province de Kadou, non loin de Magouelan, et près de la frontière des états du soulthan de Djokjokarta, se trouvent les ruines célèbres de Boro-Bodo (voy. pl. 29). On y voit les débris d'un temple qui couronnait une petite colline conique, et dont la construction, selon Raffles, remonterait au commencement du 6ᵉ ou, tout au plus, du 8ᵉ siècle de l'ère javanaise. Ce temple a la forme d'un carré long, et est entouré de sept rangs de murs, qui décroissent à mesure que l'on gravit la colline, et est surmonté d'un dôme qui recouvre son sommet. Ce dôme a environ 50 pieds de diamètre; chaque côté du carré extérieur est d'environ 620 pieds, et un triple rang de tours, au nombre de 72, accompagne les murs de cette dernière enceinte. Dans les parois de ces murs et de ces tours, existent des niches où sont placées des figures sculptées plus grandes que nature; elles représentent des personnes assises avec les jambes croisées; il y en a près de 400. On a trouvé dans ces ruines une statue mutilée que M. Raffles a cru être une statue de Brahmâ, et que nous attribuons à Bouddha, ainsi que nous essaierons de le prouver à la fin du chapitre des antiquités, en donnant notre opinion sur ces monuments. La gravure de Bouddha (voy. pl. 32) a été faite d'après le dessin d'une statue en argent que nous avons donnée au Cabinet du Roi et qui y est placée. La hauteur du temple de Bodo est d'environ 100 pieds. Quoique l'alignement de cet édifice paraisse droit lorsqu'il est vu de loin, il est tronqué réellement, parce qu'on a voulu le mettre en harmonie avec la coupe irrégulière du sommet de la colline. La même forme a été observée à chaque terrasse (voy. pl. 29).

LXXII. TEMPLES INNOMBRABLES ET DEMEURES DES DIEUX.

Sur un plateau du célèbre *Gounoug-dieng* (mont des dieux) ou *Gounoug-praho*, parce qu'il a la forme du corps d'une barque (*praho*), au nord-ouest du mont Sindoro, à une hauteur de 600 pieds au-dessus des plaines environnantes, et de 1000 pieds au-dessus de la surface de la mer, on voit les restes de plusieurs temples, des statues de la déesse Dourga, et d'autres sculptures fort remarquables et peu maltraitées. On gravit sur ce plateau à l'aide de marches en pierres entièrement bouleversées et presque ensevelies sous les amas de laves, de scories, qui ravagèrent ces lieux, long-temps après que ces monuments furent élevés. Au centre de cette plaine élevée, on trouve encore quatre temples mieux conservés que les autres, et d'une architecture élégante. Plus tard, on y a découvert les ruines de 400 temples, disposés d'une manière admirable, et formant entre eux de grandes rues régulières.

Toute la contrée située entre Gounong-Dieng et Brambanan est couverte de ruines d'édifices sacrés. Plusieurs villages entre Bledran et Jetis, sur la route de Baniounas, à travers le Kadou, en offrent également : on rencontre à chaque instant des débris de murs, de corniches, de bas-reliefs et de statues.

Selon les traditions, on suppose que cette contrée avait été la résidence des dieux et des demi-dieux de l'antiquité javanaise.

LXXIII. RUINES DIVERSES.

Les districts de Javarava, Chéribon, Bawa, Kalangbret, Trengali, Pranaraga et Magetan sont couverts de ruines dispersées et solitaires. On distingue généralement par le nom de *Kotah-Bedah* les restes de villes, de forts et autres édifices.

Les environs de l'ancienne Madjapahit sont fort remarquables sous plusieurs rapports. A l'ouest on voyait, à Madion, quatre monuments en pierre, revêtus d'inscriptions lisibles : on y trouve encore des restes de réchas et d'autres débris de sculptures. On a découvert dans des fouilles, à Toumoung-Goung, les restes d'un bain qui recevait l'eau par l'intermédiaire de six conduits. Les fontaines sont couvertes d'inscriptions, et les sculptures sont assez bien exécutées.

A l'est de la rivière de Solo, gisent çà et là une foule de ruines monumentales, particulièrement dans les districts de Madion, Kirtasana, Kediri et Streng'at, qui renferment les antiquités les plus intéressantes de cette contrée.

Au pied de la colline de Klotock, qui est une prolongation du mont Willis, à un peu plus d'une demi-lieue à l'ouest du Kediri, est la cave de

Sela-Mangleng. Elle consiste en quatre petites chambres contiguës et semblables, carrées, un peu oblongues et creusées dans le roc. La plus grande est, à peu près, longue de vingt pieds. Les deux murs des deux principaux appartements sont ornés de sculptures et de bas-reliefs; la construction semble indiquer un lieu consacré à la pénitence ou à des exercices religieux. Sur le chemin de cette cave se trouvent plusieurs rechas artistement sculptés. Il y a dans le vestibule un *lingam* (*), des réservoirs d'eau et des figures. Sur la porte extérieure, du côté nord, est gravée une inscription. Aux environs de Kediri, on rencontre des débris d'antiquités de toute espèce; il est probable qu'à l'époque de l'introduction de l'islamisme, plusieurs *tchandis* ont été détruits pour construire une mosquée.

LXXIV. RUINES DE MADJAPAHIT.

C'est au milieu des immenses forêts de tecks, qui s'élèvent le long du Kédiri, qu'était située la célèbre ville de Madjapahit, antique capitale de l'empire javanais, dans ses temps les plus florissants. Ses ruines couvrent un espace de plusieurs milles. On trouve encore debout plusieurs temples en briques et des débris de portes. Depuis le lieu où s'élevait cette ville fameuse, jusqu'à Pabalingo, vers l'est, on rencontre à chaque pas d'anciennes constructions en briques. Il est bien difficile de déterminer l'étendue de Majapahit, parce que son emplacement est aujourd'hui recouvert de tecks d'une hauteur prodigieuse; mais on voit encore les murs de son étang: ils sont faits de briques cuites, et ont 100 pieds de longueur sur douze de hauteur.

LXXV. RUINES DE SENTOUL, GIDAH ET PENATARAN.

A Sentoul, à l'est de Kédiri, on voit, au milieu d'une antique forêt, un petit édifice construit avec une élégance extraordinaire; les entablements des murs qui l'entourent sont ornés, dans l'intérieur, de sculptures parfaitement finies. A son sommet on voit encore un tank ou réservoir d'eau, d'une assez grande dimension, et sous ses fondations on a creusé une chapelle souterraine. Cet édifice paraît avoir été un tombeau. Aux environs de Gidah, village peu éloigné de celui de Blitar, est un temple en briques dont les ornements sont en pierres; la construction et les sculptures sont exécutées avec une étonnante habileté. En s'avançant vers le nord-est, on aperçoit les antiquités de Penataran, rangées parmi les plus considérables et les plus curieuses de Java. Le plan de ces édifices semble indiquer qu'ils ont été destinés à des usages religieux. Ils occupent un espace de forme oblongue qui se trouvait partagé en trois parties distinctes et environné d'un mur extérieur; l'entrée principale est gardée par deux statues colossales. Une statue de retcha, ou gardien agenouillé, et dont la figure à quatre visages semble annoncer le dieu Brahma, est placée dans un petit temple, dont la beauté l'emporte peut-être sur tout ceux que nous avons déjà décrits.

LXXVI. TEMPLES RUINÉS ET STATUES DE SING'A-SARI.

Dans le district de Malang se trouvent les célèbres ruines de Sing'a-Sari. On y voit un tchandi ou temple, dont la principale entrée, à l'ouest, a 30 pieds de hauteur, et au-dessus de laquelle est sculptée une énorme tête de Gorgone; on voit autour de l'édifice d'autres sculptures qui ont été mutilées; on en a découvert d'intactes, en s'avançant dans la forêt voisine; une, entre autres, de 5 pieds de long, qui représentait le taureau *Nandi* (voy. pl. 31). On a trouvé aussi contre un arbre colossal une magnifique statue à quatre têtes; une autre de Mahadeva, avec son trident, accompagnée d'une inscription en caractères devanagari (voy. pl. 32); une déesse avec la fleur de lotus (voy. pl. 35); un

(*) C'est le phallus de l'antiquité grecque.

char de sourya (le soleil), avec ses sept chevaux jaunes, qui ont leurs queues rejetées en arrière, et dans l'attitude d'une course rapide. A 50 toises de là, est une superbe statue colossale de Ganesa, avec sa trompe d'éléphant, ses gros bras et ses jambes énormes (voy. *pl.* 38). Cette figure paraît avoir été primitivement placée sur une plateforme ou dans un temple, car tout à l'entour est amoncelée une quantité considérable de pierres. Enfin, en s'avançant encore un peu plus dans le bois, on trouve deux de ces statues gigantesques qui représentent des rechas, accroupis selon la coutume : ces statues, taillées dans un seul bloc de pierre, avaient douze pieds de haut, quoiqu'elles fussent assises.

LXXVII. RUINES DE KOTAH-BEDAH, DE KEDAL ET DE DJAGOU.

En se dirigeant au sud par Malang, on rencontre les ruines de Soupit-Ourang, connues sous le nom de *Kotah-Bedah*, ou le Fort démoli; c'est là que se retirèrent les habitants de Madjapahit, quand leur ville eut été détruite. Le mur de ce fort est construit en briques, et placé entre deux rivières qui l'entourent aux trois quarts de son circuit et se réunissent. Quoique irrégulier, il est cependant dans une position bien choisie. Il a environ 2000 pieds de circonférence et a depuis 50 jusqu'à 100 pieds de profondeur. La partie qui n'est point baignée par l'eau des deux rivières est large de 76 pieds environ, et profonde de 50, et devant cette partie on a creusé un fossé communiquant avec elles. A sept milles au sud-est de Malang, sont encore d'autres ruines.

On trouve à Kedal les débris d'un magnifique temple en pierre, situé sur les limites de la forêt : quatre lions sculptés soutiennent la corniche, deux autres soutiennent l'entrée. Les lions des angles, la Gorgone de la porte, trois énormes serpents entrelacés sur la tête de la principale statue, qui tient dans une main la tête de l'un d'eux, forment un effet pittoresque d'une grande beauté. Un vase rempli d'eau et la tête d'un serpent qui y est attachée surmontent la tête d'une autre statue.

A Djagou et dans l'intérieur de la forêt, sont d'autres ruines plus considérables; l'édifice principal est un des plus grands de tous ceux dont les ruines sont éparses dans cette partie de l'île. On y a découvert la statue d'une divinité hindoue dont la tête avait été enlevée; et au dos de laquelle était une inscription en caractère devanagari. L'édifice a trois étages, et les intervalles de chacun sont ornés de bas-reliefs représentant des batailles entremêlées de figures d'oiseaux et d'autres animaux passablement dégradés. Un de ces bas-reliefs représente une bataille entre une armée de peuples civilisés et une armée de Râkchasas (*). Toutes ces ruines, selon l'opinion de Raffles, qui nous paraît bien fondée, sont les restes de l'antique ville de Dgegueland, dont il est souvent fait mention dans les annales de Java.

LXXVIII. PYRAMIDE ET TEMPLES DE SOUKOU ET DE BANIOU-KOUNING. STATUES DE BANIOU-WANDGI.

A environ 20 milles géographiques à l'est de Sourakarta, et non loin du village de Soukou, on voit d'intéressantes ruines sur une des collines dépendantes du majestueux mont Lawou. Une des constructions principales consiste en une pyramide tronquée, qui s'élève sur le sommet de trois terrasses superposées les unes au-dessus des autres. Près de la pyramide sont des sculptures, deux obélisques et des *tougou* ou bornes, et des piliers en partie renversés. Les terrasses ont environ 157 pieds de longueur; la première en a 80 de hauteur, la seconde 30, et la terrasse supérieure 130. La porte d'entrée du monument de Soukou a également la forme d'une py-

(*) Je pense que les Râkchasas représentés dans ces bas-reliefs étaient des peuples sauvages et voleurs, comme les Bedas de Ceylan, car le mot sanskrit *Râkchasa* a quelquefois ce sens; néanmoins il se traduit généralement par mauvais génies.

ramide; elle est de 7 pieds et demi de haut et d'environ 3 de large. Une tête de Gorgone forme la clef de l'architrave.

Il y a plusieurs figures sculptées sur la façade. On y voit un homme aux formes gigantesques qui dévore un enfant, et à sa droite, un chien dont la tête est enlevée; un oiseau, qui paraît être une cigogne, est au pied d'un arbre, sur les branches duquel est un autre oiseau semblable à un pigeon; sur ce pigeon blanc, une espèce de faucon ou d'aigle. Au-dessus d'une statue humaine dont la bouche presse la queue d'un serpent entortillé, on remarque une figure qui se rapproche du sphinx; mais elle en diffère en ce qu'elle est suspendue dans l'air, et qu'elle a les jambes, les bras et la queue étendus. Sa queue est celle d'un lézard; ses griffes ont des espèces de membranes; mais le torse, les membres et la face ont la forme humaine. Au-dessus serpente un petit reptile semblable à un ver, ou, peut-être, à un aspic.

A la face du nord et à celle du sud de la porte, un aigle colossal étend ses ailes et tient dans ses serres un immense serpent replié en trois. La tête est tournée vers l'aigle et ornée d'une couronne. Est-ce une allégorie?

Près de la première terrasse sont des pierres brisées, des restes d'inscriptions, des sculptures de figure humaine, de tigre, d'éléphant et de bœuf; on y remarque, entre autres, une représentation d'un homme à cheval suivi de cinq hommes armés de lances et d'un porteur de payong (parasol). La base de l'édifice est un carré parfait de 43 pieds et demi de chaque côté; la hauteur est de 19 pieds : il y a au-dessus une espèce de corniche de 4 pieds 9 pouces de hauteur; le toit est de 21 pieds 2 pouces du nord au sud, et 19 pieds 9 pouces de l'est à l'ouest. Les côtés de la pyramide correspondent aux quatre points cardinaux; son sommet est orné, du côté de l'édifice, de deux serpents, qui paraissent avoir servi de tuyaux. Toute la construction est plane et revêtue d'ornements sacrés.

Une large pierre de 8 pieds de long, ayant la forme d'une tortue, est étendue à terre à chaque côté de l'édifice principal.

On distingue parmi ces ruines une statue humaine d'une taille gigantesque, ayant des bras ailés comme les chauve-souris; et souvent cette même figure se trouve sculptée dans les bas-reliefs avec les mêmes formes fantastiques. On rencontre dans d'autres endroits des statues tenant un trident dans chaque main; d'autres ont des massues; on en voit une avec un *lingam* (phallus), emblème de la reproduction, long de 6 pieds, et revêtu d'une longue inscription. Toutes ces sculptures, qui semblent appartenir à une autre époque que celles de Boro-Bodo, de Malang ou de Brambanan, sont exécutées avec moins d'art, moins travaillées, et nous paraissent être plus anciennes que les dernières.

Non loin de là, du côté sud de l'entrée, sont épars les restes de deux temples, dans lesquels on a trouvé des cendres d'un feu récemment allumé. Quand les naturels du pays veulent se préserver de quelque malheur, ils ont coutume de faire du feu et de brûler des parfums dans ce temple.

L'autre bâtiment, qui est encore plus au sud, ne paraît avoir conservé des restes de sa forme pyramidale que du côté du sud-est.

On y a trouvé deux inscriptions, formées chacune de quatre caractères. On voit en outre sur la terrasse un vase de pierre, que la tradition assure ne pouvoir jamais être rempli. Sur diverses pierres sont sculptés des éléphants, un chien sur ses quatre pattes, un singe, l'étendard d'Arjouna, et deux statues gigantesques qui sont représentées plusieurs fois.

Près du village de Baniou-Kouning (eau jaune), et à quelque distance d'un cratère volcanique, est situé un tchandi, ou temple, qui porte le nom du village. Il est probable qu'il existe dans son voisinage des antiquités inconnues aux Européens.

Enfin, on rencontre dans la province de Baniou-wandgi plusieurs statues appartenant au culte des Hindous, qui est encore dominant dans l'île de Bali, à peu de distance de cette province.

LXXIX. OPINIONS DE L'AUTEUR SUR L'ÉPOQUE ET LE SENS DES PRINCIPAUX MONUMENTS DE JAVA.

Plusieurs orientalistes des sociétés asiatiques de Bombay, de Calcutta et de l'Europe, ont prétendu qu'il n'existait dans aucune partie de Java, pas même à Boro-Bodo, aucun monument du culte de Bouddha. Un Brahmân, compagnon de voyage de sir Stramford Raffles, probablement nourri dans la haine héréditaire de sa caste contre les Bouddhistes, lui dit que la coiffure artificielle de cheveux laineux, un des insignes de Bouddha, que l'on voit sur quelques figures du temple de Boro-Bodo, faisait aussi partie de l'habillement des dévots du culte brahmique de l'Hindoustan dans certaines expiations. Mais ce temple ressemble tellement, par sa construction et par ses sculptures, à ceux que j'ai vus à Ceylan, que je ne doute pas qu'il ne fût dédié à Bouddha, ainsi que son nom semble l'indiquer. Le nom de Boro-Bodo ne dériverait-il pas en effet de Bara-Bouddha, le grand Bouddha? Ce temple d'ailleurs offre une ressemblance presque entière avec celui de Bouddha, à Gaya dans l'Hindoustan.

De tous les édifices qui sont construits en pierres de taille ou en briques (ces derniers matériaux paraissent plus récents que les autres), il n'en est aucun, si l'on en croit Raffles, qui remonte plus haut que la naissance de Jésus; et la fondation des plus grands peut être placée, selon ce savant, entre le VI° et le IX° siècle de notre ère. Ainsi, d'après cette évaluation, ils appartiendraient au moyen âge, et pourraient servir à jeter du jour sur cette période jusqu'à présent si peu connue de l'histoire hindoue. Si ces monuments ne remontent pas à une époque plus reculée, nous serions en droit de soutenir l'opinion, que nous venons d'émettre, qu'ils étaient consacrés à Bouddha et qu'ils ont été élevés par ses sectateurs, après qu'ils eurent été vaincus et chassés du continent de l'Inde par les Brahmans.

Mais la difficulté la plus grande et la plus importante à résoudre, serait de déterminer à quel culte appartient le plus grand des temples de Soukou. Nous avons décrit plus haut cet immense monument à forme pyramidale, dont le style sévère, simple et grandiose, est moins polique que ceux de Boro-Bodo, de Malang et de Brambanan, et il ne possède rien qui rappelle le culte brahmique. Il semble au contraire avoir une grande analogie avec les temples égyptiens.

Le monstre qui dévore l'enfant rappelle Typhon; le chien, Anubis; la cigogne, Ibis; l'arbre, le palmier égyptien, symbole de l'année. Le pigeon, le faucon et le grand serpent appartiennent peut-être aussi à l'ancienne Égypte. Cependant, malgré tant de rapprochements, ce qui m'empêcherait de croire à une émigration des Égyptiens à Java, ou dans l'Inde, c'est qu'à Java, comme dans l'Inde, on ne trouve aucun hiéroglyphe.

Qu'on me permette une réflexion au sujet de ces types égyptiens. Je n'ai jamais pu concevoir comment Juvénal a cru que les Égyptiens adoraient la cigogne, le chat, le chien, le bœuf, les oignons, etc. Chacun de ces animaux était un symbole religieux, et il est toujours employé comme tel dans les nombreuses représentations du culte égyptien. Ainsi le scarabée était consacré au soleil, parce qu'il a 30 doigts, de même que le mois solaire a 30 jours. L'ibis représentait le grand Toth, parce que son pas était de la dimension d'un étalou mètre que, et qu'il avait inventé la science des nombres.

Ce temple n'aurait-il pas été plutôt consacré à la nature, ou au soleil, qui ont été adorés depuis le temple d'Ammon, qui rendait ses oracles dans les déserts de la Libye, jusqu'au Japon, c'est-à-dire, jus u'à l'extrémité de l'ancien monde civilisé? Ce culte existe encore dans plusieurs parties de l'Asie centrale, de l'Océanie, et d'autres contrées où l'islamisme et le christianisme ne sont pas établis.

Quoi qu'il en soit, je pense que le grand monument de Soukou, à forme pyramidale, est antérieur à toutes les autres antiquités de Java, et que cette forme n'est pas particulière à l'Égypte, ainsi que quelques auteurs l'ont prétendu, car on la trouve dans plusieurs des grands monuments de l'Hindoustan et de la presqu'île au-delà du Gange.

LXXX. INSCRIPTIONS ET MONNAIES ANCIENNES.

Sur ce même sol où s'élèvent tous ces temples fameux dont l'âge et la construction souvent incertaine trompent l'espérance de l'historien, il existe des monuments d'un autre genre, qu'on peut interroger avec plus de succès : c'est un grand nombre d'inscriptions gravées que le peuple de Java ne comprend plus. Elles sont de quatre espèces : 1° en langue sanskrite (*parfaite*) et en caractère *devanagari*; 2° en ancien caractère javanais ou kawi ; 3° en ancien caractère qui paraît avoir quelque rapport avec le javanais qui appartient à l'idiome (*) Sounda; 4° en caractères inconnus, qui ne ressemblent ni au javanais, ni au sanskrit, et qu'il n'a point encore été possible de déchiffrer. Il est peut-être utile d'observer qu'anciennement il était d'usage dans l'Inde d'ériger des colonnes ornées d'inscriptions pour transmettre à la postérité le souvenir de certains événements. On gravait aussi sur des tables de métal ou de pierre les décrets par lesquels les rois accordaient des terres, et ces tables servaient de titre aux possesseurs ainsi favorisés. Nous avions nous-même, parmi les vastes collections perdues dans le naufrage qui nous a ruiné, deux inscriptions de ce genre en cuivre.

La plus ancienne des inscriptions indiennes, qui ont été expliquées, a pour sujet une investiture de terres gravée sur une table de cuivre, trouvée à Monguir dans le Bengale; elle date, selon Wilkins, de l'an 23 avant J.-C. (*). Comme elle ne marque cependant qu'une seule époque, celle du 33° *sombos* (c'est-à-dire année), tout ce que l'on peut en inférer, c'est qu'il y est question de l'ère de *Vicramaditya*, laquelle commence à la mort de ce roi, l'an 56 avant J.-C. (**). On retrouve dans cette précieuse inscription les noms des héros les plus remarquables du Mahabharata, et celui d'un conquérant, nommé Paoul-Deb, qui soumit l'Inde, depuis les sources du Gange jusqu'au pont de Rama, à Lanka (Ceylan), célébré dans le *Ramayana*.

Il existe encore un grand nombre de ces inscriptions qui pourront dissiper plusieurs erreurs historiques et chronologiques.

Le colonel Mackenzie en a rapporté en Angleterre plusieurs qu'il avait trouvées dans les ruines de Brambanan et de Singasari; elles sont en ancien *devanagari*; elles paraissent dater de 7 à 800 ans, et ressemblent à l'hindou sassanoura du continent. M. Horfield a écrit une dissertation sur une autre inscription en kawi, ou ancien javanais. Mais elles ne contiennent, pour la plupart, que des maximes.

On trouve beaucoup d'anciennes monnaies de cuivre et de bronze à Java. Parmi celles que nous avons vues, quelques-unes sont ouvertes au centre comme les monnaies chinoises et japonaises. Enfin, les restes de l'ancienne civilisation javanaise se trouvent dans l'île de Bali, où se réfugièrent le plus grand nombre de ceux qui échappèrent à la destruction de Madjapahit.

Nous pensons que les Hindous ont renversé les antiques monuments de Java, et les musulmans ceux des Hindous : ainsi les Romains détruisirent dans les Gaules l'ancienne langue et tous les monuments du culte des druides; ainsi les Arabes ont interdit aux Égyptiens la langue de leurs pères, et mutilé les temples élevés par les Pharaons.

(*) Cet idiome est en usage dans l'île de Java.

(*) *Asiat. Res.*, t. I, pag. 123.
(**) *Ibid.*, t. I, pag. 123.

LXXXI. RELIGION.

Les peuples de la Malaisie, et surtout les Javans, ont adopté successivement diverses religions, sur lesquelles nous donnerons quelques détails. Le culte de Chiva et de Dourga, du Lingam et du Yoni, mêlé au bouddhisme, domina à Java; mais il fut considérablement reformé depuis son origine. Les fragments qui nous restent des anciens écrits javanais renferment des détails qui semblent prouver que celui de Chiva était plus en vigueur que celui de Bouddha dans les anciens temps; ce ne fut que dans les siècles modernes que celui de Bouddha obtint la suprématie. L'invocation suivante, qui se trouve en tête d'un petit traité de morale assez ancien, paraît le démontrer. « Je te salue, *Hati* (Chiva) ; je t'invoque parce que tu es *le seigneur des dieux et des hommes*. Je t'invoque, *Kesawa* (Vichnou), parce que tu éclaires l'entendement. Je t'invoque, *Souman* (Sourya), parce que tu éclaires le monde. »

En outre, les musulmans javanais d'aujourd'hui ont conservé plusieurs épithètes données par leurs ancêtres à Chiva, qui prouvent la prééminence de ce dieu. Il est nommé *Jagat-Nata*, c'est-à-dire, le seigneur de l'univers, *Ywang-Wanang* (le tout-puissant), *Mahadewa*, le grand dieu. On le rencontre encore dans les romans malais et javanais sous le nom de *Gourou* (instructeur), et il en est le principal personnage. On a donné quelquefois, en signe d'apothéose, aux meilleurs rois de Java, le surnom de *Batara*, qui ne signifie pas le dieu incarné comme dans l'Hindoustan, mais une divinité.

Aujourd'hui les habitants de Java n'attachent aucune idée distincte au mot Bouddha, qu'ils prononcent Bouda, et ils considèrent ses sectateurs comme des idolâtres.

M. Raffles a cité un ancien manuscrit qui démontre que les habitants de Chéribon suivaient, outre le culte de Chiva et de Bouddha, celui de Vichnou.

C'est de Kalinga ou plutôt Télinga, le seul pays de l'Inde que les Javanais désignent par son véritable nom, qu'ils assurent que leurs ancêtres reçurent leur religion. Cette assertion est du reste confirmée par les témoignages des Brahmâns de Bali.

Dans leurs superstitions religieuses, les Javanais reconnaissaient plusieurs génies, dont les noms se sont transmis jusqu'aujourd'hui. Ils croient encore à plusieurs mauvais génies : les uns habitent les grands arbres et errent pendant la nuit ; ils sont nommés Banaspati. Les Kabo-Kamali sont les protecteurs des voleurs et des malfaiteurs ; ils prennent ordinairement la forme du buffle, et souvent aussi celle des maris pour tromper les femmes. Les Barkasahan habitent l'air et n'ont jamais de demeure fixe. Viennent ensuite les Wiwi, qui ont la forme de grandes femmes, et enlèvent les enfants ; les Prayangan, qui habitent les arbres et le bord des rivières : ils prennent la figure de belles femmes, et, par ce moyen, ils ensorcellent les hommes et les rendent fous. Les Damnit sont de bons génies à forme humaine, protecteurs des maisons et des villages. Les Dadoung-awou sont les patrons des chasseurs et les protecteurs des animaux sauvages des forêts.

Les anciens habitants de Java croyaient à la métempsycose, et par conséquent aux récompenses et aux peines d'une autre vie. Mais il paraît qu'ils n'imitèrent les austérités et le fanatisme des Hindous que dans les pénitences et le sacrifice des veuves sur le bûcher de leurs maris, qu'ils leur ont empruntés.

Quant au reste, ils professent le mohammédisme, ainsi que les Malais ; mais, au mépris de la loi du prophète, ils ne se font aucun scrupule de manger des animaux défendus, ni de boire du vin et des liqueurs.

LXXXII. DU CALENDRIER.

Les Javans ont puisé leur calendrier

(*) Le soleil.

dans les traditions de leurs ancêtres et dans les ouvrages des Hindous et des Arabes. Ils n'ont point de mesure exacte pour diviser la journée. Le gnomon et le clepsydre leur sont inconnus. Il paraît que l'échelle quinaire ou des cinq doigts de leur numération, sur laquelle est basé leur système numérique, a fourni les moyens de subdiviser la journée en matin, avant-midi, et après-midi, déclin du soleil, coucher, soir, nuit, minuit et déclin de la nuit. Chaque partie de cette révolution diurne est désignée par un nom particulier. Le jour civil commence au lever du soleil. Dans les opérations astrologiques, le jour de 24 heures se divise en 5 parties, à chacune desquelles préside une divinité brahmanique. Le peuple calcule d'après les désignations suivantes : lorsque le buffle va paître, lorsqu'on le ramène du pâturage, etc. Cependant, dans plusieurs morceaux de poésie, on trouve cette périphrase : *lorsque l'ombre avait tant de pieds de longueur ;* ce qui ferait supposer que les Hindous, à qui les Javans ont emprunté la division du jour en 5 parties, avaient observé l'augmentation et la diminution de l'ombre solaire.

La semaine ou série de sept jours a été introduite à Java par les Hindous, et renouvelée par les Arabes. Dans les premiers temps, les peuples de cette île la divisaient en cinq jours, ainsi que les Mexicains. Cinq divinités présidaient aux cinq jours de leur semaine quinaire ; ils recevaient les noms de *laggi, pahing, pon, wagi, kliwon*, qui ont vraisemblablement dû leur origine aux couleurs de l'horizon. Le premier jour était le bleu et l'orient, le second le rouge et le sud, le troisième le jaune et l'occident, le quatrième le noir et le nord, le cinquième de couleur mêlée et le foyer, ou le centre. Ces divisions représentent aussi les bazars, ou jours de marché. Les noms de la semaine hebdomadaire sont évidemment sanskrits, savoir : *datia*, qui correspond à notre dimanche, *lonia* lundi, *angara* mardi, *bouddha* mercredi, *wraspoti* jeudi,

soukra vendredi, et *sanischara* samedi.

Les dénominations de noir et de nord démontrent d'une manière incontestable que cette subdivision a pris naissance dans l'Hindoustan, où le soleil n'est jamais boréal comme à Java et dans les contrées équinoxiales. En étudiant la langue javanaise, on reconnaît que ce peuple avait un calendrier civil et rural avant que le brahminisme se fût établi parmi eux ; ainsi, ce peuple avait fait de grands progrès dans la civilisation. Il paraît que l'année civile était primitivement divisée en trente périodes, appelées *woukou*, dont chacune avait un nom distinct ; ces noms sont véritablement aborigènes. Ces trente woukous ont été divisés, plus tard, en six classes qui sont présidées par les divinités de l'Hindoustan, savoir :

1 Sinto par Yama.
2 Landap par Mahadeva.
3 Woukir par Kouwira.
4 Kourantil par Pourousangkara.
5 Tolou par Bayou.
6 Goumbrag par Chakra.
7 Warig-alit par Asmari (Iswara).
8 Warig-agoung par Pancharosmi (planète de Bouddha.)
9 Jonloung par Wangi Somboa.
10 Sonogsang par Gana (Gara.)
11 Galoungan par Kamajaya.
12 Kouningan par Ouma.
13 Langker par Kala.
14 Mandasiya par Brahma.
15 Jouloung-ponjoul par Maheswara.
16 Palang par Gouriua.
17 Kouroulout par Vichnou.
18 Maraki par Souragana.
19 Tambir par Chiva.
20 Madangkousigan, par Angapati.
21 Matal par Sakri.
22 Wougi par Kouwira.
23 Manahit par Chitragatra.
24 Prangbakat par Bayou.
25 Bala par Dourga.
26 Woukou par Singha jalma.
27 Wayang par Deviseri.
28 Koulawou par Darma-radja.
29 Donkout par Soukri.
30 Watongounoung par Autabaga et Naga-giri.

Le calendrier rural est de 360 jours. Il se divise en douze mois ou douze saisons, d'une longueur inégale, et est terminé par des jours intercalaires.

Il est probable qu'un woukou égale 14 jours, ou une demi-lunaison, ainsi qu'à Bali, où le 11ᵉ et le 12ᵉ woukou sont les noms de deux grandes divinités, *kamaderwa* ou *krichna* et *sakchmi*, qui correspondent à l'Amour et la Vénus des Grecs et des Romains, et dont les fêtes se succèdent à Bali après un court intervalle. Ce qui donne plus de force à cette opinion, qui a d'abord été émise par le docte M. Crawfurd, c'est que les Hindous calculaient par demi-lunaisons.

Keso, le premier mois est de 41 jours.	
Karo	2ᵉ 23
Katigo	3ᵉ 24
Kapat	4ᵉ 24
Kalimo	5ᵉ 26
Kanam	6ᵉ 41
Kapitou	7ᵉ 41
Kawelou	8ᵉ 26
Kasougo	9ᵉ 25
Kasapoulou	10ᵉ 25
Dasto	11ᵉ 23
Sedo	12ᵉ 41

A Bali, l'année rurale commence au 11ᵉ mois, vers le mois d'avril. Elle semble donc se rapporter au commencement de l'année actuelle des Hindous.

Ce calendrier est indubitablement d'origine javanaise, car il s'adapte exclusivement à l'agriculture de Java. Ce sont les prêtres qui l'annoncent au peuple.

L'année civile brahminique ou de Saka ou de Salivana, servit à calculer l'ère de Java. Cette année est lunaire : les prêtres ont soin de calculer les jours intercalaires. Elle subsista encore 155 ans après l'introduction de l'islamisme : l'ère de l'hégire lui a été substituée sous le règne d'Agoung (le grand soulthan), en 1633 de l'ère vulgaire. On a trouvé des vestiges de l'année tropicale des Hindous dans plusieurs monuments antiques de cette grande île.

Les Javans ont plusieurs espèces de cycles ; celui de sept ans qu'on retrouve au Tibet et à Siam. Les noms des années, dont la plupart tirent leur origine du sanskrit, sont *mangkara*, le langoustan (poisson), *menda*, la chèvre, *kalabang*, le cent-pieds, *wichitra*, le ver, *mintouna*, le poisson, *was*, le scorpion, *maicha*, le buffle.

Ce peuple a en outre un cycle de douze ans, dont les années correspondent aux signes du zodiaque, avec lesquels cette période a beaucoup d'identité : nul doute que ce cycle n'ait été apporté par les Hindous. Les dénominations de chaque année sont véritablement d'étymologie sanskrite, savoir : le bélier, le taureau, le papillon, l'écrevisse, le lion, la vierge, la balance, le scorpion, le sagittaire ou l'archer, la chèvre, le pot à l'eau et le poisson, en observant que les gémeaux sont remplacés par un papillon. Ces signes du zodiaque furent trouvés sur un ancien manuscrit découvert à Chéribon, en 1813, et sur un grand nombre de vases de cuivre qu'on a trouvés dans les provinces du centre et de l'est de Java (voy. *pl.* 34). Ainsi nous retrouvons en Océanie le zodiaque de l'Asie centrale que l'Europe a également adopté.

Il y a encore deux autres cycles : l'un de 21 ans (javanais), l'autre de 30 années (mohammédanes). Enfin, depuis un siècle, les Javanais ont emprunté aux Européens, et surtout aux Hollandais, une partie de la mesure du temps.

LXXXIII. DE LA JUSTICE ET DES LOIS DANS LES ÉTATS SOUMIS AUX PRINCES JAVANS.

La justice et le pouvoir exécutif sont confiés à la même personne. La loi écrite qui régit les Javanais n'est que le kôran modifié par la coutume et l'usage. Ce peuple n'a adopté la religion de Mohammed que depuis la destruction de l'empire hindou de Madjapahit, et depuis 350 ans, c'est-à-dire, bien après les peuples de l'Inde.

L'administration hollandaise est, à peu de chose près, semblable à celle des autres Européens dans leurs colonies, si ce n'est qu'ils ont respecté plus qu'eux les usages des indigènes : et qu'ils n'ont pas coupé l'arbre pour cueillir le fruit. Mais elle diffère considérablement chez les princes de Java.

Il y a deux espèces de cours de justice, celle du panghoulou, ou grand-prêtre, qui observe rigoureusement la loi du prophète, et celle du djaksa (surveillant), qui se conforme davantage aux coutumes et aux usages. La juridiction du panghoulou se compose des offenses capitales, des divorces, des contrats et des héritages; c'est en quelque sorte devant lui qu'on appelle des jugements du djaksa. Celui-ci informe des vols, escroqueries et offenses inférieures; ses membres sont chargés de recevoir les dépositions, d'examiner les faits, de veiller et de régler la police générale du pays; ils remplissent les mêmes fonctions que nos procureurs-généraux en France.

Voici les devoirs de cet emploi, tels qu'ils sont formulés dans le *Niti Praja* :

« Dans toute occasion un djaksa doit se montrer impartial; il doit estimer à leur juste valeur toutes les affaires qui lui sont présentées, de même qu'un marchand pèse avec équité les marchandises dans sa balance. Il doit être au-dessus de toute séduction, soit de paroles, soit d'argent; il doit se conduire de manière à ne commettre aucune injustice : les conséquences qui en résulteraient seraient très-préjudiciables à l'état. Il ne doit recevoir aucun présent des parties qui seront traduites devant lui, non-seulement parce qu'il ne peut espérer qu'il en résulte un bien, mais parce que le public tiendra des discours injurieux à sa réputation.

« Il jugera le plus promptement possible toutes les causes qui lui sont soumises conformément à la loi; elles ne seront pas long-temps pendantes au détriment des parties. Un djaksa doit s'informer de toutes les circonstances relatives à l'affaire qui lui est présentée; il doit être convaincu de l'évidence : après cela, il prendra la cause en considération. Il ne doit pas prêter l'oreille au mensonge; sa décision doit être conforme à la vérité.

« Un djaksa qui observe tout cela, jouira d'une haute réputation. Il aura moins de réputation, s'il juge d'après les avis des autres; il sera semblable à une sorte d'oiseau qui, pour se procurer la nourriture qui lui est nécessaire, plonge dans l'eau sans penser au danger de perdre la vie, auquel il s'expose en se privant de l'air atmosphérique. Un djaksa, totalement incapable de remplir les fonctions de son état, est arrogant dans ses manières, et, en même temps, assez vil pour tirer un avantage personnel des malheureux qui s'adressent à lui; il est semblable à une chauve-souris qui vole des fruits sur un arbre pendant l'obscurité, ou à un chasseur qui n'a d'autre but que son égoïsme, et détruit indistinctement tout ce qui se trouve sur son chemin. Il ressemble aussi à un prêtre qui attend chaque jour dans le temple, sans avoir d'autre but que son profit; et à un écrivain qui prostitue sa plume au premier venu, ou à un magicien qui gagne sa vie par la nécromancie. »

Si ces préceptes, à la fois si simples et si nobles, présidaient à ce que nous appelons *la justice* en France, on ne verrait pas ces abus qui ruinent des familles par la longueur des procès, et mettent quelquefois le rang et la puissance en balance avec l'équité.

Les cours suprêmes du panghoulou et du djaksa ont leur résidence auprès du gouvernement. C'est devant eux qu'on appelle des causes jugées par les cours inférieures de chaque province. Ces tribunaux sont soumis à la juridiction d'un chef de subdivision (*demang*), et souvent d'un *bakel*, ou chef de village. Mais la puissance du panghoulou cesse au moment où les preuves ont été transmises à l'autorité supérieure. Il est chargé de terminer les différends de peu d'importance, et de faire observer les cérémonies de la religion, qui sont sous la surveillance de la justice chez les insulaires de Java, comme chez les autres peuples soumis à l'islamisme. Les tribunaux suprêmes ayant le droit de rendre les jugements, il résulte de l'institution de la magistrature, telle que nous venons de l'exposer, que les juges inférieurs peuvent différer d'opinion dans une cause peu importante, mais que l'unité présidera au jugement des affaires d'un grand intérêt.

Afin d'inspirer le respect aux parties, en associant les idées religieuses aux formes de la justice, le panghoulou siège toujours sous le portique de la mosquée, nommé *Sirambi*. Les prestations de serment, qui sont fréquemment exigées à Java, se font dans l'intérieur même, parfois avec une grande solennité.

La cour qui siège auprès du gouvernement se compose du panghoulou, du prêtre de la mosquée et de quatre religieux de l'ordre appelé *Patih Negara*, auxquels, après l'examen de la cause, on se rapporte sur le point de la loi et sur la décision de la cour. C'est le souverain ou son ministre qui prononce le jugement.

Les fonctions de la cour du djaksa sont d'une nature mixte, moins importantes que celles de la cour précédente, et environnées de moins de solennité. Cette cour se compose du jaksa, ou chef, qu'on peut considérer comme l'officier légal du premier ministre, et des djaksas, ou ses *kliwans* (assistants), qui lui servent de conseil.

Le code des Javanais est divisé en deux parties : la première se compose des lois qui concernent le mohammédisme, et qu'on désigne sous le nom de *Houkoum allah* (expression arabe qui signifie commandement de Dieu); la seconde renferme les lois qui concernent la coutume et la tradition : on les appelle en javanais *Youdha nagara*, dont le sens peut s'exprimer ainsi : *décisions relatives à la société*.

Les décisions musulmanes sont puisées principalement dans quelques ouvrages écrits en arabe; cependant, dans plusieurs provinces, on consulte les traditions en langue du pays.

Les coutumes se transmettent généralement par tradition orale; quelques-unes sont écrites. Telles sont celles renfermées dans le *Jougoul mouda patih*, composé depuis environ six cents ans; c'est le plus ancien ouvrage de jurisprudence de Java. Après cet ouvrage vient le *Radja kapa*, qu'on appelle le fils du Jougoul mouda.

Le soulthan de Demak, qui fut le premier prince mohammédan, ayant sans doute l'intention de favoriser l'introduction de l'islamisme dans toute cette contrée, fit faire une compilation des lois javanaises pour les mettre en harmonie avec cette religion. Ce code, vraiment curieux par le raffinement des distinctions, par le mélange des maximes morales, par les interprétations de lois positives, et par son esprit de casuiste, fut rédigé par un radjah de l'ouest, appelé *Sang Prabou Souria Alem*. Il renfermait 1507 articles, que l'on réduisit au nombre de 144.

C'est toujours au prince que se rapporte le pouvoir discrétionnaire pour adapter les lois aux circonstances, ou les modifier dans l'application des peines afflictives, telles que la tête tranchée, les combats avec les tigres, etc. Selon le Youdha nagara, il peut commuer en peine pécuniaire les peines infligées par la loi pour les infractions aux lois somptuaires.

LXXXIV. LOIS COLONIALES ET POLICE.

Outre les lois et règlements émanés des gouvernements successifs de Java, et d'autres actes officiels, la loi hollandaise est admise comme la base des lois coloniales.

La collection des statuts et règlements anciens est nommée *Placaatbock*. Une résolution de l'année 1760, du conseil des Indes, porte que les coutumes des mohammédans en matière de succession, et les successions *ab-intestat*, seront sanctionnées et promulguées.

En matière civile, les naturels du pays et les Chinois, dans le district de Batavia, paraissent être gouvernés par les mêmes lois que les Européens.

Dans la ville de Batavia et les environs, la justice criminelle a été rendue sans distinction d'habitants, selon la loi européenne, depuis l'établissement des Hollandais.

A Bantam, il en a été de même, mais seulement à l'égard des Chinois qui y résident; la juridiction criminelle a été laissée au soulthan à l'égard des naturels.

Ce n'est que sous le gouvernement de l'illustre maréchal Daendels qu'une cour fut établie selon le mode européen dans le district de Batavia et dans ceux de Djakatra et des Preangers.

Il paraît que primitivement les autorités du pays ne livraient point les criminels aux tribunaux hollandais. Maintenant les régences des deux derniers districts jouissent d'une situation assez paisible et assez fortunée. Les Chinois, entièrement séparés des Européens, et les autres étrangers des environs de Batavia, sont administrés par leurs chefs respectifs. Les crimes y sont extrêmement rares.

Dans les états indigènes, la police est confiée au *Raden adipati*, ou premier ministre. Les grandes provinces qui entourent Batavia sont divisées en cantons de 200 à 1000 chachas, ou familles. Chaque village a une organisation distincte. Le chef du village exerce lui seul presque tous les pouvoirs. Les habitants sont obligés de faire des patrouilles de nuit.

LXXXV. ORGANISATION MILITAIRE.

Avant les soixante dernières années, époque où les Hollandais commencèrent à dominer dans l'île entière, les naturels du pays se firent une guerre continuelle pendant plusieurs siècles. Depuis ce temps, de sages réformes, introduites avec les institutions européennes, ont excessivement diminué cette ardeur belliqueuse.

Sous le gouvernement indigène, toute la population mâle, en état de porter les armes, est soumise au service militaire; mais la culture des terres et les divers emplois publics ont fait réduire au tiers le nombre de soldats, excepté dans les circonstances extraordinaires. On se contente aujourd'hui du nombre nécessaire pour le maintien de l'ordre. Le sousouhounan, ou empereur, a une garde d'un millier d'hommes seulement. Le gouvernement européen lui fournit le reste de son escorte.

Autrefois, chaque village fournissait un nombre de soldats; pendant leur absence, leurs champs et leurs jardins étaient cultivés par d'autres habitants désignés par le chef du village pour aider, dans cette culture, leurs femmes et leurs familles. Le chef du village était chargé de pourvoir aux besoins de ces dernières.

Le souverain, en sa qualité de chef militaire, porte, entre autres, le titre de *senapati*, seigneur de la guerre. Lorsqu'une armée est levée, il confie à des chefs appelés *widana* le commandement de corps de troupes de 320 hommes. Sous chaque widana, il y a quatre *lourahs* ou *tindihs*, qui commandent des compagnies de 80 hommes, et qui ont chacun deux officiers subalternes, appelés *babakels* ou *sesabats*, qui commandent 40 hommes. Les widanas sont salariés pendant leur service par des prestations en nature; mais ils sont chargés d'entretenir les officiers inférieurs.

Lorsqu'une troupe est en marche, on fait des demandes aux districts voisins, qui doivent l'approvisionner sans en exiger de paiement; lorsque l'armée est sur le pays ennemi, elle vit de pillage. Les réquisitions en argent sont inconnues.

Les armées javanaises sont principalement composées d'infanterie. Le souverain ne s'occupe nullement de l'armement; chaque soldat doit être équipé totalement avant de partir pour sa destination. Chaque village a sa provision de piques et quelquefois d'armes à feu.

LXXXVI. PRÉCIS DE L'HISTOIRE DE JAVA [*] DEPUIS LES TEMPS LES PLUS RECULÉS JUSQU'A NOS JOURS.

Ire ÉPOQUE. ORIGINE ET ANNALES DE JAVA JUSQU'A LA FIN DU DERNIER EMPIRE BRAHMINIQUE DE CETTE ILE.

Les écrivains anglais qui ont par-

[*] Les manuscrits originaux composant les différentes périodes de cette histoire furent trouvés par sir Stanford Raffles dans les archives javanaises, dont une partie est déposée chez le Panambaham de Soumanap, l'autre chez le successeur du Kiai-adi-pati de Demak, et le reste chez le secrétaire du

couru Java et les îles de Sounda, notamment MM. Raffles et Crawfurd (*), supposent que les premiers habitants de la grande île de Java étaient des Égyptiens bannis de leur patrie. M. Middelkop, savant hollandais, partage cette opinion. Mais il nous paraît plus probable que les Javans, ou Javanais, ont suivi primitivement le culte de la nature, et spécialement le culte héliaque ou du soleil, qu'ils n'ont emprunté à aucun peuple, et que, plus tard, ils ont reçu de l'Hindoustan la religion brahmanique et la religion de Bouddha. L'absence des hiéroglyphes dans ce pays, les monuments hindous qu'on y trouve, les vestiges de la langue sanskrite qui existe encore dans son ancien idiome, son ancienne religion, sa littérature, ses chants, ses préjugés, malgré l'introduction du mohammédisme et du christianisme, semblent nous autoriser à émettre cette opinion que nous avons cherché à prouver dans le chapitre des antiquités qui précède ce précis. On retrouve parmi les Ja-

Pangeran Adi-pati de Sourakarta. Ces recueils orientaux contiennent quelques détails contradictoires, romanesques et même puérils, mais ils font mieux connaître un peuple dont l'histoire est si singulière et qui est écrite avec cette simplicité qui caractérise l'antiquité. La chronologie prophétique de Aja-Jaya-Baja, et quelques autres fragments historiques manuscrits, cités dans les premières pages de cette histoire, furent également trouvés par sir Stamford, chez l'empereur de Solo, dans l'île de Java. Il en enrichit l'Angleterre, où aucun ouvrage sur l'histoire malaise et javanaise n'avait été encore publié. C'est aussi à ce savant et habile administrateur qu'on doit une partie de l'histoire moderne de ce pays, écrite en anglais, d'après les documents trouvés aux archives hollandaises de Batavia. Ne pouvant guère consulter et employer d'autre autorité que la sienne, puisqu'elle est à peu près unique, nous avons peu ajouté aux faits, peu touché au style, mais nous avons fait précéder cette histoire de quelques considérations, nous y avons mêlé nos réflexions, et nous y avons ajouté des notes explicatives.

(*) *History of Java - history of the east indian archipelago.*

vans ou Javanais, toutes les extravagances mythologiques des Hindous, ce qui prouve des relations très-anciennes, tandis qu'il n'existe que des rapports généraux de sabéisme entre les Javans et les Égyptiens (*).

Mais il n'y a rien de certain dans leur histoire avant l'arrivée supposée d'*Adi* ou *Aji-Saka*, la première année de l'ère javanaise, qui correspond à la 76ᵉ de l'ère vulgaire. Les écrits antérieurs à cette époque ont disparu.

« Prabou Jaya-Baya, disent les historiens, était un grand et puissant
« prince d'Astina (**), descendant au
« 5ᵉ degré d'Ardjouna, fils de Pandou
« Deva-Nata. Son pengy'awa, ou
« principal ministre, était un homme
« entreprenant et d'un grand savoir.
« On l'envoya visiter les pays étrangers.
« Dans le cours de ses voyages, il
« débarqua dans l'île de Java, qu'habitait une race de Râkchasas (***).
« Cette île était appelée *Nousa-Kindang*. L'événement dont nous parlons arriva la première année de
« l'ère javanaise, et se trouve désigné
« dans le Chandra-Sangkala, par les
« mots *nir*, *abou*, *tonpo*, *jalar*, qui
« signifient littéralement : *aucune*,
« *poussière*, *aucun*, *homme*, métaphore de la figure mythologique 1000

« Il découvrit le grain appelé *jawawout*, qui était alors le principal
« aliment des habitants, et, d'après
« cette découverte, il changea le nom
« du pays, qui était Nousa-Kindang,
« en celui de Nousa-Jawa. En s'avançant dans l'île, il trouva les cadavres de deux Râkchasas, tenant chacun une feuille : l'une était une inscription en pourwa (anciens caractères), et l'autre en siamois : il les
« réunit pour en former les vingt lettres de l'alphabet javanais.

« Il eut à combattre plusieurs fois

(*) Nous avons déjà dit que nous croyons que les Javans descendent primitivement des Dayas.

(**) Partie de Java considérée aujourd'hui comme la terre sainte de ce pays.

(***) Mot sanskrit qui signifie mauvais génie.

« les Râkchasas, et particulièrement les Devata-Chengkar. Après avoir fixé les dates de ses différentes découvertes, et avoir laissé des souvenirs de sa visite, il retourna enfin à Astina, et rendit compte par écrit à son souverain de tout ce qu'il avait vu. »

Il y a plusieurs versions sur Aji-Saka, qui a fait un code de lois. Le savant orientaliste sir William Jones prétend que Saka est un des noms de Bouddha; d'autres prétendent que c'était un prince puissant.

Après que le voyage du ministre de Jaya-Baya fut terminé, le prince de *Rôm* envoya deux mille familles au peuple de Java, et c'est à cette époque que commence l'an premier de l'ère javanaise. Toute cette population périt, à l'exception de vingt familles qui retournèrent à Rom.

Ainsi, le mot Rom, mentionné dès la première année de l'ère de Java (l'année 76 de l'ère chrétienne), signifierait Rome ou l'empire romain du temps de Vespasien. Cette époque était en effet celle du commerce romain dans tout son éclat. L'erreur même de ces annales malaises, qui nomment Alexandre fils de Darius, semble le prouver, parce que si les Malais avaient eu connaissance de nos historiens grecs et latins, ils n'auraient point avancé une erreur que les écrivains européens les plus ignorants n'auraient pas commise. Les Malais auront copié les Persans et les Hindous, qui confondirent Alexandre, les Perses, les Ptolémées et les Romains sous le nom de *Rom*; ainsi, dans l'Orient, tous les Européens sont nommés *Franguis*, mot qui a dû distinguer d'abord les Francs, ou Français.

Les 45 ans d'absence d'Alexandre désignent, peut-être, les 47 ans qui s'écoulèrent entre le partage de son empire après la bataille d'Issus, et l'établissement des Arsacides en Asie.

« La dixième année de l'ère javanaise, « le grand prince de Kling (*) envoya « à Java vingt mille familles, qui y

(*) C'est-à-dire l'Hindoustan.

« prospérèrent et s'y multiplièrent en « continuant de vivre dans l'état de na- « ture, jusqu'à l'année 289, que l'Être « suprême les bénit en leur donnant un « prince, nommé Kamo. Ce prince ré- « gna environ 100 ans; il eut pour suc- « cesseur Basou-Keti; le nom du sou- « verain était Wirata. Après la mort « de Basou-Keti, son fils Mangsa- « Pati lui succéda. Le père et le fils « régnèrent ensemble 300 ans. Une « autre principauté, nommée *Astina*, « se forma dans ce temps; elle était « gouvernée par le prince Poucla-Sara, « qui eut pour successeur son fils « Abiasa; après celui-ci, Pandou- « Deva-Nata, son fils, monta sur « le trône. Le règne de ces trois prin- « ces dura environ 100 ans.

« L'an 800, Jaya-Baya succéda à « Pandou, et transporta le siège du « gouvernement d'Astina à Kédiri. A « sa mort, le royaume de Kédiri « étant démembré, deux autres royau- « mes s'élevèrent sur ses ruines; l'un « appelé Brambanan, dont le prince « se nommait Baka, et l'autre Peng'- « ging, dont le prince était appelé An- « gling-Dria.

« Ces deux monarques s'étant fait « la guerre, Baka fut tué dans une « bataille par Damar-Maya, gendre « d'Angling-Dria. A la mort de Baka, « le royaume de Brambanan resta sans « chef jusqu'à ce qu'Angling-Dria « mourût de mort naturelle. Damar- « Maya lui succéda dans le gouverne- « ment de ce pays.

« Damar-Maya étant mort en l'an- « née 1002, n'ayant point laissé de « successeur, un homme, appelé *Aji*- « *Saka*, vint d'un pays étranger; il « s'établit lui-même, en qualité de « prince de Mendang-Kamoulan, à « Dawasa-Chengkar, qu'il conquit.

« Les tchandi-siwou, c'est-à-dire, « les mille temples de Brambanan, « furent achevés en 1018.

« L'empire de Mendang-Kamoulan, « avec la race de ses princes, ayant « fini, quatre royaumes s'élevèrent « sur ses débris, savoir: Jang'gala, « dont le prince était Ami-Louhour; « Kédiri, qui avait pour roi Lembou-

« Ami-Jaya ; Ng'arawan, gouverné
« par Lembou-Ami-Sesa ; Sing'a-Sari,
« dont le chef était Lembou-Ami-
« Loueh. Ces royaumes furent ensuite
« réunis sous Pandji-Souria-Ami-Sesa,
« fils d'Ami-Louhour. Pandji-Souria
« étant mort, eut pour successeur son
« fils Pandji-Lalian, qui transporta le
« siége du gouvernement de Jang'gala à
« Pajaja-Ran. Son avénement eut lieu
« l'année 1200. »

Ce fragment est écrit dans le style oriental ; il renferme une prédiction de Jaya-Baya, lequel assure que l'île de Java sera anéantie 2100 ans après la date de sa première existence. Cette prophétie, après avoir donné des détails pour plusieurs années antérieures à l'an de Java 1743 (l'an 1819 de l'ère vulgaire), finit par cette conclusion extraordinaire :

« Toute la relation précédente des
« événements chronologiques depuis
« la première année jusqu'à la pré-
« sente, fut écrite par l'inspiré Aji-
« Jaya-Baya, qui vivait lui-même vers
« l'an 800. Ce qui suit est la continua-
« tion des événements qui furent
« rapportés par lui, et qui doivent ar-
« river, savoir :
« Dans l'année 1801, Sourakarta
« n'existant plus, le siége du gouver-
« nement sera transféré à Katanga ;
« Katanga étant ensuite démoli, le siége
« du gouvernement sera transporté,
« en 1870, à Karang-Baya. En 1950,
« le siége du gouvernement sera trans-
« féré à Kédiri, où il était ancienne-
« ment. Les Franguis (*) y viendront,
« et, ayant conquis tout Java, ils éta-
« bliront un gouvernement en 1755,
« ou 2031 de l'ère chrétienne. Cepen-
« dant, le prince de Kling, entendant
« parler de la conquête et de la ruine
« de Java par les Franguis, enverra
« des forces qui les battront et les
« repousseront hors de Java ; et,
« ayant rendu l'île à son gouverne-
« ment naturel (javanais), il retour-
« nera, en l'année 1960, dans son
« propre pays.
« Pour recouvrer la possession de

(*) Les Européens.

« l'île, le nouveau gouvernement ja-
« vanais abandonnera la capitale Ka-
« rang-Baya, comme un endroit mal-
« heureux, et ira s'établir à Varinguin-
« Koubou, qui est près de la mon-
« tagne N'gmaita-Laya. Cela aura lieu
« en 2020.
« Vers l'année 2100, Java en entier
« finira. »

Ainsi parle Aji-Jaya-Baya dans sa chronologie prophétique.

Si on en croit quelques traditions, le culte et les arts de l'Inde furent introduits à Java par un brahmân, appelé *Tristresta*, qui y amena une nombreuse colonie ; tout semble indiquer que ce brahmân est Aja-Saka lui-même : les Javanais et les Indiens ont eu, peut-être, les mêmes personnages pour souverains dans les premiers siècles de l'ère javanaise. La liste des souverains de l'Inde, insérée dans les *Asiatic Researches*, est celle des princes de Java, sectateurs du même dieu Bouddha ; ils descendent de Parakisit, de la postérité d'Ardjouna. La fameuse guerre, suivie de la victoire des Pandàwas (*), qui est le sujet d'un des principaux poëmes hindous appelé le *Maha-Baratha*, se rapporte entièrement à l'île de Java et au commencement du monde, selon les mythes javanais. L'auteur du *Niti sastra kawi*, ouvrage d'une très-haute antiquité, s'exprime de la manière suivante sur la durée des âges du monde :

« Le *kerta-yoga* était d'une durée
« de 100,000 ans, le *treta-yoga* était
« de 10,000 ans, le *douapara* était de
« 1000 ans, le *sandinika*, qui com-
« mence à l'an 77 de l'ère vulgaire,
« a maintenant son cours. »

Il est bon d'observer ici que la série arithmétique par dizaines, centaines et mille, telle que nous l'employons en Occident depuis la civilisation de nos contrées, se trouvait en usage au fond de l'Orient, à des époques presque aussi

(*) Sir Stamford Raffles traduit dans différentes parties de son ouvrage par ces mots : *chute des Pandous*, les mots *Pandàwa lima* qui, ce me semble, signifient au contraire *victoire des Pandàwas*.

anciennes, selon le témoignage du *Niti sastra*. Le kerta-yoga paraît finir à l'expulsion de Vichnou par Souralaya ; le treta-yoga commence avec son incarnation dans la personne d'Ardjouna-Wyaya souverain de Mospati, et finit à la mort de Rama, événement qui est supposé avoir eu lieu vers le temps de Sakri, dans la lignée suivante des princes : Tristresta, Manco-Manasa, Soutapa, Sapoutram, Sakri, Poulasara, Abiasa, Pandou-Deva-Nata (*). Plusieurs de ces princes et de leurs descendants sont supposés, par traditions, s'être établis en personne à Java ; et tandis que nous trouvons Tristresta fondant une colonie dans la première année de l'ère de Java, c'est-à-dire, environ 1750 ans avant notre ère, on est étonné que la guerre des Pandous eut été transférée de Douapara-Yoga au présent âge, et se trouve placée dans l'ère de Java, à 1200 ans avant la nôtre (**).

Dans la version javanaise ou moderne du Niti-sastra, les périodes suivantes renferment les événements mythologiques que voici :

« Au commencement, chaque chose
« était paisible et tranquille. Les pre-
« mières années furent remplies par
« le règne de plusieurs rois, et par des
« guerres contre une femme appelée
« *Devi-Darouki*. Pendant cette pé-
« riode, l'écriture fut introduite.
« Après 1500 ans, une autre guerre
« commença contre une femme appe-
« lée *Devi-Sinta*. Deux mille ans
« après, une troisième guerre éclata
« contre une femme nommée *Devi-
« Droupadi* ; et 2500 ans après, il
« y eut encore une nouvelle guerre
« contre la fille d'un homme, ou plu-
« tôt d'un être purement spirituel,
« dont l'histoire ne dit pas le nom. »

(*) Ce mot signifie *dieu* et on le donne aux plus mauvais princes par une détestable adulation. Ainsi les Romains dégénérés appelaient *divus* (le divin) un Néron, un Caligula, un Héliogabale.

(**) On trouve dans ce qui précède et dans une partie de ce qui suit, une imitation et une altération des mythes et des traditions des Hindous.

Le récit qui va suivre commence à Tristresta, qui paraît avoir établi son gouvernement à Giling-Weri, au pied du mont Semirou. Ce récit est tiré de la collection des légendes du pays, compilée par Nata-Kassouma, qui était, en 1817, panambaham de Soumanap. C'était l'homme le plus instruit de l'histoire de son pays, et il pourrait tenir une place honorable parmi les savants de l'Europe.

« En ce temps-là, Java n'était ha-
« bité que par un petit nombre d'hom-
« mes sous la protection de Vichnou ;
« mais ces habitants ayant offensé
« le fameux Sang-Yang-Gourou, le
« fameux Tristresta, fils de Jala-Prasi
« et petit-fils de Brama, fut envoyé
« à Java comme souverain du pays. Ce
« prince, marié depuis l'âge de 10 ans
« avec la Brhamnody-Kelide Kambod-
« ja ; vint avec 800 familles du pays de
« Kling, établir le siège du gouver-
« nement au pied du Gounoung (*).
« Semirou, sa capitale, fut appelée
« Giling-Weri. Il eut deux fils, Ma-
« nou-Manasa et Manou-Mandeva, et le
« nombre de ses sujets s'éleva à 20,000.

« Il y avait alors dans le pays de
« Kling un homme appelé *Watou-Gou-
« noung*, fils de Gana de Desa-Sangala.
« Il entendit parler de Sinta et Lan-
« dap, deux belles femmes, demeurant
« à Giling-Weri : il se mit à leur
« recherche, et les ayant trouvées
« sous la protection de Tristresta,
« il attaqua celui-ci, et le défit ; Tris-
« tresta fut tué, et Watou-Gounoung
« régna en qualité de souverain de
« Giling-Weri, pendant 140 ans. Sous
« son gouvernement le pays devint
« très-florissant. Il adopta 40 fils et
« autant de filles des princes du pays,
« et leur donna les noms des divinités
« du Sourga. Ce sacrilège, joint à d'au-
« tres qu'il avait déjà commis, attira
« sur lui la vengeance de Vichnou,
« qui le punit de mort l'an 240.

« Après cela, Basara-Gourou en-
« voya Goutaka de la montagne de
« Sawela-Chala à Kling, pour être
« souverain de Giling-Wesi, où Gou-

(*) Mot malai qui signifie *montagne*.

« taka mourut, après un règne de 50
« ans, laissant pour successeur son
« fils Raden-Sawela, dans l'année 290.
« Ce dernier prince régna 20 ans, et
« eut pour successeur Goutama. Gou-
« tama s'étant absenté de Giling-Weri,
« lorsqu'il n'était pas encore marié,
« vint dans le pays d'Astina, occupé
« par un *éléphant* qui désirait épouser
« la princesse Endradi. Il combattit et
« tua l'*éléphant*, se maria avec la prin-
« cesse, et ensuite se rendit à Lagres-
« tina (*). » On ne peut pas douter
que le mot d'éléphant n'ait ici un sens
allégorique, ainsi l'observe Marshall.

Il y avait un Pandita (**), né à Gou-
noung-Jali, dans le pays de Kling, qui
avait un fils, Raden-Dasa-Viria, lequel,
à l'âge de 12 ans, obtint de son père
la permission d'aller à Java, et arriva
au pied du mont Lawou. Son fils
Dasa-Bahou, âgé de 10 ans, voulut
se rendre indépendant; il s'établit à
Astina-Poura, l'an 310.

Après Dasa-Bahou, Souantana, son
fils et son successeur, fit la guerre au
géant Pourou-Sada. Ce prince eut un
fils, nommé *Deva-Brata*, dont la mère
mourut peu d'instants après sa naissance : l'enfant ne voulant prendre de
lait d'aucune nourrice, on fut forcé d'en
chercher une à l'étranger. Or, les descendants de Tristresta étaient Manou-
Manara, Sontapa, Sapoutram et Sakri.
Ce dernier engendra Poula-Sara, qui
eut un fils nommé Abiasa. Il arriva
qu'Abiasa était porté dans les bras de
sa mère Ambou-Sari, dans le temps
que Souantana cherchait une nourrice
pour son fils. Aussitôt que Deva l'eut
aperçue, il manifesta par des cris
le désir de sucer de son lait; mais elle
ne voulut pas consentir à lui en
donner, avant que Souantana lui
eût concédé son pays en échange.
Alors Ambou-Sari reçut le pays d'Astina pour son fils Abiasa, qui fut en
âge de régner dans l'année 415. Deva-
Brata fut fait prince de Koumbina.

Abiasa fut marié à une femme avancée en âge; il en eut trois fils : Dresta-
Rata, qui était aveugle, Pandou-
Deva-Nata, qui était fort beau, et
Rawa-Widara qui était boiteux. Après
12 ans de règne, Abiasa abdiqua en
faveur de son second fils.

Pandou-Deva-Nata régna à l'âge de
14 ans à Astina; il épousa Devi-
Koundi, fille de Basou-Keti, prince
de Madoura; il en eut trois fils :
Pounta-Deva, Sena et Jinaka. Deva-
Nata épousa aussi Madrin, fille du
prince de Mandaraga; il mourut pendant qu'elle était enceinte, et elle mourut en mettant au monde deux ju-
meaux. Les enfants de Pandou-Deva-
Nata étant fort jeunes, Dresda-Rata
fut nommé protecteur pendant leur
minorité; mais il fit passer la couronne
à son propre fils Souvoudana. Celui-ci
envoya les cinq fils d'Abiasa s'établir,
avec 1000 familles, dans un pays nouveau qui fut appelé *Amerta*.

Souvoudana épousa la fille d'un
prince de Mandaraga; il en eut un fils.
Son règne fut heureux : aucun prince
n'était alors plus puissant que lui lorsque ses cousins lui redemandèrent la
moitié de l'héritage de Pandou-Deva;
mais Souvoudana leur répondit que
son épée déciderait de ce qu'il devait
faire; alors commença la fameuse et
juste guerre appelée *Bratayoudha* ou
guerre sacrée, que la poésie javanaise
a tant célébrée.

En vain les cinq frères offrirent de
se contenter de la moitié du royaume de
leur père, la guerre fut longue, la plupart des chefs des deux partis périrent
successivement; enfin Souvoudana lui-
même succomba, après un règne de
50 ans. Pounta-Dewa fut alors souverain d'Astina (en 491); deux ans après,
il abdiqua en faveur de Parikisit, fils
d'Abimanyou, et petit-fils de son frère
Sinaka.

Après avoir défendu son pays contre le géant Ousi-Aja de Sourabaya,
qu'il tua, Parikisit laissa le trône à son
fils Oudayana, qui mourut après un règne de 23 ans, et eut pour héritier son
fils Jaya-Derma. Ce prince eut deux fils :

(*) La suite de ce récit, jusqu'à la mort
de la princesse Penbayoun, est tirée du
Nitisastra.

(**) C'est ainsi qu'on nomme les Savants
dans l'Inde et à Java.

Jaya-Misana et Ang'ling-Derma. Misana succéda à son père, qui avait régné 27 ans, et mourut lui-même, après 5 ans de règne. De son temps, une épidémie horrible et un violent tremblement de terre désolèrent le pays. Son fils fut relégué à Milawa, et vécut comme un *lepa* (solitaire). Ang'ling-Derma se retira à Mitawa-Pati avec 3000 familles, durant la vie de son frère, et il y régna heureusement pendant dix ans. Après ce temps, la princesse, sa femme, se brûla elle-même, parce qu'il avait refusé de lui faire connaître une prière au moyen de laquelle elle aurait pu entendre le langage de tous les animaux. La perte de sa femme l'ayant rendu fou, il vécut d'une manière errante, et fut enfin métamorphosé en oiseau blanc.

Jaya-Pourousa, fils de Jaya-Misana le solitaire, engendra Pouspa-Jaya, qui engendra Pouspa-Wijaya, qui engendra Kasouma-Wichitra, qui engendra ensuite Raden-Aji-Nirmala, qui régna 20 ans à Milawa-Pati. Mais, à cette époque, le pays ayant été affligé d'une peste, son fils Bisoura-Champaka partit avec ses serviteurs pour Mendang-Kamoulan, où il vécut comme un *pandita* (savant).

Son fils, appelé *Ang'ling-Derma*, dont descendit Aji-Jaya-Baya, qui devint souverain du pays, reçut en montant sur le trône le nom de *Pourwa-Chirita*. Il acquit de grandes possessions, et ses sujets furent heureux. On dit de lui qu'il dicta le poëme de *Bratayoudha*, par ordre de Deva-Batara-Gourou, en l'année 701. Son fils, Salapar-Wata, lui succéda en 756. Le fils de ce dernier, appelé Kandiawan, régna ensuite sous le nom de Jaya-Langkara. Il se distingua par des actes de férocité, et il épousa sa sœur Chandra-Souara. Lorsque son *pati* (ministre) et ses autres serviteurs en furent informés, ils prirent les armes; mais ils craignirent d'attaquer le prince, parce qu'une prédiction avait annoncé qu'il ne pourrait être tué que pendant la pleine lune. Le monarque, informé de la conspiration, attaqua les conspirateurs, tua le ministre et massacra un grand nombre de ses serviteurs.

Après cette victoire, il assembla ses enfants, leur raconta ses actions, et leur dit que son intention était de se brûler lui-même à la pleine lune, et qu'il désirait qu'ensuite ils quittassent ce pays, afin que Mendang-Kamoulan devînt un désert. Alors il divisa ses états en quatre parts : Soubrata, son fils aîné, eut le pays de Jang'gala; son second fils, Para-Yata, eut Kediri; son troisième fils, Jata-Wida, eut Sing'a-Sari, et son quatrième fils, Sou-Wida, eut Ng'ara-Wan. Ces princes devinrent les chefs indépendants de ces royaumes.

Quand la pleine lune arriva, Sri-Jaya-Langkara vint avec sa femme et sa sœur Chandra-Souara au Sang'gar de Deva-Pabayoustan ; là, ils se brûlèrent. Les familles du pati et des chefs qui avaient été vaincus dans la dernière bataille, accompagnèrent le prince et se jetèrent dans les flammes. Penbayoun, sa fille, n'eut pas la permission de se sacrifier. On croit que c'est cette princesse qui, à cette époque arriva à Jang'gala et habita Wana-Kapouchrang'an, où elle prit le nom de Kili-Souchi. Elle mourut en voyageant. Penbayoun était très-instruite et fit, entre autres inscriptions lapidaires, celle qui est appelée *Kalakerma*. Elle jouissait de l'affection de tous les habitants du royaume.

L'empire de Brambanan (*) est le mieux connu des états anciens de Java. Les arts y étaient florissants. Ardi-Wijaya, l'un de ses princes, eut 5 fils, selon la chronique du régent de Demak : l'aîné fut chef des cultivateurs, à Bagalen; le deuxième, des marchands, à Japara; le troisième, des bois et forêts, à Koripan; le quatrième, des manufactures de sucre, d'huile et des distilleries; le cinquième, appelé Ressi-Dendang-Guendis, partagea le gouvernement avec son père et hérita de sa couronne.

Deva-Kasouma fut un grand mo-

(*) Cet empire a porté le nom de Mendang-Kamoulan.

narque et un grand chasseur ; il fonda, en 846, à 5 milles de Sourabaya, la ville de *Jang'gala*, c'est-à-dire du chien en langue javanaise. Il envoya ses quatre fils dans l'Inde (Kling) pour les faire instruire dans la religion de Brahmâ. L'aîné épousa l'une des plus grandes princesses de ce pays, et revint à Java avec trois gros vaisseaux chargés d'étoffes et d'autres marchandises, amenant des artistes de diverses professions, et mille hommes de troupe pour la garde du roi.

Deva-Kasouma partagea son royaume entre ses quatre fils, qui gouvernèrent quatre états séparés. Ami-Louhour régna à Jang'gala ; Ami-Jaya, à Sing'a sari ; Lembou-Mengarang, à Ng'a-rawan, et Lembou-Ami-Louhour, à Kédiri. Sa fille ne fut point mariée ; elle fit construire, entre autres édifices, les temples de Sing'a sari. Sous le règne d'Ami-Louhour, le commerce avec les étrangers prit un grand accroissement.

Les aventures de Pandji-Ino-Kerta-Pati, fils de ce monarque, et de la princesse qu'il avait épousée dans l'Inde, sont célèbres dans l'histoire de Java. La littérature javanaise est remplie de poëmes dont il est le héros. Dans sa jeunesse, il épousa Angréné ou Sekar'tagi, fille du *bopati* de son père ; mais ce monarque, voulant qu'il épousât sa cousine, fille du chef de Kédiri, fit périr Angréné. Alors Panji s'embarqua avec le corps de sa bien-aimée : une tempête s'éleva, la plupart de ceux qui montaient le navire périrent ; mais il parvint à débarquer à l'île de Tanaban ; là il brûla le corps d'Angréné, et partit avec le reste de ses serviteurs pour Bali, où il prit le nom de Klana-Jayang-Sari. Ayant obtenu des secours du prince de cette île, il en épousa la fille, et vint s'établir à l'occident de Kédiri ; il épousa bientôt après la princesse de Sabroung, appelée *Chandra-Kirana*, qui était d'une grande beauté, et qui avait été demandée en mariage par le prince mohammedan de Malakka. Pandji avait cru par prudence devoir s'annoncer pour un prince de l'île opposée, et il ne se fit reconnaître qu'après son mariage.

Selon quelques romanciers, un prince de l'île de Bornéo, appelée *l'Ile d'Or*, se présenta à la cour de Jang'gala avec deux princesses, en se faisant passer pour Pandji, et en imposa à la crédulité du monarque, qui s'imagina avoir retrouvé son fils. Selon d'autres romanciers, c'est au contraire Pandji qui périt par la tempête, et Angréné, sa bien-aimée, qui l'avait accompagné dans sa fuite, fut jetée sur la côte de Bali dont elle épousa le souverain.

Pandji introduisit l'usage du kriss et d'un instrument de musique appelé *gamelan*.

C'est au milieu du IXe siècle de l'ère javanaise, c'est-à-dire dans la première moitié du Xe siècle de l'ère vulgaire, que les Chinois commencèrent à établir des relations de commerce avec l'île de Java (*). Un grand *wang-kang* (**) chinois avait été jeté sur la côte nord-est de l'île. L'écrivain du *wang-kang* possédait une pierre magique qui opérait des prodiges ; il en fit présent au chef de Tegal, qui, par reconnaissance, accorda aux naufragés la faculté de s'établir sur le district de ce nom.

Selon quelques auteurs, Pandji gouverna le royaume avec son père ; un chef de l'île de Madoura, alors appelée *Nousa-Antra*, vint attaquer Jang'gala ; une prophétie avait annoncé que Pandji serait invulnérable, tant qu'il ne serait pas atteint d'une baguette de fer de Langkara. Le prince de Madoura lui lança une flèche fabriquée par Langkoura, et le grand Pandji fut tué.

Une tradition de l'année 924 indique que les îles de Soumâdra, Java, Bali

(*) Les Chinois connurent l'île de Java, qu'ils nomment *Baoua-oua*, en l'estropiant (ainsi qu'ils en usent avec tous les noms étrangers), sous le règne de Kaou-Tsou-rou-ti, de la dynastie des Song, commençant l'an 420 de l'ère chrétienne. L'an 1292, Kouli-Khan envoya une expédition pour conquérir Java et Bornéo. Le grand Khan, dit Marco Polo, voulut en vain conquérir Java et Bornéo : la longueur du voyage (68 jours) et les dangers de la navigation l'en empêchèrent. Mais ce voyage se fait en 15 jours avec nos navires européens.

(**) Grand navire du commerce.

et Soumbaoua, étaient unies dans les temps reculés, et qu'elles furent séparées en 9 parties; mais qu'après 3000 saisons pluvieuses, elles se réuniront de nouveau. Cette espèce d'observation géologique mérite d'être méditée.

Kounda-Lalian eut la gloire de surpasser les exploits du célèbre Pandji; il était fort jeune quand il commença à régner, l'an 927. Baka, son ministre, ayant tramé une conspiration pour le détrôner, il quitta Jang'gala, sa capitale, sous le prétexte qu'une épidémie en rendait le séjour trop dangereux, et il alla fonder une ville, qu'il appela Mendang-Kamoulan, du nom de la première capitale de Java. Vers cette époque, la montagne de Klout fit sa première éruption. Elle fit entendre un bruit semblable à celui du tonnerre et obscurcit les airs de cendres. Cependant, l'épidémie continuant, les habitants de Jang'gala quittèrent cette ville, s'embarquèrent, et l'on ignore ce qu'ils devinrent.

Baka ayant persisté dans sa révolte, fit la guerre à un autre chef, nommé *Praou-Chator*, de Giling-Wesi, qui eut la gloire d'être son vainqueur. Plus tard, ayant conçu une passion criminelle pour sa fille, qui lui résista, il l'exila dans une forêt.

Kounda-Lalian combattit les Chinois qui opprimaient son pays, et les dispersa dans l'île de Giling-Wesi, qui paraît être l'ancienne capitale de Watou-Gounoung, célèbre dans la mythologie javanaise; il trouva deux petites colonnes d'airain, et présuma que c'était un signe par lequel les dieux lui ordonnaient de fonder une nouvelle capitale qu'il appela *Pajajaran*, vers l'an 1084 de Java.

Ce prince encouragea l'agriculture et donna l'exemple à ses sujets en labourant la terre lui-même. Il introduisit la culture du riz dans les provinces orientales, et apprit l'art d'atteler les buffles au joug, d'où lui vient le surnom de Mounding (buffle). Il eut deux fils; l'aîné s'adonna au commerce et passa la mer; le plus jeune succéda à son père en l'année 1112, sous le nom de Mounding-Sari.

Le nouveau monarque combattit sept ans pour affermir son autorité; son frère revint du continent de l'Inde, où après s'être converti à l'islamisme, il avait pris le titre de *Hadgi-Pourva*. Un Arabe de Konje, appelé Sayd-Abas, l'accompagna, et essaya de convertir la famille royale. Hadgi-Pourva fut maltraité par le peuple et se retira dans une solitude aux environs de Chéribon. C'est à cette époque que les annales javanaises font mention pour la première fois du mohammédisme à Java.

Mounding-Wang'i régna en 1179. Il avait quatre enfants : sa fille aînée ayant refusé de se marier, fut bannie à la côte méridionale, où son esprit est encore invoqué sous le titre de *Batou-Kidoul*. Sa seconde fille épousa un homme blanc qui avait débarqué dans l'île; son 3ᵉ enfant fut radjah de Galou, et son 4ᵉ enfant, appelé Raden-Tandouran, lui succéda. Il eut un autre fils d'une concubine, qu'il fit enfermer dans une boîte et jeter dans le fleuve Krawang, peu après sa naissance, parce qu'un criminel, qui allait être mis à mort, avait annoncé que l'enfant qui devait naître le vengerait. Un berger trouva la boîte, adopta et éleva l'enfant jusqu'à l'âge de 12 ans, le nomma Baniak-Wedi, et l'envoya à Pajajaran, vers son frère qui était forgeron. Le jeune homme devint si habile dans cet art, qu'il maniait le fer rouge avec les doigts. Il fut remarqué par le prince, et il offrit de construire un chef-d'œuvre; c'était une cage de fer ornée de coussins, semblable à un appartement : le prince y entra pour l'examiner; alors le jeune homme ferma la porte et accomplit la prophétie en jetant la cage dans la mer du Sud (la mer des Indes), selon les uns, et selon d'autres, en brûlant le malheureux prince qui y était enfermé.

Baniak-Wedi s'étant fait reconnaître, succéda à son père, sous le titre de Chiong-Wanara, et défit Tandouran, son frère, dans une grande bataille. Tandouran s'enfuit avec trois serviteurs fidèles, et se dirigea vers l'est jusque dans le district de Wirasaba. Il eut envie de manger du fruit d'une plante, qu'il trouva d'une grande amertume, et demanda à l'un de ses serviteurs pourquoi ce fruit était si amer. « J'ai entendu dire, répondit celui-ci, que vos ancêtres ont combattu ici dans la guerre sacrée de Brâta-Youdha. » Alors le prince leur dit : « Établissons ici la capitale de « notre royaume; nous l'appellerons « Madjapahit (c'est-à-dire *amertume*). » Cet événement eut lieu l'an 1221 de l'ère de Salivana, selon une des versions de l'histoire de Java.

Le peuple de Touban, ayant appris l'arrivée de Raden-Tandouran, s'empressa de le seconder. Des émigrés de Pajajaran accoururent en foule, et, entre autres, 80 pandis, ou forgerons, avec leurs familles.

Vers 1247, la guerre se ralluma; le nouveau souverain de Madjapahit campa à Oung'arang, et l'usurpateur de Pajaran, à Kalioungou, vers le centre de l'île. Après une grande bataille, les deux princes firent la paix, se partagèrent l'empire et établirent à Tougou, à l'ouest de Samarang, une ligne de démarcation. La rivière de Brebes, appelée depuis ce temps Chi-Pamali (rivière de prohibition), fut la frontière des deux états.

Après la mort de Chiong-Wanara, plusieurs de ses provinces tombèrent au pouvoir des princes de Madjapahit. Un manuscrit de Bali, récemment trouvé, raconte en ces termes l'origine de ce royaume; nous allons suivre cette version :

L'histoire du royaume de Toumapel rapporte l'origine du royaume de Madjapahit; elle finit le jour de *respati* (mardi), 10ᵉ de la 5ᵉ saison en 1465. Sous le règne de Sang-Sri-chiva bouddha l'état dépérissait, chaque district penchait vers sa ruine. Le pati (*), nommé Mangkou-Rajah-Nata, fit des représentations au prince, pour le prier de se souvenir que ses ancêtres avaient rendu le peuple heureux. Le prince ne voulut pas écouter son ministre, et lui ordonna de quitter ses états.

(*) Ce mot signifie assistant de l'adipati ou ministre.

Sang-Sri-chiva bouddha avait à son service un noble appelé *Wira-Radjah*, à qui il avait confié le gouvernement de Soumanap, dans l'île de Madoura. Celui-ci fut informé que le roi voulait le condamner pour un crime qu'il n'avait pas commis. Afin d'échapper au sort qui le menaçait, il envoya un messager à Sri-Jaya-Katong, souverain de Kédiri, pour lui dire que le royaume de Toumapel était dans une grande confusion, et qu'il serait facile de le conquérir. Sri-Jaya-Katong ordonna à son pati, appelé *Kebo-Moundarang*, de faire des préparatifs de guerre et d'attaquer le royaume de Toumapel, tandis que lui-même en attaquerait la partie occidentale. Sri-chiva bouddha ayant appris l'invasion de son royaume, envoya son jeune frère, Raden-Wijaya, au-devant de l'ennemi vers l'est. Au lieu de marcher en personne, ce roi resta dans son palais où il se divertissait au milieu de ses concubines. Ses plaisirs furent bientôt interrompus : Moundarang arriva devant son palais (kadaton), le contraignit d'en sortir, et profita de l'instant favorable pour décider de son sort et pour le tuer devant sa porte. Le jeune Raden-Wijaya et le roi Jaya-Katong combattaient pendant ce temps-là, et un grand nombre d'hommes avaient déjà péri de part et d'autre. Moundarang vint attaquer l'arrière-garde de Wijaya, ce qui décida bientôt de la victoire en faveur du roi de Kédiri. Wijaya s'enfuit à Soumanap pour se soustraire à la colère du vainqueur.

Parmi les dépouilles dont Moundarang s'empara, il y avait la plus belle des femmes du jeune Wijaya qui fut aussitôt livrée au souverain de Kédiri. Il se proposa d'en faire son épouse; mais elle rejeta hardiment ses offres, et le roi, au lieu d'en être offensé, l'adopta pour sa fille.

Raden-Wijaya se trouvait alors auprès de Wira-Radjah à Soumanap. La paix se fit; le souverain de Kédiri concéda une forêt très-vaste au jeune prince Wijaya; celui-ci, ayant l'intention de bâtir une grande ville dans la forêt, demanda des secours à Wira-

Radjah, qui lui envoya beaucoup de monde et tout ce qui était nécessaire pour réussir dans cette entreprise. On avait commencé la coupe des arbres, lorsque l'on trouva un arbre appelé *maja*, chargé de fruits amers, d'où la ville reçut plus tard le nom de Madjapahit.

Raden-Wijaya, après avoir bâti cette ville, prit le titre de *Bopati-Sang-Browijaya* ; il prit pour pati (ministre) un fils de son fidèle ami Wira-Rajah, appelé *Kiai-Patih-Rang'-ya-Lawa*.

La population de Madjapahit s'accrut rapidement. Browijaya pensa qu'avec l'aide de Wira-Rajah, il pourrait, à son tour, envahir Kédiri. Jaya-Katon étant informé de l'invasion, marcha au-devant des deux alliés, et livra plusieurs batailles. Avant que la guerre éclatât, il avait promis en mariage sa fille adoptive au roi de Tatar, appelé *Sri-Laksemana* ; mais il n'avait pu accomplir sa promesse. Laksemana écrivit au roi de Madjapahit, en offrant de l'aider s'il voulait lui faire des conditions avantageuses. Browijaya reçut cette nouvelle avec joie, et accepta la proposition de Laksemana qui arriva avec ses troupes.

Il y eut une rencontre terrible entre Jaya-Katong et Laksemana ; celui-ci frappa Katong d'un coup de lance empoisonnée, dont il mourut à l'instant. Alors Moundarang et toutes les troupes de Kédiri se rendirent.

Browijaya vint ensuite au palais et y fut reçu par sa fidèle épouse. Ils s'embrassèrent en pleurant de joie, et ce prince retourna à Madjapahit, n'emmenant avec lui que sa femme. Il invita le roi de Tatar à venir le voir ; et lorsque celui-ci arriva, Browijaya lui donna deux à trois grandes fêtes et une jeune vierge d'une rare beauté ; ensuite le prince de Tatar s'embarqua pour ses états.

Browijaya rendit ses peuples heureux, et régnait sur toute l'île de Java, en 1247.

Sous son successeur Brokamara ou Browijaya II, les manufactures d'armes et d'autres objets furent perfectionnées, et les forgerons de Pajajaran firent des armes damasquinées.

Ardi-Wijaya, deuxième roi, fut tué par le fils d'un ministre qu'il avait fait mourir. Ce prince avait vaincu et rendit tributaire Sri-Sin-Derga, roi de l'île de Singhapoura, parce qu'il s'était adonné à la piraterie.

Après lui, Merta Wijaya monta sur le trône de Madjapahit. Sous son règne, on acheva la conquête d'Indragiri, dans l'île de Soumâdra, commencée pendant le règne précédent. Son ministre Gadjamata se distingua par ses grandes qualités.

L'histoire du successeur de ce prince est incertaine ; quelques-uns disent que Raden-Alit son frère lui succéda dans un âge tendre ; d'autres, que Raden-Alit est le même qu'Angka-Wijaya, le dernier souverain de Madjapahit. Merta succéda à Gadja dans ses fonctions de ministre, et sa sagesse porta le royaume au comble de sa gloire. Les peuples de Palembang et ceux du midi de Bornéo, qui n'avaient pas encore de gouvernement régulier, obtinrent des secours contre les peuples de Lampong, et reconnurent la souveraineté de Madjapahit, dont l'autorité s'étendait, à l'orient, sur les états de Balambangan et de Bali, et à l'occident, sur Sounda et sur Soumâdra. Les îles du détroit de Sounda étaient alors peuplées par une foule de gens de diverses nations, qui, s'étant élu un chef, exerçaient la piraterie. Elles furent soumises.

Sous ce règne, le Poussaka-Kriss fut volé par des émissaires du prince de Balambangan ; la dextérité d'un torgeron, appelé *Soupa*, le fit retrouver. Cet artisan fut récompensé par la dignité de chef de Madirangin (actuellement Sidayou) et le titre nouveau d'*Adipati*.

Le nouveau dignitaire poursuivit le prince de Balambangan, le défit, et la famille de ce dernier se retira chez le chef de Bali-Klonkong, qui envoya une ambassade au roi de Madjapahit, dont il reconnut l'autorité. Merta, ou, selon d'autres, Alit-Wijaya, laissa deux enfants : une fille, nommée Kanchana-Wounga et un fils appelé Anyka-

Wijaya; ils régnèrent ensemble, ou, peut-être, la sœur gouverna pendant la minorité de son frère.

Vers l'an 1300 de Java, le mohammédisme s'introduisit dans la partie orientale de l'île, aux environs de Grissé. Voici comment les auteurs javanais racontent cet événement :

Moulana-Ibrahim, célèbre cheik d'Arabie, issu de Jenal-Abin, et cousin du radjah de Chermen, principauté du pays de Sabrang, était établi avec d'autres musulmans à Desa-Leram-Jang'gala, lorsque le radjah de Chermen arriva à Java. A peine ce prince, qui était mohammédan, s'aperçut-il que les habitants d'une île si populeuse et si vaste étaient idolâtres, qu'il résolut de convertir Angka-Wijaya, roi de Madjapahit, et de lui donner sa fille en mariage, pour mieux réussir. Il s'embarqua avec sa fille et un nombre suffisant de serviteurs, arriva heureusement à Jang'gala, prit terre à Disa-Leram, où il bâtit aussitôt une mosquée, et fit en peu de temps un grand nombre de conversions.

Le radjah de Chermen envoya son fils à Madjapahit, pour informer le roi de sa visite; il se mit ensuite en route lui-même avec ses gens et avec 40 saints personnages de Java.

Le roi de Madjapahit vint au-devant du radjah, le rencontra à la frontière, fut saisi de respect à sa vue, et le traita avec les plus grands honneurs et l'hospitalité la plus distinguée.

Le radjah de Chermen présenta au roi une grenade dans une corbeille; celui-ci ne savait s'il devait l'accepter ou le refuser : c'était un présage qui déciderait s'il serait converti ou non. Le roi accepta le présent; mais il ne put s'empêcher de penser qu'il était étonnant que le radjah de la terre de Sabrang lui présentât un tel fruit, comme si on ne le connaissait pas à Java. Le radjah s'aperçut de ce qui se passait dans l'ame du roi, prit congé de lui quelques instants après, et retourna à Laran avec ses gens. Son neveu, appelé Moulana-Mahfar, fils de Moulana-Ibrahim, resta seul avec Angka-Wijaya. Peu de temps s'était écoulé, lorsque le monarque eut un violent mal de tête; il ouvrit la grenade, et au lieu d'y trouver des graines, il vit avec étonnement qu'elle était remplie de magnifiques rubis. Il pensa que le radjah de Chermen devait être un personnage supérieur à lui, et il envoya Moulana-Mahfar pour supplier son oncle de revenir; mais il s'y refusa, et continua sa route.

Le radjah de Chermen était de retour à Laran depuis quelques jours, lorsque ses gens tombèrent malades et plusieurs moururent. Parmi eux il y avait trois ou cinq de ses cousins qui l'avaient accompagné. On voit encore aujourd'hui les tombeaux de ces princes. La princesse tomba également malade; son père ne la quittait point, et il pria Dieu que si sa toute-puissance ne voulait point qu'Angka-Wijaya fût converti, les jours de sa fille fussent abrégés. La princesse mourut bientôt après, et fut ensevelie à côté de ses parents.

Moulana-Ibrahim employa plusieurs jours aux cérémonies funèbres, pendant lesquelles le radjah de Chermen retourna dans son pays avec ses gens. Pendant la route, Sayed-Yafar mourut; le radjah envoya son corps à la côte de Madoura.

Angka-Wijaya, qui désirait voir une seconde fois le radjah de Chermen, arriva à Laran trois jours après son départ; ayant appris la cause de la mort de la princesse, il dit à Moulana qu'il avait pensé que la religion de son cousin, le radjah, aurait préservé la princesse. Moulana lui répondit : « Cela « ne serait pas arrivé, si vous aviez « adoré le vrai Dieu, au lieu de faus- « ses divinités. » Angka-Wijaya s'irrita très-fort de cette réponse; mais, ayant été apaisé par ses serviteurs, il retourna à Madjapahit. Moulana mourut 32 ans après le départ du radjah de Chermen, le lundi 12 de rabbi al-el-ouel de l'an 1334 de Java. Vers cette époque, une femme de Kambodje, nommée Niè-Gedi-Pinatek, épouse du ministre de ce pays, fut reléguée à Java parce qu'elle était une grande sorcière. Elle alla implorer la protection du roi de Madjapahit; ce prince la fit *strabandar* (chef de port) à Grissé, où il y avait déjà une mosquée et beaucoup de convertis. Cette femme devint dévote et charitable; elle est au nombre des aïeules du sousounan Djiri.

Revenons au règne d'Angka-Wijaya. Ce prince épousa Dara-Wati, fille du radjah de Champa, qui était fort belle, mais qui refusa pendant long-temps d'habiter avec lui, à cause du grand nombre de ses concubines, et, entre autres, d'une Chinoise. La sœur aînée de cette princesse avait épousé un Arabe, dont le fils était appelé Rachmet.

Angka-Wijaya avait un fils illégitime, nommé Aria-Demar, né d'une femme de la montagne de Lawou. Ce fils devint un fameux chasseur; il parvint au poste de chef de province, et ensuite de général dans la guerre contre les peuples de Bali; il s'empara de leur capitale, appelée Klongkeng, et fit périr la famille royale de Bali, à l'exception d'une seule princesse, qu'il envoya à Madjapahit.

La reine continuait de détester sa rivale, la concubine chinoise; Angka-Wijaya donna cette femme à Demar, qu'il avait fait adipati de Palembang, à Soumâdra, et lui défendit d'habiter avec elle, jusqu'à ce qu'elle fût accouchée de l'enfant dont elle était enceinte. Cet enfant fut un garçon, qui reçut le nom de Raden-Patah.

Aria-Demar partit avec 300 hommes de troupes chinoises; aussitôt après son arrivée à Palembang, il fit la guerre aux pirates de Lampoung, près du détroit de Sounda. Il eut ensuite un fils, appelé Raden-Houssen, dont les peuples de Palembang méprisèrent l'extraction chinoise. Demar envoya les deux enfants à Madjapahit.

Trois ans plus tard, Rachmet, neveu de la reine, vint à Palembang avec des lettres et des présents pour Demar, et lui inspira le désir de se faire mohammédan; mais celui-ci n'osa professer publiquement l'islamisme: Rachmet revint à Madjapahit après deux mois d'absence. Angka-Wijaya désapprou vait les nouvelles opinions religieuses à sa cour; mais il donna à Rachmet 3000 familles, pour former un établissement à Ampel, près de Sourabaya. Rachmet y fit bientôt fleurir l'islamisme, et fut appelé *sousounan*, c'est-à-dire messager de Dieu, titre que prennent maintenant les souverains de Java.

Moulana-Ichak, célèbre cheik de Malakka, et zélé musulman, apprit les conversions que faisait Rachmet; il s'embarqua pour le seconder. Une tempête le força de prendre terre à Gounoung-Patoukang'an. Or, la fille du chef de Balambangan était dangereusement malade; une voix cria pendant la nuit qu'il trouverait des secours à Gounoung-Patoukang'an. Le chef y envoya quelques serviteurs qui trouvèrent Ichak, et l'engagèrent à venir avec eux. Celui-ci entreprit la guérison de la jeune personne à condition que si elle recouvrait la santé, son père se ferait musulman. La princesse guérit, et le cheik l'épousa. Un jour, son mari étant assis auprès de son beau-père, il lui conseilla d'accomplir sa promesse en se convertissant à la vraie foi. Le prince se mit tellement en colère, qu'il voulut frapper le cheik, celui-ci alla en toute hâte prendre congé de sa femme, l'exhorta à continuer la pratique du mohammédisme, et partit pour toujours.

Peu de temps après son départ, une épidémie ravagea le pays.

Le roi avait ordonné qu'on fît périr l'enfant né de sa fille; mais Dieu le prit sous sa protection: il fut conduit secrètement à Grissé. Lorsqu'il fut âgé de douze ans, Rachmet le fit instruire, lui donna le nom de Raden-Pakou (c'est-à-dire *pivot*), dans l'espoir qu'il serait un jour le pivot de Java, et lui donna sa fille en mariage.

Le jeune homme avait commencé le pèlerinage de la Mekke; il fut détourné de le continuer par Moulana, de Malakka, vieillard respectable qui lui conseilla de retourner le plus tôt possible à Java, pour y travailler à la conversion des idolâtres. Pakou revint à

Ouanga, et un fils, nommé Angka-Grissé, et bâtit une mosquée à Djiri; il alla ensuite à Ampel; Rachmet l'informa que le vieillard était son père, et qu'en lui obéissant par son retour, et par la fondation d'une mosquée, il avait accompli une prophétie d'où il résultait qu'un jour sa race produirait les plus grands princes de Java. Vers l'an 1355 de Java (1432 ère chrét.), la gloire de l'empire de Madjapahit était à son comble; la puissance de cet état s'étendait au loin; mais des officiers du prince opprimaient le peuple de Bali par leurs concussions. Andaya-Ningrat, adipati de Pajang-Peng'ging, y fut envoyé et y rétablit la tranquillité. Ses succès furent si complets, qu'il fut en état d'entreprendre d'autres conquêtes; il acquit une si haute réputation, que le prince Angka-Wijaya lui-même commença à craindre pour sa propre puissance. « Chaque fois, disent les historiens, que le prince de Majapahit recevait des rapports sur les victoires de Ratou-Peng'ging, ses alarmes croissaient. Tous les rajahs de Sabrang s'étaient soumis à lui; parmi eux étaient ceux de Makaser (Mangkasar), Goa (Célèbes), Banda, Sambaoua, Ende, Timor, Ternate, Holo, Céram, Manila et Bornéo, car il était invulnérable. »

Le prince de Madjapahit se ressouvint que Palembang n'était pas encore soumis; il envoya un magnifique présent à Ratou-Peng'ging, en l'invitant de soumettre Palembang sans délai, et demanda à son ministre, Gadja-Mada, comment il était possible que Ratou-Peng'ging remportât de si grands succès, et il manifesta de nouveau ses craintes pour lui-même, si Peng'ging revenait à Java. Gadja-Mada répondit qu'il ne savait pas comment expliquer cela, et qu'il était toujours prêt à obéir aux ordres de son prince; que récemment Ratou avait été dans le plus grand péril possible, et que cependant sa vie avait été conservée. « Que peut-on faire davantage? » Le prince répliqua : « Faisons pénitence, et demandons à Dieu les moyens d'échapper à ce danger. »

Ils firent tous deux une pénitence de 40 jours et 40 nuits, à l'expiration de laquelle Batara-Narada apparut à Gadja-Mada, et lui dit : « Il vous est impossible de faire périr Ratou, parce qu'il est juste, et que les dieux le favorisent; si le prince veut se tirer d'embarras, qu'il en fasse son gendre, en lui donnant sa fille aînée en mariage. » Gadja fit part de cette révélation au roi.

Le prince fut étonné de ces discours, parce que le Sang-Yang Toung'gal (c'est-à-dire le Grand et Unique) lui avait commandé la même chose. Il ordonna de rappeler Ratou, qui revint après avoir tué le radjah de Palembang, et administré provisoirement ce pays. Il épousa la princesse, et fut associé à l'empire.

Quelque temps après, le prince redevint jaloux de son autorité; il relégua son gendre à Peng'ging, appelé maintenant Pajang.

Vers l'an 1360 de Java, un des fils du roi de Banjermassin fut envoyé en ambassade à Madjapahit avec un grand nombre de vaisseaux; beaucoup de serviteurs et de troupes l'accompagnaient. Le prince tomba dangereusement malade; les médecins lui ordonnèrent d'habiter avec une esclave à cheveux laineux; le fils qui en provint reçut le nom de Bandan-Kajawan.

Retournons à l'histoire des progrès du mohammédisme. Les fils d'Aria-Demar de Palembang vinrent à Grissé. Raden-Patah, l'aîné, âgé de vingt ans, ne voulut pas aller à Madjapahit, parce que sa mère y avait été maltraitée. Houssen, le plus jeune, y alla sans que son frère le sût. L'aîné épousa la petite-fille du Sounan-Ampel, et forma un établissement à Bintara. Le prince envoya Houssen pour le détruire; mais celui-ci amena Raden-Patah à Madjapahit. Raden, reconnu par le prince, eut la permission de retourner à Bintara avec le titre d'adipati.

Raden-Patah quitta Madjapahit, la rage dans le cœur, en y apprenant les circonstances de sa naissance. Il fit part au sounan Ampel du projet qu'il avait conçu de détruire cette capitale. Le sounan essaya de l'apaiser, en faisant valoir les préceptes de sa religion, qui ordonnaient la modération.

Peu de temps après, l'an 1390 de l'ère javanaise, Sounan-Ampel mourut; il légua au Sounan-Djiri le Poussaka-Kriss que le prince de Madjapahit lui avait donné, et il lui recommanda de ne jamais laisser passer cette arme dans des mains indignes. Le prince s'empressa d'honorer la mémoire du sage Sounan.

Raden-Patah n'étant plus soutenu par les conseils d'Ampel, donna un libre cours à sa rage contre le prince son père; il forma une ligue avec les missionnaires, pour détruire l'empire païen de Madjapahit. Tous les mohammédans se joignirent à lui, excepté Houssen, son frère, qui resta fidèle au prince. Une armée rebelle se réunit à Demak, et Raden-Patah déclara ouvertement la guerre.

Sounan-Oundang de Koudous, un des huit principaux missionnaires, marcha contre Madjapahit; il évita une affaire générale, parce qu'il craignait l'habileté de Houssen; et pendant quatre ans il fut contenu dans ses mouvements. Les troupes du monarque, fatiguées de cet état d'incertitude, livrèrent bataille près de la rivière de Sidayou; les mohammédans furent complètement défaits, et Sounan périt dans cette affaire; mais on accusa Houssen de ne pas avoir profité de sa victoire, parce qu'il aimait son frère Raden. La guerre civile se ralentit au point que le roi de Madjapahit essaya de réduire ce dernier par la douceur, et l'invita à venir dans sa capitale; mais Raden s'en excusa sous divers prétextes. Bintara, ainsi que d'autres provinces, continuant à payer le tribut, la vengeance du prince fut désarmée. Cependant le frère de Houssen fit de nouveaux préparatifs; il envoya demander des conseils à Aria-Demar; celui-ci répondit que la volonté de Dieu était que le paganisme fût détruit et que la doctrine de Mohammed fût établie.

Cette réponse ranima les confédérés. Une nouvelle armée se rassembla à Demak, sous le commandement du fils de Sounan-Oundang de Koudous. L'armée attaqua la ville de Madjapahit, défendue par Houssen. Après une bataille qui dura sept jours consécutifs, Madjapahit fut prise. Le prince et ses serviteurs s'échappèrent pendant l'assaut, et s'enfuirent vers l'est de Java.

Cet événement eut lieu l'an 1400 de l'ère javanaise. Pangeran-Koudous poursuivit Houssen à Trong, et l'attaqua dans une forte position; son adversaire fut obligé de traiter, et il accompagna le pangeran à Demak. Alors la capitale fut abandonnée pendant plus de deux ans, et devint une solitude. On ignore encore quelle fut la destinée du prince de Madjapahit; quelques-uns disent qu'il se retira à Bali, d'autres dans la province de Malang, à Sang'gala, où des réfugiés se maintinrent pendant quelque temps.

Après la victoire, Raden-Patah vint s'établir à Demak, qui devint la capitale; il fut déclaré le chef de la foi et le destructeur du paganisme, et tous les historiens lui donnent le titre de soulthan. Telle fut la fin du dernier empire brahmanique dans ce riche et vaste empire.

LXXXVII. IIe époque. Abrégé chronologique de l'histoire de Java depuis l'établissement du mohammédisme jusqu'à l'arrivée des Hollandais.

Le soulthan de Demak régna neuf ans après la conquête de Madjapahit. C'est sous son règne que la foi musulmane se répandit premièrement à Java. Son fils, Tranggana-Sabrang-Lor, lui succéda. A la mort de ce dernier, son oncle devint soulthan de Demak. Vers 1421, l'île entière fut soumise au soulthan Tranggana, et l'islamisme s'y établit d'une manière solide. Des traités d'amitié furent conclus avec les princes de Bornéo, de Palembang, de Bali, de Singhapoura, d'Indragiri et d'autres qui s'étaient déclarés indépendants après la chute de Madjapahit. C'est sous le règne de Pangeran-Tranggana que fut rédigé le code religieux appelé Jaya-Langkara. Ce prince était vertueux, humain et observateur des lois.

Quelque temps après, l'île fut partagée en deux dominations, qui correspondaient aux anciens états de Madjapahit et Pajajaran. Les provinces de l'est restèrent au soulthan de Demak, celles de l'ouest obéirent à Moulana-Ibrahim, qui prit le titre de soulthan de Chéribon. Les deux princes se réservèrent le droit de partager leurs héritages entre leurs enfants. Le soulthan de Chéribon éprouva quelques difficultés de la part des peuples qui lui échurent, particulièrement à Bantam.

Tranggana mourut en 1461; il partagea ses états : Aria-Rang'ga, son fils aîné, fut soulthan de Prawata, et obtint en outre Demak, Samarang et le cours de la rivière de Solo; son gendre régna à Japara, à Rembang et à Jawana; l'adipati de Pajang-Pang'-ging (Raden-Panji) eut le titre de Brebo-Pati de Pajang et Matarem. Son fils Mas-Timor fut investi des pays de Kedou et Bagalen. Son gendre, le prince de Madoura, fut chef de Madoura, Samanap et Grissé; et son plus jeune fils fut chef de Jipang.

Houssen, fils aîné du soulthan de Chéribon, mort en 1428, lui succéda avec le même titre; c'est de ce prince que descendent les soulthans de Chéribon. Le second de ses fils, appelé Baradin, hérita du royaume de Bantam, qui s'étend sur les provinces du détroit de Sounda; c'est de lui que descendent les rois de Bantam. Son fils naturel obtint un territoire près de Chitaram, jusqu'à Tangram; ses états furent situés entre Chéribon et Bantam; ce prince prit le titre de radjah de Djakatra; plus tard sa capitale fut prise en 1619 de l'ère vulgaire, par les Hollandais, qui fondèrent Batavia dans les environs. Ainsi l'ancien empire de Madjapahit était morcelé, dans la seule île de Java, entre un grand nombre de princes qui formèrent des gouvernements indépendants; plusieurs d'entre eux prirent tantôt le titre politique de Kiaï-Guédé (*), tantôt le titre religieux de Sousounan.

Environ un an après la mort du soulthan Tranggana, le pays de Pajang s'éleva à un haut degré de prospérité. Raden-Panangang, alors gouverneur de Jipang, commença à troubler la paix à l'instigation du sounan Koudous : il envoya un de ses gardes qui assassina lâchement le soulthan de Pravata. Aussitôt son frère, appelé Sounan-Kali-Niamat, prit et garda les rênes du gouvernement jusqu'à ce que Aria-Pandgiri, fils du soulthan, fut en âge de régner. Il alla demander justice au sounan Koudous qui lui promit de lui donner satisfaction; mais il fut assassiné à son retour par des gens apostés sur la route. L'adipati de Jipang, ayant réussi dans ses projets, chercha à faire périr le chef de Pajang, afin de s'emparer de tous les districts de l'est. Les assassins attendirent minuit et trouvèrent le prince endormi au milieu de ses femmes. Un d'entre eux voulut s'approcher d'une d'elles qui se mit à crier; le prince s'éveilla en sursaut, s'informa de ce que ces hommes voulaient faire, et leur pardonna.

Le chef de Pajang et sa sœur, veuve de Sounan-Kali-Niamat, se concertèrent pour se venger, et assemblèrent des troupes dont le commandement fut confié à Panambahan. Ces troupes vinrent camper au bord d'une rivière qui séparait les deux armées; l'adipati de Jipang fut tué dans un combat singulier, par un jeune homme dont il avait provoqué le père en criant que les troupes ennemies n'osaient passer la rivière. Alors la province de Jipang fut assujettie au chef de Pajang. Panambahan eut pour récompense 1800 laboureurs dans le district de Mentok, appelé ensuite Matarem, qui contenait alors plus de 300 villages. Le pays de Kali-Niamat resta à la sœur de ce prince, et celui de Demak à son neveu. Awa-Pangiri fut reconnu soulthan de Demak. Panambahan s'établit à Passer-Guédé, qui était presque désert, et prit le titre de Kiou-Guédé-Matarem.

En 1490, les chefs de Sourabaya, Grissé, Sidayou, Touban, Wirasaba, Pranaraga, Kédiri, Madion, Blora, Jipang et Passarouam, se déclarèrent indépendants du prince de Madoura.

(*) Ce titre répond à celui de soulthan.

et choisirent pour chef Pandji-Wirakrama, adipati (*) de Sourabaya. Sansa-Gouna, chef de Balambangan, ayant pour auxiliaires les troupes de Bali et de Célèbes, imita leur exemple.

Kiaï-Guédé-Matarem mourut en 1497 ; il avait changé pendant son gouvernement le désert de Matarem en une fertile et populeuse contrée. Le soulthan de Pajang avait élevé à sa cour le fils de ce prince, l'Anghebaï-Soura-Wijaya, comme son propre fils ; il l'envoya à Matarem, et lui confia le commandement des troupes de l'empire, avec le titre de senapati (**), en lui enjoignant de se présenter chaque année à sa cour à l'époque de la fête de Moutout.

Il paraît que c'est à cette époque que les Portugais et d'autres nations européennes fréquentèrent les parages de Java et établirent des factoreries à Bantam.

Le senapati, encouragé par des prophéties, qui lui promettaient l'assistance de Kiaï-Guédé-Laoût-Kidoul (la déesse de la grande mer du sud), fit construire un palais (***) fortifié, et prit une attitude indépendante. Des ambassadeurs de Panjang vinrent lui demander des explications ; il dissimula et répondit d'une manière évasive. Le soulthan de Pajang, auquel les ambassadeurs avaient rendu compte de la bonne réception que le senapati leur avait faite, voulut livrer ses intérêts à la destinée, mais les chefs de Touban et de Demak lui persuadèrent de prendre les armes ; il envoya son fils avec 5000 hommes contre le senapati, qui n'en avait que 800. Celui-ci se trouvant fort inférieur à son adversaire, mit le feu aux villages et aux campagnes pendant la nuit, et se porta vers Pajang, où il se présenta au soulthan, qui le traita comme son propre fils et lui pardonna.

Un jeune homme empoisonna le soulthan, parce que le senapati voulait investir de l'autorité suprême le fils de ce souverain ; mais le sounan Koudous, qui était son ennemi, transféra cette dignité au monarque de Demak, sous le nom de Raden-Benawa.

Le nouveau soulthan de Pajang déplaça tous les chefs et confia leurs emplois à des habitants de Demak. Le senapati prit les armes, mit en fuite les troupes de Benawa, prit le palais d'assaut, s'empara des ornements royaux qui provenaient de Pajajaran et de Majalpahit, plaça sur le trône le fils de Benawa, avec le simple titre de Pangeran (*), transféra le siége de l'empire à Matarem (1576 de l'ère vulgaire), et marcha contre l'adipati de Sourabaya, pour faire la conquête des provinces orientales.

Au moment où les deux armées se déployaient, Sounan-Djiri envoya une lettre à chacun des deux chefs pour leur conseiller la paix, à condition que l'adipati reconnaîtrait la suprématie de Matarem, ce qui fut stipulé et exécuté. L'adipati ou gouverneur de Sourabaya se repentit bientôt de cet arrangement ; il prit de nouveau les armes, et gagna les soldats qui étaient à Pranaraga et à Madion. De son côté, le senapati assiégea le fort de Madion, s'en empara, marcha vers Sourabaya, et retourna victorieux à Matarem. Il soumit ensuite Kédiri, Chéribon et Samarang. Il régna jusqu'en l'année 1601, après avoir fondé un empire et porté au plus haut degré

(*) C'est-à-dire gouverneur. Voici l'ordre de la hiérarchie compliquée du gouvernement de ce pays. Le sousounan ou empereur exerçait une autorité despotique. Sous lui gouvernait le visir ou raden adipati, premier ministre. Après le raden adipati venaient les bapatis ou gouverneurs de provinces, qui commandaient à leur tour les pandjérans, toumougongs, andjebaïs et mantris, gouverneurs de districts et de cantons.

Chaque adipati avait en outre un lieutenant chargé de le suppléer. Les petindgis ou chefs de villages étaient élus tous les ans par les habitants. Ils étaient assistés d'un conseil de notables et devaient prendre les avis du moudin ou prêtre.

(**) Seigneur de l'armée.

(***) Le palais porte le nom de Kraton dans la langue kawi, ancienne langue de Java.

(*) Ce mot signifie dans son acception ordinaire, noble ou chef.

l'art de la guerre dans ces contrées.

Sida-Krapiak, son fils, hérita de ses droits. C'est sous son règne que les Anglais et les Hollandais s'établirent à Java. Il bâtit le palais encore existant à Krapiak, près de Matarem, et son règne fut heureux.

En 1618, Merta-Poura, fils aîné de Sida-Krapiak, lui succéda; et abdiqua à cause de ses infirmités physiques.

En 1619, régna Agoung, c'est-à-dire le Grand. Ce prince se signala par une victoire sur les forces réunies de Sourabaya et de Madoura : la soumission des provinces de l'est en fut la suite. Il envoya des secours aux districts de Sounda ou de l'ouest ; mais sa puissance s'affaiblit en peu de temps par les dissensions intestines qui avaient éclaté dans ses états. Les Hollandais en profitèrent pour s'établir à Djakatra.

LXXXVIII. III° ET DERNIÈRE ÉPOQUE. PRÉCIS CHRONOLOGIQUE DE L'HISTOIRE DE JAVA DEPUIS L'ÉTABLISSEMENT DES HOLLANDAIS JUSQU'À NOS JOURS.

Le roi de Bantam était, en 1596, à la tête d'une expédition contre Palembang, dans l'île de Soumâdra, lorsque les Hollandais parurent dans sa capitale, sous le commandement de Houtman. C'était au déclin de la puissance des Portugais, qui y possédaient une flotte. Le port de Bantam était alors fréquenté par un grand nombre de Chinois, d'Arabes, de Persans, de Maures (*), de Turcs, de Malais et de Pegouans. Quatre années plus tard les Hollandais vinrent y former un établissement. Dans l'année suivante, ils eurent la permission d'y posséder une factorerie. En 1609, ils avaient un agent à Grissé. En 1612, P. Both stipulait une convention avec le prince de Djakatra. Le 19 janvier 1619, ils firent un nouveau traité avec le même prince, qui les autorisa à construire un fort. De nouveaux secours arrivèrent d'Europe sous les ordres de l'amiral Coen ; la ville de Djakatra (**) fut réduite en cendres, parce que le prince avait arrêté et conduit dans l'intérieur plusieurs prisonniers hollandais, et sur ses ruines fut élevée la ville de Batavia.

L'empereur de Matarem avait voulu vivre en bonne intelligence avec les Hollandais ; mais ayant appris ce qui s'était passé à Djakatra, il envoya contre eux deux armées qui furent successivement battues avec une perte d'environ 10.000 hommes.

En l'an 1629 de l'ère vulgaire, une seconde armée de Matarem se présenta devant la ville de Batavia. Le siège et les assauts furent meurtriers. Les événements de la guerre firent éprouver de si grands désastres aux Javanais, qu'ils furent repoussés trois fois, et perdirent la moitié d'une armée de 120,000 hommes ; enfin les Hollandais envoyèrent un ambassadeur avec des présents, et la paix fut conclue.

Pendant le dernier règne du soulthan Agoung, l'empire fut généralement tranquille, et ne fut troublé que par deux révoltes de peu d'importance. Ce prince, qui, de l'aveu des Hollandais, avait beaucoup d'instruction, mourut en 1646, après avoir établi sa domination sur l'île entière, excepté sur Djakatra.

Aria-Prabou, son fils, lui succéda sous le nom du soulthân Aroum. Ce fut un des monarques les plus cruels de Java. Le 24 septembre 1646, ce prince fit avec la compagnie hollandaise un traité dont les principaux articles étaient que le sousouhounan serait informé annuellement par un ambassadeur, des curiosités arrivées d'Europe ; que les prêtres javanais et autres personnes qui seraient envoyées dans les pays étrangers, pourraient disposer des navires de la compagnie ; que les fugitifs pour dettes et autres motifs seraient réciproquement rendus ; que la compagnie et le sousouhounan s'engageraient à s'entr'aider dans les guerres ; que les marins du sousouhounan pourraient trafiquer dans tous

(*) On donne ce nom aux musulmans de l'Inde.

(**) Djakatra elle-même paraît avoir occupé l'emplacement de l'ancienne ville de Sounda-Kalappa. Voy. les Mémoires de la Société de Batavia, t. I, p. 42.

les établissements de la compagnie, excepté à Amboine, à Banda et à Ternate; et que les navires expédiés pour Malakka et les autres places du nord pourraient relâcher à Batavia.

Le 10 juillet 1659, la compagnie fit un traité avec le soulthan de Bantam, pour l'extradition réciproque des déserteurs.

Une conjuration avait été tramée contre le féroce soulthan de Matarem, par les troupes qui voulaient mettre en sa place Alit, son jeune frère; elle fut découverte, et les têtes des chefs furent apportées au soulthan, qui dit à Alit : « Voici la récompense de ceux qui veulent attenter à mon autorité. » Quelque temps après, ce jeune prince fut assassiné par un homme qui avait voulu l'arrêter, et contre lequel il avait levé le kriss. Le soulthân, désolé de la mort de son frère, fit inscrire le nom de tous les prêtres de la capitale, soupçonnant qu'un d'entre eux avait excité l'assassin : il les fit rassembler sur l'Aloun-Aloun (*); ces malheureux, au nombre de plus de 6000, furent foudroyés par la mitraille. La première reine avait un oiseau né d'une poule sauvage et d'un coq domestique. Le sousouhounan s'imagina que c'était un présage que son fils regnerait aussitôt qu'il aurait l'âge de raison; il fit réunir 60 personnes de sa famille sous un arbre de vareigner et les fit massacrer; ils appelaient Dieu et les prophètes à témoin de leur innocence. Son fils s'étant marié sans son aveu, il ordonna que la jeune personne fût mise à mort avec toute sa famille, au nombre de 40 personnes, et il bannit le jeune prince. On ajoute qu'il viola sa fille.

Enfin cet abominable monarque devint tellement odieux, que les grands de l'empire supplièrent son fils de prendre les rênes du gouvernement. Une conspiration se forma; une révolte devait éclater à Madoura, tandis que le jeune prince resterait à la cour. Une armée vint de Mangkassar en l'an 1675 de l'ère vulgaire, pour aider les rebelles. Deux armées du sousouhounan furent défaites successivement; les Hollandais le secoururent avec quatre navires; les Mangkassars furent battus et leurs chefs tués. Le soulthân forma une 3ᵉ armée, et en donna le commandement à son fils.

Cependant le chef des conjurés de Madouré, appelé Trouna-Jaya, voulut se placer lui-même sur le trône de Matarem : il avait remporté plusieurs victoires dans les districts de l'est, s'était emparé de Sourabaya et s'avançait vers Japara.

L'amiral Speelman (*) partit de Batavia en décembre 1676 pour secourir le souverain, et soumit toute la côte jusqu'à Japara. Un traité entre la compagnie et le sousounan fut le résultat de ses succès. On stipula que la juridiction de Batavia s'étendrait jusqu'à Krawang; que les marchandises de la compagnie seraient exportées franches de droits; que les Mangkassars, les Malais et les Maures ne pourraient faire le commerce dans les états du sousounan, s'ils n'avaient point de passeports hollandais; que ce prince paierait 250,000 piastres, et verserait 3,000 lastes de riz pour les frais de la guerre, etc.

Au mois de mai suivant, les flottes combinées de Speelman et du sousouhounan remportèrent une victoire décisive sur Trouna-Jaya, qui s'enfuit en laissant derrière lui 100 pièces de canon. Les révoltés obtinrent plus tard quelques succès sur terre; enfin au mois de juin 1677, ils entrèrent à Matarem. Le monarque, forcé de fuir de sa capitale, se retira avec son fils dans les montagnes de Kendang; il y succomba bientôt à une maladie, et, à l'instant de sa mort, il dit à son fils : « Vous devez régner sur Java, dont « la souveraineté vous a été transmise « par votre père et vos ancêtres; soyez « l'ami des Hollandais, vous pourrez « réduire, avec leur assistance, les « provinces de l'est. »

(*) Place publique servant aussi de place d'armes.

(*) C'est à Speelman qu'on doit aussi la défaite des Mangkassars.

Cependant les rebelles trouvèrent dans le palais la couronne de Madjapahit, deux filles du roi, et des trésors immenses. La perte des habitants de Matarem fut de 16,000 hommes; les Madourais en perdirent à peu près autant. Le jeune et malheureux prince Mengkourat Ier, appelé Sida-Tagal-Aroun, retiré à Tagal, avait pris d'abord la résolution de partir pour la Mekke, afin d'obtenir le titre de *Hadgi* (*). Il se décida, après un songe mystique, à demander des secours à Batavia. Lorsque les troupes arrivèrent, le chef de la province de Tagal s'offensa de ce que les officiers hollandais étaient debout et le chapeau à la main devant le jeune monarque, tandis que les Javanais doivent être assis. Il fut très-étonné d'apprendre que c'était un signe de respect en usage en Europe.

Le monarque s'informa ensuite du nom du commandant, et lorsqu'il sut qu'il avait le rang d'amiral, il s'approcha de lui. Des présents furent ensuite offerts à ce prince, parmi lesquels était un magnifique habit de façon hollandaise. Le prince en fut si satisfait, qu'il s'en revêtit à l'instant. L'amiral se dirigea ensuite par mer vers Japara, tandis qu'une division hollandaise se dirigeait par terre, avec le prince, vers Pakalongan. Quand l'amiral arriva à Japara, il y trouva un vaisseau anglais et un vaisseau français en détresse, qui firent savoir qu'ils avaient assisté les Hollandais pendant que les rebelles attaquaient Japara. L'amiral en remercia les équipages, leur fit présent de 10,000 piastres, et ordonna qu'on les ramenât dans leur pays sur un de ses navires et à ses propres frais.

Les troupes s'avancèrent au plus tôt vers Kédiri. La place fut assiégée pendant 50 jours et prise d'assaut. Les Mangkassars, auxiliaires des rebelles, avaient fui, ainsi que Trouna-Jaya. On trouva dans la place beaucoup d'or, une grande quantité de piastres d'Espagne, et la fameuse couronne de Majadpahit, mais les pierres précieuses en étaient enlevées. Le 9 décembre, neuf chefs mangkassars obtinrent leur grâce.

Cependant Trouna-Jaya avait rassemblé de nouvelles troupes; il manœuvra dans la plaine; mais son armée fut saisie d'une terreur panique à la vue des troupes combinées des Hollandais et des Javanais. Son beau-frère lui donna le conseil d'aller implorer la clémence du prince, qui probablement lui pardonnerait. Trouna, après un moment de réflexion, se décida à suivre son beau-frère, en se faisant accompagner de ses femmes et de ses serviteurs. Ils prirent tous la route de Kédiri le 25 décembre 1679, se jetèrent aux pieds de l'empereur, en implorant la grâce du rebelle. Ce malheureux n'avait point de kriss; un *chindi* était roulé autour de son corps, comme s'il était prisonnier. « C'est bien, Trouna-Jaya, dit le monarque, je vous pardonne; sortez « pour vous habiller selon votre rang, « et revenez de suite; je vous ferai « présent d'un *kriss* et je vous installerai en qualité de mon ministre. » Trouna publia en sortant la clémence du prince, et revint bientôt au palais. Le sousouhounan ordonne à sa femme de lui donner le kriss appelé Kiai-Belabar, qui était tiré hors du fourreau. « Rebelle, apprends, dit le monarque, « que j'ai juré de ne tirer cette arme « que pour la plonger dans ton corps: « reçois-la en punition de tes offenses. » En effet, le malheureux Trouna venait de recevoir le coup fatal: sa tête fut ensuite tranchée, son corps traîné dans les immondices et jeté dans une fosse.

La tranquillité fut rétablie. Le sousouhounan retourna à Samarang; et pour témoigner sa reconnaissance aux Hollandais, il leur accorda assez de terrain pour construire un fort, et ceux-ci lui promirent de le secourir de nouveau s'il était attaqué par ses ennemis.

Les Javanais prétendent qu'une fois que le malheur s'est étendu sur une place, la prospérité n'y revient jamais. Cette idée superstitieuse fut cause que

(*) C'est-à-dire pèlerin.

l'empereur résolut d'abandonner Matarem; il voulait fixer sa résidence à Samarang, mais il se décida ensuite à l'établir dans le district de Pajang, au milieu de la forêt de Wana-Karta, et la nouvelle capitale fut appelée Karta-Soura (*). En l'année 1605 de Java (1682 de l'ère vulgaire), le sousounan Meng-Kourat mourut; son successeur Amangkou-Nagara, nommé vulgairement Mangkourat-Mas, fut blâmé pour s'être hâté de prendre les rênes du gouvernement avant que les honneurs funèbres eussent été rendus au monarque décédé. La compagnie l'invita à confirmer l'acte du 28 février précédent, qui cédait en toute souveraineté aux Hollandais le royaume de Djakatra, entre les rivières d'Ountoung-Jawa et Krawang, et à accorder, en reconnaissance des services de l'amiral Speelman pendant la révolte de Trouna-Jaya, tout le pays situé entre les rivières Krawang et Panaroukan. Une charte du 15 janvier 1678, octroyée par le dernier empereur, avait mis le commerce du sucre de Japara entre les mains des Hollandais, et la compagnie avait acquis de nouveaux droits sur Samarang. Le traité du 17 avril 1684 établit la rivière de Tang'ran pour limite entre le royaume hollandais de Djakatra et les états du roi de Bantam; enfin, un autre traité du 6 janvier 1684, entre le soulthan de Chéribon et la compagnie, assurait à celle-ci l'amitié de ce prince et la faculté d'établir une factorerie à Chéribon.

Cent jours après la mort du soulthân Mengkourat Ier, on célébra ses funérailles, avec pompe. Pendant la cérémonie, l'empereur conçut une passion violente pour la femme de l'adipati de Madoura; il voulut lui faire violence, mais elle s'échappa. Son mari se réfugia à Samarang, invita Pangeran-Pougar, oncle du monarque, à prendre la couronne et à se placer sous la protection des Hollandais.

(*) C'est près des ruines de Karta-Soura qu'est bâtie Soura-Karta ou Solo, capitale actuelle du sousounan ou empereur de Matarem.

L'empereur voulut faire périr le fils de Pougar, mais deux éruptions successives du Mérapi, un des plus grands volcans de cette île, l'effrayèrent au point qu'il pensa que le ciel favorisait le Pangeran. Il accorda la vie à son fils et lui donna 1,000 chachas. Il envoya un régent en ambassade à Batavia, dans le même temps que Pougar y envoyait aussi une ambassade. La compagnie répondit au chargé d'affaires du sousouhounan, que l'on traita comme un simple messager, qu'elle ne pouvait reconnaître son maître pour souverain : 1° parce qu'il était un tyran qui avait excité son père contre les Hollandais ; 2° parce que l'ambassade, au lieu d'être composée de princes ou ministres, selon l'usage, n'était composée que d'un régent ; 3° parce qu'en l'informant la compagnie de son avénement, il n'avait pas proposé le renouvellement des traités ; 4° parce que des lettres interceptées faisaient connaître qu'il invitait le prince de Madoura à se joindre à lui contre les Hollandais, pour tenter de les chasser de l'île.

La compagnie fit proposer à Pangeran-Pougar la cession de Demak, Japara et Tagal, pour prix de son assistance. Pougar, craignant de déplaire aux Hollandais en refusant de céder ces trois places, leur offrit de payer tous les frais de la guerre. Ces propositions étant acceptées, la compagnie fit mettre ses troupes en mouvement le 18 mars 1704; elles arrivèrent à Samarang au mois d'avril.

Le 19 juin, Pougar fut reconnu souverain à Samarang par les Hollandais, qui prirent aussitôt possession des districts de Demak, Grabogan, Sisela, et du territoire de Samarang jusqu'à Oung'arang. Les troupes de Mengkourat-Mas furent forcées de se retirer.

Avant de se mettre en marche, les chefs hollandais traitèrent avec Jaya-Dennigral, chef des troupes de Karta-Soura, et prirent possession des postes fortifiés de Pédakpayang, Oung'arang et Salatiga. L'ennemi avait environ 40,000 hommes près de cette dernière place. Alors Mengkourat-Mas s'enfuit de sa capitale après avoir fait étrangler le fils de Pougar. Son règne fut court. Il était âgé de 34 ans, et on lui donnait le surnom de Pinchang, parce qu'il était boiteux.

Pougar, âgé de 56 ans, monta sur le trône de Java (1705), avec le nom de Pakabouana. Le 5 octobre 1705, ce prince fit un traité par lequel les Hollandais obtinrent les plus grands avantages pour l'augmentation de leur commerce et l'accroissement de leurs possessions.

Le 11 du même mois (octobre 1705), un autre traité fut rédigé par M. Dewilde; le prince s'y engagea à subvenir à l'entretien d'un détachement de 200 hommes de troupes hollandaises pour sa sûreté à Kerta-Soura, montant à 1300 piastres d'Espagne par mois.

Après ce traité, Mengkourat-Mas fut poursuivi de place en place pendant deux ans. Enfin, en 1708, il se rendit à un représentant de la compagnie appelé *Knol*, qui le reçut à Sourabaya, le 17 juillet, et le fit embarquer pour Batavia, avec sa femme, ses concubines et ses domestiques. Dès qu'il fut arrivé dans cette grande ville, on le conduisit au château devant le gouverneur général (M. Van Hoorn); le monarque se prosterna à ses pieds, en lui présentant son kriss. Le gouverneur le lui rendit, le traita avec humanité et l'envoya à Ceylan.

La fameuse Makota ou couronne de Madjapahit fut perdue pour toujours pendant la guerre qui précipita Mengkourat-Mas du trône. Parmi les événements malheureux de ce règne, on peut citer la révolte de Sourapati, qui commença en 1683, et qui ne fut étouffée qu'en 1699.

Pakabouana Ier mourut l'an 1648 de Java (1722 de l'ère vulg.). Son règne fut presque toujours troublé par des révoltes; les Hollandais ses alliés perdirent dans plusieurs actions un grand nombre de leurs soldats; mais la compagnie acquit, pendant cette époque, la suprématie sur l'île de Java, et le sousounan ne fut plus que son pupille. Il avait écrit à la compagnie pour la prier de choisir son successeur parmi ses trois fils. Pranbou-Amangkou-Nagara, l'aîné, fut choisi. Le plus jeune se révolta, et s'empara de Matarem. Les Hollandais envoyèrent des troupes à Sourabaya, et rétablirent l'ordre. Mais dans ce temps le jeune prince mourut presque subitement, et un des chefs de la rébellion fut exilé au cap de Bonne-Espérance.

En l'an 1657 de Java (1731 de l'ère vulgaire), Pakabouana II, âgé d'environ 14 ans, succéda à son père. Denou-Radjah, ministre du dernier empereur, fut chargé du gouvernement jusqu'à ce que le jeune monarque fût en état de régner.

En 1737 de l'ère vulgaire, eut lieu la révolte des Chinois à Batavia. Un grand nombre de mécontents de cette nation en sortirent clandestinement et se rassemblèrent à Gandaria, village peu éloigné de cette capitale. Les auteurs racontent de diverses manières la cause de cette révolte. Les uns l'attribuent aux Chinois indignés d'être molestés par les esclaves des Européens, et de ne pouvoir obtenir justice; d'autres à la protection spéciale accordée aux Chinois par le général Valkenaer, qui excitait la jalousie des autres habitants. Un Chinois, Liouchou, informa le gouvernement de ce qui se passait à Gandaria, et servit d'espion. Les rebelles s'approchèrent de la ville; les portes furent fermées, et on les reçut à coups de canon; plusieurs d'entre eux perdirent la vie, les autres se retirèrent dans le plus grand désordre à Gading-Melati.

Le lendemain, l'on fit débarquer tous les marins, et l'ordre fut donné aux Chinois de s'enfermer dans leurs maisons. La population chrétienne et indigène eut ordre d'égorger sans pitié tous les Chinois qu'on rencontrerait, et de les piller. Sur 9000 individus de cette nation, 150 seulement échappés au carnage parvinrent à fuir jusqu'au Kampoung-Melati, et toutes les propriétés chinoises furent pillées.

A la suite de cette boucherie, le général baron van Imhoff, à la tête de 800 hommes de troupes européennes et 2000 de troupes javanaises, s'avança vers Melati, où les Chinois, commandés par Sing-seh, s'étaient retranchés; après avoir reçu des renforts, ils furent chassés de cette position et se retirèrent à Paning'garan, où ils furent encore défaits. Les Hollandais perdirent dans cette affaire 450 hommes et les Chinois 800.

Lorsque la nouvelle de cette révolte parvint à Karta-Soura, les ministres se concertèrent pour décider s'il fallait se déclarer en faveur des Hollandais, et chasser les Chinois, ou en faveur de ces derniers qui n'étaient que de simples marchands, tandis que les Hollandais étaient des souverains. L'empereur décida qu'il fallait encourager la révolte, et il envoya Merta-Poura, *toumoung-goung* de Grabogan, à son poste, pour faire part de cette décision aux Chinois, leur promettre secrètement l'assistance du prince, et entrer en correspondance avec leurs chefs. Merta-Poura demanda des munitions au commandant hollandais, pour attaquer les Chinois à Tanjoung-Walahan par ordre du prince, et cet officier fut la dupe du chef javan, qui fit de fausses attaques ainsi que les adipatis de Pati, de Demak et de Kédiri.

Les Chinois assiégèrent Samarang et détruisirent Rembang. Les troupes de la compagnie abandonnèrent Jawana et Demak.

L'empereur découvrit qu'un des fils de Mengkourat-Mas, revenu de Ceylan après la mort de ce malheureux prince, traitait avec le commandant du fort de Karta-Soura, et aussitôt il résolut de punir la garnison. Ses troupes se présentèrent devant le fort sous le prétexte de marcher contre les Chinois; après deux attaques, la garnison dut se rendre. Les chefs furent massacrés; le reste de la troupe, ainsi que les femmes et les enfants, furent prisonniers et distribués aux Javanais; plusieurs soldats furent circoncis et forcés d'embrasser l'islamisme.

Alors les Hollandais de Samarang ouvrirent les yeux : ils décrétèrent que le pangeran de Madouré était affranchi de l'alliance de l'empereur. Le pangeran fit périr tous les Chinois de son île, équipa des navires et s'empara de Sidayou-Touban et autres places.

Les Chinois ravagèrent le pays et mirent le siége devant les établissements maritimes, depuis Tagal jusqu'à Passourouan. Mais le souverain, craignant que les Hollandais ne se vengeassent cruellement de l'assistance qu'il accordait aux Chinois révoltés, désavoua son ministre Mata-Kasouma, qu'il prétendit être l'auteur de tout ce qui était arrivé, et il fit avec la compagnie un traité par lequel il cédait Madoura, la côte et Sourabaya. Les Chinois de Pati et de Jawana avaient choisi pour empereur le petit-fils de Mengkourat-Mas, connu sous le nom de Kouming. Ils marchèrent vers Karta-Soura, y entrèrent et pillèrent le palais. Pakabouana s'était enfui; il fut rejoint par les troupes hollandaises et madouraises, et il pardonna à plusieurs chefs javanais qui se soumirent; mais il ne voulut accorder aucune grâce aux Chinois. Après quatre mois, le panjeran de Madouré entra dans Karta-Soura, dont l'usurpateur Santour s'était enfui.

En novembre 1742, les Chinois furent battus à Assem, et se retirèrent à Brambanan. Dans cet intervalle, le prince de Madouré avait voulu placer le frère de Pakabouana sur le trône. Enfin, deux mois plus tard, une amnistie générale fut publiée, et l'usurpateur se rendit aux Hollandais établis à Sourabaya, qui l'exilèrent à Ceylan.

Quelques mois après, le siége du gouvernement fut transféré, selon l'usage, de Karta-Soura au village de Solo, à deux lieues et demie de cette grande capitale : c'est là que le sousounan (empereur) réside actuellement. Le chef de Madouré refusa obstinément de se soumettre; après avoir commis les plus grands désordres à Sourabaya et sur la côte, il fut forcé de fuir; les Hollandais le poursuivirent et s'emparèrent de tous ses états.

Tant de révoltes ébranlèrent l'autorité de l'empereur. Un des plus jeunes frères de ce prince, appelé Mangkouboumi, se révolta à son tour. Il avait appris l'art de la guerre pendant les années précédentes, en prenant une part très-active aux événements. Merta-Poura et un ministre de l'usurpateur Kereming lui promirent de l'aider. Pour obtenir la tranquillité, le monarque lui donna le gouvernement indépendant de Soukawari. Mais bientôt après, il voulut l'en dépouiller, et Mangkouboumi s'enfuit de la cour pendant la nuit. L'époque de cette fuite, qui est appelée *la guerre de Java*, eut lieu en l'an 1671 de Java (1745 de l'ère vulg.). Mangkouboumi protesta de son attachement au gouverneur général, et demanda que son fils fût proclamé pangeran-adipati-matarem (c'est le titre de l'héritier présomptif de l'empire de Matarem). Cette condition ne fut pas agréée, et sur ces entrefaites l'empereur mourut. Le 11 décembre 1749, à son lit de mort, « il abdiqua pour « lui et ses héritiers en faveur de la « compagnie hollandaise des Indes « orientales, et en laissant à la disposition de celle-ci, pour l'avenir, le « choix de la personne qui régnerait « pour l'avantage de la compagnie et « de Java. »

Après la mort du prince, Mangkouboumi se fit proclamer souverain devant une assemblée nombreuse; il envoya des ambassadeurs au gouverneur général pour l'assurer de son alliance; mais celui-ci préféra le fils de Pakabouana, enfant de neuf ans, qui reçut le nom de Pakabouana III. Alors les hostilités commencèrent des deux côtés. Mangkouboumi fut défait et repoussé à l'ouest, mais bientôt il reprit de nouvelles forces, battit les Hollandais à Janar, village du Baglen, et à Tidar, près de la montagne de Kedou; après une troisième victoire, il marcha sur Pakalongan, qu'il livra au pillage, et s'avança même une fois jusqu'aux portes de Solo, qui ne dut son salut qu'à la vénération des Javanais pour le canon appelé *Niai-Stomi*. On le transporta sur l'Aloun-Aloun, au-devant des rebelles, et ceux-ci prirent aussitôt la fuite.

Enfin, après plusieurs années de marches et de contre-marches savantes et pénibles, les Hollandais, faisant droit à l'abdication du dernier empereur, écoutèrent les propositions de Mangkouboumi. Un traité fut signé à Ginganti, village voisin de Soura-Karta, et, pendant l'année 1755 de l'ère vulgaire, ce guerrier habile fut solennellement proclamé par le gouverneur-général, sous le titre de soulthân Amangkou-Bouana 1er.

Ce prince établit sa résidence à quelques milles de l'ancienne ville de Matarem, à Youguia-Karta (Djokjo-Karta), où trônent aujourd'hui les soulthâns. Amangkou-Bouana mourut l'an 1718 de Java (1792 de l'ère vulgaire). Son fils lui succéda sous le titre d'Amangkou-Bouana II.

Quant au sousounan ou empereur, il continua de résider à Solo, près de Soura-Karta, capitale de ses états, et il y mourut l'an 1714 de Java (1788 de l'ère vulgaire) (*).

Les événements qui se lient à la révolution française, et les actes importants du gouvernement du général Daendels, homme d'un grand caractère et administrateur doué d'un rare génie, tiendront un jour une place distinguée dans l'histoire de la Malaisie, qui est encore à écrire. Bouana II fut déposé, l'an 1811, par les Anglais, dont la flotte débarqua sous le commandement de sir Samuel Auchmuty, et dont les troupes étaient commandées, je crois, par le général Gellespie, qui s'empara de Java. Cette île appartenait alors à la France, et elle était gouvernée par le général Jansens. Les Anglais rendirent à Amangkou-Bouana III l'héritage de son père. Ce prince vulgaire mourut en 1815. Son frère cadet Bouana IV est monté sur le trône après lui sous la tutelle des Hollandais, qui possèdent de nouveau Java depuis la paix de 1814.

Le général Jansens, fait prisonnier, fut remplacé par sir Thomas Stamford Raffles, qui gouverna au nom de ces

(*) Le reste de l'histoire de Java est pris dans les notes de nos voyages.

nouveaux conquérants, et introduisit plusieurs améliorations dans l'espoir d'augmenter la prospérité de ce pays.

Le baron van der Capellen fut envoyé à la paix de 1814 ; il fut remplacé en 1825 par M. le comte de Bus de Guisignié, qui arriva à Batavia avec des pleins pouvoirs et avec le titre de commissaire général pour les Indes orientales (Océanie hollandaise). Ce titre commença et finit avec lui. M. de Bus eut pour successeur M. le général van der Bosch, nommé gouverneur général. Il fut remplacé par M. Baud, gouverneur général par *interim*. C'est dans ces circonstances qu'éclata l'insurrection des *padris* de Menangkarbou dans l'île de Soumâdra, et celle de Dipo-Nigoro, régent du soulthân de Djokjokarta, homme d'un caractère énergique, dont le cœur était fortement aigri par les mauvais traitements qu'il avait reçus des Hollandais. Mais ce chef illustre était faiblement secondé. Dipo est exilé ; l'insurrection de Java, ainsi que celle de Soumâdra, est éteinte ; mais le feu couve encore sous la cendre. M. le général Évens, ancien ministre des Pays-Bas, exerce actuellement les fonctions souveraines de gouverneur général dans ce beau pays.

LXXXIX. ILES DE MADOURÉ ET DE LOMBOK.

Parmi les dépendances de Java, il faut compter l'île de Madouré, ou plus exactement l'île de Madouré qui forme une des vingt régences de Java. Elle est partagée entre trois princes indigènes qui gouvernent sous la suzeraineté des Hollandais. Bangkalan, Parmakassan et Soumanap, trois petites villes, sont leur résidence. M. Van der Capellen a élevé le panambaham de Soumanap à la dignité de soulthân en 1825. Les indigènes professent l'islamisme. Cette île, située en face de Sourabaya, est peuplée de 60,000 ames. Elle est fertile en riz. La végétation y est singulièrement riche. On y trouve des *bombax* d'une grosseur presque aussi considérable que le *boabab* d'Afrique, étalant leurs belles et immenses fleurs rouges, tandis que celles de l'*érythrina* brillent de la plus vive écarlate. On y cultive le *champoka* du Bengale, le *tanjoung* (*mimusops elenghi*), le *malati*, dont la fleur est blanche, et le *nymphæa nelumbo* (*lotus*), lis aquatique sacré dans la mythologie des Hindous et des Égyptiens.

L'île de Lombok, dépendance géographique de Java, est régie par un radjah, tributaire de celui de Karrang-Assem, qui est un des plus puissants de l'île de Bali. Ses habitants sont des agriculteurs renommés, et leur civilisation est assez avancée. On suppose que le brahmânisme et le bouddhisme ont encore des sectateurs au milieu des populations musulmanes de Lombok, et que l'abominable usage de sacrifier les veuves sur le bûcher de leurs maris y existe ainsi qu'à Bali et dans l'Hindoustan.

XC. ILE DE BALI.

TOPOGRAPHIE.

Bali est séparée de l'île de Java par un détroit qui porte son nom. Elle est nommée improprement petite Java dans plusieurs ouvrages. Une chaîne de hautes montagnes la traverse du nord-ouest au sud-est. Des forêts impénétrables couvrent une grande partie de son sol. Le détroit de Bali offre une route sûre aux vaisseaux qui retournent en Europe pendant la mousson d'ouest : les courants étant très-forts les emportent même avec un vent contraire, tandis qu'à cette époque le passage du détroit de Sounda est difficile.

Cette île excessivement peuplée compte, s'il faut en croire les naturels, près d'un million d'ames. Ses habitants sont plus blancs, plus intelligents, plus forts et mieux faits que les Javanais, mais ils sont aussi plus fiers et plus insociables. Je suis porté à croire que les Balinais sont issus primitivement, ainsi que les Javans, des Dayas de la côte occidentale de Bornéo, et qu'ils se sont mêlés avec les Hindous, car ils ont encore le teint des premiers et la religion des seconds. L'île est divisée en huit petites principautés indépendantes, dont les principales sont : Karrang-Assem, Giangour, Taba..un, Bliling et Klong-Klong. Cette dernière dominait jadis sur toute l'île. Leurs chefs-lieux portent le même nom. Bali n'est pour les Hollandais qu'une possession nominale.

Les radjahs appartiennent aux castes des Soudras et des Veissias, mais les quatre castes hindoues existent à Bali, et les Brahmâns y sont vénérés. Il y existe des hommes sans caste, nommés *Chandala*. Le prince de Gilgil était autrefois souverain de l'île entière.

L'île Lombok dépend du radjah de Karrang-Assem, qui est le plus puissant. Il y a sur la côte sud, à Bali-Badong, une baie ouverte, où les navires hollandais ont le privilège de mouiller. Les esclaves de Bali, des deux sexes, sont fort recherchés dans la Malaisie.

Le sol est passablement fertile, mais la culture y est peu soignée. Les denrées les plus recherchées sont le riz, le bœuf, des peaux, un peu de cire et une assez grande quantité de suif. L'industrie y est encore dans l'enfance.

Les Balinais sortent peu de leurs îles, et leur commerce ne se fait guère qu'au moyen des étrangers.

XCI. COMMERCE.

Le commerce de *Balinli*, l'un des ports et des principales villes de l'île de Bali, a lieu grâces aux *prahous* étrangers. Les insulaires n'ayant qu'un petit nombre de ces navires et s'éloignant rarement de leurs côtes, une dizaine de prahous viennent annuellement de l'île de Céram. Ils arrivent en octobre et retournent en janvier dans leur pays. Ils apportent de la muscade, de l'écaille de tortue, du massoï, écorce dont on fait un cosmétique très-prisé par les Balinais, les Chinois, etc., et d'autres marchandises communes aux îles de la Malaisie. L'équipage est composé de robustes Papouas, amenés de la côte de la Nouvelle-Guinée, parlant la langue malayou d'une manière nette et distincte, et ayant le ton résolu, comme s'ils avaient été habitués à commander plutôt qu'à obéir. Ces prahous sont joints et chevillés en bois; on n'emploie pas de fer dans leur construction. Quand ils sont de retour à Céram, on les dépièce; chaque homme emporte un bordage ou une membrure, et l'on garde le tout dans le village jusqu'à la prochaine saison où on les remet en mer. Ce pays n'a aucun bon port. Entre Bali et Java, le commerce se fait au moyen des prahous chinois, dont le nombre est à peu près de huit et qui y font annuellement six voyages. Ils importent à Bali de grosses toiles, de la mousseline et des mouchoirs, et prennent en retour du bœuf sec, des peaux et du suif, ainsi que du massoï et de la muscade de Céram. La valeur de leurs cargaisons se monte généralement à 20,000 ou 30,000 sika-roupies (*). Le bénéfice sur les cargaisons de Java est environ de dix pour cent; mais sur les marchandises exportées de Bali, il est beaucoup plus considérable.

Indépendamment des prahous de Céram et de Java, Bali est annuellement fréquenté par quarante ou cinquante *prahous* (**) volants des Bouguis. Il en vient encore une douzaine de Sambaoua, vingt d'une partie de Célèbes, vingt de plus de Singapora : les cargaisons de ces derniers sont les plus riches, et entre autres objets elles contiennent annuellement de vingt à vingt-deux caisses d'opium par an.

XCII. RELIGION, PRÊTRES ET CÉRÉMONIES RELIGIEUSES.

On ne compte que quelques musulmans à Bali. Le brahmânisme y règne; mais le culte professé généralement par ses habitants est celui de Chiva; cependant, quoiqu'il dif-

(*) C'est la roupie du Bengale, elle vaut 2 fr. 50 c.
(**) C'est le véritable nom de ces navires, que quelques voyageurs écrivent *pros*.

fère à certains égards de celui des Hindous, il reste encore assez de traces reconnaissables pour prouver que leur croyance est dérivée de celle de ce dernier peuple. Une partie des Balinais reconnaissent *Brahmā* comme le dieu suprême, ils en parlent avec la plus profonde vénération. Ils le regardent comme le dieu du feu ; ils mettent *Vichnou* après lui, et disent qu'il préside aux rivières. Quelques-uns attribuent la troisième place à *Ségara* (*), le dieu de la mer : le nom de *Ségara* signifie la mer dans la langue de Java et de Bali. Le culte de Chiva s'y est établi après celui de Bouddha, il y a environ 400 ans. Ses sectateurs sont divisés, comme dans l'Inde occidentale, en quatre grandes castes. Il ne peut y avoir de mariage légal qu'entre les personnes d'une même caste. Les Balinais parlent aussi de *Rāma*, qui sortit d'une île au confluent du Djemnah et du Gange, et on voit distinctement dans un de leurs temples une image de *Ganésa* avec sa tête d'éléphant, et une statue de *Dourga* assise sur un taureau. Les principales castes ont, de même que les Indiens de toutes les castes, un grand respect pour la vache ; en effet, ils ne mangent pas sa chair, ne portent pas sa peau, ne font rien qui puisse lui causer le moindre mal. Mais une partie des Balinais mangent de toute espèce de viandes. Il existe de plus à Bali une cinquième classe appelée *Chandala* (**) ; elle est impure et habite l'extérieur des villages. Les potiers, les teinturiers, les marchands de cuir, les marchands de liqueurs fortes, les distillateurs appartiennent à cette classe.

Les Balinais reconnaissent des objets purs et d'autres impurs. Par un précepte de l'antique *Niti Sastra*, il est défendu aux personnes de distinction de se nourrir de rats, de chiens, de serpents, de lézards, ni de chenilles.

On ne rencontre pas à Bali, comme dans la plupart des pays civilisés, des religieux mendiants. Les dévots ignorent ces actes extravagants de mortification si communs aux Hindous, et ne s'imposent pour pénitence que l'abstinence de certaines nourritures, la retraite dans des forêts ou des cavernes, et le célibat ; mais cette dernière pénitence est fort rare.

Nous avons déjà dit que la majorité des habitants de Bali suit le culte de Chiva : c'est leur grand dieu ou Mahadeva ; ils l'adorent sous le nom de Pramou Chiva (seigneur Chiva), et sous les noms indiens de Kala, Antapati, Nilakanta, Djagat-Nata. Leur culte est désigné par les mots suivants : *Ong, Chiva, Chatour, Benja*, c'est-à-dire adoration à Chiva aux quatre bras.

Les institutions des castes sont appelées Chatour-Jalma ; les deux castes privilégiées sont celles des Soudras et celle des Veissias. Les Brahmâns sont traités avec le plus grand respect, et ils administrent la justice civile et criminelle. Dans l'Inde, au contraire, la magistrature est confiée à la caste militaire, à laquelle appartiennent ordinairement les princes et les chefs ; néanmoins les princes qui conquirent l'île de Lombok appartenaient à la caste des marchands. Les Brahmâns de Bali déclarèrent à M. Crawfurd qu'ils n'adoraient aucune idole de la mythologie hindoue.

XCIII. SUTTY OU SACRIFICE DES VEUVES.

D'un autre côté, ils poussent jusqu'à la barbarie l'usage de sacrifier les veuves (*) sur le bûcher de leurs maris. Les femmes, les concubines, les esclaves et autres serviteurs s'y précipitent dans l'espoir de renaître à une nouvelle vie. Cet usage est surtout commun aux castes militaire et

---

(*) Dans l'Inde la troisième place est à Chiva. Dans leur Trimourti (ou triple forme, e pèce de trinité) quelques Balinais remplacent Vichnou par Sevara, qui paraît répondre à Varouna, le dieu des eaux dans l'Hindoustan.

(**) Ce nom vient de l'Inde.

(*) La cérémonie de ce sacrifice s'appelle *sutty* dans l'Hindoustan.

marchande, mais il est rare dans la classe servile, et il n'est jamais pratiqué dans la caste sacrée ; fait d'autant plus étonnant, que ce sont principalement les femmes de cette caste qui se sacrifient dans l'Hindoustan. Le radjah ou prince de Blelling (issu de la caste marchande) (voy. *pl.* 40) raconta au docte M. Crawfurd, qu'au moment où le corps de son père, le chef de la famille de Karang-Assem (*), fut abandonné aux flammes du bûcher, 74 femmes furent immolées sur son corps. En 1813, 20 femmes se brûlèrent volontairement sur le bûcher de Wayahan-Jalanteg, autre prince de la même famille. On leur élève quelquefois, ainsi qu'aux femmes, un tombeau au milieu duquel on place l'urne qui contient leurs cendres. Pour en donner une idée nous joignons au texte une gravure qui représente le tombeau d'une Brahmine dans l'Hindoustan (voy. *pl.* 41), parce que nous manquons de dessins pris à Bali, et nous supposons que la même religion et les mêmes usages se sont formulés dans cette île à peu de choses près de la même manière que dans l'Hindoustan, puisque cette religion et ces usages y ont été apportés de ce dernier pays.

Un Hollandais, qui était à Bali en 1633, raconte ce qui suit : « Arrivé chez le prince de Gilgil, je le trouvai dans la désolation, à cause d'une épidémie qui avait fait périr ses deux fils. La reine mourut quelque temps après ; son corps fut brûlé hors de la ville, avec 22 de ses femmes esclaves. On le porta hors du palais, par une ouverture qu'on fit à la muraille, à droite de la porte, dans la crainte superstitieuse du diable qui se place, selon les Balinais, dans l'endroit par lequel le mort est sorti. Les esclaves qui étaient destinées à accompagner l'âme de la reine, marchaient en avant, selon leur rang ; elles étaient soutenues chacune par une vieille femme, et portées sur des litières de bambou. Après qu'elles eurent été placées en cercle, cinq hommes et deux femmes s'approchèrent d'elles et leur ôtèrent les fleurs dont elles étaient ornées. De temps en temps on laissait voler des pigeons et d'autres oiseaux, pour marquer que leurs âmes allaient bientôt prendre leur essor vers le séjour de la félicité.

« Alors on les dépouilla de tous leurs vêtements, excepté de leurs ceintures. Quatre hommes s'emparèrent de chaque victime : deux leur tenaient les bras étendus, et deux autres tenaient les pieds, tandis qu'un cinquième se préparait à l'exécution.

« Quelques-unes des plus courageuses demandèrent elles-mêmes le poignard, le reçurent de la main droite, le passèrent à la main gauche en l'embrassant ; elles se blessèrent le bras droit, en sucèrent le sang, en teignirent leurs lèvres et se firent avec le bout du doigt une marque sanglante sur le front ; elles rendirent l'arme aux exécuteurs, reçurent le premier coup entre les fausses côtes, et le second sous l'os de l'épaule, l'arme étant dirigée vers le cœur. Lorsque la mort approcha, on leur permit de se mettre à terre, on les dépouilla de leurs derniers vêtements, et on les laissa totalement nues. Leurs corps furent ensuite lavés, recouverts de bois, mais la tête seule était restée visible, et l'on mit le feu au bûcher.

« Le corps de la reine arriva : il était placé sur un magnifique badi de forme pyramidale, consistant en 11 étages, et porté par un grand nombre de personnes d'un haut rang. De chaque côté du corps il y avait deux femmes, l'une tenant un parasol et l'autre un éventail pour chasser les insectes. Deux prêtres précédaient le badi, dans des chars d'une forme particulière, tenant dans une main des cordes qui étaient attachées au badi, pour faire entendre qu'ils conduisaient la défunte au ciel, et dans l'autre main une sonnette, tandis que les gongs, les tambours, les flûtes et

---

(*) Il paraît avoir été à cette époque le seul souverain de toute l'île.

les autres instruments donnaient à la procession plutôt un air de fête que de funérailles.

« Lorsque le corps de la reine eut passé devant les bûchers qui étaient sur la route, on le déposa sur celui qui lui était préparé, qui fut aussitôt enflammé : on y brûla la chaise, le lit et généralement tous les meubles dont elle avait fait usage.

« Les assistants firent ensuite une fête, tandis que les musiciens exécutaient une mélodie qui n'était pas désagréable à entendre. On se retira le soir, lorsque les corps eurent été consumés, et on plaça des gardes pour conserver les ossements.

« Le lendemain, les os de la reine furent reportés à son habitation avec une cérémonie égale à la pompe du jour précédent. On y porta chaque jour un grand nombre de vases d'argent, de cuivre et de terre, remplis d'eau; une bande de musiciens et de piqueurs escortait les porteurs, précédée de deux jeunes garçons, tenant des rameaux verts, et d'autres qui portaient le miroir, la veste, la boîte de bétel et d'autres effets de la défunte. Les os furent lavés pendant un mois et sept jours, on les plaça sur une litière, on les transporta avec les mêmes égards, comme si c'était le corps entier, on les déposa dans un endroit appelé *haber*, où ils furent brûlés avec soin, recueillis dans une urne, et jetés, en cérémonie, dans la mer, à une certaine distance de la côte.

« Lors de la mort du monarque, ses femmes et ses concubines, au nombre de 150, se dévouèrent aux flammes. »

Les Balinais font embaumer le corps des personnes qui viennent de mourir, et ne le brûlent que le jour fixé par leurs Brahmans pour cette cérémonie, qui, ordinairement, ne désignent ce jour qu'une année après le décès. Quelquefois, au lieu de réduire le cadavre en cendres, ils le jettent à la mer.

Quand un radjah meurt, son corps est conservé pendant un temps plus ou moins long, quelquefois un an, jamais moins de deux mois; on le garantit de la putréfaction en le soumettant chaque jour à une fumigation de benjoin et d'autres substances; on le brûle ensuite, suivant l'usage des Hindous. Quant au corps des enfants qui n'ont point encore de dents, on les enterre immédiatement après leur mort, ainsi que les individus emportés par la petite vérole.

Nous emprunterons à MM. Raffles et Crawfurd, et surtout à messieurs les missionnaires anglais et hollandais, plusieurs détails sur les coutumes de Bali : ils sont d'autant plus précieux, qu'eux seuls nous ont fait connaître ce pays. Ne l'ayant pas visité nous-même, nous avons été heureux de trouver des guides aussi sûrs (*). Nous avons cité consciencieusement nos autorités, et nous ferons toujours de même, au lieu de nous parer des plumes du paon sans le nommer, ainsi que font d'injustes et effrontés plagiaires.

A Franjung-Alem, une dame âgée, d'un certain rang, étant décédée, dit Raffles, nous assistâmes à ses obsèques. Toutes les femmes du village se rendirent d'abord à la maison de la défunte, en poussant des hurlements pendant une heure ou deux; après cela, on transporta le corps dans la baley (la maison commune), où tout le monde devait dîner; pour nous, nous préférâmes dîner ailleurs; mais le soir il ne nous fut pas possible de nous dispenser d'être témoins des danses et des chants qui eurent lieu, devant tout le village assemblé, dans la salle où l'on avait déposé le corps. Le lendemain matin, le chef du village tua une chèvre et répandit son sang autour de la maison de la défunte, pendant que les jeunes filles, placées de manière à pouvoir être entendues de l'intérieur du bali, criaient à qui mieux mieux, et de toute la force de

---

(*) Nous pouvons même dire que nos lecteurs trouveront ici pour la première fois une description complète de Bali, dont la moitié, je pense, n'est pas encore traduite en français.

leurs poumons : O mère, reviens! mère, reviens! Ce bruit se prolongea jusqu'au moment où il fut décidé que le corps ne serait pas gardé plus longtemps. On l'enleva alors de la place où il était, on le transporta paisiblement hors du village, et on le descendit dans une fosse sans autre cérémonie.

XCIV. LES DEVAS ET LES DJINNS OU LES BONS ET MAUVAIS GÉNIES.

Les habitants de Bali célèbrent avec la plus grande pompe deux grandes fêtes religieuses : la première, appelée *galoungan*, dure 5 jours; la seconde, appelée *kouningan*, dure 2 jours; elles arrivent vers les deux solstices, lorsqu'on plante et lorsqu'on récolte le riz. Ils ont adopté l'ère hindoue de Salivana, ainsi que les Javans l'avaient fait autrefois, et ils possèdent plusieurs ouvrages écrits sur leur religion.

Le culte de Bouddha dominait à Bali, avant celui de Chiva, qui y fut introduit il y a 3 à 400 ans. Selon les récits des prêtres, un grand nombre de brahmâns hindous, de la secte de Chiva, arrivèrent à Java peu d'années avant la conversion des Javanais à l'islamisme, et obtinrent la protection de Browijaya, souverain de Madjapahit. Lorsque cet empire fut détruit, plusieurs d'entre eux vinrent chercher un refuge à Bali, sous la conduite de Wouhou Bahou, et y prêchèrent leur doctrine. Dix générations s'y sont succédé depuis cette révolution.

Quoique se disant mohammedans, les habitants de Bali sont généralement plus attachés qu'on ne croirait à leurs superstitions hindoues et au culte qu'ils pratiquaient autrefois. Les noms de vingt de leurs dieux sont hindous.

Suivant Raffles, les Balinais n'ont aucune idée d'un être suprême, éternel, créateur de toutes choses, bien qu'ils fassent un usage fréquent des mots *allah*, *touan*, dont le premier est employé par les Arabes, et le second par les Malais, pour exprimer l'idée de la divinité. Mais l'ignorant Pasamah est loin d'y attacher un tel sens; demandez-lui, en effet, ce qu'il entend par ces mots, et il vous répond : « C'est le nom d'un deva. » Suivant la mythologie de ces peuples, les devas sont des êtres d'un ordre supérieur, des divinités tutélaires spéciales, qui règnent sur les éléments, les montagnes, les forêts, les états et les provinces, et ils leur élèvent des temples. Ils professent pour eux un respect superstitieux, et les regardent comme des esprits d'une nature bienveillante, qui étendent leur influence protectrice sur la race humaine. Ces devas accueillent les prières des mortels et reçoivent avec plaisir les sacrifices qui leur sont offerts; ils savent tout ce qui se passe sur la terre, et tiennent constamment l'œil ouvert sur les hommes et sur les affaires de ce monde; tous les événements dépendent d'eux, et la destinée des mortels est entre leurs mains. C'est à ces divinités bienfaisantes que l'homme est redevable du principe de la vie; et comme il n'existe que parce qu'elles ne cessent d'entretenir ce principe en lui, sa dette envers elles s'accroît à tous les instants. Il y a des devas de différents degrés ; ainsi tous n'ont point un pouvoir égal à l'égard de l'homme. Les devas habitent sur la terre, et choisissent différentes portions de sa surface pour y établir leurs demeures : les uns se fixent dans les retraites les plus profondes des bois ou des forêts; les autres sur les collines ou les montagnes; ceux-ci sur les bords d'un torrent impétueux; ceux-là sur les bords ombragés d'un limpide ruisseau dont ils aiment à entendre le doux murmure. Certaines espèces d'arbres sont consacrées à ces dieux, et étendent leurs branches pour protéger leurs habitations.

Outre ces devas, il y a une autre classe d'êtres dont le caractère est tout opposé ; on les appelle *djinns*, ou mauvais esprits, et ils sont considérés comme les auteurs du mal; à eux sont dues toutes les misères, toutes les calamités qui frappent la nature humaine. Ils font aussi leur résidence sur la terre, et choisissent différents lieux pour leur habitation. Si le malheur veut qu'un homme s'approche par hasard de leur demeure, il tombe aussitôt victime de la colère de ces esprits vindicatifs et méchants. Il y a encore une troisième classe d'êtres qui semblent, d'après leurs qualités et leurs attributs, tenir le milieu entre les devas et les djinns, se rapprochant néanmoins davantage de la nature des premiers; on les nomme *orang-alous*, c'est-à-dire, hommes subtils, impalpables et invisibles. Je ne connais pas précisément (ajoute M. Raffles) leur essence et leur office. Ce sont, à ce qu'il paraît, des êtres en qui le matériel et l'immatériel se confondent, et qui participent de la nature des créatures humaines et de celle des esprits. J'ai vu un homme que l'on disait être marié avec un être féminin de la classe des orang-alous: il avait une monstrueuse progéniture; mais personne n'avait jamais aperçu un seul de ses enfants; d'où je conclus qu'ils ressemblaient à leur mère. Cet homme se nommait Diou-Pati-Rajo-Wani. Telles sont les idées ridicules de ces peuples.

Les Balinais montrent la plus grande vénération pour leurs ancêtres, qu'ils honorent à l'égal des dieux, et dont ils placent également la demeure dans les montagnes. Ils sont persuadés que ces mânes, jaloux de la conservation de leur postérité, veillent constamment sur elle.

XCV. ÈRE BALINAISE, TEMPLES, PRÊTRES ET ÉCRITS RELIGIEUX.

L'ère des Balinais est appelée *isahia*; chaque mois se compose de trente-cinq jours, et l'année de quatre cent vingt.

Les temples de ce peuple sont nombreux. Près de Baliling et de Sangsil, disent les missionnaires de la Société de Londres, nous avons observé une douzaine d'enclos sacrés; ils renferment chacun des petits temples ou des chapelles, et ont une étendue de 100 à 150 pieds carrés; ils sont entourés d'un mur en terre, et partagés ordinairement en deux espaces que l'on peut appeler la cour intérieure et la cour extérieure. Dans la première, nous avons généralement vu une couple de *varinghin*, grands arbres qui ressemblent au figuier des Banians, répandent un ombrage frais et agréable, et sont presque aussi sacrés à Bali qu'à Java.

La seconde cour était réservée aux temples des dieux : c'étaient de petites cabanes d'un ou deux pieds à six ou huit pieds carrés. Quelques-unes étaient bâties en briques, et couvertes en chaume; d'autres en bois, et couvertes en *gamouti*, sorte de substance chevelue que l'on obtient de l'aréquier (*). Les unes étaient ouvertes, n'ayant qu'un clayonnage léger entre les poteaux; les autres étaient complétement fermées avec une petite porte à la façade. Nous y sommes entrés et nous n'y avons trouvé que des offrandes en fruits, et dans un seul une rangée d'images en terre, représentant les divers dieux du panthéon hindou. En dehors des temples nous avons rencontré quelquefois une couple de figures grossières en argile durcie, qui semblaient avoir été placées là comme les portiers ou les gardiens du temple; mais toutes étaient en mauvais état et en partie brisées. Quelques statues n'avaient plus de tête, d'autres avaient perdu les bras; et la plupart des temples étaient délabrés, leurs fondations ébranlées, et les toits dérangés; ce qui annonçait à la fois le caractère indolent des habitants et la nature périssable des matériaux employés dans la construction de ces sanctuaires.

Le sacerdoce est héréditaire exclusivement dans certaines familles. Tous ceux qui l'exercent sont nommés *aïdas*; ils ne sont qualifiés brahmâns (**) qu'après être parvenus au plus haut

---

(*) C'est l'arbre qui produit la noix d'arek.

(**) Les prêtres des temples inférieurs, c'est-à-dire des dieux tutélaires des villages, des forêts, des montagnes et des rivières, sont appelés *mamangkou*, c'est-à-dire gardiens.

degré de leur ordre. On les reconnaît en général à leur chevelure longue. Quand ils exercent des cérémonies religieuses, ils ont un costume particulier et un cordon semblable à celui des brahmânes de l'Hindoustan : les Balinais nomment ce cordon *ganitri*. Il paraît que les prêtres ne font aucune espèce d'ouvrage ni de commerce : ils sont entretenus par les rétributions données à l'occasion des funérailles ou du brûlement des corps, quand ils pratiquent les cérémonies usitées dans cette occasion, et consacrent l'eau dans laquelle le corps est lavé.

XCVI. LANGUE, LITTÉRATURE ET BEAUX-ARTS.

La langue des Balinais diffère, sous plusieurs rapports, de celle des Javanais, quoiqu'elle appartienne évidemment à la même famille. Celui qui sait le javanais n'a pas beaucoup de peine à comprendre le balinais, et, avec un peu d'usage, il parvient à le parler. L'*aksara* ou alphabet présente quelques différences dans l'arrangement des lettres. Les indigènes omettent invariablement l'une de celles que l'on appelle le *dodesar*, ou grand *D*. Ils s'éloignent des Javanais dans la manière de marquer la fin des mots; ils prononcent des lettres qui, chez les autres, sont à moitié muettes, et qu'ils nomment l'*aksarapanghi*. Les termes de la langue balinaise offrent un mélange de madourési, de malais et de javanais. Celle que l'on parle à la cour des radjahs se rapproche en général du basa-dalam (langage de la cour), ou du kawi (vieux langage des Javanais).

Les livres sont écrits sur des feuilles de palmier, comme dans l'Inde; mais les caractères, au lieu d'être gravés avec un stylet de fer, sont entaillés avec la pointe d'un couteau. J'ai vu, ajoute un missionnaire anglais, un homme transcrivant ainsi un livre d'histoire avec beaucoup de peine : lui avant demandé combien il pouvait écrire de pages en un jour, il me répondit que cela allait au plus à deux feuillets qui n'équivalent qu'à un des nôtres. Nous avons eu occasion d'examiner des messages et des lettres écrits de cette manière : c'est aussi celle que l'on emploie pour les permissions d'embarquement dont les navires doivent être munis.

Leur écriture est grossière et peu distincte, ce qui provient de la rudesse de l'instrument qu'ils emploient; d'ailleurs les fautes et les omissions qu'ils font, sont cause qu'un étranger éprouve une grande difficulté à deviner leur pensée. Peu de personnes connaissent les lettres, ce qui est dû au manque d'établissements destinés à l'instruction publique. Le nombre de ceux qui s'aventurent à écrire est encore moindre, parce qu'ils craignent d'encourir le déplaisir de leurs supérieurs, en formant les caractères de manière à choquer leurs préjugés superstitieux. Les livres balinais traitent généralement de contes mythologiques. Il y a aussi des recueils d'*oundang-oundang*, c'est-à-dire de lois, auxquels on a recours, et d'après lesquels ces insulaires prétendent que l'état est gouverné. La musique ressemble à celle des Javanais; mais elle lui est inférieure. Un grand nombre de leurs peintures représentent des bateaux de guerre naviguant sur le vide, et des hommes combattant et dansant en l'air.

Le petit nombre de figures qui se trouvent dans les temples sont grossièrement modelées en argile et séchées au soleil. Le missionnaire n'aurait pas dû oublier de dire que les prêtres de Bali ont en leur possession des tables pour calculer les éclipses.

XCVII. DOCTRINE DE LA MÉTEMPSYCOSE.

Je terminerai la description de cette île par l'exposé du dogme de la métempsycose, qui règne généralement dans ce pays, ainsi que chez les Battas. Ceux-ci l'ont reçu de Bornéo (*), où plusieurs

---

(*) Un Balinais instruit m'assura à Singhapoura que ses compatriotes sont originaires de Bornéo, et un autre que l'île de Bali a été peuplée par une colonie de Ho-

tribus qui l'ont reçu de l'Hindoustan le conservent encore, après lui avoir fait subir de légères modifications.

Les Balinais croient fermement au dogme de la métempsycose. Cependant il n'y aurait, suivant eux, que quelques animaux capables de recevoir les ames des morts, et il n'est pas besoin pour cela que leur caractère et leurs penchants aient de rapport avec le caractère et les penchants des ames qui entrent en eux. Le tigre royal est l'animal qu'ils supposent le plus généralement jouir d'une ame humaine; ce qui serait assez vrai, s'ils entendaient parler de l'ame de certains despotes ou conquérants. Aussi est-il presque sacré à leurs yeux, et le traitent-ils avec une douceur et un respect qu'on a bien de la peine à concevoir. On le voit fuir la gueule souillée de sang humain, et personne n'ose le tuer. Si c'est un proche parent qui est devenu sa proie, peut-être cherchera-t-on à venger sa mort; mais dans ces occasions mêmes, souvent des craintes superstitieuses éteignent tout à coup la soif de la vengeance, ainsi qu'on l'a vu chez les Battas dans l'île de Soumâdra.

Le système de la métempsycose (*) ayant été exposé d'une manière aussi obscure que contradictoire, mes lecteurs me permettront peut-être de donner à mon tour l'explication d'un sujet sur lequel j'ai interrogé plusieurs brahmâns dans l'Hindoustan, et que j'ai long-temps médité, car, en philosophie, il n'existe pas de question plus importante que celle-ci. Essayons: Rien ne vient de rien; rien ne périt, et tout se reproduit dans la nature.

Le gland se transforme en chêne, un œuf en oiseau; les parties de notre corps retournent, après la mort, à leurs principes, et se réunissent à leurs parties similaires, et la même matière est mille fois employée sous mille formes variées. Ainsi l'ame, fluide subtil, vivifiant et penseur (si j'ose hasarder une telle définition), entraînée dans ce courant continuel d'organisations, de destructions et de réorganisations successives, porte la vie dans tous les moules qu'elle doit animer. Dieu est tout-puissant; s'il est tout-puissant, il est juste; s'il est juste, le crime doit être puni et la vertu récompensée. Le contraire arrive cependant. Pour réparer ce désordre, ce Dieu qui, tour à tour, se produisant au dehors ou rentrant en lui-même, forme ou anéantit les mondes, a voulu de toute éternité que celui qui durant sa vie aurait fait le mal, renaîtrait, suivant le degré de ses crimes, sous la forme d'un animal féroce, d'un insecte rampant, d'un mendiant, d'un aveugle; et que celui qui aurait fait le bien renaîtrait avec tous les avantages de la fortune ou de la nature, et serait heureux pendant cette seconde vie. Aucune de nos destinées si différentes n'est l'effet du hasard; elle est le résultat nécessaire des vertus ou des vices que nous avons montrés dans une vie antérieure, car la métempsycose est une récompense ou une expiation.

L'absence de réminiscence chez les individus qui subissent cette épreuve, est l'effet d'une vie antérieure qui entraîne avec lui l'oubli des actes de la première; car, si un enfant qui a dépassé l'âge de trois ans oublie aujourd'hui ce qu'il a fait hier, il n'est pas étonnant qu'un homme oublie ce qu'il était et ce qu'il a fait avant de naître. Enfin, quand un long exercice de l'expiation et de la contemplation aura élevé l'homme à un degré sublime de perfection tel qu'il s'identifie à l'être unique, alors est arrivé le terme de ces différentes métamorphoses, et l'ame s'évanouit dans l'espace, pareille au souffle d'un vent pur, réu-

---

Ioans, que de mauvais traitements forcèrent à s'expatrier, et qui, après s'être établis sur cette île, y fondèrent *Bali-Balou* (vraisemblablement *Balinli*).

(*) Les Hindous se servent du mot *marou djamma* pour désigner la métempsycose ou transmigration des ames. Le sens grec est le même : μετά est une préposition qui signifie ici un passage, un changement; ἔμψυχο est formé de ἐν dans, et de ψυχή, ame, animer, vivifier.

nie à jamais à cet être suprême et éternel qui est tout, qui remplit tout, et dans le sein duquel toutes les générations se précipitent avec l'impétuosité des fleuves qui courent se jeter dans l'Océan, et dont les générations nouvelles sortent avec la même activité. Ainsi le papillon vit d'abord à l'état de larve ou de chenille; il s'endort dans son tombeau sous la forme de chrysalide; enfin, au jour de sa résurrection, il se revêt de la plus brillante parure et s'enivre du parfum des fleurs. Mais cette ame universelle, cette substance qui anime en même temps, mais inégalement, les hommes, les animaux, les végétaux et tout ce qui existe dans l'univers, ne serait-elle pas comme une émanation, une faible étincelle de ce fluide universel qui est la cause de la vie et du mouvement? ne pourrait-elle pas être comparée à l'air échappé du globule qui éclate à la surface des eaux pour se perdre dans l'immensité de l'océan atmosphérique (*)?

On a prétendu généralement que la défense de manger de la chair des animaux était une conséquence de la croyance en la métempsycose. Je le pense aussi; cependant les sectateurs de Chiva rejettent ce dogme. Mais, grace sans doute à l'influence de l'exemple, ils s'abstiennent autant que les Brâmans de toute nourriture animale; ce n'est que dans certaines classes abjectes de la caste des Soudras qu'on ne se fait aucun scrupule d'égorger des animaux et de se nourrir de leur chair, en épargnant néanmoins la vache qui est respectée par tous les Indiens, même par les Parias (**).

(*) J'ai employé dans cette explication quelques idées et expressions des lois de Manou, du Bâghavata, du Bhagavad-Ghita (ou chant divin, un des chants du Mahâbhârata),et de l'Hipotadésa (conseils salutaires), le plus ancien recueil d'apologues que le Persan Bidpay, l'Éthiopien Lokman et Ésope ont successivement copiés. Les savants et les orientalistes reconnaîtront en quoi mon explication diffère de celle des Hindous.

(**) N'est-ce pas violer les saintes lois de la nature, n'est-ce pas insulter à l'ordre

Je citerai à ce sujet l'opinion du brahmân (*) illustre, du premier philosophe de l'Inde moderne, avec lequel je m'honore d'avoir été lié, et dont j'ai prononcé l'éloge à l'hôtel de ville de Paris, le 22 mai 1834.

Certes, je n'ai pas trop fait que de visiter les cinq parties du globe pour rencontrer un homme tel que l'homme que Diogène cherchait en vain. Rammohun-Roy m'a consolé des dégoûts que la plupart des hommes m'ont fait éprouver.

« Cette idée fondamentale d'unicité
« d'ame et de métempsycose, me di-
« sait Rammohun-Roy, cette idée
« qu'on trouve chez les peuples les
« plus anciennement civilisés ainsi
« que chez les peuples les plus igno-
« rants, chez les Hindous et les
« noirs de la Guinée, ne prouve-t-
« elle pas que l'immortalité de l'ame
« est un instinct naturel, un sentiment
« inné chez l'homme? et cette croyance
« profonde de l'existence d'un être
« suprême, de l'espoir d'une récom-
« pense, et de la crainte d'un châti-
« ment après la mort, chez des races
« si différentes, ne doit-elle pas
« ébranler les sceptiques les plus obs-
« tinés? »

J'ajouterai que la métempsycose, n'eût-elle d'autre but que d'adoucir le caractère des hommes, de les rendre

établi par Dieu, que de faire périr ou de mutiler ou même de maltraiter un être vivant, n'importe à quel règne il appartienne?

(*) J'ai pensé que mes lecteurs verraient avec plaisir le portrait du grand philosophe qui consacra toute sa vie à répandre dans sa patrie la doctrine de l'unité de Dieu. Cette image fidèle de Rammohun-Roy (son nom en sanskrit est Râma-Mohana-Radjâ, le prince bien-aimé de Râma) a été tirée d'un portrait du Brahmân (voyez pl. 40, fig. 3), fait à sa maison de campagne de Calcutta (Kalikatta), capitale actuelle de l'Hindoustan. Ce pays est presque entièrement soumis aux Anglais, sauf le Pendjab et les autres états du nord-ouest, qui forment l'empire des Siks. Leur chef Rendjet-Sing possède une assez belle armée, organisée par trois de nos anciens frères d'armes de l'Empire, MM. Allard, Court et Venture.

humains, de leur inspirer une charité universelle (ainsi que le prouvent l'hospitalité des Hindous avec les hommes, et le soin qu'ils ont des animaux malades dans leurs nombreux hospices), cette doctrine, quoiqu'en disent ses détracteurs, aurait produit le plus grand bien parmi les hommes.

XCVIII. ILE DE SOUMBAVA.

Soumbava a 190 milles de longueur sur 140 de largeur. Elle est divisée en plusieurs états, dont les principaux sont ceux de Bima, Dompo, Soumbava, Tomboro, Pekat et Sangar. Celui de Bima est le plus puissant. Bima, petite ville avec un beau port, est la résidence du soulthân, qui est vassal des Hollandais, et souverain de l'île de Mangaray ainsi que de la partie occidentale d'Endé. Le fameux volcan de Tomboro fit périr, dans l'épouvantable éruption de 1815, un cinquième de la population de ce district. Après cette catastrophe survint la famine; la fille du radjah du district mourut de faim. Depuis lors la ville de Soumbava n'est guère qu'un désert. L'état de Bima renferme du minerai d'or, de fer et de cuivre; il est traversé du nord-ouest au sud-est par une chaîne de montagnes couvertes de forêts impénétrables. On exporte de cette île appauvrie du riz, des arachides ou pistaches de terre, de la cire et des chevaux.

XCIX. ENDÉ, SANDANA ET SOLOR.

A l'est de Soumbava est située l'île de Florès ou plutôt Endé, qui a 200 milles de long sur 42-50 de large. L'intérieur est à peu près inconnu. La partie occidentale dépend du soulthân de Bima. Les Portugais y possédaient Larentouka à l'extrémité orientale; ils paraissent avoir abandonné cet établissement. Le volcan élevé de *Lorotico* éclaire souvent le détroit d'Endé comme un phare lumineux. Les Bouguis ont un beau port sur la côte méridionale, et ils refusent de se reconnaître vassaux des Hollandais. Ils en exportent des esclaves, de l'huile de coco, de l'écaille, du bois et une cannelle commune. Tout le reste de l'île est divisé en plusieurs petits états indépendants. Au sud d'Endé est Sandal-Bosch (Sandana), qui donne du bois de sandal, du coton, des buffles et des chevaux. Le sandal étant inférieur à celui du Timor, est presque abandonné. On y trouve aussi des faisans et le *jaar-vogel* (oiseau à années en hollandais).

La petite île de Solor est montagneuse et stérile, et ne produit guère que des bambous et des nids d'oiseaux; mais les habitants, excellents marins, s'enrichissent par le commerce d'huile de baleine, d'ambre gris et de cire. Les Hollandais y possèdent le fort Frédérik-Henrich dans le district de Lawaijang. Sur ses côtes, on pêche le *noord-kaper*, espèce de baleine dont la graisse donne de l'huile et dont la vessie paraît renfermer le précieux ambre gris. Cette île possède quelques kangarous.

C. ARCHIPEL DES MOLUQUES.

Ce vaste et riche archipel porte les caractères les plus évidents d'une terre bouleversée par les tremblements de terre et les volcans nombreux qui l'ont ravagée et la ravagent encore. Il renferme un grand nombre d'îles presque toutes dépendantes médiatement ou immédiatement des Hollandais. Nous les réunissons en trois groupes : celui d'Amboine, celui de Banda, et celui de Guilolo.

CI. GROUPE D'AMBOINE.— ILES D'AMBOINE, CERAM, BOUROU, ETC.

Le gouverneur général des Moluques soumises aux Hollandais réside dans la petite île d'Amboine, chef-lieu de ce groupe, qui se compose de onze îles, dont elle est la principale.

L'aspect de cette terre, précieuse par la culture des girofliers, présente un paysage romantique mêlé de montagnes brisées, de vallées verdoyantes bien cultivées et couvertes de nombreux hameaux. Les girofliers sont cultivés dans des parcs ou jardins, nommés en malais *tanah-dati*. Le produit moyen d'un giroflier s'élève à 6 livres de clous, en malais *tjinkei*, et quelques-uns donnent jusqu'à 25 livres. La récolte ordinaire se fait en octobre et dure environ trois mois. La récolte annuelle à Amboine est de 2500 à 3,000 francs.

La ville d'Amboine (Amboun) est située au fond d'une baie profonde, qui pénètre jusqu'à 7 lieues dans les terres et divise l'île en deux presqu'îles. Elle est petite, mais régulièrement bâtie. Ses rues sont larges et jolies, et ses maisons en briques sont d'une propreté qu'on ne trouve qu'en Hollande. Sa population est de 12,000 ames. Le fort Vittoria, bâti par les Portugais, et restauré par les Hollandais, est, après Batavia, le plus important de l'Océanie hollandaise. Les Chinois y possèdent de belles maisons richement décorées (voy. *pl.* 53), et ses environs renferment de somptueux tombeaux (voy. *pl.* 54), entre autres celui du savant gouverneur Rumph. On y voit des alfouras et quelques papouas. La population de l'île peut être de 50,000 ames.

L'île d'Amboine récolte, outre le girofle, du café, du sucre, de l'indigo, et beaucoup de fruits, tels que le délicieux mangoustan et le sagouer, dont on fait une confiture excellente.

Le climat de cette île est plus sain et plus agréable que celui de la plupart des contrées situées entre les tropiques. Le sol y est en partie rocailleux et aride, et c'est là que les girofliers viennent le mieux. La plupart des endroits marécageux sont employés à la culture du sagoutier (*metroxylum-sago*). On en tire le sagou, dont la moelle délicate sert de nourriture aux naturels, après qu'on l'a retirée des fibres ligneuses du tronc, broyées et préparées. On y cultive plusieurs espèces de litchis, au nombre desquels on trouve le ramboutan des Malais (*nephelium lappaceum*), l'*elocarpus monogynus*, dont les fleurs sont festonnées avec grace; l'agave, le rou-couyer et l'heritiera. Le beau laurier culilaban (*) orne ses rivages, et donne une huile aromatique très-recherchée; l'oranger, le papayer, l'arbre du henné qui, dans l'empire ottoman, sert à teindre en rose les doigts des femmes, le bilimbing, l'acanthe, le bel *abroma angusta*, la carmanthine, le tournesol et tant d'autres arbres et plantes distinguent encore le sol d'Amboine. On y trouve quelques phalangers, le lézard volant, le papillon agamemnon aux ailes magnifiques et le *cancer cuminus*, espèce d'écrevisse. La mer est peuplée de coquillages brillants, de poissons rares et de crabes singuliers.

Les Amboinais ont des chansons très-spirituelles; et un notable de l'île, nommé Ridjali, a écrit en malai l'histoire d'une partie de ce pays dont beaucoup d'usages anciens et poétiques ont disparu, graces à la sévérité du culte de Calvin et des ministres hollandais (**).

L'occupation principale des Malais d'Amboine est la pêche. Il est curieux de voir leurs pirogues se rendant aux lieux les plus fertiles en poissons, au bruit du tamtam et du goun-goun, ainsi qu'ils font dans leurs danses guerrières.

Dans la campagne d'Amboine on rencontre des *maté*, monuments funéraires qui sont considérés comme sacrés par les naturels. Ce sont de petits hangars en bambou, couverts de folioles de nipa. Les *maté* (ce mot signifie *mort*) renferment les restes des indigènes : on ne peut ni les toucher, ni s'en approcher. Cette interdiction rappelle le *tabou* des Polynésiens.

Céram ou *Sirang*, célèbre par son pic élevé de 8000 pieds (de France) au-dessus du niveau de la mer, est la plus grande des Moluques, après Guilolo. Une grande partie de l'île dépend du soulthân, qui est vassal des Hollandais. Dans les profondes et longues

---

(*) La Billardière, t. II, p. 325.
(**) Valentyn, Amboina, p. 152, 124, 164, etc.

forêts de ses côtes méridionales, depuis Eupapes jusqu'à Kelamari, on trouve le kasoar des Moluques. L'intérieur de Céram produit des clous de girofle. Cette île offre des aspects ravissants. Saoua et Ouarou sont ses ports principaux. Les Hollandais ont établi dernièrement un poste à Atiling, près de Saoua. Les habitants des côtes sont Malais ; ceux de l'intérieur sont des Alfouras presque noirs. Parmi ceux-ci existe une horrible coutume que nous retrouverons chez les Dayas de Bornéo : pour obtenir les faveurs de sa belle, l'amant doit déposer à ses pieds cinq à six têtes d'ennemis.

Bourou (*), une des plus grandes îles de ce groupe, possède la belle baie de Cayeli, où demeure dans un petit fort un sous-résident hollandais. Elle se distingue par ses buffles, ses babiroussas ; ses perroquets, ses loris et ses volailles ; le bois de fer, le tek, l'ébénier vert, le cayou-pouti dont les feuilles donnent l'huile fameuse qui porte ce nom, etc.

La vue de cette île est très-pittoresque. Son pic a 6528 pieds de hauteur. Parmi les Malaisiens, les habitants de Bourou sont au nombre de ceux qui aiment passionnément la danse, et qui s'y distinguent le plus. Les indigènes de l'intérieur sont des Alfouras. On y voit quelques Chinois. La petite île *Amblou* est comme le satellite de Bourou (voy. pl. 55).

CH. ILES TIMOR, OMBAY, TIMOR-LAOUT,
ETC.

L'île Timor (orient), située vers la partie la plus méridionale de la Malaisie, à distances presque égales des îles de Sounda, de l'Australie, de Bornéo, des Moluques et de la Papouasie, a environ 100 lieues du nord-est au sud-ouest, 20 lieues de largeur moyenne et 1625 lieues carrées de superficie.

Le sol de Koupang, madréporique et schisteux, n'offre pas cette brillante végétation que le voyageur devrait s'attendre à rencontrer par le treizième parallèle, et qui se fait remarquer même dans la partie nord de l'île ; elle est pauvre en mammifères, mais assez bien peuplée d'oiseaux. Un savant navigateur, M. de Freycinet, dit que les tourterelles et les perroquets y sont les espèces les plus communes. C'est de là, ajoute-t-il, que viennent la jolie colombe kourou-kourou, la colombe mangé et le colombar unicolor. On y voit le petit kakatoua blanc, beaucoup plus gentil et plus susceptible d'éducation que la grosse espèce de la même couleur, du port Jackson ; la belle perruche érythroptère ; celle à face bleue, qui habite aussi l'extrémité sud-est de la Nouvelle-Hollande, et qu'on ne peut conserver long-temps, parce qu'elle succombe facilement aux convulsions. On y rencontre le philédon corbi-alao, qui se rencontre aussi au port Jackson en Australie. Cet oiseau a la langue échancrée, les serres excessivement fortes, et se nourrit de baies. Koupang est la patrie des langroyenos, dont le vol est semblable à celui des hirondelles, et qui ont la faculté de planer des journées entières dans les régions élevées ; des choucaris verts, des petits drongos, friands de la liqueur qui découle du latanier et de diverses espèces de moucherolles. Comme il y a beaucoup d'arbrisseaux, dans lesquels les petits oiseaux paraissent se plaire, on y trouve le poudda, ou calfat, quelques souïmangas, diverses espèces de bengalis, et sur les casuarinas de la petite île de Kéra, le gué pier à longs brins. Dans le règne minéral, il existe des mines d'or et de cuivre fort abondantes près de Dieli, d'Ade et de Mantoto. Le règne végétal fournit du beau sandal, le teck, le bambou, le bananier, le cocotier, le latanier, dont la feuille sert à fabriquer les voiles des prahous ; le tamarindier, l'attier, le bois de rose, le coton, le tabac, l'indigo, le caféier, la canne à sucre, etc.

Cette île, la plus grande et la plus importante de toutes les îles voisines,

(*) Ce mot malai signifie oiseau ; en effet, cette île est riche en oiseaux de toutes les sortes.

mais aussi négligée qu'elles, est partagée en 63 royaumes ou états imperceptibles, presque tous vassaux des Portugais ou des Hollandais. L'horrible coutume du Rampok, dont nous avons parlé à Java, existe aussi à Timor; mais de telles horreurs sont heureusement rares (voy. pl. 42). Quelques radjahs ou princes de cette île importante prétendent descendre du crocodile, dont la race féconde infeste ses rivières, et ils sont dignes d'une telle descendance.

Après Koupang et Dieli on ne trouve guère à Timor que des villages, parmi lesquels il faut distinguer Babao, Olinama et le port d'Amacary, d'où les Hollandais tirent leur bois de construction. Le village d'Olinama fut témoin d'un fait assez curieux pour mériter d'être raconté. Péron et ses compagnons y tuèrent un crocodile, dont on voit encore la dépouille au Muséum du Jardin des plantes. Or, ce saurien est, à Timor comme en Égypte, un animal sacré, et on lui sacrifie quelquefois une jeune vierge. Avec une telle vénération pour le crocodile, on conçoit la répugnance des Timoriens à la vue des Français téméraires qui venaient de tuer un de ces animaux, auxquels les princes eux-mêmes vont faire leur offrande à leur avénement au trône. Péron raconte qu'après leur expédition, tous les habitants de Babao les fuyaient comme impurs. « Le roi de ce district nous attendait, dit-il, et de plus loin qu'il nous vit, il envoya un de ses officiers pour nous faire déposer sous un arbre, assez loin de son habitation, le fardeau sacrilége que nous escortions. Nous fûmes surpris de voir tous les curieux dont nous avions été entourés les deux jours précédents s'éloigner de nous avec précipitation. Le radjah lui-même, quoiqu'il nous accueillît avec sa bonté ordinaire, ne voulut pas nous approcher, que préalablement nous ne fussions purifiés; il nous le fit entendre, en nous montrant du doigt une auge creusée dans un tronc d'arbre, où nous devions entrer pour recevoir les ablutions d'usage.

Cette cérémonie ne nous plaisait guère ; mais il n'y eut pas moyen de l'éviter. Tous les Malais, hommes, femmes et enfants, formaient un cercle autour de nous ; et, malgré les règles de la bienséance européenne, il fallut nous déshabiller tout-à-fait. L'auge ne pouvant contenir qu'une seule personne, nous y passâmes, M. Lesueur et moi, successivement : deux esclaves apportèrent de grands vases remplis d'eau, et nous les vidèrent sur la tête ; nous reçûmes ainsi chacun vingt ablutions. Pendant que cela s'exécutait, un Malais se servit d'un long bambou pour enlever nos hardes et les porter, sans y toucher autrement, dans le bassin d'une fontaine voisine. Lorsque nous fûmes ainsi suffisamment purifiés, le radjah nous fit donner de grandes pagnes (*) du pays, dont nous nous vêtîmes. Dès ce moment, tout le monde nous approcha sans crainte, et, chacun plaisantant sur notre nouveau costume, se faisait un plaisir de nous appeler *orang malayou* (hommes malais). »

On les fêta ensuite comme à l'ordinaire. On les régala de fruits et d'arek; on les parfuma d'essence, d'huile odorante de benjoin et de poudre de sandal, et on leur fit mâcher le *kakioudet*, qui donne à l'haleine une odeur suave.

Il faut cependant l'avouer, si les observations de Péron sont généralement justes et exactes, celles qu'il a publiées au sujet de sa reconnaissance d'une partie de Timor ont un caractère passablement romanesque.

L'histoire de cette île, ou plutôt ce que nous en connaissons, n'est que l'histoire des gouverneurs européens. Les Portugais y arrivèrent au XVIIe siècle et en restèrent les maîtres jusqu'en 1613; ils furent chassés de Koupang par une escadre hollandaise. Les Portugais fondèrent alors un établissement à Lifao, qu'ils transportèrent à Dieli, et créèrent en même temps

(*) Espèce de ceinture pour couvrir le milieu du corps, et qui descend quelquefois jusqu'aux pieds.

les succursales de Batou-Godi et de Manatouti. En 1801, les Anglais ravirent leur comptoir aux Hollandais; mais leurs soldats furent massacrés par la population métisse qui domine à Timor. Ils le reprirent en 1811, et le rendirent à la paix de 1814.

La forme du gouvernement des radjahs malais est à peu près féodale. L'organisation de ces petits états a quelque chose de l'égalité républicaine; mais ceux de l'intérieur ont un pouvoir plus étendu.

Nous ne finirons pas ce chapitre sur l'île de Timor, qui est encore peu connue, sans faire remarquer une conformité frappante entre plusieurs usages des indigènes et ceux de diverses races polynésiennes, et, peut-être, de quelques tribus de l'Australie, qui confine à cette île. Les plus extraordinaires sont le tatouage par incision, le salut par l'attouchement du nez, l'échange des noms avec l'étranger dont on veut faire son ami, le massage comme remède médical, les bracelets de coquille, l'aplatissement du nez des enfants, la manie de teindre les cheveux en couleur rousse, et autres usages.

Le roi de Koupang réside sur l'île Simao, dont il est le souverain; le chef de l'état d'Ayouanoubang est un très-petit roitelet, comme sont tous ces princes. Il prend ridiculement le titre pompeux d'empereur. Les tribus des Bellos sont vassales des Portugais; celles des Vaikenos reconnaissent la suprématie des Hollandais. Le roi de Vealé, dans les états des Vaikenos, est le plus puissant de tous.

Diéli, ville avec un fort et un port, et située au nord-est, appartient aux Portugais. Elle compte environ 2000 habitants. Une colonie de métis portugais mêlée d'indigènes occupe le canton d'Oukoessi, sur la côte septentrionale.

Koupang, dans la partie méridionale de la superbe baie de ce nom, avec un port franc et un fort nommé Concordia, appartient aux Hollandais. Les métis de cette nation y sont très-nombreux (voy. pl. 52); les Chinois y ont des temples et des tombeaux remarquables (voy. pl. 49 et 43).

Ce district, arrosé par la rivière Koupang, est un verger d'une grande richesse, où la terre prodigue, presque sans culture, les fruits les plus exquis et les plus belles fleurs : mais les autres districts de Timor ne sont point fertiles. Le bois de sandal, la cire des abeilles sauvages sont les principaux objets d'exportation. L'industrie des Timoriens consiste dans la construction des sampans de 25 à 100 tonneaux, et des pirogues volantes avec ou sans balancier, et semblables à celles de plusieurs peuples polynésiens. Quelques voyageurs ont reproché aux Timoriens d'être cannibales. Ces insulaires sont bien faits et vigoureux, noirs ou cuivrés, avec les cheveux teints en roux ou en noir et laineux. Les Chinois y sont en grand nombre, leurs armes et leurs jeux sont remarquables (voy. pl. 46, 47, 48, 50, 51, 52. 44 et 45).

L'île Simao est dépendante du radjah de Koupang. Elle a une source dont l'eau vitriolique et ferrugineuse blanchit le linge. Poulo-Kambing, entre Timor et Simao, est une île volcanique. Les radjahs de l'île Rotti (*) et des trois îles Savou sont vassaux des Hollandais. Il est curieux de remarquer que dans l'île Savou, non seulement les hommes sont idolâtres et s'arrachent la barbe ainsi qu'une partie des Océaniens, mais encore qu'ils ont l'usage de se tatouer comme les Polynésiens. La meilleure baie de la grande Savou est celle de Timor.

Entre Endé et Timor se trouvent Sabrao, régie par un soulthan qui réside dans la petite île Adinara; Lonblem, livrée à des radjahs indépendants; Panter et Ombai, habitées par des peuplades guerrières, barbares et même anthropophages.

(*) Les hommes de Rotti sont beaux et braves. Ils peuvent être considérés comme les Lesghiens de la Malaisie; leurs femmes en sont les Circassiennes. La réputation de leur beauté est telle, qu'on les recherche pour en peupler les harems de Java, de Soumadra, Timor et autres îles. Ils font grand cas d'une liqueur fermentée qu'ils appellent *taro*, et qu'ils prétendent être un puissant aphrodisiaque. A la chair de buffle et de porc ils mêlent comme boisson le sang de ces animaux.

Nous donnerons sur l'île Ombaï l'extrait suivant d'un Voyage autour du monde, par M. G., qui était resté longtemps inédit. Il nous a paru d'un intérêt d'autant plus grand qu'on ne possède encore aucun détail sur les singuliers habitants de ce pays.

« Le 2 novembre, à 11 heures du matin, M. de Freycinet envoya son canot à terre sur l'île Ombaï; il en confia le commandement à M. Bérard: MM. Gaudichaud, Arago et moi nous fîmes partie de cette expédition; Andersons, second chef de la timonnerie, qui parlait un peu la langue anglaise, vint avec nous. A midi et quart, nous vîmes beaucoup de petites alouettes de mer, plusieurs hirondelles ; nous aperçûmes auprès du rivage quelques hommes dans une pirogue. Pendant que M. Arago faisait le croquis d'une partie de la côte, qui offrait un aspect basaltique, nous considérions des marsouins, nageant, sautant, bondissant par bandes de quinze ou vingt; c'était un spectacle fort amusant de les voir tourner sur eux-mêmes, se précipiter les uns sur les autres, ou s'élancer hors de l'eau avec des culbutes et des gambades les plus singulières. Notre embarcation les approcha, et aussitôt ils s'éloignèrent. A une heure après midi, on sonda par 15 brasses et demie fond de sable fin et noir; quelques minutes après, on sonda de nouveau par 19 brasses. Nous mouillâmes à une heure dix minutes sur un fond de pierre volcanique et de corail.

« Un des Malais qui était sur la côte prit l'amarre envoyée à terre, et fit des efforts pour haler le canot; munis de nos armes et de plusieurs objets d'échange, nous nous dirigeâmes vers une troupe d'indigènes fort tranquillement assis sous les grands arbres qui bordaient la côte. Nous demandâmes à parler au radjah. Après quelques instants d'hésitation, et après avoir conversé entre eux, ils nous désignèrent un vieillard de la troupe, nommé Sieman. Pour nous rendre ce chef favorable, nous lui fîmes quelques présents, et M. Bérard lui offrit un collier de verre, en s'informant s'il était possible d'avoir des poules en échange de nos couteaux, *satou ayam*, *satou pissou*(*); ils nous firent comprendre qu'ils avaient fort peu de volailles, ce dont nous fûmes bientôt convaincus par nous-mêmes. Ils hésitèrent à nous indiquer le chemin de leur village, nommé Bitoca; quelques-uns même nous témoignèrent leur répugnance à nous y voir aller. Nous nous avançâmes sous les arbres, suivis d'une trentaine d'entre eux, tous armés d'arcs, de flèches et de criss; plusieurs avaient l'air guerrier, et ne paraissaient pas redouter nos armes : leur contenance, incertaine à notre égard, pouvait faire craindre qu'ils ne méditassent des projets sinistres. Après avoir examiné avec attention les cuirasses et les boucliers que nous vîmes suspendus à des arbres, nous invitâmes les Malais à s'en revêtir, ce que deux d'entre eux firent aussitôt. L'un se mit dans une position favorable pour être dessiné ; l'autre nous donna le spectacle d'un combat singulier. Celui-ci, armé de son arc, se mit en devoir de lancer des flèches, et nous dit, d'une manière très-expressive, qu'il en tirerait un très-grand nombre dans le temps que l'on mettrait à charger un fusil ; il se jeta à terre, et se couvrit de son bouclier pour être à l'abri des coups que son adversaire devait lui porter. Lorsque l'emploi de toutes ces flèches eut rendu son arc inutile, il tira son criss; le bouclier d'une main et cette arme d'une autre, il s'élança avec rapidité sur son adversaire, et parut lui porter des coups terribles. Tous ces mouvements étaient impétueux et assurés, son œil étincelait, on eût dit qu'il ne respirait que les combats. La cuirasse dont il était revêtu, nommée *ban-ou*, faite de peau de buffle, ressemblait assez grossièrement aux chasubles de nos prêtres : elle était percée au milieu pour le passage de la tête; en avant et en arrière des deux pans de cette cuirasse il y avait des coquilles de l'espèce des petites porcelaines, disposées horizonta-

---

(*) Ce qui signifie en malai *un poulet pour un couteau*. L. D. R.

lement; les plus grandes coquilles étaient à la partie inférieure. Chez quelques-uns, on remarqua des morceaux d'or ou d'ivoire, taillés en forme de dents. Les pans des cuirasses descendaient jusqu'en bas du dos. Le Malai dessiné par M. Arago portait son bouclier à droite et en arrière (il était gaucher); c'était un long morceau de peau de buffle desséché et dépouillé de tous ses poils; il avait la forme d'un carré long, le couvrait jusqu'au mollet, et présentait une échancrure supérieure; on le nommait *banou*, comme la cuirasse.

« Leurs flèches étaient terminées par un morceau de bois, d'os ou de fer; elles étaient disposées du côté gauche en éventail, et maintenues par la ceinture du sabre ou cric. La plupart avaient sur la cuisse droite un grand nombre de feuilles de latanier, fixées à la ceinture; plusieurs de ces feuilles présentaient des ouvertures par où passaient d'autres feuilles plus petites, colorées en rouge et en noir. Dans leurs divers mouvements, le froissement de tous ces objets, joint au bruit de la cuirasse, du bouclier et des petits grelots dont ils étaient ornés, faisaient un tel vacarme, que nous ne pouvions nous empêcher d'en rire, et les Malais eux-mêmes suivaient notre exemple.

« À l'ombre des cajeputiers, arbres reconnaissables à la blancheur de leur écorce, nous nous dirigeâmes vers le village de Bitoca, situé sur une hauteur: deux routes y conduisaient; les jaloux Malais nous engagèrent à suivre la plus longue, qui était à gauche, tandis qu'ils nous précédèrent par le chemin le plus court. Je vis dans une case une vingtaine de mâchoires d'hommes, suspendues à la voûte: je témoignai le désir d'en avoir quelques-unes, et j'offris des objets d'échange; on me répondit: *Pamali*; cela est sacré. Il paraît que ces maxillaires inférieures avaient été arrachées à des ennemis vaincus. Les murailles, les voûtes et les planchers de leurs habitations sont construits avec des feuilles de vacoi, de latanier, de cocotier, et avec des bambous; l'endroit où ils couchent est élevé de plusieurs pieds sur le sol, disposition que nous avions déjà vue à Babao, sur l'île de Timor.

« Une poule, du miel, des mangues vertes et quelques cocos furent les seuls objets qu'on nous offrit. Nous échangeâmes des couteaux, des colliers et des pendants d'oreilles contre des arcs et des flèches, il nous fut impossible de nous procurer des cuirasses et des boucliers.

On faisait sécher auprès des cabanes des semences blanches de la grosseur d'une petite amande; elles avaient un goût fort agréable. Nous ne vîmes pas une seule femme : il paraît que les Malais ne nous avaient devancés que pour les faire éloigner. M. Arago fit quelques tours d'escamotage qui les étonnèrent beaucoup. Ils nous assurèrent qu'il n'y avait aucun établissement portugais ni hollandais dans leur île. Les cochons et les chiens sont les seuls mammifères que nous ayons vus à Ombaï : les oiseaux paraissent les mêmes qu'à Timor; ceux que nous aperçûmes étaient des tourterelles grises, d'autres à calotte purpurine, des pigeons ramiers, différentes espèces de corbeaux, dont quelques-uns à tête veloutée et à queue fourchue, des oiseaux grimpeurs, dont le cou est dégarni de plumes et le bec renflé en dessus. Les principaux arbres sont des cocotiers, lataniers, cassiers, manguiers, frangipaniers, cajeputiers, etc. La terre n'est pas cultivée; la végétation est assez active en plusieurs endroits; les produits volcaniques que l'on voit épars çà et là indiquent les révolutions physiques que cette île doit avoir éprouvées.

« Les Malais de l'île Ombaï sont en général d'une taille moyenne: plusieurs sont bien faits et fortement constitués, d'autres ont les membres grêles et paraissent d'une faible complexion; leur teint noir, olivâtre, offre différentes nuances; ils ont la plupart le nez épaté, les lèvres grosses, les dents noircies, et en partie détruites par l'usage du bétel; la membrane buccale

14.

d'un rouge vif; leurs cheveux noirs, longs, plats ou crêpés, et formant chez plusieurs un vaste toupet en arrière, séparé de la tête par un large ruban d'écorce de figuier, et qui ressemble à du mauvais amadou; quelques-uns ont, les cheveux coupés, et portent au-dessus du sommet de la tête une espèce d'anneau qu'ils nomment *prétri*. Plusieurs avaient des cicatrices à la poitrine, aux bras et aux tempes; d'autres des taches dartreuses, blanchâtres, à la figure, et à diverses parties du corps. J'en ai vu qui offraient des traces non équivoques de la petite vérole; un d'entre eux nous demanda si nous étions Anglais; il connaissait Timor et Manille; il avait rapporté, nous dit-il, de l'île de Luçon un miroir qu'il paraissait apprécier beaucoup.

« Je fis à Ombaï la même observation que j'avais précédemment faite à Timor, que les Malais répétaient avec beaucoup d'exactitude et de facilité les mots français qu'ils entendaient prononcer.

« Un bâtiment de Philadelphie, nommé *la Rose*, perdit, en 1802 ou 1803, une embarcation, qui fut enlevée par les habitants de la partie orientale de l'île.

« En juillet 1813, le capitaine anglais Staunton, commandant le trois-mâts *l'Ieacho*, descendit sur l'île Ombaï, pour y acheter un bœuf; les matelots armés de fusils restèrent dans l'embarcation, lui seul mit pied à terre; et il fut accueilli à coups de flèches, et reçut plusieurs blessures en retournant à son bord. Il y avait alors dans le détroit d'Ombaï deux autres navires de la même nation, le *Frédérick* et l'*Antays*. On disait généralement à bord que ces féroces insulaires mangeaient leurs prisonniers. Sur quelques points de cette île, on pouvait parfois se procurer des ignames, des citrouilles, de la mélasse, des poules et des porcs; un bœuf coûtait six couteaux. Je tiens ces détails de Ficher Staitton, matelot anglais, qui a long-temps navigué dans l'archipel des Moluques, et qui, à l'époque dont je parle, était embarqué sur *l'Ieacho*.

« En novembre 1817, une frégate anglaise envoya un canot sur l'île Ombaï, pour faire du bois. Tous les hommes de cette embarcation, au nombre de dix à douze, furent tués et mangés. Le surlendemain, des matelots bien armés, qui allèrent à la recherche de leurs camarades, virent les restes sanglants de plusieurs de ces infortunés, et trouvèrent le canot fracassé. La frégate relâcha quelques jours après à Dieli, et c'est là que le capitaine fut confirmé dans l'opinion qu'il avait déjà que les habitants d'une partie d'Ombaï étaient anthropophages. Ces derniers renseignements nous ont été donnés par le gouverneur de Dieli, don Alconforado, capitaine-général des possessions portugaises dans les Moluques; mais nous n'avons rien vu qui nous confirme ce qui nous a été raconté à ce sujet. »

Parmi les îles voisines de Céram et d'Amboine, nous devons encore distinguer celle de Noussa-Laout, dont les habitants, selon Valentyn, étaient encore anthropophages au siècle dernier; Harouko et Separoua, petits îlots soumis aux Hollandais, et l'île de Manipa, où l'on voit la fontaine des Serments (*ayer sanpou*), dont l'eau, si l'on en croit les naturels, donne la gale aux parjures qui oseraient en boire. Combien de galeux n'aurions-nous pas en France, si tous ceux qui ont violé leurs serments politiques ou leurs serments d'amour buvaient de cette eau!

Dao est renommée pour l'adresse de ses habitants à fabriquer des bijoux.

Dans la chaîne du sud-ouest on distingue plusieurs petites îles régies par des chefs vassaux des Hollandais, telles que Kissil, habitée par une population féroce, au milieu de laquelle est un poste hollandais; Motta, Letti, Moa qui fournit des moutons très-estimés; Dammar avec un volcan, Baber, Sermata, Lakar, et Vetter, la plus grande de ces îles, et la plus mal peuplée.

Dans la chaîne du sud-est, régie également par des chefs vassaux des Hollandais, on rencontre les trois îles Keys, fertiles en cocotiers et en orangers, et dont les habitants, qui sont Malais, observent le culte des fétiches, l'onction et l'embaumement des cadavres, comme dans la Polynésie. On y doit remarquer la grande Key, où se trouve Ely, gros village. On y fait un commerce considérable alimenté par les entreprenants et infatigables Bouguis.

L'île de Timor-Laout termine cette grande chaîne. Elle forme avec l'île de Laarat une vaste baie, où les Bouguis viennent vendre aux Chinois, à leur retour de la baie d'Arnheim et du golfe de Carpentarie (partie septentrionale de l'Australie), le tripan ou *bicho do mar*, espèce de polype recherché des gourmands du céleste empire, qu'ils ont été pêcher sur ce continent. Ces deux grandes îles offrent peu d'intérêt; elles sont habitées par des tribus pacifiques et indolentes.

CHI. GROUPE DE BANDA.

Les îles de ce groupe sont plus ou moins dépendantes du résident hollandais, qui a son siège à Nassau, dans l'île de Banda-Neira. Elles sont sous la domination d'un soulthân, qui a envoyé mille alfouras (*) aux Hollandais, pour servir sous leurs ordres. Dans ce groupe existent trois îlots, Banda, Lantor et Aij, qui sont importants, parce qu'ils sont exclusivement réservés à la culture du muscadier. Les habitants de ces îlots ayant été exterminés en 1621, par les Hollandais, des colons européens s'y sont établis et se sont partagé le sol. Depuis l'abolition de la traite, le gouvernement a envoyé à Banda les indigènes condamnés par les tribunaux à un long bannissement, pour les faire travailler à la place des esclaves. Les colons ou perkeniers sont obligés de livrer leur récolte au gouvernement. La grande récolte se fait en août, et une seconde en novembre et décembre. La récolte moyenne annuelle de ce groupe est estimée à 530,000 livres de noix de muscade, et 150,000 livres de macis. Le macis est l'enveloppe interne de la noix : c'est une espèce de filet rouge. Le muscadier porte des fruits pendant la plus grande partie de l'année. Le produit annuel moyen d'un arbre est de 6 livres de noix; quelques-uns en donnent jusqu'à 20 livres.

La vente des muscades, macis et girofles, en Europe et ailleurs, ne rend guère plus de 20 millions de florins à la Hollande. Le gouvernement paie 10 sous hollandais par livre de clous, 12 par livre de macis, et 8 pour la même quantité de muscades. On vend ordinairement en Europe 1 franc le girofle, 1 franc 25 centimes le macis, et 75 centimes la muscade. Mais je ne donne ces estimations que comme approximatives, car le gouvernement ne publie pas le nombre de livres récoltées, ni le total de la vente. Il est probable qu'on trouve le giroflier et le muscadier dans les parties infréquentées de plusieurs îles soumises aux Hollandais, et principalement dans celle de Bourou; mais, depuis que le baron van der Capellen a rendu un décret qui prohibe l'usage absurde et tyrannique de détruire les arbres à épices, les habitants ne cachent plus leurs trésors végétaux à des maîtres avides et étrangers.

L'îlot de Banda-Neira a pour chef-lieu Nassau, petite ville d'environ 1,000 habitants. Les forts Belgica et Nassau protègent, avec celui de Hollandia, situé sur l'îlot de Lantor, l'entrée de la baie superbe formée par ces deux îlots et celui de Gounong-Api (montagne de feu), volcan qui à lui seul forme tout l'îlot de ce nom. Son sommet s'élève à 350 toises au-dessus du niveau de la mer, et ses éruptions sont aussi terribles que fréquentes. Les îles Banda n'ont guère plus de 6,000 habitants.

Je ne compte pas l'île Rosingain, quoiqu'elle appartienne à ce groupe; depuis le temps de l'extirpation des

(*) Les Hollandais ont aussi d'autres naturels de la Malaisie dans leurs troupes, et j'ai vu un régiment de Malais au service de l'Angleterre dans l'île de Ceylan.

muscadiers, elle n'est plus guère habitée que par quelques esclaves libérés.

CIV. GROUPE DE GUILOLO.

Guilolo (*Halamahera*), la plus grande des Moluques, ressemble, par sa forme, à Célèbes, et se compose de même de quatre presqu'îles, dirigées au sud, au nord et à l'ouest. L'arbre à pain et le sagou y sont communs. Bitjoli dans la partie soumise au soulthân de Ternate, et Galela dans celle qui dépend du soulthân de Tidor, en sont les lieux les plus remarquables; elles ont chacune un sous-résident hollandais. Les côtes sont habitées par des Malais, et l'intérieur par des noirs. Sa population est de 60,000 âmes.

CV. TERNATE, TIDOR, MOTIR ET AUTRES ILES DE L'ARCHIPEL DES MOLUQUES.

La capitale de l'île compte environ 6,000 habitants. Elle est bâtie en amphithéâtre sur le bord de la mer. Entre la ville et le fort Orange, est bâti le magnifique *Dalem* ou palais du soulthân; un résident hollandais habite cette ville. Cet établissement est important, parce qu'il maintient aux Hollandais le commerce exclusif des épiceries, et forme un point militaire propre à la défense de ses possessions dans la Malaisie.

Ternate, capitale du plus ancien royaume des Moluques propres, est remarquable par son pic volcanique de près de 600 pieds de hauteur; elle a des sources abondantes. Les oiseaux, entre autres le martin-pêcheur, y sont d'une rare beauté. Ses habitants sont doux et indolents, parce qu'ils ont peu de besoins et que rien ne stimule leur paresse.

Tidor, dont la capitale a près de 8000 habitants, est la résidence du soulthân de Tidor. Il est vassal des Hollandais. Cette île est remarquable par la hauteur de son pic, qui est d'environ 600 pieds. L'île Missol, qui a la forme d'un triangle, une partie de Guilolo et de la côte septentrionale de la Papouasie, ainsi que les îles des Papous, dont Salouati et Végniou sont les principales, dépendent de ce monarque.

Motir ressemble à un jardin délicieux élevé sur la surface des flots. Ses habitants exercent le métier de potiers. Elle est régie par un soulthân vassal des Hollandais, ainsi que la petite île Matchian.

Pour compléter la géographie des îles Moluques (*), il faut compter l'île Batchian, dont les dépendances sont les îles Tipa, Mia, Mandolli, Taoualli et Dourma; enfin Ceram-Laout et Gouram, qui semblent former encore une principauté indépendante; la grande Obi, vassale de Batchian; Popo avec son annexe du groupe Bo; Mortaï, l'une des plus vastes de cet archipel, mais presque dépeuplée et vassale du soulthân de Ternate; Salibabo, groupe partagé entre plusieurs chefs, et comportant les îles de Tolouri, Salibabo et Kabroang; enfin Menguis, formé des trois îles Namousa, Karotta et Kakarlank, qui sont tributaires du soulthân de Maindanao (îles Philippines), bien qu'elles soient circonscrites dans l'archipel compliqué des Moluques.

CVI. AÉROLITHES.

Les aérolithes ou pierres du ciel tombent fréquemment dans cet archipel, et surtout sur l'île Aï (Poulo-Aï); ce qui porterait à croire que les volcans contribuent à leur formation, s'il n'était pas plus vraisemblable de penser que ce sont des météorolithes qui se forment dans l'atmosphère au moment de l'explosion, ainsi que l'analyse chimique nous paraît devoir le prouver.

CVII. PÊCHE DU CACHALOT DANS LA MALAISIE ET LES MERS DES MOLUQUES JUSQU'AU GOLFE DE CARPENTARIE.

Les Moluques pourraient devenir une des plus riches pêcheries du cachalot, nommé improprement baleine à spermaceti; car ce cétacé abonde

(*) Ce nom signifie *royales*, du nom arabe *melek* (roi).

dans la mer située entre cet archipel, l'île Timor, l'île Timor-Laout, les îles Arou et l'Australie septentrionale.

M. Crawfurd affirme que les Anglais, les Américains et quelques bâtiments français qui exploitent ce genre d'industrie, emploient annuellement 3210 hommes (*), et que cette pêche produit par an, à ces trois nations, une valeur totale de 6,070,000 livres sterling : ce qui répond, à peu de chose près, au calcul d'un capitaine baleinier américain, sur le navire duquel j'ai pris passage pendant quelque temps, et qui portait à plus de cinq millions de dollars (plus de 25,000,000 de francs) le produit de cette pêche pour les trois nations citées par M. Crawfurd.

Dans l'intérêt de notre commerce, nous avons pensé devoir extraire à ce sujet le chapitre de la pêche de la baleine, du Voyage de M. de Freycinet, de la Revue américaine, et un traité de M. Lecomte sur la pêche de la baleine, qui renferme des renseignements fort utiles, attendu que ces ouvrages ne sont pas à la portée de la plupart des lecteurs.

Écoutons d'abord M. de Freycinet :

« D'après le récit du capitaine Hammat, 80 navires anglais sont régulièrement occupés à cette pêche; mais les Anglo-Américains n'en emploient pas moins de 100, soit dans la mer des Moluques, soit dans le grand Océan. C'est ordinairement aux environs de Célèbes et de Timor que le capitaine Hammat avait coutume d'établir sa croisière ; il lui fallait environ 20 mois pour compléter sa cargaison, qui exigeait la capture de 85 à 100 cachalots. Or, si l'on admet, ce qui ne doit pas s'écarter beaucoup de la vérité, que la quantité totale des navires employés à cette pêche soit de 190 (**), et la moyenne du nombre des baleines né-

cessaires à chaque cargaison de 90, on trouvera que 17,000 environ de ces animaux deviennent annuellement victimes de la cupidité de l'homme.

« Les plus grands cachalots que le capitaine Hammat ait pris avaient 64 pieds français de longueur. Les cétacés de cette dimension peuvent fournir 100 barils d'huile, et 24 barils d'adipocire (*). Les femelles sont inférieures aux mâles pour la taille; elles ne donnent pas au-delà de 18 ou 20 barils de cette dernière substance, qui, comme on sait, se trouve dans une cavité particulière de la tête de l'animal.

« L'opération de harponner la baleine, dit M. Pellion, n'est pas sans difficulté, et exige autant d'adresse que d'habitude ; aussi un bon harponneur est-il un homme fort recherché. Il est rare qu'on frappe la baleine de dessus le vaisseau même ; on se transporte de préférence, pour cet objet, sur des embarcations légères, douées d'une marche supérieure, et nommées *baleinières*; il y en a plusieurs sur les navires, et chacune est armée de sept avirons, dont un sert de gouvernail. Deux harpous, placés sur la fourche(**), et garnis de leur ligne, trois autres déposés dans leurs étuis le long du vaigrage ; une lance dressée aussi sur la fourche, et deux tonnes en réserve; une hache, un couteau, une bouée avec son signal ; une ou deux lignes de deux pouces et demi, disposées dans une baille ; un bidon et un gamelot : tels sont les instruments dont sont munies ces sortes d'embarcations (***).

(*) Un tel nombre suppose de 120 à 140 navires pour un équipage moyen de 23 à 27 hommes.

(**) Ce nombre serait fort d'après ce qui précède, si l'on ne faisait attention que Crawfurd paraît n'avoir eu en vue que les navires qui font la pêche dans l'archipel d'Asie.

(*) Ces barils contiennent 31 galons et demi, et le galon environ 4 pintes françaises. On trouve, en calculant plus exactement, que 24 barils font 3075 pintes (2859 litres), et 100 barils, 12812 pintes ou 11913 litres.

(**) Sorte de chandelier à deux branches placé sur le côté de l'embarcation pour entreposer et tenir à portée du harponneur les instruments dont il doit faire usage.

(***) Le navire *l'Océan*, avant son départ d'Angleterre, avait à bord cent cinquante harpons ; ceux que nous avons vus étaient triangulaires et parfaitement affilés. Une sorte

« Les baleinières cherchent d'abord à prolonger l'animal de la tête à la queue; le harponneur est de l'avant du bateau; les avirons sont levés, le patron (*) est attentif. Le harponneur saisit sur la fourche le premier harpon : il juge la distance, commande le mouvement que le bateau doit suivre, et, fixant l'œil sur le point qu'il veut frapper (**), il lance à l'instant son fer avec toute la force de son bras; c'est ordinairement aux environs de la nageoire pectorale que le harpon est dirigé. L'instant où la baleine est frappée est fort dangereux; à peine se sent-elle piquée, qu'elle s'agite avec fureur, et plus d'une fois on l'a vue, d'un coup de son énorme queue, lancer fort haut dans les airs et la baleinière et les malheureux pêcheurs dont l'adresse et la promptitude n'ont pu se garantir de sa violence.

Malheur au nautonier dans ce moment funeste,
Si l'aviron léger n'emportait ses canots
Loin de l'orage affreux qui tourmente les flots !
Tout s'éloigne, tout fuit : la baleine expirante
Plonge, revient, surnage, et sa masse effrayante,
Qui semble encor braver les ondes et les vents,
D'un sang déjà glacé rougit les flots mouvants.

La Navigation, poëme, par Esménard.

« Il peut se faire, continue M. Pellion, que la baleine soit si bien touchée qu'elle se retourne à l'instant et reste morte sur le coup. Quelquefois, n'étant que blessée, elle nage à la surface des eaux, et entraîne à sa suite la baleinière, à laquelle elle est liée par la corde fixée à l'instrument meurtrier: le pêcheur, dans ce cas, saisit promptement un second harpon, et le lance comme le premier. Mais s'il arrive, ce qui est le cas le plus fréquent, que la baleine plonge ou sonde verticalement, il faut alors que la ligne soit filée avec assez de vitesse pour que l'impulsion donnée par le cétacé ne puisse pas compromettre l'embarcation. Si cette corde s'engageait (*), il faudrait qu'elle fût coupée de suite; la même manœuvre serait indispensable, si la ligne sortie de la goujure où elle doit se maintenir de l'avant du bateau, venait en travers et risquait ainsi de le faire chaviver.

« On a presque toujours deux lignes ajustées bout à bout, formant une longueur totale de 480 brasses; cependant, lorsqu'il arrive que ce n'est point assez, on est obligé d'en laisser aller le bout : cette circonstance a été calculée d'avance; la bouée, garnie de son pavillon comme d'un signal, est fixée à l'extrémité de la ligne, et doit servir plus tard à la faire retrouver.

« Lorsqu'on peut juger, par la rapidité avec laquelle sonde la baleine, que le cas ci-dessus aura lieu, on cherche à la fatiguer en ne filant (**) la corde qu'à retour (***), et de manière que l'avant de l'embarcation, sur lequel passe la corde, soit quasi à fleur d'eau.

« On n'est pas moins attentif à faire rentrer la ligne lorsqu'on y remarque un peu de mou (****), comme aussi à l'arroser pendant qu'on la file, car, sans cette dernière précaution, elle pourrait prendre feu.

« La baleine, affaiblie, remonte bientôt à la surface de la mer pour respirer; et la corde ayant été abraquée à mesure, l'embarcation se trouve alors tout près de l'animal. Le harponneur s'arme aussitôt de sa lance, et, le frappant à coups redoublés au défaut de la tête (*****), ne tarde pas à lui donner le coup mortel. Bientôt on

de couteau armé d'un long manche sert à dépecer les baleines : on en embarque plusieurs pour cet objet.

(*) On nomme ainsi le timonier de ces petites embarcations.

(**) On ne harponne point le cachalot sur la masse énorme que forme son museau, parce que, quoiqu'il n'y ait pas d'os, la peau y est si dure que le fer n'y pénètrerait pas.

(*) S'embrouillait.
(**) Lâchant.
(***) En ne cédant qu'en partie à l'effort; en résistant de temps à autre.
(****) Lorsqu'on remarque qu'elle n'est pas tendue.
(*****) Selon M. Gaimard, les harponneurs, armés de la lance, visent toujours au cœur, autant qu'il est possible, en frappant un peu au-dessous de la nageoire pectorale.

voit en effet le sang sortir de ses évents, signe certain de sa mort prochaine ; ce sang qui s'échappe ainsi du colosse est suivi promptement de la destruction totale de ses forces : il se renverse sur le flanc; les mouvements précipités de sa nageoire latérale indiquent seuls en lui un reste d'existence ; enfin, dès qu'il a exhalé le dernier souffle, on le remorque le long du navire, sur le côté duquel, par le moyen des cafornes du grand mât, on le suspend de manière qu'il puisse être facilement retourné à mesure qu'on le dépouille de sa chair.

« Plusieurs hommes, placés sur des galeries extérieures, commencent à le dépecer par zones circulaires avec leurs grands couteaux ; son lard est ainsi taillé par morceaux de forme prismatique, qu'une personne préposée à cet effet pique avec une énorme fourchette emmanchée et jette sur le vaisseau. On porte ces morceaux sur le *checal* pour y être hachés et mis ensuite dans les chaudières ; et lorsqu'ils ont rendu toute l'huile qu'ils contiennent, on s'en sert pour alimenter le feu. Les os servent au même usage.

« A mesure qu'on retire le blanc de la baleine, ou l'adipocire de la tête du cétacé, on le jette dans d'énormes caisses en cuivre étamé, pour être ensuite fondu plus à loisir, et conservé dans des vases de même nature arrimés au fond du vaisseau.

« Le fourneau destiné à fondre ces substances pour les transformer en huile et les clarifier, est placé sur le pont : cette huile est ensuite vidée à l'aide de grandes cuillers et d'un manche en toile qui sert de conduit, dans les barriques qu'on a disposées dans la cale pour la recevoir.

« Le fourneau particulier du navire *l'Océan* était en briques, et placé en arrière du mât de misaine, au tiers à peu près de la distance qui le séparait du grand mât : il avait 7 pieds 3 pouces de long (dans le sens de la largeur du navire), 4 pieds 6 pouces de large, et 4 pieds un pouce de hauteur. Une plateforme en bois parallèle au pont, dont il n'était séparé que par un intervalle de 8 pouces de hauteur, lui servait de base ; ce qui avait permis de ménager en-dessous un bassin, qu'on remplissait d'eau toutes les fois que le feu était allumé, à dessein d'isoler les parties du vaisseau qui, sans cette précaution, eussent pu être trop fortement chauffées. L'appareil entier, contenant deux chaudières en potin, était soutenu et solidement fixé sur le pont par des courbes en fer qui avaient quatre pouces d'épaisseur à leurs extrémités, et 8 pouces à l'endroit de la courbure ; la partie de ces courbes qui s'appuyait contre le fourneau, avait trois pieds de long ; la partie fixée sur le pont n'en avait que deux et demi. Le fourneau, aux trois quarts et au quart de sa hauteur, était entouré de deux plates-bandes en fer de six lignes d'épaisseur sur deux de large. Le tout au besoin pouvait être recouvert d'une grande caisse en bois propre à empêcher l'eau de pluie de tomber dans les chaudières. Quant à celles-ci, chacune avait une capacité de 130 gallons anglais, ou 461 litres et demi. Le poids total de l'appareil s'élevait à sept tonneaux environ.

« Aux deux extrémités latérales du fourneau, se trouvaient de grands vases prismatiques, ou réservoirs en cuivre, de trois pieds cinq pouces de long, sur trois de large et quatre de hauteur. Ces vases, destinés à recevoir l'huile à mesure qu'elle était fondue dans les chaudières, d'où elle s'écoulait naturellement par les ouvertures pratiquées à cet effet, présentaient au tiers supérieur de leur hauteur, une espèce de passoire où s'arrêtaient les parties hétérogènes et non liquides.

« Quoique *l'Océan* fût réellement jaugé à 243 tonneaux, le poids ordinaire de sa cargaison ne s'élevait pas au-delà de 230.

« Au rapport du capitaine Hammat, l'huile de cachalot se vendait à Londres, lors de son départ (en 1816), 120 livres sterl. (3000 fr.) le tonneau(*);

(*) Autrefois on séparait, à Londres, l'adipocire de l'huile extraite du lard du casa cargaison entière devait valoir à ce compte 27,600 liv. sterl. (690,000 fr.), somme sur laquelle 10,600 liv. sterl. (265,000 fr.) étaient affectées aux dépenses de l'armement et du voyage; 17,000 liv. sterl. formaient donc le bénéfice net qui se distribuait ensuite d'après les bases suivantes :

	liv. st.	francs.
A un capitaine commandant du navire $\frac{1}{14}$	1,214	30,350
A un premier lieutenant $\frac{1}{28}$	607	15,175
A un second lieutenant $\frac{1}{50}$	340	8,500
A trois patrons d'embarcations pour chacun $\frac{1}{56}$ et pour les trois	510	12,750
A six matelots de première classe pour chacun $\frac{1}{130}$ et pour les six	785	19,625
A dix matelots de deuxième classe pour chacun $\frac{1}{150}$ et pour les dix	1,133	28,325
A deux mousses à qui ne revenait aucune part sur la cargaison, on leur accordait seulement les vêtements et la nourriture.		
Ainsi pour 24 hommes d'équipage, il fallait	4,589	114,725
Et ainsi de que les armateurs n'avaient pour eux que	12,411	310,275
Somme qui, ajoutée à la précédente, fait réellement	17,000	425,000

« A cet avantage, qui dérive pour le capitaine du prix de sa cargaison, doivent encore être ajoutés certains profits qui ne laissent pas d'être considérables. Il est nourri, et ses armateurs lui donnent, pour fournir au ravitaillement du vaisseau, une certaine somme annuelle; mais il est rare qu'il soit obligé de faire en argent les achats de vivres nécessaires, soit à lui, soit à son équipage; il y emploie des objets d'échange de peu de valeur. Un buffle, par exemple, qui valait 5 piastres à Dilli lorsque nous y relâchâmes, pouvait être obtenu sur d'autres points moins fréquentés de la côte de Timor, avec une hache d'une demi-piastre. L'économie en faveur du capitaine

chalot. La première de ces denrées valait alors 12 à 15 liv. sterling de plus par tonneau que l'autre, et on les vendait à part; mais les fabricants mêlant ensuite ces deux substances, les pêcheurs ont trouvé plus expédient de faire le mélange eux-mêmes à leur retour, et de n'établir qu'un seul prix moyen du tout. C'est au moins ce qui résulte des notes que j'ai recueillies.

était donc, comme on voit, des neuf dixièmes. Sur l'île Kisser, il avait eu vingt moutons pour un méchant fusil de pacotille, qu'on estimerait peut-être trop haut en le portant à 20 fr. »

M. de Freycinet termine cette note sur la pêche du cachalot de la manière suivante :

« Tels furent les détails que nous recueillîmes à bord du navire *l'Océan*, pendant les mortelles journées de calme et de contrariétés qui nous retinrent si long-temps dans le voisinage l'un de l'autre. Nous avions alors peu d'objets de distraction. Las de voir, et presque toujours sous le même aspect, les rivages monotones de l'île Ombai, et du cap Batoulrié sur Timor, nous saisissions avec une sorte d'avidité les moindres occasions d'ajouter quelques notes, mêmes imparfaites, aux pages si long-temps arides de notre journal. »

Lorsque les harponneurs attaquent le cachalot, il répond à un coup de harpon par un coup de queue, et précipite dans les flots les canots et les agresseurs qui se sont trop approchés de lui.

Un autre accident bien plus rare, mais plus terrible peut-être, est celui où le canot, au lieu d'être plongé dans l'abîme, est lancé dans l'air par l'effet d'un choc du monstre. En voici un exemple rapporté par le capitaine Scoresby : « Dans l'année 1802, le capitaine Lyons, faisant la pêche sur les côtes du Labrador, aperçut assez près du bâtiment une grande baleine, et envoya aussitôt quatre canots à sa poursuite : deux de ces canots abordèrent l'animal en même temps, et plantèrent leur harpon; la baleine, frappée, plongea, mais revint bientôt à la surface, et ressortant dans la direction du troisième canot, qui avait cherché à prendre l'avance, elle le lança en l'air comme une bombe; le canot monta à plus de quinze pieds; et s'étant retourné par l'effet du choc, il retomba la quille en haut; les hommes furent repris par le quatrième canot, qui était à portée; un seul fut noyé, ayant eu malheureusement les jambes prises sous son banc, de manière à ne pouvoir les dégager.

Quand la baleine, blessée, s'enfuit, emportant le fer du harpon et la corde ou *ligne* qui y est attachée, le frottement de cette corde sur le bord du canot est tel, que le feu prend quelquefois au bois, si on n'y jette fréquemment de l'eau. D'autres fois, en tirant la corde après elle, la baleine submerge l'embarcation.

Voici ce que nous apprend M. J. Lecomte à ce sujet :

« En 1829, sur le banc du Brésil, une baleine venait d'être piquée à un demi-mille du trois-mâts américain, et elle avait plongé immédiatement après avoir reçu le harpon. A peine avait-elle entraîné vingt brasses de corde, que l'on vit tout à coup l'embarcation s'enfoncer, ne laissant à la surface que le bouillonnement ordinaire après la submersion d'un corps volumineux. Cependant le capitaine du navire ne voulant pas s'éloigner, tant qu'il restait le moindre espoir de sauver ses hommes, louvoya le reste de la journée et toute la nuit près du lieu où l'accident était arrivé; le lendemain au jour, les vigies aperçurent une embarcation chavirée à peu de distance du navire; on s'en approcha, et l'on reconnut celle qui avait sombré la veille; mais, quant aux six malheureux qui la montaient, ils avaient disparu pour toujours. »

L'extrait suivant de *The North American Review* complétera cet article. Cet extrait contient les documents les plus exacts et les plus récents.

« Les États-Unis de l'Amérique septentrionale, qui n'occupent encore que la seconde place parmi les nations maritimes (*), se sont placés à la tête des nations baleinières (**). Nos premières tentatives eurent lieu dans des bateaux non pontés, sur les rivages du cap Cod et de Nantucket. Dès qu'une baleine était signalée, les pêcheurs prenaient la mer. Cet usage n'est pas même encore abandonné dans ces parages. Mais les bateaux ne tardèrent pas à devenir des sloops, qui se hasardèrent au nord jusqu'aux détroits de Belle-Isle, et au sud dans les mers des Indes occidentales. Le sloop se métamorphosa à son tour en brick ou en vaisseau, et alla explorer les rivages de l'Afrique. Les aventuriers passèrent l'équateur pour chercher leur ennemi sur les côtes du Brésil et de la Patagonie. Bientôt le doublage difficile du cap Horn ouvrit à nos vaisseaux l'Océan pacifique. On les voit maintenant dans tous les ports occidentaux de l'Amérique méridionale, et il en relâche plus de cent par an aux îles Haouaï. Ils sillonnent dans tous les sens l'Ocean pacifique, et se livrent à la pêche le long des côtes du Japon. Ils reviennent quelquefois en doublant le cap de Bonne-Espérance, et font ainsi le tour du globe. Ce voyage dure en général trois années.

« On distingue naturellement deux sortes de pêcheries, consacrées les unes à la baleine franche, et les autres au cachalot. Ces dernières emploient 250 vaisseaux; la durée de leurs voyages donne une moyenne de 30 mois. Chacun de ces navires peut être estimé, tout équipé, à 35,000 liv. sterl. La pêche de la baleine proprement dite occupe 150 bâtiments qui coûtent l'un dans l'autre 18,000 liv. sterl. La moyenne des voyages est de 10 mois. Le capital total employé dans ce genre de construction est donc d'environ 12 millions de livres (300,000,000 de fr.) Les importations de l'année 1831 ont été d'environ 110,000 tonneaux de spermaceti, 118,000 tonneaux d'huile, et 10,000 quintaux de fanons. Les importations de 1832 ont été de 80,000 tonneaux de spermaceti, 175,000 tonneaux d'huile, et 13,500 quintaux de fanons. D'après les données qui sont à notre portée, nous estimons le revenu annuel de la pêche dans les trois dernières années, à 4 millions et demi de

---

(*) On reconnaît ici une preuve de l'orgueil national. Les États-Unis n'occupent que la troisième place, car la marine française a le premier rang après la marine anglaise, de même que son armée de terre avait incontestablement le premier rang jusqu'à la paix.

(**) Cet éloge est mérité.

dollars (24,390,000 francs). Si les voyageurs continuent à bien réussir, et que les prix restent aussi élevés, le revenu annuel des quatre années qui commencent sera de plus de 6,000,000 de dollars (32,520,000 fr.)

« Les *cachalotiers* chargent généralement sur les côtes d'Afrique et des Açores ; les *baleiniers* vont principalement dans les parages du Brésil et de la Patagonie. Les pêcheurs du Groënland emportent chez eux le lard d'où l'on tire l'huile, tandis que nos pêcheurs font cette opération à leur bord. L'huile, au moment où on l'extrait, n'a aucun goût nauséabond, et les matelots s'en servent volontiers pour la friture.

« Les produits de la pêche du cachalot sont l'huile et la graisse spermacétiques. Les produits de la baleine franche sont l'huile ordinaire et les barbes et fanons. Le spermaceti est en général consommé dans notre pays même ; lorsque l'huile en a été retirée, on fait, avec le résidu, de la bougie transparente qui se colore au moyen d'un procédé chimique, et peut se vendre quelquefois comme cire vierge. Il y a de 50 à 60 manufactures de bougies spermacétiques qui fabriquent annuellement 30,000 quintaux. L'huile ordinaire de la baleine est en grande partie exportée au nord de l'Europe. Les barbes et fanons sont également un objet d'exportation. »

Nous n'abandonnerons pas ce sujet sans signaler une nouvelle branche importante de la pêche de la baleine. Les Anglais de la Nouvelle-Galles du sud (Australie) s'y livrent depuis quelques années avec ardeur et succès. Le port de Sidney, en 1830, a armé seize vaisseaux et en a construit neuf. Ce pays se trouvant à proximité des meilleures stations, ses pêcheurs peuvent faire trois voyages, tandis que les Anglais d'Europe et les Américains en font deux : ils atteignent en cinquante jours les parages où leurs concurrents ne parviennent qu'au bout de sept mois.

L'archipel des Moluques est donc de la plus haute importance à cause de ses épices et autres productions précieuses, ainsi que pour les stations des pêcheries du cachalot ; mais il serait fortement menacé si une puissance maritime de premier ordre voulait s'en emparer. La plupart des forts hollandais, dénués d'ouvrages extérieurs, pourraient être battus de dessus les vaisseaux.

CVIII. ABRÉGÉ CHRONOLOGIQUE DE L'HISTOIRE DE TERNATE ET DES MOLUQUES EN GÉNÉRAL.

L'histoire de ce royaume présente peu d'événements importants : en 1250, une colonie de Guilolo s'établit à Ternate ; en 1257, Chico, son 1ᵉʳ roi, y régnait ; en 1277, Pori fut son héritier ; en 1304, Komala soumit plusieurs îles environnantes ; en 1317, sous le règne de Malamo, le peuple décida à cette époque que le plus proche collatéral masculin régnerait au lieu du descendant direct ; en 1322, Sida Aarıf Malamo, neveu du dernier roi, par sa sœur, monta sur le trône ; en 1331, Paji Malamo, son successeur, fut assassiné en 1332, et fut remplacé par Chah-Alem ; en 1334, l'île de Machian fut conquise ; en 1350, régna Molomat-Chaya ; un aventurier arabe lui enseigna la langue arabe et l'art des constructions navales. Ce soulthân fit la conquête des îles de Xoula.

En 1377, Gapi-Bagouma, 1ᵉʳ roi de Ternate, hérita du trône de Guilolo ; en 1377, Kamala-Poulac rétablit l'ordre de succession en ligne directe, et le roi de Ternate occupa dès lors le premier rang parmi les rois des Moluques ; en 1465, le roi Marhoum se fit mohammédan : c'est vers cette époque que les Chinois, les Malais et les Javanais fréquentaient Ternate, pour y faire le commerce des épiceries et surtout des clous de girofle ; en 1486, sous le règne de Zainaeldyn, Bourou, Amboine et Céram furent comprises au nombre de ses états. Ce prince se fit mohammédan ; il visita Giri à Java, pour s'instruire dans sa nouvelle religion ; et à sa sollicitation, Herissen, missionnaire javanais, vint convertir les peuples de Ternate à l'islamisme. En 1500, Bayang-Allah monta sur le trône : il encouragea les progrès de la civilisation. La reine régente de Ternate, et Almanzor, roi de Tidore, se disputent l'honneur de conquérir un fort gardé par des Portugais. La reine fit quelques tentatives; mais Brito, chef de l'escadre portugaise, la prive de la régence, en 1527. Le jeune prince, son pupille, est proclamé roi de Ternate. Accusé plus tard de sorcellerie, par son oncle, il se réfugie dans la citadelle et se tue, en se jetant d'une fenêtre. Vers cette époque, le peuple de cette soulthânie refuse d'approvisionner le fort des Portugais; Menezes, qui commandait la flotte lusitanienne, s'empare de trois chefs et fait couper la main droite à deux d'entre eux ; le troisième est dévoré par deux énormes chiens. Il fait ensuite exécuter le régent de Ternate, pour une prétendue conspiration. Les naturels du pays émigrent. En 1531, la forteresse des Portugais est bloquée et la garnison réduite à l'extrémité; en 1537, les Portugais, après une victoire sur 30,000 indigènes et la perte d'un seul esclave, envoient le roi de Ternate dans l'Inde, le convertissent au christianisme et le renvoient aux Moluques; en 1544, Aciro, roi de Ternate, est envoyé à Goa, capitale de l'Inde portugaise; en 1559, il est rétabli sur le trône; en 1570, il est assassiné dans sa maison, par Lopez de Mesquita, gouverneur des Moluques lusitaniennes; les Ternatis se retirent dans les montagnes, sous les ordres de Baber, fils d'Aciro; en 1580, leur roi, Bah-Ouilah, visite Mangkassar et invite les habitants à se faire mohammédans. Il soumet l'île de Butoung; en 1581, il prend le fort des Portugais et met fin à leur domination à Ternate.

Dans l'année 1652, le souverain de cette île fut conduit à Batavia par les Hollandais, et contraint de signer un traité par lequel il s'engageait à faire détruire les clous de girofle dans ses états. Les Anglais, au nom du staathower, s'emparèrent, en 1796, de toutes les Moluques, d'Amboine, de Banda, de Bourou. Ternate ne se rendit qu'en 1811. Les Hollandais sont rentrés dans leurs possessions à la paix, et la puissance de Ternate diminue chaque jour, après qu'elle avait dominé, aux 14e et 15e siècles, la plupart des îles de ce vaste archipel. Cependant, quoique vassal des Hollandais, le soulthân de cet état domine encore une partie des îles Guilolo et Célèbes, et cède de Mortaï. Il reçoit des tributs de différents peuples, et même de quelques peuplades du nord de la Papouasie.

CIX. L'ÎLE CÉLÈBES ET SES DÉPENDANCES.

GÉOGRAPHIE GÉNÉRALE ET TOPOGRAPHIE.

Entre toutes les îles de la Malaisie, qui se distinguent par la beauté de leur ciel et la richesse de leur sol, il n'en est aucune, excepté Bornéo, qui égale Célèbes. Elle possède un climat salubre, un sol fertile, et le peuple le plus civilisé de ces belles et lointaines contrées. Elle unit les paysages riants de Louçon aux majestueux aspects de Timor, la nature imposante de la Nouvelle-Guinée aux pompes sauvages du nord de Kalamatan, les sites paisibles de l'île Rienzi (*) aux tableaux pittoresques de Mindoro. Essayons de décrire ce pays enchanteur, et l'un des moins connus des Européens.

L'île Célèbes, qui paraît avoir été visitée par Magalhaës et Pigafetta qui la nomment *Celebi*, et la plus grande de l'archipel des Moluques, au nom desquelles on l'a placée mal à propos, s'étend du 1°45′ latitude nord au 5°45′ de latitude sud, et du 113° 10′ au 116°45′ de longitude orientale. Elle se compose de quatre presqu'îles alongées, dirigées à l'ouest et au sud, liées par des isthmes étroits et séparées par

---

(*) L'auteur a donné son nom à trois des îles de l'archipel de Holo, inconnues jusqu'à ce jour et qu'il a découvertes. Il en a été question à l'article Holo.

trois baies profondes, ce qui lui donne la forme bizarre d'une grande tarentule, un petit corps et des pattes énormément longues qui s'avancent dans la mer. La presqu'île du nord-est se nomme baie de Tomini ou Gonong-Telou; celle de l'est porte le nom de Tolo; et la troisième, au sud-est, que les naturels appellent Siouá, est désignée inexactement, même sur les meilleures cartes, sous le nom de Boni. Les dimensions de cette grande île sont difficiles à fixer à cause de son irrégularité. Nous lui attribuons 192 lieues françaises dans sa plus grande longueur, du nord au sud; et 25 de largeur moyenne, et elle offre une surface d'environ 16,000 lieues carrées.

Les îles qui en dépendent sont nombreuses, mais presque toutes petites et mal connues. Ce sont au nord les îles Talaoutse, dont Sanguir, la principale, est à 40 lieues au nord de l'extrémité de la presqu'île de Manado : Sanguir est fertile et bien peuplée ; elle se distingue par son volcan. Les Hollandais, dominateurs dans la plus petite de Célèbes, y ont un poste. Siao, au sud de Sanguir; Banca, avec un bon port, où les Bouguis se sont établis; à l'est, le groupe des trois îles Xoulla : elles sont riches en sagou et en bois d'ébène, mais ses habitants sont aussi lâches que perfides. Xoulla-Mangalla en est la plus grande. Les Hollandais ont un fort et un port à Xoulla-Bessi. Vient ensuite celle de Taliabo, près d'un des canaux qui séparent ces îles qui servent d'intermédiaire entre les Moluques et Célèbes. Un rocher qui ressemble à un homme est vénéré par les marins malais. Au sud-est est situé le groupe des îles Bouton. Un soulthán, vassal des Hollandais, domine toutes les îles de ce groupe ; sa capitale est dominée par une forteresse en pierre, et sa résidence est à Kalla-Sousong. Au sud est le groupe de Kalaour. Ces îles, dont la principale est Salayer, sont partagées en 14 chefs, vassaux de la Hollande. Encore au sud, Poulo-Babi (l'île des cochons); enfin à l'ouest,
les petites îles Balabalagan, Stafinaff et Tonine. Il existe encore quelques îles peu importantes qui dépendent de Célèbes.

Les naturels et les Malais donnent à l'île de Célèbes le nom de *nagri orang Ouguis* (le pays des hommes Ouguis), que nous appelons Bouguis, ou quelquefois celui de Tanna-Mangkassar (terre de Mangkassar); mais le territoire primitif des Bouguis est dans les bancs de la grande eau douce du lac de Tapara-Karadja, à la langue sud-ouest de Célèbes, et vers le nord de cette langue. Ce pays, qui n'a pas été décrit jusqu'à ce jour, est fort peuplé. Le lac communique par des rivières navigables pour les plus grands bateaux, à la baie de Boni vers l'est, et à la mer vers l'ouest.

Célèbes est élevée, montagneuse, principalement au centre et au nord, où sont plusieurs volcans en éruption. La constitution géologique de ce beau pays offre généralement un basalte en décomposition recouverte d'une couche de terre végétale, de 10 à 20 pieds d'épaisseur. L'auteur a déjà émis son opinion sur les aérolithes des pays volcaniques, qu'on trouve souvent à Célèbes ainsi qu'à Poulo-Ay et à Gounoung-Api (montagne de feu), dans le groupe des îles Banda, et il en possède quelques fragments. Au nord, un grand nombre de terrains appartenant aux districts de Mongondo et de Manado ont été bouleversés par de fréquents tremblements de terre, et offrent une immense quantité de soufre.

Sur la côte, trois rivières se précipitent au pied de rochers gigantesques et bizarres, au milieu d'arbres rares et singuliers. La plus grande est la *Chinrana*, qui sort d'un beau lac d'eau douce nommé *Tapara-karadja*, dans le pays d'Ouadjou, traverse l'état de Boni, et se jette par différentes bouches dans le golfe de Siouá. Les navires européens s'avancent assez haut dans cette belle rivière qui coule sur un fond vaseux, et les prahos des indigènes peuvent y naviguer dans l'intérieur jusqu'au Taparakaradja. La seconde est la rivière Boli; elle termine son cours à Boli, sur la côte septentrionale. La troisième se jette dans la mer, vers la côte nord-ouest, au sud, et à une assez grande distance de Vlaardingen. Sur toute la côte méridionale, il y a un grand nombre de rivières navigables pendant l'espace d'environ deux à trois lieues dans l'intérieur des terres. On peut nommer encore celles de Tzico et Zino, sans compter la petite rivière de Tondano, qui se jette dans le joli petit lac de Tondano, et cependant la race moutonnière des compilateurs et certains cartographes ne donnent qu'une rivière à cette vaste région.

Quoique l'île Célèbes soit entièrement située sous la zone torride, puisqu'elle est coupée par l'équateur, elle jouit d'un climat tempéré, grâce à ces golfes nombreux, aux pluies abondantes qui y règnent pendant le milieu de chaque mois, surtout ceux de juin et de juillet; grâces encore aux vents du nord qui y soufflent une partie de l'année. La preuve de sa salubrité, quoi qu'en disent quelques voyageurs, est d'y voir les Européens vivre plus long-temps que dans aucune partie de l'Orient. On y rencontre quelques indigènes qui ont dépassé l'âge de cent ans, en conservant autant de vigueur et de santé que les centenaires d'Écosse ou de Russie.

La mousson d'est dure depuis le mois de mai jusqu'à celui de novembre, et la mousson opposée y règne le reste de l'année. Les marées y sont fort irrégulières.

CX. GÉOGRAPHIE POLITIQUE, ÉTATS, ROYAUMES ET COLONIES.

Une partie de l'île Célèbes est soumise aux Hollandais. Ils y possèdent le gouvernement de Mangkassar, qui se compose du district de ce nom, formé des débris de l'ancien empire de Mangkassar. La ville capitale de cet empire n'existe plus, quoiqu'on la retrouve encore sur les cartes et dans plusieurs géographies et dictionnaires géographiques qui la représentent avec une population de 100,000 habitants. Sur son emplacement, les Hollandais ont élevé la ville de Vlaardingen et le fort Rotterdam, peuplés de 1200 Européens et métis. On compte dans les environs de cette nouvelle ville, trois bourgs (*Kampoung*, en malais et *Hoof-Negoryen* en hollandais) (*). Sa situation est d'autant plus précieuse que du fort Rotterdam à l'île de Bornéo, le trajet n'est que d'un jour de navigation, de quelques jours aux îles d'Amboine et de Banda, de Ternate et de Timor, et d'une quinzaine de jours à Manila avec un vent favorable. Toute la population de ce district ne s'élève qu'à 18 ou 20,000 habitants Les Hollandais occupent en outre la résidence de Bonthain, où se trouvent les petites villes de Boulekoumba et de Bonthain; celle de Maros, dont le chef-lieu est Maros, et enfin celle de Manado, avec Manado, ville de 4000 habitants (**), située sur une baie dangereuse, siège du résident hollandais, dont le pouvoir relève du gouverneur général des Moluques hollandaises, qui demeure à Amboine. Les principaux chefs de la résidence de Manado, institués par le résident, sont nommés *Kapala Balaks*: ceux-ci nomment les Hokkoums ou chefs de villages. Après Manado viennent les villes de Kema, où l'on fabrique d'excellents cordages pour la marine, avec une population de 10,000 âmes, et Gorontalo, résidence d'un southhan, vassal de la Nederland. Les princes indépendants, mais alliés du gouvernement batave de Java, depuis que l'ancienne compagnie des Indes orientales n'existe plus, sont ceux de Boni, Ouadjou, Louhou, Tourata, Sidenring, Sopeng, Goak, Mangkassar, Tello, Tanète et Mandhar.

Le royaume de Boni est le plus

(*) Ces trois bourgs sont Campoung-Barou, Bouguis et Malayou.

(**) Deux Français, M. Martin, et M. Barbier, capitaine d'un navire du commerce, habitent cette ville et ses environs. C'est peut-être le point le plus oriental de la Malaisie où l'on rencontre d'autres Européens que des Hollandais.

considérable de tous. Il possède une population de 230,000 âmes sur 600 lieues carrées. En cas de guerre, il peut armer 40,000 hommes. Sa capitale est Bayoa, dont la population est d'env.ron 10,000 âmes. Les chefs des peuplades qui habitent la presqu'île Balante (orientale) et celles du sud-est sont vassaux du roi de Boni ; et, chose remarquable, le pays de Tello est gouverné par une reine, vassale du même souverain.

Les Bouguis habitent le royaume d'Ouadjou, situé au centre de l'île Célèbes ; les chefs de leurs tribus sont nommés *Aroungs*, et le président de ces états féodaux, *Arounga*. Depuis la mer Rouge jusqu'au nord de l'Australie, on les retrouve dans tous les ports de ces contrées, dont ils font le commerce, peut-être depuis plus de 200 ans. Ils ont établi une colonie à l'île Banca, au nord de Manado, à Poulo-Laout, située au sud de Bornéo, et au sud des états de Bima, dans l'île de Soumbava. Ils habitent aussi le royaume de Louhou, situé dans la partie centrale de l'île, sur le golfe le plus oriental de la Malaisie, de Siouâ(*). Ce royaume est le plus ancien et un des plus puissants de Célèbes. Les Bouguis prennent du service dans les armées de Kambodje, de Siam et d'Annam, et de plusieurs princes des îles de la Malaisie, et sont aussi fidèles que braves.

La petite ville de Goak ou Goa est la capitale des débris de l'empire de Mangkassar, qui, au XVIIᵉ siècle, exerçait une si grande puissance sur les états de Boni, ainsi que sur presque toute l'île Célèbes et une partie de la Malaisie. Les fortifications de cette ville n'existent plus. Après le royaume de Louhou, celui de Mangkassar est le plus ancien.

Les trois princes qui gouvernent l'état de Tourata se sont rendus indépendants du soulthân de Boni. L'état de Soping est le plus considérable d'entre eux, après ceux de Boni et d'Ouadjou. Les autres principautés sont moins considérables. On compte, enfin, les états de Kampadan et de Boulan, situés à l'ouest et au nord, et dont le pouvoir est tributaire du soulthân de l'île de Ternate. La ville de Tambon fait un assez grand commerce.

Kali et Touli-Touli, au nord-ouest de Célèbes, sont les principaux établissements des pirates.

Les meilleurs ports de l'île sont ceux de Palo sur la belle rade de ce nom, Samiah, Doumpaleh, les rades de Manado, de Mangkassar et de Bonthaïn : cette dernière, située au sud, a une grande baie, où les vaisseaux peuvent mouiller en sûreté pendant les deux moussons. Les sondes y sont bonnes et régulières, et il n'y a d'autre danger à craindre qu'une chaîne de rochers dont la crête s'élève au-dessus de l'eau. On compte dans cette baie, outre Bonthaïn, plusieurs petites villes, entre autres Balokoumba, qui en est à quatre lieues et à l'est. Près de Bonthaïn, est un fort hollandais. Les marins peuvent se procurer de l'eau en abondance dans une rivière qui coule au pied d'une montagne dominant la baie. Cette rivière est petite et barrée ; aussi les bateaux chargés ne peuvent-ils la remonter qu'à la marée haute. Plusieurs autres petites rivières, où l'on trouve également de l'eau douce, se jettent aussi dans cette même baie.

A vrai dire, il n'existe à Célèbes aucune grande ville : Bayoa et Kema en sont, peut-être, les plus peuplées.

CXI. HISTOIRE NATURELLE.

Le mont Lampo-Betan, qui ne figure sur aucune carte, est le plus élevé de Célèbes. Sa hauteur est d'environ 7000 pieds au-dessus du niveau de la mer. Près de Manado sont le mont Klobot et les deux pitons nommés les Deux-Sœurs, et à six milles plus loin, un mont moins élevé, où l'on aperçoit le cratère d'un ancien volcan. Près de là est le mont Empong

---

(*) La soulthânie de Salengor dans la presqu'île de Malakka, gouvernée aujourd'hui par soulthân Ibrahim, a été fondée par une colonie de Bouguis.

(Gounoung-Empong), mont des Esprits, élevé de 3600 pieds. Il n'est que le contre-fort du Lokong, qui renferme des cratères dont deux fument encore.

Il existe dans plusieurs parties de l'île des mines de cuivre de bonne qualité, et dans l'état de Mangkassar, de l'étain aussi pur que celui de Malakka, et même de Banka. Quelques montagnes donnent du cristal, d'autres du fer. La presqu'île septentrionale est riche en mines d'or. Près de Gorontalo, établissement hollandais, il y a de l'or à 22 carats; le reste varie de 18 à 20. Le minerai se trouve en nids de 20 à 30 pieds de profondeur, accompagné de cuivre. Les mines d'or de Totoc fournissent annuellement 200 onces d'or à la Hollande. Les naturels en exploitent une à peu de distance de Kema. La province de Toradja fournit une grande quantité de poudre d'or. C'est surtout dans le sable de plusieurs ravines qui descendent des hautes montagnes situées au nord-est de l'île, et dans la chaîne de Mamoudjou, qu'on va la chercher. On a découvert dans les vallées des morceaux d'or dans leur gangue, du poids de 4 à 12 livres. Les prahous de Mamoudjou, de Kaïlié et de Mandhar en font un grand commerce.

On trouve quelques diamants presque à la superficie du sol, ainsi qu'un grand nombre de pierres précieuses dans le sable des torrents, en le passant au crible, ou après que leurs eaux se sont écoulées. On trouve sur la côte des huîtres perlières.

Les baies, les rivières, les torrents, les lacs, les étangs, les bois et les montagnes de Célèbes offrent des sites délicieux. La route de Paoun-Nereng à Tondano, qui est escarpée, à escaliers pratiqués dans la montagne, et sillonnée par le torrent impétueux du Manado, la chute de la rivière de Tondano et les sources chaudes de Passo sont au nombre des beautés naturelles les plus pittoresques (voy. *pl.* 56, 57 et 58).

D'épaisses et immenses forêts couvrent le pied des montagnes et même une grande partie de l'île, et rappellent les forêts majestueuses et impénétrables de la Papouasie. On y trouve le chêne et l'érable, le cèdre, et le *yati* ou tek incorruptible dont on se sert pour la construction des navires. C'est là qu'on voit le redoutable *ipo* ou *oupas*, dans le suc empoisonné duquel les indigènes trempent leurs flèches et leurs kriss. Les docteurs Foërsch et Darwin ont prétendu qu'aucun oiseau n'embellit son feuillage perfide, et que l'affreux boa (ou plutôt le python) même s'enfuit épouvanté quand il aperçoit les sommets de cet arbre de la mort balançant dans l'air ses larges feuilles qui exhalent un horrible poison; et qu'à cet arbre maudit on attachait des coupables condamnés à mort. L'imagination exaltée de ces messieurs leur a fait conter une fable (*). L'*ipo* (voy. *pl.* 62) croît dans

(*) Plusieurs auteurs distingués, tels que Hamilton, ont nié l'existence de l'*oupas*; Foërsch, Darwin, et d'autres après lui, ont débité, récemment encore, un grand nombre de fables à ce sujet. L'explication suivante nous a paru nécessaire. L'*ipo* de Célèbes, connu à Java, à Bornéo, et généralement sous le nom d'*oupas*, se divise en deux espèces, l'*oupas-antchar* et l'*oupas-tiouté*. Le premier est la gomme d'un grand arbre dont le tronc s'élève quelquefois à plus de 100 pieds de haut, et qui appartient à la famille des urticées; ses fleurs sont unisexuées et son fruit une sorte de drupe. Le second (le plus terrible), est celle d'une grande liane. Mêlée à plusieurs ingrédients, tels que le piment, le gingembre, le bangli, le koutji, etc., on en obtient une décoction qu'on laisse sécher. Ensuite les indigènes la placent au fond d'un bambou et en frottent les flèches qu'ils soufflent dans une sarbacane contre leurs ennemis. Les hommes ni les animaux ne meurent pas des émanations de ces végétaux, mais il serait dangereux de toucher une partie du corps où il y aurait une incision, avec la liqueur jaunâtre qui en découle. On pourrait comparer l'oupas au mancenillier d'Amérique. Les quadrupèdes blessés par les flèches enduites de ce poison meurent une heure après dans d'horribles convulsions, et l'auteur a vu une poule et un singe qui en étaient blessés, tomber roides, devenir noirs et mourir en 6 minutes. Mais l'écorce de l'arbre antchar, ipo ou oupas, est si peu dangereuse, que les plus pauvres

15ᵉ *Livraison.* (OCÉANIE.)

les forêts à côté d'autres arbres, et sans danger pour eux ni pour l'homme.

Sur cette terre croissent mille arbres utiles ou précieux, tels que le giroflier et le muscadier, pour la possession desquels les Européens ont versé tant de sang; le sagoutier, principale nourriture de plusieurs peuples de la Malaisie, et le sagouer dont le suc fournit la liqueur noirâtre et sucrée nommée *goula-itan*; le palmier, dont on extrait une huile agréable et enivrante; le poivrier, l'ébénier, le sumak qu'on nomme communément arbre à perruque ou bois de fustet; le calambang, une espèce de noyer; et l'odoriférant sandal, qui, étant fraîchement coupé, fournit une teinture d'un rouge très-beau et très-solide. On y trouve aussi le bambou, qui s'y élève jusqu'à 40 pieds de haut, sur 2 ou 3 de diamètre. Les naturels en coupent les jeunes branches par tranches et les mangent en ragoût ou en salade. Lorsque ce roseau colossal est arrivé à sa maturité, son écorce est très-dure, et quoique le tronc en soit creux, il est tellement solide qu'on l'emploie à la charpente des maisons. Le chou palmiste est commun. Des forêts de cotiers, l'arbre le plus utile, parce qu'il sert à la nourriture, au vêtement et au logement de plusieurs tribus, forment des colonnades dont chaque colonne a son chapiteau couronné d'un élégant parasol.

L'île produit le maïs, un peu de riz blanc de rizière, beaucoup d'excellent riz noir des côteaux, ainsi que le coton et des cannes à sucre plus grosses que celles des Antilles, la racine de manioc, le benjoin, et du tabac excellent. On y trouve le manguier, arbre qui ressemble à notre noyer : son fruit délicieux et sucré a presque le goût de la poire de bon chrétien, et ses feuilles, étant broyées, ont l'odeur de la fève du Tonquin. Le bananier, le gingembrier, le palmier éventail (*corypha umbraculifera*), le fromager (*bombax ceiba*), le lingoa, le tanjoung (*mimusops elhenghi*, le *guilandina moringa*, l'*hibiscus tiliaceus*, le cafier, le bétel, l'arekier, le *convolvulus*, le *polygonus*, le giraumon et le varingui sacré y abondent.

Un grand nombre de plantes des Tropiques étalent de toutes parts leurs trésors; leurs fleurs embellissent cette île qu'embaument aussi les roses, les œillets, les jasmins, les jonquilles et les tubéreuses. Mais c'est surtout la fleur du *bougna ghéné mouro* qui charme la vue et l'odorat par l'éclat de ses couleurs et son parfum délicieux. Cette admirable fleur, particulière au pays de Mangkassar, et que je n'ai vu mentionnée nulle part, ressemble un peu au lis; on en tire une essence fort recherchée, qui est aussi employée à embaumer les morts, s'il faut en croire les naturels. Sa racine, ligneuse et très-amère, est un excellent remède contre les fièvres intermittentes, assez communes dans la saison pluvieuse. On y fait usage du *miniak kayoupouti* (huile de cajeput), qu'on reçoit d'Amboine, pour les douleurs rhumatismales, et même contre le choléra épidémique, en le mêlant à d'autres ingrédients. On y trouve encore le nénuphar, le baume, le romarin, et la plante qui produit l'opium, que ces peuples fument jusqu'à l'ivresse, et qui les rend alors aussi féroces que

---

habitants de Célèbes, de Bornéo et quelques autres îles, en travaillent l'écorce pour s'en habiller.

Dans la Bibliothèque des voyages, M. Albert Montémont a prêté à l'auteur des erreurs sur Célèbes qu'il lui a promis de rectifier. En attendant, je ne reconnais d'exact dans la description de Célèbes, que le travail que le lecteur a sous les yeux. M. Balbi a fait visiter à l'auteur Shiré et Zeila et autres lieux : il faut lire Assab et Tzouakem, etc. La Contemporaine avance à mon égard, dans son Voyage à Malte, des faits erronés à l'occasion des prétendus monuments antédiluviens de M. Grognet, et auxquels l'auteur a répondu dans la seconde édition de sa lettre imprimée à M. le marquis de Fortia, membre de l'Institut. Il rectifierait encore quelques erreurs du *Morning* et du *Singhapore Chronicle*, etc., et il répudierait quelques écrits et quelques faits dont on l'a supposé l'auteur, ou qu'on a falsifiés en y mettant son nom ; mais il l'a déjà fait en partie. D'ailleurs, ce n'est pas dans cet ouvrage qu'il doit en parler.

stupides. On cultive dans les jardins le chou, les raves, la chicorée, le pourpier et autres plantes potagères d'Europe, à côté de l'igname et de la patate. Enfin, Célèbes possède un avantage sur toutes les îles de l'Océanie, c'est que les pâturages y abondent et sont séparés des bois.

On ne voit dans les forêts ni lions, ni tigres, ni éléphants, ni léopards, mais beaucoup de cerfs et de sangliers ou *babi-houtan*, et le *babi-roussa* (cochon-cerf), qui a la couleur cendrée roussâtre, le poil court et laineux, des cornes recourbées en arrière, et dont la chair a le goût de celle des cochons. Cosmas Indicopleustes avait déjà parlé de cet animal curieux (voyez *pl*. 4, *fig*. 4). On trouve également à Célèbes le phalanger à poche ventrale, connu de Plutarque; et la douce antilope aux beaux yeux, qui va en troupe dans les forêts étaler la grace et la légèreté de ses formes; et les lièvres qui pullulent dans les champs de riz, de melons et de cannes à sucre; et l'abeille sauvage, qui cache son trésor liquide auprès des fruits d'or des palmiers. Parmi les animaux domestiques sont des bœufs à bosse, comme ceux de l'Inde, et des *sapi-houtan*, ou vaches des bois, espèce d'antilope qui tient de cet animal par sa légèreté et du buffle par son obésité; des buffles, des chèvres, des gros moutons, assez semblables à ceux du cap de Bonne-Espérance, des agneaux, des cochons, et quelques chevaux noirs de petite taille, mais forts et actifs.

On y rencontre un nombre infini de singes plus dangereux qu'en tout autre pays. Le singe blanc se distingue des autres par sa hardiesse et sa méchanceté: les naturels prétendent qu'il attaque la pudeur des femmes égarées dans l'île, ce qui m'a tout l'air d'un conte. Mais les serpents, et surtout un serpent très-vif qui imite le cri du merle, en dévorent une grande partie. On y rencontre aussi le caméléon au front fourchu, le dragon vert (dragon volant) (*), des couleuvres et d'énormes pythons-tigres (*) dont le ventre est blanc d'argent, le dos noir, et marqueté de distance en distance par des anneaux de couleur d'or. Quelques-uns ont plus de 30 pieds de longueur sur 13 pouces de diamètre, mais ils ne sont nullement venimeux. Les serpents y sont nombreux, et ils délivrent le pays des taupes, des rats, des mulots, et de scorpions aussi gros que ceux de Tunis et d'Alger. La *cobra de capello* (*) aux yeux ardents et couleur de feu, y est aussi terrible qu'à Ceylan. Une personne mordue par cette couleuvre perd la vie une heure après, si elle n'est secourue à l'instant. Le crocodile y est bien moins dangereux.

Le beau golfe de Boni abonde en poissons excellents, tels que la dorade et la bonite. Dans la mer voisine de la côte sud se trouve l'espadon ou empereur, poisson au ventre argenté, dont le museau se termine par une épée à deux tranchants, et dont la queue a la forme d'un croissant; le lamentin et le *douyoung* (**), cétacé curieux, dont je ne reconnais qu'une espèce, ressemblant à l'extérieur au lamentin ainsi qu'au morse, mais différent par la nageoire en forme

parce qu'il a des ailes adhérentes à la base des cuisses. Ces ailes forment comme une espèce de parachute qui ne lui sert guère à voler, mais à faciliter les sauts de l'animal de branche en branche des arbres sur lesquels il cherche sa nourriture. Le dragon est d'un naturel fort doux; la singularité de sa figure et la couleur de sa peau plaisent aux naturels qui l'accueillent dans leurs maisons. Cette espèce ne vient pas d'Amérique, comme l'avait dit Seba, mais des îles de Sounda, de Célèbes et de Madagascar.

(*) C'est, je crois, le *Boa castanea* de Schneider.

(**) Ou vache-marine. En effet les Hollandais établis dans la Malaisie lui donnent le nom de *zee koe*. Les Bouguis distinguent deux dou-youngs: le bountian, qui est le plus grand; le bountal, qui est plus épais et plus court. Quelques écrivains l'ont nommé *sirène*, ce qui répond au nom de *pesce mujer*, *poisson femme*, que les Espagnols ont donné en Malaisie au dou-young, et en Amérique au lamentin.

me de croissant et par la lèvre supérieure, semblable à une trompe d'éléphant tronquée. Les Malais le nomment *ikan-taer*, poisson voilé. On trouve aussi dans cette mer les plus beaux coquillages, tels que l'haliotide, l'argonaute, la harpe, les tellines, les casques, les hérissons, les lépas, les vénus, et autres testacés; des pinnes et des moules qui se suspendent aux branches des mangliers, dont les énormes racines, plongeant dans l'eau salée, forment des portiques et des ponts, sous lesquels la mer fait gronder ses flots; des méduses bizarres, des crabes, des homards, des graphées et autres crustacés armés de tenailles, qui se tiennent en embuscade entre les rochers, et déploient leurs antennes ou leurs pinces pour saisir leur proie. Parmi les oiseaux, on remarque l'aigle, le corbeau et le vautour qui planent sur les montagnes, le kakatouä blanc, le lori rouge, plusieurs espèces de perroquets, et un merveilleux oiseau avec le dos vert, le ventre d'or, la queue d'azur et les pattes écarlates, nommé *téran-goulon*, espèce de martin-pêcheur très-petit, dont on doit distinguer l'adresse à combattre et à enlever des petits poissons qu'il porte dans son nid. Nous ne pensons pas qu'on l'ait décrit avant nous. L'aras bleu, jaune et rouge, le faisan doré, le canard, les oies, les poules d'eau, les hérons blancs, les tourterelles, les poules, les pigeons, y sont en abondance et à vil prix, ainsi que les cochons et le poisson de mer et d'eau douce (*).

CXII. BEAUTÉS DE LA NATURE A CÉLÈBES.

Les pluies fréquentes et l'ardeur du soleil équatorial donnent à toute la végétation de l'île une fécondité, une grace, une verdure, une vigueur inconnues à nos tristes climats; les animaux s'y multiplient plus vite, les oiseaux enchantent les oreilles, les insectes

(*) On aura de la peine à croire qu'on puisse avoir à Célèbes une douzaine de volailles pour quatre à cinq francs, et c'est pourtant la vérité.

éblouissent les yeux, les poissons tracent leurs cercles d'or, de rubis, de saphir et d'opale sur l'émeraude des flots; l'air, la terre et les eaux sont peuplés d'êtres que Dieu semble avoir pris un plaisir particulier à former dans cette terre, qui est, sans exagération, une des quatre ou cinq contrées privilégiées du globe, et dont le peintre ne peut donner une idée, parce qu'il n'a que des ombres et des couleurs imparfaites pour les représenter.

CXIII. MERVEILLES DE LA MER AU SUD-EST DE CÉLÈBES.

La mer voisine des Moluques, qui baigne la côte sud-ouest de Célèbes, offre encore plus de prodiges et d'attraits. Tantôt étincelle en mille rayons la phosphorescence de ses eaux; tantôt elle déploie sa surface comme une nappe d'argent; tantôt elle soulève ses vagues embrasées de soufre et de bitume; tantôt elle donne à l'avide pêcheur des perles blanches, jaunes ou bleuâtres d'un bel orient. Aujourd'hui c'est une mer de lait, demain une mer de feu, de sang ou de poussière (*); et ces admirables phénomènes sont l'ouvrage de simples mollusques et de zoophytes mous qui flottent à la surface de l'eau. Dans son sein, la famille innombrable des zoophytes solides, les madrépores à leur tête, créent des îles nombreuses, les fortifient de remparts impénétrables où viennent se briser, comme des coquilles, des vaisseaux de premier rang : sur ces archipels coralligènes, des fleurs animalisées, étincelantes d'or, de pourpre et d'azur, offrent aux regards trompés du navigateur peu instruit des pelouses animées et riantes, et semblent l'attirer pour punir son audace par le plus cruel trépas. Ici le dauphin, le plus infatigable des voyageurs, par ses évolutions vives et gracieuses anime les solitudes de l'Océan; là, le coryphène déploie ses couleurs resplendissantes; des escadrons de coffres triangulaires s'avancent en combattant, et font briller

(*) Voyez le tableau général pour l'explication de ces phénomènes.

leurs cuirasses bleues parsemées d'étoiles d'or, tandis que le physétère (*) et le cachalot mêlent leurs épouvantables mugissements aux voix tonnantes des tempêtes.

CXIV. COMMERCE.

Le commerce de Célèbes est assez considérable, quoique les droits de douanes soient légers et rapportent peu au gouvernement hollandais. Mais celui-ci tire beaucoup d'avantages des bénéfices de son commerce et des dîmes de la partie du territoire qu'il possède en toute souveraineté. Cependant ces recettes réunies ne couvrent pas les frais de la colonie; elle coûte plus de 165,000 francs par an, et les Hollandais l'abandonneraient si elle n'était regardée comme la clef des îles où l'on cultive les épices. Mais les Bouguis, les Chinois et les habitants des Philippines, sous pavillon chinois, commercent aussi avec les ports néerlandais de Célèbes.

Les Hollandais étant seuls librement reçus dans tous les pays soumis aux naturels, viennent y chercher du riz, de la soie, de l'or, des perles, du coton, du bois de teinture, de la cire, du sel, d'excellentes chevrettes d'eau douce, du tripan ou *bicho do mar* (espèce d'holoturie), des nids d'oiseaux, du sandal, du sagou, du caret (écaille de tortue), l'ambre gris, du massoï (écorce d'un arbre à épicerie, qu'on a mal à propos confondu avec le laurier), du poivre long, etc. En échange, ils apportent des étoffes, de la porcelaine, du fer, du fil d'or, du thé, des draps et de l'eau-de-vie. Les Chinois leur fournissent des laines, de l'excellent tabac de Cagayan (îles Philippines), de la laque, des liqueurs, des soies écrues, des toiles fines et grossières, et les Bouguis du tripan. Le commerce des esclaves existe dans l'île Célèbes; mais heureusement il est beaucoup diminué.

(*) Ou cachalot australien. Cette espèce diffère du cachalot ordinaire en ce qu'elle a une rangée continue de bosselures de la nuque à la queue.

CXV. POPULATION.

La population entière du pays s'élève à environ 3,200,000 habitants. Elle est proportionnellement plus grande que celle de toutes les autres îles de la Malaisie. La cause en est due vraisemblablement à l'état assez prospère de l'agriculture, de l'industrie et du commerce; car dans les contrées de la cinquième partie du monde, telles que l'Australie, la Nouvelle-Calédonie, dont les habitants sont au dernier degré de l'état social, et où les indigènes ne vivent que de fruits sauvages, de chasse et de pêche, on trouve, sur un espace donné, dix-huit et vingt fois moins d'individus qu'on n'en rencontrerait sur ce même espace, s'il était occupé par un peuple agriculteur, pasteur ou commerçant.

CXVI. PEUPLES DE CÉLÈBES, COUTUMES, ÉDUCATION ET GOUVERNEMENT.

Les Bouguis, ou plutôt Ouguis, sont le peuple le plus remarquable de Célèbes. Les Battas de Soumadra leur ressemblent beaucoup par leurs inclinations et leurs mœurs; mais les Bouguis sont bien plus courageux; c'est la nation la plus intelligente et la plus brave, non seulement de Célèbes, mais encore de toute la Malaisie. Les habitants civilisés de l'île se divisent en cinq nations, et chacune d'elles parle une langue différente. Ce sont les Bouguis (les plus nombreux), les Mangkassars, les Mandhars, les Kaïlis et les Manadois. On remarque parmi les premiers la tribu des Ouadjou et celle des Tovadji : la première se distingue par l'instruction, le commerce et la politesse ; la seconde, par son habileté dans l'art de tisser et de teindre les étoffes, et son génie nautique. Les capitaines des prahous bouguis portent le nom de D'jragon.

On ne doit pas perdre de vue que l'auteur a considéré le pays des Bouguis comme le foyer de la civilisation des peuples malais et polynésiens, et qu'il a déjà indiqué l'origine des Bouguis, des Malais, des Javans et des

Polynésiens dans l'île de Bornéo (*).

Le milieu de l'île est habité par les Touradjas ou Alfouras, qui s'étendent jusqu'au nord; ils sont considérés, mal à propos, comme aborigènes, car ils viennent de Bornéo; mais ce sont les plus anciens habitants de l'île. Ils sont d'une stature médiocre, intelligents, plus blancs que les Malais et plus doux que les Alfouras des autres îles de la Malaisie; ils croient aux esprits (*empongs*) malfaisants, et s'imposent des privations dans le genre de tabou polynésien. Dans l'état d'Ouadjou les femmes prennent part aux affaires et jouissent de droits égaux à ceux des hommes. Les marins et les constructeurs de Touli-Touli, sur la côte nord-ouest, sont célèbres par leur piraterie.

Les Mangkassars et surtout les Bouguis sont grands, forts et bien faits, ainsi que les Dayas de Bornéo et les Polynésiens, auxquels ils ressemblent infiniment plus qu'aux Malais. Ils sont bien moins cuivrés que la plupart des Malais, et n'ont pas la face équarrie et osseuse comme eux. Ils ressemblent plutôt aux Carolins et aux Tongas, et, sans l'usage d'aplatir le nez de leurs enfants, usage assez général dans la Malaisie, leurs traits seraient semblables à ceux des plus belles tribus polynésiennes. Ils aiment généralement le travail. Ils élèvent leurs enfants d'une manière qui rappelle les Spartiates : ils les couchent nus, sans langes ni maillots, les sèvrent à un an, les baignent tous les jours, et leur frottent le corps avec de l'huile de coco pour les rendre plus souples et plus lestes. Il est vraisemblable que ce procédé leur est salutaire, car on n'aperçoit à Célèbes ni bossus, ni boiteux, ni gens contrefaits. A l'âge de cinq ans, les Célébiens placent leurs enfants chez un ami, de peur que leur courage ne soit amolli par leurs caresses. A sept ans, ils les envoient à l'école sous la direction de prêtres musulmans nommés *agguis*, qui les élèvent avec beaucoup de sévérité. A seize ans, les enfants des deux sexes sont *cassérés*, c'est-à-dire qu'on leur lime et noircit les dents. Les filles restent à la maison, et leurs mères sont chargées de leur éducation. Dans les classes aisées, on voit un certain nombre de femmes qui savent lire et écrire, chose fort rare en Océanie ainsi que dans tout l'Orient. Au sortir de l'école, on fait apprendre aux garçons les métiers de menuisier, d'orfèvre, de serrurier, etc. Les filles apprennent à tisser la soie et le coton.

Les Célébiens sont peu portés au fanatisme; ils sont vifs, gais, braves, résolus, résignés et cependant colères, susceptibles, rusés et extrêmement vindicatifs (*); mais on peut compter sur leur amitié. Les femmes sont généralement propres, bien faites, assez jolies, modestes, chastes, constantes, douces, aimantes et dignes d'être aimées. Celles qui ont un rang ou de la fortune ne sortent que les jours de fêtes. Dans le nord de l'île, elles sont loin d'être belles. Les hommes sont bons cavaliers; c'est à cheval qu'ils font la chasse; ils montent à poil et se servent d'une mauvaise bride. Ce sont les meilleurs chasseurs et pêcheurs de la Malaisie; et ils se livrent avec d'autant plus de passion à ces deux exercices, que le gibier et le poisson abondent dans leur île. Ils sont adroits à manier l'arc, le fusil, le kriss, la sarbacane et le kampilan (**), qu'ils fabriquent eux-mêmes, et pointent passablement le canon. Les deux sexes aiment la poésie, la musique, la danse et la parure.

(*) Il existe sur la côte occidentale de l'île de Bornéo une terre qui porte le nom des Bouguis. Elle est au sud est, vis-à-vis de Célèbes. Je suppose que c'est de ce district qu'ils sont partis pour venir s'établir à Célèbes, où ils ont acquis ce degré de civilisation qu'ils n'avaient pas à Bornéo. Les Malais, malgré leur fierté, avouent qu'ils sont inférieurs aux Bouguis.

(*) Ceci s'applique plus particulièrement aux Bouguis.

(**) Espèce de sabre droit dont la pointe est plus large que la partie supérieure.

Les maisons sont généralement construites en bois. Leur nourriture ordinaire consiste en riz et en sagou, en viande bouillie ou rôtie extrêmement épicée, et surtout en poissons et en fruits. Entre leurs deux repas, ils mâchent le bétel et l'arek, boivent du sorbet (*) et fument. Dans les maisons riches, on prend du thé, du café et du chocolat. Leur costume civil, et surtout celui des guerriers (voy. pl. 59), ressemble beaucoup à celui des Malais. Comme eux aussi, et au rebours des musulmans d'Asie et d'Afrique, ils se rasent la barbe et ils conservent leurs cheveux avec le plus grand soin. Leur coiffure est tantôt un bonnet de soie brodé, tantôt une bande d'étoffe semblable au turban des Turks et des Arabes. Ils vont au bain deux fois par jour; ils font leurs repas assis à terre sur une natte et appuyés sur des coussins; ils mangent avec les doigts, ainsi que tous les Orientaux, excepté les Chinois. Dans les différentes classes de la société dont se composent les peuples de Célèbes, on observe la plus grande politesse envers les étrangers. La polygamie n'est guère suivie que par quelques chefs.

Il existe un usage commode pour l'Européen qui visite ce pays. Il y prend une jeune fille de 12 à 14 ans, ou plus, qu'il garde pendant tout le temps qu'il y réside, moyennant un accord fait avec le père ou la mère, ou les parents, ainsi que je l'avais déjà vu dans l'Inde et à Macao (Chine); on leur donne quelques étoffes, ainsi qu'à la fille, et rarement de l'argent. Si la fille se comporte mal, le loueur la renvoie à ses parents qui restituent tout ou une partie de ce qu'ils ont reçu; dans le cas contraire, elle devient libre au départ du voyageur. S'il y a des enfants, ils sont à sa discrétion; mais il est rare qu'il ne leur laisse pas une petite pension.

Les états de cette grande île sont comme autant de républiques aristocratiques qui choisissent un roi auquel elles accordent peu d'autorité, et qu'elles renversent quelquefois. Le pouvoir féodal y est en vigueur; il y existe trois classes de nobles, les *datous*, les *karrés* et les *lolos*.

CXVII. RELIGIONS.

Une grande partie des Célébiens, tels que les Bouguis et les Mangkassars, sont mohammédans; les Alfourâs professent une sorte de sabéisme, et non pas l'idolâtrie comme on l'a dit, car il n'a jamais existé de peuple idolâtre : même des prêtres catholiques portugais s'étaient établis à Célèbes en 1512, époque des conquêtes de ces nobles enfants de Lusus. Saint François Xavier, l'apôtre des Indes, y envoya quelques missionnaires, lorsque don Antonio Galva commandait les forces portugaises à Mangkassar. Mais en même temps les musulmans y établirent leurs imans, et, depuis, le culte catholique n'y a plus d'autels.

Les missionnaires protestants calvinistes, envoyés par le gouvernement ou l'administration hollandaise, ont fait peu de prosélytes.

Avant que les Européens connussent ce beau pays, l'opinion de la métempsycose y régnait comme dans l'Hindoustan; la vie des animaux y était respectée; mais ils en immolaient au soleil et à la lune, parce qu'ils croyaient devoir à ces dieux l'existence et la fécondité. Les pères y sacrifiaient quelquefois leurs propres enfants. Les docteurs leur enseignaient l'immortalité de l'âme, et ils prétendaient que le soleil et la lune étaient éternels comme le ciel, dont ils se partageaient l'empire, et que l'ambition les ayant brouillés, la lune fuit devant le soleil, se blessa et accoucha de la terre.

On trouve dans quelques anciens tombeaux de l'île, des vases, des bracelets, des anneaux, des chaînes et des lingots d'or. On rencontre, selon ce que j'ai appris d'un Bougui, des restes de sculpture hindoue dans l'intérieur, et de plus plusieurs tombeaux anciens

---

(*) C'est une sorte de limonade qu'on aromatise avec le macis, la muscade et le girofle.

construits en basalte, couverts de figures hiéroglyphiques.

CXVIII. HISTOIRE DE CÉLÈBES.

Plusieurs agguis (prêtres) instruits prétendent que les Hindous, et surtout les Télingas, avaient établi des colonies à Célèbes, après l'arrivée des Bouguis de Bornéo (*) dans cette île, à une époque très-reculée. En effet, d'anciens contes, tirés de l'histoire nationale, confirment des dates fondées sur l'ère hindoue de Salivana ou Saka, qui remonte à l'an 78 de l'ère chrétienne, et les plus anciennes de ces dates sont du III° siècle. De plus, le nom de leurs primitives divinités, telles que Batara ou Avatara, Gourou, Varouna, etc., indiquent des relations entre Célèbes et les peuples de l'Hindoustan.

D'après les annales du pays, bien avant l'établissement des Hindous dans l'île, Célèbes eut d'abord quatre rois; une femme d'une beauté admirable, semblable à une fée bienfaisante, descendit du ciel pour les instruire, leur inspirer la concorde et protéger leurs sujets. Elle se nommait en effet *Toummanourong*, ce qui signifie *descendant du ciel*. Le roi de Bonthaïn en devint éperdument amoureux, et elle consentit à l'épouser. De cet hymen naquit un fils, nommé *Salingabaiang*, dont la reine resta enceinte pendant deux ans. A Célèbes comme chez nous, les hommes sont de grands et méchants enfants qui craignent la vérité, et qui aiment les contes et les choses merveilleuses. Aussi l'histoire ancienne de presque tous les peuples est mêlée de fables et de miracles.

Les Bouguis regardent comme un de leurs premiers rois Batara-Gourou, nom javanais de Chiva, ce terrible dieu du panthéon hindou. Un Bougui m'a assuré que cette grande île possède, dans les parties inconnues de l'intérieur, vers le pays de Touradja, habité aujourd'hui par les Alfourâs, des monuments et des inscriptions en sanskrit et en caractères inconnus, tels que ceux que l'auteur a vus dans l'Inde à Salsette (près Bombay) et autres lieux. S'il en existe également, comme il le suppose, à Soumâdra, à Bornéo et à Bali, ces îles auraient reçu des colonies de l'Hindoustan, ainsi que celle de Java, où l'on admire ces grands monuments hindous, qu'il a décrits avec soin ; mais, outre les Hindous, les Chinois et les Arabes paraissent avoir contribué à la civilisation des Célébiens.

L'histoire de Célèbes présente la plus grande incertitude ; mais, après la partie fabuleuse, voici quelques faits positifs :

Trente-neuf empereurs avaient régné à Goak, ville de Mangkassar, en 1309. En calculant la durée moyenne de leurs règnes à 13 ans, leur royaume n'aurait eu que 507 ans d'existence en 1809 ; il aurait ainsi probablement commencé vers l'année 1302 de l'ère vulgaire. Cependant les annalistes indigènes comptent une succession de dix siècles de monarques légitimes. Cet empire si puissant au XVI° siècle n'existe plus, quoique son empereur existe encore. Il n'est plus qu'un faible vassal des Hollandais : son armée n'est plus qu'une garde d'honneur. Son pavillon bleu et rouge, parsemé de croissants, de feuillages et d'oiseaux brodés en or, ne promène plus la terreur sur les mers malaises.

Les habitants de Célèbes ont été en proie à des révolutions politiques affreuses, comme presque toutes les autres nations ; parmi leurs princes, plusieurs furent décapités, d'autres détrônés ; un petit nombre termina ses jours par une mort naturelle.

Les deux peuples principaux de l'île sont les Mangkassars et les Bouguis, ou plutôt Ouguis ; ils professaient le brahmanisme. Lorsque les Portugais visitèrent ce pays pour la première fois, en 1572, ces hardis conquérants y trouvèrent un très-petit nombre de mohammédans. Les jésuites d'un côté, et les moullahs de l'autre, convertissaient les indigènes.

(*) Nous avons déjà cherché à prouver que les Bouguis de Célèbes viennent de Bornéo.

L'empereur de Mangkassar, fatigué des luttes constantes dont il était témoin entre les musulmans et les chrétiens, dégoûté du culte national, effrayé de l'avenir dont le menaçaient les membres des deux religions, convoqua une assemblée générale de ses sujets ; il monta sur un lieu élevé, et debout, tendant ses mains vers le ciel, il adressa cette prière à l'Être suprême (*) :

« Grand Dieu, je ne me prosterne point à tes pieds en ce moment parce que je n'implore pas ta clémence. Je n'ai à te demander qu'une chose juste, et tu me la dois. Deux nations étrangères, opposées dans leur culte, sont venues porter la terreur dans mon ame et dans celle de mes sujets. Elles m'assurent que tu me puniras à jamais si je n'obéis à tes lois ; j'ai donc le droit d'exiger de toi que tu me les fasses connaître. Je ne demande point que tu me révèles les mystères impénétrables qui enveloppent ton être, et qui me sont inutiles ; je suis venu pour t'interroger avec mon peuple sur les devoirs que tu veux nous imposer. Parle, ô mon Dieu ! puisque tu es l'auteur de la nature, tu connais le fond de nos cœurs, et tu sais qu'il leur est impossible de concevoir un projet de désobéissance. Mais si tu dédaignes de te faire entendre à des mortels, si tu trouves indigne de ton essence d'employer le langage de l'homme pour dicter des devoirs à l'homme, je prends à témoin ma nation entière, le soleil qui m'éclaire, la terre qui me porte, les eaux qui environnent mon empire, et toi-même, que je cherche, dans la sincérité de mon cœur, à connaître ta volonté ; et je te préviens aujourd'hui que je reconnaîtrai pour le dépositaire de tes oracles, le premier ministre de l'une ou de l'autre religion que tu feras arriver dans nos ports. Les vents et les eaux sont les ministres de ta puissance, qu'ils soient le signal de ta volonté. Si, dans la bonne foi qui me guide, je venais à embrasser l'erreur, ma conscience serait tran-quille, et c'est toi qui serais le méchant. »

Le peuple se sépara en attendant les ordres du ciel, et résolut de se livrer au premier missionnaire qui arriverait à Célèbes. Les apôtres du kôran furent les plus actifs, et le roi se fit circoncire avec son peuple. Les Portugais s'établirent pourtant dans l'île ; ils s'y maintinrent même après avoir été chassés des Moluques par les Hollandais. Vers l'an 1605, le mohammédisme était généralement adopté. Les Mangkassars, animés de l'esprit de conquête de leur nouvelle religion, attaquèrent Boni et Ouadjou, et forcèrent ces peuples à adopter leur croyance, ce qui se fit très-lentement. En 1640, Lamaderama, roi de Boni, persécuta ses sujets pour les convertir. Ceux-ci appelèrent les Mangkassars de Goad ; le roi de Boni fut vaincu, et Boni fut réduit en vice-royauté. Ces alliés avaient fait de grandes conquêtes depuis l'année 1603 ; Soumbaoua, les îles des Xoula et de Boutoung étaient soumises. En 1655, ils détruisirent l'établissement hollandais de cette dernière île ; mais ils furent vaincus à leur tour en 1660 par les troupes de la compagnie.

Ces mêmes alliés avaient armé une flotte de 700 navires, montée par 20,000 hommes ; cette expédition navale, la plus grande qui soit connue dans la Malaisie, devait s'emparer de plusieurs îles, et entre autres des Moluques ; l'amiral Speelman l'anéantit.

En 1672, Rajah-Palaka monta sur le trône de Mangkassar ; il se soumit aux Hollandais, tandis qu'un grand nombre d'autres provinces de Célèbes devenaient ses tributaires. Depuis cette époque, une partie de Célèbes a fait partie des possessions hollandaises. En 1812, je crois, les Anglais s'en emparèrent, et la rendirent à la Hollande à la paix de 1814.

CXIX. LANGUES, SCIENCES ET LITTÉRATURE DES CÉLÉBIENS.

L'antiquité de la langue bouguise exige qu'on la place à la tête des idio-

---

(*) Cette prière pourrait bien être de la façon de Raynal.

mes célébiens; elle est parlée depuis Boni jusqu'à Louhou. Cet espace comprend les quatre grandes principautés de Louhou, Ouadjou, Boni et Sopeng. Le boni en est un dialecte. Le mangkassar, qui en diffère, est en usage dans les districts de Boulecomba, Ronthaïn, Goak et Maros. C'est la langue la plus répandue et la plus riche après la bouguise, et elle est, avec celle-ci, la langue la plus douce du monde, plus douce que l'italien, le portugais et même que le malai. A Mandhar et dans les environs, on parle le mandharois. Le touradja, le gounoung-talou, le manado et le boutoung sont des langues-sœurs. Le bouguis m'a paru avoir fourni beaucoup de mots aux langues endé ou floris, bima ou soumbava, timouri, boutang et salayer; mais il ne renferme pas ou presque pas de mots sanskrits.

L'ancien bouguis est la langue savante, religieuse et en quelque sorte exotérique ou secrète de Célebes; elle offre des rapprochements avec le malai, le bali et le kaoui de Java; je la considère, sauf erreur, comme la mère de ces trois langues. Son alphabet consiste en dix-huit consonnes et cinq voyelles, réglées par la classification de l'alphabet sanskrit, qui a été rejeté dans l'alphabet javan: il est important de remarquer que cet alphabet, ainsi que la langue bouguise, offrent peu de différence avec l'alphabet et la langue battas de Soumâdra. Dans sa grammaire, qui est très-simple, les noms n'ont ni genres, ni nombres, ni cas; les verbes n'ont ni modes, ni temps, ni personnes; on exprime tous ces rapports par certaines particules mises avant ou après les racines des noms ou des verbes, en les intercalant de différentes manières avec les mots qui en résultent.

Les Célébiens n'ont pas, que je sache, de traités sur les sciences, mais ils possèdent quelques notions d'astronomie; ils connaissent les planètes et leurs cours, les pléiades, syrius, orion, antarès et la grande ourse. Ils se guident sur les astres dans leur navigation. Les Mangkassars et les Bouguis modernes emploient le calendrier mohammédan; mais les anciens Bouguis divisaient en 12 mois leur année solaire de 365 jours, qui commençait le 16 mai.

Voici le nom de leurs mois et le nombre de leurs jours :

Sarawana	30 jours.
Padrowanae	30
Soudjewi	30
Pachekae	31
Pasar	31
Mangasserang	32
Mangasoutewe	30
Mangalompae	31
Nayae	30
Palayounae	30
Bessakae	30
Djetae	30
Total	365 jours.

En examinant ces mots avec soin, on en reconnaît six qui sont évidemment hindous; les autres nous sont inconnus. La manière de conserver le souvenir des époques par les règnes de leurs princes paraît être imitée des Chinois.

Les codes de Ouadjou, de Boni, de Mangkassar et de Mandhar jouissent d'une réputation méritée dans toute la Malaisie, et plusieurs de leurs lois ont été adoptées par les princes malais et javans.

Leur alphabet consiste en 18 consonnes et voyelles, auxquelles on ajoute 4 consonnes, qui ne sont guère que des aspirations. La classification technique de l'alphabet sanskrit y a été adoptée (*). Voici la traduction d'un fragment d'un poëme bouguis qui est fort remarquable.

« Si le monde entier te haïssait, moi je t'aimerais encore; je t'aimerais toujours: mon amour pour toi ne pourrait s'altérer, quand même il y aurait deux soleils dans le firmament. Enfonce-toi dans la terre, ou passe au milieu du feu, je veux te suivre. Notre amour est réciproque, et le destin ne

(*) Ce fait est d'autant plus étrange que cette classification a été rejetée dans l'alphabet de Java, et que les Célébiens sont à peu près le dernier peuple de la Malaisie qui ait reçu des colonies ou des traditions hindoues.

peut nous séparer. Que Dieu nous enlève ensemble, ou bien ta mort me sera fatale. Les moments où je vais auprès toi me sont plus précieux que si j'allais vers les plaines de la félicité. Sois irritée contre moi, ou repousse-moi, mon amour ne changera point. Ton image seule se peint sur l'œil de mes idées. Si je dors et si je veille, ma passion fait que je te vois partout, que je te parle toujours. Si j'expire, ne dis pas que je meurs par le décret ordinaire du destin, mais dis que je suis mort d'amour pour toi. Rien n'est comparable à ces délicieuses extases qui peignent mon amour si vivement à mon imagination. Que je sois loin de de ma patrie, que je sois aussi loin de toi qu'on peut le supposer, mon cœur est toujours près de toi. Dans mon sommeil, je te cherche et j'espère toujours te trouver, etc. »

Les Malais de l'île, inférieurs en tout aux Bouguis, ont une littérature peu brillante; mais elle n'en est pas moins curieuse à étudier pour l'ethnographe et le philologue.

Nous citerons pour exemple de leurs compositions en prose, un fragment de l'histoire de Hang-Touah, amiral du roi de Malakka, à l'époque de l'invasion du grand Albuquerque.

« Alors les serviteurs apportèrent les plus fines liqueurs et des coupes incrustées de pierres précieuses : on les plaça devant les chefs de divers rangs. Les goungs et les tambours battaient; les jeunes personnes à la voix douce chantaient des airs mélodieux. Les hôtes se livraient au plaisir; on se leva pour danser. L'amiral commença, après avoir salué respectueusement le prince. Il se leva, tenant en main la poignée de son kriss, ouvrage des plus habiles forgerons de Malakka. Il dansa fort bien, se courba devant le prince, et fut heureux. Le jeune prince était satisfait de ce qu'il voyait; ses yeux ne pouvaient se rassasier de ce spectacle : assurément, se disait-il en lui-même, Hang-Touah est un brave; sa contenance le décèle. Ensuite Toun-Jabbat salua le prince et se leva pour danser. Lakyer et Lacyn prirent les coupes des mains de ceux qui les avaient remplies, engagèrent Hang-Kastouri à danser; celui-ci défia l'*adipati* (*) de Palembang. Les chefs, dans leur joie, criaient fort haut. L'adipati salua le prince, et se leva pour danser. Il défia Toun-Rana-Diradja. Celui-ci s'inclina et se leva. Toun-Touah, Hang-Jabbat et Hang-Kastouri prirent les coupes des mains de ceux qui versaient la liqueur. Ils dansèrent les coupes à la main, et défièrent à boire Toun-Rana-Diradja. Celui-ci fut vaincu, perdit la raison, s'assit et pencha la tête. Le jeune soulthân se réjouissait et riait aux éclats, en voyant l'état où ce chef était réduit. Les goungs et les tambours battirent de nouveau. Le prince jeta un coup d'œil à Toun-Touah, afin qu'il pressât Toumoungoung-Sri-Soroja de boire. Toun-Touah prit une coupe, la tint à la main, tandis qu'il dansait; il la remplit pour le Toumoungoung, et la lui présenta en disant : « Buvez, monseigneur, le prince vous l'ordonne. » Monseigneur prit la coupe et la plaça respectueusement sur sa tête ; ensuite il but, s'inclina et se leva pour danser. Les serviteurs lui offrirent de nouvelles coupes. Le Toumoungoung présenta la coupe au Bandahara; celui-ci l'accepta, et se leva pour danser quelques pas, il abaissa son kriss, et s'inclina aux pieds du monarque. Le prince s'aperçut de l'intention de son ministre, il se leva et l'embrassa. Le Bandahara prit la coupe de nouveau et la but; mais il était ivre. Le prince se leva et dansa. Le Bandahara prit une coupe aux serviteurs, il la remplit, dansa et la présenta au prince. Le prince prit la coupe en disant : Mon cousin, je suis déjà ivre. Alors tous les chefs s'enivrèrent l'un après l'autre. Quelques-uns eurent la force de retourner chez eux; quelques autres tombèrent en route et s'endormirent; d'autres furent portés chez eux par leurs esclaves, et le plus grand nombre s'endormit çà et là autour de la place publique. »

(*) Ou ministre.

Citons encore un adage qui est souvent dans la bouche des hommes instruits, dans les parties les plus civilisées de la Malaisie.

« Le poison du cent-pieds est placé dans sa tête; celui du scorpion dans sa queue; celui du serpent dans ses dents : on sait donc où se trouve le poison de ces animaux ; mais le poison d'un méchant homme est dans toute sa personne, on ne peut en approcher. »

CXX. L'ÎLE KALÉMANTAN (MÉGALONÉSIE), IMPROPREMENT NOMMÉE BORNÉO.

POSITION ET NOMS. EXPLORATION DIFFICILE.

Cette île, la plus grande du globe, a trois cents lieues du nord au sud, sur une largeur qui varie de cinquante à deux cent cinquante lieues ; elle a environ mille lieues de tour, et trente-six mille lieues carrées de superficie. Elle est comprise entre le 4° 20' lat. sud et 7° lat. nord, et entre 106° 40' et 116° 45' long. est. Il est impossible, et il serait donc téméraire, de donner le chiffre exact de la population de cette grande terre; mais nous ne croyons pas exagérer en le portant à plus de quatre millions d'individus.

Quelques auteurs lui donnent le nom de Brunaï, et généralement elle porte celui de Bornéo; mais toutes ces désignations sont inexactes. Les naturels appellent ce beau pays *Poulo-Kalémantan* ou *Tana-Bessar-Kalémantan*, c'est-à-dire l'île Kalémantan ou la grande terre de Kalémantan. Le nom de Brunaï, dont on a fait Bornéo par corruption, est sans doute une altération de Varouni, véritable nom du royaume, de la rivière et de la ville de Varouni, qu'on appelle inexactement royaume, rivière et ville de Bornéo. Nous donnerons donc à Bornéo le nom de Kalémantan, et celui de Varouni au royaume, à la ville capitale et à la rivière improprement appelés de Bornéo.

On peut dire hardiment que l'île entière, et surtout l'intérieur de Kalémantan, est le pays le moins connu de notre planète. Nous ne donnons qu'une esquisse de cette *grande terre*, que nous considérons comme l'origine et la mère de l'Océanie; mais cette esquisse sera fort étendue en comparaison de tout ce qui a paru jusqu'à ce jour, puisqu'il n'existe pas dix pages exactes sur ce pays. La partie septentrionale dont nous pouvons parler plus consciencieusement, n'a encore été décrite par aucun voyageur. Malgré nos travaux et tous les soins que nous avons pris, nous avons besoin d'indulgence, car nous ne pouvons présenter que des découvertes et des renseignements nécessairement incomplets sur la *Mégalonésie* (*) (grande île), et surtout à l'égard de la philologie et de l'ethnologie de ce pays. Nous ne les reproduirons qu'avec cette réserve qui doit s'attacher à une classification quelquefois conjecturale de ses peuples et de ses dialectes, et spécialement pour tout ce qui est hors des limites de la partie septentrionale de cette mystérieuse contrée.

La plupart des voyageurs chargés de missions politiques, et plus souvent commerciales, par les gouvernements colonisateurs de la *Mégalonésie*, ont péri misérablement. Le capitaine Padler y fut égorgé en 1769 ; un établissement anglais fut anéanti à Balambang en 1774 et en 1803; un capitaine hollandais fut massacré en 1788, avec tout son équipage, en rade de Varouni, à l'heure du dîner ; le capitaine Pavin, en 1800, éprouva le même sort ; l'équipage du *Rubis* ne l'évita que par un bonheur inouï. Ces terribles catastrophes furent renouvelées en 1806, 1810 et 1811. Quelques années plus tard, Dalton fut long-temps prisonnier du soulthân de Kotti, et l'infortuné major hollandais Muller fut sacrifié dans son expédition au centre de cette île inhospitalière, sans que leurs malheurs aient été utiles à la science. Cependant c'est plutôt aux princes malais qu'aux indigènes que l'on doit reprocher tant d'horreurs, et encore tous ces officiers de terre et de mer, ainsi que les commerçants, avaient éveillé leurs soup-

(*) C'est le nom que l'auteur avait proposé jadis de donner à l'île Kalémantan.

cons. Quoique depuis long-temps une horrible anarchie dévaste cette île, les Européens n'ont jamais eu à se plaindre des habitants de la soulthânie de Varouni. Bien plus, à l'époque où les Holoans chassèrent et égorgèrent les Anglais de Balambangan, les Varouniens accueillirent les fugitifs avec une rare humanité, et leur cédèrent l'île de Balouan pour y fonder un nouveau poste. Il est malheureux que les Anglais l'aient refusée, au lieu d'essayer une colonisation qui aurait été, selon nous, d'un si grand intérêt pour le commerce et pour la science. Nous citerons, plus tard, un juif hollandais, marchand ignorant et inconnu en Europe, et qui a eu l'avantage, inutile à la géographie, de parcourir l'intérieur de ce beau pays. Nous n'hésitons pas à croire qu'il renferme le mot de cent énigmes et l'explication des plus importants mystères géologiques, anthropologiques, zoologiques, historiques, philologiques et géographiques. Il ne serait pas difficile à un ou deux Européens robustes, prudents et instruits, qui se livreraient à un petit commerce d'échange, et même de médecine de traverser le centre de Kalémantan (*) et d'explorer une grande partie de ce pays extraordinaire, s'ils avaient la précaution d'apprendre la langue malayou, le courage de supporter les dangers, les privations auxquelles un voyage dans l'intérieur de Kalémantan expose un étranger, et surtout la prudence de porter le costume des Dayas, de vivre à leur manière, de ne jamais plaisanter sur leurs religions, de ne pas rechercher leurs femmes, d'adopter les usages consacrés par le temps, de ne pas exciter la haine, la cupidité ou la crainte des indigènes, jaloux de leur indépendance et idolâtres de leur patrie.

CXXI. ASPECT, GÉOLOGIE, OROGRAPHIE, HYDROGRAPHIE ET CLIMATOLOGIE.

La surface de l'île Kalémantan est en

(*) Je ne verrai pas plus de difficulté à traverser le centre de l'Afrique aux mêmes conditions.

général montagneuse. Dans sa partie centrale s'élève une chaîne de montagnes qui projette de nombreuses ramifications, et donne naissance aux principales rivières de cette vaste région.

Selon les traditions malaises, Kalémantan est composée de plusieurs terres qui ont été réunies à la suite du temps. Le Gounoung-Kandang (mont Kandang), situé dans l'intérieur du district de Landak, à neuf lieues de la côte de Kalémantan, paraît en effet le résultat d'atterrissements successifs formés par les grands fleuves vaseux qui viennent de l'intérieur. Cette marche d'alluvions continue encore sur la côte où les habitants construisent leurs maisons sur des pilotis enfoncés dans le limon. Des marais existent sur plusieurs points du littoral. Le système de montagnes commence au nord et paraît traverser toute cette grande terre du nord au sud et de l'est à l'ouest.

La formation géologique de ces montagnes paraît être primitive, et elles n'ont pas de volcans, bien que quelques voyageurs en aient mentionné plusieurs. On n'y voit pas de ces formations trappéennes ou cornéennes, si communes dans la chaîne des îles de Sounda, et les tremblements de terre y paraissent inconnus.

La plus haute montagne de l'île, et une des plus remarquables du globe, est le Kini-Balou ou mont Saint-Pierre, qui s'élève par la latitude de 6° nord. Cette montagne, haute d'environ 10,000 pieds, est riche en cristaux. Quelques autres abondent en or, en zinc, fer et étain, métaux plus précieux, peut-être, que l'or. A Sadang et à Serawa, on trouve des masses inépuisables d'antimoine, dont on exporte une grande quantité à Singhapoura. Le fer se tire principalement de Djellé, dans l'intérieur de Malan; et il est fort abondant dans l'île entière. Il y a plusieurs montagnes de 6 à 8000 pieds de haut dans l'intérieur.

Le plus grand fleuve de Kalémantan, et le plus considérable peut-être de l'Océanie, est le Kappouas, qui traverse presque les trois quarts de l'île de l'est à l'ouest; vient ensuite le Bendjar-Massing qui, de même que le Reyang, ne prend pas sa source dans le lac Kini-Balou (ainsi qu'on le répète chaque jour), mais dans les montagnes au sud-est du lac Danao-Malayou.

Le Bendjar-Massing traverse l'île du centre au sud et se jette dans la mer. Il n'est que le second et peut-être le troisième de l'île. Vient ensuite le fleuve de Varouni, qui a sa source dans cette grande chaîne de monts qui traversent l'île du nord-est au sud.

Dans le royaume de Soukadana (*Soukadanya* ou *paradis terrestre*) sont cinq rivières, grandes et navigables; ce sont la Soukadana, la Lava, la Pogoro, la Ponthianak et la Sambass. Leurs embouchures sont obstruées par des barres qui n'en permettent pas le passage à des navires tirant plus de 14 pieds. Le fleuve Kinabatangan, qui traverse la province de Mangidora, habitée par les Idaans, se jette dans la mer de Holò, et est plus long-temps navigable que la Bendjar-Massing. Le Kouran, le Kotti, le Passir et plusieurs autres de la partie orientale de cette grande terre, sont également navigables pour de grands bâtiments. Les deux rivières Kotti et Passir n'ont pas leurs sources dans le Danao-Malayou, ainsi qu'on le voit dans les cartes, mais dans la chaîne des monts situés derrière le territoire de Bendjar-Massing.

Le lac Kini-Balou, qui baigne le pays des Dayas-Marouts, peut être considéré comme le plus considérable de la 5ᵉ partie du monde, et les naturels lui donnent même le nom de mer. Il est situé dans la partie nord-est et renferme plusieurs petites îles. Ses eaux sont blanchâtres; sa circonférence est de 90 milles, et sa profondeur de 4 à 7 brasses. On voit dans ses environs plusieurs hameaux peuplés d'Idaans.

Le lac Danao-Malayou est situé au centre de l'île par 1° 5 lat. nord et 114° long. est. Il a huit lieues de longueur; sa largeur est de quatre lieues, et sa profondeur de 16 à 18 pieds : il renferme quelques petites îles, et il est fort poissonneux ; on y navigue avec des *bedars*, ou petits *sampans*, et dans les rivières, avec des *bandongs* ou canots longs et étroits.

Kalémantan possède plusieurs havres excellents. Près du mont et de la rivière Sandakan ou Kina-Batangan, est Sandakan, bon port, où il est difficile de commercer à cause des petites colonies de Holoans qui y trafiquent des nids d'oiseaux, et dont la jalousie n'est surpassée que par leur cruelle avarice. Tambisam, près du cap Ounsang, serait un port précieux pour la construction et le carénage des navires. Poulo-Laout, Poulandan, et plusieurs autres situés dans le détroit de Mangkassar, offrent un abri sûr et un bon mouillage. Il existe deux ports à Malwali, deux au moins à Banguey, dont un derrière l'île de Pantanouan ; deux à Balambangan, un au nord-est, l'autre au sud-ouest, très-poissonneux ; un port derrière Maléagan près de Banguey, et celui d'Abaï au sud-ouest de Maloudou.

La baie de Maloudou, sur la côte nord-ouest, a environ six lieues de profondeur, et n'offre ni récifs de corail, ni aucun autre danger. Ses villes principales sont Songui-Bassar et Bankaka. On trouve des perles dans la baie, des rotangs au bord des rivières, et des forêts de pins sur les montagnes voisines. Les tortues de mer nommées *pakayan*, peuplent toute la côte, où l'on trouve une quantité innombrable d'huîtres (*). La partie septentrionale de l'île Kalémantan est la plus belle et la plus riche de cette grande terre. L'or, le camphre, la *sibing* (cire), les nids d'oiseaux, la canne à sucre et le riz, les productions végétales et minérales les plus précieuses y abondent et y sont à bon marché. Maloudou pourrait devenir la plus belle colonie du globe. Ici on pourrait fonder un *empire océanien*, qui a déjà existé peut-être et qui devrait devenir un foyer de civilisation et de prospérité pour toute l'Océanie dont la Mégalonésie est le centre. Il y a environ

(*) Ces huîtres pour se reproduire paraissent n'avoir qu'un seul sexe, ainsi que la pinne, la vénus, la telline, l'isocarde, les tridachnes, les pholades, etc.

60 ans qu'une colonie de 1000 Kambodjiens s'était établie dans ses environs, attirée par l'appât des plus riches productions et par un commerce qui peut devenir le plus florissant de la Malaisie, et qui surpasserait peut-être un jour celui des Indes et de la Chine. A. Dalrymple avait déjà jeté les yeux sur une partie de la soulthànie de Varouni, c'est-à-dire sur la côte occidentale de l'île.

Le climat de cette grande île est moins chaud qu'on ne l'a représenté. Il est tempéré à l'intérieur par l'air des montagnes, et près des côtes par les brises de mer. De novembre en mai, il y pleut abondamment. Le thermomètre s'y tient entre 24 et 35. Une partie des côtes est malsaine, surtout dans le voisinage des marais; mais la partie septentrionale, contrée riche et admirablement romantique, en est la plus fertile et la plus salubre.

CXXII. BOTANIQUE.

Parmi les plantes précieuses qui croissent surtout dans les districts de Maloudou, Labouk, Païtan, Ounsang, près du mont et du lac Kini-Balou, enfin dans la partie septentrionale de cette grande île, nous citerons, entre autres végétaux rares, une plante herbacée qui appartient à la famille des araliacées, et que nous croyons être le ginseng, en chinois *jyn-chen*. Ses racines sont charnues et de la grosseur du petit doigt; sa tige est peu élevée; ses feuilles sont dentées au bord; la fleur des baies est rougeâtre dans sa maturité. Quand les racines sont sèches, elles deviennent jaunâtres, et elles sont couvertes de fibrilles. Les Sybarites du céleste empire (*) attribuent à cette plante des propriétés aphrodisiaques d'un effet toujours nouveau. C'est, selon eux, une fontaine de Jouvence, un élixir de longue vie, une panacée universelle; aussi ne craignent-ils pas de donner une once d'or pour une once de ginseng. Le meilleur vient dans la Mandchourie ou Tatarie chinoise. On a trouvé le ginseng dans l'Amérique du nord; mais il est bien inférieur à celui de la Mandchourie. Les Chinois portent les plus grands soins dans sa préparation. Après avoir bien lavé les racines, ils les font bouillir pendant quelques minutes, et les font sécher dans la chaux en poudre, afin que les insectes ne puissent les attaquer, et alors elles ressemblent exactement à des bâtons de sucre d'orge.

Mais le ginseng n'est vraisemblablement qu'une exception à Kalémantan. Les productions les plus précieuses de ce beau pays sont le poivre noir, le camphre et le benjoin. Le poivre provient d'une plante qui ressemble à la vigne, et forme la principale exportation de l'île.

Le camphrier (*dryobalanops camphora* de Colebrooke) est l'arbre qui produit le camphre. Le camphre est le résultat d'une cristallisation concrète, qui s'opère au cœur d'un bel arbre qui plaît par son port, son ombrage et son odeur. Il est aussi haut et aussi gros que le plus beau bois de charpente, et il atteint jusqu'à quinze pieds de circonférence. Au son que l'arbre rend sous le bâton, les naturels connaissent s'il contient du camphre. Les Chinois en font de jolies malles qui préservent le linge et les livres des piqûres des cancrelats et autres insectes. Cet arbre résineux et aromatique, confondu à tort avec le laurier-camphrier du Japon, préfère le rivage de la mer. Ses limites géographiques sont très-circonscrites. On ne l'a trouvé en Océanie que dans les îles de Soumâdra et de Kalémantan; mais le dernier est bien supérieur. On le vend 12,000 fr. le pikle (125 livres), tandis que celui de Soumâdra ne coûte que 800 fr. La résine du laurier-camphrier du Japon se donne à un prix vingt fois plus bas. Une huile essentielle sort des fissures du bois sous la forme concrète et quelquefois liquide. On obtient cette huile par une simple incision. Le camphre est extrait par sublimation du bois, de l'écorce et des feuilles du camphrier. Les racines des vieux arbres sont les parties qui en contiennent le plus. Les Chinois, les

(*) La Chine.

Arabes, les Persans et les Hindous en font beaucoup de cas; mais il est plus recherché en Europe, où les médecins l'emploient souvent à cause de sa propriété calmante. Les Hindous et les Chinois s'en servent pour les feux d'artifice, et les musulmans le mettent dans la bouche de leurs morts avant de les porter à leur dernière demeure. Puisque le camphrier croît au Japon par le 4° degré de latitude nord, ne pourrait-il pas réussir dans notre colonie d'Alger, entre le 34° et le 35° degré de latitude septentrionale? Je conseille à nos colons d'en faire l'essai, ainsi que de tant d'autres plantes qui ouvriraient à la France une nouvelle source de richesses, de puissance et de prospérité.

Le benjoin est un arbre précieux qui ressemble au sapin; on le trouve communément dans le nord de l'île, et vraisemblablement dans l'île entière. Il produit une espèce de graine blanche, molle et d'un parfum suave. Les Arabes en exportent une grande quantité. La plus fine est réservée aux Hindous, aux Chinois et aux Européens.

Au nombre des plantes les plus estimées de Kalémantan, il faut compter le *cassia lignea*, cannelle commune, qui, comme le camphre et le benjoin, vient généralement sans culture; les rotangs qu'on exporte en Europe pour les monter en cannes; le séné; le coton de soie qui provient du bombax (arbre à parasol), et dont on se sert pour remplir des matelas et des oreillers; l'arbre qui fournit la gomme appelée *sang-dragon*; l'areng ou ébénier; le *ghioum*, le bois de fer, et quelques plants de café médiocre. On y cultive le riz, les ignames, le sagoutier, l'arekier, le bétel, le cayou-pouti, le gambir, le gingembrier, le kanari, bel arbre dont la noix fournit une huile bonne à manger, une variété du dourian dont le fruit est plus gros que la tête d'un homme, le bananier qui produit la *figue du paradis*, que d'anciens auteurs assurent être le fruit qui tenta Ève, et le thuya articulata qui fournit la gomme blanche nommée *sandaraque* en Europe, et qu'on attribue mal à propos au genévrier. Les choux-palmistes forment la nourriture principale des indigènes.

La plupart des districts de l'île Kalémantan produisent aussi plusieurs des arbres fruitiers des Indes. Dans une grande partie de l'île, et surtout au sud-ouest, sont des arbres recherchés pour la construction des maisons et des navires, tels que le boulingan, le bois de fer (*pohon bessi*) qui fournit d'excellents poteaux, dont l'ombrage épais forme des voûtes ténébreuses, et dont les tiges s'élèvent jusqu'à vingt pieds de haut. On y trouve en abondance le tek, le tambousou, le slouma, le para, le marbo maranté, le kavouan, l'angsouma, le batou, le madang chouenou, le madang peawas, le krandjo, le taoukawan et le kouming dont les fruits fournissent une huile estimée, le dammer dont la résine est recherchée; et parmi les plantes à odeur, l'aloès et le sandal qui exhalent le plus doux parfum. Enfin, le coton ordinaire, la muscade et le girofle ont réussi sur cette terre, il y a peu d'années.

CXXIII. CONSIDÉRATIONS SUR LE THÉ.

Quelques Chinois ont fait un essai de quelques plants de thé, et il y aura problablement réussi. Cette plante précieuse, dont la naturalisation à Kalémantan fournirait des trésors à ses habitants, mérite une description particulière.

Le véritable thé, *thea sinensis*, appartient à la famille des aurantiacées, ou plutôt des ternstrœmiacées. C'est un arbrisseau qui, dans l'état naturel, s'élève à une hauteur de vingt-cinq à trente pieds, mais qui, dans l'état de culture, en dépasse rarement cinq ou six. Il est originaire de la Chine, où il croît naturellement, ainsi qu'en Cochinchine et au Japon.

Les fleurs du thé sont blanches, axillaires et agglomérées au nombre de trois ou quatre à l'aisselle des feuilles supérieures. Elles offrent quelque ressemblance avec la rose sauvage de nos haies.

Dans les pays que nous avons cités, et surtout en Chine, la culture du thé est extrêmement soignée. Tantôt on la plante sur les bords des champs ; plus souvent on en forme des espèces de quinconces sur le penchant des coteaux. Ce n'est guère qu'après trois ou quatre années qu'on commence à recueillir les feuilles sur les jeunes pieds de cet arbrisseau, et la récolte cesse lorsqu'ils ont atteint huit à dix ans. On fait ordinairement trois récoltes de feuilles par an ; les premières cueillettes jouissent d'un parfum exquis. Le meilleur thé est celui qu'on cueille en mars, et le plus commun vers le mois de juin.

Dès que les feuilles ont été récoltées et triées, les ouvriers les plongent dans l'eau bouillante, et les y laissent seulement pendant une demi-minute; ils les retirent donc au plus vite, les égouttent, et les jettent sur des plaques de fer, grandes et plates, qui sont placées au-dessus d'un fourneau. Leurs mains peuvent à peine endurer la chaleur de ces plaques. Ils trempent continuellement les feuilles jusqu'à ce qu'elles soient suffisamment chauffées; après quoi ils les enlèvent et les étendent sur de grandes tables recouvertes de nattes. D'autres ouvriers s'occupent alors à les rouler avec la paume de la main, et l'un d'eux s'efforce de les refroidir au plutôt, en agitant l'air avec de grands éventails. Cette opération doit être continuée jusqu'à ce que les feuilles soient complètement refroidies sous la main de celui qui les roule, car c'est par un prompt refroidissement que les feuilles se conservent roulées plus long-temps. Il est donc partout des hommes destinés à souffrir pour préparer les plaisirs d'autres hommes! Ainsi va ce pauvre monde.

Grace à l'opération du roulage, qu'on répète deux ou trois fois, on enlève aux feuilles et leur humidité et le suc âcre et malfaisant qu'elles contiennent. Pour les espèces de 1re qualité, chaque feuille doit être roulée séparément; mais pour les espèces ordinaires, on en roule plusieurs à la fois. On fait sécher le thé ainsi préparé, et on ne le renferme dans des boîtes ou dans des caisses, que lorsqu'il est parfaitement sec. Alors les Chinois l'aromatisent avec diverses plantes odoriférantes, telles que les fleurs de l'*olea fragrans* et celles du *camellia sesanqua*, arbrisseau de la même famille que le thé, celles de la rose à odeur de thé qu'on commence à cultiver en France, et la fleur de l'oranger. On destine celui-ci aux mandarins de première classe, aux calaos ou ministres, et même au céleste souverain du centre de la terre (*tchon-kou*), noms que donnent les Chinois à leur monarque et à leur empire, dont la surface géométrique n'est qu'un peu moins d'un dixième de la terre habitable.

Il n'y a réellement que deux espèces de thé : le thé vert et le thé noir ou bou ; elles se subdivisent chacune en plusieurs variétés.

Les thés verts, d'une couleur verte ou grisâtre, sont âcres, aromatiques, et donnent une infusion d'une couleur de citron.

Les thés noirs, dont la couleur est plus ou moins brune, sont généralement plus doux, et donnent une infusion d'une couleur foncée.

Le thé vert a une légère odeur de foin et une qualité enivrante qu'il manifeste ordinairement par son action sur les nerfs, quand on le prend trop fort et en trop grande quantité.

Parmi les thés verts, nous citerons les variétés suivantes :

1° Le *Thé hyswen*. C'est une des meilleures sortes; l'usage en est généralement répandu.

2° Le *thé perlé*, ainsi nommé parce que les feuilles sont roulées en forme de perles. Son odeur est moins agréable que celle du hyswen, et sa couleur plus brune.

3° Le *thé poudre à canon*. Il est choisi parmi les feuilles les plus petites du hyswen et du thé perlé, et on les roule sur elles-mêmes jusqu'à ce qu'elles ressemblent, pour la grosseur de leurs grains, à ceux de la poudre à canon. Cette espèce est très-agréable, fort recherchée et d'un prix élevé.

4° Le *thé tchoulan*. Il est presque entièrement semblable au thé hyswen, mais son odeur est infiniment plus suave et plus développée. Il est assez rare dans le commerce.

Au nombre des thés noirs, nous mentionnerons :

1° Le *thé soutchong*, d'un brun noirâtre, d'une odeur et d'une saveur généralement plus faibles que les thés verts.

2° Le *thé peko* diffère peu du soutchong ; mais son odeur est plus délicate et plus intense.

Le thé noir, connu sous le nom générique de thé *bou*, est le plus répandu : ses feuilles sont brisées, mêlées de poussière et de feuilles jaunâtres.

La meilleure qualité de thé noir est le *liang-sin* odoriférant, qui vaut en Chine 12 fr. la livre. Il y a encore le *thé fou-tchan* rosé qui coûte 13 fr., et le thé *kou-lan-sa-mé*, blanc argenté, 30 fr.

Le premier de tous les thés verts destinés aux grands est d'un parfum exquis ; on le nomme *kou-lang-fyn-i*. Je l'ai vu vendre à Kangton 40 francs la livre.

Le thé nouveau est considéré par les Chinois comme un puissant narcotique ; aussi ne le font-ils entrer dans la circulation qu'un an après la récolte. Le thé à pointes blanches, venu par terre, appelé *thé de caravane*, et qui nous vient de Russie, est préférable à celui qui a traversé les mers.

Les Européens et les Américains qui font le commerce du thé à Kangton, ont recours, pour leurs transactions avec les Chinois, à des essayeurs de leur nation, ou à des experts chinois qui en savent distinguer les diverses qualités à la seule vue de la couleur que donne l'infusion. Pendant que nous étions dans cette ville, M. J. Reeves, essayeur du *select comittee* anglais, et qui était en outre botaniste exercé, se distinguait par son habileté à reconnaître les différentes qualités de thé. Nous citerons à ce sujet une anecdote assez curieuse que raconte le capitaine Blanchard, dans son *Manuel du commerce des Indes et de la Chine* :

« Je voulus m'assurer du savoir de mon connaisseur : nous avions mis ensemble de l'eau bouillante sur quatre différentes montres de thé, qui me paraissaient également bonnes, et dont chacune portait un numéro correspondant à ceux des tasses où étaient les infusions ; je changeai un de ces numéros, et lui en substituai un autre. Mon expert vint le jour suivant pour faire sa visite ; je lui fis observer qu'il se trompait dans son jugement sur une des tasses, qu'il attribuait à la montre à laquelle elle appartenait en effet ; tandis que le numéro, que je lui montrai, en désignait une autre. Cette remarque parut l'affecter ; mais, après un nouvel examen, auquel il apporta une grande attention, il me dit que je m'étais trompé en plaçant les numéros, et il ajouta avec assurance : *Cette eau appartient à cette montre* (en désignant la véritable), *et non à celle-ci*. Je lui avouai ma supercherie, et il fut satisfait. »

Outre le thé de la Chine, qui est le véritable, il existe un thé commun de Cochinchine, *teucrium thea*, de Loureiro, et le thé des Tatars, *rhododendron chrysanthum*. J'ai vu à l'île Bourbon et à l'île de France le *faham* qu'on désigne sous le nom de thé de l'île Bourbon d'où il est originaire. On emploie pour cette boisson les feuilles d'une orchidée qui paraît être l'*angræcum fragrans* que Dupetit-Thouars a signalé dans son histoire des orchidées d'Afrique. Ce thé, qui est rare, est agréable, mais il est très-excitant. Outre le *faham*, on a donné le nom de thé, par analogie, à un grand nombre de plantes exotiques, dont les feuilles offrent la consistance et les formes du thé, et qui sont employées par différents peuples comme boisson d'utilité et surtout d'agrément. Tel est le fameux *maté*, ou thé du Paraguay (*ilex maté*), dont l'usage est général dans l'Amérique du sud. On compte encore le thé de la Nouvelle-Jersey, du Mexique, de Bogota et des Antilles, et le thé du Canada. Les feuilles de celui-ci appartiennent à un petit arbrisseau nommé *gaultieria procumbens*, de la famille des bruyères, qui se plaît dans les terrains arides et sablonneux. Le the du Canada a une saveur agréable et assez semblable à celle du thé de Chine, mais elle n'a pas les qualités excitantes du dernier. Vient ensuite le thé de France et de Corse, celui de Suisse (espèce de sauge), etc., enfin celui de l'Océanie.

Le thé de la Nouvelle-Hollande ou Australie se compose des feuilles de deux espèces de salsepareille : *smilax glyciphyllos* et *ripogonum*.

Enfin la dernière espèce de cette plante que nous connaissions est le thé de la mer du Sud ou des îles de la Polynésie, *leptospermum thea*.

En France, le goût du thé de la Chine s'est surtout répandu dans la bourgeoisie depuis 1814; jusqu'alors il n'était guère sorti de quelques salons un peu élevés, sauf dans certaines villes, telles que Marseille, Bordeaux, où l'on trouve beaucoup d'Anglais, de Hollandais, de Suédois, de Portugais et de Mexicains. Aujourd'hui il se popularise. La manière de servir le thé est devenue un art, et fait partie de l'éducation d'une demoiselle de bonne maison. En Hollande, on consomme des quantités prodigieuses de thé; nous en avons vu faire assez d'usage en Portugal, le premier pays d'Europe où nous pensons qu'on a commencé à en introduire la consommation en 1665.

Les Portugais et les Hollandais prennent le thé comme on le fait généralement dans l'Océanie, avec du sucre candi. Les Chinois le prennent sans sucre.

La compagnie anglaise des Indes orientales mentionne dans ses voyages l'achat de 22 livres et demie de thé au prix de 36 livres sterling (environ 900 fr.), qui furent présentées, en 1666, au roi de la Grande-Bretagne et d'Irlande. En 1674, elle en acheta encore 55 livres pour cadeaux; et aujourd'hui, en Angleterre seulement, il s'en consomme plus de 30 millions de livres.

Le célèbre économiste écossais, Adam Smith, a calculé, à une époque où il ne s'en consommait guère que 25 millions, la quantité de vaches qu'il faudrait pour remplacer le thé par du lait, et il a trouvé un total de 500,000 vaches, qui exigeraient pour leur entretien environ un million d'hectares de terrain.

Le thé est quelquefois altéré, soit parce qu'il a été mal préparé, soit parce qu'il n'a pas été conservé avec soin : dans ces cas, on trouve souvent des feuilles tachées de rouille. On y trouve aussi quelquefois des feuilles desséchées et jaunies sur l'arbre. Le thé altéré par l'air ou l'eau de mer, s'échauffe, se corrompt et perd toutes ses qualités; voilà pourquoi le thé des caravanes, qui vient par terre, en traversant les deux plus vastes empires de la terre (la Chine et la Russie), est préférable.

Nous avons dit que le marchand chinois, adroit et assez souvent fripon, mêle aux boîtes de thé des feuilles de *camellia sesanqua*, qui est de la même famille que le thé; de plus, les semences de l'anis étoilé, les racines de l'iris de Florence, sont quelquefois renfermées pendant un certain temps dans les boîtes à thé, pour communiquer aux feuilles l'odeur de ces substances. On a déjà essayé, pour s'assurer de la présence des feuilles étrangères dans le thé, de mettre dans l'infusion un grain et demi de couperose verte. Si l'on a obtenu l'infusion au moyen de véritable thé vert, elle prend, à la lumière, une teinte bleuâtre; elle sera d'un bleu tirant au noir, si l'infusion est obtenue avec du véritable thé noir; mais si le thé, quel qu'il soit, est falsifié, elle pourra être de toutes couleurs, jaune, verte, noire : cependant ce moyen n'est pas infaillible.

Les Chinois de Kangton et de Macao ont l'habitude d'employer la terre du Japon (Catechou) pour teindre leur thé vert avarié, ce qui lui donne la couleur du thé noir. L'infusion du premier, dans les mêmes proportions que celle du second, de la qualité duquel on serait sûr, serait beaucoup plus foncée que l'autre. La couleur de cette infusion est d'un brun rougeâtre, tandis que celle du véritable thé bou doit tirer sur le noir. Les feuilles du premier, long-temps macérées dans l'eau froide, sont plus vertes que celles du second; enfin l'infusion est astringente, âcre et désagréable, au lieu de flatter le goût.

Le thé vert peut être falsifié en teignant le mauvais thé noir avec de la couperose verte. Si on verse de la teinture de noix de galle dans l'infusion, celle-ci devient d'un bleu noir très-foncé. Quand on s'en aperçoit, on peut être assuré que le thé est falsifié; car il est prouvé que l'acide gallique n'a aucune action sur l'infusion du thé naturel.

On croit généralement en Europe que le thé que l'on y exporte a déja servi à la boisson des Chinois. C'est une erreur qui a été propagée par des personnes qui l'ayant vu mettre dans l'eau, n'ont sans doute pas bien compris le but de cette préparation, qui est d'enlever aux feuilles une partie de leur âcreté. Il faut néanmoins convenir que les marchands mêlent quelquefois du thé dont on s'est déja servi avec du thé de bonne qualité; fraude dont on ne s'aperçoit qu'à la faiblesse de l'infusion, mais que celui qui a vécu à Kangton reconnaît de suite.

Le gouvernement français a essayé depuis un certain nombre d'années d'introduire dans la Guiane la culture du thé. Il a fait venir des Chinois se disant habitués à ce genre de culture; mais ces tentatives n'ont été suivies de peu de succès, par la faute de l'administration. Don Pedro a été plus heureux au Brésil; mais ses plantations sont encore dans l'enfance. Les Anglais, les Hollandais, les Belges, les Danois, les Suédois, les Russes, les Américains considèrent le thé comme une boisson salutaire. En effet, dans les contrées septentrionales, couvertes de brouillards pendant une partie de l'année, et placées au milieu d'une atmosphère froide et humide, l'infusion de ces feuilles aromatiques, par la légère excitation qu'elle développe et surtout par la quantité d'eau chaude qu'elle introduit dans l'estomac, procure une transpiration nécessaire à l'exercice des fonctions, sans laquelle on ne peut conserver la santé. Au reste, les Portugais, habitants du midi, les Chinois de Kangton qui s'agitent sous le tropique du Cancer, et les peuples de Kalémantan qui vivent sous l'équateur, n'éprouvent aucun mal de cette boisson.

L'usage habituel du thé, et surtout du thé vert, lorsqu'on le boit très-fort, ne convient qu'aux personnes d'un tempérament mou et lymphatique; mais il ne convient pas aux hommes d'une constitution sèche et nerveuse, aux femmes faibles et excitables, à moins d'y ajouter du lait.

La manière ordinaire de le prendre en Chine, est de mêler deux petites cuillerées de thé noir à une de vert, et cette méthode est la plus salutaire. Les Chinois qui en prennent souvent, mais peu à la fois, n'y mettent pas de sucre, et les Malaisiens emploient le sucre candi.

C'est surtout pour favoriser la digestion, les sueurs et autres fonctions, que les médecins prescrivent quelquefois l'usage d'une infusion d'un demi-gros à un gros de thé dans une pinte d'eau bouillante. L'usage habituel de cette boisson favorise même l'évacuation des petits graviers qui se forment souvent dans la vessie.

L'analyse chimique du thé a été faite naguère à Paris par M. Cadet Gassicourt, qui en a retiré, par la distillation, un eau astringente sans aucune trace d'huile volatile, un extrait amer styptique, composé d'acide gallique et de tannin. Pendant long-temps on a attribué la couleur verte de certaines espèces de thé aux plaques de cuivre sur lesquelles on les fait sécher; mais cette opération, qui tiendrait à jeter de la défaveur sur le thé vert, est entièrement fausse, car l'analyse chimique que nous avons citée et qui a été faite avec le plus grand soin, a prouvé le peu de fondement de cette assertion, puisqu'elle n'y a pas fait découvrir la moindre particule de cuivre.

Le thé est destiné à faire la conquête du monde. Nos livres et nos vins, nos eaux-de-vie, notre quincaillerie et nos parures font le tour du globe, et sont recherchés des peuples civilisés ou des tribus sauvages. De notre côté, nous relevons nos aliments avec les épices de la Malaisie; nous les adoucissons avec le sucre des Antilles ou de Siam; nous savourons le parfum du café d'Arabie ou de l'île Bourbon; nous nous enivrons du tabac de Manila, de Virginie, de la Havane et de Latakié; nous aspirons avec volupté le thé de ces Chinois à qui nous avons emprunté tant de choses utiles; et je m'étonne que, quand, dans une soirée à thé, par exemple, j'entends des discours frivoles, jeux de mots rebattus, d'indignes parodies de tout ce qu'il y a de sacré, de grand et d'élevé parmi les hommes, nous ne consacrions pas une partie de nos conversations à ces beaux pays, qui nous procurent tant de jouissances. Il est vrai qu'il faudrait pour cela que l'étude de la géographie, cette science si difficile, si vaste, si utile et si agréable, fût plus répandue parmi nous, et il faut bien l'avouer, en cela nous sommes très-peu arriérés des Anglais, et surtout des Allemands, qui appartiennent à la classe aisée, hommes ennemis des jolis riens et dont le savoir s'allie à la bonne foi et à l'impartialité. Aussi les suffrages que j'ambitionne le plus, après ceux de ma chère patrie, ce sont les suffrages de la docte Germanie.

CXXIV. ZOOLOGIE.

Dans cette île, la nature, grande, riche, imposante et variée, est féconde en merveilles inépuisables. La terre, l'air et les eaux y sont animés d'animaux rares et singuliers.

CXXV. LE SINGE VERT.

Il y a dans le nord de Kalémantan quantité de singes de différentes espèces, entre autres un grand singe vert dont les naturalistes n'ont pas encore parlé, et qui approche de l'homme plus que l'orang-houtan, du moins par la conformation de sa tête et de sa face et par la protubérance de son nez; mais il est quadrumane et non bimane comme l'orang-houtan. C'est un spectacle intéressant que de voir ces jolis singes se dirigeant par familles vers les étangs et les rivières, en marchant par pelotons, et se baignant ensemble, après avoir étanché leur soif.

Voici la méthode que les Dayas emploient pour les prendre. Ils évident des noix de coco par un trou rond qu'ils font dans la coquille, l'entourent d'une espèce de glu, qui produit l'effet de la colle forte, et le remplissent de bananes et de morceaux d'ananas et autres fruits dont ils sont friands. Ces singes fourrent la main dans ce trou et ne peuvent la retirer; ils poussent de grands cris sans pouvoir lâcher prise: c'est alors que les Dayas sortent de leurs cachettes et s'en emparent. Ils sont si lestes et si mobiles, qu'il est très-difficile de tirer sur eux avec des flèches ou avec un fusil, et, par conséquent, de les prendre autrement que par la friandise.

Ce singe, aussi gracieux qu'un sapajou, quoique beaucoup plus grand, devient bientôt familier et docile; il est singulièrement vif et espiègle; il aime à jouer; mais il est si délicat et si frileux, qu'il est difficile de le conserver hors des bois paternels. L'auteur propose pour cette nouvelle espèce le nom de *chloropithèque*.

Il existe encore à Kalémantan une espèce de singe également de couleur verte, mais beaucoup plus petite et plus hardie, s'il est possible.

CXXVI. LE SIMIANG ET LE PONGO A TÊTE PYRAMIDALE.

Cette grande île renferme encore d'autres espèces de singes, dont on ne parlera pas, parce qu'ils sont bien connus.

On y rencontre quelquefois le simiang (*hylobates syndactylus*), qu'Alfred Duvaucel, ce martyr de la science, mort jeune, loin de la France, sa patrie, a reconnu à Soumâdra, et a fort bien décrit. Il se tient ordinairement dans des camps en troupes nombreuses, que semblent commander quelques individus plus forts et plus intelligents que les autres. Un cri épouvantable, au lever et au coucher du soleil, trahit le camp de ces animaux, qui sont une espèce dégénérée des orangs; mais il est fort difficile de les apercevoir. On y trouve encore des wouwous, variété des gibbons, et des gibbons qui appartiennent au genre orang.

Voici la description d'un pongo à tête pyramidale mort. Sa tête avait en effet la forme d'une pyramide, de la nuque au museau; ses mâchoires étaient armées de dents canines qui se rapprochaient de celles des tigres et des lions. Il n'avait ni queue ni abajoues; son museau était très-long, son front très-reculé, ses mains très-longues, son angle facial de 30 degrés, et son angle palatin de vingt. En jugeant de sa force par la saillie de ses muscles et la solidité de ses os, on conçoit qu'il mette en fuite l'éléphant, et qu'il résiste à une douzaine d'hommes. Dans ces animaux, l'amour de l'indépendance égale leur force prodigieuse, et toutes leurs actions annoncent beaucoup de réflexions. Ce pongo, qui semble former une espèce du genre orang, ne doit pas être confondu avec celui de Wurmb (*Pongo Wurmbii*).

L'auteur ne reparlera pas de l'orang roux qu'il a décrit au tableau général de l'Océanie, et qui mangeait et buvait à table comme un homme (voy. pl. 20); il rapportera seulement que les plantations de cannes à sucre, et les champs de riz, de bananes et d'ananas, sont souvent ravagés par ces bimanes.

CXXVII. LE BABI-ROUSSA.

Le babi-roussa est un des animaux les plus curieux de l'île Kalémantan: on le trouve aussi à Célèbes, et dans d'autres îles de la Malaisie.

C'est à tort que des auteurs ont confondu le babi-roussa avec le cochon; il en diffère matériellement par sa conformation, sa stature, son genre de vie, et même ses habitudes. Le babi-roussa est couvert, au lieu de soies, d'un poil court et moelleux, gris-brun mêlé de roux; ses jambes sont beaucoup plus hautes que celles du cochon; sa queue est plus longue et touffue à son extrémité; son cou est moins gros; ses oreilles sont courtes et pointues; ses formes sont généralement plus légères; sa peau est mince et n'est pas doublée d'une couche de lard; son crâne n'est pas rempli de sinus qui coiffent le cerveau comme dans le sanglier; il est plus long, à proportion du museau, que dans le cochon de la Chine, et son encéphale est presque double en volume de celui du sanglier.

Le babi-roussa n'a que quatre dents incisives, et le cochon en a six; il n'a que cinq molaires en bas et six en haut, tandis que le cochon proprement dit en a sept partout : encore, selon Cuvier, le nombre des dents du babi-roussa est-il rarement complet chez les adultes.

Le museau du babi-roussa est armé de quatre grandes défenses, dont les deux plus fortes partent de la mâchoire inférieure, en se relevant et s'éloignant de près de huit pouces de leurs alvéoles: elles sont aiguës, arquées et triangulaires comme celles du sanglier; deux autres canines sortent comme des cornes au-dessus de la mâchoire supérieure, et s'étendent, en se recourbant en demi-cercle, au-dessous des yeux. Ces défenses sont d'un très-bel ivoire, mais moins dur que celui de l'éléphant.

Quoique cet animal paraisse dangereux, à raison de ses défenses, il vit principalement de végétaux ou de feuilles d'arbres, et se tient ordinairement éloigné de l'homme, cherchant rarement à pénétrer dans les jardins, comme fait le sanglier, pour les ravager et en détruire les productions. Il s'apprivoise aisément, et sa chair est très-bonne à manger; mais elle est prompte à se putréfier. Cosmas Indicopleustes, moine grec, qui visita l'Inde et l'Abyssinie au Ve siècle de l'ère chrétienne, a dépeint cet animal sous le nom de χοιρέλαφος, cochon-cerf, et ce nom répond parfaitement à celui de babi-roussa, qui, en malayou, signifie également cochon-cerf.

Ces animaux ont une singulière manière de prendre leur repos ; ils accrochent une de leurs défenses supérieures à la branche d'un arbre, et laissent leur corps se balancer librement. Ils restent ainsi suspendus toute la nuit, et dorment en sécurité hors de l'atteinte des animaux qui leur font la chasse.

Ils vont par troupes comme les sangliers ; mais ils l'emportent sur eux en agilité, et exhalent une odeur très-forte, qui met les chiens sur leur trace. Lorsqu'ils sont poursuivis, ils font une vigoureuse résistance, en s'élançant, furieux et terribles, sur les chiens, et leur faisant de profondes blessures avec leurs défenses de la mâchoire inférieure. S'ils se trouvent serrés de près, quand ils sont sur le rivage de la mer, ils se précipitent dans les flots, où ils nagent avec beaucoup d'adresse, et plongeant et revenant à fleur ; et un fait digne de remarque, c'est qu'ils ne se mêlent jamais avec les sangliers sauvages.

Parmi les quadrupèdes, l'éléphant, une espèce de léopard et les rhinocéros bicornes et unicornes ne se trouvent, chose étrange, que dans les districts d'Oungsang et de Païtan, au nord de l'île ; de même que le cheval n'existe que dans ceux de Pandassang et de Tanpassok, également au nord.

CXXVIII. RHINOCÉROS UNICORNE.

Rien n'égale la force et la vélocité du rhinocéros unicorne (voy. pl. 68). Quand il est animé, il marche, ou plutôt il court d'une manière si rapide, que l'œil même a de la peine à suivre ses pas ; les objets qu'il rencontre sur son chemin ne peuvent servir d'obstacle à la rapidité de sa course : il enfonce des palissades, et il déracine les plus gros arbres avec la plus grande facilité. Certaine classe de Dayas font la chasse aux deux espèces de rhinocéros, pour avoir leurs cornes. Ils les tuent avec de longs mousquets fabriqués dans le pays. L'ivoire et les cornes de ce terrible quadrupède appartiennent de droit aux radjahs, ou princes. Les cornes du rhinocéros unicorne ressemblent beaucoup à l'écaille, mais elles sont beaucoup plus minces : la base a en général quatre pouces de long, sur deux de large ; et elles avancent moins que celles des rhinocéros d'Abyssinie ou de l'Inde (*), que l'auteur a également vues, et qui sont d'environ 8 pouces. La base en est creuse. Pour apprécier la qualité de la corne, il faut porter cette partie creuse à l'oreille, et on juge de sa bonté par le plus ou moins de bruit qui s'en échappe et qui ressemble assez à celui que fait un buccin ou autre coquille dont on appliquerait la partie concave à l'oreille. Il faut ajouter que le rhinocéros unicorne est fort rare, au dire des indigènes.

CXXIX. MANIÈRE DE PRENDRE LES ÉLÉPHANTS.

Voici de quelle façon les Kalémantans (**) s'emparent de l'éléphant. Ce gigantesque quadrupède ne vit, comme on sait, que de feuillages et de végétaux : il a le goût fin ; et les friandises dont il aime à se régaler, sont les cannes à sucre. Aussi, pendant la nuit, il ravage les plantations de cannes, et il ne manque pas de revenir dévaster chaque jour le même terrain, si l'on ne prend pas le soin de le punir de sa gourmandise. Les Kalémantans ou Mégalonésiens et spécialement les Davas creusent des fosses dans les endroits où ils aperçoivent les traces de l'éléphant, et les couvrent de trappes faites avec des tiges de cannes à sucre, au milieu desquelles ils ne manquent pas de placer des bananes et autres fruits pilés et réduits en pâte, dont cet animal fait sa principale nourriture. Ils mêlent à cette pâte une forte dose d'arsenic ou autre poison minéral, et ils l'enduisent de sel, assaisonnement qui plaît beaucoup aux éléphants. Ces animaux, atti-

(*) L'auteur a donné au Muséum d'histoire naturelle de Paris une corne du rhinocéros unicorne, ainsi que des fragments fossiles de mastodonte et de dodo, et autres objets qu'il a rapportés de ses voyages.

(**) Les habitants de l'île Kalémantan ou Bornéo (Mégalonésie de l'auteur).

rés par les aliments qu'ils aiment le plus, malgré leur prudence et leur intelligence habituelles, deviennent bientôt les victimes de leur sensualité. Le lendemain, on les trouve morts dans les fosses, ou tellement abattus par la violence du poison, qu'ils sont dans l'impossibilité de fuir, et on les tue sans plus attendre. Aussi l'on peut leur appliquer, comme à la plupart des hommes, ce beau verset de l'Évangile : *Plus occidit gula quam gladius*.

CXXX. LE MAIBA, LE LANDAK ET AUTRES ANIMAUX.

L'île Kalémantan possède encore le *maiba*, ou tapir bicolor, qu'on parvient à domestiquer, et qui est bon à manger; le tigre, le buffle, le *cercus axis*, que les indigènes appellent *cerf d'eau*, plusieurs espèces de chevrotains, le bœuf (*tambadao*), la chèvre, le chien, le chat et le rat, la civette, la loutre, l'ours malai et l'ours noir.

On trouve beaucoup de porcs-épics dans cette grande île.

Voici quelques détails nouveaux sur ce petit quadrupède redouté des autres animaux :

Le *landak*, ou porc-épic, se terre dans des creux de rochers, et la finesse de son ouïe en rend la chasse très-difficile, parce qu'il ne sort de son trou qu'à la nuit, et évite la rencontre de l'homme. Les Dayas attendent quelquefois toute la soirée dans le voisinage des trous, jusqu'à ce que l'animal vienne à paraître, et alors ils cherchent à le tuer. Il n'existe pas de gibier dont le goût puisse être comparé à celui du landak : il a tout à la fois le fumet du cochon, du lièvre et de la gazelle.

Les vastes forêts de cette grande île sont très-riches en gibier, en gazelles et surtout en cerfs (*roussas*), et en sangliers (*babi-houtan*). Les cerfs ordinaires sont de la grandeur de ceux d'Europe. On les prend dans des rets, ou on les tue à coups de fusil. On y rencontre aussi le *kambing-ountang*, ou antilope (espèce de gazelle) à crinière grise : sa chair est de bon goût. Les Chinois préfèrent celle du sanglier, et c'est la seule chasse à laquelle ils se livrent. Ils font d'ailleurs, ainsi que les Dayas, grand cas de la chair de chien; mais la race que ces derniers entretiennent pour la table, est très-différente de celle qu'élèvent les Chinois. Les chiens des Dayas sont petits, élancés, ont la tête pointue, le poil roux-fauve et très-long, principalement sous le ventre; les chiens des Chinois ressemblent à nos bouledogues.

CXXXI. L'OISEAU POIVRIER, LA SALANGANE, ETC.

L'ornithologie de Kalémantan est fort riche. Des hirondelles de diverses espèces, des perroquets grands et petits, et qui s'apprivoisent facilement, des paons du plus beau plumage, des ramiers, des pigeons, des canards sauvages et autres, des poules, etc., s'y trouvent en abondance. Ainsi que tous les peuples de la Malaisie, les habitants de l'île sont amateurs enthousiastes des combats de coqs. Les Dayas et les Chinois même, qui sont si économes, y engagent des sommes considérables.

Cette île possède un oiseau fort remarquable : il est de la grandeur d'une bécasse; son plumage est noir et brillant; son bec est d'un jaune tirant sur le rouge, et plus long que tout le corps, large près de la tête, et finissant en pointe recourbée, mince et légère, sans doute pour ne pas nuire à l'équilibre de l'oiseau quand il vole; il se nourrit de riz, de canne à sucre, et principalement de poivre, dont il avale de suite 30 ou 40 gousses. L'auteur ne pense pas qu'il soit connu; il n'en a trouvé la description nulle part.

Un grand nombre d'huîtres, d'oursins (*tiram* et *pakayan*), et de poissons, dont les belles couleurs réjouissent les yeux, et des coquillages d'une admirable beauté, peuplent les mers de cette grande île. L'*ouaïd*, crocodile, est un objet de vénération chez les Kalémantans, comme nous l'avons vu chez les Timoriens. Ces peu-

ples croient que les ames des princes décédés sont recueillies par ces crocodiles, et à chaque fête on leur fait des offrandes. Les serpents sont nombreux; vivants, leur peau étincelle des plus vives couleurs, et elles disparaissent quand ils sont morts : et, après cela, que les naturalistes jugent des espèces sur la nature morte!..
On y trouve enfin les nids d'oiseaux dont les Chinois sont si friands. Ces nids, auxquels les indigènes donnent le nom de *sapang-bouroung*, sont placés dans les crevasses des grottes comme de petits bénitiers. On en fait deux récoltes par an. Au nord les Idaans se servent d'échelles de bambou pour gravir les hauteurs les plus escarpées de ces grottes, où ils recueillent les nids précieux de salanganes (*hirundo esculenta*), dont elles sont tapissées et dont les Lucullus chinois sont si friands. Leur forme est celle d'un petit bateau ou d'un quart d'écorce d'orange. On les détrempe dans l'eau pour les ramollir, et lorsque les fibres mucilagineuses en sont séparées, ces nids entrent comme assaisonnement dans les soupes, dans les ragoûts et dans les pâtés. Nous avons déjà dit que nous pensions que la matière blanchâtre dont ils se composent est le résidu d'insectes dont les salanganes se nourrissent. En entrant dans ces grottes souterraines, l'Idaan tient une bougie de gomme élastique (*ficus elastica*), sur laquelle est un éteignoir. Lorsqu'il croit toucher un nid, il lève l'éteignoir, et la flamme reparaît, tant la combustibilité de la gomme est prompte. Ainsi, il peut recueillir les nids facilement, sans effrayer les nombreuses habitantes de ces profondeurs. Les soins de cette récolte se bornent à observer l'époque de la ponte et celle où les jeunes oiseaux quittent leurs nids. Pendant ce temps, on les laisse tranquilles. Une portion des nids est recueillie toutefois avant que les œufs y aient été déposés. Ces nids, plus nets et plus blancs, sont ce qu'on nomme dans le commerce des nids de la première qualité. Les nids de seconde et de troisième qualité sont ceux que l'oiseau construit à la hâte pour la seconde fois, et ceux dans lesquels les petits ont été élevés : moins beaux et bien moins propres, ils sont couverts de petites plumes qui ne s'en détachent qu'avec peine, même avec le secours de l'eau. Enfin, les moins estimés sont ceux qui ont été avariés, et que l'eau de la mer semble avoir cristallisés de son muriate. Mais les Chinois, quoique mauvais chimistes, savent enlever le sel et bien vendre encore le nid en cet état.

L'auteur a vu acheter la première qualité jusqu'à 3000 piastres (plus de 15,000 francs) le pikle. Il a déjà dit que le pikle correspondait à 125 livres de France. Chaque livre de seize onces peut contenir de cinquante à soixante nids. La seconde qualité se paie de 1400 à 1500 piastres; la troisième, de 700 à 800 piastres le pikle. Il a mangé plusieurs fois de ces fameux nids, et sans les épices dont on les assaisonne, en vérité rien ne serait plus fade; mais, en revanche, c'est un tonique très-puissant. Enfin un grand nombre de tortues de mer abondent dans ces parages, et réjouissent les marins et voyageurs auxquels elles présentent une nourriture agréable et salubre.

CXXXII. NOURRITURES DE DIVERS PEUPLES COMPARÉES ET LEUR INFLUENCE SUR LEUR CARACTÈRE.

L'auteur, qui a passé sa vie à observer la nature et les hommes, a eu la curiosité de goûter de presque toutes les sortes d'aliments, lorsqu'il en a eu l'occasion. Il peut dire, au sujet des tortues de mer, d'une espèce de chien chinois, du porc-épic, et autres animaux qui sont dédaignés comme nourriture par les Européens, qu'ils ont, à cet égard, les mêmes préjugés que les Dayas ont pour les huîtres, les Grecs modernes pour les tortues de terre, et les Anglais pour les grenouilles qui ne sont pas moins fort bonnes à manger. La plupart des animaux pourraient figurer sur nos tables, puisque la nourriture végétale ne peut nous suffire (*). Plusieurs peuples de l'Océanie mangent des pieds de chameau, du babi-roussa, de la *tappa* ou chair de buffle séchée au soleil, du maïba ou tapir bicolor, des chiens dayas et chinois, de la gazelle, des perroquets, du kangarou, du douyoung (**), de l'igouane de l'île Louçon, des grandes sauterelles, d'une espèce de mouches chinoises, du crocodile, des serpents, de la tortue de mer, du dauphin, d'une certaine qualité de rats de Kalémantan, de grandes chauves-souris de Bassilan, et même du jeune requin. Certes, tous ces mets, excepté le perroquet, le singe et le requin, sont supportables. La plupart de ces animaux ont paru aussi bons à manger à l'auteur, que la plupart de ceux dont les Occidentaux se régalent habituellement. De tous ces mets inusités, le douyoung, avec une sauce piquante, les rognons de bouc de l'Abyssinie, la gazelle d'Arabie, les rats de Kalémantau, grillés et assaisonnés de sel, de poivre et de citron, l'espèce de chiens dayas et chinois, dont nous avons déjà parlé, et surtout l'igouane et le landak, sont à son goût les plus délicats ; mais il a toujours eu de la répugnance pour les singes. Nos faiseurs de phrases, hommes doués de savoir, et éminemment justes, comme chacun sait, mettront peut-être en doute la véracité du voyageur qui écrit ces lignes ; nos petits maîtres et nos petites maîtresses vont rire de ses goûts barbares ; mais il n'a pas vécu impunément pendant tant d'années avec des sauvages, et il n'est pas habitué à s'effrayer de si peu de chose.

(*) L'auteur a essayé de vivre dans l'Inde seulement des végétaux à la manière des Brahmâns, mais, triste résultat des vieilles habitudes, il fut obligé de renoncer en partie à ce régime qui l'avait singulièrement maigri et affaibli. Cependant le riz et le sagou sont encore sa nourriture ordinaire.

(**) Le Douyoung est un cétacé qu'on ne sert dans la Malaisie que sur la table des princes et des grands, de même que le crocodile en Chine et en Cochinchine : sa chair a le goût du veau.

Dans la Malaisie, le riz et le sagou servent de pain. Dans la Polynésie, le bananier, le cocotier et l'artocarpe remplacent les autres fruits. Le peuple vit principalement de dattes en Égypte et en Barbarie. Les bamiah, les figues et les olives sont l'aliment le plus commun en Grèce et dans les îles de l'archipel, comme les châtaignes dans quelques provinces de France et d'Italie. Dans la plus grande partie de l'Asie, en Perse, en Arabie, en Égypte, dans l'Inde, dans tout l'Orient et en Chine, le riz fait la principale nourriture des peuples. Dans les régions les plus chaudes de l'Afrique, le dourrah et le sorgho sont la nourriture des noirs : ils vivent de cassave, de pommes de terre, d'ignames et de patates, de maïs et de manioc dans l'Amérique méridionale et dans l'Amérique centrale.

Quelques tribus africaines mangent avec plaisir des pieds d'éléphant et de chameau, de la chair de panthère, de lion et de singe. Les Tatars aiment la chair de leurs chevaux. Les Beddhas, sauvages barbares de Ceylan, se délectent de celle de buffle et de chacal.

Les habitants des îles Orcades et de celles de Shetland (*) que nous avons vus, ne vivent, pour ainsi dire, que de poisson. Le lait sert de boisson à quantité de peuples, et les femmes tatares ne boivent que du lait de jument.

Il serait à désirer qu'on rassemblât un plus grand nombre d'observations exactes sur la différence des nourritures de l'homme dans les climats divers, et qu'on pût faire la comparaison du régime ordinaire des différents peuples : il en résulterait de nouvelles lumières sur la cause des maladies particulières, et, pour ainsi dire, indigènes dans chaque climat. Ainsi le Daya et le Tagal, qui se contentent d'une poignée de riz avec un peu de sel pendant vingt-quatre heures, sont moins vifs et moins forts que les Français du nord et que les Anglais et les Irlan-

(*) Les chevaux de ces îles, plus petits que ceux du département de la Corse, ne sont pas plus grands que les moutons de la Turquie asiatique : on les nomme *ponies*.

dais qui se nourrissent de viandes; mais, grâces à cette sobriété, ils l'emportent à la longue sur eux lorsqu'il faut soutenir une fatigue continue, accompagnée de privations. Les Chinois, les Bengalis et les Arabes, qui se nourrissent mieux que les Tagals et les Dayas, et moins bien que les Européens, sont plus vigoureux que les premiers et moins que les derniers.

Au reste, rien n'est changeant comme l'usage en Europe, et surtout en France. Si les Asiatiques sont trop stationnaires, nous marchons trop vite en avant comme en arrière. Nous en devenons en quelque sorte insaisissables, et surtout dans nos costumes, et plus encore dans la gastronomie (ou *la science de gueule*, comme l'appelait le bon philosophe Montaigne), le premier des arts pour nos crésus et nos sybarites. Quelle différence de l'art culinaire vanté par Grimod de la Reynière et tous nos Apicius du XIX° siècle, avec celui du moyen âge! Taillevant, cuisinier de Charles V, dans son *Traité des aliments*, mentionne, parmi les oiseaux dont il enseigne la préparation, la cigogne, le héron, le butor, le cormoran, la grue et le faucon. Mais les plats les plus estimés étaient l'épervier, et le paon, que l'on servait avec son brillant diadème et sa queue aux yeux étincelants. Il fallait des estomacs aussi robustes que ceux de nos aïeux pour digérer ces oiseaux coriaces, chéris des preux et des damoiselles, l'ornement du manoir et l'orgueil du maître. Le chef de l'office était un personnage fort respecté, et il pouvait dire comme ce cuisinier du *Dyskate* de Ménandre : Personne n'a jamais insulté un cuisinier; notre art est en quelque sorte sacré. Le gosier de nos aïeux différait autant que leur estomac des nôtres : ce n'étaient pas des vins de Chambertin ou de Bordeaux, de l'Ermitage ou de Frontignan, qu'ils recherchaient; les vins d'Orléans étaient destinés à la table des rois; les barons et les chevaliers se délectaient avec du Montmorency, de l'Argenteuil, du Meudon, voire même du Surène; et les vilains avec une bière épicée, dans laquelle on avait fait fermenter du piment, de la poix résine, de la lavande, de la gentiane et du miel.

CXXXIII. PROBABILITÉ D'UNE ANTIQUE COLONISATION DES DAYAS PAR LES HINDOUS, ET DES MONUMENTS DE CES PEUPLES DANS L'INTÉRIEUR DE L'ÎLE DE KALEMANTAN.

Parmi quelques chefs des tribus des Dayas, il semble exister des traditions du brahmânisme, car ils connaissent les noms des *yougas*, ou périodes fabuleuses des Hindous, dont ils altèrent les noms de la manière qui suit. Au lieu de Kerta-Youga, etc., ils disent *Kereta-Ioga*, *Tereta-Ioga*, *Dioua-Pera-Ioga* et *Kalé-Ioga*. Le total de ces iogas n'est, selon eux, que de 16,771 ans, tandis que les quatre yougas des Hindous embrassent l'immense étendue de 3,892,926 années depuis l'existence du monde, de manière que l'année courante (1834) de l'ère chrétienne répond à l'année 4,935 du *kali-youga*, ou âge du malheur, période actuelle des peuples de l'Hindoustan.

Dans les dialectes marouts, idaans et biadjous de la langue daya, une éclipse est appelée *Grahana*. Ces peuples croient qu'au moment de l'éclipse un dragon dévore la lune, et ce dragon ils le nomment *Rahou*. Ces deux mots sont sanskrits. Pendant la durée de l'éclipse, ils suivent l'usage pratiqué en Chine, de faire un bruit infernal pour effrayer le dragon.

Toutes ces particularités n'annoncent-elles pas des communications entre les Dayas et les Hindous? Java, il est vrai, est la seule des grandes îles de la Malaisie où l'on ait trouvé de grands monuments antiques; on ignore s'il existe des monuments de l'ancienne religion des Brahmâns à Soumâdra, à Bali et à Célèbes. Raffles prétend qu'il n'y en a pas. Un *Aggui* instruit dit au contraire à l'auteur qu'il en existait dans l'intérieur de Célèbes, et bien des motifs le confirment dans cette opinion. Il y aurait cependant de la témérité à trancher une telle question; car ces îles ont été explorées imparfaitement jusqu'à ce jour; et elles sont d'un accès difficile; on y rencontre fréquemment des forêts impénétrables, au milieu desquelles peuvent exister des édifices, qu'une végétation forte et luxuriante cache peut-être aux regards du voyageur.

Il existe quelques débris de sculpture hindoue dans le nord de Kalémantan, et des Dayas assurent qu'on en trouve beaucoup au pays de Ouahou, au centre de cette île. Un jour, un voyageur, plus heureux que ses devanciers, y trouvera des trésors de tout genre, s'il est animé par l'esprit d'investigation et de découvertes qui brave toutes les difficultés, et si, aidé par un des gouvernements qui possèdent des colonies dans la Malaisie, il se dirige avec ardeur vers cette riche et mystérieuse contrée. Cet honneur pourrait facilement appartenir aux Hollandais, s'ils voulaient envoyer une expédition dans ce beau pays, sous les auspices de la prudence, de la force et de la science.

Naguère un juif de Batavia parcourut la partie occidentale et une partie du centre de cette grande terre; mais cet homme était d'une grande ignorance, et ne s'occupait que du commerce de l'or et des diamants. On le traitait de hâbleur dans plusieurs lieux des Moluques et de Kalémantan, où les Européens sont les maîtres, et c'était une grande injustice; car il disait la vérité (sauf les mensonges ordinaires aux marchands, quand il s'agit de vente ou d'achat), toutes les fois qu'il faisait le récit de ce qu'il avait vu. Pour le reste, il avait pu être trompé par les naturels. Les voyageurs sont tous exposés à cet inconvénient; d'ailleurs il n'est pas étonnant de raconter des choses neuves et extraordinaires, quand on décrit un pays où les productions, les animaux et les hommes sont d'une nature neuve et extraordinaire.

CXXXIV. ÉTATS ET COLONIES.

L'île Kalémantan est partagée en un grand nombre de petits états. Parmi ceux qui sont situés le long des côtes, quelques-uns sont vassaux des Hollandais; les autres, ainsi que tous ceux de l'intérieur, sont indépendants.

La partie soumise aux Hollandais forme les deux Résidences ou provinces qu'on désigne dans les chancelleries hollandaises sous le nom de Résidence de la côte occidentale de Bornéo (*west kust van Borneo*), et Résidence des côtes méridionale et orientale (*zuid en oost kust*), ou de Bendjermassin.

CXXXV. PREMIÈRE RÉSIDENCE HOLLANDAISE. MINES D'OR DE MATRADO. COLONIE CHINOISE.

La première résidence renferme 1° les pays compris depuis Ayer-Hittam, limite méridionale des territoires de Matan jusqu'à Polo, limite septentrionale de ceux de Sambass, et comprend ces états, ceux de Mompava, de Ponthianak, et de quelques petits chefs intérieurs, indépendants de ces puissances. Dans cette résidence sont enclavés les états du soulthân de Sambass. Dans l'intérieur se trouvent les cantons à mines de Semini et de Lara. Sambass, petite ville sur la rivière de ce nom, avec un fort hollandais, est la capitale. Le soulthân, autrefois intrépide et féroce, et aujourd'hui abruti par l'usage de l'*acia* (*), y possède un palais qu'on nomme *Dealem*, richement orné des objets précieux ravis aux Européens ou Américains qui ont été ses victimes.

Malgré ce fort, il y a des pirates établis au nord de Sambass, ainsi qu'à Cayong, dans l'intérieur de Matan.

2° Le pays de Mompava. Il s'étend fort loin dans l'intérieur, et renferme les mines d'or de Matrado et de Mandour, les plus riches de l'Océanie. Ce canton, entre Mompava et Sambass, est presque habité uniquement par des colons chinois. Les Malais ne peuvent s'établir dans ses limites, qui sont d'à peu près 70 milles du nord au sud de la rivière de Soungui-Raïah à Sillaca, et de 80 milles de l'ouest à l'est, c'est-à-dire de la mer aux monts de

(*) C'est une préparation d'opium qu'on fume en guise de tabac.

Matrado, chaîne escarpée et très-élevée. C'est à leur pied qu'est placée Matrado, ville principale du pays, avec une population d'environ 6000 habitants. Elle est dans une situation admirable, au milieu d'une plaine. Les maisons sont bâties dans le goût chinois. Elle a près d'une lieue de long et un sixième de lieue de large ; elle est divisée en bazars ou quartiers ; les personnes de la même profession habitent toutes le même quartier. La colonie est commandée par un capitaine chinois. L'air y très-salubre. Les exemples de longévité y sont communs, et les Européens peuvent visiter le pays avec confiance. Les mœurs et occupations des Chinois sont les mêmes qu'à Kantong ; ils y sont peut-être plus joueurs. Le port de Soungui-Raïah est assez sûr, et entouré d'îles qui brisent la violence des lames et des vents. L'on peut mouiller à un demi-mille de la barre de la rivière par cinq brasses d'eau, sur un fond très-uni. C'est principalement à Soungui-Raïah qu'on aborde quand on veut se rendre à Matrado. On y arrive par un chemin tracé au milieu d'une campagne bien arrosée. Ce chemin est garni de redoutes qui servent de défense et de dépôt de minerai.

Le port de Soungui-Raïah est fréquenté par les jonques de Chine, et surtout du port d'Amoï. Dans l'intérieur de la colonie, les Chinois paient un tribut de 250,000 francs au prince de Sambass. Ils travaillent aux mines à peu près de la manière usitée au Mexique. Ils barrent les ruisseaux de distance en distance : hommes, femmes et enfants ramassent le minéral précieux. Cette colonie, déjà très-considérable, pourra devenir maîtresse d'une grande partie de l'île Kalémantan. Il y a quelques bons ports sur la côte de cet établissement. Le produit annuel des mines du territoire de Sambass est de 89,000 onces d'or pur, et celles de Matrado de 90,000, non compris l'or en poudre, qui rend bien davantage. On l'obtient par le lavage, car les mines de Matrado ne sont pas assez exploitées. Matrado fournit aussi quelques diamants. L'or de Sintang, Sangou et Landak est le plus pur. Vient ensuite celui de Mentehari et de Mandor. Ces endroits sont du ressort de Ponthianak. Celui de Larak, Salakao et Sampan est du ressort de Sampou. Le soulthân de Sambass en possède un morceau pesant treize boungkals (*), et il en a vendu un de 26 boungkals, ou taëls.

On compte dans cette résidence environ 150,000 Chinois, vêtus selon l'usage de leur pays. Leurs principaux établissements, après celui de Matrado, sont Mandor, Lourak, Salakao et Sinkana, dans l'intérieur ; mais toute la côte, depuis la rivière de Sambass jusqu'à Ponthianak, est peuplée de leurs colonies. Leurs villes sont propres et bien bâties, et leurs sociétés portent le nom de Kong-Sies, : les Malais nomment les chefs chinois *capitan tchina*. Une chose digne de remarque, c'est que ces Chinois ont des dieux qu'on peut comparer à Cérès, à Mercure, à Diane, à Mars, à Éole, à Pluton, à Neptune, et autres dieux, tels que ceux de l'Hindoustan et des anciennes divinités de l'Égypte, de la Grèce et de Rome ; ils y sont même plus nombreux que ceux qu'on adore en Chine, et, pour me servir d'une expression de la secte de *Fouh* (*), ils sont aussi nombreux que les sables du fleuve Hang, `Hang-ho-cha-sou`.

On doit compter, outre les Chinois, 6000 Bouguis riches et rivalisant en tout avec eux, et, de plus, 6000 Malais, 600 Arabes, et 60 Hindous. Outre ces peuples, un certain nombre d'indigènes professent, dans l'intérieur, la religion des Hindous, et sont partagés en plusieurs sectes. On y rencontre quelques idoles qui leur appartiennent.

3° Le royaume de Ponthianak, fondé par l'Arabe Abdul-el-Rahman au milieu du dernier siècle. Ce roi, après

---

(*) Ce poids répond à 1 once 2 gros. On peut acheter aux Bouguis, à raison de 60 fr. l'once, l'or à 22 carats, et le revendre 150 fr, sans difficulté.

(**) Le Bouddha de l'Inde.

avoir agrandi ses états, mourut en 1808, et son fils aîné, Kassim, lui succéda. Ponthianak, petite ville avec un fort, près de l'embouchure de la rivière de ce nom, et deux ou trois mille habitants, est la demeure du soulthân et du sous-résident hollandais, d'où dépendent tous les établissements de cette province. Le pays de Slako fournit beaucoup de poudre d'or, ainsi que Ponthianak et Sambass.

4° Le pays de Landak et celui de Sangou, situés dans l'intérieur et à l'est de ceux que nous avons mentionnés.

CXXXVI. MINES DE DIAMANTS.

Le district de Landak renferme les mines de diamants les plus riches du globe : on en trouve quelquefois dans les crevasses des rochers, d'autres fois dans le sable des rivières, et ordinairement dans un areng ou conglomérat, sorte de terre jaunâtre graveleuse, mêlée de cailloux, et de diverses grosseurs. La plus grande profondeur où on les rencontre est de 60 pieds. Pour cette exploitation, les mineurs creusent un puits d'un ou deux pieds de diamètre. Parvenus à l'areng, qui a deux ou trois pieds d'épaisseur, ils y font des excavations qui s'étendent à sept ou huit pieds, et enlèvent l'areng à l'aide de petits paniers en bambous. La méthode employée pour trouver les diamants est facile : on remplit d'areng de petites auges circulaires nommées *doulans* et convergeant vers le centre. L'ouvrier assis dans la rivière plonge le doulan et remue l'areng avec la main, jusqu'à ce que les particules terreuses commencent à s'en séparer ; après quoi, le doulan est ramené au-dessus de la rivière où on le secoue jusqu'à ce que l'eau ait emporté toutes les matières vaseuses. Quand il ne reste plus au fond que des cailloux, on les trie et on reconnaît les diamants. Les Chinois, plus exercés et plus instruits que les Dayas, barrent les rivières et font évacuer l'eau chargée de terre à l'aide de vannes. Les diamants les plus beaux que l'on trouve à l'aide de ces procédés pèsent trente-six carats. Les petits sont vendus à Ponthianak ; les gros, qui ne trouveraient pas d'acheteurs, sont expédiés à Batavia. Mais, dans les dernières années, la quantité de diamants recueillis dans le district a considérablement diminué, ainsi que dans l'Inde. C'est des environs de Landak qu'on tira, il y a près de cent ans, un des plus gros diamants qui existent. Il est probablement encore au pouvoir du soulthân de Matan, et il pèse, non taillé, 368 carats ; il en pèserait 184, s'il était poli et taillé. C'est le second ou au moins le troisième en grosseur, qu'on ait connu jusqu'à ce jour. Les Dayas de cette résidence exploitent ces mines avec succès, et les diamants sont taillés et polis avec art par les Bouguis établis à Ponthianak, dans leur campong, qui font ce commerce, ainsi que celui des bijoux. Ces Dayas parlent sept dialectes différents, et leur population est d'environ 24,000 individus.

5° Le pays de Simpang est gouverné par un panam battam, ou prince, vassal de Matan.

CXXXVII. SUITE DES PAYS TRIBUTAIRES.

6° Le pays de Matan, débris de l'ancien empire de Soukadana, qui fut longtemps gouverné par des princes d'origine javane, est feudataire des soulthâns de Bantam (*). Sa capitale est située dans l'intérieur, sur les bords du Katappan, et a remplacé Soukadana, son ancienne et florissante capitale, à laquelle plusieurs auteurs continuent à tort de donner ce titre. La population de Matan est d'environ 10,000 Dayers.

7° Le pays de Kanda-Wangan, dont le prince est également vassal du soulthân de Matan.

Il existe un grand nombre d'états indépendants dans l'intérieur, et la plupart de ceux qui sont vassaux des

(*) État de l'île de Java. Pour bien comprendre ceci, il faut se souvenir que le soulthân de Bantam était suzerain au XVIe siècle des royaumes de Landak et de Soukadana, et que ces états, ainsi que celui-ci, ont été long-temps tributaires du puissant empire javan de Madjapahit.

Hollandais sont administrés par les princes indigènes, ainsi qu'à Célèbes et aux Moluques. Il est peu de parties de Borneo qui soient entièrement soumises aux Hollandais.

CXXXVIII. DEUXIÈME RÉSIDENCE.

La seconde résidence hollandaise est formée par les états du soulthân de Bendjer-Massing, et par les districts directement soumis à la Hollande. Au XIV° siècle, elle était une dépendance de l'empire de Madjapahit, et régie par des princes javans. Le soulthân, qui descend de ceux-ci, reconnaissant des services que la compagnie lui rendit, lui céda, en 1787, tous ces états en pleine souveraineté, et les reprit d'elle comme un fief héréditaire, à l'exception des mines de Doukou-Kanang et de Doukou-Kirié, qui sont exclusivement restées au prince. Aujourd'hui le gouverneur de Batavia est le suzerain de ce soulthân. Cette résidence se compose, 1° du pays de Komay; 2° de celui de Kotaringuni, dont le chef est indépendant; 3° des pays de Pambouan, de Mandawa, du grand et du petit Daya, de Bendjer, et de la presqu'île de Tana-Laout, formée par l'extrémité sud-est de l'île; 4° des districts de Martapoura, Karandgitan, Tatas, Doukou-Kanang, Doukou-Kirié, ainsi que du Doussoun, nom généralement employé pour désigner le pays situé dans l'intérieur sur les bords du grand fleuve. Bendjer-Massing, ville d'environ 6000 habitants, est le chef-lieu de cette résidence. Elle est située sur les rives du fleuve de ce nom, et fait un commerce assez considérable. Martapoura ou Boumi est la résidence du soulthân de Bendjer-Massing. Il y a un mouillage à Tambangou, près de l'embouchure de la rivière Kintchana.

Il ne sera pas sans importance pour un certain nombre de lecteurs de connaître les ports de la Malaisie hollandaise, ouverts à toutes les nations amies de la Hollande. Ce sont Batavia, Samarang et Sourabaya, dans l'île de Java; Rhiou, dans celle de Bintang; Minton, à Banka; Palembang, Benkoulen, Pandanger, Tapanouli, à Soumâdra; Koupang, à Timor; Mangkassar et Manado, à Célèbes; enfin, Bendjer-Massing, Ponthianak et Sambass, dans l'île de Bornéo.

CXXXIX. ÉTATS INDÉPENDANTS.

A la tête des états de la partie entièrement indépendante de la grande île Kalémantan, il faut placer la soulthânie de Varouni (Bornéo propre). Elle dominait jadis une grande partie de l'île; mais elle ne possède aujourd'hui que la côte du nord-ouest et une partie de celle du nord, que les cartes de Brué, quoique fort estimables, donnent très-gratuitement jusqu'au milieu de l'île au soulthân de Holô. L'étendue de l'état de Varouni est de 700 milles de côtes, et la largeur de son territoire de 100 à 150 milles. C'est le pays le plus peuplé de cette grande terre. Il confine d'un côté aux Dayas, de l'autre aux Doussouns et aux Tataos. Il a pour enclaves les îles de Malavelli, Bangui et Balambangan. Cette soulthânie serait susceptible de grands avantages agricoles et commerciaux; mais, sous la main desséchante du despotisme, tout devient improductif.

La rivière de Varouni (Bornéo) est navigable bien au-dessus de la ville, pour des navires du port de trois cents tonneaux. La seule difficulté est à son embouchure où le canal est étroit.

CXL. VAROUNI CAPITALE.

La ville de Varouni ou Bornéo offre quelque ressemblance avec Venise. Elle est située dans un marais, à quinze milles de l'embouchure du fleuve, et l'on se sert de pirogues pour aller d'une maison à l'autre. Cette capitale de l'état de Varouni est environnée d'une muraille de pierre. Le havre est spacieux et à l'abri des vents; il est formé par une partie des îles qui s'y trouvent. Les maisons sont construites en bois sur ses deux rives, et elevées sur pilotis; à la marée montante, elles sont baignées par les eaux du fleuve, et elles communiquent l'une à l'autre au moyen d'un pont de bois. La forteresse, bâtie à quelque distance du fleuve Varouni, est seule à l'abri des inondations. Quand les habitants craignent la tempête ou quelque autre accident, ils transportent, sans beaucoup de peine, leurs bâtiments d'un côté de la rivière à l'autre. Sa population ne passe pas 10 à 12,000 habitants, dont une partie habite environ 300 maisons, outre celles que quelques-uns ont à la campagne et qui sont entourés de beaux jardins ; l'autre demeure constamment sur des bateaux, ainsi que les Chinois de l'entrée de la rivière de Kangton.

La plus grande partie de la population est composée de Malais et de quelques Dayas musulmans.

Dans cette ville, la plus importante de Kalémantan, dans cette nouvelle Venise, c'est un spectacle curieux et solennel que de voir au lever de l'aurore tous les Malais et ceux des indigènes qui professent l'islamisme, interrompre leur repos ou leurs plaisirs à la voix du *mouezzin*, qui entonne l'*ezann* (annonce) de la prière (*namaz*) *la ila illa lah*, etc. :

Dieu est très-grand ! Dieu est très-grand ! Dieu est très-grand !
J'atteste qu'il n'y a point d'autre dieu qu'Allah !
J'atteste qu'il n'y a point d'autre dieu qu'Allah !
J'atteste que Mohammed est le prophète de Dieu !
J'atteste que Mohammed est le prophète de Dieu !
Venez à la prière, venez à la prière !
Venez au temple du salut ! venez au temple du salut !
La prière est préférable au sommeil ! la prière est préférable au sommeil !
Dieu est grand ! Dieu est grand ! il n'y a point de Dieu si ce n'est Allah !

Le mouezzin, monté sur le balcon qui entoure le minaret, tourné vers la Mecque, les yeux fermés, les deux mains ouvertes et élevées, les pouces dans les oreilles, fait entendre ces versets en arabe, en marchant lentement autour du *chourfé* (galerie), et sa voix forte et harmonieuse retentissant au milieu du calme et du silence de la ville, produit, bien mieux que nos cloches, une impression profonde et religieuse sur l'esprit et le cœur même des chrétiens et des Chinois, dont les religions diffèrent entièrement de celles des Malais musulmans.

CXLI. COMMERCE ET PORTS.

La ville de Varouni est la plus commerçante de l'île. En 1828, cinquante et un navires appartenant à ce port partirent pour celui de Singhapoura, avec lequel elle a de grandes relations commerciales. Elle a exporté du camphre, de l'or en poudre, de la cire, de l'ivoire, des pierres précieuses, du poivre, du riz, du sagou, des bois de construction et d'ébénisterie, tels que l'ébène, le bois de fer, et le bois de marbo-maranté, la résine de dammer, etc. Elle importe des Philippines, de la cire, du bois de Siboucao (espèce de bois de campêche), du tabac, des nids d'oiseaux, etc.

Du *Bengale* : de l'opium, du fer, de l'acier, des toiles bleues, des mousselines, du taffetas, du coton ;

De la côte de *Coromandel* : du sel, du tabac, des mouchoirs, des châles ;

De *Bombay*, de *Madras* et de la côte de *Malabar* : du coton, de belles étoffes, du bois rouge, du bois de sandal, de la myrrhe, de l'encens, des mousselines de Sourat, de l'huile, etc.

De *Soumâdra* : du poivre, du benjoin, des étoffes d'Achim, de l'arec, du bétel, des rotangs, du lin, du sucre, du riz, des nids d'oiseaux, etc. ;

Des *Moluques* : toutes les épiceries de la Chine ; de la porcelaine, du thé, du sucre, du mercure, du zinc, des velours, des papiers veloutés, des papiers peints, des nankins, des parasols, des confitures sèches et liquides, etc., etc. ;

De l'*Europe*, par Singhapoura : des étoffes de coton et de velours de coton, des indiennes, des draps d'York, du fer et de l'acier de Suède, des eaux-de-vie, des ustensiles en cuivre, etc.

Au nord de Tandjong-Datou (cap Datou), dans le territoire de Varouni, est située la ville de Kalaka. C'est le marché commercial du pays de Sedang, fertile en grains et autres articles d'une grande utilité. Kimawa est située par le 5° 30', au pied de collines charmantes, habitées par 35,000 Idaans. La rivière est presque bouchée à son entrée; mais cette province possède quatre ports qui font un grand commerce avec la ville de Bornéo.

La province de Labouk a trois villes de quelque importance. Elles font un peu de commerce. Sa baie est magnifique, immense et favorablement située.

Les ports occupés par les pirates malais sont Pangeran-Annam, dans l'état de Sambass, Varouni ou Bornéo, Tampasouk (*) et Passir, et les états du radjâh de Bergotta et du soulthân de Cotti. Les Malais de l'état de Varouni montent à 60,000 âmes. Ils sont bûcherons, mineurs et surtout marins. De 1800 à 1828, on peut compter au moins quinze ou seize navires détruits par les Malais, et dans plusieurs cas leurs équipages ont été égorgés ou vendus comme esclaves par les princes auxquels appartiennent ces ports.

Une partie de la côte orientale a été jadis gouvernée par un roi puissant qui recevait les tributs de Boni et Quadjou, long-temps après que les Portugais eurent acquis Mangkassar.

CXLI. GOUVERNEMENT ET LOIS.

Le gouvernement civil de Varouni est exercé par un soulthân (on lui donne aussi le nom de radjâh, avec l'épithète de *ini-yang-ada-per-touann* (celui qui est le seigneur), et un conseil supérieur, composé de ceux des panguerans, ou nobles, qui sont revêtus des grandes charges de l'état, tels que le *bandahara*, qui tient dans ses mains tout le pouvoir exécutif; le *degadong*, ou surintendant de la maison du soulthân; le *tomongong*, ou général en chef des armées; le *pamancha*, ou juge dans les contestations, et le *chabender* ou directeur du port. Ces officiers ont pour auxiliaires les trois *oran-kayos*, le *degadong*, l'*ivattan*

(*) Cette ville est dans la province de Kini-Balou, à quinze milles du mont Kini-Balou, dans lequel on trouve de l'or et une quantité de beaux cristaux que les naturels appellent diamants.

et le *chabander*. Beaucoup d'autres ont aussi le titre de *panguerans*, mais ils ne sont appelés au conseil que dans des cas particuliers.

La forme du gouvernement ressemble beaucoup à notre ancien système féodal. Le pouvoir est plus grand chez le soulthân que chez nos anciens rois, parce qu'il nomme à tous les grands emplois; mais chaque pangueran exerce un pouvoir absolu sur ses vassaux particuliers, qui ne manquent jamais d'épouser sa cause, même quand il est en opposition avec l'autorité souveraine.

Le meurtre est puni de mort, excepté quand c'est un maître qui a tué son esclave. La polygamie est permise, mais les habitants s'allient rarement aux étrangers. La peine de l'adultère est d'être étranglé à l'instant même. Le vol est puni par l'amputation de la main droite, et quelquefois par la mort.

CXLII. ETHNOGRAPHIE DE KALÉMANTAN.
PEUPLES ET TRIBUS SAUVAGES.

De hautes montagnes centrales sont habitées par des tribus de Pounams, sauvages qui paraissent ressembler aux Beddas de l'île de Ceylan. Quelques-uns sont blancs, d'autres jaunes, basanés, rouges, et noirs. Ce sont les Alfouras des autres îles malaises, c'est-à-dire des sauvages habitant les montagnes du centre de l'île. La tribu des Tirouns, ou plutôt Tidouns (Oran-Tidoun), subdivision des Biadjous, établis sur la côte nord-est, exerce la piraterie dans les Philippines. C'est d'eux que descendent les habitants des Moluques, ceux de l'archipel de Holò, et autres îles. Ils se nourrissent de sagou pendant leurs expéditions, et quelquefois de la chair humaine des ennemis qu'ils ont tués dans un combat. Leur province compte huit bourgs, dont les lieux principaux sont le port de Kouran et de Sibouka, et la ville de Tapian-Dourian.

Sur le bord de la rivière Reyang est une tribu de ce nom que l'auteur croit être la souche des Reyangs de Soumâdra: ils sont voisins des braves

Kayans. A l'extrémité sud-est de l'île se trouve l'état de Passir, dont le chef-lieu est à cinquante milles environ de la mer. Ses habitants paraissent être une colonie de Bouguis. Ici le sagou remplace le riz.

Les habitants de Kotti sont un peuple sauvage qui s'étend jusqu'aux confins des Tidouns ou Tirouns.

Les Dayas des environs de Selang assurent que les Malais sont originaires de la côte du golfe de Sedang, et nous admettons cette opinion. De là ils ont pu s'étendre sur les côtes de la Malaisie.

Les aborigènes de l'intérieur de l'île ont reçu plusieurs noms : celui de Dayas, au sud et à l'ouest ; d'Idaans, au nord ; de Tidouns ou Tirouns, dans la partie orientale, et de Biadjous, au nord-ouest. Mais tous appartiennent à la race primitive des Dayas. On trouve aussi dans les montagnes centrales des noirs à peau luisante, et aux cheveux ébouriffés, nommés Dayers ou Igolotes, souche de Papouas ou Igolotes de la Nouvelle-Guinée, des Philippines et de toute la Malaisie, surpassant les Papouas des autres îles en intelligence, en force et en agilité. Quant aux Endamens ou Aëtas, aux cheveux laineux et de couleur fuligineuse, on n'en rencontre presque plus à Kalémantan, quoiqu'ils aient primitivement habité cette île, d'où il se sont étendus dans le reste de la Malaisie. Les Papouas les ont vaincus, relégués dans l'intérieur des terres, et exterminés en différentes contrées.

Les Dayas sont divisés en un grand nombre de tribus. Ils sont cultivateurs, mineurs, constructeurs et commerçants. L'auteur a déjà dit que les Dayas d'une partie du nord, de l'est et du centre de l'île, lui paraissaient être la souche des Polynésiens, des Bouguis et des Touradjas. Leurs formes corporelles sont supérieures à celles des Malais, et singulièrement semblables à celles des habitants des îles Carolines, de la Nouvelle-Zélande et autres îles du grand Océan. Leurs femmes sont assez jolies, et leurs danseuses sont recherchées. Leur nez et leur front sont élevés ; leurs cheveux longs et noirs ; ils se tatouent le corps, ainsi que les Polynésiens. Les Dayas s'étendent quelquefois jusque sur les côtes et principalement dans la partie orientale. Ils excellent dans l'art de préparer l'acier, spécialement dans le pays de Seldjé, à l'est de l'île, près de Kotti. Ils exploitent aussi les diamants au nord-ouest de Varouni. Les purs Dayas sont francs dans leurs procédés, paresseux, froids, délibérés, et vindicatifs dans leurs ressentiments ; mais patients, probes, dociles, hospitaliers, sobres, intelligents et doués d'un talent fort rare pour les arts mécaniques. Ils excellent dans la fabrication des éperons, des kriss, des kampilans, des galloks (*), des lances. Ils sont fort supérieurs non seulement à tous les Malaisiens dans ce genre d'industrie, mais encore aux Hindous et aux Chinois, bien que cet éloge puisse paraître exagéré. Moins entreprenants que leurs ancêtres, ils sont paisibles, simples et constants dans leur amitié ; mais ignorants, cruels par superstition, et dédaignant l'art de lire et d'écrire. Les principaux Dayas sont ceux de Kayang, et leur principale bourgade est celle de Sigao qui est éloignée de 25 journées de route par eau de Sintang, dans l'intérieur, et à 14 journées de Ponthianak. Leurs tribus établies à l'est de l'île sont nommées *Darats*. Ces Darats font un commerce considérable avec les îles Maratouba, Balabalagan, Célèbes et autres îles voisines, et avec les Chinois. Ils vendent à ceux-ci des moules délicieuses et de l'excellent blatjang, pâte faite avec diverses racines et des crabes pilés. Ils se couvrent d'une ceinture de toile de coton, qu'ils nomment *tcharouat*. Ils aiment beaucoup les grains de verroterie et les morceaux de laiton, dont ils se font des ornements. Le tabac, le bétel, l'avia ou opium préparé, et le rak, voilà leur passion favorite. On obtient d'eux tout ce qu'on veut en échange de ces denrées ; car ils se soucient peu de ces métaux pour lesquels un si grand

_____
(*) Espèce de poignard.

nombre d'hommes vendent leurs femmes, leurs filles, leur patrie et leur propre conscience.

Les maisons des Dayas sont fort grandes, et elles sont protégées par des *bintings* ou retranchements, dans la crainte d'une alerte : ce qui arrive fréquemment ; car ils ne rêvent que surprise de villages ennemis et qu'embuscades dans les forêts. La façade est précédée d'une longue *verandah*, galerie qui sert à faire communiquer les différentes familles qui les habitent, et dans laquelle chacune a son foyer. On arrive aux habitations par trois échelles que l'on retire le soir. Les maisons sont construites sur des pieux ; ces pieux sont entourés d'une clôture : on place les cochons au-dessous. Six ou sept familles habitent une maison. Les maisons sont groupées par six ou sept ; la plus ancienne occupe le milieu, et c'est elle qui garde les instruments de musique. Quand deux tribus ennemies font une trêve, chacune d'elles fournit un esclave qui doit être égorgé par l'autre. Les Dayas purs n'habitent presque jamais les côtes, mais on les trouve à quelques milles dans l'intérieur. Ils ont un commencement ou plutôt un reste de civilisation ; ils cultivent avec soin leurs *ladangs* ou terres des pays hauts, et tirent quelque parti des *sarouas*, ou terres marécageuses. Ils trafiquent de leurs excellents légumes (*katchang*), des cannes à sucre, des bézoards (*), des cornes de cerf, de quelques nids de salanganes et de la cire qu'on recueille sur les branches des vieux arbres de Katapank, mais qu'il ne faut acheter qu'avec défiance, car elle est souvent falsifiée.

Les Dayas recherchent beaucoup les jarres de Siam, parce que les prêtres s'en servent pour prédire l'avenir, après avoir frappé dessus, comme s'ils invoquaient un oracle. Ces prêtres prétendent guérir les maladies ; mais ils ne peuvent rien contre les dyssenteries, les fièvres et le choléra qui y font des ravages affreux. Un petit nombre de Dayas professent l'islamisme, mais la plupart adorent *Diouata* (*) (*l'ouvrier du monde*), et les mânes de leurs ancêtres. Chose bizarre ! ils prétendent être issus des antilopes, pour lesquelles ils professent la plus grande vénération. Ils vénèrent aussi certains oiseaux qui leur servent d'augure. De même que les tribus de plusieurs îles de la Polynésie, quelques-unes de leurs peuplades sont indépendantes, d'autres sont vassales des princes déjà cités.

Après les Dayas, il faut nommer les Biadjous, et surtout ceux qui habitent la côte nord-ouest : quelques-uns habitent le sud et le sud-est de l'île. Dans la partie nord-est, ce sont d'intrépides marins. Leurs cases sont généralement élevées sur pilotis, et quelquefois très-avancées au milieu des eaux, comme dans la Nouvelle-Guinée.

On trouve aussi dans l'île Kalémantan les tribus sauvages des Dessouns, des Marouts, Illanos, Tatoungs, Houlous, Taagals, Bissayas, Kalamouts, Toutangas, Tataos, Kanawits et Mélandos. Toutes ces tribus sont aborigènes. Les Illanos sont la souche d'une partie des habitants de l'île Maindanao ; les Houlous de l'archipel de Holò, les Taagals et les Bissayas des Tagales et Bissayas des Philippines. Les Dayers habitent les montagnes de l'intérieur. Quelques-uns résident près de Ponthianak et de Sambass ; les Pounams, sont au centre de l'île ; les Marouts, dans les états de Varouni ; les Idaans-Marouts, quelques Alfouras, et un certain nombre de Dayas près du lac Kini-Balou ; quelques Biadjous, près de Bendjermassin. Les Marouts, les Idaans et les Dayas purs sont d'un jaune foncé ; ils sont moins cuivrés et plus robustes que les Malais. Les Dayers sont un peu noirs. Les Alfouras habitent les montagnes et les forêts d'une partie du nord et

---

(*) Ce sont les pierres ou calculs qui se forment dans différents viscères des animaux. Les Orientaux attribuent des vertus extraordinaires à ces concrétions. Les bézoards de Kalémantan proviennent de l'antilope orix, variété de l'antilope ou gazelle à deux cornes.

(*) Ce mot indique une origine sanskrite.

surtout de l'intérieur de l'île. Leur ancien costume national de fête se compose d'un pagne élégant en soie, d'un turban surmonté d'un oiseau de paradis, de colliers, de bracelets, d'un dard et d'un bouclier. Ils y ajoutent des jarretières auxquelles ils attachent des grelots quand ils se livrent à leur danse bizarre, mais curieuse (voy. *pl.* 67). La plupart de ces peuples s'entourent les reins d'une étoffe de coton, et même d'une écorce de l'arbre oupas (voy. *pl.* 62), ce qui prouve qu'il n'y a que la résine de cet arbre qui soit vénéneuse.

Les Dayas-Kayangs, intrépides guerriers, se couvrent le corps et la tête de peaux de léopard. Quelques-uns de ces sauvages, ainsi que les Tidouns, qui ressemblent aux Alfouras, et les Biadjous, qui sont sobres, industrieux et braves, mais féroces, sont anthropophages. Ils mangent leurs prisonniers, et quelquefois les criminels, de même que font les Battas et les Papous. Les Biadjous surtout pensent que les étrangers qu'ils ont tués sont seuls dignes d'être offerts en holocauste à leurs cruelles divinités. Ils ornent leurs maisons des dents et des crânes de ces victimes. Ils sacrifient également des victimes humaines à leur dieu et en l'honneur des chefs décédés; ils immolent aussi et mangent deux ou trois esclaves pour expier le crime de leurs épouses, lorsqu'elles ont commis un adultère. Cependant quelques Biadjous qui habitent le district de Maladou sont les plus humains et les plus civilisés peut-être de l'île Kalémantan.

Au pied et aux environs du mont Kini-Balou sont les Idaans; mais ils s'avancent un peu dans l'intérieur, car, généralement, les Malais et les Musulmans habitent la côte. Ils punissent de mort le meurtre, l'adultère, le vol, et n'épousent qu'une femme. Ils mangent du cochon que les Malais ont en horreur. Quelques peuplades du nord de l'île vont nues, et sont peu traitables. Un bon nombre d'Idaans parlent malai. On en voit à Varouni, à Balambangan et dans l'île de Labouan. Lorsqu'ils manquent du riz et de choux palmistes, qui forment leur principale nourriture, ils mangent tout ce qu'il y a de plus dégoûtant pour les Européens, tel que des singes, des chiens, des rats, des chauve-souris, des serpents, des lézards de maison, des insectes, des vers et même de la vermine.

Les sauvages tribus des Kayangs, Dessouns, Marouts et Tataos habitent le midi de la soulthânie de Varouni.

Les Kayans ont du fer et de l'étain dans leur pays, et le travaillent eux-mêmes. Ils fabriquent aussi de la poudre à canon. Leurs tribus sont les plus puissantes et les plus redoutables d'entre celles qui ne professent pas le mohammédisme. La rivière de Batavia conduit à Sibila, leur chef-lieu, qui s'étend près de la rivière Mahori. Ces guerriers ont des fusils et même quelques canons. Un peu plus loin, les Dayas de Seravoua et de Kassinloka recueillent de l'or et les demi-métaux de zinc et d'antimoine qui se trouvent sur leur territoire.

Outre les Chinois, il y a encore quelques Japonais et Arabes dans l'île. Les Dayas prétendent qu'ils ont été soumis jadis à l'empire chinois, mais qu'à leur tour, à une époque très-reculée, ils ont vaincu et colonisé Soumâdra, Java, Bali, Holô, Maïndanao, Louçon, et plusieurs autres îles de l'archipel des Philippines. Mais aujourd'hui ils ont dégénéré, et n'ont plus de puissance, par suite de leur division. Il y a aussi quelques Malekasses, originaires de l'île de Malekassar (que nous écrivons mal-à-propos Madagascar), établis dans cette grande terre.

Les Marouts et les Idaans ont la plus grande vénération pour leurs prêtres. Ils cultivent leurs plantations avec beaucoup d'industrie. Leurs armes sont de longs couteaux et le *soumpit* (touloupan des Malais et sarbacane des Français) : ce soumpit est fait de bois dur, ordinairement noir. Après l'avoir foré, ils soufflent dans sa longueur de petites flèches empoisonnées à la pointe, et garnies, au bout opposé, d'un petit morceau de liège. Ils n'ont pour tout vêtement qu'une ceinture d'écorce d'arbre qu'ils tournent autour de leurs cuisses, et dont un bout tombe par devant et l'autre par derrière. Leurs maisons, élevées sur des poteaux, renferment plusieurs familles vivant ensemble. Il est bon de remarquer qu'ils sont calomniés par les Malais des côtes, qui sont musulmans, ainsi que par les habitants du royaume de Varouni, leurs ennemis. Ils sont hospitaliers, et ils nous apportent toujours des présents dans leurs visites, tels que des oiseaux, des noix de cocos, des citrons, etc. Ce serait un affront que de les refuser, et cet affront nous exposerait à une vengeance terrible.

Quant aux Malais, ils sont les dominateurs de la côte, dans la plupart des principautés et surtout dans les états du soulthân de Varouni.

En outre de tous ces peuples, un Biadjak, qui m'a dit avoir parcouru l'intérieur et le centre même de l'île, et qui m'a fourni un grand nombre de détails sur les tribus qui occupent ces districts de Kalémantan, m'a assuré qu'au-dessus de la grande rivière de Lavouaï, dans la province de Loukadou, et presque au centre de cette terre, il existe une vingtaine de tribus aborigènes de différents noms, dont six sont tatouées, deux sont blanches, et deux aussi noires que les Papouas, et plus noires que les Dayers.

Il faut nommer aussi une race croisée de Chinois et de Dayas, connue dans le détroit sous le nom d'*Orang-Khé*, et qui s'élève à plus de 12,000 individus (voy. notre carte de Kalémantan.)

Des savants respectables ont avancé qu'aucun des peuples de Kalémantan n'avait d'alphabet ni de culte, tandis que les insulaires des groupes voisins ont les leurs. Néanmoins ils possèdent deux calendriers : l'un, qui est historique et fabuleux, leur vient vraisemblablement de l'Inde ; l'autre est le calendrier mohammédan. Et remarquons qu'un calendrier, œuvre bien simple aux yeux du vulgaire, est aux yeux du philosophe une œuvre admirable, qui exige bien des siècles des civilisation.

CXLIII. LES BIADJAKS-TZENGARIS. NOUVELLE ET SINGULIÈRE VARIÉTÉ D'HOMMES.

On trouve enfin sur la côte nord-est de Kalémantan une variété particulière d'hommes, nommés généralement *Biadjaks* (c'est-à-dire *pirates*), qu'il ne faut pas confondre avec les Biadjous. Les Malais les nomment *Orang-Laout*, *hommes de la mer*, et ils descendent des Tzengaris de l'Hindoustan, tandis que les Biadjous sont indigènes. J'en ai vu plusieurs qui étaient tatoués. Ils vivent sur les mers voisines dans des barques de 5 à 6 tonneaux, et pêchent du tripan (*) à 7 ou 8 brasses de profondeur. Quelques-uns, sur des pirogues de 25 à 30 tonneaux, étendent leurs courses et exercent la piraterie sur une partie du littoral de Kalémantan, parcourent Célèbes, l'archipel de Holò, les Philippines et la côte occidentale de la Papouasie, où ils font le commerce par la ruse ou par la force, et achètent les malheureux Endamènes que les Papouas et les Papons ont faits prisonniers. On pourrait les nommer *les Tzengaris* ou *Bohémiens de la mer*. Il en est peu qui aient le privilége de vivre sur le continent de l'île. Ces hommes étaient jadis des Indiens sans castes, sveltes, bien faits et à la figure régulière, qui se sont mêlés à des Chinois aux cheveux longs et plats et aux yeux obliques, à des Javanais (**) qui se rasent la barbe et portent des moustaches, et à des Mangkassars aux dents noires et luisantes. Ils participent de tous ces peuples ; mais c'est surtout aux Tzengaris de l'Hindoustan qu'ils ressemblent, car ils en sortent. De même que les Arnaoutes ou Schypetars de la Turquie d'Europe, qui adressent leurs prières, suivant l'occasion, à la *Panagia* (***), ou au *ressoul* (****), les Biad-

(*) Les tripans noirs sont les plus recherchés.
(**) En citant ce passage déjà imprimé, quelques auteurs m'ont fait dire japonais au lieu de javanais.
(***) La sainte Vierge, en grec moderne.
(****) *Ressoul* ou *Nabi*. Ces deux mots arabes signifient le prophète, c'est-à-dire Mohammed.

jaks invoquent Brahmâ, Jésus ou Mohammed, suivant leurs intérêts.

Les Biadjaks-Tzengaris de la côte nord-est de l'île Kalémantan sont établis sur des barques près de l'embouchure des rivières, et fournissent du riz, des oiseaux, du poisson et autres provisions aux navires étrangers, en ayant soin de les rançonner tant qu'ils peuvent. Ils vivent à bord de leurs barques, avec leurs femmes et leurs enfants. Leur principal commerce consiste en nids d'oiseaux, tripans, cauris, caret et perles, qu'ils vendent aux Bouguis, aux Chinois, et surtout aux Holoans.

Un certain nombre de ces Biadjaks-Tzengaris, ou d'origine tzengare (bohémienne), habitent une partie de la côte de Mangkassar (île de Célèbes); ils y vivent sur l'eau, dans des barques couvertes, comme les Chinois près de Kangton, et changent de place au changement de mousson; mais ils considèrent Célèbes comme leur domicile.

Ces hommes, méprisés et redoutés dans l'île et dans les pays voisins, sont d'une stature peu au-dessus de la moyenne. Ils ont ordinairement les traits fins et réguliers, sont sveltes, bien faits, et très-basanés; plusieurs sont légèrement tatoués. Ils sont avares, ignorants, superstitieux, menteurs, débauchés, mais intelligents et adroits. Ils sont fort unis entre eux, n'aiment pas les hommes appartenant à d'autres tribus que la leur, et vivent d'une manière mystérieuse.

Les divinités des Biadjaks-Tzengaris portent le nom de *Dioualas*, ainsi que celles des Dayas; ce qui rappelle le brahmânisme. Leurs rits sanguinaires paraissent être une imitation de ceux de la déesse Kali, à laquelle les Bhíndewas (*), dans l'Inde, offrent clandestinement des sacrifices humains.

Un Biadjak-Tzengari, spirituel et adroit, qui avait beaucoup couru, et fait toutes sortes de métiers, un vrai Bohêmien, enfin, qui voulait absolument que je fusse son médecin, (*doukoun*), moi ignorant, m'assurait (et j'en doutais fort) qu'il n'avait jamais mangé de la chair humaine, mais qu'il avait ouï dire à un radjâh que les morceaux les plus délicats du corps humain, crus ou rôtis, étaient les oreilles, les paumes des mains et des pieds, les mollets et les joues; qu'il préférait la chair des Dayers (noirs) à celle des Dayas les plus blancs; que la chair des jeunes gens était douce et succulente, mais que celle d'un homme de quarante à cinquante ans était la meilleure.

La guerre n'est pas rare à Kalémantan, me disait ce Biadjak. A la suite de leurs combats (voy. pl. 61), des guerriers anthropophages apportaient de la chair fraîche au radjâh, qui en mangeait en la trempant dans le *samboul*, espèce de sauce faite avec du sel, du poivre et du citron. Le privilége de ces guerriers assassins était, ajoutait-il, de couper la tête des prisonniers et d'en boire avidement le sang brûlant, en la tenant par les cheveux au-dessus de leur bouche.

Au reste, il est rare que les Kalémantans, ainsi que les Maïndaniens, les Soumâdriens et autres peuples anthropophages, mangent d'autres individus que les criminels convaincus de trahison ou d'adultère, et c'est sans doute dans l'intention d'inspirer de l'horreur pour ces forfaits, que cette loi atroce a été établie.

Il est étrange qu'aucun voyageur n'ait encore vu, ni décrit, ni entendu parler de ces Biadjaks, hommes singuliers, soit qu'ils habitent la terre, soit qu'ils vivent sur l'eau. Ces hommes tirent leur origine de l'Hindoustan, se sont mêlés aux Chinois, aux Javanais établis à Kalémantan, et aux Mangkassars de Célèbes. Ils ont produit, par leur croisement, cette variété bizarre de Biadjaks-Tzengaris ou Bohémiens.

Cependant il est peu de questions anthropologiques, géographiques et ethnographiques qui aient plus occupé les philosophes, les géographes et les historiens, que celle que nous sou-

---

(*) Ce sont des Indiens de la tribu des Gonds qui habitent les montagnes d'Amerkautek dans le Goudwana.

levons ici : elle est aussi une des plus curieuses et des plus importantes. Un peuple qui présente les phénomènes sociaux les plus extraordinaires, dispersé sur le globe, errant dans la Malaisie, nomade depuis près de quatre siècles en Europe, demeure, à peu près, encore inconnu. Ni le temps, ni le climat, ni la politique, ni l'exemple, n'ont pu rien changer dans leurs institutions, leurs mœurs, leur langue et leurs idées religieuses. Ce sont ces hommes connus en France et dans une partie de l'Europe, sous les noms de Bohémiens et d'Égyptiens. Le peuple israélite est le seul qui ait conservé, comme eux, mais avec une netteté bien moins grande, son caractère primitif sur la terre étrangère.

CXLIV. DISSERTATION SUR LES TZENGARIS. NOMS QUI LEUR ONT ÉTÉ DONNÉS DANS LES DIFFÉRENTES CONTRÉES OU ILS SE SONT ÉTABLIS.

Les Arabes et les Maures les ont appelés *Harami* (voleurs); les Hongrois, *Cinganys* et *Pharaoh-nepek* (peuple de Pharaon) : ce dernier nom leur a été conservé par les Transylvaniens; les Anglais ont adopté celui de *Gypsies*, altéré du mot *égyptien*; les Écossais, celui de *Caird*; les Espagnols les nomment *Gitanos*; les Portugais, *Ciganos*; les Hollandais, *Heidenen* (idolâtres); les Russes, *Tzengani*; les Italiens, *Zingari*; les Suédois, *Spakaring*; les Danois et les Norwégiens, *Tatars*; les Valaques, les Bessarabiens, les Moldaves, les Serviens et les Esclavons, *Cigani*; les Germains, *Zigeuner*. Les Français leur donnèrent d'abord le nom d'*Égyptiens*, et plus tard celui de *Bohémiens*, parce que les premiers hommes de cette caste qu'on vit en France, arrivaient de la Bohême(*). Les historiens du moyen âge les désignent sous le nom d'*Azinghans*;

(*) Ce nom de *Bohémien* ne doit être appliqué qu'aux Tzengaris : c'est outrager une honorable nation que de le donner légèrement aux habitants de la Bohême dont le véritable nom est *Bohèmes*.

les Grecs modernes, sous celui d'*Atingans*; dans l'*Adzerbaïdjan* on les appelle *Hindou-Karachi* (Hindous noirs); en Perse, *Louri* (*); les habitants du Tourkestan se servent du nom de *Tziaghi* (et non Diajii, ainsi que le prétend Georgi): ce mot de Tziaghi appartient à la langue djagataï qui est en usage dans le Tourkestan oriental et occidental, contrée originaire et actuelle des Turks (qu'on a appelée faussement petite Boukharie, et grande Boukharie ou Tâtarie indépendante). Tziaghi me paraît être la racine de Tchingeni, mot qu'emploient les Turks pour désigner cette race errante, car le turk dérive lui-même du djagataï. J'ai connu, enfin, en Europe trois de leurs rabers ou chefs, qui m'ont assuré qu'ils se donnent eux-mêmes le nom de *Roumna-chal*. Ces deux mots appartiennent à la langue mahratte, et signifient *hommes errants dans les plaines*. Enfin, dans l'île Kalémantan et dans l'archipel de Holò, on les nomme *Biadjaks* (pirates). Je n'emploierai dans le cours de cette dissertation que le nom de *Tzengaris*, que je regarde comme leur nom primitif, et qu'ils conservent encore aujourd'hui dans leur mère-patrie.

CXLV. ORIGINE DES TZENGARIS.

Hasse a cru trouver l'origine des Tzengaris dans les *Sindi* du Bosphore cimmérien; Marius Niger les fait venir de la Zeugitanie (dans la partie orientale de l'état de Tunis); d'Herbelot pense qu'ils sont venus du Zanguebar; Eccard en fait des Tcherkesses (Circassiens); Wagenseil des juifs allemands; Æneas Silvius place leur berceau dans le mont Caucase; Griseléné le place en Éthiopie et en Égypte; d'autres à Colchos, colonie d'Égyptiens fondée par Rhamsès-le-Grand (Sésostris); d'autres enfin, et notamment Pallas, les cherchent parmi les Syginnes du Danube, con-

(*) Ce mot persan vient peut-être de *lohari* qui, dans la langue hindoustani, signifie un orfévre, métier qu'exerce une partie des Tzengaris, habitants des villes.

nus d'Hérodote, ou les Zigeunes de l'Ukraine russe.

Nous ne chercherons pas à réfuter toute cette longue série d'assertions. Nous ne connaissons que trois écrivains qui aient placé la question sous son véritable point de vue : les deux premiers, dont l'opinion est partagée par les plus savants, sont MM. Grellmann (*) et Dav. Richardson (**); le troisième est M. l'abbé Dubois (***). Grellmann et Richardson ont considéré l'Inde comme le berceau des Tzengaris; mais ils ont fixé les points de départ aux bouches du Sind (l'Hindus), ou dans des provinces qui leur sont étrangères. M. l'abbé Dubois l'a placé parmi les Kouravers du Mahissour, et nous pensons qu'il se rapproche de la vérité plus que ses devanciers. Quant à nous, nous allons nous efforcer de prouver que c'est dans le pays des Mahrattes qu'ils ont pris naissance, que c'est de là qu'ils ont fait leur première migration, et que, dans ce pays, on les trouve encore réunis en tribus. D'abord il est inexact de dire que les Tzengaris se donnent entre eux le nom de Sintes, qui rappelle celui du fleuve Sind, comme de dire qu'il existe un peuple du nom de Tchinganes dans le delta de ce fleuve, et que le dialecte du tatta, usité par les habitants des bouches de l'Hindus, est le même que celui que les Tzengaris emploient en Europe. Dès les temps les plus reculés les Hindous furent divisés, ainsi que les Éthiopiens, les Égyptiens et les Juifs, en *varnas* (****), que les Européens ont nommées castes. Les *Védas* rapportent que Brahmâ, le créateur du monde (qu'il ne faut pas confondre avec Brahmâ, l'être unique et éternel qui a donné naissance au premier), divisa en quatre castes ses premières créatures. De sa tête naquirent les *Brahmâns* (Brames), les *Kchatrias* de ses épaules, les *Veissiahs* de son ventre, et les *Soudras* de ses pieds.

Les Brahmâns furent destinés à remplir les places les plus élevées, telles que celles de conseillers ou ministres des princes; quelques-uns furent rois, et d'autres exercèrent le sacerdoce. Les Kchatrias furent destinés au métier des armes; les Veissiahs furent chargés de la direction de l'agriculture, du commerce et de l'industrie, et du soin d'élever les troupeaux; les Soudras furent simples laboureurs, domestiques, et quelquefois esclaves.

Chacune de ces quatre castes principales se subdivise en plusieurs centaines d'autres, et leur subdivision varie suivant les localités; car telle caste est établie dans une contrée de l'Hindoustan et ne l'est pas dans une autre. Mais la plus nombreuse est celle des Soudras. Elle est tellement considérable, qu'y compris la tribu ou sous-caste des Parias, la plus grande de toutes et qui se divise en un grand nombre d'autres tribus, elle forme les neuf dixièmes de la race hindoue ou des adorateurs de Brahmâ.

La tribu primitive des *Tzengaris* est la subdivision la plus méprisable des différentes tribus de *Parias*, ou hommes hors de caste. L'origine des Parias (*) est fort ancienne; leur nom se trouve déjà dans les premiers *pourânas*. Cette sous-caste s'est formée de la réunion d'individus chassés des autres castes pour crime envers la religion et les lois, et renferme un grand nombre de tribus parmi lesquelles on doit compter celle des *Val-*

(*) Essai historique sur les Zigeunes.
(**) *Asiatic Researches*, vol. VII, n° 9.
(***) Mœurs des peuples de l'Inde.
(****) Ce mot sanskrit est susceptible d'une grande extension : il signifie ordinairement une tribu, une couleur. Le mot *zat* (caste) en hindoustani désigne un métier, et quelquefois la patrie d'une personne. Ainsi on dit : *tanti ka zat*, la caste ou métier de tisserands, et *kon zat toumara?* quelle est ta nation?

(*) Ce mot vient peut-être du sanskrit *pariaia*, qui signifie non observation des règles : il se compose de *pari*, improprement, et *aia*, aller. Le mot *paria* est hindoustani : il signifie *mal tenu*. Ainsi on dit : *paria djahaz*, un navire mal tenu; *paria gar*, une maison mal tenue; chose singulière! on dit *paria Brahmân*, un mauvais Brahmân. En tamoul on dit *pareyer*.

louvers, qui est la plus distinguée; celle des *Pouliahs*, qui est la plus abjecte; celle des *Chakilis*, ou savetiers; celle des *Moutchiers*, ou tanneurs; les *Kalla-Bantrous*, ou voleurs; les *Kouravers*, ou marchands de sel; les *Otters*, nomades qui vont travaillant comme nos Auvergnats, et creusant les puits et les canaux dans les différentes parties de l'Inde; les *Dombarous*, mendiants et jongleurs; et enfin les *Tzengaris*, tribu primitive de nos Bohémiens ou Égyptiens, et des Zingari italiens, dont le nom se rapproche le plus du nom originaire.

CXLVI. MOEURS ET USAGES DES TZENGARIS.

La tribu des *Tzengaris*, nommés aussi *Fangaris* sur la côte du Konkan et des Pirates, et *Soukalir* sur la côte de Malabar, est nomade. J'ai eu occasion d'en rencontrer souvent des bandes entières près de l'antique et magnifique ville de *Visapour*, et aux environs de *Bangalor* dans le *Mahissour*, que nous nommons *Mysore*, par l'habitude où nous sommes de défigurer les noms orientaux. Les Tzengaris sont en général d'une couleur cuivrée ou noirâtre, ce qui justifie le nom d'Hindous noirs que leur donnent les Persans. Leur religion, leurs institutions, leurs mœurs et leur langage diffèrent de ceux des autres tribus hindoues. Les Mahrattes leur donnent l'épithète de *soudas* (filous); en effet, durant la guerre, ils se livrent au pillage, apportent des provisions dans les armées, et les inondent d'espions et de danseuses (*kantchinis*). En temps de paix, ils fabriquent des toiles grossières, et font le commerce de riz, de beurre, de sel, de *toddi*, de calou, d'arak (*), d'opium, de gourakou (**), de pan (***), etc. Ce sont des colporteurs qui transportent leurs marchandises sur leurs bœufs d'un lieu à l'autre. Leurs femmes sont jolies et bien faites, comme la plupart des femmes hindoues, mais portées à la lubricité la plus dégoûtante. Ils enlèvent souvent de jeunes filles qu'ils vendent ensuite, suivant leurs besoins, aux naturels et aux Européens. On les accuse enfin d'immoler des victimes humaines aux Rakchasas, ou démons, et de manger de la chair humaine. Les Tzengaris exercent presque partout le métier d'entremetteurs. Les femmes disent la bonne aventure pour de l'argent à ceux qui viennent les consulter : pour cela elles sont dans l'habitude de frapper sur un tambour, afin d'évoquer les démons, puis elles prononcent d'un air de sibylle, et avec une rare volubilité, une quantité de mots bizarres, et, après avoir regardé l'état du ciel, et les linéaments de la main de la personne qui les consulte, elles lui prédisent gravement le bien ou le mal que le destin lui réserve. Ces femmes exécutent aussi des tatouages, et mettent ce talent en usage auprès des femmes hindoues: elles dessinent sur leurs bras des étoiles, des fleurs et des animaux, piquent les contours des figures avec une aiguille, et frottent les piqûres avec le suc des plantes, ainsi que je l'ai vu pratiquer en Amérique, dans l'Océanie et dans d'autres pays : l'empreinte de ce tatouage est ineffaçable. Au reste, dans l'occasion, les Tzengaris sont prêts à exercer tous les métiers. Ils sont unis entre eux et vivent en famille : il n'est pas rare de voir le père et la fille, l'oncle et la nièce, le frère et la sœur, vivre ensemble et se confondre à la manière des animaux. Ils sont méfiants, menteurs, joueurs, ivrognes, poltrons, et entièrement illettrés; ils méprisent la religion, et n'ont guère d'autres croyances que la peur des mauvais génies et la fatalité.

Ce portrait des Tzengaris de l'Hin-

(*) Le toddi, le calou et l'arak sont trois boissons différentes.

(**) Le gourakou est une pâte odoriférante qu'on fume dans le houka.

(***) C'est le nom de la feuille du poivre bétel (*piper betel*). Les Indiens ont l'habitude de mâcher un morceau d'arek, mêlé avec de la chaux et du tabac, et enveloppé dans cette feuille. Ils appellent ce mélange *pan*, et nous bétel. Lorsqu'on y mêle des aromates, on le nomme *lili*.

doustan est exactement celui des Tzengaris-Biadjaks, en divers lieux, que j'ai connus et étudiés, avec la différence que les derniers ne prostituent pas leurs femmes, qu'ils sont moins noirs que ceux de l'Hindoustan, qu'ils se mêlent peu d'horoscopes et de nécromancie, et enfin, qu'ils se livrent sur mer à la piraterie, comme les autres exploitent le brigandage sur terre. C'est dans les états du peuple mahratte que l'on doit chercher leur origine, et principalement dans la province de *Mahrat*, véritable berceau de ce peuple. Cette province, située dans les montagnes des Gates occidentales, est omise dans toutes les cartes anglaises et françaises. J'en ai dressé la carte que j'ai donnée à M. Brué.

Le nom sanskrit de Mahrattes est *Maha-Rashtra* (les grands guerriers). Les Mahrattes sont de race hindoue, et descendent de la caste des Soudras qui comprend la tribu des Parias. Ils sont divisés en trois tribus : les fermiers, les bergers et les vachers. Ce sont d'excellents cavaliers, mais de grands maraudeurs ; ils sont illettrés, et laissent aux Brahmâns le soin des affaires et la gestion des finances. Les hommes sans caste, ou expulsés de ces trois tribus, ont formé la grande tribu des Parias mahrattes, dont s'est formée, dès les temps les plus reculés, la tribu errante des Tzengaris ou Vangaris, qui étaient les fournisseurs des armées mahrattes, ainsi que nous le voyons dans le second *Oupanichad*. Les Tzengaris constituent, comme nous l'avons vu, un peuple à part : malgré leur origine mahratte, ils sont indépendants de la religion de Brahmâ et des lois de Mânou qui a réuni en société politique et religieuse l'immense population des Hindous, et ils vivent disséminés en grand nombre dans diverses contrées de l'Hindoustan.

CXLVII. HISTOIRE DE LA DISPERSION DES TZENGARIS.

La fixation de l'époque à laquelle les Tzengaris ont commencé de se répandre hors de leur pays, forme une importante question. Nous croyons qu'il faut mettre cette dispersion à la suite de l'invasion de ces belles contrées par le fameux *Timour* (que nous nommons Tamerlan), et vraisemblablement après la prise de Delhi. Cette ville succomba le 8 de rabi second, 801 de J.-C. (mercredi 8 janvier 1399), et fut pillée le 17 du même mois. Timour était entré dans l'Inde en 1298, et non en 1408, ainsi que le prétend Grellmann ; il retourna à Samarkand, capitale de ses vastes états, au mois de mai 1399 (hégire, chaban 801).

Le célèbre Chérif-Eddin assure que Timour souilla sa conquête par le massacre de cent mille prisonniers perses et hindous. Les Mongols s'avancèrent en répandant une telle terreur dans toutes les parties de l'Inde, qu'un grand nombre de familles abandonnèrent ce malheureux pays. Il est vraisemblable que les Hindous des trois premières castes, dont l'attachement à leur patrie est si grand, n'imitèrent pas un tel exemple ; leur religion d'ailleurs leur en faisait un devoir. Quant aux Soudras et aux Parias, il est facile de penser qu'aucun lien ne les retenait ; ils sont tellement coureurs, qu'en outre de ceux qui sont établis en Europe et à Kalémantan, j'en ai vu en Abyssinie, en Arabie, à Tzouakem, à Singhapoura, à Malakka, à Manila, et même en Chine.

N'est-il pas naturel de croire que les Tzengaris, que nous avons vus habitués à la vie des camps, et qui, étant en dehors de la communion hindoue, pratiquent ou feignent de pratiquer la religion dont l'usage leur offre quelque avantage, aient servi d'espions et de fournisseurs aux armées mongoles, et qu'une partie d'entre eux ait accompagné Timour dans son long passage à travers le Kandahar, la Perse et le Tourkestan ? Après avoir parcouru les régions caspiennes et caucasiennes, et avoir laissé derrière eux, dans tous les pays, comme une traînée de familles détachées, les Tzengaris auraient terminé leurs courses, les uns en Russie, les autres dans l'Asie mineure ; une seconde colonne aurait passé du Kandahar dans le Seguistan, le Mekran, le Kirman, le Fars, le Khoussistan, l'Irak-Arabi, l'Al-Djezirah; et une troisième aurait parcouru la Syrie et la Palestine, l'Arabie pétrée, et serait venue en Égypte, par l'isthme de Souez, et de là dans la Mauritanie. Enfin, une bande se serait embarquée dans un des ports de l'Hindoustan, et serait venue s'établir sur les côtes des îles de la Malaisie, particulièrement dans l'île riche et vaste de Kalémantan, au moyen des navires bouguis qui, de tout temps, ont commercé avec les ports de l'Inde. N'est-il pas probable que ces rudes voyageurs ont abordé de la mer Noire, et de l'Asie mineure en Europe(*), par l'intervention des Turks dont ils étaient aussi les espions et les fournisseurs durant leurs guerres contre l'empire grec? N'est-il pas probable également que les premiers Tzengaris qui sont venus en Europe, se soient établis dans la Turquie européenne, ainsi que le dit Aventin, et de là dans la Valaquie et la Moldavie? En effet, on les voit, en 1417, en Hongrie; à la fin de 1417, ils parurent en Bohême et en Allemagne, dans le voisinage de la mer du Nord (**); en 1418, on les trouve en Suisse, selon Stumpf et Gruler; en 1422, en Italie (***). Pasquier fait remonter leur origine en France jusqu'en 1417: il dit qu'ils se qualifiaient de chrétiens de la Basse-Égypte, chassés par les Sarrasins, mais qu'ils venaient de Bohême. De France, ils passèrent en Espagne et en Portugal, selon Cordova, et plus tard, sous le règne de Henri VIII, en Angleterre. Leurs hordes se composaient ordinairement de deux à trois cents personnes, hommes et femmes.

Nous ne pensons pas, malgré l'opinion de Grellmann, que les Turks aient

(*) Les Tzengaris qui arrivèrent en Hongrie et en Bohême, avouaient en effet qu'ils y étaient venus par la mer Caspienne et la mer Noire.

(**) Münster. *Cosmographie*, vol. III, chap. V.

(***) Muratori. *Annali d'Italia*, t. IX, p. 1105; *Cronica di Bologna*, t. XVIII, *Rerum italicarum*, ad annum 1422.

transporté les Tzengaris d'Égypte en Europe; et quoiqu'il soit difficile d'expliquer pourquoi on leur a donné en plusieurs pays le nom d'Égyptiens, il est certain qu'ils n'étaient ni d'origine égyptienne, ni venus d'Égypte en Europe, ainsi que Krantz et Münster l'ont prouvé. Il est vraisemblable qu'ils auront voulu se faire passer pour des chrétiens d'Égypte, pour des pèlerins persécutés par les Sarrasins, à l'effet d'obtenir des saufs-conduits et la permission d'exercer leur industrie dans les états européens.

CXLVIII. PAYS OÙ LES TZENGARIS SE SONT ÉTABLIS EN EUROPE, EN ASIE, EN AFRIQUE ET EN OCÉANIE.

Les Tzengaris ont formé des établissements dans tous les royaumes de l'Europe, et dans une grande partie des états de l'Asie. En Afrique, on ne les trouve que dans l'Égypte, dans la Nubie, l'Abyssinie, le Soudan et la Barbarie. Nous ne pensons pas qu'ils se soient jamais fixés en Amérique, et en Océanie on ne les trouve vraisemblablement établis que dans les îles Célèbes et Kalémantan, et peut-être dans quelques cantons de Palawan, de la Papouasie et de l'archipel de Holô.

L'Espagne, l'Écosse, l'Irlande, la Turkie, la Hongrie, mais surtout la Transylvanie, la Moldavie, la Valakie, l'Esclavonie, la Courlande, la Lithuanie et les provinces caucasiennes, sont les contrées de l'Europe où l'on trouve le plus grand nombre de Tzengaris. En Angleterre, ils sont encore assez nombreux; mais ils ne se trouvent réunis que dans les lieux écartés, et ils n'entrent guère dans les villes que par petites compagnies de deux à trois personnes. En Allemagne, en Suède et en Danemark, ils sont devenus rares, ainsi que dans la Suisse et dans les Pays-Bas. On en trouve beaucoup moins qu'autrefois en Italie. Ils ont toujours été clair-semés en France : on n'en voit plus que quelques-uns dans les villages et les forêts de la Lorraine, de l'Alsace, des Cévennes et des Pyrénées. D'après ce que j'ai entendu dire à Manila à M. le maréchal (capitaine général) don Mariano de Ricafort, gouverneur des îles Philippines, pendant mon séjour dans ce beau pays, l'Espagne ne compterait pas moins de cinquante mille *Gitanos*, ou Tzengaris. Un de leurs *rabers* (chefs), que j'ai eu occasion de voir à Grenade, me dit en effet qu'ils y étaient au nombre de cinquante à soixante mille, dont la plus grande partie dans les royaumes de Jaen, de Grenade et de Cordoue. D'après les renseignements les plus exacts, on en compte cinquante quatre mille en Hongrie. La Transylvanie est le pays qui en renferme le plus; car, sur une population d'un million sept cent vingt mille ames, il faut y compter cent quatre mille Tzengaris. Je ne crois pas exagérer en portant la population tzengare à près d'un million en Europe, à quatre cent mille en Afrique, à un million cinq cent mille dans l'Inde, environ deux millions dans le reste de l'Asie, et près de vingt mille en Océanie. Si on excepte la Russie asiatique, la Chine, le Siam, l'An-Nam et le Japon, ils se sont établis dans toute l'Asie : on les voit même mêlés avec les Troukménes, avec les Lesguis du Caucase, et les Ilihans de Perse. Je puis donc, d'après mon calcul, porter la population totale des Tzengaris, fixés ou errants, dans quatre (*) des cinq parties du monde, à cinq millions.

CXLIX. RÉSUMÉ PHILOSOPHIQUE ET PHILOLOGIQUE DE LA DISSERTATION SUR LES TZENGARIS.

Quelle douloureuse matière à réflexion ne trouvons-nous pas, en voyant une si importante portion de l'humanité jetée en quelque sorte en dehors du droit commun des nations, tant d'hommes errant sans aucune propriété qui les attache au sol, campant dans les champs, bien loin des villes, vivant de vols et de tromperies, et répandus partout, malgré la persécution et le mépris, comme la race des Juifs! Ennemis de l'agriculture et de toutes les industries sérieuses, colporteurs, raccommodeurs d'ustensiles, contrebandiers, diseurs de bonne aventure, fainéants par-dessus tout le reste, voilà les Tzengaris de l'Europe; et quand on les examine avec attention, on ne peut pas demeurer dans une longue incertitude à l'égard de leur ressemblance avec les Tzengaris de l'Hindoustan et ceux de Kálémantan que nous avons peints tout à l'heure(*). À des distances immenses, leur caractère n'a pas subi de changement. On peut leur appliquer ces vers du poète chinois *Lieou-chi* : « Aucun climat n'adoucit le tigre, ni ne donne du courage au lapin. » Pour terminer par un dernier trait de ressemblance, et qui complète tous ceux que nous avons déjà énumérés, nous donnerons ici l'esquisse d'un tableau comparatif des mots principaux de la langue que parlent encore les hordes de Bohémiens, avec ceux qui appartiennent à dix langues de l'Orient. Nous ne craignons pas de dire que ce tableau, quelque limité qu'il soit, a du moins le mérite de la nouveauté. Aucun orientaliste ni voyageur n'a encore publié, à notre connaissance, de vocabulaire des deux dialectes tzengares, ni de l'idiome païsachi, ni du biadjak. On verra que le Biadjak, comparé avec le Tzengare, n'a que deux mots semblables dans les deux idiomes, et que plusieurs mots sanskrits qui sont demeurés dans la langue tzengare, ne sont point passés dans la langue hindoustâni.

Médiocre anthropologiste, philologue et ethnographe, mais ami zélé de la science et de la vérité, l'auteur compte sur l'indulgence des véritables anthropologistes, orientalistes et ethnologues, pour ce travail de classi-

(*) Nous avons déjà dit que nous pensions qu'ils n'existaient pas en Amérique, du moins réunis en société; et en cela leur dispersion offre une grande ressemblance avec celle des Juifs qu'on voit également en Europe, en Afrique, en Asie, et même en Océanie, surtout à Java, mais non en Amérique où l'on n'en trouve que quelques individus.

(*) Le peu de différence qui existe entre ceux de l'Inde, de l'Europe et de l'Océanie, tient plus aux localités qu'au caractère.

fication sur les peuples de Kalémantan et sur les langues des Biadjaks et des Tzengaris; travail neuf et presque sans éléments, dont eux seuls connaissent les grandes difficultés. Il a fait tous ses efforts pour éviter des erreurs sur deux parties aussi pénibles à traiter; mais c'est presque la chose impossible. Il n'en est pas de même en géographie et en histoire naturelle. Dans le cours de ce long ouvrage sur l'Océanie, et principalement sur les îles de la Malaisie, s'il n'a pu que choisir dans les récits des indigènes ou dans les relations de ses devanciers, il répond du moins devant Dieu et devant les hommes de ce qu'il déclare avoir vu lui-même, et c'est ce qui ressortira bien mieux s'il publie ses voyages en Océanie, en Chine, en Orient, en Egypte et ailleurs, parce qu'alors ce sera toujours lui qui parlera en son nom. Si à ses voyages il joint ses mémoires sur les personnages célèbres et les hommes civilisés et sauvages avec lesquels il a vécu, pour compléter l'étude des lieux, des choses et de l'homme, par l'étude des individus, il préparera ainsi, par l'analyse et les détails, une grande synthèse pyramidale dont l'humanité occupera la base et l'homme le sommet; ouvrage auquel il consacrera le reste de sa vie.

L'auteur a d'ailleurs averti ses lecteurs, au commencement du tableau général de l'Océanie, que, graces à son naufrage, ce n'était ici qu'un long prodrome de ses voyages.

ESQUISSE D'UN TABLEAU POLYGLOTTE COMPARATIF DE 21 LANGUES,

Et spécialement des langues tzengaré et autres qui dérivent du sanskrit.

Français	Tzengare d'Europe	Tzengare de l'Hindoustan	Biayak ou Tzengare de l'île Kalemantan ou Bornéo	Palangi	Sanskrit	Pali	Hindoustani	Chinois	Zend	Tibétain	Assyrien	Turc-Arabe	Slava	Grec	Allemand	Hébreu	Arabe égyptien	Copte	Avestergui	Euskoval-dourra ou Basque	Celte b. breton
Blanc.	Gaour.	Gaouro.	Bra.	Gaor.	Gaoura.	.	Gaur.	Pei.	.	Se-ül.	Gow.	.	Bela.	Leucos.	Weise.	.	Abyed.	Ouoych.	.	Zoura.	E. t.
Bœuf et vache.	Nargou.	Nargou.	.	Laog.	Kâla, enkcha et gô	.	Goï.	.	Go.	Chaoua.	Ouad.	.	.	Bos.	Ochs.	.	Ge.	Eise.	Chol-do.	Ilia.	N. t.
Chameau.	Ouara.	Ouara.	.	Ouara.	Ouara et kra-mélaka.	Ouara.	Ontra.	.	.	.	.	a	Neba.	Kamolos.	.	Gamal.	Djamel.	Néâbagui.	.	Sarouo.	.
Ciel.	Sourg.	Sourga.	Kasungki.	Sourg.	Sourga.	Sourga.	Souarga.	Thian.	.	Dich.	Sor.	Sor.	.	Ouranch.	.	.	Aryz.	Chol.	Is-gher.	Oïta.	.
Dent.	Dent.	Dents.	.	Dent.	Dent.	Drarks.	Deva.	.	Deniano.	.	.	.	.	Oniva.	Gott.	Elâ.	Allah.	Noud.	.	Yadecen.	N. t.
Dieu.	Deva.	Deva.	Lobat Alluh.	Deva.	Deva.	Deva.	Deva.	Ti (Bi).	.	Allah.	Eah.	.	.	Theos.	.	.	Ielilah.	.	.	Emaatchya.	.
Femme.	.	.	Bazar.	.	Pontrâ et scunau.	.	.	Tec?	Potet.	.	.	.	Syn.	Gyné.	.	Êm.	Refgaal.	Cair.	.	.	.
Fils.	Pontrâ.	Pontra.	Osiou.	Potrâ.	Marya.	.	Piti.	Mercch.	.	.	Marti.	.	.	.	.	.	.	.	.	.	.
Homme.	Marti.	Marti.	.	Marti.	Kchira-n et pays.	.	.	Yue.	Pro.	Ai.	.	Chiaro.	Matê.	Anthropos.	Mensch.	Or.	Locien.	Erot.	Ouer-di.	Conjours.	Daime.
Lait.	Kim.	Kim.	Boolan.	Tchamira.	Groth.	.	Abad?	.	.	.	.	.	.	Sélene.	.	Beth.	Kauwar.	Jab.	.	Hiargua.	.
Lune.	Ker.	Kour.	Ker.	.	.	.	.	Hai.	.	Benghai.	.	.	Mor.	Oktu.	Hans.	.	Bett.	It.	.	Eichia.	Mor.
Maison.	Diamou.	Diamou.	Indou.	.	Tchamidre.	Matra.	.	.	Mod.-dec.	.	.	.	.	Thalassa.	.	.	Bahar maâsh.	Mooze.	.	Itsaso.	Kaer.
Mer.	Matre.	Matré.	.	Matra.	Matra.	Matra.	Kâli.	.	.	Kara.	Siaw.	Saw.	Mat.	Metêr.	Mutter.	Em.	Omn.	An.	.	Ama.	.
Mère.	Kâli.	Kâli.	.	Kâli.	Kâli et unli.	.	.	.	Astea.	.	Atch.	.	Tehernai.	Melas.	.	.	Asonad.	Wal.	La.	Bala.	Kaer.
Noir.	Ma.	Ma.	.	Ma.	Ma.	.	.	.	.	.	.	.	.	Mè.	.	.	Li.	Kaas.	.	.	.
Non.	.	.	.	Akcha.	Akcha.	.	.	.	.	.	.	.	Otcha.	Ophthalmos.	Ant (bynnder)	.	Ayn.	.	.	.	.
Œil.	.	.	.	Antan.	Anbi.	.	.	Astan.	.	.	.	.	.	Ouigin.	.	.	Aoiuaah.	Iot.	Aive.	Bogonija.	Lagad.
Ch.	Avi.	Avi.	.	.	.	.	.	.	.	.	Vazat.	Dodi.	.	Alla.	.	Ab.	Aiva.	.	Ab-koui.	Aita.	.
Oui.	Pida.	Pida.	Peda.	Piti.	Piti et tita.	Piti.	Piti.	Feder.	.	.	Ariew.	.	.	Pater.	.	.	Abou.	Kahl.	.	Cnarria.	.
Père.	.	.	Babouh.	Phag.	Soutria et kygrml.	.	Souter.	.	.	.	.	.	.	Chairo.	.	.	Kinestir.	.	.	Egounkia.	.
Porc ou cochon.	Souria.	Souria.	Matan sudan.	Sa.	Sima el Gnara.	Sima.	Sima.	Yuen.	Zemo.	.	.	.	Zemia.	Hélios.	Sons.	.	Chrina.	Rt.	.	Eria.	Thoar.
Soleil.	Sima.	Sima.	Petak.	.	.	.	.	.	.	.	Unier.	.	Nava.	Gè.	Land.	.	Belad.	Kahl.	.	.	.
ire et pays.	Navt.	Nao.	Nao.	Nos.	Nouo.	.	Nana.	.	Neao?	.	.	Diogan d?	.	Neos.	Alt.	.	Maskoda.	Nef.	.	Quéra et chalamia.	.
Vaisseau a navire.	Pouroa.	Pontron.	.	Djr.	Djera et jiua.	.	.	Decr.	Eiki.	.	.	.	.	Gézôn.	.	.	Cheïkh et chéryf.	Helio.	.	Zarra.	.
Vivre.																				Chan.	

N. B. Dans la colonne des mots grecs, le *s* à le son du *j* français dans *gorsses*.
L'absence de caractères orientaux et autres nous a forcé à employer des caractères ordinaires.

CL. FÊTES MALAISES, CÉRÉMONIAL, MUSIQUE, ETC.

Nous avons peu parlé des Malais de Kalémantan, parce que leurs mœurs et leurs usages sont les mêmes, à peu de chose près, que dans les autres contrées que nous avons décrites. Ils ont cependant un cérémonial dans les fêtes données par leurs radjâhs et soulthâns, qui n'a de pendant qu'à Java et Madouré. La musique, la table et les armes y jouent le principal rôle. Comme nous serions obligés de répéter ce qu'en a dit M. Laplace dans sa description de Madouré, qui offre une parfaite ressemblance avec ce cérémonial dans les cours malaises de l'île Kalémantan, nous préférons emprunter ce morceau à l'auteur élégant que nous venons de citer.

« Le palais est assez vaste et commode. Nous fûmes introduits et présentés au sultan au son des instruments de musique.

« La musique malaise n'est ni variée ni harmonieuse; les musiciens ne jouent que de mémoire et toujours les mêmes airs, qui vraisemblablement se conservent dans l'île par tradition. Ils n'ont qu'un instrument à cordes, qui ressemble à notre violon, et dont le corps, fait de la moitié d'un très gros coco, est recouvert à sa partie concave d'une peau fine, sur laquelle passent deux cordes minces, qui se tendent au moyen de clefs placées à l'extrémité d'un long manche d'ivoire ou de bois parfaitement sculpté. Les crins de l'archet, un peu lâches, restent toujours engagés entre les cordes, et les sons qu'ils en tirent m'ont paru aigres et discordants.

« Derrière le musicien qui jouait de cette espèce de violon, se trouvaient rangés tous les instruments à timbre, dont celui que je vais décrire dominait l'infernale symphonie.

« Il se compose de huit plaques d'un métal jaunâtre, mélange d'or, d'argent et de cuivre, suspendues horizontalement et à plat les unes à côté des autres, par deux cordes légères qui les traversent d'abord, à chacune de leurs extrémités, dans les sens de la largeur, puis vont se tendre fortement sur des clefs placées aux deux bouts d'une boîte longue et étroite, totalement vide en dedans et découverte en dessus. La plus grande de ces plaques, qui est en même temps la première du rang, a un pied de long, quatre de large, dix lignes d'épaisseur au milieu et six seulement sur les bords; elle présente une surface convexe en dessus et concave en dessous. Les sept autres ont la même forme, mais diminuent progressivement jusqu'à la dernière, plus petite de moitié que la première dans toutes ses proportions. Le musicien, accroupi sur le sol, place la boîte devant lui, puis, avec une boule de cuir, fixée au bout d'un court bâton qu'il tient dans chacune de ses mains, il frappe les plaques et leur fait rendre, suivant leurs plus ou moins grandes dimensions, des sons plus ou moins graves que répétait la cavité sur laquelle est suspendu tout le système.

« Je remarquai encore un autre instrument, semblable à celui-ci, et dont il est aisé de se représenter le mécanisme, si l'on suppose substitués aux plaques de métal, des morceaux d'un bois rouge très-dur, taillés dans les mêmes dimensions et disposés de la même manière, mais suspendus sur les bouches d'autant de tuyaux de bambou qui s'élèvent perpendiculairement du fond de la boîte, pour donner aux sons quelque chose de plus doux, et atténuer ce que l'instrument à plaques de cuivre a de trop dur dans sa vibrante harmonie. Mais nos oreilles trouvaient encore cette dernière supportable en comparaison des accords diaboliques d'un quatrième instrument qui est pour ainsi dire national chez tous les peuples du grand archipel d'Asie, car il n'y a pas de chef parmi eux, si petit qu'il soit, qui n'en traîne toujours au moins un à sa suite, comme nos charlatans leur orchestre ambulant.

« Sur une caisse, faite d'un morceau de bois creusé, sont rangés côte à côte, soutenus chacun par quatre lanières de cuir, six vases de cuivre jaune de différentes grandeurs. Le plus grand de ces vases, bombé en dessous, et n'ayant que huit pouces de diamètre à sa partie inférieure, s'élargit en montant jusqu'à un pied de hauteur environ, puis se recourbe pour former sa partie supérieure, qui se termine par une petite demi-sphère. Les autres vases ont la même forme, et vont en diminuant graduellement jusqu'au plus petit, qui n'a que la moitié des proportions du plus grand. Le musicien frappe ces espèces de globes sur le sommet avec une baguette assez semblable à celle qui sert pour la grosse caisse dans notre musique militaire, et en obtient des sons que l'on peut comparer à celui que rendrait un bassin de cuivre.

« Dans un orchestre malais, aussi bien organisé que celui du sultan de Bansalang, le nombre des instruments ne se borne pas à ceux dont je viens de faire l'énumération, quoiqu'ils aient chacun deux, trois et même quatre doubles, de différentes dimensions, qui jouent toujours tous à la fois. On y voit aussi le chapeau chinois, un tambour beaucoup plus gros que les nôtres, et un instrument dont le son imite le bruit lointain du tonnerre. Cet instrument est composé de deux énormes bassins de métal allié d'argent et de cuivre, dont la partie évasée, qui a jusqu'à plusieurs pieds de diamètre, sur six pouces seulement de profondeur, est recouverte d'une peau tendue, sur laquelle le musicien frappe à coups redoublés, et avec d'autant plus de facilité que ces espèces de *gongs* sont soutenus verticalement en face l'un de l'autre par des montants de fer.

« Il serait difficile d'imaginer le vacarme que fait cet orchestre, lorsque, suivant l'usage du pays, il annonce le départ ou l'arrivée du souverain, ou de quelque autre personnage auquel on veut faire honneur.

« Chez les Malais, la musique est inhérente à toute espèce de cérémonie et de représentation : celle de Bancalang s'acquitta si bien de son rôle durant mon séjour à Maduré, qu'après en avoir été étourdi depuis le matin jusqu'au soir, il me semblait l'entendre encore la nuit pendant mon sommeil. Elle se mêlait à toutes les distractions que le bon sultan s'empressait de me procurer pour remplir les longues heures de la journée.

« Peu d'heures après notre arrivée, il fit représenter devant nous une espèce de pantomime guerrière, exécutée par de très-beaux hommes, richement habillés et armés de lances et du cris (*). Ils marchaient sur deux rangs, les chefs en tête ; dans tous leurs mouvements, guidés par la musique, ils prenaient des attitudes nobles et martiales, auxquelles le costume de combat prêtait aussi beaucoup : les bandeaux rouges bordés d'or qui ornaient leur tête, l'écharpe blanche tournée élégamment autour du cou, et dont l'éclatante bordure flottait sur des épaules larges et nues ; le pagne bariolé de mille couleurs, qui serrait autour de la ceinture plusieurs poignards, et tombait jusqu'au bas des jambes, offraient un coup d'œil aussi attrayant pour l'imagination que pour les yeux.

« La pantomime figurait des guerriers qui allaient au combat et cherchaient à surprendre l'ennemi : leurs têtes portées en avant, leurs bras droits étendus et leurs regards fixés dans la même direction, tandis que leurs mains gauches brandissaient la redoutable lance ; le balancement cadencé du corps chaque fois que leurs pieds s'avançaient avec précaution, tout augmentait l'illusion et contentait notre curiosité. Ils défilèrent plusieurs fois devant nous, à la grande satisfaction de mon hôte, enchanté de pouvoir donner à des étrangers une haute idée de son goût et de ses richesses.

« Bientôt après, la musique annonça le dîner, autre genre de spectacle qui devait offrir des plaisirs plus solides aux jeunes convives, et faire ressortir

---

(*) M. Laplace aurait dû écrire *criss*. C'est le vrai nom de cette arme.

18ᵉ *Livraison*. (OCÉANIE.)

encore la magnificence du souverain de Maduré : le coup d'œil de la table était brillant; mais en vain je cherchais sur cette table, chargée d'argenterie, de bronzes et de cristaux, quelque chose d'extraordinaire et d'étranger : je retrouvais le luxe d'Europe, notre cuisine et nos vins.

« A table, cependant, la liberté était plus grande : la conversation s'animait, et les santés, auxquelles mon royal voisin faisait raison avec du thé en place de vin, se suivaient sans interruption.

« Pendant tout le repas, la foule de domestiques et d'esclaves richement habillés qui nous entouraient, et dont les yeux sans cesse attachés sur les convives cherchaient à deviner leurs moindres désirs, acheva de nous donner une idée assez brillante de la cour d'un souverain de ces contrées.

« Les liqueurs, le café, et principalement les cigares de Manille (car le pays ne produit pas de bon tabac), firent durer la séance beaucoup plus que je ne l'aurais désiré; enfin nous passâmes dans le salon, toujours au bruit de l'éternelle musique, à laquelle était venu se joindre un accompagnement plus aigre et plus faux encore que l'orchestre même; c'est-à-dire les voix d'une vingtaine de femmes chantant, ou, pour approcher davantage de la vérité, glapissant en chorus, toujours sur le même ton, sur le même air, absolument comme les enfants braillent les noëls dans quelques-unes de nos provinces; et ce n'était pas pour une heure ou deux, car, suivant l'importance des solennités, elles chantent toute la journée et parfois même toute la nuit suivante, en prenant à peine quelques moments de repos.

« Je voulus voir de près les pauvres Sirènes, espérant que le plaisir des yeux me dédommagerait de ce que souffraient mes oreilles; mais mon attente fut péniblement déçue; toutes ces malheureuses créatures étaient si maigres, si sales, que je me trouvai encore trop heureux de n'être condamné, du moins pour ce jour-là, qu'à les entendre chanter.

« Malgré sa ferveur pour la loi de Mahomet, mon hôte n'avait pas renoncé à toutes ses anciennes habitudes, car une table ayant été couverte de cartes et d'argent, la partie de *vingt et un* commença. On jouait très-gros jeu; nous étions trop novices, mes officiers et moi, pour lutter longtemps contre des adversaires aguerris : aussi le sultan, l'assistant-résident hollandais et deux Chinois, collecteurs des impôts, restèrent-ils bientôt les seuls maîtres du tapis. Je prenais un grand plaisir à voir leur impassibilité dans la bonne ou mauvaise fortune, et l'air d'humilité avec lequel ces deux usuriers empochaient l'argent de leur maître quand ils gagnaient.

« Dans ces pays, les Chinois remplissent auprès de la plupart des souverains le rôle que jouent les Juifs à la cour des pachas turcs : mêmes moyens pour augmenter leur fortune, mêmes soins pour la cacher; souvent rançonnés ou punis de leurs friponneries, toujours nécessaires et toujours employés. Ce sont eux qui perçoivent à Maduré l'impôt des terres, prennent à ferme la récolte des nids d'oiseaux, qu'ils vendent à leurs compatriotes, et ont le monopole de toutes les marchandises introduites dans l'île. Aussi mes deux Chinois, bien qu'ils se plaignissent toujours de leur pauvreté et de la peine qu'ils avaient à satisfaire le sultan, qui, parfois, il est vrai, leur faisait rendre gorge, n'en étaient pas moins les plus riches marchands du pays.

« L'usage des présents parmi les Malais fournit souvent aux princes l'occasion de déployer leur générosité, et rarement ils la laissent échapper; aussi le souverain de Bancoulang s'empressa-t-il de m'offrir un crit dont le fourreau d'or parfaitement ciselé, et la poignée faite d'un bois précieux, le cédaient pourtant à la lame, pour le prix et la beauté du travail. Cette lame, large de dix-huit lignes à sa base, et longue d'un pied et demi, est tranchante des deux côtés, renfoncée au centre par une arrête aiguë, et va, en serpentant comme une flamme jusqu'à la pointe (*).

« L'acier dont elle est fabriquée, et qu'on tire de Bornéo, doit-il à la trempe l'avantage de ne jamais s'oxyder et sa couleur brune, qui laisse distinguer les veines du métal? C'est une question que les meilleurs ouvriers européens n'ont pu, dit-on, éclaircir. Quoi qu'il en soit, ces lames paraissent encore ce qu'il y a de mieux trempé en fait de poignards. Nous avons vu que le crit est, pour ainsi dire, l'arme nationale des habitants de la presqu'île malaise et du grand archipel d'Asie (**). Leur manière de le porter, suivant le degré de civilisation où ils sont parvenus, peut servir à faire connaître jusqu'à quel point on peut se confier à ces hommes dangereux. Les méchants et soupçonneux insulaires de Bornéo, de Palawan et de Macassar, adonnés au brigandage, le portent toujours un peu plus en avant du côté gauche, la poignée presque sur la poitrine et cachée par les plis du pagne, comme un tigre embusqué et prêt à s'élancer sur sa proie. Les indigènes de Java, de Sincapour et de Maduré, ainsi que des autres îles où les Européens ont des établissements, pensent donner une preuve de respect et de confiance en plaçant leur poignard derrière le dos à l'endroit où la ceinture presse la chute des reins.

« Ce n'était pas assez pour les Malais d'orner leur crit d'or et de pierreries, ils lui ont encore attribué les vertus les plus merveilleuses. Tantôt la lame du crit frémit dans son fourreau en présence de l'ennemi secret de son maître, s'échappe et va lui percer le cœur; tantôt elle traverse les rivières, les forêts, les murailles les plus épaisses, pour revenir aux mains de son légitime possesseur. Telles sont les superstitions qui, chez ces peuples sombres et vindicatifs, font du crit un objet d'envie et de terreur, et lui donnent une valeur inestimable.

« On prétend que le dernier sultan de Solo, maintenant en exil à Amboine, offrit une somme énorme pour la lame seulement de son crit, qu'il avait perdu dans un combat avec les Hollandais; mais l'acier précieux était tombé sans doute entre les mains d'un nouveau maître plus superstitieux qu'intéressé, car il ne fut pas rendu.

« Nous franchissions à peine le pont-levis qui mène à la première cour, et nous entendions encore distinctement les sons de la musique qui avait présidé à notre départ du palais, que déjà des orchestres, placés sous les deux hangars dont j'ai parlé précédemment, nous assourdissaient; mais je m'étais habitué à ce charivari comme à un mal nécessaire : aussi ne m'empêcha-t-il pas de donner toute mon attention aux scènes qui se succédaient sous nos yeux. Le peuple s'était groupé sur notre passage dans la cour du palais : cette foule d'hommes, de femmes et d'enfants, tombant à genoux, les mains jointes et en silence, à mesure que leur souverain passait devant eux, me fit éprouver un sentiment pénible, qui, peut-être, n'était pas fondé; car cette dégradation n'est qu'apparente, et le Malais, qui a ployé les genoux devant le sultan, se relève plus libre et plus heureux que beaucoup d'Européens. »

CLI. APERÇU DE L'HISTOIRE DE KALÉMANTAN.

L'histoire de Kalémantan est fort obscure. Suivant une ancienne tradition, cette île aurait appartenu à la Chine. Ce fait est douteux; mais tout indique qu'elle a été colonisée par les Hindous, ainsi que Java, Bali, Soumâdra et Singhapoura.

Les Espagnols, compagnons de Magalhaës, donnèrent à l'île Kalémantan le nom de Bouné, en 1521. Vers l'an 1526, les Portugais cherchèrent à s'y établir. Trop faibles pour s'y faire respecter par les armes ils imaginèrent

(*) L'auteur de l'Océanie possède un de ces criss de Kalémantan dans la petite collection qui lui reste. Il est semblable à celui-ci, excepté le fourreau et le manche qui sont garnis de dents d'hippopotame. G. D. R.
(**) La Malaisie.

18.

de gagner la bienveillance d'un des souverains du pays, en lui offrant quelques pièces de tapisserie. Ce prince imbécile prit les figures qu'elles représentaient pour des hommes enchantés qui l'étrangleraient durant la nuit, s'il les admettait auprès de sa personne. Les explications qu'on donna pour dissiper ces vaines terreurs ne le rassurèrent pas, et il refusa opiniâtrément de recevoir ces présents dans son palais, et d'admettre dans sa capitale ceux qui les avaient apportés.

Les Portugais furent reçus plus tard; mais ce fut pour leur malheur : ils furent tous massacrés. Un comptoir, que les Anglais y formèrent quelques années après dans l'île Balambangan, eut la même destinée. Les Hollandais, en 1643, établirent aussi un comptoir à Panthianak, et n'y furent pas mieux traités; mais ils reparurent, en 1748, avec une escadre.

La flotte hollandaise, quoique très-faible, imposa tellement au prince, qui possédait seul le poivre, qu'il se détermina à leur en accorder le commerce exclusif. Seulement il lui fut permis d'en livrer cinq cent mille livres aux Chinois, qui, de tout temps, fréquentaient ses ports.

Les naturels, excessivement jaloux de leur indépendance, eurent de la peine à se soumettre, mais ils obéirent à leurs radjâhs, et les Hollandais, pour se maintenir, imposèrent un joug doré aux princes et un joug de fer aux peuples.

Les Anglais, maîtres de l'île Balambangan, voisine de la partie septentrionale de la grande terre de Kalémantan, essayèrent vainement, en 1803, de faire revivre leurs prétendus droits. En 1813, une nouvelle tentative n'eut pas une meilleure réussite.

Les Anglais avaient en effet des prétentions sur les endroits suivants, au sud de la pointe des Pirates, qu'ils disaient leur avoir été cédés. Ces lieux sont Pandassan, Tampassouk, Abia, Ambong, Salaman, Tamaran, Inanan et Patatan jusqu'à Kimanis. On y trouve deux bons havres à Ambong et derrière Poulo-Gaya. Cette côte est plus peuplée que la partie orientale de la pointe des Pirates qui se prolonge un peu au-delà du spacieux havre de Sandakan, jusqu'à Towson-Abid, où finirait la concession. Cette dernière partie est presque entièrement un pays fort bas, et les habitants y occupent les bords des rivières assez avant dans le pays; au lieu que, dans la première partie de la concession, la côte est un peu plus élevée et se trouve habitée près de la mer.

En 1816, l'illustre maréchal Daendels rétablit le pavillon hollandais à Bendjermassin, incorpora les Dayas les plus turbulents dans les troupes néerlandaises de Java, éleva des forts, fit construire des casernes et combattit la piraterie avec gloire et succès.

Vers la fin de 1823, une expédition a remonté la Ponthianak, et elle s'est facilement emparée de territoires qui rendent la Hollande maîtresse d'une partie du sud-ouest de la côte de cette vaste et riche contrée; mais elle a à peu près échoué dans une entreprise sur la côte de la soulthânie de Kotti. Cet aperçu est bien court, sans doute, mais il n'est pas encore possible d'entreprendre une esquisse de l'histoire de Kalémantan ou Bornéo.

CIII. ILES DÉPENDANTES DE KALÉMANTAN.

Les îles qui dépendent géographiquement de Kalémantan sont, au nord-ouest, les îles Natounas et les îles Anambas, dont quelques-unes, la grande Natouna entre autres, renferment de bons ports. La reconnaissance récente de ces îles par M. Laplace fait beaucoup d'honneur à ce navigateur.

Au nord, sont les îles Malavéli, Bangui, Balambangan, Balabak, Baboulan et Tambissan, dont quelques-unes possèdent de bons ports. Balambangan, petite, avec un port excellent. Les Anglais y avaient formé, en 1774 et 1803, deux établissements qui ont été détruits. Il est à remarquer qu'ils avaient organisé, pour la défendre, un régiment de Malais, un régiment de Chinois et un bataillon de

Cipayes (Hindous). On trouve au sud les îles Salombo, dont la plus grande s'élève au milieu de la mer de Java, et qui est encore un repaire de pirates; Maratoubas, la plus grande du petit groupe de ce nom, dans la mer de Célèbes; et à l'est Poulou-Laout, où s'est établie une colonie de Bouguis, et que les cartes modernes représentent comme faisant partie de la terre de Kalémantan, quoiqu'elle en soit séparée par un bras de mer fort étroit.

Les îles à l'occident de cette grande île, telles que Tambele et Karimata, fameuse par le passage de ce nom, et quelques autres, fournissent en abondance les nids fameux dont nous avons déjà parlé plusieurs fois. On en exporte annuellement plus de 30,000 pour la Chine. En outre des propriétés qu'on leur prête, il est certain que leur qualité gélatineuse en fait un excellent remède pour les affections de poitrine.

CLIII. ARCHIPEL DE HOLO, IMPROPREMENT NOMMÉ SOULOU.

Après avoir fait tous mes efforts pour débrouiller le chaos géographique et ethnographique de la terre mystérieuse de Kalémantan, je dois également décrire un archipel, encore moins fréquenté et moins connu, si on en excepte le port de Bévouan, quoiqu'il soit souvent sillonné par les navires de la Malaisie, de la Chine et de l'Europe. Ces nombreuses petites îles, dont plusieurs servent de repaires aux pirates, n'ont jamais été visitées par l'étranger. Aussi, en foulant les djongles épaisses des trois îles entièrement inconnues que j'ai découvertes, et surtout de celle à laquelle, selon l'usage des voyageurs, j'ai imposé mon nom, j'éprouvai la vive satisfaction d'un homme qui, dévoré dès son adolescence de la passion des courses lointaines et du besoin de s'instruire, croit, après tant d'années (*)

(*) L'auteur a employé vingt-un ans à parcourir les cinq parties du monde. A cette époque il ne les avait pas terminés. Puisse-t il dire enfin :

Inveni portum ; spes et fortuna, valete ;
Sat me lusisti, ludite nunc alios.

de voyages, d'études et de peines, pouvoir mourir sans regret, puisqu'il a marqué la trace fugitive de son passage sur ce globe par des travaux dignes de quelque estime, et par quelques découvertes honorables. Aussi je répétai avec joie, dans la langue harmonieuse de mes pères, que j'ai bégayée au berceau en même temps que la langue de la France, ma patrie, ces beaux vers de *Tasso*(*) qui peignaient si bien ma situation et le but de mon avenir :

Lasciami omai por nella terra il piede,
E veder questi inconosciuti lidi,
Veder le genti e'l culto di lor fede,
E tutto quello ond'uom saggio m'invidi,
Quando mi gioverà narrar altrui
Le novità vedute, e dire io fui.

Laisse-moi descendre sur cette terre inconnue pour y observer ses habitants, leur religion et leurs mœurs. Avec quel plaisir je raconterai un jour les merveilles que j'y aurai vues, et je dirai aux sages avides de m'entendre : J'y étais moi-même!

TRADUCTION DE L'AUTEUR.

L'espace qui existe entre Kalémantan et Maïndanao est occupé par des îles basses et si nombreuses qu'elles semblent joindre ces deux grandes îles. Le véritable nom de cet archipel est *Holò*, que les Espagnols écrivent *Jolo*, et les Anglais *Sooloo*, qu'ils prononcent Soulou. Le grand dictionnaire géographique de Kilian, et Hamilton lui-même, dans son ouvrage sur les Indes, ouvrage renfermant, à côté d'un grand nombre de documents utiles, des erreurs qui ne peuvent être reconnues que par le voyageur instruit et véridique qui a parcouru ces contrées, n'y comptent que 60 îles : il en existe pourtant cent soixante-deux, que nous diviserons en quatre groupes, celui de Cagayan-Holò, celui de Bassilan, le groupe de Holò qui comprend les îles de Tapoul et de Pangatouran, et celui de Tawi-Tawi. La superficie de cet archipel est d'environ 360 lieues carrées, et sa population a environ 200,000 habitants, quoiqu'on ne lui en donne généralement que 50 à 60,000.

Le premier groupe, nommé Cagayan-

(*) Torquato Tasso, Gerusalemme liberata, canto XV, ottava 38.

Holò, se compose de six îles, dont Cagayan (*) est la principale. Elles sont situées au nord-ouest du groupe de Bassilan et habitées par des Bissayas et quelques Holoans : elles servent de repaire aux pirates et appartiennent au soulthân de Holò.

Le second groupe prend le nom de Bassilan, qui en est l'île principale. Il renferme trente-quatre îles dont voici les noms et les positions : Bassilan, Taing-Olan, Oudell, Taykela, Tamouk, Belavan, Pilas, Taynga, Lakit, Ballouk-Ballouk, les deux îles Kalouhloub, Tipounou, Langassmati, Dassaan, Tapiantana, Kalouhloub, les trois îles Mataha, l'île Rienzi, l'île du Tribun et l'île Ariston, toutes les trois découvertes par l'auteur; la grande Gouhann et la petite Gouhann, l'île Coco ou Manalipa, les deux îles Sibago, les deux îles Felices, les deux îles Sangbeis, l'île Malouavi et l'île Teynga. Ces neuf dernières sont dans le détroit de Bassilan.

Le troisième groupe est celui de Holò, qui occupe presque le centre de l'archipel de ce nom. Il se compose de cinquante-sept îles ; voici leurs noms : l'île Holò, dont la ville de Bévouan est la capitale; Noso-Salé, Toulian, Bankoungan, Panganak, Kaoulangan, Boulé-Koutin, Kapoual, Bitinan, Saang, Dongdong, Tomboulean, Peta, Dammokan, Laoumbian, Patian et Teoumabal. Les îles Tapoul sont au nombre de dix-sept, et font partie du groupe spécial de Holò. Voici leurs noms et leur position : Tapoul, les deux îles Kabingaan, nord et sud; Talouk, Boulipong-Pong, Souladdé, Tara, Sihassi, Nanka, Lamenoussa, Parang-Parangan, Sibfhing, Karang-Tchina, Manoubol, Lapak, Pandamma et Sirloun. Les îles Pangatouran, appartenant au même groupe de Holò, sont au nombre de vingt-deux ; savoir : Pangatouran, Oubian, Tekoul, Oussadda, Kounilan, Bass-Bass. Au sud-ouest est l'île Toubaloubouk ; viennent ensuite Malépouthas, Pandonkan, Koulassian, Boubouan, Toubigan, Patakounan, Téomabal, Tani-Tani, Lahatlahat, Kaangan, Palli-Angan, Tong-Tong, Maroungas, Souhokam-Bolad, Hegad et Minis.

Le quatrième groupe se compose des îles Tawi-Tawi, ainsi nommées de l'île Tawi-Tawi qui en est la principale ; elles sont au nombre de soixante-cinq. Les naturels les désignent sous les noms de Tawi-Tawi, Simalouk, Kou-ad-Bassang, Tattaan, Sipyouk, Boukoutlapis, Nousapapabag, Manouk-Maouka, Simonor, Sanguissiapo, La, Samampout, Doulang-Doulang, Loupa-Bouan, Tihek-Tihek, Babagsouka, Bilattan, Bassi-Bouli, Panampangan, Banarran, Moutabouan, Latoan, Sekouboum, Bou-Van, Kalampapahan, Kalaïtan, Oubian, Tabouaan, Bintokolan, Kinapoussan, Magpeos, Tagao, Louran, Tankolalouou, Tandou-Batto, Ballioungan, Tato, Batolapak, Nankaan, Goulimaan, Poumahan, Kangtipyan, Tambagan, Sigboyé, Kakataan, Parangaan, Tapaan, Magloumba, Maniakolat, Babawan, Dokan, Karangan, Bongao, Toussan-Bongao, et Siboutou.

En outre de ces îles, le groupe de Tawi-Tawi en renferme six autres petites, nommées Tahou et Zaou. Ces îles sont entourées d'un récif, et possèdent un banc considérable, où l'on fait la pêche de perles qui sont assez jolies, quoique petites ; mais quelques années après leur extraction, elles perdent de leur beauté et deviennent jaunâtres ou violettes. Il y a enfin dans ce groupe quatre petites îles dont le nom m'a été donné par des Holoans, mais que je n'ai pas retrouvé dans mes notes, et que je n'ai pas vues.

Les îles principales sont Cagayan, Bassilan, Tawi-Tawi, Holò, Belavan, Sihassi et Pangatouran.

On trouve dans tout cet archipel un grand nombre de récifs de corail et de madrépores.

Cet amas de petites îles forme une chaîne de plus de 100 lieues de long du nord-est au sud-ouest, sur 25 lieues de large. Elles possèdent plusieurs

---

(*) Il ne faut pas confondre ce groupe avec les autres îles nommées Cagayan et qui dépendent des îles Philippines.

bons ports, tels que Biwa-Biwa, Tavitan, Tapoul et Sihassi.

CLIV. GROUPE DE HOLO.

Holò est l'île principale de l'archipel et du groupe de Holò. C'est un vrai nid de pirates, qu'on pourrait nommer l'*Alger de l'Océanie* (*). Elle a pour capitale la ville de Bevouan. Cette île offre un plus bel aspect que la plupart des petites îles de la Malaisie; car, lorsqu'on voit celles-ci de la mer, on ne distingue que bois ou récifs, quoiqu'elles soient assez bien cultivées. Le *Mouara* ou port de Bevouan est comme la foire de cet archipel, ainsi que d'une partie de Maïndanao et de Kalémantan. Les maisons y sont élevées au-dessus du sol comme dans la plupart des villages des îles Holò. Sa population est de 5 à 6000 habitants. Elle est la résidence du soulthân et des principaux datous. On y arrive par plusieurs patalans (espèces de ponts en bois).

Le soulthân actuel est un homme d'un caractère ordinaire ; mais l'emir Bahar, datou qui a la direction de la marine, et qui a pour femme favorite une métisse chrétienne des Philippines, est l'homme le plus extraordinaire et le plus avancé peut-être qu'on puisse trouver en ce moment dans la Malaisie et en Océanie.

CLV. SOL, TEMPÉRATURE ET PRODUCTIONS.

La surface des petites îles de cet archipel est hérissée de montagnes peu élevées ; ce qui, joint à leur petite étendue, fait qu'il n'y a pas, comme dans les grandes îles, des saisons régulières. Il y pleut à peu près constamment au changement des moussons, et particulièrement pendant celle du sud-ouest : néanmoins le climat y est généralement beau. Dans l'intérieur, la chaleur est plus tempérée que sur les côtes. Le sol y est d'ailleurs très-

(*) Il est bien entendu que nous comparons Holò à Alger, tel que nous l'avons vu avant la conquête des Français.

fertile ; il ne s'y trouve que peu de terres incultes, et l'agriculture y est en honneur. On y recueille du riz, mais pas assez pour la consommation ; on exporte ce qui en manque de Maïndanao. Les îles Holò produisent des patates et des ignames de Sainte-Hélène et de Chine, tous les fruits des tropiques, tels que jaks, dourians, raisins, cocos, mangues, mangoustans, ramboutans, une quantité d'oranges aussi bonnes que celles de Chine, le *lançoun*, fruit délicieux, et le bolona, qui a quelque rapport avec la prune. On y arrive par plusieurs *patalans* ou ponts en bois.

Les Holoans doivent l'art de greffer aux Chinois qui se sont établis parmi eux. On trouve aussi dans plusieurs de ces îles l'arbre à tek, et le précieux sandal, dont on extrait une huile odoriférante qui se vend fort cher. On y élève du gros bétail, des chevaux d'une assez bonne race, et un petit nombre de mulets. Il y existe beaucoup de daims tachetés, de chèvres et de porcs sauvages ; mais il est peu probable que l'on y trouve des éléphants, ainsi que le dit Forest ; et bien qu'on nous l'ait dit à nous-mêmes, nous pensons que c'est un conte, et qu'il est prudent d'en douter. Il y a en outre une assez grande quantité de perroquets. La colombe à coups de poignard, la jolie colombe à collier vert et les mines y sont inconnues. Les Holoans s'adonnent particulièrement au commerce et à la pêche des *tipaï* ou huîtres de mer, et surtout des *molitia tipaï* ou huîtres à perles, dont les plus grosses appartiennent de droit aux datous, et qui sont abondantes dans tout l'archipel, quoiqu'elles ne soient pas aussi belles que celles de l'île Bahrein, dans le golfe Persique, ou de l'île Ceylan, dans l'Inde.

Outre la nacre et la perle, en recueille encore une quantité considérable d'ambre gris sur la côte des îles Holò, Bassilan et autres, principalement depuis mai jusqu'en septembre ; temps pendant lequel on n'y connaît pas les vents du sud et du sud-ouest. Cette substance précieuse paraît se former dans le canal alimentaire de l'espèce de cachalot nommée *physeter macrocephalus*, qu'on rencontre souvent dans cet archipel, et elle est vraisemblablement rejetée avec les excréments de ce cétacé. Elle est d'une couleur grise tirant sur le brun, soluble dans l'huile et l'alcool. L'analyse chimique de l'ambre gris le fait considérer comme composé de résine, d'adipocire, de charbon, et d'un principe particulier nommé *imbreine*, principe consistant en cristaux blancs, odorants, insolubles dans l'eau, et solubles dans l'alcool.

CLVI. INDUSTRIE ET COMMERCE.

Les plongeurs de Holò sont fort habiles à recueillir les perles et autres productions de la mer. Rien de ce qui est à portée de leur vue ne leur échappe : mais ils ont une méthode assez singulière, c'est de se frotter les yeux avec le sang d'un coq blanc, pour s'éclaircir la vue. Les pirogues de Holò sont bien construites. Elles portent de six à quarante tonneaux de charge, sont bonnes voilières, et pourvues d'un bon mât. Les portes de la Mekke, de gueules sur un champ d'argent, forment le pavillon de cet état.

Le commerce est actif dans cet archipel. Les Chinois exportent de Holò du sagou, des bambous, de l'ivoire, de l'ébène, huîtres à perles, de la cire, des nids d'oiseaux, du tripan, des cauris (*), de l'écaille de tortue, que les indigènes obtiennent des Varouniens ou Bornéens, des Biadjaks-Tzengaris de l'île Kalémantan et des Tidouns qui habitent la côte orientale de cette grande terre, et qui n'aiment à trafiquer qu'avec eux ou avec les Bouguis. Le commerce des Holoans avec les Maïndanais est considérable ; les premiers donnent, en échange du palaï, ou riz, qu'ils reçoivent des seconds, divers objets de fabrique chinoise. Les Bouguis ont aussi des relations avec ces îles, où ils exportent

(*) Petite coquille univalve qui sert de monnaie dans plusieurs parties de l'Orient.

principalement des étoffes de coton fabriquées à Célèbes. Les Chinois y portent des soucoupes de cuivre, du fer en barre, du goula-batou, du sucre candi, de la soie écrue, du *tima-pouti* ou calin, composition métallique où l'étain domine ; du nankin noir et blanc, de grosses toiles, de la porcelaine, des soieries à fleurs, de la coutellerie, de la quincaillerie, du fil de laiton, du plomb à tirer, des armes, etc.

CLVII. ORIGINE DES HOLOANS, LEURS MOEURS ET USAGES.

Les Holoans sont issus en partie des Biadjous et des Tidouns de Kalémantan, et en partie des Bouguis, ou plutôt Ouguis. Les habitants du groupe de Holò sont avares, perfides et impitoyables dans leurs haines ; mais ceux de Bassilan sont meilleurs. Ils sont peu habitués à l'usage des armes à feu, mais ils manient avec dextérité la lance, le kampilan, le soumpit et le kriss. Tous les habitants de ces nombreuses îles se vantent justement de leur courage. Ils ont d'ailleurs atteint un plus haut degré de civilisation que les Maïndanais. L'habillement des hommes consiste en une culotte et une veste blanche, une ceinture, un mouchoir et quelquefois un *serban*, espèce de turban. Celui des femmes se compose d'une camisole et d'un jupon de la même couleur.

Les femmes de l'archipel jouissent de plus de liberté que l'on n'en accorde aux musulmanes dans le reste de la Malaisie, et il faut avouer qu'elles en usent et abusent. Aussi les datous, qui sont puissants et dissolus, les corrompent facilement.

Les habitants des deux sexes aiment beaucoup la musique et la danse, et les malheureux captifs bissayas qu'ils condamnent à l'esclavage, et qui ont reçu ces arts des Espagnols, les divertissent souvent.

La langue holoane est un dialecte très-mélangé, mais qui dérive en grande partie du malayou, du daya-biadjou, et surtout du bouguis et du bissaya.

CLVIII. RELIGION ET GOUVERNEMENT.

Les Holoans professent l'islamisme. Ils ont été convertis par les Arabes; mais ils ne pratiquent que quelques vaines cérémonies de leur culte. Leurs mosquées sont mesquines et dénuées de toute espèce d'ornements, tant intérieurs qu'extérieurs.

Le gouvernement est féodal; le pouvoir du soulthân est souvent contesté et contre-balancé par celui des datous, qui exercent un pouvoir moins oppressif sur le peuple que dans le reste de la Malaisie. La souveraineté ne sort pas de la famille royale, quoique la succession au trône n'ait pas lieu par ordre de primogéniture. Dans ce gouvernement mixte, quinze *datous* composent la partie la plus considérable du corps législatif. Leur titre passe aux fils aînés, qui ont place au conseil du soulthân. Le soulthân a deux voix dans cette assemblée, et les datous (*), ou nobles, en ont chacun une. L'héritier de la couronne a deux voix lorsqu'il est du parti du soulthân, mais il n'en a qu'une lorsqu'il est d'un sentiment contraire. Il y a deux représentants du peuple, appelés *manteraiés*, dont l'office ressemble à celui du tribun militaire chez les Romains.

CLIX. GROUPE DE BASSILAN.

Les naturels de ce groupe sont traitables, et ont quelques relations avec les Espagnols et les habitants de leurs possessions dans l'île de Maïndanao.

L'île de Bassilan, qui n'est qu'à 3 lieues de *Zamboanga*, forteresse de l'île de Maïndanao, a 12 lieues de circuit. Elle fournit à cette possession espagnole des platanes, des cannes à sucre, des *gaves* et des *lancoums*, excellent fruit de la grosseur d'une noix, une grosse pomme nommée mandang, des *marouns* presque aussi gros que le melon, et qui ressemblent aux *attès* et aux *cirimayos* du Mexique; le *bolona*, qui a l'apparence d'un coing, et que l'on confit au vinaigre avant sa maturité.

(*) L'homme le plus éclairé et le plus juste d'entre eux était l'émir Bahar (prince de la mer).

On y récolte beaucoup de riz et du bois de construction. Les forêts renferment des cerfs et des sangliers. La mer est fort riche en poissons, en tortue à écaille, et elle fournit deux espèces de jais. Enfin cette île a des rivières passablement larges et difficiles à traverser. On y rencontre quelques crocodiles. Les habitants de ce groupe attaquent fort rarement les chrétiens : ils font même un peu de commerce avec les Espagnols et les métis de Zamboanga; et, quoique voisins du groupe de Holo, ils n'exercent pas la piraterie; mais on y trouve quelques Biadjaks-Tzengaris.

CLX. ILE RIENZI, ILE DU TRIBUN, ET ILE ARISTON (*).

C'est au sud-ouest de l'île bien connue de Bassilan, et directement au sud-ouest de la petite île Langgas-Mati, que j'ai découvert celle à laquelle j'ai imposé mon nom, suivant l'usage de mes devanciers.

L'île Rienzi est située par le 6° 28' de latitude nord, et le 119° 33' et quelques secondes de longitude à l'est du méridien de Paris. Parti de Zamboanga, dirigeant deux grandes embarcations pour recueillir de beaux coquillages et explorer les îles voisines de Bassilan, je fis la découverte de cette île qui n'est encore mentionnée nulle part, à laquelle les habitants ne donnent pas même un nom particulier, et dont il n'existe pas la moindre description.

Le sol est formé de terreau, de débris de feuilles et de détritus de végétaux, ce qui le rend très-fertile. L'eau y est assez bonne.

J'y ai trouvé plusieurs espèces de rotans, de bambous, de nipa fruticosa et une cinquième variété de dammer qui n'a pas encore été décrite ni par Rumph ni par aucun autre naturaliste. C'est un grand arbre conifère au tronc droit et cylindrique, aux rameaux étalés,

(*) Nous avons déjà cité au *tableau général de l'Océanie* les ouvrages où se trouve mentionnée la découverte que nous avons faite de ces trois îles.

aux fleurs en chaton, et dont la résine donne un parfum semblable à celui de l'encens le plus suave. J'y ai trouvé en outre des vaquois à larges feuilles et couverts de fruits, de superbes *betonicas*, toujours chargés de fleurs et de fruits avec des bonnets carrés à leurs pieds, plusieurs genres assez rares de légumineuses, des érythrinas dont les fleurs grandes et d'un rouge éclatant forment des grappes du plus bel effet, des *mura-abacas*, le *cabonegro*, quelques cocotiers, quelques *semankas* (pastèque ou melon d'eau), deux citronniers, deux arbres de sandal, trois canneliers communs, un grand et unique bombax dont les graines sont enveloppées d'une bourre soyeuse propre à faire des oreillers très-élastiques, et quelques autres arbres qui portaient les traces de l'incendie que les pirates holoans ou maindanais, et les Biadjaks-Tzengaris allument souvent sur ses rivages. J'y cueillis quelques fruits de deux espèces de *passiflores*. Les arbres étaient couverts de lianes. De hauts *crinums* croissaient sur les bords de la mer qui y apporte souvent plusieurs espèces de *fucus* et de flustres.

J'y ai vu quelques chèvres dont la peau était tachetée comme celle des tigres, des poules, un petit nombre de cochons sauvages et deux ou trois jolis petits singes qui n'étaient guère plus gros qu'une grosse pomme.

On recueille sur les côtes de cette île beaucoup de poissons, du tripan, du caret, des *molitia-tipai* ou huîtres à perles, et elles sont très-fertiles en madrépores et en beaux coquillages. Mais les *ikan-edjok* (requins) infestent ces parages, et j'ai failli en être la victime moi-même, tandis que je plongeais pour arracher un admirable madrépore.

L'île Rienzi compte peu d'habitants. Les femmes y sont douces et assez jolies. Elles font avec le sagou des espèces de petits pains carrés de 5 ou 6 pouces. Quelques-unes y mêlent du coulis de poisson et du jus de citron, ainsi qu'on fait aux Moluques. Les hommes sont d'un naturel doux et simple; ils sont pêcheurs et passionnés pour le tabac : on obtient d'eux presque tout ce qu'ils possèdent avec quelques feuilles de cette plante. Leurs prahos volent sur les eaux. Leurs maisons sont élevées sur des pieux et le toit est couvert de feuilles de *nippas*. Ils ont construit quelques cabanes dans l'intérieur. Un des chefs, nommé *Moulout*, voulut échanger son nom avec le mien. Il frappa sur sa poitrine, en disant : Je suis le *Datou Rienzi*, et en frappant sur la mienne, il dit : Tu es le *Datou Moulout*. Il me fit présent d'un criss que je conserve, et je lui donnai une hache et une paire de pistolets.

Près de l'île de Rienzi, et au sud de celle de Tipounou, je rencontrai par le 6° 28' lat. nord et le 119° 39' long. est, celle à laquelle j'ai donné le nom d'*île du Tribun*.

La petite île du Tribun renferme une partie des productions de la première, principalement des dammers, dont on emploie à Rienzi la résine jaunâtre pour faire des torches avec lesquelles les Rienziens éclairent leurs pêches pendant la nuit; de plus, du kiabouka et quelques autres plantes. Elle est boisée et tellement plate qu'on a de la peine à l'apercevoir à la mer. Je n'ai pu savoir si elle était habitée. Elle n'a été mentionnée ni décrite nulle part.

Au sud-est de l'île du Tribun je trouvai l'île à laquelle j'ai imposé le nom d'*Ariston*, en mémoire du savant Grec qui avait été mon mentor et mon ami dans mon premier voyage en Orient.

L'île Ariston, que je n'ai abordée qu'un instant, est située au sud de l'île du Tribun par le 6° 26' et quelques secondes latitude nord, et 119° 40' longitude est. Elle ne m'a offert que des djongles épaisses, de hautes fougères, de gros bambous et quelques érythrinas. J'y aperçus seulement trois pêcheurs holoans qui faisaient cuire de magnifiques casques pavés, que je regrettai beaucoup, et dont ils mangeaient l'animal. Ils avaient leur provision d'eau dans de grands bambous, ce qui me fit penser que cette île n'avait ni eau, ni habitants : mais je ne puis pourtant pas l'assurer. Elle n'a été mentionnée ni décrite nulle part.

Ces trois îles sont basses (voy. leur position dans la carte particulière de ces trois îles, ajoutée à la carte de la Malaisie par M. Th. Duvotenay, cartographe distingué).

C'est à Rienzi, dans la première de ces trois îles inconnues jusqu'à ce jour, que l'auteur avait médité de placer la Société *Satyenne*, dont il est le fondateur. Les deux autres auraient été ses succursales. Cette utopie était très-praticable, et plusieurs de ses disciples en Orient auraient accouru sur ses pas pour fonder la colonie des *Sophehs* et prendre leurs places dans l'*Amenti*. Cependant, il n'a jamais eu la prétention de croire que l'on pût entreprendre de réaliser sa théorie en Europe, ni dans une grande société civilisée, mais seulement chez un peuple tel que les Rienziens qui sont dans l'enfance de la civilisation, et à peu près ce qu'on appelle sauvages; ou dans une île déserte qu'on aurait peuplée d'enfants des deux sexes, élevés et dirigés par quelques philosophes pratiques. Mais le naufrage de l'auteur, l'injustice et l'égoïsme de quelques personnes ont ruiné ses espérances.

CLXI. GROUPE DE TAWI-TAWI.

Plusieurs des îles du groupe de *Tawi-Tawi* ont des noms tellement indécents dans la langue holoane, que nous n'oserions en donner la traduction en français.

L'île principale porte le nom de *Tawi-Tawi*. La ville qui en est le chef-lieu a un assez bon port. Les productions de ce groupe sont, à peu de chose près, les mêmes que dans les îles principales de cet archipel. Le port de Tawi-Tawi est celui qui, après Bevouan, fait le plus de commerce avec l'île Kalémantan, et principalement avec le port de Varouni. Elle en importe du sagou, des cauris, du tripan et du *koulet-piniou* ou caret (*). Les îles Tahou possèdent un banc de perles. Il n'y a pas de monnaie réelle dans cet archipel; on s'y sert pour les comptes, du cangan, toile de coton grossière de Chine, et de la valeur de la piastre d'Espagne. On fait aussi usage du kousoung, pièce de nankin de quatre brasses de long. La mesure de la toile est le korid chinois. L'usage du riz en balles, comme monnaie courante, a fait naître la coutume de mesurer les grains; on appelle Panching une demi-coquille de noix de coco : huit panchings font un gantang; dix gantangs, un raga; deux ragas font un pikle chinois (72,172 kilogrammes.)

CLXII. APERÇU HISTORIQUE DES ILES HOLO.

L'histoire des îles Holò est très-obscure. Selon la tradition de ce peuple, l'île principale faisait autrefois partie de l'empire de Kalémantan, fondé par les Chinois. Les habitants de Maïndanao prétendent, au contraire, qu'elle leur était soumise. Nous avons indiqué plus haut la descendance des braves et redoutables Holoans, et elle offre plus de rapports avec leurs propres traditions. Non seulement ils ont subjugué toutes les îles de cet archipel, mais ils ont été maîtres d'une grande partie des côtes de Kalémantan et de Palawan. Ils ont eu souvent la guerre avec les Espagnols des Philippines, et assez généralement avec avantage. Cependant, en 1746, les Espagnols les attaquèrent avec une flotte de 30 vaisseaux, et s'emparèrent de la grande Holò, qui leur fut rendue plus tard; et depuis ils ont conservé leur indépendance.

CLXII. ARCHIPEL DES PHILIPPINES.
STATISTIQUE GÉNÉRALE, POPULATION, REVENUS ET DÉPENSES.

Ce grand archipel, le plus considérable de la Malaisie et de toute l'Océanie, est situé entre la mer de Chine, l'archipel de Holò et le grand Océan. Il s'étend depuis le 5° 22' jusqu'au 21° de latitude septentrionale, et du 114° 35' jusqu'au 123° 43' de longitude orientale. La seule île de Louçon doit être nommée Tagale, et toutes les

---

(*) Écaille de tortue de mer.

autres Bissayes, parce qu'elles sont habitées par les peuples de ce nom, issus des Taagals et des Bissayas de l'île Kalémantan. Nous comprendrons dans les Philippines les îles Babouyanes et les îles Bachi, entre Formose et Louçon, l'île Maïndanao, et l'île Palavouan ou de la Paragoua; mais nous n'y joindrons pas les îles Mariannes et les îles Holô, ainsi que l'ont fait quelques voyageurs.

Cet archipel contient plus de 100 îles (sans compter les Calamianes, les Coujos, les Babouyanes et les Bachi ou Batanes, qui sont peu nombreuses), et non 1,000, comme le dit Guthrie, ni 2,000 et même 3,000, comme le disent quelques autres géographes. Les îles principales sont au nombre de 18 : Louçon, Maïndanao, Mindoro, Leyte, Samar, Panay, Bouglas ou Négros, Zebou, Masbate, Bohol, Palavouan et Catandouanès.

La superficie de toutes les îles Philippines réunies peut être évaluée à environ 12,900 lieues carrées, et sa population à 2,532,640 individus chrétiens ou païens, soumis à l'Espagne, non compris les états indépendants, qui obéissent à des chefs idolâtres ou à des princes musulmans de Maïndanao et qui s'élèvent environ à 2 millions d'habitants, dont 800,000 pour l'île de Maïndanao. Total pour l'archipel 4,500,000 âmes.

Le gouvernement de ces îles, si belles et si nombreuses, possède encore la même constitution qu'à l'époque de la conquête. Un capitaine général en est le chef politique et militaire. Ses fonctions durent ordinairement six ans, mais on le renouvelle dans les circonstances critiques où ce pays s'est trouvé plusieurs fois.

Les appointements du gouverneur général sont de 18,000 piastres (97,740 fr.) par an, dont 4,000 (21,720 fr.) restent déposées au trésor royal, comme garantie contre le péculat. Après que le nouveau gouverneur est arrivé à Manila, son prédécesseur doit y rester encore six mois en simple particulier, pour rendre compte au besoin de certains actes de son administration, ou pour payer ses dettes. Mais cette mesure sage et prévoyante est trop souvent éludée.

Les relevés officiels du gouvernement de Manila donnent l'état général des revenus, des dépenses, du commerce et de la population des îles Philippines, en 1827, par îles, provinces et communes ou paroisses. On y distingue les individus contribuables, naturels et métis, et les Chinois chrétiens des deux sexes, ceux qu'on appelle réservés par privilége; les célibataires, les enfants des deux sexes, naturels et métis, qui fréquentent les écoles; les Espagnols européens, les descendants d'Espagnols, désignés sous le nom de Philippins; les métis espagnols, les mulâtres, les *sangleyes* ou Chinois convertis, et les païens; les noirs *ygolotes* (*) convertis, les Indiens ygolotes païens, *ylongotes doumagas*; les noirs des montagnes; les noirs *cimarrones*; les Indiens cimarrones néophytes; les Indiens païens devenus carolins, et autres castes diverses, telles que les noirs alaguetes et les Indiens apayas, adanitas ou adaens, guianas, calasanas, etc., etc.; tous sujets ou vassaux (*vassallos*) du roi d'Espagne,

Nous allons seulement présenter le total de ces tableaux.

	Population.
Indiens naturels	2,396,351
Métis et sangleyes	118,050
Chinois	8,640
Blancs de toute espèce	6,000
Total	2,532,640

non compris la population des tribus païennes et musulmanes que nous avons estimée nous-même d'après nos observations particulières.

IMPORTATIONS.

	piastres.
Marchandises du Bengale	400,000
Marchandises de la côte de Coromandel	200,000
D'Europe, en argent et marchandises	400,000
De Chine, en coton, etc.	500,000
Des ports de l'île Kalémantan	70,000
États-Unis de l'Amérique du Nord	100,000
Montant des importations	1,670,000

(*) C'est à tort qu'on écrit igorrotes.

EXPORTATIONS.

	piastres.
Au Bengale et à la côte de Coromandel.	500,000
A la Chine, en piastres	400,000
En Europe, sucre, indigo, etc. etc.	600,000
A Varouni, marchandises, environ	30,000
En diverses autres exportations en Asie.	300,000
Montant des exportations	2,030,000

RÉSUMÉ ANNUEL.

	piastres.
Importations	1,670,000
Exportations	2,030,000
Montant en spéculations annuelles	3,700,000

Le total des revenus de toutes espèces d'impôts des îles Philippines consiste en :

Produits.	Dépenses à déduire.	Produit net.
2,721,979	807,700	1,894,260

CLXIV. SOL ET CLIMAT.

Une succession constante de grandes chaleurs et de fortes pluies fait que le sol est très-fertile dans la plupart des Philippines. Les arbres sont presque toujours couverts à la fois de fleurs et de fruits. La terre est très-favorable à la culture du tabac et de la canne à sucre, mais elle ne produit ni le poivre des grandes îles de Sounda et de Kalémantan, ni les épiceries qui font la richesse des Moluques, ni plusieurs espèces de fruits qui ne prospèrent point au delà du 10ᵉ parallèle.

La plupart de ces îles sont élevées et montagneuses. Les deux plus grandes, Louçon et Maïndanao, renferment plusieurs volcans en éruption; elles sont bien boisées, abondamment arrosées, et ont un grand nombre de lacs et d'étangs très-poissonneux; mais les rivières sont infestées de crocodiles, et ses mers, si fertiles en excellents poissons, sont sillonnées par de voraces *tiburones* (requins); néanmoins ce pays est une des plus belles contrées du monde. Le climat est agréable depuis décembre jusqu'en mai; il pleut presque constamment de mai en septembre. L'époque des moussons y est signalée par d'affreux typhons ou trombes, ou ouragans.

CLXV. TEMPÊTES ET TYPHONS (*), OU TROMBES DE MER.

Les typhons n'existent que dans cette partie de la Malaisie, et, ainsi qu'en Chine, ils occasionnent les plus grands ravages; mais ils purifient l'air, chassent les brouillards et les vapeurs qui s'élèvent des forêts et des marais durant la saison des pluies.

Je fus témoin de cet imposant phénomène dans la mer de Mindoro, ou plutôt de Holo, à l'extrémité méridionale de l'archipel des Philippines. Un violent typhon nous avait assaillis l'avant-veille. Les vents furieux avaient secoué, tourmenté, ébranlé notre navire; les vagues déferlaient sur lui en mugissant, et menaçaient de l'engloutir. Notre grand mât avait été brisé la nuit par la foudre, et une partie de nos voiles avaient été emportées. Le tonnerre et les flots, les vents et les montagnes voisines, et les antres de la terre et les abîmes de l'Océan, tout grondait autour de nous; la nature était bouleversée, et la plus sombre terreur se communiquait jusqu'au fond de nos âmes. Cent coups de canon auraient été tirés à l'avant du navire, pendant ce bruit épouvantable et universel, qu'on ne les aurait pas entendus à l'arrière. Heureusement les vents déchaînés perdirent peu à peu leur fureur; ils s'apaisèrent, et le sud-ouest reprit son empire.

À trois heures après-midi, nous étions en vue des îles de Maïndanao, où nous poussait une brise assez forte. Le vent s'éteignit tout à coup, le calme survint, de noirs et épais nuages obscurcirent subitement le ciel et semblèrent annoncer une nouvelle tempête. Nous carguâmes toutes les voiles qui nous restaient. Bientôt nous aperçû-

---

(*) Ou taïfoun, mot chinois qui signifie ouragan. Il est assez remarquable que le mot grec τυφῶν a la même signification. Le taïfoun enlève chaque année environ 3000 marins ou passagers appartenant au seul port de Kangton. J'ai vu à Kangton et à Macao d'immenses ravages produits par des trombes de terre, mais elles sont beaucoup plus rares que sur mer.

mes trois *trombes* : deux s'élevèrent et jaillirent entre nous et la terre ; la troisième parut au nord-ouest, à la distance d'une lieue de notre navire. Son mouvement fut en ligne courbe, et elle passa non loin de notre arrière. Je jugeai le diamètre de la base de cette trombe d'environ 60 pieds ; car la mer, dans cet espace, était fort agitée et jetait de l'écume à une grande hauteur. Sur cette base, je vis s'élever un grand tube en forme de colonne, par où l'eau ou l'air, ou tous les deux à la fois, s'élançaient en spirale au haut des nuages, et qui entraînaient de force un malheureux pétrel (*), l'oiseau des tempêtes, montant et tournoyant avec lui. Deux de ces trombes paraissaient stationnaires ; l'autre s'avançait vers le navire. Les vents, soufflant de tous les points du compas, dispersaient quelques rayons du soleil qui, de temps en temps, venaient éclairer cette scène de terreur de sa lumière jaunâtre, et les nuages étaient souvent traversés par des éclairs. Je profitai de cette lumière pour observer que ce tube se formait de torrents d'eau élevés de la surface de la mer, et que l'air était imprégné d'exhalaisons sulfureuses. Ce qui me fit penser que ce phénomène devait une partie de son énergie au fluide électrique, et qu'il en fallait chercher la cause dans quelques volcans sous-marins.

La trombe la plus voisine servait de point de réunion à la mer et aux nuages ; en s'approchant du navire, elle frappa durant une heure tout l'équipage d'admiration et de terreur (voy. *pl.* 75). Notre position était très-alarmante ; notre navire vira de bord. «Mettez au sabord et chargez la caronnade de l'avant, dit le capitaine. Attention !..... Feu. » On tira contre la colonne à une assez grande distance pour que notre navire ne fût pas englouti par sa chute. Un éclair rapide et sans explosion sillonna les nuages ; quelques ondées de pluie tombèrent près de nous : la trombe trembla,

(*) Oiseau qu'on rencontre partout en naviguant sur les mers tropicales.

chancela et se précipita avec fureur dans l'abîme, semblable à ces avalanches qui roulent avec fracas du sommet des Alpes helvétiques. Deux heures après, le temps cessa d'être brumeux ; le vent se fixa dans son ancien rumb, et le soleil, brillant d'une clarté plus pure, nous montra au loin, mais devant nous, la grande île de Maïndanao, et ne laissa à bord d'autres traces de son passage que l'étonnement.

CLXVI. ADMINISTRATION.

Les îles de cet archipel sont administrées au nom du roi d'Espagne, par un capitaine général (grade équivalent en Espagne à celui de maréchal en France), un lieutenant du roi et une cour suprême ou audience.

Le clergé se compose d'un archevêque, de quatre évêques, et d'un grand nombre de prêtres et moines espagnols, métis et indios, c'est-à-dire indigènes.

L'armée est de 6000 hommes de troupes régulières, outre 10,000 hommes de milice. Il y a de plus une flottille composée de 60 canonnières, formant trois divisions occupées assez infructueusement à contenir les Maures. C'est ainsi que les Espagnols nomment les musulmans de Maïndanao, les Holoans, les Biadjous, les Varouniens et les Malais.

Les Espagnols ne possèdent guère que les côtes ou partie des côtes des îles Philippines, une grande partie des îles Louçon, Panay, Calamianes et Zebou ; le nord-est de l'île de Palavouan et quelques points sur les côtes septentrionale, occidentale et orientale de Maïndanao. Ces différentes possessions sont divisées en 27 provinces, dont 15 dans l'île de Louçon, trois dans l'île de Panay, trois dans celle de Maïndanao, quatre dans celles de Negros, de Leyte, de Samar et de Mindoro. Celles de Zebou et de Bohol en forment une, et les Calamianes une autre. Ces provinces sont administrées par des gouverneurs, corregidors et alcaldes, qui ont sous leurs ordres des *gobernadorcillos* (petits gouverneurs ou maires) pris parmi les naturels. Les Chinois sont administrés par leurs capitans, qui ont sous leurs ordres un lieutenant. Les capitans sont responsables des délits de leurs compatriotes devant l'autorité espagnole.

CLXVII. INDUSTRIE ET COMMERCE.

L'industrie manufacturière des Philippines consiste principalement dans la fabrication d'une grande quantité de toiles de coton, de chanvre, de *nipas* (espèce de fil fin que l'on tire du balisier), et de *pignas*, dont on fait des chemises de la plus grande finesse ; de toiles à voiles, de câbles incorruptibles tressés avec l'écorce du *cabo negro*, espèce du sagoutier, et de l'*abaca*. C'est avec cette dernière plante qu'on fait ces chapeaux blancs ou noirs, si fins, si beaux, si flexibles et si légers, qu'on paie de 10 à 100 francs, et ces jolis *cigareros* (étuis à cigares) qui imitent si bien ceux du Mexique. Il y a dans le voisinage de Manila des usines à fer, des moulins à huile de coco, et une immense manufacture de tabac et de cigares. Près de la *laguna de Vaï* existe un établissement agricole, nommé la *Hala-Hala*, qui, chaque jour, prend plus d'importance, et qu'on doit aux soins de deux Français, MM. de la Gironière. Ces messieurs se distinguent par la plus noble hospitalité.

Le commerce extérieur se fait avec l'Inde, la Chine, Batavia, les Moluques et les îles voisines. L'établissement des républiques du Mexique et de l'Amérique du sud a fait cesser toute espèce de relations entre ces pays et les Philippines. Quelques *pontinos* et autres navires appartenant à des Espagnols, des Sangleyes et des métis, vont aux Mariannes, aux îles Palaos et Carolines, à Holô, Varouni, etc. Mais ce commerce est de peu d'importance, et les Bouguis sont des concurrents avec lesquels il est impossible de lutter. Les Chinois établis aux Philippines eux-mêmes emploient les Bouguis de préférence aux Espagnols et aux Philippins. Le commerce est en quelque sorte réduit à un état d'esclavage dans les provinces, parce qu'il est monopolisé par les alcaldes, et quelquefois par *los padres* et *los fraîles*, les prêtres et les moines. Nous renvoyons pour de plus grands détails à l'article Commerce de notre tableau général de l'Océanie.

CLXVIII. HISTOIRE NATURELLE.

BOTANIQUE.

Les principales productions des Philippines consistent en riz, dont on compte plusieurs espèces, en blé, maïs et autres grains ; en légumes, tels que patates, choux, asperges et radis ; en cannes à sucre, indigo, coton, cacao, tabac, safran, noix d'arek, bétel (*bouyo* en langue tagale), café commun, noix-muscades sauvages, cannelle ordinaire, coco, cassier et salsepareille qu'on trouve ordinairement dans la petite île de Guimaras, et surtout aux environs de Zamboanga ; en gingembre, en pommes de rose blanche, qui ont le parfum de la rose, en ananas, oranges et mangues qui sont les meilleures et les plus grosses du monde, et en plus de vingt espèces de bananes dont les meilleures ont été importées de la Chine, et naturalisées par un missionnaire français, M. de Létondal. On y trouve aussi des fougères colossales, l'aloès, le sagoutier, les ignames, des plantes médicinales, le *panianguit* qui fournit une belle couleur bleue semblable à celle de l'indigo, et le pohon-assam des Malais ou tamarhinde.

CLXIX. LE POHON-ASSAM DES MALAIS OU L'ARBRE TAMARHINDE.

Cet arbre précieux, que les Asiatiques nomment *tamar hindi* (mots arabes qui signifient *palmier de l'Inde*, et dont nous avons fait le mot tamarin), est originaire des régions tropicales, mais je pense qu'on pourrait le naturaliser dans nos pays tempérés. Sa taille égale celle de nos plus grands châtaigniers, et son feuillage élégant est semblable à celui de l'acacia. Le voyageur recherche la fraîcheur de l'ombre épaisse qu'il répand, et il trouve dans son fruit une sorte de conserve avec laquelle il se procure en quelques instants une boisson aussi agréable que salutaire. Cette pulpe au besoin lui fournit un médicament tout préparé, et le plus efficace, peut-être, contre la fatigue et la fièvre.

Le *pohon assam* appartient à cette nombreuse famille des *légumineuses* qui fournit à une foule de besoins divers.

Le mot de tamarhinde (*tamar hindi*) est d'origine arabe, et formé de deux mots, *tamar hindi*, qui signifient *palmier de l'Inde*. Ce n'est pas que cet arbre ait aucune ressemblance avec le palmier; mais c'est que d'abord les Arabes n'en connurent que la pulpe, qu'ils assimilaient à certaines conserves faites réellement avec le fruit du dattier.

Le premier écrivain qui ait donné une description satisfaisante du tamarin, est un médecin portugais, Garcia de la Huerta, dont on a des dialogues sur les drogues de l'Inde, imprimés à Goa, capitale de l'Inde portugaise, en 1563.

« Le tamarin, dit Garcia, est un très-bel arbre, comparable pour la taille à nos noyers et à nos châtaigniers. Son tronc est d'un bois ferme, qui n'est ni spongieux ni fongueux, comme le sont souvent ceux des arbres de ce pays. Les branches sont nombreuses, garnies de feuilles serrées, et composées chacune d'un grand nombre de folioles, qui sont disposées symétriquement des deux côtés d'une tige commune. Le fruit est une gousse un peu arquée et qui rappelle la figure d'un doigt à demi fléchi. L'écorce en est d'abord verte; mais, par l'effet de la maturité, elle se dessèche, prend une couleur grisâtre, et alors elle s'enlève aisément. A l'intérieur sont des graines semblables, pour la grandeur, à celles du lupin comestible, aplaties, lisses, d'un brun rougeâtre et d'une forme qui n'est pas parfaitement ronde. Ces graines se jettent, et l'on ne fait usage que de la pulpe au milieu de laquelle elles sont plongées, pulpe qui est mollasse, visqueuse et comme gluante. Ce qui est très-digne de remarque, c'est que lorsque le fruit est encore attaché à la branche, on voit aux approches de la nuit des feuilles voisines s'abaisser sur lui et le couvrir comme pour le préserver du froid, jusqu'au moment où reparaîtra le soleil. Le fruit encore vert est très-acide; mais cette acidité a quelque chose de suave. La pulpe, bien mondée et mêlée avec quantité suffisante de sucre, sert à faire un sirop que j'emploie de préférence au sirop de vinaigre et dans les mêmes occasions: cette pulpe est un purgatif très-sûr et très-doux, et que les naturels emploient fréquemment, en l'associant avec l'huile de pignon de l'Inde. Les médecins du pays ordonnent, dans le cas d'érésypèle, un cataplasme fait avec les feuilles de tamarin broyées.

« Nous autres Européens établis dans l'Inde, le principal usage que nous faisons des fruits du tamarin est de les employer pour relever le goût des aliments à défaut de vinaigre, et nous trouvons qu'il le remplacent fort bien. On en confit dans le sel pour les empêcher de moisir, et dans cet état on les envoie en grande quantité dans l'Arabie, la Perse, l'Asie mineure et le Portugal. Lorsqu'ils ne doivent pas voyager, ils se conservent fort bien dans leur écorce, et je ne fais subir aucune préparation à ceux que je garde pour mon usage. »

Bontius a publié plus tard une description du tamarin qui ne contient rien de plus nouveau.

Voici la recette d'une liqueur fermentée que les Philippins et les Javans font et boivent: Prenez trente cruchons d'eau de rivière, deux livres de sucre brun, deux onces de pulpe de tamarin, et deux citrons coupés par tranches. Mettez le tout dans un baril bien cerclé, bouché et tenu vingt-quatre heures à l'ombre. Au bout de ce temps on aura une boisson fort agréable au goût, et très-rafraîchissante, boisson vraiment précieuse dans les régions intertropicales.

CLXX. BOIS DE CONSTRUCTION, DE TEINTURE, D'ÉBÉNISTERIE ET AUTRES.

Les forêts offrent de beaux bois de

construction, de teinture, d'ébénisterie et autres. J'ai vu construire à *Cavite* un brick, le *San-Hernando*, destiné au roi d'Espagne, et entièrement construit des bois du pays, tels que gouyo, mangatchapouï, narra et palo-maria. C'est graces au *capitan général*, *don Mariano de Ricafort*, que le gouvernement espagnol reçut ce navire. Il me serait doux de rendre ici hommage au zèle et à l'esprit de tolérance qui distinguaient ce brave maréchal, aujourd'hui gouverneur de la Havane et de Couba, et à la bienveillance duquel je dois d'avoir parcouru l'intérieur des îles Philippines, ce qu'aucun gouverneur avant lui n'avait permis à aucun étranger, à moins qu'il ne fût employé au service de l'Espagne : mais la nature de cet ouvrage ne me permet pas de m'étendre autant que je le désirerais.

Les bambous et les feuilles de nipa forment les principaux matériaux des maisons, bâties ordinairement sur pilotis, avec une échelle et une espèce de pont en bois qu'on appelle *patalan*; à l'exception de celles des Européens et de quelques riches Chinois, où l'on emploie la pierre et la brique, et qu'on entoure d'une galerie ou *varanda*. Cependant la construction en bois est la plus convenable dans ce pays tourmenté souvent par les tremblements de terre. On y trouve le dammer, le rotan, le palétuvier, le *siboucao* (espèce de bois de campêche), propre à la teinture ; le daringoa, arbre dont la résine est odoriférante; l'ébénier noir; le lanété, espèce d'ébénier blanc d'un grain très-fin et qui prend le poli et la couleur de l'ivoire; le jakaranda, noir, veiné et pesant; le caoba, acajou sauvage; le mangatchapouï, le bois de fer, le manglier, dont le bois dur est propre aux pilotis et dont l'écorce fournit le tan (cascalote); plusieurs bois jaunes d'un bel effet, et plusieurs espèces d'arbres à gomme, à résine et à vernis, et d'autres propres à la médecine. La plupart des fruits et tous les légumes de l'Europe, la pomme de terre exceptée, ont réussi aux Philippines, et il faut ajouter aux productions précieuses du sol de cet archipel, presque tous les arbres des tropiques, comme le citronnier, le lançonier, l'attier, et de plus le *strychnos ignatia*, dont les graines vénéneuses contiennent de la strychnine et de l'acide igasurique, le maboulo, le manonngi, le santol, le *camachili*, etc.

CLXXI. ZOOLOGIE.

Le buffle, le sanglier, le cerf, de chevreuil et le chat sauvage errent dans les forêts, où l'on trouve aussi une immense quantité d'abeilles sauvages qui donnent du miel et de l'excellente cire en abondance. Les singes y sont assez nombreux, et j'en ai vu de grands dans l'île de Maïndanao et dans celle de Samar. On y élève des moutons, des chèvres, des chevaux et des porcs. Les insectes pullulent aux Philippines. On y trouve plusieurs reptiles, tels que le python, serpent colossal; un second, plus petit, appelé *ours de rizière*, dont la morsure est très-dangereuse; le *damon palay*, dont le venin est promptement mortel; l'olopang, l'assagoua, qui fait une guerre cruelle à la volaille; les fourmis blanches, qui dévorent quelquefois dans une nuit un magasin entier, et le lézard nommé chacon, parce que son cri semble prononcer ce mot.

Les crocodiles sont assez communs dans les îles Philippines. Ils sont presque entièrement noirs, avec un poil très-peu fourni; ils n'ont pas de fanon, et paraissent être une variété du crocodile que j'ai nommé malaisien ou *biporcatus*. Quelques-uns ont 30 pieds de longueur, et dévorent des vaches, des chevaux, des hommes et même des pierres. Mais, chose extraordinaire ! ils n'attaquent pas les buffles qui, en général, à cause de la chaleur, passent une grande partie du jour dans les lacs et les marais. Ces énormes buffles s'y plongent entièrement et ne laissent hors de l'eau qu'une partie de la tête, surmontée de leurs grandes oreilles et de leurs cornes terribles, longues de 4 à 5 pieds. Ils doivent être indigènes des îles Philippines, ou peut être viennent-ils de la grande île de Kalémantan, car les Espa-

19ᵉ *Livraison*. (OCÉANIE.)

gnols paraissent les avoir trouvés dans l'archipel. Ils servent à l'agriculture et à traîner des madriers. Les Philippins mangent leur chair; quelquefois les Tagales et les Bissayas en font leur monture. Ils sont très-doux, lorsqu'ils ne sont pas provoqués ou effrayés, et se laissent conduire par de jeunes garçons, de même que dans l'Inde et en Égypte, où j'ai vu souvent des enfants de 7 à 8 ans traverser le Gange ou le Nil sur un buffle, escorté avec docilité par 20, 40 ou 50 de ces énormes quadrupèdes.

CLXXII. TAGOUANS ET MANGOS.

On voit dans ces îles une espèce de chats de la grandeur des lièvres, et de la couleur des renards, auxquels les insulaires donnent le nom de *tagouans*. Ils ont des ailes comme les chauves-souris, mais elles sont couvertes de poils : ils s'en servent pour sauter d'un arbre à un autre à la distance de trente à trente-six pieds.

On rencontre dans l'île de Leyté un animal qui n'est pas moins singulier, et qui se nomme *mango*. Sa grandeur est celle d'une souris; il a la même queue, mais sa tête est deux fois plus grosse que son corps, et il a de longs poils sur le museau.

CLXXIII. L'IGOUANA.

L'igouana se trouve aux Philippines comme en Amérique. Sa figure ressemble beaucoup à celle du crocodile; mais il a la peau rougeâtre, parsemée de taches jaunes, la langue fendue en deux, les pieds ronds et doublés en corne. Quoique ce reptile passe pour un animal terrestre, il traverse facilement les plus grandes rivières. Les naturels et les Espagnols mangent sa chair, dont le goût est assez semblable au goût de celle des tortues.

CLXXIV. CHIENS-VOLANTS.

On y voit des chauve-souris énormes connues sous le nom de *chiens-volants*; j'en ai tué quelques-unes fort bonnes à manger. Leurs ailes sont terminées par de grands crochets qui leur servent, ainsi que leurs pattes, à se cramponner avec force aux arbres. Alors elles se ploient et, saisissant les branches avec leurs crochets, elles enveloppent ainsi tout leur corps dans leurs ailes, et ressemblent à des calebasses. Leur singulière attitude, leurs yeux rouges et leurs cris rauques et aigus en font un être fort dégoûtant. Quelques-unes de ces chauve-souris ont quatre pieds deux pouces de longueur, d'une extrémité de l'aile à l'autre. Elles vivent de fruits; et comme elles voyagent en nombre considérable, elles causent aux fermiers des pertes immenses, et détruisent en une seule nuit la récolte de toute une année. Elles plongent dans l'eau avec beaucoup d'habileté, et on en rencontre des bandes de plusieurs milliers à la fois.

CLXXV. LE COLO-COLO, ETC.

On observe aux Philippines une quantité d'oiseaux, parmi lesquels il faut distinguer le colo-colo, les tourterelles et le faisan, le tavon, espèce de poule qui pond dans le sable des œufs fort recherchés; le calao, qui chante régulièrement à certaines heures comme le coq, et la salangane (*hirundo esculenta*), qui construit son nid précieux dans les grottes, et particulièrement dans celles des îles *Calamianes*. On y trouve aussi beaucoup de volaille.

CLXXVI. LE BIRAHI KOUMBANG. — LANGAGE DES ANIMAUX ET SURTOUT DES OISEAUX.

Le *birahi koumbang* (amant des fleurs) est une espèce de rossignol qu'on trouve dans la grande île de Maindanao. Cet oiseau, ainsi que l'homme, a, selon les indigènes, un langage et un chant. Et qu'on n'en soit pas étonné, Platon et Flavius Josèphe ont cru au langage et à la raison des bêtes. Saint Basile lui-même dit dans son Homélie du Paradis terrestre, dont il fait une belle description, qu'il était peuplé de bêtes *qui s'entendaient entre elles et qui parlaient sensément*. Le bon Dupont de Nemours a cherché à comprendre et à traduire la langue de quelques animaux et surtout le chant des oiseaux; et bien que ses opinions soient hasardées, elles doivent du moins fixer l'attention sur une foule de faits curieux; car il est certain que les animaux, vivant en société ou en famille, doivent avoir quelques moyens de s'entendre et de se communiquer leurs idées.

C'est, selon cet observateur fameux, une erreur de croire que les oiseaux répètent toujours le même son. Il assure que le croassement des corbeaux ne comprend pas moins de vingt-cinq mots différents, que voici :

cra, cre, cro, croa, cronn.
grass, gress, gross, grouss, gronones.
crac, crea, crae, cruaa, grouss.
crao, creo, croe, crone, grouss.
craon, creo, croo, crono, grouss.

« Si nous pensons (ajoute Dupont) qu'avec nos dix chiffres arabes, qui sont dix lettres, dix mots, en les combinant deux à deux, trois à trois, quatre à quatre, on forme les chiffres diplomatiques de 100, de 1000, de 10,000 caractères, et si on les combinait de cinq à cinq, on en ferait un chiffre de 100,000 caractères, ou de plus de mots que n'en a aucune langue connue, on aura moins de peine à comprendre que les corbeaux puissent se communiquer leurs idées. Leurs vingt-cinq mots suffisent bien pour exprimer : *la*, *droite*, *gauche*, *en avant*, *halte*, *pâturez*, *garde à vous*, *l'homme armé*, *froid*, *chaud*, *partir*, *je t'aime*, *moi de même*, *un nid*, et une dizaine d'autres avis qu'ils ont à se donner selon leurs besoins.

« Le chien n'emploie que des voyelles, et quelquefois, mais seulement dans la colère, les deux consonnes g et z.

« Le chat emploie les mêmes voyelles que le chien, et de plus six consonnes, m, n, g, r, v, f.

« Les araignées emploient deux voyelles et deux consonnes, puisqu'elles prononcent les mots *tak* et *tok*. »

A propos du chant des oiseaux, Dupont continue ainsi :

« Cette énergique accentuation du discours tient à la surabondance de l'amour. Les oiseaux ne peuvent trouver cette force énorme dans leurs muscles, si frêles, que par un excès de vie dont les éléments donnent à leur amour une extrême ardeur. En pareil cas, il ne suffit pas d'aimer, il faut ajouter à la pensée même par les intonations et le rhythme. C'est ce qui fait nos poètes, et ce qui rend nos oiseaux musiciens.

« Le coq parle la langue de ses poules, mais, de plus, il chante sa vaillance et sa gloire. Le chardonneret, la linotte, la fauvette chantent leurs amours.

« Le pinson chante son amour et son amour-propre; le serin, son amour et son talent réel. Le mâle alouette chante un hymne sur les beautés de la nature, et déploie toute sa vigueur lorsqu'il fend les airs et s'élève aux yeux de la femelle qui l'admire. L'hirondelle, toute tendresse, toute affection, chante rarement seule, mais en duo, en trio, en quatuor, en sextuor, en autant de parties qu'il y a de membres dans la famille : sa gamme n'a que peu d'étendue, et pourtant ce petit concert est plein de charmes.

« Le rossignol a trois chansons : celle de l'amour suppliant, d'abord langoureuse, puis mêlée d'accents d'impatience très-vive, qui se termine par des sons filés, respectueux, qui vont au cœur. Dans cette chanson, la femelle fait la partie en interrompant le couplet par des sons très-doux, auquel succède un *oui* timide et plein d'expression. Elle fuit alors, mais... les deux amants voltigent de branche en branche; le mâle chante avec éclat très-peu de paroles rapides, coupées, suspendues par des poursuites qu'on prendrait pour de la colère : aimable colère !... C'est sa seconde chanson, à laquelle la femelle répond par des mots plus courts encore : *ami*, *mon ami*. — Enfin on travaille au nid : c'est une affaire trop grande, on ne chante plus. Le dialogue continue, mais il n'est que parlé, et on y distingue à peine le sexe de ces interlocuteurs. C'est après la ponte que, perché sur une jeune branche voisine de celle qui porte sa famille, un peu au-dessus d'elle, battant la mesure par le petit mouvement qu'il imprime au rameau, et quelquefois par un léger mouvement des ailes, il distrait sa compagne des soins pénibles de l'incubation par les charmes d'une harmonie indicible. Les deux couplets suivants rappelleront peut-être les vers de Du Bartas, qui essaya par des onomatopées bizarres de figurer le chant de l'alouette ; du moins ceux-ci rendent en partie ce qu'en musique on appelle motif : c'est tout ce qu'il était possible de faire : »

« Dors, dors, dora, dors, ma douce amie,
Amie, auie,
Si belle et si chérie ;
Dors en aimant,
Dors en couvant,
Ma belle amie,
Nos jolis enfants,
Nos jolis, jolis, jolis, jolis, jolis,
Si jolis, si jolis, si jolis
Petits enfants.

« Mon amie, (*en silence.*)
Ma belle amie,
A l'amour,
A l'amour ils doivent la vie,
A tes soins ils devront le jour.
Dors, dors, dors, dors, ma douce amie,
Auprès de toi veille l'amour,
L'amour,
Auprès de toi veille l'amour. »

Le rossignol cherche la solitude. Cependant on ne trouve point cet oiseau dans l'intérieur des grandes forêts, ni surtout dans les montagnes couvertes de sapins. Cet oiseau sédentaire se tient dans les bosquets ou sur la lisière des bois.

Un observateur s'est assuré que la sphère remplie par la voix du rossignol n'avait pas moins d'un tiers de lieue de diamètre, lorsque l'air était calme ; et *Beichstein* est parvenu à rendre assez exactement, par les combinaisons de nos lettres, l'effet produit par le rossignol. Bechstein recommande de les siffler, et d'essayer de prononcer en sifflant les sons indiqués par les lettres. Voici la chanson du rossignol dans la langue de ces oiseaux. C'est vraisemblablement l'original rossignolien dont Dupont nous a donné la traduction française.

Tiouou, tiouou, tiouou, tiouou,
Shpetiou tokoua,
Tio, tio, tio, tio,
Kouontiou, kouontiou, kouontiou, kouontiou,
Tskouo, tskouo, tskouo, tskouo,
Tsii, tsii, tsii, tsii, tsii, tsii, tsii, tsii, tsii, tsii,
Kouorortiou. Tskoua pipitskouisi,
Tso, tso, tso, tso, tso, tso, tso, tso, tso, tso, tso, tso,
tsirchading !
Tsisi si tosi si si si si si si si ci,
Tsorre tsorre tsorre tsorrchi,
Tsatn, tsatn, tsatn, tsatn, tsatn, tsata, tsatn, tsi.
Dio dlo dlo dla dlo dlo dlo dlo
Kouioo trrrrrrrritzt.
Lu lu lu ly ly ly li li li li
Kouio didl li louly li.
Ha guour guour, koui kouio !
Kouio, kououi kououi kououi koui koui koui koui
Ghi, ghi, ghi.
Gholl gholl gholl gholl ghia louloulai.
Koui koui horr ha dia dia dllui ;
Hets, hets, hets, hets, hets, hets, hets, hets, hets,
hets, hets, hets, hets, hets, hets.
Touarrho hostchoi.
Kouia kouia kouia kouia kouia kouia kouia kouioti;
Koui koui koui io io io io io io io koui
Lu lyle lolo didi io kouio.
Iiguai guai guay guai guai guai guai guai kouior
tsio tsiopi.

CLXXVII. BALATÉS ET SANGSUES.

Nulle part le poisson ne se trouve en plus grande profusion que dans l'archipel des Philippines, et il y abonde soit dans la mer, soit dans les rivières. Parmi les poissons d'eau douce, le plus délicat est la carpe ; parmi ceux d'eau salée, le plus recherché est une espèce de pomfret, et le plus singulier est le *pesce mujer* ou douyoung, que nous avons décrit au chapitre Célèbes. Le tripan, que les Espagnols et les métis appellent *balaté*, y est assez commun, surtout dans les îles Bissayes. Je l'ai vu recueillir principalement entre les petites îles de la silanga de Ilo-Ilo. Les Chinois en sont très-friands ; les Européens en mangent plus rarement. Les balatés sont très-gros, secs, et roulés : on les prendrait pour de gros bouts de boudin ; on les mêle avec de la volaille et des légumes, et alors ils ont le goût des pieds de cochon.

J'ai vu à Louçon et à Panay une espèce de sangsue à qui l'air humide des fougères colossales semblait suffire. Elle était plus petite que la sangsue officinale, large, d'un brun jaunâtre, marquée vers la partie supérieure de très-petites taches noires, et sillonnée d'une grande raie noire le long du dos. Cette sangsue s'attache au corps des hommes, mais sa morsure ne produit que de fort petites ecchymoses. Elle m'a paru entièrement semblable à celles que j'avais vues dans l'île de Ceylan, et dont j'avais été tourmenté en allant de Ratnapoura au pic d'Adam. Je la crois préférable à l'espèce que j'ai vu employer si fréquemment en France, en Allemagne, en Italie et en Angleterre.

CLXXVIII. MINES D'OR, D'ARGENT, DE FER, DE MERCURE, DE CINABRE, ETC.

Les îles Philippines possèdent des mines d'or: celles de Maboulao et de Paracale dans l'île de Loucon, et de Cagayan dans Maïndanao, sont les plus connues; mais on ne les exploite pas: on se contente d'en ramasser quelques morceaux et d'obtenir la poudre d'or par le lavage. Elles renferment aussi des mines d'argent, de fer, de cuivre, de plomb, de soufre et de mercure, ainsi que des carrières de marbre, de talc, de pierre meulière et de salpêtre. Il est même probable que le canton de Rosoboso possède des mines de platine. J'ai trouvé de plus dans l'île Maïndanao des morceaux de cinabre ou mercure sulfuré. Quelques-unes de ces îles contiennent dans l'intérieur des pierres précieuses, et, sur les côtes, du corail, des huîtres à perles, de la nacre, des coquillages de la plus grande beauté, et des cauris, appelés par les Espagnols *sigouez*, petits coquillages qui servent de monnaies sur la côte d'Afrique, de l'Inde, etc.

CLXXIX. TOPOGRAPHIE.

Nous allons décrire successivement les différentes îles composant l'archipel des Philippines, ainsi que les principales villes et les lieux les plus remarquables.

Au nord de l'archipel se présente d'abord Loucon, la plus considérable de ces îles. Elle fut ainsi nommée par les vainqueurs du mot tagale *lousong*, à cause de la quantité de pilons placés à la porte de chaque case, et qui servaient et servent encore à écosser le riz. Le mot *lousong*, dans la langue tagale, signifie en effet un pilon. Cette grande île est couverte de monts, de forêts, de savanes, de lacs, de volcans, de fleuves, de jardins et de rivières, et présente les sites les plus romantiques (voy. *pl.* 72). Les habitations des indigènes sont simples, mais suffisantes à leurs besoins (voy. *pl.* 73). Les bourgades sont rares et pauvres, mais on y voit des églises et des couvents somptueux, et même de jolies chapelles rustiques, parmi lesquelles je citerai celle de Bacor, village (voy. *pl.* 78). La partie méridionale de l'île Loucon est d'une forme très-irrégulière.

Au sud-est de l'archipel des Philippines se développe la vaste presqu'île de Camarines, qui, ainsi que le reste de l'île, est couverte de hautes montagnes, d'où descendent les rivières et les nombreux torrents qui fertilisent les plaines situées à leur pied. La plus importante d'entre ces rivières est la Cagayana ou Tagayo, dont l'embouchure se trouve vis-à-vis des îles Babouyanes. Après la Cagayana viennent l'Aña et la Passig. Cette dernière sert d'écoulement à la laguna de Vay, grand lac qui s'étend à l'est de Manila, et qui se décharge dans le golfe de Cavite, après l'avoir traversé.

CLXXX. PROVINCES OU ALCALDIES DES PEUPLES TAGALES ET AUTRES DE L'ILE LOUÇON.

TONDO.

Ces alcaldies sont au nombre de 15. La province dans laquelle est située la capitale est celle de Tondo, qui comprend 29 *pueblos* ou communes. On y cultive de la canne à sucre et du maïs. A Tondo, les habitants sont pour la plupart pêcheurs. Tambobon a des salines et des fabriques de toiles. La province de Boulacan et toutes les autres de l'île Loucon sont peuplées de Tagales, sauf l'alcaldie d'Ilocos, celles de Pampanga, Zambales, Pangassinan, Cagayan, Camarines et Alvay. Les

Tagales possèdent un alphabet particulier. Leur littérature consiste en quelques chants et poëmes historiques, et en traductions de quelques petits ouvrages espagnols de religion et de théâtre. La partie indépendante de Louçon est occupée par différentes peuplades régies par divers chefs. Nous en parlerons dans les chapitres suivants.

CLXXXI. BOULACAN.

Boulacan, chef-lieu de cette alcaldie, est située au nord de Manila. Son climat est plus salubre que celui de la capitale. Ses environs produisent beaucoup de riz, du sucre, de cocos et de bons fruits. Sur les bords de *Rio de Quinzou*, on récolte 4 à 500 quintaux d'indigo, et les jardins de la province fournissent le meilleur cacao des Philippines. On avait fait, en 1795 et 96, une grande plantation de café : le cafier réussit très-bien dans cette contrée ; mais les habitants, mal disposés pour les cultures nouvelles, ont laissé périr la plantation, et la récolte est aujourd'hui médiocre. Les bois des montagnes donnent diverses gommes et résines, et de la bonne cire qui est un objet important de commerce. Dans les cavernes des mêmes montagnes, les naturels vont chercher les nids d'oiseaux qui sont recherchés en Chine comme un des mets les plus délicats. Les sauvages qui errent dans les bois, sans demeures et sans vêtements, mènent une vie misérable qui ne dépasse guère 40 ans. Ils sont couverts de plaies. Le fer se trouve dans cette province presqu'à fleur de terre ; on y ramasse de petits morceaux de cuivre natif, et on lave les sables des torrents pour en détacher les paillettes d'or ; mais, jusqu'à présent, on n'y a pas encore découvert de mines de ces métaux.

CLXXXII. MANILA, CAPITALE.

C'est sur la côte occidentale de l'île que s'élève Manila, capitale des possessions espagnoles dans la Malaisie, et la ville la plus peuplée de cette partie du monde. Sa population, y compris le *parian* ou marché, le faubourg de *Binondo* et les autres faubourgs, s'élève à 150,000 âmes, tandis que celle de Batavia n'est que de 60,000.

Manila est située sous le 14°36' de latitude septentrionale, et à 118°38' de longitude orientale (méridien de Paris). Elle a été fondée, au XVI° siècle, sur une langue de terre entre la mer et l'embouchure de la *Passiq*, belle rivière qui arrose et fertilise une plaine charmante (voy. pl. 69). Ses maisons sont assez bien bâties et entourées d'une *varanda*, ou galerie fermée de châssis en écaille de nacre, comme j'en ai vu à Goa, à Macao et ailleurs. Les rues principales sont très-bien pavées. Elle est passablement fortifiée. Un beau pont, muni d'un fortin et restauré en 1814, unit Manila aux faubourgs, qui présentent, ainsi que la ville, plusieurs aspects pittoresques (voy. pl. 70 et 71). Sur la grande place publique, on doit remarquer la cathédrale, le palais du gouverneur, avec les bureaux, les tribunaux et les maisons consistoriales, l'ancien collège des jésuites, de belles églises et de vastes couvents. Manila est le siège d'un archevêque. L'instruction y est entièrement livrée au clergé, et particulièrement aux moines. L'université et le collège Saint-Thomas dépendent des dominicains, qui possèdent également le collège de Saint-Jean de Latran, où l'on élève les fils des principaux Indiens et métis, à qui on ne permet pas de se mêler à la jeunesse de race pure ; car il y a une noblesse de la peau à Manila. On compte aussi des écoles spéciales pour les filles de ces deux peuples. Il y existe un théâtre assez mesquin : c'est une espèce de vaste grange couverte en chaume. Mais Manila n'en est pas moins une ville de luxe ; dans aucune autre résidence de la Malaisie je n'ai vu autant de voitures (*birloches*) à trois ou quatre chevaux. L'*alameda* est une jolie promenade hors des murs.

CLXXXIII. PAMPANGA.

Une des provinces les plus remarquable est la Pampanga, dont les habitants sont particulièrement fidèles et honnêtes, quoiqu'ils soient loin de vivre de manière à rappeler l'âge d'or, ainsi que l'a avancé legèrement Malte-Brun.

Dans les hautes montagnes de la province de Pampanga, on observe le cratère d'un ancien volcan dont les éruptions n'ont pas laissé de souvenirs dans l'histoire. Plusieurs peuplades d'*tétas*, différents de langage et de mœurs, habitent les régions montueuses. On y rencontre une classe particulière, celle des *Balanes*, qui proviennent d'individus que leurs vices ou délits ont fait fuir la société des Européens. Ces Balanes vivent de pillage; personne n'ose les poursuivre dans leurs repaires. Ils habitent surtout les bords et les affluents du Rio-Chico. On exporte de la Pampanga du sucre, des mangues et autres fruits. L'espèce de palmier appelé *bouri* donne une sorte de pain, une boisson nommée *touba*, du vin et du vinaigre, du miel et du sucre : ces palmiers utiles abondent sur les bords du *Rio-Chico*, jusqu'au pied du mont Arayat, où on recueille des paillettes d'or. Enfin, d'après la statistique publiée à Manila en 1827, la fabrique de tabac à Couvias a donné, depuis 1815 à 1819, 5000 arrobes de tabac. Le chef-lieu de la province est Bacolor.

CLXXXIV. PANGASSINAN.

Dans la province de Pangassinan, la plupart des torrents charrient des paillettes d'or, et les Indiens *igolotes* exploitent une mine d'or dont le métal n'est pas de bon aloi. Il y a aussi une mine de cuivre aurifère. On y trouve des bois précieux, tels que le *narra*, bois rouge d'une grande dimension et assez semblable à l'acajou, le *mangatchapou* et plusieurs bois blancs dont on fait des avirons et des douves de barriques. Du suc d'une liane gigantesque, nommée *gogo*, on fait un savon qui suffit aux besoins des ménages. Les Indiens ou naturels de Pangassinan sont industrieux et actifs; ils font le commerce, et on les appelle les Chinois des Philippines. On construit dans le Pagassinan de bons navires, et on s'y livre au cabotage. Lingayen est le chef-lieu de la province.

CLXXXV. ILOCOS.

Ilocos, autre province, que l'on divise en district du nord et district du sud, renferme aussi des Indiens *igolotes* (noirs) qui se nourrissent de chiens, de chats et d'autres animaux, quand ils manquent de riz et de légumes. On distingue encore les Indiens *négritos* et les Indiens *tinguianes*, qui, selon la tradition, sont d'origine chinoise; ces deux tribus sont très-industrieuses, et ont des juges qu'ils renouvellent annuellement par voie d'élection. Un mur ou rempart les protége contre les incursions des Igolotes. M. le colonel don *Ildefonso de Aragon* dit qu'ils sont trop Chinois pour que leur conversion soit facile. Ils sont très-différents des *negritos alaguites*, ennemis jurés du travail, à moins qu'il ne leur procure du riz et du tabac, qu'ils aiment par-dessus tout.

L'alcaldie d'Ylocos est la meilleure des Philippines, car elle compte plus de 325,000 ames, en y comprenant 12,000 Tanguyanes, peuplade qui jouit de son indépendance politique, moyennant un léger tribut qu'elle paie à l'Espagne. L'alcaldie de Valangas a pour chef-lieu Valangas; celle de la Lagouna, Passanhas.

CLXXXVI. ZAMBALÈS, CAGAYAN, CAMARINES ET ALVAY.

C'est dans la province de Zambalès que se trouve l'excellent port de *Soubic*, abrité contre toutes les moussons, où il existe plus de 20 anses, et où l'on mouille par dix brasses d'eau contre le rivage même.

La dernière province au nord de Louçon est celle de Cagayan, qui nourrit les hommes les plus beaux et les plus forts des Philippines, comme Boulacan les femmes les plus belles de

Louçon. Quand les Cagayans voyagent, ils portent l'arc et les flèches, et se coiffent du *salacot*, espèce de chapeau chinois, au-dessus duquel les plus riches placent un morceau d'or (voy. *pl.* 77). Licon est le chef-lieu de cette province.

La presqu'île de Camarines est divisée en deux provinces, Camarines et Alvay, célèbre par son volcan. Aussi nulle province n'est aussi sujette aux tremblements de terre. Naga est le chef-lieu de la première. Nueva Cacerès est une ville épiscopale. Alvay est le chef-lieu de cette alcaldie. L'île Catandouanes en dépend.

CLXXXVII. VILLES ET LIEUX REMARQUABLES DES QUINZE ALCALDIES PRÉCÉDENTES.

Parmi les villes et lieux les plus remarquables des provinces de ce groupe, se trouve Cavité, à quelques lieues de Manila et de son beau golfe, sur la côte sud. Cavité sert de port à Manila pendant six mois de l'année et est le chef-lieu d'une alcaldie. C'est aussi le siége de la marine militaire : son vaste arsenal possède plusieurs chantiers de constructions dignes d'être remarqués ; mais la ville est un amas de maisons mal construites, séparées entre elles par des rues étroites et sales, contenant une misérable population d'environ 6000 habitants. Parmi les autres endroits, nous citerons *Tayabas*, sur la mer de Mindoro, chef-lieu de la province de ce nom, et où mouilla plusieurs fois le fameux Galion d'Acapoulco; elle renferme 13,000 habitants. Viennent ensuite la *cabecera de Vigan*, résidence de l'évêque et de l'alcalde de la province d'Ilocos, et qui se distingue par une chaussée admirablement entretenue; *Pavoy*, bourg de 18,000 habitants, et *Bataqué*, qui en renferme 24,000, *Ylagan*, chef-lieu de l'alcaldie de Cagayan avec *Nueva Segovia*, siége épiscopal; *Valert*, chef-lieu de celle de *Nueva Ecija*. Il existe en outre un grand nombre de villages considérables, mais qui n'offrent au reste rien d'intéressant, si ce n'est un grand nombre d'églises et de chapelles rustiques, dont celle de Bacor est remarquable par la beauté du site (voy. *pl.* 78).

Les enfants de ce groupe et généralement ceux de l'archipel vont tout nus jusqu'à l'âge de 10 à 12 ans. Pagès, à ce sujet, témoigne sa surprise de ce que, dans un pays chaud, on ait cette négligence pour les filles, dont les chemisettes ne descendent que jusqu'au nombril, et raconte l'anecdote suivante :

« Un jour que je me promenais dans un bois à une lieue de Manile, le hasard me fit approcher d'une maison devant laquelle je trouvai une Indienne d'environ 10 à 11 ans, assise au grand soleil; elle était nue et accroupie, ayant sa chemise pliée auprès d'elle ; dès qu'elle me vit, elle se leva promptement, et la remit; quoiqu'elle ne fût pas vêtue décemment, elle croyait être bien mise, parce qu'elle avait les épaules couvertes; elle n'était plus embarrassée de paraître devant moi. » (Voyage autour du monde et vers les deux pôles, t. Ier).

J'ai eu l'occasion de faire la même observation que Pagès, non seulement aux Philippines, mais encore dans la plupart des contrées de l'Océanie ainsi qu'en Égypte.

Les volcans sont au nombre des phénomènes des Philippines; celui d'Alvay, qui a donné son nom à la province d'Alvay, située au sud de celle de Camarines, est un cône élevé près de l'*embocadura de San Bernardino* : on l'aperçoit des deux mers, il vomit presque continuellement des flammes, et peut servir de phare aux navigateurs. Celui de Taal, à huit lieues de Manila en ligne directe, est dans un lac d'eau douce, quoique saumâtre (voy. *pl.* 74). En 1754, les commotions qui précédèrent son éruption détruisirent la ville de Taal et autres lieux. Il a 12 lieues de circonférence, et est navigable pour les petits bateaux. Je m'y suis baigné au pied du volcan. Il y a encore dans l'île Louçon le volcan d'Arringuay, dans le territoire des Igorrotes, province d'Ilocos.

CLXXXVIII. GROTTE DE SAN MATHEO.

Parmi les curiosités naturelles du groupe tagale, nous nommerons la *grotte de San Matheo*. C'est une excavation de près de 2000 pas de profondeur, sur une hauteur très-variable. Le sol est de roc et de terre, coupé de temps à autre par de grandes mares d'eau, dans lesquelles il faut entrer jusqu'à la ceinture. Mais, sauf quelques accidents intérieurs et les pétrifications peu nombreuses qu'on trouve dans ces souterrains, cette grotte est bien au-dessous de sa réputation. Les indigènes n'osent y descendre, ils la croient habitée par de mauvais esprits, et ils prétendent qu'elle communique avec la Chine. Pauvres gens !...

CLXXXIX. LAGUNA DE VAY.

La *laguna de Vay* est un magnifique lac intérieur d'environ trente lieues de circonférence. Ce lac paraît avoir des communications avec les volcans qui l'environnent. Des myriades de grosses barques et de canots animent ses anses et ses débarcadères. Des villages aux belles églises, de jolies cases bâties sur la grève, des côtes abruptes et des terres fertiles en rendent l'aspect infiniment pittoresque. C'est presque au fond de la *laguna* qu'est située la Hala-Hala, établissement de MM. de la Gironière, près du village de ce nom, et dont nous avons déjà parlé.

CXC. BAINS NATURELS OÙ L'ON FAIT CUIRE DES OEUFS.

Au-delà de *Santa-Cruz*, dans une gorge charmante, est le petit village de *los Baguos*, célèbre par ses bains d'eau minérale. Ce village est bâti à côté d'une montagne volcanique, et la source qui en sort est bouillante. Sonnerat assure y avoir vu des poissons vivants ; cela est étrange, car aucune plante n'y végète, et un œuf y durcit en trois ou quatre minutes. Ces eaux rappellent la mer Morte, et elles sont efficaces contre les maladies de la peau.

CLCI. MANIÈRE DE PRENDRE LES BAINS A MANILA.

A propos de bains, j'ai été témoin d'une manière nouvelle et tout à fait patriarcale de prendre les bains dans les bonnes maisons de Manila. Les hommes et les femmes, chacun d'un côté opposé, se baignent à demi vêtus dans une espèce de grande piscine : là ils boivent, mangent, causent et jouent.

CXCII. COMBATS DE COQS.

Les combats de coqs (voy. *pl.* 79) sont aussi en vogue aux Philippines qu'à Java, à Kalémantan et dans le reste de la Malaisie. Je ne sais même si les habitants des Philippines ne sont pas plus enthousiastes de ces jeux que les Javans. Plusieurs sacrifient leur fortune en pariant en faveur d'un coq ou contre lui. J'en ai vu qui priaient saint Antoine pour qu'il donnât la victoire à ces combattants emplumés ; et les *toreadores* de Madrid ou de Séville excitent moins d'émotion en Espagne qu'un combat de coqs sur une réunion de Tagales ou de Bissayas.

CXCIII. PROVINCES DU GROUPE DES ILES BISSAYES.

Le groupe des grandes et petites îles Bissayes comprend toutes les îles au sud de Loucon. Les îles Masbate, Bourias et quelques autres sont indépendantes des Espagnols, ainsi que Maïndanao au midi. Au temps de la découverte, les Espagnols les nommèrent *Islas de los Pintados*, à cause de la coutume qu'avaient les naturels de se peindre le visage et le corps. Les îles Bissayes forment quinze provinces.

CXCIV. ILES SAMAR, LEYTÉ, ZEBOU ET BOHOL.

L'île Samar, la plus importante, a 134 lieues de circonférence. Elle est assez fertile, surtout en riz, cocos, bois d'ébène, etc. ; mais elle est souvent ravagée par les Malais. M. Malte-Brun y place l'oiseau-mouche ; je ne l'y ai pas vu, et il n'a été vu par aucun habitant. Les buffles (*caravaos*), chevreuils, gros singes, loris, tourterelles, abeilles sauvages et un grand nombre d'oiseaux sauvages y abondent. Elle est peu peuplée. La résidence de l'*alcalde* est à Cabalonga. Sagor en est le chef-lieu et Bay-Bay le meilleur port.

Leyté n'est séparée de Samar que par le petit détroit de Juanico. Elle est également exposée aux pirates, ce qui fait qu'elle n'est guère plus peuplée.

Zebou et Bohol sont peu fertiles. Zebou, chef-lieu de la province, est la résidence d'un évêque, et, dans la hiérarchie civile, elle est considérée comme la seconde ville des Philippines. Elle a environ 3000 habitants.

CXCV. ILE BOUGLAS OU NEGROS.

L'île Bouglas ou Negros est assez grande, mais dépeuplée sur les côtes. Les indigènes, qui sont noirs, se retirent dans l'intérieur; mais leur chef vient quelquefois à Ilec, résidence de l'alcalde. Près de cette petite ville, on aperçoit le mont Cavayan, qui a environ six cents toises d'élévation. J'ai vu plusieurs de ses habitants, ils sont de la même race que les Papouas, sauf quelques Endamènes relégués dans l'intérieur. Je citerai comme une singularité, qu'ils reçoivent, en venant au monde, le nom de l'arbre ou de la grotte qui les voit naître. Aussi en ai-je connu plusieurs qui s'appelaient *Papaya*, *Gouha*, etc.

CXCVI. ILE PANAY. MÉLANO PYGMÉES.

L'île triangulaire de Panay renferme également des Igolottes ou Papouas, et des Endamènes. J'y ai vu de plus une variété de noirs d'une taille au-dessous de quatre pieds, mais bien faits, auxquels j'ai imposé le nom de *mélano-pygmées*, et qui n'avaient pas encore été décrits (*). Ces mélano-pygmées vivent dans les bois et les montagnes. Leurs enfants portent le nom d'un arbre ou d'un rocher; l'un se nomme *Papaya*, l'autre *Batou*, etc. Leurs cheveux ne sont pas crépus, comme ceux des Africains: leur peau n'est pas si noire, leurs nez ne sont pas épâtés, ni leurs joues saillantes. Ils sont absolument nus et si légers à la course, qu'ils prennent souvent des animaux sans le secours de leurs flèches ni de leur couteau, et alors ils demeurent comme les corbeaux autour du cadavre jusqu'à ce qu'ils l'aient dévoré. Ils échangent le miel et la cire de leurs forêts pour des couteaux, de l'eau-de-vie et du tabac, qu'ils aiment passionnément. Au reste, ces hommes mènent une vie fort paisible avec leurs femmes et leurs enfants, loin des Bissayas et des Espagnols.

Panay a trois alcaldies: celle de Capis, port, au nord de l'île sur une rivière assez profonde; d'Ilo-Ilo, port à l'est; d'Antique, rade, au sud-ouest. Ilo-Ilo recueille une immense quantité de riz, et Antique du bois d'ébène et de siboucao. Les villes de Molo et de Xaro sont des entrepôts populeux et riches, dont les femmes sont belles, bien faites et plus blanches que dans le reste de l'archipel. Réunies, pour ainsi dire, au port d'Ilo-Ilo par plusieurs groupes de maisons, ces villes forment en quelque sorte une seule ville qui pourrait être, à coup sûr, la plus considérable de l'archipel après Manila. Le pays abonde en bois précieux, en gibier, surtout en cerfs, sangliers, cochons sauvages et mangos. Ils emploient le *sinimaya*, toile fabriquée avec les fibres d'une espèce de bananier, pour se faire des chemises. J'en possède une très-supérieure en finesse à la batiste: on la cache facilement dans la main. Les chapeaux, les étuis de cigares et autres ouvrages en paille y sont de la plus grande beauté. Les habitants d'Ilo-Ilo, de Molo

---

(*) L'auteur a fait connaître cette variété d'hommes pour la première fois dans le Mémoire sur les races et les classifications des différentes contrées de l'Océanie, lu en décembre 1831, à la Société royale de géographie, dont il est membre, et qui en vota l'impression; ensuite à la Société de statistique universelle, du conseil de laquelle il était membre. Ce Mémoire a été aussi inséré dans le numéro d'avril (1835), du journal de l'Institut historique, dont il est membre et président de la commission de son journal.

et surtout de Xaro, sont, à mon avis, beaucoup plus civilisés que ceux des autres villes des Philippines. Le fort d'Ilo-Ilo est misérable ; mais sa position est telle que si on la fortifiait, la rade serait à l'abri de toute attaque. Les navires y mouillent par 8 à 14 brasses.

CXCVII. ILES CALAMIANES ; ÉTABLISSEMENT DE TAY-TAY ET ILE MINDORO.

L'alcalde de Calamianes a sa résidence à Coulion. L'établissement de Tay-Tay, situé dans la partie nord-est de l'île de la Paragua, ou Palavouan, dépend de cette alcaldie.

Au nord-est de celle-ci et au sud de Louçon, est Mindoro, longue de quarante lieues sur quinze de large, et qui est susceptible de la plus riche culture. Les Espagnols refusèrent de céder à la France ce beau pays, qui serait devenu une des plus riches colonies de la Malaisie. C'est M. le duc de Choiseul, alors ministre de France, qui en avait fait la demande. Calapan, qui en est le chef-lieu, Baco, Santa-Cruz, et quelques autres postes, appartiennent aux Espagnols.

Plusieurs îles Philippines, soumises à ce peuple, nourrissent des cantons indépendants et inconnus jusqu'à ce jour.

L'Espagne n'a pas d'établissement sur les autres îles, excepté quelques-uns aux Babouyanes, et celui de Grafton, dans les îles Bachi.

Dans la circonstance critique où se trouve ce beau royaume, qui est accablé de sa dette, les immenses terres arables qu'offrent les grandes et riches îles de l'archipel des Philippines, comme Louçon, Mindoro, Leyté, Samar, Panay, etc., seraient plus que suffisantes pour amortir une grande partie de cette dette, si on les offrait en paiement.

CXCVIII. ILE MAINDANAO OU MAGINDANO (*).

En dehors du groupe des Bissayes, et formant à elle seule une division des Philippines, est située l'île de Maindanao, qui a environ 300 lieues de tour et qui se divise en partie espagnole et en partie indépendante.

La partie espagnole est régie par trois alcaldes et un gouverneur : le premier alcalde réside dans la petite ville de Missamis, sur la baie de Panguil, et presque au milieu de la côte septentrionale ; le second à Dapitan, sur la même côte ; le troisième à Caraga, sur la côte nord-est. La ville de Zamboanga, sur la côte sud-ouest, est le siège du gouverneur d'où dépendent ces alcaldies. Elle a un fort en pierre, et non en terre, ainsi qu'on ne cesse de le répéter, et ce fort est armé de canons : c'est le plus important de l'archipel, après Manila. La côte est d'un accès difficile, à cause de la rapidité des courants. La population de Zamboanga est d'environ 1200 habitants.

La partie méridionale de l'île de Maindanao est indépendante. Elle obéit au soulthan qui tient sous sa dépendance le petit groupe des îles Menguis, situé entre Maindanao et l'archipel des Moluques. La résidence de ce prince est à Sélangan, sur le Pélandgi. Sa population, y compris le peu d'habitants qui demeurent encore dans l'ancien Maindanao, situé de l'autre côté du Pélandgi, et qui est presque entièrement abandonné aujourd'hui, peut s'élever de 10 à 12,000 âmes. Pollok ou Sagour est une petite ville de commerce, remarquable et par son port, un des plus beaux et des meilleurs des Philippines. L'île a plus de vingt rivières navigables et beaucoup de ruisseaux. Les rivières fourmillent de poissons. Le riz, les ignames, le sagou sont les principales plantes nutritives, et on y récolte du raisin. Le talc y abonde, et j'y ai trouvé du cinabre. Quantité de grottes servent de retraite aux chauve-souris.

Les habitants de cette grande île,

(*) Nous avons adopté l'orthographe de Maindanao et non celle de Magindano ou Mindanao, parce qu'elle nous a paru conforme à la prononciation de ses habitants.

ainsi que ceux de la confédération des Illanos, sont des corsaires très-entreprenants. Nous croyons qu'ils descendent des *Illanos* de l'île Kalémantan ou Bornéo. Cette confédération indépendante s'étend à l'ouest de la soulthânie de Maïndanao. Elle se compose des seize états gouvernés par de petits soulthâns et autres chefs. Après eux viennent les datous (espèces de barons). Tapahan, Tagoulo et Mahargan sont d'assez fortes bourgades : chacune d'elles a un port.

Les habitants primitifs de l'île sont des noirs Endamenes; ensuite viennent les Igolottes. On y trouve aussi des Alfouras à la peau tannée, qui vivent dans les montagnes. On distingue les insulaires en *Maindanais*, *Caragos*, *Loutas* et *Soubanis*. Quelques-uns sont idolâtres et anthropophages. Les Loutas de la côte sont pêcheurs; ils professent l'islamisme, et ont des imans pour desservir les mosquées et diriger les écoles : ils portent une espèce de turban, comme les Malais de Kalémantan. J'ai vu plusieurs de leurs navires, portant des fauconneaux ou petits canons d'une à deux livres de balles (fort rarement des pièces de quatre) montés par un équipage de 60 à 80 hommes armés jusqu'aux dents, et quelquefois portant une cotte de mailles et un casque avec sa visière, également en cotte de mailles, capable d'amortir un coup de kriss ou un coup de kampilan et de flèche. La partie occidentale de l'île est occupée par des tribus sauvages.

La langue de Maïndanao se rapproche du Bissaya.

CXCIX. UNE FORÊT VIERGE DE L'ÎLE DE MAINDANAO.

La Malaisie, et les Philippines surtout, renferment de nombreuses forêts, la plupart impénétrables et d'un aspect singulièrement romantique. La forêt vierge dont je vais parler sera décrite pour la première fois.

Retenu par les vents dans la baie de Siokon, sur la côte occidentale de l'île de Maïndanao, je voyais çà et là de nombreuses et variées légumineuses, des fourrés de longues lianes arborescentes, des djongles épaisses, des vaquois, des mangliers aux mille racines, des plantes herbacées d'une organisation robuste et ligneuse; après avoir monté une pente escarpée, et marché long-temps à travers des sagoutiers, des bambous et quelques cannelliers sauvages, j'arrivai dans une forêt (voy. pl. 80) composée d'arbres projetant leurs branches à une grande hauteur : c'étaient des *palo-marias*, des muscadiers uviformes, des cocotiers, des aréquiers (*bounga*) semblables à des colonnes légères, que le *vehouco* et le *maca boumbay* embrassaient comme le lierre et accompagnaient jusqu'à leurs cimes, et de beaux tamarindes balançant leurs têtes séculaires souvent frappées de la foudre, et formant des voûtes de verdure impénétrables à la lumière du soleil. Mais ces voûtes de second ordre étaient dominées par les tiges de beaux ébéniers d'une hauteur vraiment prodigieuse, par des pins et des espèces d'acacias de 200 pieds de haut, qu'on prendrait pour une seconde forêt, s'élevant au-dessus de la première. Nous étions au milieu du jour; quelques matelots bissayas m'éclairaient avec des torches de *dammer* (*). Quoique bien armés et accompagnés d'un énorme et terrible chien de Manila, nous nous tenions en garde contre de nombreux sangliers, de longues couleuvres, de gigantesques serpents python et ibitin, et contre les hommes sauvages des montagnes et des lacs (**), ennemis des blancs qui oseraient s'aventurer dans ces obscurs labyrinthes. Mais le pinceau le plus habile ne pourrait décrire le magnifique spectacle qui se présenta à mes yeux, quand je revis l'azur du ciel, quand j'entendis gronder dans le lointain les bruyants torrents, et que je contemplai les imposantes montagnes voisines, et cette riche, majestueuse et resplendissante nature. La flamme

---

(*) C'est la résine de l'arbre *damara alba*.
(**) Les deux mots réunis de main-danao signifient peuples du lac.

bleuâtre de nos torches avait disparu devant les rayons éclatants du soleil tropical : le passage subit du Tartare aux Champs-Élysées ne m'aurait pas causé plus d'étonnement ! L'admiration que j'éprouvais faisait naître en moi des sensations ineffables. Je m'arrêtai pour m'enivrer à loisir de ce tableau ravissant. Je cherchai ensuite à me reconnaître et accoutumer mes faibles yeux à l'éclat inattendu de cet océan de lumière dont les magiques ondulations ne pourraient être imitées par un réseau de diamants et de pierres précieuses les plus éblouissantes.

Nous nous mîmes enfin en marche pour retourner à bord; mais le chemin était long et pénible. Arrivés près de la côte, sur la hauteur qui domine la grande rade déserte de Siokon, le soleil descendait vers la mer; quelques nuages seulement apparaissaient brillamment colorés des plus riches reflets d'or, de pourpre et de feu, dont l'effet était rendu plus merveilleux par le singulier contraste de l'azur foncé de la mer et du ciel. Ce spectacle solennel devenait de plus en plus sublime : à peine le disque solaire eut-il disparu, qu'un jet immense d'un vert pâle et transparent vint le remplacer, et répandit les tons, les accidents et les mouvements les plus variés. La nuit avait déjà remplacé le jour; notre navire était devant nous, et nous restions immobiles, les yeux tournés vers l'horizon, dans un religieux silence. Notre imagination était accablée de la pompe de ce phénomène; nos pieds se refusaient à marcher, et nous n'avions plus de forces que pour sentir, admirer et bénir le Père de la nature.

CXCX. MŒURS ET SITUATION DES HABITANTS PRIMITIFS DES ILES PHILIPPINES, AVANT LA DÉCOUVERTE ET DE NOS JOURS.

Les Aëtas, sauvages noirs, à cheveux légèrement laineux, sont les habitants primitifs des îles Philippines, ainsi que de la plus grande partie de la Malaisie. Les traditions de ces peuples portent qu'à une époque reculée et inconnue les noirs primitifs étaient nommés *Dayers* et *Endamènes*; que ces Endamènes furent vaincus et repoussés dans l'intérieur par les Igolottes ou Papouas venus de l'île Kalémantan ou Bornéo, et qu'enfin les Biadjous, les Tagales et les Bissayas, venus aussi de cette grande terre, parurent, vainquirent les Igolottes, et s'emparèrent des côtes. Aujourd'hui les noirs primitifs sont nommés Aëtas, et les Papouas, Igolottes ou Negritos. Dans plusieurs grandes îles, et surtout à Bouglas et à Panay, on sait fort bien les distinguer. Les premiers sont fuligineux et ont les cheveux un peu crepus, tels que les Endamènes que nous avons décrits au chapitre Anthropologie dans le *Tableau général de l'Océanie* ; et les seconds, plus noirs, aux formes plus agréables et aux cheveux frisés, ressemblent aux Papouas que nous avons également décrits au même chapitre. J'ai vu plusieurs jeunes filles aëtas très-jolies (voy. *pl.* 76). Les Philippins ou Indiens civilisés (pour me servir de l'expression castillane) ne vainquirent ces noirs qu'avec la plus grande difficulté, et les chassèrent avec peine des plaines qu'ils habitaient. Ceux que les Espagnols trouvèrent dans l'île de Louçon avaient un commencement de civilisation. Ils vivaient sous une forme de gouvernement composé de chefs assistés de vieillards à qui l'exécution des lois était confiée, et avaient l'habitude de ne se couvrir que le milieu du corps.

Les Aëtas sont encore généralement nus. Ils bornent tous leurs soins à la chasse, à la pêche et à la recherche de quelques fruits sauvages; ils manient avec beaucoup de dextérité l'arc et la flèche, les seules armes qu'ils possèdent, et parlent une langue peu différente de celle des Indiens civilisés.

C'est parmi eux que l'on trouve ces enfants, connus à Manila sous le nom de *Fils du Soleil*, et qui sont presque blancs, quoique le père et la mère soient noirs.

Les moines qui habitent sur la limite des lieux où les Aëtas se sont retirés, cherchaient à s'en procurer quelques-uns dans l'intention de les baptiser; mais ces sauvages regagnaient rapidement leurs montagnes, quand ils pouvaient se dérober à la vue de leurs gardiens; là, ils exploitent des mines d'or assez considérables, et ils réalisent sur cet objet, près de 20,000 piastres par an. Le gouvernement de Manila entretient encore plusieurs missions dans le but de les convertir; mais comme les moines ont vu que les Aëtas échappaient à leur autorité spirituelle, aussitôt que l'occasion de s'enfuir se présentait, ils ne baptisent plus que quelques enfants que les Espagnols ou les métis achètent, dès l'âge le plus tendre, à leurs parents indifférents, et qui, parvenus à l'âge de raison, ne peuvent pas s'habituer à la manière de vivre de leurs pères.

Au reste, les noirs se sont tellement mêlés dans les Philippines, que leurs coutumes, ainsi que leurs traits et leurs tailles, offrent peu de différences. Aussi nous décrirons les coutumes communes à toutes ces peuplades, confondues aujourd'hui sous le nom d'Aëtas.

Chez quelques-unes de leurs tribus on rencontre quelques *hermaphrodites* que les Tagales nomment *Binabagos*. Ces montagnards, généralement heureux, sont paresseux à l'excès. Riches des productions du sol le plus fertile et qui ne demande aucune culture à celui qui se contente du nécessaire, ils jouissent de tout en abondance et ne travaillent jamais.

D'après les différentes traditions, les Aëtas ont eu des guerres très-vives à soutenir, pour empêcher les Indiens à cheveux lisses, qui les avaient chassés des plaines, de couper du bois dans leurs montagnes; ils exigeaient un tribut payable en tabac qu'ils aiment beaucoup; mais, aujourd'hui, moins nombreux et plus craintifs, en raison de leur faiblesse, ils laissent leurs ennemis envahir les terrains où ils veulent s'étendre, en sorte qu'ils disparaîtront du sol qui les a vus naître, s'ils n'adoptent pas la civilisation qui les bloque de tous côtés.

On n'a pas de données certaines sur la population de ces Indiens sauvages; mais on peut l'estimer un peu moins que le tiers de celle des Indiens civilisés.

Autrefois leurs chefs étaient despotes, et tirés du corps de la noblesse, qui, même encore aujourd'hui, porte le titre distinctif de *Bagnan*, tandis que les plébéiens ont reçu le nom de *Calianes*. Les Bagnans avaient envahi la puissance par leur valeur et leur habileté. Le fils, en succédant à son père, héritait aussi de son pouvoir, qui s'étendait en raison du nombre d'esclaves qu'il commandait et des villages qui lui étaient soumis. Ils étaient continuellement en guerre avec leurs voisins, et tâchaient de faire un grand nombre de prisonniers pour augmenter leur puissance. Cette tactique gouvernementale est encore en usage dans la presqu'île de Malakka et dans les îles de Kalémantan, de Célèbes et de Maindanao.

Il résultait d'une telle forme de gouvernement trois classes d'hommes distinctes, vivant sous la même autorité. La première était celle des possesseurs des villages, et de leurs parents; la seconde celle des esclaves; et la troisième celle des habitants libres, ou à qui les propriétaires des villages avaient donné la liberté. On distingue encore aujourd'hui ceux-ci sous le nom de *timawat*, qui, en langue tagale, signifie *libre*.

A l'époque de l'arrivée des Espagnols, ces Indiens (*) connaissaient l'écriture; cependant ils n'avaient pas de lois écrites. Un conseil, composé d'un chef et de quelques anciens, était chargé de prononcer sur les différends des particuliers. Dans les affaires criminelles, les parents du mort formaient un tribunal qui, jugeant en dernier ressort, composait souvent avec le coupable pour une somme d'argent que celui-ci s'obligeait de payer aux juges; et, à défaut de rachat, il était mis à mort. S'il s'agissait d'une affaire où le coupable n'eût rien à donner, on lui appliquait la loi du ta-

(*) *Los Indios*, c'est le nom général que les Espagnols leur ont donné.

lion, œil pour œil, dent pour dent. Cette loi, en usage dans presque toute la Malaisie, vient peut-être des Arabes, qui la tenaient vraisemblablement de Moïse, qui l'avait peut-être empruntée aux Égyptiens. Elle s'établit dans plusieurs états de l'Europe au moyen âge, et on l'a retrouvée en Amérique. Mais dans les Philippines, cette loi s'étendait à tout un pays, et non à un seul coupable. On déclarait la guerre à tous les habitants du canton auquel il appartenait; et si le coupable demeurait dans un autre canton, il faisait cause commune avec tous les habitants du village contre lequel on commençait les hostilités. Si le chef du village ainsi attaqué ne rachetait pas le coupable, on ravageait le pays et on tâchait de faire un grand nombre de prisonniers. C'est ainsi qu'en Chine tous les habitants d'une rue sont responsables du crime d'un seul. On condamnait les voleurs à enlever une pierre du fond d'une chaudière d'eau bouillante, supplice qui ne dédommageait pas le propriétaire attaqué dans sa propriété. Aussi les juges préféraient le rachat du délit par une somme dont une partie revenait au chef du village, et l'autre aux juges. L'adultère et le manque de respect aux vieillards étaient également soumis au rachat.

Les Aëtas étaient et sont encore esclaves de toutes les superstitions. Celle du *patiniak*, entre autres, est singulière. C'est un sortilège qu'ils prétendent attaché à l'enfant qu'une femme porte dans son sein. L'effet de ce sortilège est de prolonger les douleurs de l'accouchement, et même de l'empêcher. Pour lever le patiniak, au plus fort de la douleur le mari ferme soigneusement la porte de la case, fait un grand feu à l'entour, quitte le peu de vêtements qui le couvrent, et s'escrime avec fureur du kampilan(*), jusqu'à ce que sa femme soit accouchée. Une autre superstition est la croyance au *tigbalan*, espèce de fantôme qui, selon les sauvages, apparaît

(*) Espèce de sabre dont la partie inférieure est plus large que le haut de la lame.

sous des formes effroyables, et qu'ils exorcisent avec des cérémonies ridicules.

Les médecins des Aëtas ne ressemblent pas à nos docteurs qui se rendent chez un malade pour le soulager, le consoler, le tuer ou le guérir. Ils ont persuadé à ces sauvages qu'en les suivant, ils seraient bientôt délivrés de toutes leurs infirmités; aussi leurs Hypocrates sont souvent accompagnés d'un cortège nombreux d'individus qui ne vivent et ne respirent que d'après les promesses qu'ils leur donnent. Le charlatanisme de ces doctes sauvages ne surprendra pas dans un pays civilisé, où tant de prétendus savants ne dédaignent pas cette ressource qui les élève et les fait vivre aux dépens des véritables savants, ennemis du mensonge et de l'intrigue.

La religion des Aëtas est plutôt une crainte servile qu'un véritable culte. Ils ignorent les consolations de la prière, n'admettent ni les récompenses des bonnes actions, ni la punition des mauvaises, et n'ont pas la moindre idée de l'immortalité de l'âme; mais ils croient à la puissance de certains génies malfaisants, appelés *nonos*, auxquels des prêtresses, connues sous le nom de *babailanas* ou *catalonas*, offrent des sacrifices de riz, de coco et de cochon. Ces sacrifices sont également offerts aux âmes de leurs ancêtres: les prêtresses y président une lance à la main.

Les noirs de Loucon pensent que les morts éprouvent des besoins: ils les ensevelissent armés et vêtus, et mettent dans leurs tombes des aliments pour plusieurs jours. A la cérémonie des funérailles, ils laissent au mort une place vide au milieu d'eux, afin qu'il participe au banquet funèbre. Ils croient le voir, comme Macbeth voit l'ombre de Banquo, et ils pensent qu'il jouit des pleurs que ses amis répandent. Les Aëtas supposent qu'il rend quelquefois visite à l'humble foyer qu'il a quitté. Pour s'en assurer, on couvre le foyer de cendres, et si on y aperçoit la moindre atteinte, ou la trace d'un pied, ces sauvages tombent aussitôt dans une profonde affliction. Ils disent que le mort a reparu pour exercer quelque vengeance, et, sur-le-champ, ils offrent des sacrifices à ses mânes pour l'apaiser. Ces superstitions des Aetas existent encore aujourd'hui, telles qu'elles existaient au temps de la conquête de l'archipel des Philippines par les troupes de l'Espagne, ou plutôt par ses bataillons de moines.

CXCXI. PORTRAIT DES INDIENS CIVILISÉS.

Les Tagales et les Bissayas, ou les indigènes civilisés des îles Philippines, sont en général petits, mais bien faits, et font preuve d'activité et d'une force musculaire assez remarquable. Ils ont dans les traits une grande ressemblance avec les Malais; leur nez cependant est plus saillant, les os de leurs joues moins élevés, et leur peau tire plus sur le blanc : leurs cheveux sont d'un noir foncé; ils leur donnent une espèce de vernis par l'application habituelle de l'huile de coco, coutume en usage dans l'Inde entière, et ils les disposent à la manière des Malais. (voy. *pl.* 61). Les femmes déploient beaucoup de goût dans l'arrangement et l'embellissement de leur chevelure, qu'elles attachent avec de longues épingles d'or ou d'argent, et qu'elles ornent des fleurs de *kilong-kilong* dont le parfum est délicieux. Elles se drapent gracieusement avec le *cambay* et le *tapis*, espèce de jupe qui dessine la taille à volonté (voy. *pl.* 77).

Ces peuples sont intelligents, mais paresseux, amis du plaisir et surtout du jeu, et livrés à toutes sortes de superstitions. Ce sont des instruments servilement dociles dans les mains des moines, dont la puissance est sans bornes sur leurs esprits. Il faut cependant l'avouer, ces religieux défendent souvent avec un zèle et un courage infiniment louables les chrétiens de ce grand archipel contre le despotisme et la cupidité de certains alcaldes (*).

Les Tagales et les Bissayas aiment

(*) Et non alcades, comme on l'écrit en France.

singulièrement les vers et surtout la musique. Ils ont une quantité de chants de joie, de deuil, de guerre et de marine. Les Tagales ont des chanteurs qu'ils nomment *mapagavit*, et un instrument connu sous le nom d'*avitan*. Ces hommes, habitués aux fatigues et aux périls de la mer, aiment surtout le *hinli*, ou chant des rameurs.

Mes lecteurs me permettront de résumer la description des îles et des peuples du grand archipel des Philippines par quelques vers que j'ai écrits sur les lieux et qui font partie d'un poëme intitulé *le Barde voyageur ou l'Univers poétique*. Ce poëme est destiné à servir de réponse ou de pendant à un poëme portugais qui fut adressé à Macati, près Manila, par mon honorable ami M. le colonel Félicien de Figueiredo, procureur général du sénat de Macao en Chine.

. . . . J'aimais à parcourir
Ces îles sur la mer avec grâce semées :
Mais quand je contemplais leurs rives parfumées,
J'ai vu le Bouglas(*) nu, sans crainte des railleurs,
Pour un peu de tabac prostituer ses sœurs.
Ici, le Bassilan contre un mince salaire,
De sa fille échangeait la couche solitaire ;
Et dans Mindanao le sauvage inhumain
Immolait ses captifs pour assouvir sa faim,
Enivrant ses regards de leurs chairs pantelantes
Qu'il entend, sans frémir, dans son sein gémissantes.
Oh! que j'aimai *Taal* (**) et ses vallons brûlants,
De la verte *Louçon* les bocages charmants,
Et du fier *Cavaya* (***) la cime menaçante,
Et *Toumague* (****) où l'on sent une vie enivrante,
La *Samar*(*****) d'où l'on voit sortir le dieu du jour,
Où les rayons du ciel tombent avec amour !
Mais hélas! dans ces lieux où règne l'abondance,
Les barbares Loutas (******), les cruels Soubanis,
Transformant en enfer ce riant paradis,
N'adorent d'autre dieu que l'or et la vengeance.
Le Bissaye indolent, le Tagale menteur,
Le métis orgueilleux, et jaloux, et trompeur,
Haineux et méprisant ses paternels ancêtres,
Vivent tous dans Manile, esclaves de leurs prêtres.
Un magistrat ignare, un insolent commis
Protégent les filous et vendent leur Thémis.

(*) Noirs de l'île Bouglas ou Negros.

(**) Volcan dont nous avons donné la description.

(***) Montagne élevée de l'île Negros.

(****) Séjour délicieux à deux lieues de Zamboanga. On y trouve une petite rivière qui coule sur des plantes de salsepareille.

(*****) Ile la plus orientale des Philippines.

(******) Ce sont deux peuples de l'île de Maindanao.

Mes pieds foulent enfin une verte prairie
Où la noble Passig roule entre mille fleurs
Le cristal toujours pur de son onde chérie.
C'est dans la paix des champs que nous trouvons
                                   nos cœurs.

Aimable Macati (*), j'aime ta solitude !
Dans ton sein tout m'inspire et me porte à l'étude.
Dix fois l'astre éclatant qui brille dans les cieux,
A sur les Manilois répandu sa lumière,
Dix fois il a dans l'onde achevé sa carrière,
Depuis que ton ami respire dans ces lieux.
Sur ces bords je n'ai plus de sots devoirs à rendre :
Ici, bien loin du bruit, des fâcheux, des monchards,
Et de mille intrigants, vaniteux et bavards,
Libre enfin de tous soins, je tâche de comprendre
La langue de l'insecte et le chant des oiseaux,
Le murmure des fleurs et des vents et des eaux :
Oui, tout dans la nature éloquente et paisible,
Tout doit être compris par une ame sensible.
Une invisible main que l'Éternel conduit,
Peuple de diamants les déserts de la nuit.
A son principe, enfin, mon ame ramenée,
A cet aimable aspect paraît être enchaînée.
Dirigeant à la fois mes regards enflammés
Par deux verres égaux d'un long tube enfermés,
Je contemple avec joie Andromède, Céphée,
Le terrible dragon que subjugua Persée,
D'un pas égal et lent s'élevant dans les airs,
Et leurs feux réfléchis par le cristal des mers.
Je médite Uranie : ô sublime mystère !
Et je lis dans les cieux l'histoire de la terre.

CC. PRÉCIS DE L'HISTOIRE DES PHILIPPINES DEPUIS LA DÉCOUVERTE JUSQU'A NOS JOURS.

Ce vaste et riche archipel forme un système entièrement distinct du reste de la Malaisie. L'illustre et infortuné Magalhaës (Magellan) le découvrit environ dix ans après la conquête de Malakka par le grand Alphonse d'Albuquerque.

Magalhaës arrive à Maïndanao dans l'année 1521. Il y est reçu avec hospitalité ; de là il se rend à l'île Zebou ; il veut convertir ses habitants au christianisme, en jetant de l'eau baptismale sur le roi de Zebou et sur sa famille. Le prince de la petite île de Mactan, irrité de cette action, offre le combat aux Espagnols qui entrent en lutte au nombre de cinquante ; six d'entre eux, parmi lesquels était Magalhaës, sont tués ; le reste regagne les navires ; les compagnons de cet illustre navigateur mettent à la voile, touchent à Tidor, et trouvent, à leur grand étonnement, plusieurs établissements portugais aux îles Moluques.

En 1566, Miguel Lopez de *Legaspi* fut envoyé avec des troupes pour conquérir les îles Philippines. Celles de Bohol et de Zebou furent les deux premières que les Espagnols soumirent. L'île de Panay fut conquise en 1569, et celle de Louçon, en 1571. La prise de possession de cette grande terre coûta la vie à 250 Espagnols, parce que les habitants avaient quelque connaissance des armes à feu. Les Tagales régnaient dans cette partie de l'île, quand Juan de Salcedo parut dans la rivière de Passig, en 1571. Les talents et l'esprit de conciliation de Legaspi assurèrent le succès de cette belle entreprise. Les conversions au christianisme, opérées par des légions de prêtres, la consolidèrent pour toujours. La ville de Manila fut fondée la même année que Louçon fut conquise.

L'extrémité septentrionale de cette île n'est éloignée de la Chine que de 140 lieues, ou de trois à quatre jours de navigation par un temps favorable. Les Chinois craignirent le voisinage des Espagnols. Manila fut plus d'une fois menacée par la marine de cet empire ; mais l'intérêt fit place à la haine, et un grand nombre de Chinois vinrent s'établir dans l'île de Louçon, et principalement dans la capitale. En 1603, ils avaient voulu entourer d'une muraille de pierre le quartier qu'ils habitaient dans cette ville ; les Espagnols, naturellement méfiants, crurent voir dans cette mesure un projet hostile. La population chinoise était de 35,000 hommes : 23,000 furent massacrés, le reste de ces malheureux s'enfuit dans leur patrie. Le céleste empereur fit prendre des renseignements sur la cause de ce massacre. Les historiens espagnols prétendent que la conduite de leur gouverneur fut pleinement justifiée. L'absence de documents nous empêche de décider cette question. En l'année 1639, la population chinoise s'était accrue de nouveau, et elle s'élevait à 40,000 individus pour la plupart adonnés à l'agriculture : ils se révoltèrent de nouveau,

---

(*) Près de San Pedro de Macati, village peu éloigné de Manila, et situé sur les bords de la Passig : l'auteur y a séjourné quelque temps.

et leur nombre fut reduit à 7000.

En 1662, le célèbre rebelle *Koue-sing-kong*, que les Espagnols appellent *Coxinga*, le même qui avait délivré l'île de Formose du joug des Hollandais, envoya un prêtre dominicain à Manila en qualité d'ambassadeur, pour sommer les Espagnols de se reconnaître ses tributaires. Ceux-ci rappelèrent leurs troupes de Ternate et de Maïndanao, et prirent des mesures pour s'assurer de l'obéissance de la population chinoise; mais la mort soudaine de Coxinga les délivra du danger dont la colonie était menacée; car 100,000 hommes de troupes chinoises et mandchoues, habituées à vaincre, étaient sur le point de l'attaquer.

En 1709, tous les Chinois furent chassés des Philippines. On les accusait de complots et de monopole, et cette accusation était vraisemblablement fondée, car ces étrangers, intrigants et remuants, ont mérité souvent ce reproche à Batavia, à Kalémantan et ailleurs. Leur conduite ne méritait pas néanmoins l'extermination. Malgré les édits d'expulsion, le rebut du celeste empire continua de pénétrer à Manila.

Les Japonais établirent aussi des relations de commerce avec les îles Philippines. En 1590, l'empereur du Japon réclama les droits de vasselage. Le gouverneur espagnol agit avec prudence, éluda la réponse en promettant des encouragements au commerce. Peu de temps après l'empereur mourut; l'exécution des projets hostiles de ce monarque fut ensevelie avec lui. Cependant, en 1606, les Japonais établis à Manila tentèrent aussi de se révolter; la plupart des colons de cette nation ayant embrassé la religion chrétienne, les prêtres, qui ont été plus d'une fois les sauveurs de cette ville, les firent rentrer dans le devoir par la persuasion.

En 1629, le gouverneur de Nangasaki envoya une ambassade à Manila. Depuis cette époque, le gouvernement japonais ayant proscrit le christianisme et toute relation maritime avec l'étranger, quelques colons japonais non chrétiens durent retourner vraisemblablement dans leur patrie, et les colons chrétiens restèrent aux Philippines, où j'ai vu quelques-uns de leurs descendants mêlés avec les *Sangleyes*: mais ce ne sont ici que des conjectures; l'histoire des Philippines ne parle plus de ces Japonais à partir de cette époque.

Les Espagnols des Philippines tentèrent en 1628, 1629, 1637, 1645 et 1751 de faire la conquête des îles Holô (Soulou); ils furent repoussés par les mohammédans. Ils essayèrent cinq fois de faire la conquête des Moluques sur les Portugais, et ensuite sur les Hollandais, mais ils échouèrent, entre autres, dans les années 1582 et 1716.

La seule attaque redoutable des îles Philippines par des forces européennes fut l'expédition des Anglais. Deux mille trois cents hommes partirent de Madras sur sept vaisseaux de guerre, au mois de septembre 1762; ils débarquèrent en plein jour, assiégèrent Manila, et s'en emparèrent le 6 octobre. La citadelle se rendit ensuite. La ville entière fut livrée au pillage pendant vingt-quatre heures, et la vie des habitants fut rachetée pour un million de livres sterling (*). Les Anglais avaient formé le projet de cette expédition, dans l'espoir de trouver des trésors à Manila : leur espoir fut déçu. Le chanoine *Anda*, le Français *Faller*, l'officier *Bustos*, homme d'une intrépidité rare, et le neveu même de l'archevêque, présidaient aux opérations de la défense. Ce dernier, jeune encore, et digne d'un meilleur sort, fut fait prisonnier dans une sortie, et massacré presque sous les yeux de son malheureux oncle.

Cependant, dès les premiers jours du siége, Anda était parti de Manila pour soulever contre les Anglais toutes les populations indigènes. En peu de jours sa croisade avait réussi, et, le 2 octobre, 6000 Tagales, enivrés de fanatisme, arrivaient sous ses ordres, et attaquaient les hérétiques, *los herejes* (nom que les Espagnols

---

(*) 25 millions de francs.

donnaient aux Anglais), de concert avec la garnison qui fit une sortie; ils menacèrent les batteries de San Diego et de San Andrea, dont le tir battait les ouvrages de la place.

Les lignes du général Draper étaient sur le point d'être forcées, et ses troupes n'avaient de ressources que dans une prompte retraite. La valeur d'un régiment européen rétablit tout; et l'attaque du 5 octobre leur livra la ville.

Le général Draper offrit aux vaincus la liberté de conscience, le maintien des droits de propriété, et le commerce libre pour tous les habitants; mais il demanda que Manila payât une rançon de guerre de 20 millions de francs. Ces clauses ayant été acceptées, l'ordre se rétablit dans la capitale des Philippines. Quelques jours après, le port militaire de Cavite se rendit.

On ne put réaliser que le quart de la rançon, et le général Draper se contenta de cet à-compte. Il embarqua ses troupes, ne laissant que les Cipayes indiens, et remit à la voile pour Madras.

A peine les Anglais furent-ils établis dans la capitale, qu'ils portèrent leurs armes dans la province; à l'aide d'auxiliaires chinois, ils gagnèrent la bataille de Boulacan, et soumirent toute la contrée tagale; mais bientôt le chanoine Anda et l'officier Bastos, ayant soulevé contre eux toutes les provinces de Louçon, reconquirent l'avantage, et les bloquèrent à leur tour dans Manila.

Les Anglais, épuisés par la famine et les maladies, étaient sur le point de se rendre à discrétion, lorsqu'une de leurs frégates, mouillant dans la rade à la vue de la capitale, apporta la nouvelle de la conclusion de la paix entre l'Espagne et l'Angleterre. La restitution de Manila était l'une des clauses du traité : les Cipayes l'évacuèrent, et le chanoine Anda y fit son entrée à la tête de l'armée hispano-tagale, le 31 mars 1764.

Quelque temps après, le chanoine Anda fut nommé gouverneur général.

Cet homme juste, ferme et actif, fit bientôt oublier les malheurs de la guerre. Rasco lui succéda, et déploya autant d'adresse que de fermeté. Comme le clergé poussait chaque jour plus loin ses empiétements, il combattit ouvertement cette autorité qui menaçait la sienne. Le clergé complota avec quelques chefs militaires et la *Real hacienda*. Averti de ce qui se tramait par le major de la place, le nouveau gouverneur fit saisir les principaux coupables, et les exila en Europe de sa pleine autorité. A cette époque, Rasco fit l'accueil le plus distingué à l'illustre et infortuné Lapérouse qui débarqua à Manila. Ce fut sous le gouvernement de Rasco que fut établie la compagnie des Philippines, qui, après diverses alternatives de perte et de succès, ne put se soutenir.

Don Raphaël Maria d'*Aguilar* arriva à Manila avec de grands pouvoirs. Ce fut sous son gouvernement que les ports de Louçon furent ouverts à tous les pavillons étrangers qui en avaient été exclus jusqu'alors. Il réforma l'organisation militaire et celle de la marine, et augmenta les ressources du pays.

Les Philippines languirent pendant la guerre entre l'Espagne et la France. La paix de 1814 avait rétabli lentement le commerce, lorsqu'en 1820, le choléra vint fondre sur Manila, avec toutes ses horreurs.

Plusieurs médecins, entre autres deux Français, MM. Godefroi (*), prodiguèrent leurs soins aux habitants. Les Tagales fanatiques, à qui on avait persuadé que les Européens avaient empoisonné les eaux de la *Passig*, rivière qui arrose Manila, pour les faire périr, donnèrent la mort à ceux qui l'avaient bravée pour sauver leurs jours. Après les médecins, on pilla et massacra des Chinois et des négociants français, anglais et américains, sans que l'autorité eût cherché à réprimer ces forfaits. Le capitaine français Gauthier se distingua, à l'occasion de ces vé-

---

(*) L'aîné mourut de ses blessures, le cadet est aujourd'hui à Paris.

pres siciliennes, par sa conduite et son courage. Mais lorsque la vie et les maisons des Espagnols furent menacées, le gouverneur général crut devoir descendre sur la place publique avec son état-major : il fit un appel aux moines et aux prêtres qui calmèrent le peuple et l'archevêque exposa le saint sacrement; le meurtre cessa ; les coupables restèrent presque tous impunis : on se contenta d'envoyer les principaux de ces misérables aux *presidios* de Missamis, de Zamboanga et autres lieux des Philippines, destinés aux malfaiteurs qui sont condamnés aux travaux forcés.

Nos lecteurs nous permettront quelques réflexions sur les enfants des Européens et des indigènes nés dans les colonies.

Dans la plupart de ces colonies, à Louçon, à l'île Bourbon, à l'île de France, aux Antilles, au Bengale, etc., le sang européen s'est mêlé à celui des indigènes. Il en est résulté une classe forte par ses relations, active, industrieuse et brave, et souvent riche : c'est la classe des métis. Elle domine à Manila; et là, comme dans les pays que nous avons cités, les Européens doivent s'attendre à être obligés de céder le sol plus tôt ou plus tard à ceux qui y ont reçu le jour, ainsi qu'on l'a vu récemment dans les Amériques espagnole et portugaise, une partie de l'Amérique anglaise, et à Saint-Domingue même.

Le fait suivant peut donner quelque force à notre opinion. En 1823, un certain nombre de métis, assistés de quelques officiers de la garnison de Manila, et de quelques négociants espagnols, excités par les idées qu'avaient fait naître la révolution d'Espagne et celle des colonies hispano-américaines, résolurent de proclamer l'indépendance des îles Philippines. Ce fut le 2 du mois de juin que l'insurrection éclata. Les conjurés s'emparèrent de l'une des portes de la ville; de là, ils marchèrent droit à l'arsenal. Le capitaine général Martinez montra la plus grande lâcheté; mais le lieutenant colonel Santa Romana vainquit les insurgés qui étaient peu nombreux. La fidélité des troupes, la prise de Novalès et de Ruiz, les deux chefs insurgés, et la trahison du propre frère du brave Novalès, tous deux nés à Manila, changèrent les rôles. Les vainqueurs du matin devinrent les vaincus du soir. Ils furent jetés dans les cachots de la citadelle, d'où les uns furent embarqués pour l'Espagne, et les autres condamnés aux *presidios* des Philippines. Ces hommes dégénérés, ainsi que les Javans, n'étant guidés que par les intérêts matériels, ambitionnant seulement les places occupées par les Européens, ces hommes devaient succomber. Le feu sacré de la liberté ne peut être entretenu que par des mains pures, et non par des pasquins politiques et des hommes avides. Mais les idées d'indépendance n'en ont pas moins germé dans les esprits.

Après cette insurrection, don Mariano de Ricafort fut nommé capitaine général. Il pacifia les esprits, graces à sa modération et à sa fermeté. Il a été récemment nommé au gouvernement de la Havane et de l'île de Couba en Amérique. Don José Henrilès lui a succédé, en 1830, dans le gouvernement des Philippines.

MICRONÉSIE.

APERÇU GÉNÉRAL.

La *Micronésie*, dont nous avons le premier créé le nom et la division, est la réunion des plus petites îles de l'Océanie. Elle occupe un plus grand espace que la Malaisie, parce que ses *îles*, qu'on aperçoit à peine, sont disséminées sur un plus vaste océan; mais sa superficie en terre n'est guère que de douze cent cinquante lieues carrées, de vingt-cinq au degré, et elle paraît entièrement déserte (à moins que les Anglais n'aient colonisé l'île *Peel*, ainsi qu'ils en ont eu le projet (*). Cependant la nature et la position de cette partie de l'Océanie la rendent digne de l'intérêt des géographes, des naturalistes, des marins et des commerçants.

On va m'accuser peut-être d'entrer dans de trop longs détails au sujet de certaines plantes et surtout de petits animaux, que tant de voyageurs et navigateurs avaient à peine nommés. Ce n'est pourtant que dans les plus petits détails qu'on aperçoit ou qu'on devine l'immensité de la nature. « La nature, dit Pline l'ancien, est grande dans les grandes choses, mais elle est très-grande dans les plus petites. » En effet, il y a plus d'art peut-être dans la construction de l'aile d'un moucheron que dans celle de l'aigle. Le paysan écrase la taupe, sans penser que les habitations souterraines qu'elle élève pour respirer, fécondent la terre, en y introduisant l'air, et qu'elle se couvre bientôt d'abondantes graminées.

D'ailleurs ici la nature ne m'a pas permis de choisir; la Micronésie appartient tout entière aux animaux. Leur maître, ou plutôt leur tyran, n'a pas encore pris possession de ces terres vierges : elles n'ont pas encore reçu le baptême du sang, parce l'homme ne les a habitées, jusqu'à ce jour, que temporairement.

Les Russes ou les Américains du nord pourraient bien s'établir dans le port de Lloyd, sur les rivages de l'île de Peel. En occupant ce pays dont la possession serait pour eux d'une grande importance, ils pourraient en même temps rendre de grands services aux navigateurs. Il est étrange qu'ils n'y aient pas encore pensé. Cette situation est faite pour tenter l'ambition d'un peuple commerçant ou d'un gouvernement puissant qui veut favoriser le developpement de sa marine.

Dominatrice de la Baltique et du grand lac Baïkal (*), souveraine absolue de la mer Caspienne, de la mer d'Azof et de la mer Noire, la Russie cherche à posséder exclusivement la mer de Marmara, et à s'établir dans la Méditerranée (**). Tout nous porte à croire que le Bosphore deviendra entre ses mains la clef des richesses de l'univers; assise sur les deux rives de Constantinople, elle menacera à la fois l'occident et l'orient. Maîtresse de la plus grande partie de l'Europe, de tout le nord de l'Asie et du nord-ouest de l'Amérique, l'Agamemnon du nord a déjà cherché à s'établir dans le Grand-Océan. L'île que nous venons d'indi-

---

(*) Les Anglais ont également eu l'intention de s'établir dans la Nouvelle-Shetland et dans la Géorgie, qui formeront bientôt, peut-être, une nouvelle partie, ou du moins une nouvelle division du globe, située près du cercle polaire antarctique. Mais le climat permettra à peine d'y naturaliser des Groenlandais.

(*) Espèce de mer méditerranée de la Russie asiatique, qui facilite ses relations avec la Mongolie.
(**) La Russie convoite l'île de la Pianosa près du département français de la Corse.

quer dans la Micronésie, lui faciliterait les relations les plus avantageuses entre ses ports, ses îles de l'Asie orientale, et ses établissements en Amérique; entre la Polynésie, les Philippines, les îles Liou-Tchou, Formose, le Japon et la Chine : elle pourrait y transporter quelques familles de cultivateurs chinois, qui souvent meurent de faim chez eux, et qui changeraient bientôt la face de ce pays. Quelle puissance gigantesque, si elle prenait pour point d'appui les intérêts d'une civilisation progressive !

GÉOGRAPHIE GÉNÉRALE ET DESCRIPTIVE.

Le grand archipel de la Micronésie, formant une division de l'Océanie, se compose de divers groupes d'îles, parmi lesquels le plus remarquable est le groupe appelé Bonin-Sima, ou plutôt *Mounin-Sima*, ce qui signifie *sans hommes* dans la langue japonaise. Ces îles, selon les savants sinologues Abel Rémusat et Klaproth, sont couvertes de villes, de villages et de temples. Ils prétendent que c'est une colonie japonaise comme *Liou-Tchou*, avec un peuple aussi doux et aussi hospitalier. Cette assertion n'est nullement fondée. Les îles Mounin-Sima sont désertes; du moins Beechey, habile navigateur, n'y a trouvé aucun habitant; seulement on y rencontre parfois quelques Européens ou Américains échappés aux naufrages, et que la tempête a jetés sur la côte, ou quelques baleiniers qui se livrent à la pêche du cachalot; cependant, il est possible qu'elles aient été habitées, à moins que les relations, que nos savants collègues à la Société asiatique ont traduites du chinois ou du japonais, ne soient un roman.

A peu de distance du groupe de Mounin-Sima se trouve la petite île de *Rosario*, écueil d'un demi mille de longueur du nord-ouest au sud-est, presque toujours inaccessible à cause de la houle. Elle fut découverte par un Espagnol; retrouvée en 1801, par Bishop, capitaine du *Nautilus*, qui la nomma Désappointement; puis, par la frégate espagnole *la Fidelidad*, le 25 septembre 1813, et enfin le 18 avril 1828, par le capitaine russe Lütke, qui la place par 27°26' latitude nord, et 138°42' longitude est, dans ses cartes publiées en Russie(*). Plus loin on découvre les trois îles centrales du groupe de Mounin-Sima, au nord-nord-est des autres îles de ce groupe.

Les îles de Mounin-Sima nous paraissent les mêmes que celles qui figurent sur les anciennes cartes espagnoles, sous la dénomination d'*islas del Arzobispo* (îles de l'archevêque). Elles furent toutes reconnues en 1827 par le navigateur Beechey, qui leur assigna des noms; et Lütke, en 1828, en traça la carte.

D'après cette belle carte, les îles de Mounin-Sima sont situées entre le 26°35' et le 27°45' de latitude nord, et entre les 140°30' et 140°39' de longitude orientale. Elles forment un archipel, partagé en quatre groupes, disposés presque sous un même méridien. celui du nord, composé de deux petites îles et de quelques écueils, est nommé Parry; le suivant, vers le sud, consiste en un îlot, autour duquel pointent quelques rochers; le troisième groupe, le plus important de tous, comprend les trois îles Stapleton, Buckland et Peel, qu'entourent quelques îlots ou écueils; enfin, à vingt-six milles au sud demi est, se trouve le dernier groupe nommé Baily, sur lequel on ne possède aucuns renseignements exacts.

Il y a tout lieu de croire que les prétendues îles *Margaret* ne sont autres qu'un des groupes de l'archipel que nous venons de décrire.

A l'est, par le 29°51' de latitude

(*) L'important Voyage autour du monde sur la corvette *le Séniavine*, par le capitaine Frédéric Lütke, aide-de-camp de l'empereur Nicolas 1er, traduit en français par M. le conseiller d'état Boyé, imprimé chez MM. Firmin Didot. Les cartes et les planches, qui nous ont été confiées, sont dignes de la réputation de M. Lütke, et l'impression du texte fait le plus grand honneur aux presses de ces célèbres typographes.

nord, et 157° 04' longitude orientale, est un rocher de forme pyramidale, s'élevant presque perpendiculairement à une hauteur de 360 pieds environ, surnommé *la Femme de Loth* (voy pl. 84) par Meares. Cet îlot ne paraît être qu'une masse de lave, malgré le nom pompeux de *Roca de Oro* (roche d'or) par lequel le désignent les cartes espagnoles. La Femme de Loth ressemble à une gigantesque statue de pierre qui sort de l'eau. Elle est sans cesse assiégée et battue par les flots mugissants qui se brisent à ses pieds, l'inondent en partie d'écume, et s'engouffrent, avec un bruit épouvantable, dans une caverne située dans un de ses flancs qui regarde le sud-est. On place la Femme de Loth par 29°51' de latitude nord et 157° 4' de longitude orientale. Plus au nord, vers le 32° 46' de latitude, et 167° 50' de longitude orientale, on trouve *le Crespo*, ainsi nommé de Crespo, capitaine espagnol, qui, en 1801, reconnut ce rocher, qui paraît être la *Roca de Plata* (roche d'argent) des anciennes cartes.

Quelques marins de l'Union (*) ont signalé dans le Grand-Océan différentes îles que les navigateurs européens n'y retrouvent pas, entre autres la petite île de *las Colonas*, que l'on chercherait en vain par les 28°53' de latitude nord, d'après l'indication des Américains.

Vers le 29°57' de latitude nord, et 174°31' de longitude est, on rencontre dans ces parages une île fort belle, découverte, en 1825, par Morrell, baleinier américain, qui lui donna son nom. Cette île a quatre milles de circuit, et, suivant ce marin, elle abonde en oiseaux de mer. La plage, dit-il, est souvent visitée par des éléphants marins; et une baie, qui offre un excellent mouillage, fournit en grand nombre de magnifiques tortues. Mais Morrell nous est un peu suspect d'inexactitude, et même de jactance dans ses relations, et nous verrons plus tard que ses îles du Massacre sont introu-

(*) Ou États-Unis de l'Amérique septentrionale.

vables, grâces aux positions qu'il leur donne.

Au sud de la précédente, on rencontre la petite île de *Patrocinio*, découverte en 1799, par l'Espagnol Zipiani, retrouvée plus tard par des Américains qui la nommèrent *Byers*. Cette île peut avoir trois milles d'étendue du nord-nord-ouest au sud-sud-ouest.

Non loin de ces parages, quelques îlots de sables et de rochers, et dépourvus de végétation, semblent être le résultat d'une éruption volcanique. Ces écueils furent découverts, en 1822, par deux navires baleiniers qui, naviguant de concert, y échouèrent presqu'en même temps sur deux différents points, et, du nom de leurs navires, les appelèrent *Pearl* et *Hermès*. Ces brisants s'étendent du 27°31' au 28°22' nord, et leur longitude moyenne est par le 179°0. On y trouve en abondance du poisson et des tortues marines.

Sous la latitude nord de 26°3' et 176°2' de longitude occidentale, est la petite île *Lisianski*, découverte, en 1805, par le capitaine russe de ce nom. Ce n'est qu'un îlot de six milles de circuit, avec quelques traces de végétation. On est fondé à croire que l'île *Lassion* de certains navigateurs, n'est pas autre chose que cet îlot, où fourmillent les phoques, les tortues, et parfois différentes sortes d'oiseaux de mer, tels que fous, pétrels, goélands, albatros et phaétons. Du reste, les abords en sont assez dangereux.

Le capitaine Allen a signalé un écueil sous le nom de *Maro*, par 25°28' latitude nord, et 172°40' longitude ouest, lequel n'a pas été retrouvé.

L'îlot *Gardner*, trouvé, en 1820, par le capitaine Allen, reconnu, en 1826, par l'Américain Paulding, qui fixa sa situation au 25°2' latitude nord, et 170°10' longitude ouest, est le même que d'autres ont nommé *Pollard*, du nom, sans doute, de quelque découvreur plus ancien. C'est un rocher volcanique de plus de deux cents toises de circonférence, et s'élevant à deux cents pieds au-dessus des flots. L'un des côtés de cet écueil est presque perpendiculaire. Mais sur le flanc plus incliné de l'autre, les phoques gravissent aisément, et de là regardent apathiquement la masse flottante des vaisseaux qui glissent à leurs pieds, tandis qu'à cette approche une nuée d'oiseaux s'envolent effarouchés dans les airs.

L'île Necker est située à l'extrémité orientale de la Micronésie, et au nord-ouest des îles Haouaï ou Sandwich, par 23°34′ latitude nord, et 166°52′ longitude ouest. Elle fut ainsi nommée par Lapérouse qui en fit la découverte. Elle a environ 500 toises de long et 60 d'élévation ; elle n'offre pas un seul arbre, mais beaucoup d'herbes au sommet, et elle n'est pas habitée. Ce roc désert est entouré, dans une circonférence de dix milles, de hauts fonds où la sonde varie de vingt-cinq à cinquante brasses.

Nous ne parlerons pas de quelques petites îles occidentales de la Micronésie qui n'ont pas été retrouvées et que les Espagnols et les Américains ont cru avoir découvertes ; dans ce cas elles auront disparu, grâce aux tremblements de terre. Nous nommerons seulement les îles Borodino et Keudrik qui existent en effet.

L'île Peel est située dans le second groupe de Mounin-Sima. On trouve, en venant du sud, le port de Lloyd sur le côté occidental de cette île. Le port de Lloyd a été découvert par les navires baleiniers, qui étendent depuis quelque temps leurs courses jusqu'aux côtes du Japon. Ils viennent, au commencement et à la fin de la pêche, s'approvisionner ici d'eau, de bois et de tortues. Quelques-uns entrent dans le port; mais la plupart se tiennent sous voiles à l'entrée.

« Le port de Lloyd, dit le capitaine Lütke de la marine russe, offre de grandes ressources aux navigateurs, un asile sûr dans toutes les saisons, une entrée et une sortie commodes, un beau climat, de bonne eau, et du bois en abondance; pendant les six mois d'été une multitude de tortues, une mer féconde en excellents poissons et en écrevisses ; et, depuis l'établissement de la ferme provisoire que nous avons décrite, des cochons qui, dans peu de temps, couvriront toute l'île ; une infinité d'herbes et de racines antiscorbutiques, et le délicieux chou palmiste.

« L'eau des pluies, qui découle des montagnes durant la plus grande partie de l'année, fait qu'il ne peut jamais y avoir disette d'eau. Mais quand bien même l'eau de pluie viendrait à être absorbée par la sécheresse, on pourrait creuser des puits. Wittrien, naufragé anglais, en avait creusé un à côté de sa maison, dont l'eau était toujours fraîche et savoureuse. Les tortues, depuis le mois de mars jusqu'au mois d'octobre, couvrent toutes les anses du port : elles s'en vont à la fin de l'automne ; mais il s'en montre quelquefois d'isolées, même en hiver. Il est à craindre que les cochons ne chassent de là les tortues : leur odorat, extrêmement fin, leur fait découvrir les trous dans lesquels elles déposent leurs œufs, qu'il dévorent ; de sorte que l'avantage de leur introduction compenserait à peine le dommage causé par leur voracité. Mais il est plus vraisemblable que l'instinct des tortues les portera à s'établir sur les îles voisines, où les cochons ne peuvent pénétrer. Elles ont un autre ennemi dans les corbeaux, dont le nombre est immense ici ; lorsqu'elles pondent leurs œufs, ils se glissent par derrière, et tâchent de s'en emparer. Les corbeaux attaquent même les cochons : ils enlèvent souvent les petits, et arrachent la queue à ceux qu'ils n'ont pas la force d'emporter. Par un effet remarquable d'instinct, les truies, connaissant leur ennemi, se retirent, avant de mettre bas, dans la profondeur des bois, et ne reparaissent que lorsque leurs petits sont déjà devenus assez grands.

« La hauteur majestueuse et la vigueur des arbres, la variété et le mélange des plantes tropicales avec celles des climats tempérés, attestent déjà la fertilité du terrain et la salubrité du climat. La plupart de nos productions de jardin et de nos plantes potagères, et peut-être toutes, réussiraient ici à merveille, ainsi que le froment, le riz, le maïs : on ne saurait désirer un meilleur climat et de meilleures expositions pour la vigne. Les animaux domestiques de toute espèce, les abeilles, s'y multiplieraient très-promptement; en un mot, avec une colonisation peu nombreuse, mais laborieuse, ce petit groupe pourrait devenir en peu de temps un lieu d'abondantes ressources en toute sorte d'objets.

« Peu de travaux et de dépenses rendraient le port de Lloyd entièrement inattaquable. Je serais bien étonné si les Anglais ne colonisaient pas ces îles ; autrement la prise de possession qu'ils ont déjà exécutée serait tout à fait sans objet. Cette colonie, importante d'abord pour leurs baleiniers de la mer du Sud, le serait bien plus encore pour leur commerce de la Chine, soit permis, soit de contrebande (*).

« L'hiver est ici fort modéré. Il y a en automne de terribles ouragans, accompagnés quelquefois de tremblements de terre et d'inondations. Dans la première année de son séjour sur l'île, Wittrien vit son habitation renversée par les eaux, et son compagnon et lui furent obligés de se réfugier sur les montagnes. Il règne, en octobre, des tempêtes du nord-est, et en avril, du sud-ouest; le beau temps se fixe en mai, surtout par des vents d'ouest; les vents d'est apportent de la brume; en hiver, au contraire, les vents de nord-est amènent le beau temps. »

Le port de Lloyd se découvre par un haut promontoire taillé à pic dans la partie sud, et par un grand rocher volcanique en forme de cône du côté opposé.

La plage de l'île Peel est inhabitée, mais on découvre çà et là quelques débris de cabanes où ont campé, sans doute, les Anglais naufragés, sauvés plus tard par Lütke de ce triste désert; on y reconnaît les restes d'un jardin où ils avaient cultivé les plan-

(*) Ces lignes étaient déjà écrites lorsque le gouvernement anglais songeait en effet à coloniser les îles de Mounin-Sima ; et ce projet, s'il faut en croire les feuilles publiques, sera bientôt mis à exécution.

G. D. R.

tes alimentaires les plus nécessaires; mais les cochons qu'ils avaient laissés sur l'île, devenus sauvages et nombreux, les avaient détruites pour s'en nourrir.

Le récit que ce savant et honorable capitaine de la marine russe nous a donné de l'histoire de ces naufragés est plein d'intérêt. Nous ne lui ferons pas l'injure de l'extraire ou de l'analyser. Le voici en entier.

« Des montagnes revêtues d'une verdure pompeuse et variée présentaient un tableau aussi pittoresque qu'attrayant. Entre des rochers sauvages et nus, s'élevant de trois cents pieds et plus au-dessus de l'eau, s'enfonçaient dans plusieurs endroits des anses bordées de plages sablonneuses, d'où s'élançaient assez abruptement, à la hauteur de sept à huit cents pieds, des montagnes couvertes de bois jusqu'à leur sommet. Des rochers isolés dans la mer, de diverses formes fantastiques, plus nombreux surtout à la pointe méridionale, diversifiaient le tableau. Sur une de ces hauteurs nous vîmes de la fumée, et puis des hommes tirant des coups de fusil, et faisant des signaux avec un pavillon anglais. Quoiqu'il se fît déjà tard, je résolus d'envoyer à l'instant une embarcation à terre pour ne pas laisser plus long-temps sans consolation des malheureux que nous regardions indubitablement comme des naufragés. J'ordonnai à l'enseigne Ratmanoff de passer la nuit à terre avec le canot, et de revenir au point du jour. Il était accompagné de MM. Mertens et Kitlitz.

« Ils revinrent le lendemain matin, amenant avec eux le bosseman Wittrien et le matelot Petersen, du baleinier anglais *Williams*, perdu sur cette côte dans l'automne de 1826. J'appris d'eux que le capitaine anglais Beechey, de la corvette *Blossom*, nous avait devancés en faisant, au mois de juin de l'année précédente, la reconnaissance de toutes ces îles. Les navigateurs ne s'étonneront pas de nous entendre avouer que nous fûmes profondément fâchés d'avoir été prévenus dans la résolution de l'un du petit nombre des problèmes géographiques de quelque importance qui restent encore à éclaircir de notre temps. Faire une seconde fois la reconnaissance de cet archipel après un officier aussi habile que le capitaine Beechey, c'eût été perdre en vain son temps. Je résolus donc de mettre à profit d'une autre manière le peu de jours que nous pouvions encore prendre sur notre traversée au nord, c'est-à-dire, de faire dans cet endroit des observations sur le pendule, etc., et de fournir à MM. les naturalistes l'occasion d'explorer la nature d'une terre encore entièrement inconnue sous ce rapport.

«Nous nous trouvions droit en face de l'entrée d'un très-bon port, dont Wittrien me remit le plan qu'avait laissé ici le capitaine Beechey pour les bâtiments qui auraient occasion d'y relâcher. Nous guidant d'après ce plan, nous nous mîmes à louvoyer vers ce point, et après plusieurs bordées nous jetâmes l'ancre au haut du port, appelé par notre prédécesseur port de *Lloyd*.

«Je descendis à terre le même jour, accompagné des deux anachorètes de Bonin, pour chercher un endroit convenable à mes travaux. Il était très-singulier de rencontrer dans le bois, à une grande distance de la mer, tantôt des débris de mâts, même des mâts de hune entiers, tantôt de larges masses de bordage, et, à chaque pas, des barriques, ici vides, là, remplies d'huile la plus pure de *spermaceti*, dont *le Williams* avait son chargement complet, lorsqu'il fit naufrage. Ce bâtiment était à l'ancre dans un mauvais endroit de la partie méridionale du port. On peut croire qu'il était sous l'influence d'un destin ennemi; car, immédiatement avant son désastre, il avait même perdu son capitaine, tué par la chute d'un arbre qu'on abattait. Peu de jours après cet événement, *le Williams* fut arraché de dessus ses ancres par un violent coup de temps, et jeté sur les roches dans l'anse que nous avons appelée l'*anse du Naufrage*. Tout l'équipage se sauva à terre. A peu temps de là, le navire *le Timor*, appartenant au même armateur que *le Williams*, vint mouiller dans le port de Lloyd, et tout le monde partit sur ce bâtiment pour les Indes orientales, à l'exception de Wittrien et de Petersen, qui consentirent à rester pour sauver ce qu'on pourrait du baleinier naufragé, le capitaine du *Timor* leur ayant promis de venir les reprendre l'année suivante. Soutenus par cette espérance, nos deux ermites vivaient tranquillement dans la maisonnette qu'ils avaient construite des débris du navire, qui fut mis en pièces et dispersé sur tous les rivages du port, par un ouragan qui survint vers la fin de l'automne. Soit qu'ils comptassent toujours sur l'arrivée de leur bâtiment, soit que les matelots du commerce redoutent de servir sur des vaisseaux de guerre, ils ne voulurent point s'embarquer sur *le Blossom*. Cependant, depuis son départ, aucun autre bâtiment n'ayant paru jusqu'à nous, ils me prièrent avec instance de les délivrer de leur emprisonnement; ce que je fis naturellement avec plaisir (*).

«Le lendemain nous nous donnâmes le plaisir d'une visite à l'habitation du nouveau Robinson. Nous fûmes rencontrés sur la rive par les descendants des compagnons d'infortune de nos solitaires, et d'énormes troupeaux de cochons, qui, n'ayant pas reçu depuis vingt-quatre heures leur nourriture accoutumée, nous entouraient et nous suivaient partout. Une maison en planches de bordage de navire, avec un perron, couverte en toile, et portant au-dessus de la porte l'inscription: *Charles Wittrien's premises*, était la résidence de nos hôtes (voy. *pl.* 82). Une table, deux hamacs, un coffre, dont le couvercle d'acajou était le dessus de la table du capitaine, des fusils, une Bible, un volume de l'Encyclopédie britannique, quelques instruments

(*) Wittrien, homme d'une soixantaine d'années et maladif, avait manifesté son intention de faire venir une femme des îles Sandwich, et de s'établir ici pour toujours. (Voy. *Capt. Beechey's Voyage*, part. II, p. 232.)

de pêche et deux estampes, formaient l'ameublement de cette unique habitation humaine sur les îles de Bonin. Il y avait attenant un petit réduit, couvert en cuivre, à côté un magasin, un peu plus loin deux marmites incrustées dans un fourneau, pour servir de saunerie; sur le rivage, deux canots en planches d'un pouce d'épaisseur, doublées en cuivre; partout un mélange de misère et de luxe; partout des traces du génie d'invention que le besoin inspire à l'homme. Des sentiers battus dans diverses directions conduisaient de la maison à quelques reposoirs et à de petits bancs placés dans les endroits d'où ils pouvaient le mieux découvrir la mer, et où ils passaient les journées entières, dans l'attention de voir paraître quelque navire, messager de leur délivrance. L'ennui et cet insurmontable sentiment de tristesse qui s'empare de l'homme privé de la société de ses semblables, étaient les seuls ennemis qui troublassent le repos de leur vie, qui, avec les ressources que leur offrait la riche nature de cette terre, sous un beau climat, et avec ce qu'ils étaient parvenus à sauver du navire, aurait pu, sans ces motifs, être agréable. Les cochons, qui, de deux gros individus sauvés ensemble avec eux, s'étaient extraordinairement multipliés, leur ôtaient non-seulement toute inquiétude relativement à la nourriture, mais leur servaient encore de véritables compagnons, en dépit de l'opinion généralement accréditée que cet animal n'est pas susceptible d'attachement pour l'homme. Petersen avait apprivoisé un petit cochon, absolument comme un petit épagneul de boudoir : il couchait avec lui et dansait même quelquefois. Les cochons erraient ordinairement en liberté; mais, au coup de sifflet qui leur était connu, ils accouraient au gîte de toutes les parties de l'île.

Nous plaçâmes notre observatoire dans la partie sud-est du port, dans une anse appelée pour cette raison *anse du Pendule*. C'est l'endroit le plus agréable de toute la baie. Entre les sables du rivage et les montagnes, une plaine médiocrement large, couverte d'arbres séculaires, forme un magnifique bosquet traversé par un petit ruisseau, dont le lit me découvrait l'horizon au sud, jusqu'à la hauteur d'environ 20°. »

Au-delà du jardin des naufragés, le navigateur anglais Beechey, qui a éclairé l'hydrographie de ces contrées, avait cloué sur un arbre une plaque de cuivre indiquant la prise de possession de l'île de Peel au nom du roi de la Grande-Bretagne; formalité inutile et injuste, car il n'est pas le premier découvreur des îles Mounin-Sima.

CLIMATOLOGIE, GÉOLOGIE ET HISTOIRE NATURELLE.

Quoiqu'elles soient placées sous une latitude tempérée, des vents de nord-ouest, froids et impétueux, règnent pendant l'hiver sur les îles Mounin-Sima. Au mois de janvier 1826, un ouragan, précurseur d'un affreux tremblement de terre, y causa un tel débordement de l'Océan, que les matelots anglais qui y résidaient, et dont nous avons déjà parlé, se réfugièrent sur les sommets les plus élevés des montagnes environnantes, comme pour se soustraire à un nouveau déluge.

Des observations géologiques, faites sur les lieux, démontrent que l'île de Peel tout entière n'est qu'un produit volcanique, et sans doute il en est de même du groupe dont elle fait partie. Sur différents points du port de Lloyd, et à l'entrée d'une petite rivière qui a son embouchure dans le havre, on remarque un système de colonnes basaltiques, dont l'aspect rappelle la célèbre chaussée des Géants en Irlande. Plusieurs de ces roches sont d'un tuf mêlé de parties de calcédoine ou de cornaline, d'une teinte grise et verdâtre.

L'île Peel conserve jusqu'au mois de novembre des arbres encore verts, des forêts entières aussi serrées, aussi confuses que les belles et épaisses forêts vierges de l'Amérique (voy. *pl.* 81 et 83). Son sol fertile paraît propre à tous les genres de culture; les végétaux des zones tempérées y croissent à côté de plantes des zones équatoriales. Ici, le *corypha* étale son feuillage en forme d'éventail; là, le *pandanus* s'enorgueillit de l'écarlate de ses fruits. On y trouve plusieurs espèces de lauriers, des *terminaliers* (vulgairement badamiers), des *dodonea*, des *eleocarpus*, et le *calophyllum* aux feuilles marquées de nervures, et même l'utile chénopodée.

Quoiqu'une belle végétation couvre les collines de Peel, on y trouve peu d'arbres propres à la construction des grands navires.

CHÉNOPODÉE.

Un capitaine américain me fit cadeau, près de Bornéo, de deux belles chénopodées qu'il avait trouvées dans une des îles de Mounin-Sima. Ces plantes herbacées, ou arbustes, se composent de trois familles : elles appartiennent aux plantes dicotylédones à pétales, dont les étamines sont insérées sous l'ovaire. Leurs fleurs sont souvent hermaphrodites, quelquefois unisexuées et polygames. On les trouve dans presque toutes les parties du globe. Quand ces trois familles seront mieux connues, elles pourront bien ne former qu'une seule tribu. D'un autre côté, les chénopodées ont de tels rapports d'affinité avec les amarantacées, qu'il est bien difficile de les distinguer.

L'illustre M. de Humboldt, dans son ouvrage sur l'Amérique équinoxiale, avait loué les propriétés d'une espèce d'aupérine qui paraît appartenir à la même famille des chénopodées, connue au Mexique et au Pérou sous le nom de *quinoa* (*chenopodium-quinoa*). Cette plante, par son utilité, dit-il, remplace, là où elle croît naturellement, le froment, le maïs et la pomme de terre. Les feuilles sont employées dans l'Amérique du sud, de la même façon qu'en Europe celles de l'épinard et de l'oseille, et la semence sert à la nourriture des habitants, comme le riz dans l'Hindoustân, la Perse et la Chine.

Le *quinoa* est une plante annuelle. Ses semences sont petites, blanchâtres, rondes, avec un léger aplatissement, comme les lentilles. On peut en extraire, par la fermentation, une bière assez agréable.

M. Dombey, naturaliste français, a fait un grand éloge de cette chénopodée, comme produit alimentaire. Mais ses efforts pour acclimater ce végétal, après son retour de la république du Pérou, n'ont eu aucun succès. Les graines qu'il avait rapportées ne germèrent pas.

M. Lambert, agriculteur français, a été plus heureux dans ses expériences sur le quinoa en Angleterre. Il vient de recueillir à Boyton des *chenopodium-quinoa* de la hauteur de trois à sept pieds. Les graines de ces végétaux ont été abondantes, et ont acquis une parfaite maturité, ce qui donne lieu d'espérer qu'on pourra acclimater ce nouveau et utile végétal, et le naturaliser dans toute l'Europe.

Je me suis permis cette courte excursion sur le territoire américain, parce que la culture du quinoa, une des plantes les plus utiles de cette grande partie du monde, serait pour notre zone un bienfait aussi grand que celui qu'elle doit depuis long-temps à l'Amérique pour la pomme de terre, et que la France méridionale pourrait devoir à l'Inde et à la Chine pour le précieux riz sec ou de montagne, qui n'aurait pas l'inconvénient de rendre malsains, comme le riz d'eau naturalisé en Italie, les lieux où on voudrait le cultiver.

Les hommes qui ont découvert et propagé les plantes alimentaires ou médicinales, domestiqué les animaux les plus utiles, conquis les procédés de la nature et des arts, et ont été les législateurs des peuples, ne mériteraient-ils pas mieux les honneurs du *Panthéon*, que ces héros qui ont ravagé le monde, abattu des forêts, incendié les villes et détruit la richesse des campagnes? Avec quelle joie ne verrait-on pas les statues des bienfaiteurs de l'humanité! avec quelle reconnaissance on contemplerait l'image de l'inventeur de la charrue et de la bêche, de la boussole et des machines à vapeur, de l'écriture, de la peinture et de l'architecture; l'image de Triptolème, de Thaut, de F. Gioia, de Papin et de Watt, et de mille autres, dont les noms inconnus accusent notre ingratitude! Jules César, en contemplant le buste d'Alexandre, pleurait de regret de n'avoir rien fait de grand, c'est-à-dire de n'avoir pas désolé le monde. Les honneurs qu'on rendrait à ces héros pacifiques inspireraient aussi le désir de les imiter. A l'exemple de l'Être suprême, ils nourrissent les hommes, ils les vêtissent, ils leur fournissent un asile, ils portent dans l'art la grandeur du sacerdoce, et, comme lui, leur image est invisible; tandis que les Alexandre, les César, les Timour, le Tchenguis-Khan, les Pizarre et les Charles XII obtiennent notre coupable admiration. Je ne connais qu'un seul conquérant qui ait répandu les bienfaits sur son passage, et qui partout ait éclairé les hommes et amélioré leur situation, c'est l'Indien Bacchus, et peut-être n'est-il qu'un être fabuleux.

LE CALOPHYLLE.

Le calophylle appartient à la famille des guttifères et à la polyandrie monogynie. L'espèce la plus intéressante est le *calophyllum inophyllum* de Linné, ou *calophyllum tacamahaca* de Wildenow. C'est un grand arbre qui croît naturellement dans les lieux stériles et sablonneux de l'Hindoustân, des îles australes d'Afrique, de la Polynésie et de la Micronésie. Son tronc est épais et couvert d'une écorce noirâtre : quand on la fend, il en découle une matière visqueuse et résineuse de couleur verte, qui se solidifie et porte le nom de gomme ou résine de *tacamahaca*. Les jeunes rameaux sont carrés et ornés de feuilles opposées très-serrées et luisantes. Les fleurs sont ordinairement polygames, blanches et odorantes, formant de petites grappes opposées; il leur succède des fruits qui sont globuleux, jaunâtres et charnus. C'est avec ces feuilles somnifères qu'on endort et qu'on prend le poisson à Taïti et ailleurs. Son fruit est une petite drupe ovoïde à un seul noyau, dans lequel est une graine également ovoïde ou globuleuse. Aux îles de France et de Bourbon, il est souvent employé pour la charpente, les constructions navales et le charronnage. Loureiro le désigne sous le nom de *balsamaria inophyllum*, et il le distingue des autres espèces de calophylles par son calice formé de deux sépales, par sa corolle composée de six pétales, et par ses étamines qui sont groupées en plusieurs faisceaux, ou polydelphes.

LE TERMINALIER.

Le *terminalier* (*terminalia*, Bot. phan.), que l'on désigne souvent sous le nom vulgaire de *badamier*, existe dans la Micronésie. Cet arbre est élevé, ses fleurs sont polygames, c'est-à-dire que sur le même épi elles sont mâles à la partie supérieure et hermaphrodites à la base. Le fruit contient un noyau; la graine se compose d'un gros embryon, et les fleurs sont petites.

L'espèce la plus commune du terminalier est le *terminalia calappa*, L., qui croît à l'île de France, et dont on mange les graines qui ont à peu près le goût de la noisette.

Une autre espèce, originaire de l'Inde, le *terminalia* benzoin, fournit une matière résineuse et odorante, analogue au benjoin, et que l'on a cru long-temps être le vrai baume de ce nom : on le retire du *styrax-benzoin*. Il est recherché dans toutes les parties de l'Orient.

ZOOLOGIE.

La monotonie d'une longue navigation est agréablement diversifiée dans cet archipel par la rencontre des éléphants marins et de quelques cachalots-monstres ayant plus de soixante pieds de longueur, faisant jaillir de leurs évents une colonne d'eau à plusieurs toises de hauteur, et dont la marche rapide est de quatre lieues à l'heure. Le vol d'oiseaux curieux, tels que frégates, fous, phaétons et pétrels, qui s'abattent dans les vergues du navire, est pour les matelots des grands navires un spectacle assez divertissant. De nombreuses roussettes, espèce de chauve-souris, qui ont jusqu'à huit pouces de long, sont les seuls mammifères indigènes. Ces animaux voltigent peu; ils restent le plus souvent suspendus par leurs griffes aux branches des arbres. Les femelles tiennent leurs petits serrés contre elles sous la membrane de leurs ailes. Les bois de l'île sont peuplés en différents temps, de pluviers, de bécassines, de râles, de pigeons, de corbeaux noirs (*). On y voit parfois de beaux hérons bruns à crête blanche, un petit oiseau comme le serin, et une espèce de gros-bec. Dans ces parages, la mer abonde en poissons, nués la plupart des plus vives couleurs. Des espèces semblables à nos anguilles et à nos carpes, et pesant jusqu'à vingt livres, sont les poissons d'eau douce qui se trouvent le plus communément. La mer abonde en requins.

REQUINS, RÉMORAS, etc.

Ces monstres à grande taille et qui peuplent l'Océan micronésien, sont singulièrement voraces; leurs dents, bien aiguisées et disposées en quatre ou cinq rangées, les rendent redoutables, on pourrait les nommer justement les tigres de la mer. Ils suivent les vaisseaux pour recueillir les restes de leur cuisine et dévorer les cadavres des individus morts de maladie; ils suivent surtout les bâtiments négriers, chargés et encombrés d'esclaves, et à bord desquels la mortalité est toujours considérable; et lorsqu'un cadavre est jeté à la mer, cette immense et universelle sépulture, c'est l'estomac de ces féroces squales qui leur sert ordinairement de tombeau. Les requins nagent assez lentement, et ils ne peuvent saisir les poissons ou les hommes qu'en se renversant, ce qui permet quelquefois à ceux-ci de se soustraire à leurs dents meurtrières.

(*) Il existe ailleurs des corbeaux blancs, gris, bruns, bleus et d'autres couleurs.

Ces horribles animaux sont aisément pris à des crocs en fer, amorcés d'un morceau de lard, qu'ils saisissent avidement, et sur lequel ils se dirigent à l'aide de la vue, mais obliquement. Ils fréquentent les atterrages, et rarement on les rencontre dans la haute mer. Cependant, entre les tropiques, ils s'éloignent assez de toute terre. Dans les baies, ils vivent par troupes attirées par les mêmes besoins, bien que leurs habitudes soient solitaires. Leur génération est ordinairement de deux petits vivants. Les Grecs et les Romains ont souvent confondu les mœurs de ces voraces squales avec les mœurs des dauphins.

La plupart des requins, et surtout les espèces des climats chauds, sont ordinairement accompagnés par des poissons nommés *rémora*, et par ceux qu'on appelle *pilotes*. Commerson, dans ses manuscrits, s'exprime ainsi sur ces pilotes : « J'ai toujours regardé comme une fable ce qu'on racontait des pilotes du requin. Convaincu par mes propres yeux, je n'en puis plus douter. Mais quel est l'intérêt qu'ont ces deux poissons de le suivre? L'on comprend assez aisément que quelques parcelles de la proie, échappées au requin, peuvent fort bien être l'attrait du petit pilote qui en fait son profit. Mais on ne devine pas pourquoi le requin, qui est le poisson le plus féroce, ne cherche pas à engloutir ce parasite qui est rarement seul; j'en ai vu fort souvent cinq ou six autour du nez du requin. Le pilote lui serait-il donc de quelque utilité? verrait-il plus loin que lui? l'avertirait-il de l'approche de sa proie? serait-il véritablement un espion à gages, ou seulement un faible petit poisson qui navigue sous la protection d'un fort, pour n'avoir rien à craindre de ses ennemis? J'ai remarqué assez souvent que, quand on jetait l'émérillon, le pilote allait reconnaître le lard, et revenait tout aussitôt au requin, qui ne tardait pas d'y aller lui-même. Quand le requin est pris, ses pilotes le suivent jusqu'à ce qu'on le hale. Alors ils s'enfuient; et s'il n'y a pas d'autre requin qu'ils puissent aller joindre, on les voit passer en poupe du navire, où ils s'entretiennent souvent plusieurs jours jusqu'à ce qu'ils aient trouvé fortune. »

J'ajouterai à ce que dit Commerson, que j'ai souvent observé que la baleine était précédée d'un petit poisson, ainsi que le requin l'est du pilote, et qu'elle le suivait complaisamment par toutes les voies qu'il semblait lui tracer. Aristote et Pline assurent que le crocodile, le plus vorace des amphibies, ouvre sa gueule aux roitelets qui viennent s'y nourrir des débris de poissons restés entre ses terribles dents.

TORTUES MARINES.

Le bassin nommé *Ten fathom's hole* (le trou de dix brasses) est remarquable par le grand nombre de tortues de mer qu'on y trouve, et dont quelques-unes pèsent jusqu'à trois cents livres. D'énormes requins les disputent aux pêcheurs, et la dure carapace de ces chélonées ne les protége pas toujours contre les attaques des terribles squales.

Les tortues sont parfaitement tranchées; elles sont couvertes de deux boucliers : le supérieur nommé carapace, l'inférieur, plastron. Elles ne sont pas armées de dents; leurs mâchoires sont revêtues de cornes, comme celles des oiseaux, excepté dans les tortues à *gueule*, dont la bouche a une disposition comparable à celle des batraciens, nommément du crapaud *pipa*. Leur enveloppe osseuse est ordinairement revêtue d'une écaille plus ou moins transparente. Certaines espèces sont couvertes d'une peau molle, et celles-là, qui sont moins capables d'une résistance passive, sont plus courageuses et plus passives que les autres.

On divise les tortues en cinq groupes : tortues de terre, tortues d'eau douce à têt écailleux, tortues molles, tortues à gueule ou chélides, et enfin tortues de mer. Il ne sera question ici que de celles qui composent ce dernier groupe.

Chez toutes les tortues de mer, sans exception, le têt écailleux n'est pas assez grand pour recevoir la tête, ni surtout les pieds qui sont allongés (principalement ceux de devant) et aplatis en nageoires.

La Méditerranée nourrit une grande tortue à peau, qui a reçu le nom de *luth*, à cause de sa forme allongée et de trois arêtes saillantes qui traversent longitudinalement sa carapace.

Mais les tortues marines les plus connues sont celles des mers tropicales; surtout la tortue franche, et le caret, estimés, l'une pour sa chair, l'autre pour son écaille.

La tortue franche, nommée aussi tortue verte, peut-être parce que son écaille est verdâtre, a le dos recouvert de treize larges écailles, non compris celles du pourtour. C'est le géant de la famille. Elle a quelquefois jusqu'à six ou sept pieds de long, et pèse jusqu'à sept et huit cents livres. Dampier en cite une beaucoup plus grande encore, puisqu'elle avait quatre pieds d'épaisseur du dos au ventre, et six pieds de largeur. Sa carapace formait un bateau dans lequel un enfant de neuf à dix ans, le fils du capitaine Rocky, s'embarqua pour aller à un quart de mille de distance, gagner le navire que son père commandait. Aussi, je pense qu'on peut ajouter foi à ce que Pline l'ancien nous apprend des tortues de la mer des Indes. Ces tortues, dit-il, sont si grandes, que leurs écailles servent de nacelles aux habitants de la mer Rouge, et qu'une seule suffit pour couvrir une maison habitable (*) (Hist. nat., liv. IX, chap. XII). On voit encore à Pau la carapace d'une tortue qui a servi de berceau à Henri IV.

Les rares tortues qu'on prend sur nos côtes sont loin de cette dimension; néanmoins on a trouvé, en 1752, dans le port de Dieppe, une tortue qui avait six pieds de long sur quatre de large, et qui pesait près de neuf quintaux.

(*) Pline veut parler sans doute d'une petite hutte arabe.

Une autre tortue de mer, prise en 1754, dans le pertuis d'Antioche, à la hauteur de l'île de Ré, pesait, dit-on, neuf quintaux. Un narrateur du temps s'exprime ainsi :

« Son foie se trouva assez abondant pour fournir le dîner de plus de cent personnes. On en tira plus de cent livres de graisse. Le sang qu'elle répandit, lorsqu'on lui coupa la tête, fut estimé à huit ou neuf pintes. Sa chair était comparable à la chair de génisse, mais elle avait une odeur de musc assez prononcée, ainsi que la tortue d'Amérique. »

L'individu pris au pertuis d'Antioche avait appartenu peut-être à cette espèce, et avait été emporté par cet immense courant, qui, sortant du golfe du Mexique, passe le long des États-Unis, et vient se faire sentir jusque sur les côtes d'Irlande, sous le nom de courant du Golfe (*gulf's stream*); puis, enfin, revenant sur lui-même, recommence son mouvement général. Le caret est moins grand que la tortue franche; il a le museau plus allongé et les mâchoires dentelées. Sa chair, sans être désagréable au goût, est difficile à digérer, et produit aux Antilles, si l'on en croit ses habitants, des éruptions, des clous ou furoncles fort douloureux. Mais ses œufs sont très-recherchés, à cause de leur délicatesse, ainsi que son écaille, à cause de la beauté de la couleur et de l'épaisseur de ses plaques. La tortue franche et deux espèces qui s'en rapprochent beaucoup, fournissent une écaille qui ne peut être employée que dans les arts, parce qu'elle n'a pas assez d'épaisseur. On peut, en ces sortes d'ouvrages, changer à volonté l'aspect de cette espèce d'écaille; on lui donne un ton roux vif, ou doré et brillant, en l'appliquant sur une lame de cuivre rouge, ou sur une lame de cuivre jaune. Les Chinois en font un grand usage, et paient ordinairement 60 piastres les treize plaques et les pieds. Ces différentes espèces de chélonées paissent au fond de la mer les algues et les herbes marines; lorsqu'elles y sont poussées par la nécessité, elles se nourrissent de mollusques et de crustacés, grâces à la force de leur mâchoire et à la dureté de la corne qui en couvre les bords. Il y a plusieurs manières de prendre les tortues; voici les trois qui sont le plus en usage :

La première consiste à les guetter quand elles sortent de l'eau pour venir pondre leurs œufs sur le rivage. Quoiqu'elles n'y viennent que de nuit, elles sont bientôt découvertes, parce qu'en allant quelques jours d'avance reconnaître le terrain où elles veulent enfouir leurs œufs, elles laissent sur le sable les traces de leur marche.

Quand on a découvert le lieu que ces animaux affectionnent, on peut en prendre plusieurs dans le même jour; et afin de profiter du temps où elles sont hors de l'eau, on se contente, à mesure qu'on en rencontre, de les tourner sur le dos. Si c'est une tortue franche, on peut la laisser ainsi, car elle ne peut se remettre sur ses pattes; mais si c'est un caret, comme il a le dos plus rond et les mouvements plus vifs, il faut le charger d'une grosse pierre, ou le tuer à l'instant.

Il y a plusieurs îles désertes où les tortues se rendent de préférence, et où l'on est sûr, dans la saison de la ponte, de les trouver en quantité. Telles sont l'île de la Tortue, près de la grande île Haïti, et l'île de l'Ascension, située à une distance à peu près égale des côtes de la Guinée et du Brésil. Celle-ci se trouve sur la route de l'Inde, et offre une nourriture saine et agréable aux équipages des bâtiments qui vont aux grandes Indes. On peut citer encore l'île de Saint-Vincent, une des îles du Cap-Vert à la Martinique, et plusieurs îlots des Antilles, entre autres les deux îles du Caïman qui fournissent presque toutes celles qu'on apporte à la Jamaïque, où on les conserve dans des parcs, jusqu'à ce qu'on les expédie pour l'Angleterre. L'Océanie, et surtout les côtes sablonneuses des îles de la Micronésie, offrent en abondance des tortues de mer.

La seconde manière de prendre les tortues consiste à tendre un grand filet de cordes à mailles lâches, nommé *la folle*, de manière à barrer le chemin aux tortues qui viennent pondre la nuit. Elles s'y engagent lourdement les pattes, et s'entortillent de telle sorte que bientôt elles se noient, faute de pouvoir venir respirer à la surface ; pour cela on teint ordinairement le filet, parce que les tortues s'en défient et rebroussent chemin, lorsqu'il est blanc.

On se sert également du harpon ou varrer, surtout en Amérique. Les varreurs ou harponneurs des Antilles sont assez habiles. Cette manière de pêcher la tortue nous a paru plus amusante, mais moins productive et plus dangereuse que les deux autres.

PHÉNOMÈNE IMPORTANT PRODUIT PAR LES MOLLUSQUES ET LES MÉDUSES.

A l'extrémité occidentale de la Micronésie, où je me rendais sur le *Dunira*, commandé par l'honorable capitaine Hamilton, à travers la mer du Sud et la Polynésie occidentale, pour aller à Kangton, en Chine, j'ai vu des mollusques très-curieux, de la tribu des méduses. Parmi ces méduses, la plus brillante était la galère (*physalia*), joli et adroit navigateur, dont le nom rappelle la forme et les facultés. Je recueillis deux béroës, genre de l'ordre des acalèphes libres, dans la troisième classe des animaux rayonnés. Ces animaux étant fort peu connus, je décrirai ces deux individus qui m'ont paru devoir former une cinquième espèce de radiaire.

Ces béroës sont d'une nature gélatineuse et parfaitement transparente, d'une forme ovale allongée et cylindrique, à sept côtes peu saillantes, hérissées de filaments. Leur bouche, qui est à l'extrémité, a le même diamètre que le corps, qui a à peu près la forme et la dimension d'une bourse. Pour distinguer leurs membranes, je plaçai les béroës entre la lumière ; bientôt ils réfléchirent les plus brillantes couleurs, même pendant leur repos, car ces animaux sont éminemment phosphoriques. Ils déployèrent au microscope une étonnante quantité d'écailles colorées et mouvantes, ce qui produisait le jeu des couleurs en changeant l'angle de réflexion, et ils ne fondirent pas entièrement quand je les exposais à sec au soleil. J'avais déjà eu l'occasion d'observer cette espèce dans la Polynésie, près des îles Peliou. Je crois que les béroës sont dépourvus de sexe, et que leur propagation est aussi prompte que leur croissance. Ils ont des habitudes d'agrégation, car j'ai vu quelquefois ces animaux invertébrés ainsi que des biphores, des méduses et des mollusques, associés en myriades innombrables, de sorte que la mer en était (sans exagérer) entièrement couverte sur une surface de deux ou trois milles carrés, et à la profondeur de vingt à trente pieds. Tantôt au sillage du vaisseau dont le remous les agitait, scintillaient leurs masses incandescentes, semblables à des astres suspendus dans l'abîme pour éclairer les ténèbres de l'Océan ; tantôt les taches jaunes qui sont leurs seules parties colorées, donnaient de loin à ces masses l'apparence de bancs de sable. L'illusion s'augmentait quand le Grand-Océan était calme (ce qui est assez fréquent), car ces animaux singuliers étaient si serrés, que l'eau en devenait presque solide. Je pense que les nombreux bancs de sable indiqués sur les cartes anciennes, et même sur quelques cartes modernes, et que les navigateurs ne retrouvent plus, n'étaient autre chose que des agrégations de méduses et de mollusques.

TEMPÉRATURE DE LA MER.

J'ajouterai que dans une autre occasion, par environ 22° de latitude nord, et 125° de longitude, près d'un îlot de la Micronésie, j'ai essayé de mesurer la profondeur de l'Océan, sans trouver fond avec une ligne de deux cent soixante brasses, étant hors de vue de toute terre, et que l'eau salée de l'Océan, étant distillée, a fourni une eau qui n'avait pas le moindre goût d'amertume ni de salure. Je rapporterai encore une expérience d'un certain intérêt. Voulant déterminer le degré de chaleur de l'eau de la mer à une certaine profondeur, je me plaçai dans le canot, avec un thermomètre de Fahrenheit, renfermé dans une boîte cylindrique de fer-blanc qui avait à chaque extrémité une soupape, admettant l'eau aussi long-temps que descendait l'instrument, et se fermant dès qu'il remontait. J'observai qu'à 100 brasses de profondeur, le thermomètre marquait 32 degrés au-dessus de zéro, et 33 et demi à la surface de la mer. En comparant cette température à celle que j'avais obtenue à différentes latitudes, et entre autres à Sainte-Hélène par le 15° de latitude sud, qui m'a offert le même résultat, j'en conclus que près des tropiques l'eau est plus froide à une grande profondeur qu'à la surface, et plus chaude dans les régions équinoxiales qu'à des latitudes plus élevées.

Je ne dois pas oublier que j'ai recueilli vers le même parage un *républicain*, ou gros-bec social, *loxia-socia*, Lath., brun, jaune et noir, de la taille d'environ six pouces, assez semblable à ceux qu'on voit au cap de Bonne-Espérance, à la pointe d'Afrique.

FORMATION DES ÎLES DE CORAIL.

Dans l'Océanie les coraux deviennent chaque jour plus envahissants, et cependant, une chose digne de remarque, c'est que la présence des courants d'eau douce s'oppose aux empiétements des polypiers. Aussi ce n'est que dans les anses dans lesquelles se déchargent des rivières et des torrents que les navires peuvent aborder; toutes les autres parties de ces innombrables îles sont hérissées de bancs de coraux. Ce phénomène existe également dans l'île de Peel. Les polypiers y ont élevé des ceintures de coraux autour de ses anses, et ils occupent toute la partie supérieure du havre, excepté l'endroit nommé *Ten fathoms hole* (le trou de dix brasses).

Décrire les îles, ouvrages des polypes, c'est en quelque sorte tracer l'histoire de la formation de la Micronésie et de la Polynésie.

Les groupes d'îles basses dont le Grand-Océan et la mer de l'Inde sont parsemés dans le voisinage de l'équateur, sont le couronnement de montagnes sous-marines dont la formation singulière et moderne semble appartenir, selon M. de Chamisso, à l'époque du globe à laquelle nous vivons.

« Ces montagnes s'élancent à pic du sein de l'abîme; leur cime forme des plateaux submergés, qu'une large digue, élevée sur leur contour, convertit en autant de bassins, dont les plus étendus semblent être les plus profonds. Les moindres se comblent entièrement et produisent chacun une île isolée, tandis que les plus vastes donnent naissance à des groupes d'îles disposés circulairement et en chapelets sur le récif qui forme leur enceinte.

« Ce récif, continue Chamisso, dans la partie de son contour opposée au vent, s'élève au-dessus du niveau de la marée basse, et présente au temps du reflux l'image d'une large chaussée qui unit entre elles les îles qu'elle supporte. C'est à cette exposition que les îles sont plus nombreuses, plus rapprochées, plus fertiles; elles occupent aussi de préférence les angles saillants du pourtour. Le récif est, au contraire, dans la partie de son contour située au-dessous du vent, presque partout submergé, et parfois il y est interrompu de manière à ouvrir des détroits par lesquels un vaisseau peut, comme entre deux môles d'un port, pénétrer dans le bassin intérieur à la faveur de la marée montante. De semblables ports se rencontrent aussi dans la partie de l'enceinte que des angles saillants et des îles protègent contre l'action des vents et des flots.

« Quelques bancs isolés s'élèvent çà et là dans l'intérieur du bassin; mais ils n'atteignent jamais le niveau de la marée basse.

« Le récif présente, comme les montagnes secondaires, des couches distinctes et parallèles de diverses épaisseurs.

« La roche est une pierre calcaire composée de fragments ou de détritus et lithophytes, et de coquillages agglutinés par un ciment d'une consistance au moins égale à la leur. Le gisement est ou horizontal ou légèrement incliné vers l'intérieur du bassin. On observe dans quelques-unes de ces couches des masses de madrépores considérables, dont les intervalles sont remplis par de moindres débris; mais ces masses sont constamment brisées, roulées; elles ont toujours, avant que de faire partie de la roche, été arrachées du site où elles ont végété. D'autres couches, dont les éléments de même nature ont été réduits en un gros sable, présentent une espèce de grès calcaire grossier. La plus exacte comparaison ne laisse aucun doute sur l'identité de cette roche et de celle de la Guadeloupe qui contient les anthropolithes (*). Cette même roche forme les soi-disant récifs de corail qui, dans les mers équatoriales, bordent fréquemment les hautes terres, et de leur pied se plongent et se perdent sous les eaux, sans opposer aux flots ces murailles escarpées qui caractérisent les îles basses.

« La crête de la digue opposée à l'Océan est fréquemment couronnée de brisants, de blocs de pierre renversés et amoncelés, contre lesquels se rompt l'impétuosité des flots. Le dos de la digue est, dans près d'un tiers de sa largeur, balayé, et pour ainsi dire poli par l'effet des vagues qui y déferlent; il offre vers l'intérieur une pente douce qui se prolonge sous les eaux tranquilles de la lagune, et s'y termine le plus souvent par un escarpement subit; quelquefois cependant les couches de la roche forment, dans le bassin intérieur, comme de larges gradins, et c'est à cette particularité que l'on doit les fonds d'ancrage que l'on trouve à l'abri des îles au vent. On rencontre çà et là, sur le talus du dos de la digue qui regarde le bassin extérieur, des quartiers de roche roulés semblables à ceux qui, sur la crête, arrêtent la haute mer; c'est dans ces blocs que l'on remarque les plus grandes masses continues de madrépores. Les eaux déposent, sur le talus du côté de la lagune, un sable calcaire semblable à celui dont se composent les couches de roches d'un moindre grain, et, dans le bassin intérieur, la sonde rapporte généralement ce même sable.

« Les polypiers vivants croissent, selon leur genre ou leur espèce, ou dans le sable mouvant, ou bien attachés au rocher; et les cavernes que l'on rencontre dans le récif, sur les bords de la lagune, offrent la facilité de les observer. Partout où les vagues se brisent avec violence, une espèce de *nullipore* de couleur rougeâtre incruste la roche, et c'est à cette singulière végétation animale qu'est due la couleur qu'a généralement le récif, vu de la haute mer au temps de la marée basse.

« Des sables déposés et amoncelés sur le talus du récif, vers le bord de la lagune, forment le commencement des îles; la végétation s'y établit lentement. Les îles plus anciennes et plus riches qui, sur une longueur indéterminée, occupent la plus grande largeur du récif, sont assises sur des couches de roches plus élevées que le dos de la digue submergé à la marée haute. Ces couches ont en général une inclinaison marquée vers l'intérieur du bassin : le profil qu'elles présentent du côté de la haute mer est d'ordinaire masqué par une couche inclinée en sens contraire; cette couche, composée de plus gros fragments de madrépores, est souvent rompue, et les blocs renversés en sont épars çà et là. Des couches d'une formation récente, composées d'un sable plus menu, et alternant avec des couches de sable mobile, semblent, en quelques endroits, revêtir les rivages des îles, et surtout leur rive intérieure que baignent les eaux de la lagune. Sur une base de roche s'élève, du côté de la haute mer, un rempart de madrépores brisés et roulés, qui

---

(*) Ossements humains à l'état de pierre fossile. Ceux de l'homme de la Guadeloupe ont été trouvés dans un terrain d'alluvion et non dans des terrains primitifs, comme certains animaux et plantes : ce qui indique que l'homme est la dernière création animale. G. D. R.

forme la ceinture extérieure des îles (*). Quelques arbustes (*scœvola kœnigii, tournefortia sericea*) croissent sur ce sol pierreux et mouvant; ils y forment un épais taillis, et opposent leurs branches entrelacées et leur épais feuillage à l'action du vent, derrière cet abri. L'intérieur de ces îles en est la partie la plus basse, la plus fertile et la mieux boisée; on y rencontre des fonds marécageux et des citernes naturelles; la lisière intérieure au bord de la lagune offre un sol sablonneux et plus élevé. »

Je crois que les vagues et les oiseaux-voyageurs viendront déposer sur ce sol sablonneux les semences de quelques plantes. Les cocotiers y croîtront, et quelques malheureux naufragés, dégoûtés du monde, ou sans moyen d'y rentrer, s'y fixeront.

ÉTABLISSEMENT DE LA FAMILLE MICRONÉSIENNE.

Supposons une famille jetée par Dieu dans l'île de Peel, comme la Bible nous raconte qu'Adam et Ève le furent dans Éden. La foudre qui éclate sur la tête séculaire des arbres qui l'entourent, la voix grondante des tempêtes, le mugissement des flots et le cri des animaux effraieront d'abord le courage de l'homme. Il invoquera les deux principes, celui du bien et celui du mal; car ce ne sera que lorsque sa raison sera développée par une philosophie avancée, qu'il reconnaîtra un Dieu unique, maître de la destinée. Familiarisé plus tard avec le danger, après avoir comparé ses forces avec celles qui sont un obstacle à ses besoins, il les combattra avec timidité, et finira par en triompher.

Il cueillera d'abord les fruits que la nature a prodigués pour son usage; il étanchera sa soif au ruisseau qui murmure à ses pieds; la mousse et les fougères lui donneront un lit. Des branches

(*) Il est utile d'ajouter que des groupes d'îles basses de cette formation, situées à quatre ou cinq degrés de distance des hautes terres volcaniques, ressentent les secousses dont celles-ci sont agitées.

d'arbres entrelacées et couvertes de larges feuilles lui offriront un abri. Il imitera le bouquetin, qui gravit les rochers avec une rare légèreté, ou le singe qui saute d'un arbre à un autre, et il apprendra de celui-ci l'art de lancer des pierres. Des branches flexibles des arbres il fabriquera un arc; voyant que les ailes des oiseaux leur permettent de voler, il empennera ses flèches, et le voilà devenu chasseur, vivant de son industrie. Un roseau, à l'extrémité duquel il attache les dents de quelque animal en guise d'hameçon, lui fournira du poisson, et le voilà pêcheur.

L'île Peel ne possédant que des cochons sauvages, il voudra les réunir en troupeaux pour alimenter sa famille une grande partie de l'année.

Certes, au commencement, l'homme devait avoir horreur d'assouvir sa faim avec les chairs pantelantes des animaux qui vivaient avec lui; et quoiqu'il semble appelé à se nourrir indistinctement de substances végétales ou animales, par la forme de ses dents, la disposition et les mouvements de ses articulations temporo-maxillaires, et la structure du canal digestif, plus long que le canal intestinal des carnivores, plus court et moins large que le tube alimentaire des herbivores, il a vécu à la manière des Brahmâns, c'est-à-dire de végétaux, de lait et de miel. Alors son caractère était plus doux, son sommeil plus paisible, son intelligence portée aux abstractions les plus sublimes, sa sensibilité cutanée moins développée, et par conséquent moins accessible à la chaleur, au froid et à la douleur. La nourriture animale l'a rendu plus impétueux, plus remuant et plus cruel. En Amérique, les Espagnols avaient fait du chien l'animal le plus féroce, en le nourrissant de chair humaine.

Mon homme est pasteur : bientôt l'inspection des merveilles des campagnes va lui révéler les procédés de l'agriculture. Dès qu'il a observé la dissémination naturelle des graines des végétaux, que les vents, les eaux, les animaux distribuent avec tant de profusion sur la surface de la terre, il ne lui sera pas difficile d'imiter, avec sa main, ce simple procédé de la nature. Les fouilles des sangliers lui donneront l'idée du labourage. La stagnation périodique des eaux de certains fleuves sur des terres arides qu'elles fertilisent chaque année, fera naître en lui l'idée des engrais; la vue des aspersions pluviales lui mettra un arrosoir à la main; le voilà agriculteur : l'aurore de la civilisation vient de luire pour mon sauvage.

INVENTION DES SCIENCES ET DES ARTS EMPRUNTÉS AUX ANIMAUX.

Les études méditées et approfondies de la nature reculent seules les bornes de l'entendement et de la puissance de l'homme. C'est par cette étude et par l'imitation de l'industrie des animaux, ses aînés dans l'ordre de la création, que mon sauvage dirigera utilement les travaux de son industrie naissante; car nulle part les animaux ne fuient l'homme; ils vivent avec lui, quand il veut bien être leur ami, et non leur bourreau. Ah! que je verrais de bon cœur une loi qui punisse dans nos sociétés les hommes qui maltraitent des animaux moins méchants qu'eux !

L'écorce des arbres fournit des tissus : la chenille apprendra à la femme à dévider les fils, l'araignée à les tisser. Le frottement de bois secs lui donnera le feu, quand elle aura vu le frottement des branches d'arbres résineux produire l'incendie d'une forêt ; graces au feu, elle découvrira l'art de la cuisine. L'allaitement des animaux lui avait déjà appris l'art de nourrir ses enfants.

Les débordements des rivières apportent aux travaux agricoles de l'homme, à ses chasses, à ses pêches, à ses pâturages, des obstacles qu'il n'a pu encore franchir. Les castors vont lui apprendre à détourner les courants, à arrêter l'impétuosité des ondes, en leur opposant des digues solides. Le castor se sert de sa queue pour délayer la terre et entasser les pierres qu'il cimente avec ce mortier; à l'abri de ces digues, il bâtit sa cabane. Le premier homme de Peel emploiera ses mains pour faire l'ouvrage du castor. Pour déjouer la fureur des torrents, il bâtira sa cabane à l'abri des eaux. Il la couvrira de feuilles de bananier et de cocotier ; il y étendra les dépouilles des animaux qu'il aura tués.

Bientôt il cultivera le champ qui avoisine sa case, et l'entourera d'une haie pour garantir ses fruits de l'avidité des animaux. Les troncs des élégants cocotiers lui offriront le modèle du fût de ses colonnes et de ses pilastres, dont les chapiteaux emprunteront leurs plus beaux ornements de la disposition des feuilles du lotus. Les cintres des grottes, les plafonds des cabanes des castors seront les originaux de ses voûtes, de ses planchers. La tuile, l'ardoise les recouvriront dans l'ordre avec lequel les écailles garantissent le poisson. Et voilà l'origine de l'architecture rurale.

Jusqu'à présent il a compté pour l'avenir sur les bienfaits intarissables de la nature : il a pensé que les fruits de la terre étaient à tous et la terre à personne; maintenant l'égoïsme seul inspire ses travaux. Il bâtit un mur autour de son champ, et il dit : Respecte ma propriété; guerre à ceux qui la toucheront! Ses enfants, plus faibles, se taisent; et voilà le droit naturel détruit, et le droit de la propriété et de la force établi. Dès lors la loi et la justice sont anéanties, et voilà l'origine d'une justice et d'une loi de convention. Voilà l'égalité et la liberté faisant place au privilége et à la tyrannie. Voilà la guerre et tous les fléaux assiégeant la société qui a laissé enfreindre les lois de la nature dans sa civilisation mal établie.

Bientôt la forme des oiseaux aquatiques et leurs procédés natatoires seront ses modèles. C'est à cette école que furent jetés les premiers fondements de la construction des navires. L'homme tailla la coupe des troncs sur lesquels il se confia, d'après les courbes que la nature avait dessinées sur les oiseaux; et ce qu'il a ensuite appelé proue, poupe, carène, fut calqué sur leur tête, leur queue et leur tronc. La forme des poissons servit peut-être aussi à rectifier les modèles des premières nacelles; comme eux, elles s'allongèrent en proue, en poupe, elles s'arrondirent en flanc, et se terminèrent en carène; et l'homme lança sa machine imparfaite à la mer; et là, comme les poissons, il s'aida de nageoires pour avancer ou pour reculer à son gré : ainsi naquirent les rames ; à l'aide de leurs impulsions, la nacelle se rit du calme des eaux et de l'inertie des vents.

Mais quel fut l'étonnement du premier navigateur lorsqu'il vit qu'il avait été deviné, devancé, même surpassé par de simples coquillages, qui voguaient aussi dans de brillantes nacelles, dont la réunion formait déjà d'innombrables escadres! plus habiles que lui, ces petits navigateurs déployaient dans les airs des voiles que les vents gonflaient; plus heureusement organisés que lui, dans les tempêtes ils serraient prudemment leurs voiles, se calaient au fond des eaux, et attendaient le retour du beau temps pour continuer leurs évolutions.

L'Argonaute lui offrit le spectacle de toutes ces merveilles. Il reçut de ce nouveau maître les plus utiles leçons; à son exemple, il lesta sa nacelle, et affermit aussi sa marche que l'inconstance des flots faisait souvent chanceler; il tendit dans les airs des voiles informes, que les vents cependant vinrent caresser, et il se dirigea sur les étoiles, à défaut de boussole, à moins que le ciel ne fût obscurci par une nuit ténébreuse. Toutes les opérations de l'animal qui a donné l'idée de la navigation, d'une science immense, annoncent un degré assez grand de mémoire, de prévoyance, de jugement, c'est-à-dire d'intelligence.

Il n'est pas jusqu'au plus chétif insecte qui ne possède la réflexion, la raison nécessaire à son organisation, l'éducabilité, la perfectibilité proportionnée à ses facultés, j'ajouterai même la moralité; quoique plusieurs écrivains et l'illustre Descartes lui-même n'accordent aux animaux qu'un instinct, et en fassent une véritable machine.

Mais l'homme, tyran superbe, est malade, abattu, mourant : c'est encore aux animaux qu'il devra ses connaissances médicales. Le corbeau, le canard, lui indiquent les bains, en se jetant dans un ruisseau pendant la chaleur. Le chien lui apprend l'usage des alcalis ou des acides suivant le cas, ou des balles du gramen, pour provoquer le vomissement.

Le lépas connaissait le pouvoir de la pression de l'air et s'attachait aux rochers qui bordent le bassin des mers, en faisant le vide avec sa coquille pyramidale, long-temps avant qu'on eût inventé la machine pneumatique. La torpille, par son attouchement, communiquait la commotion électrique avant que Nollet eût fait ses expériences. La grenouille prédisait la pluie avant la découverte du baromètre. Le coq annonçait l'arrivée de l'aurore, avant l'invention des horloges. L'hirondelle, par son arrivée dans notre zone tempérée ou son départ pour les régions tropicales, annonçait le retour du printemps ou de l'hiver, avant que l'homme eût découvert la sphère et le calendrier. Les cailles connaissaient l'équinoxe d'automne, les cygnes et les canards sauvages les degrés de latitude, et les frégates ceux de longitude bien avant les astronomes et les navigateurs. Le limaçon était muni de télescopes avant nos astronomes. Les crocodiles, les autruches et les tortues n'eurent jamais besoin du thermomètre pour s'assurer du degré de chaleur des sables d'Afrique, pour l'incubation de leurs œufs. Avant qu'Archimède donnât les lois de l'hydrostatique, tous les animaux se lançaient dans l'eau, et connaissaient par conséquent la pesanteur spécifique des corps. La fourmi, sans se douter de notre mécanique, implorait le secours de sa compagne, lorsque, pour le transport d'un grain de blé, elle jugeait que, dans le levier qu'il lui fallait employer, la puissance était au-dessous de la résistance; et que, pour prévenir la germination de grains qu'elle entassait dans son grenier, elle commençait par en ronger les extrémités, sans avoir les premiers éléments de notre physique des végétaux. Minerve et tous les arts reposaient paisiblement dans le cerveau de Jupiter, lorsque l'abeille, sans cordeau, sans équerre, alignait les rues et bâtissait les maisons de sa populeuse cité, et que le compas semblait en avoir déterminé avec la plus sévère précision le plan octogone. L'araignée connaissait tout l'effet de la gravité des corps, lorsque, voulant se précipiter d'un lieu fort élevé, elle y attachait le fil auquel elle se cramponnait, et qu'elle le dévidait à mesure qu'elle descendait, pour éviter les accidents des chutes, lorsqu'un corps est abandonné à toute sa pesanteur; elle avait toutes ces notions, sans se douter des lois du mouvement accéléré.

La connaissance des couleurs, celle de leurs rapprochements, de leurs contrastes, de leurs oppositions, ne sont pas étrangères à une infinité d'animaux : quelques-uns en tirent partie pour leur sûreté. Le lièvre a soin de se cacher, sous les yeux du chasseur, parmi des mottes de terre dont la couleur se confond avec celle de son poil. Le rossignol, le merle, le serin, le lori et d'autres oiseaux chantaient et dansaient avant que l'homme eût exprimé sa joie par les chants et la danse. Le géomètre n'avait pas tracé des cercles avec son compas, et les oiseaux arrondissaient leurs nids en cône, et le ver à soie donnait à son cocon une figure elliptique; l'abeille aspirait le suc des fleurs, et l'éléphant l'eau des fleuves, avant la découverte des pompes et les belles expériences de Pascal et de Torricelli.

L'homme a encore pris dans la nature les modèles des instruments qui secondent les efforts de son industrie. La scie a son origine dans la défense du poisson qui porte ce nom. Le marteau a reçu le nom du coquillage qui en a donné l'idée, la forme. La patte d'un chat docile fut vraisemblablement le premier modèle des brosses.

Nous avons emprunté des aiguillons des arbres la forme de nos aiguilles. D'après l'inspection de la chaussure que la nature a fixée aux pieds des animaux solipèdes et bipèdes, nous avons façonné le premier sabot. Il n'y a pas jusqu'à nos bouteilles et nos carafes qui n'aient été arrondies d'après les proportions des calebasses. L'homme semble avoir témoigné sa reconnaissance envers les originaux qu'il a copiés, en leur donnant des noms relatifs aux instruments, aux meubles dont ils lui ont fait naître l'idée, et qu'il a modelés d'après leurs proportions.

Ces étymologies sont précieuses à étudier. L'homme est loin d'avoir entièrement deviné la nature : elle tient en réserve des originaux qu'il découvrira un jour à force d'observations. Elle sourit bien à tous les hommes, mais elle n'accorde des faveurs qu'à ses fidèles amants. Ainsi l'étude de la nature étendra le domaine de l'industrie, l'empire de la science et l'adoration de l'Être suprême qui a tout réglé et disposé de la vie universelle, et qui a voulu que tout ce qui est soit, non pas bien, car le mal existe, mais que tout soit nécessaire, et qui laisse agir les causes secondes. Ainsi les hommes trouveront exclusivement dans le culte de Dieu et dans l'étude de la nature, la paix, l'aisance, le plaisir et le bonheur. Jamais l'homme ne sera créateur : ce titre appartient à Dieu seul. Pour l'homme, créer c'est toujours imiter. Mais quoiqu'on prétende, depuis Salomon, qu'il n'y a rien de nouveau sous le soleil, le géographe, le physicien, les savants, les philosophes savent que la science est inépuisable, et qu'il y aura toujours du nouveau. Dieu, la nature et l'homme fourniront à notre peuple civilisé des sujets continuels d'étude et de découvertes, car sans l'idée de tout, il n'y a point de philosophie.

Nous avons conduit notre première famille de Peel à un état de civilisation, en la plaçant sous la condition d'observer, d'imiter, de juger, de profiter de tout ce qui l'entoure. Nous pensons en effet que c'est ainsi que se sont élevés les peuples anciens; que leur vie, leur histoire ont été partout liées à l'influence du sol, du climat, des végétaux, des animaux, des plaines ou des montagnes, des ruisseaux ou de l'Océan; car, la volonté de l'homme, son génie et sa force sont asservis par tout ce qui les entourent. C'est ainsi que la géographie, considérée du point de vue le plus élevé et telle que nous la concevons, découvrant les liens mystérieux qui unissent notre planète et les peuples qui l'habitent, joignant à l'intérêt du récit l'utilité des plus hautes leçons, serait une des sciences qui expliquerait le mieux *Dieu*, la *nature* et l'*homme*, cette *trine-unité* qui fut toujours respectée des plus savants philosophes de tous les temps et de tous les pays; mais elle ferait comprendre l'histoire, les lois, les mœurs, la politique et la religion des peuples; car, dans toutes ces idées, il y a mille choses que la psychologie ne saurait expliquer.

Si notre homme nouveau est jeté dans les déserts de l'Afrique, il nous offrira la famille ou la tribu vivant dans l'état nomade, se livrant à l'entretien des troupeaux, détroussant quelquefois l'étranger, mais honorant toujours l'hospitalité, comme les Bédouins, les Somalis, les Kirguises, les pâtres français et espagnols des Pyrénées, et les pâtres des Abruzzes. Dans les vastes forêts de l'Amérique, il poursuivra la vie sauvage et pénible de chasseur; près des ruisseaux, celle de pêcheur; près de la mer, il franchira les horizons sans bornes de l'Océan sur un frêle navire, ravagera les côtes étrangères, ou unira par l'intérêt commercial les diverses parties du monde. Dans les plaines fertiles, bien arrosées, et vivant sous un beau ciel, nous le verrons agriculteur; la famille s'agrandira plus tôt; sa civilisation marchera plus vite : elle deviendra nation. Ses monuments seront d'abord simples et modestes; elle aura l'architecture rurale, hydraulique, militaire, maritime, civile, religieuse, dans ses premiers et grossiers rudiments; car les peintres, les sculpteurs, les graveurs, les poètes et tous les artistes se révèlent avant les grands architectes.

Suivons attentivement la marche de l'humanité que l'histoire nous a révélée: nous y voyons que l'homme, le plus sublime ouvrage de Dieu, semble chargé de continuer la création. Les merveilles de la nature ont été quelquefois effacées par les prodiges de l'art humain. Les montagnes ont été aplanies; les routes, les canaux et les navires ont abrégé les plus grandes distances, et rapproché des peuples étonnés de se connaître; la terre hérissée de ronces a été forcée de produire les fruits les plus exquis; les torrents dévastateurs ont été encaissés dans le cours d'un fleuve uniforme dont les eaux bienfaisantes ont fertilisé les terres qu'il arrose.

La toile a senti, la pierre a respiré, le marbre a pensé, le bronze s'est ému. Les monarques et les hommes illustres, ensevelis dans la tombe, ont vu les ombres qu'elle renfermait reprendre leurs formes, et figurer sur un théâtre où les attendait l'immortalité. La foudre elle-même n'a pu se soustraire aux lois de l'homme; ce vice-dieu de la terre lui commande, l'enchaîne et la force à tomber inoffensive à ses pieds. Des savants font marcher des cadavres; la mort obéit à leur volonté, et l'Éternel a reconnu ces hommes de génie avec joie, car le génie s'incline toujours avec gratitude devant le Dieu de l'univers.

Mais c'est surtout à l'aspect des beautés de la nature que l'âme s'élève, que le génie s'exalte, et que l'homme conçoit de grandes choses. Ainsi, après avoir contemplé le mont Athos (*), qui domine une partie de la Macédoine, Lemnos et la mer Égée, l'Athos, qui, la tête couronnée d'un diadème de neige, ressemble à un dieu, tantôt protégeant les vallées et les plaines voisines, tantôt présidant aux grandes batailles de Pharsale et de Philippe, où le destin se déclara en faveur du

(*) Aujourd'hui *Agios-Oros* (montagne sainte). A l'époque de mon premier voyage en Grèce, j'y ai visité une espèce de ville monacale, peuplée de cénobites grecs qui occupent un grand nombre de monastères renfermant quelques manuscrits anciens.

crime contre la vertu, de la tyrannie contre la liberté, de la justice contre l'ambition, où se décida le sort des peuples et où furent proclamés les maîtres du monde, l'architecte Dinocratès proposa à Alexandre-le-Grand de donner ses traits royaux à cette montagne, et d'en faire une gigantesque statue d'Alexandre, qui soutiendrait une ville sur une de ses mains, et dans l'autre une urne qui verserait toutes les eaux qui sortent de son sein.

Lorsque la nation aura acquis tout son développement, l'architecture viendra la représenter sous toutes ses faces : résumé d'une grande synthèse, elle étalera un caractère d'harmonie générale, et nous fera comprendre l'organisation sociale complète. Mais c'est surtout aux différentes époques de la transformation de la religion que l'architecte manifestera la puissance de son art. Les grands monuments de ses mains sont l'expression des sentiments, des opinions, des besoins des peuples; quelquefois même ils expliquent sa langue et son histoire. Le sculpteur, le peintre, le graveur, l'orateur, le poëte et le musicien viendront dans ses temples placer leurs ouvrages ou faire entendre les plus nobles accents; ils concourront tous à la même pensée, type de la divine unité, et l'architecte qui l'a formulée, comprenant la langue de tous les arts, les inspirera et les dirigera tous. Sa sublime création aura pour nom le temple de Belus (*) ou de Teotihouakan (**), de Karnak ou de Baalbek, d'Ellora ou de Boro-Bodo, de Minerve ou du Panthéon, de Notre-Dame ou de Saint-Pierre, et son œuvre immortelle fera revivre un

(*) La tour de Babel, que Strabon nomme le mausolée de Bélus, nous paraît avoir été une pyramide consacrée à Joupiter-Bélos. Les habitants de la petite ville de Hillah, près de laquelle on voit encore trois terrasses des huit que cette pyramide semble avoir eues jadis, l'appellent *Birs-Nembrod*.

(**) Le grand Téocalli, temple ou plutôt pyramide dédiée au soleil, qu'on trouve à Otoremba ou San-Juan de Téotihouakan, dans le district fédéral de Mexico.

siècle qui n'est plus, en le ressuscitant tout entier avec ses idées, ses sentiments, ses mœurs, son costume et sa véritable physionomie.

Mais il est un art supérieur, un monument plus éloquent que le plus bel ouvrage architectonique : c'est l'histoire de ce peuple. Lorsque sa langue, qui n'était d'abord qu'un jargon imparfait, se sera élevée, agrandie et perfectionnée en même temps que lui, et qu'elle sera devenue en quelque sorte la révélation de son être le plus intime, un homme de génie se présentera qui écrira son histoire, et rendra par là un témoignage plus positif de la portée d'esprit de la nation que le plus parfait des monuments. L'imprimerie aura son tour, et, grace à ses bienfaits, l'immortalité sera acquise à ses annales.

Nous avons conduit notre famille de Peel à l'enfance de la civilisation ; mais cette civilisation n'est pas entée sur celle de vingt peuples mêlés ; elle est autochthone, naturelle, progressive ; elle est bien différente de la nôtre. On en jugera par le dialogue suivant que nous avons supposé entre un Pilien (*) futur et le voyageur français auteur de l'Océanie.

DIALOGUE PHILOSOPHIQUE ENTRE UN SAUVAGE PILIEN ET LE VOYAGEUR FRANÇAIS AUTEUR DE L'OCÉANIE.

LE PILIEN.

Eh bien! tu as eu la patience et le courage de traverser tant d'océans et de déserts; tu as erré long-temps

(*) Ou homme de Peel. On prononce Pil, nous dirons donc Pilien.

P. S. Quelques hommes dirigés par un chef viennent d'arborer les couleurs britanniques à Peel, selon les nouvelles que je reçois à l'instant de mes correspondants indiens, chinois et océaniens. Le vaisseau anglais *le Raleigh* a quitté la rade de Madras le 10 juin de cette année 1835, pour se rendre à Lloyd, dans l'île de Peel. L'expédition a pour but de régulariser la colonisation et d'éloigner les pirates du groupe de Mounin-Sima. Ainsi mes prévisions seront réalisées : la Micronésie a enfin des habitants.

entre le sable et le ciel, entre le ciel et l'onde; volé, battu des tempêtes, menacé de périr par un naufrage, par un assassinat, par des maladies, par l'excès de la chaleur ou la fatigue, peut-être par l'ennui : et pourquoi?

LE FRANÇAIS.

J'étais fatigué de bonne heure de voir les mêmes lieux, les mêmes hommes, les mêmes vices, et les débats haineux d'une mesquine politique. Né indépendant, je voulus satisfaire à un besoin insatiable de voir, de comparer, de m'instruire, et d'être utile à mes semblables; et quand j'étais ennuyé du bruit des cités, je pliais ma tente, je reprenais mon bâton de pèlerin et je me remettais en route.

LE PILIEN.

Il fallait sans doute avoir de la philosophie, de l'instruction et l'amour de la science et de la vérité pour entreprendre de si longues courses. Mais qu'as-tu appris?

LE FRANÇAIS.

A douter de bien des choses, à me défaire de bien des préjugés, à découvrir quelques vérités, à connaître un peu les hommes, à me connaître moi-même, à savoir que je suis et serai toujours un ignorant; et cependant les années s'avancent, les flots succèdent aux flots, tout s'éteint, excepté l'Océan qui survit à toutes les ruines, et le feu qui survit à tout; et nous irons bientôt chercher le mot de la grande énigme.

LE PILIEN.

Je respecte ton zèle, ton courage et ta franchise; mais il me semble qu'il ne valait pas la peine de tant courir pour apprendre qu'on n'est qu'un ignorant. As-tu du moins trouvé le bonheur? car le bonheur vaut mieux que la science.

LE FRANÇAIS.

Le bonheur!... le bonheur est un mot désespérant : le bonheur n'est pas fait pour l'homme; je l'ai entrevu sans pouvoir le saisir. Le seul bonheur dont l'homme puisse jouir, est de vivre avec sobriété et de se contenter du nécessaire.

LE PILIEN.

Pourquoi le bonheur ne serait-il pas fait pour l'homme? N'avons-nous pas mille plaisirs naturels sans cesse renaissants? Le magnifique spectacle de la nature ne réjouit-il pas à chaque instant notre vue, les fleurs notre odorat, les fruits notre goût, le chant des oiseaux notre ouïe, et le tact, ce sens si précieux, ne nous fait-il pas percevoir les plus agréables sensations? Mais l'Européen abuse de bonne heure de tous ces dons précieux, et j'en ai vu plusieurs qui étaient infirmes, caducs, impuissants à quarante ans. La vie ne leur offrait plus que dégoût à l'âge où l'habitant de Peel en savoure toutes les délices.

LE FRANÇAIS.

Tu pourrais bien avoir raison.

LE PILIEN.

A mesure que vos désirs se multiplient, vous multipliez vos jouissances, vous épuisez, vous desséchez les organes. Micromégas avec ses douze sens, et les houris de Mohammed ne pourraient suffire à tant de désirs.

LE FRANÇAIS.

N'abusez-vous pas vous-mêmes des dons de la nature?

LE PILIEN.

Rien n'est plus rare que l'excès chez nous.

LE FRANÇAIS.

Eh bien! ne pourrai-je me régénérer?

LE PILIEN.

Pour cela, il faudrait changer ton système de vie; adopter un régime frugivore propre à calmer le sang et à modérer les passions, à empêcher les maladies, à éloigner le terme de la vie. Mais ton sang vicié, dénaturé depuis tant de siècles dans celui de tes aïeux, ne saurait peut-être supporter une pareille épreuve sans te donner la mort, à moins d'arriver lentement et par degrés au point où nous sommes; vos climats froids s'opposent peut-être à ce régime.

LE FRANÇAIS.

Le pourrai-je du moins dans le pays qui t'a vu naître ?

LE PILIEN.

Le mal est peut-être peu susceptible de remèdes. Nous-mêmes, nous différons déjà beaucoup de ce qu'étaient nos pères. Dans leur temps, l'abondance était plus grande ; tous les agents de la nature étaient en rapports nécessaires entre eux. Cependant je te conseille le travail.

LE FRANÇAIS.

Ma vie fut un combat jusqu'à ce jour; aujourd'hui elle n'est plus qu'un travail constant et pénible.

LE PILIEN.

Ce n'est pas de ce travail qui n'occupe que l'esprit et qui abrége la vie, dont je veux parler, mais de l'exercice journalier de tes membres.

LE FRANÇAIS.

Il est certain qu'un philosophe (*) de l'Occident a dit que l'homme qui pense est un animal dépravé.

LE PILIEN.

Il y a du vrai dans cette pensée. Elle serait plus exacte si ton philosophe avait dit : L'homme qui ne fait que penser est un animal dépravé. Mais je crois, au reste, que ce défaut n'est qu'une exception, et que la cent millième partie du genre humain, tout au plus, s'en rend coupable.

La première condition que Dieu ait imposée à l'homme, c'est le travail. Sans le travail, les merveilles de l'industrie européenne seraient encore à naître. Sais-tu pourquoi les peuples de nos régions tropicales sont inférieurs aux vôtres dans les arts ? c'est que leurs premiers besoins sont aussitôt satisfaits que conçus ; notre terre produit des fruits nourrissants presque sans culture, et les arbres nous donnent un ombrage parfumé. Dieu semble avoir créé l'homme pour vivre sous les tropiques.

LE FRANÇAIS.

Ton jugement est sain et tes conseils sont sages. Je te remercie. Oui, ton pays est le vrai paradis de nos poëtes. C'est chez vous qu'est l'âge d'or.

LE PILIEN.

J'en doute. Aurais-tu, pour m'éclairer à cet égard, la complaisance de m'instruire des mœurs et usages des nombreux pays que tu as parcourus ? Je serais curieux d'apprendre s'il y a autant de folies dans les autres parties du monde que dans votre Europe.

LE FRANÇAIS.

Partout la race humaine est féconde en folies et en crimes ; partout elle offre des vertus et quelques grandes actions. J'ai visité presque toute l'Europe, et partout j'ai observé des milliers de sectes diverses prêchant la charité et se détestant de tout leur cœur. J'ai vu en Angleterre l'orgueil, le patriotisme et l'égoïsme le plus étroit ; en Irlande, sept millions d'hommes écrasés, ruinés aux dépens d'un million d'hommes, et la verte *Érin* jeûner pour nourrir sa maîtresse (*) ; en Écosse, la pauvreté et la vanité, l'étude et la persévérance, le courage dans l'adversité, la modération dans la prospérité, l'union et l'affection durable entre parents et amis ; en Espagne et en Portugal, le bigotisme humilier deux peuples jadis si grands ; en Italie, les descendants et les imitateurs des Guelfes opprimés par les Gibelins ; en Allemagne, l'étude consciencieuse, le savoir, l'amour de la vérité, la bonne foi, le patriotisme, courbés sous le joug; en Belgique, un peuple plein de dignité, qui a doté son pays d'une admirable industrie, mais qui cherche encore une position ; en Grèce, un peuple qui, malgré des vices enfantés par plusieurs siècles d'esclavage, est appelé à de grandes destinées, s'il conserve sa nationalité ; en France, la fatuité, la légèreté, la calomnie, fille

(*) J.-J. Rousseau.

(*) Belle expression d'un membre du parlement.

des partis, le désir de rapetisser tout ce qui est grand, peu de patriotisme et beaucoup de vanité : triste effet d'une direction long-temps funeste à une nation qui réunit tous les éléments de grandeur, de puissance, de gloire et de prospérité.

En Amérique, le Mexique, Haïti et Colombie m'ont offert de sanglants débats; et la patrie de Washington, la fille adoptive de La Fayette, puissante, heureuse et libre, laisse subsister l'esclavage dans son sein.

J'ai vu en Égypte un nouveau Sésostris gouvernant avec grandeur un peuple encore misérable, et en Abyssinie, des moines vivant scandaleusement avec des religieuses.

L'Arabie, grosse de ses souvenirs et de nouvelles idées, m'a paru sentir le besoin d'un grand homme, et aspirer à l'indépendance et à l'unité. Il m'a semblé que le vaste empire ottoman était prêt à se disloquer, parce qu'il manque d'un lien central, et que la Perse déchirée redoutait ses protecteurs. Dans l'Inde, divisée en castes, j'ai vu une grande nation, ne pouvant se rallier sous un chef national, pour secouer le joug de l'étranger dont elle méprise la religion et les usages, mais qui la gouverne avec plus de modération que les Musulmans; et en Chine, l'infanticide toléré, et l'étiquette la plus minutieuse asservir les hommes.

En Océanie j'ai vu le pirate malai, ivre d'opium et de rage, répandant sans pitié le sang de ses frères; le brave Daya et l'entreprenant Bougui, le dur Céramais et le Carolin inoffensif, tyrannisés par leurs chefs; le Papoua vivant pauvre sur un sol immensément riche, et le noir habitant de la terre d'Arnheim, misérable parce que son intelligence n'est guère supérieure à celle des kangarous.

En France, en Espagne, en Portugal, en Italie, le dimanche est un jour de fête, de joie et de plaisir; en Angleterre, la joie est interdite ce jour-là du matin au soir. Chez tous les peuples, servir son pays les armes à la main, est un devoir sacré; dans l'Union américaine, les fils de Penn refusent le service militaire. Là on s'agenouille la tête découverte, et on chante des hymnes à l'Éternel; le quaker ne dit mot, et ne découvre pas sa tête. En Europe, une veuve tarde rarement à voler à de secondes noces; dans l'Inde elle se jette, au son des instruments, sur le bûcher fumant de son mari. Les Chinois rendent un culte aux morts, et leur consacrent de nobles tombeaux; les Parsis les exposent aux oiseaux de proie. Chez nous, une jeune fille cède-t-elle aux douces impressions de l'amour, et devient-elle enceinte, elle est lâchement méprisée; dans la Polynésie on recherche de préférence en mariage les filles grosses des œuvres de l'étranger, qu'on accueille souvent dans cette seule intention.

En Afrique le diable est blanc; en Europe on le fait noir. Ici le vendredi est un jour de mauvais augure; là on attend le vendredi pour commencer une entreprise. Les Chinois mangent du chien; les Dayas mangent la chauve-souris, le lézard, le porc-épic; en Europe ces mets sont proscrits. Pour cent peuples le porc est un plat recherché; pour cent autres c'est un objet d'horreur. Chez les uns le deuil se porte en noir, chez les autres en blanc. Aux uns la venue d'une araignée annonce de l'argent, aux autres du chagrin. Ici une femme sert d'épouse à tous les mâles d'une même famille; ailleurs les lois accordent à un homme quatre femmes légitimes, non compris les concubines qu'il prend en aussi grand nombre que sa fortune le permet.

Les sauvages de l'Amérique septentrionale ne font point de traité sans prendre le soleil pour témoin et pour garant de leur bonne foi, ainsi que fait Agamemnon dans Homère, ainsi que font les chefs carthaginois dans Polybe. Les Hurons et les Iroquois adorent le ciel comme le grand esprit, le père de la vie, à l'époque des deux solstices, et les Chinois lui rendent un culte. Les Hindous croient à la divinité du Gange, comme les anciens Égyptiens à celle du Nil. Le soleil et la lune sont adorés dans plusieurs parties de la Malaisie et de la Polynésie. A Sourate et à Bombay, les Parsis conservent dans un temple le feu sacré, et lui adressent leurs prières comme au plus pur des éléments. Plusieurs tribus tàtares ont la plus grande vénération pour le soleil, qu'ils croient être le père de la lune, et font des libations en l'honneur du feu et de l'eau.

L'exécrable anthropophagie existe encore chez quelques tribus caraïbes des rives de l'Orénoque, ainsi qu'à Kalémantan, à Soumâdra et autres contrées de la Malaisie, de la Polynésie et de la Mélanésie.

En revanche, le dogme de la métempsycose s'étend de l'Inde dans la Mongolie, à la Chine, au Japon, en Afrique, et jusque chez les restes des Tlastatlèques du Mexique. Ce dogme rend les hommes moins cruels entre eux, en les habituant à épargner la vie des animaux. Ici l'homme peut répudier sa femme parce qu'elle ne lui a pas donné d'enfants; là il ne peut obtenir le divorce contre une femme adultère et dissipatrice, dont la loi l'aura séparé, et dont il devra reconnaître les enfants, fruit de ses débordements, à moins qu'il ne mette entre elle et lui la barrière des mers. Ici l'on méprise l'homme sans barbe, et là on se l'arrache; ici le chapeau paraît être la coiffure la plus commode, là on enveloppe la tête dans un large turban. Ici l'on redoute les revenants, là on les évoque pour les régaler. Je n'en finirais plus si je voulais narrer toutes les bigarrures de l'esprit humain que j'ai pu observer.

LE PILIEN.

Tout ce que je puis voir, c'est qu'autant de peuples et de tribus sur la terre, autant d'opinions et d'usages différents. D'où provient donc cette diversité d'opinions, de façons de voir, de sentir et d'agir? Si les peuples sont provenus d'une famille, ainsi que le dit le livre des temps anciens (*),

(*) La Bible.

comment a été organisée la société primitive?

LE FRANÇAIS.

C'est une question que je chercherai peut-être à résoudre plus tard; mais il serait trop long de l'entamer maintenant. Je dirai seulement en peu de mots que l'organisation des sociétés dépend des rapports qui existent entre les différentes races humaines, et que les modifications les plus importantes ont résulté et résulteront principalement de leur mélange.

Les peuples, ou plutôt les hommes réellement instruits, ont plus de moyens de bonheur que les sauvages de la Mélanésie, les sauvages des deux Amériques et les Changalas de l'Abyssinie. Les sciences, les arts, et l'industrie, leur fille, enrichissent les nations et augmentent la source de leur bien-être.

Un jour l'isthme de Souez sera coupé, et l'Inde touchera à l'Europe par l'Afrique; la coupure de l'isthme de Panama rapprochera, par l'Amérique, la Chine, le Japon et l'Océanie, de notre Europe; les capitales et les principales villes de commerce des différentes parties du globe seront liées ensemble par des canaux, des chemins de fer, des bateaux à vapeur et des télégraphes de jour et de nuit : alors le moindre recoin de notre globe sera exploré; alors pour un franc au plus, on voyagera dans des machines locomotives qui feront vingt-cinq lieues à l'heure; alors toutes les races seront mélangées; alors l'instruction sera plus répandue; alors il y aura moins d'inégalité dans les conditions. Alors l'héroïque Pologne ne sera plus démembrée et torturée, car les peuples jouiront un jour de leur nationalité. L'individualisme, faisant place à l'esprit général d'association, donnera une plus grande prospérité. L'égalité et la liberté (*), le plus grand progrès

(*) La liberté, comme nous l'entendons, n'est pas seulement le droit de faire ce que la loi ne défend pas, car on peut avoir une conduite immorale sans blesser la légalité. Quant à l'égalité, elle ne peut être absolue. Mais les gouvernements doivent l'éducation

à la fois moral et intellectuel, la paix, non perpétuelle, mais presque universelle, régneront alors sur les enfants des hommes, jusqu'à présent si malheureux.

Mais pour obtenir un aussi sublime résultat, il faut du temps, une vaste réforme (*) graduelle, l'association et surtout une autre éducation. En attendant, dans ce siècle d'essais, de rénovation, d'égoïsme, d'envie et de découragement pour l'Europe, la France est en proie à d'impertinents hâbleurs, à d'adroits intrigants, aux courtisans roués, aux infâmes agioteurs, et à une nuée de critiques ignorants et sans conscience, qui monopolisent les places, les honneurs, les récompenses, la fortune publique, les réputations, les théâtres, les sciences, les lettres et les arts ; et, il m'est pénible de l'avouer, un grand nombre de mes compatriotes ne savent pas lire (**).

LE PILIER.

Cependant tu m'as dit, dans une autre occasion, que ton pays possède un plus grand nombre d'hommes d'une instruction variée qu'aucun autre peuple du globe.

LE FRANÇAIS.

Je l'ai dit et je maintiens mon dire. Oui, c'est justement cette universalité de connaissances qui fait que ces hommes-là sont superficiels, qu'ils ne doutent de rien, qu'ils tranchent avec une présomption indomptable les questions les plus difficiles, qu'ils négligent les chefs-d'œuvre de Molière pour suivre assidûment, et à la honte du goût et de la morale, les damnables représentations de l'*Auberge des Adrets* et de *Robert Macaire*, qu'ils dédaignent les lois

à tous, et tous les hommes ont des droits égaux à des fonctions en rapport à leurs capacités.

(*) Il ne s'agit pas de tout abattre, mais de transformer avec prudence. C'est là la grande base d'une meilleure civilisation.

(**) Je n'ai pas eu ni vu, dans la partie de la Chine qu'il est maintenant permis de visiter, un seul domestique qui ne sût lire, écrire et calculer.

de la nature et du beau, et qu'ils veulent être estimés plus qu'ils ne valent.

LE PILIER.

Mais ces hommes sont de vrais charlatans !

LE FRANÇAIS.

Hélas ! oui ; nous en avons de toutes les sortes, depuis le comte de Saint-Germain qui mettait à contribution la crédulité ou la badauderie de la cour et de la ville, depuis le fabricateur du Lithovore jusqu'à la tourbe des compilateurs, éditeurs, avocassiers, et distributeurs de brevets de gloire et de médailles académiques. L'impudent charlatanisme s'empare de tout : charlatans militaires, charlatans de politique et de religion, charlatans en science et en philosophie, charlatans de médecine, charlatans de philanthropie, charlatans en géographie et en orientalisme, charlatans qui exploitent la littérature et les arts pour arriver par la renommée à la fortune et aux distinctions, et qui sont suivis par la foule des don Quichottes de la nouveauté et des gobe-mouches de la singularité. Il est difficile de faire cent pas dans Paris, sans rencontrer un charlatan.

Tel prétendu savant met en avant les grands mots de bore et de cyanogène, de sépales et de pachydermes, de métacarpe et de diaphragme, de zénith et de nadir, de préciput et de licitation, d'aztèques et de pélasges, croyant persuader à ses lecteurs et auditeurs qu'il connaît à fond la chimie, l'histoire naturelle, l'anatomie, la géographie, la jurisprudence et l'histoire, quoiqu'il n'en ait jamais connu les premiers éléments. Un tel homme rappelle certain pharmacien, pauvre en savoir et riche en vanité, qui ignorait ce que c'est que l'*hydrochlorate de soude*, dont il parlait souvent, et quoique tous les jours il en salât son pot.

Au reste, toutes les idées de notre pauvre société sont tellement brouillées, que le charlatanisme fait vivre bien des gens. On rencontre par-ci par-là des charlatans de littérature universelle, dénués de toute instruction, compilateurs et intrigants adroits, grands faiseurs de phrases à la mode, qui se sont fait douze mille francs de rente; ce qui prouve que le métier n'est pas mauvais.

Mais ce n'est pas tout : outre les charlatans, il existe encore une famille immense d'hommes, ou plutôt de grands enfants, sans principes, sans idées fixes, braves sur le champ de bataille et manquant de courage civil et moral; inquiets, tracassiers et mesquins; inconstants dans leurs sentiments et serviles dans leurs actions; singes et quelquefois tigres; courant après les chansons, les bons mots et les caricatures, et faisant de l'esprit aux dépens de la raison; race faible et moutonnière qui n'a d'autre opinion que celle que lui font les journaux ou la mode, et qui en changent aussi souvent qu'eux; gens qui ne cherchent pas à être, mais à paraître; gens qui pullulent à la cour, à la ville, dans les chambres, aux académies, sur les bancs d'Hippocrate et sur les bancs de Cujas, dans le salon comme dans l'atelier, chez les grands et chez les petits; pauvres gens, qui n'en sont pas moins persuadés de leur rare mérite et de leur indépendance. Sans compter les écoliers pédants, sans égards pour les femmes et sans respect pour la vieillesse; et ces femmes hommasses, hautaines et sans pudeur, intrigantes qui régentent leurs maris, leur famille et leur voisinage, et qui exercent malheureusement trop d'influence sur la société française, et les nombreux suicides, etc., etc., etc.

Quant aux méthodes bâtardes et aux macédoines éclectiques, elles m'inspirent le plus profond dégoût. J'aime qu'on soit fidèle à sa foi politique, morale, artistique et religieuse. En écoutant la raison, la justice et la conscience, on reste attaché invariablement à la cause de l'humanité et des peuples, à celle de la justice et de la vérité : voilà les seules causes justes et sacro-saintes; elles seules élèvent l'homme et l'immortalisent. Fi de ces apostats, de ces jongleurs politiques, de ces sceptiques égoïstes et indifférents, qui, prenant les dehors de l'homme convaincu, finissent par se déshonorer sans avoir réussi à éteindre les lumières qui nous environnent, et ne détestent l'oppression que lorsqu'elle les écrase! Fi de ces Protées, de ces caméléons, de ces Janus, de ces girouettes qui tournent à tous les vents de la faveur! Fi de ces douaniers de la pensée, qui la mettent sous les Plombs! Honte à ces tyrans de la raison humaine qui, pour l'immobiliser, voudraient anéantir la liberté de la tribune, et surtout la liberté de la presse, la plus sacrée des propriétés; la liberté de la presse, cet écho vaste et puissant qui répète tous les bruits et le son de chaque opinion! Ces hommes oublient qu'elle est semblable à l'hydre aux cent têtes, qui renaissent après qu'on les a coupées; ils oublient que celles qui restent dévoreront ses ennemis (*). Honte à ces inquisiteurs de la vérité, qui la torturent, et, semblables aux voleurs, cassent les réverbères pour régner dans l'obscurité. Vivent les apôtres de la justice! honte éternelle à ces dangereuses marionnettes qui usurpent le beau nom d'homme, en outrageant sa dignité!

(*) Il serait absurde de décréter la liberté de la tribune et de la presse d'un côté, et de vouloir la limiter de l'autre. Ceux qui veulent en empêcher les effets, doivent se reconnaître dans un petit apologue que nous publions pour leur usage :

Arlequin étant un jour à la foire, voulut acheter des jouets à ses enfants : il choisit une trompette et un tambour, qu'il rapporta tout joyeux à la maison. « Tenez, dit-il aux marmots, prenez et amusez-vous bien. »

Les enfants ne se le firent pas répéter, et bientôt ce fut un bruit à rendre sourd. Arlequin prit quelque temps patience. Cependant, le tapage allant toujours en croissant, il finit par se fâcher. « Mais, papa, lui dirent les enfants, vous nous avez permis de nous amuser. — Je veux bien que vous vous amusiez, répliqua Arlequin, mais ne faites pas de bruit. »

La trompette et le tambour sont la tribune et la liberté de la presse.

LE PILIEN.

L'âge d'or n'existe pas chez nous, mais je le vois, les sociétés vieillies ont plus de vices et de tourments que les peuples nouveaux. A travers tous ces raisonnements, les hommes de tous les pays me paraissent des marionnettes entre les mains de la Providence, et leur mépris réciproque prouve le peu qu'ils valent. Mais enfin quels sont nos devoirs?

LE FRANÇAIS.

D'adorer Dieu, d'aimer l'humanité, de défendre sa patrie, de lutter sans relâche en faveur de la justice et de la liberté, de se rendre heureux individuellement en contribuant au bonheur des autres, de combattre le vice et de suivre la vertu, et, pour finir par trois antiques et admirables sentences de l'Orient, berceau des sciences et de la sagesse :

« *La poule sauvage ne boit pas une goutte d'eau sans élever ses regards vers le ciel.* »

« *Recueille comme autant de perles précieuses les paroles de ceux qui sont un océan de science et de vertu.* »

« *Comme la terre supporte ceux qui la foulent aux pieds et lui déchirent le sein en la labourant, de même devons-nous rendre le bien pour le mal.* »

OCÉANIE.

POLYNÉSIE.

APERÇU GÉNÉRAL.

Des quatre grandes divisions de l'Océanie, la *Polynésie* occupe le plus grand espace en mer, et après la Micronésie, la plus petite superficie en terre. Ses îles innombrables couvrent l'immense étendue du grand Océan, ou mer du Sud. Ses terres sont généralement exiguës, si on en excepte les deux grandes îles qui composent la Nouvelle-Zeeland, les îles célèbres d'Haouaï et Ouahou, de Pola (*), Tonga-Tabou et Noukahiva, l'île curieuse de Vaïhou, et l'île plus célèbre et plus curieuse encore de Taïti, qui a mérité le titre de *Reine de l'Océan pacifique*.

Les nombreux archipels et attolons de la Polynésie, également placés entre les tropiques, depuis les îles Mariannes jusqu'à l'île Vaïhou (**), éloignées de 2,000 lieues, et de Houaï à la Nouvelle-Zeeland, également éloignées de 2,000 lieues, se ressemblent à peu de choses près, par leur climat, la nature de leur sol, leurs productions, leur aspect général, une même race d'hommes, une langue à peu près semblable, des mœurs, des traditions et une civilisation presque identiques.

Quoique sous la zone torride, ces jolies petites îles, caressées jour et nuit par les brises rafraîchissantes de mer et de terre, partagent la température de l'Océan sur lequel elles sont assises avec tant de grace ; elles jouissent d'un printemps perpétuel, rarement troublé par les ouragans, les volcans et les tremblements de terre ; partout elles présentent les scènes les plus ravissantes. Lorsque du haut de la dunette d'un navire, à travers les vapeurs du soir, on voit leurs rives, entourées d'une ceinture de madrépores, on croit voir des émeraudes enchâssées dans du corail, balancées entre les vents et les ondes par une fée mystérieuse. La mer vient se briser en écume blanchâtre sur les récifs qui les protègent, et retombent comme des arceaux brillants de lumière, tandis que des jeunes femmes nagent et se jouent dans les eaux, semblables aux nymphes de la Fable, ou, se suspendant aux arbrisseaux dont les branches sont inclinées vers le rivage, plongent, se relèvent et replongent, comme si elles n'avaient pas connu d'autre élément (voyez *pl.* 155).

Au milieu de ces amphithéâtres de verdure, de ces bosquets arrosés par des eaux fraîches et limpides, on voit le joyeux cultivateur qui soigne, en chantant, ses arbres nourriciers, marchant pendant le jour sur des herbes parfumées, et la nuit éclairant sa case avec des résines odorantes.

Sur cette terre généreuse qui produit dans chaque saison, et n'exige aucun soin pour produire, l'*aralia*, l'*ixora*, le *bauhinia* et l'*erythrina* déploient avec magnificence leurs brillantes couleurs, la grace ou la singularité de leurs branches. Le bananier forme des bocages enchanteurs ; ses rameaux sont le symbole de la paix ; ils protègent les tombeaux ; ils s'inclinent en signe d'hospitalité devant l'étranger pacifique, et ses fruits d'or peuvent suffire à la nourriture de l'homme. Le majestueux cocotier, que les Orientaux nomment le roi des palmiers, réjouit partout la vue du Polynésien, soit qu'il s'élève hardiment sur les rochers, soit qu'il ombrage les solitudes de sable ou les plages humides de la mer. Sa noix lui offre une tasse, du lait, du vin, du vinaigre de l'huile

(*) Ile principale de l'archipel de Samoa ou des Navigateurs.
(**) Ile de Pâques.

22e *Livraison*. (OCÉANIE.)

et de l'alcool. L'igname, la patate douce, et deux espèces d'*arum*, le *macrorhyzon* et l'*esculentum*, nourrissent la plus grande partie de ces insulaires. Ils emploient l'écorce du mûrier à papier, de l'*artocarpus* et d'autres arbres à fabriquer une étoffe légère et chaude qu'ils teignent de diverses couleurs et dont on forme des vêtements. Enfin le précieux arbre à pain (*), à notre avis le premier des végétaux, l'arbre à pain, modèle de grace et de majesté, qui s'élève à cinquante pieds de hauteur, et dont trois ou quatre plants peuvent nourrir un homme pendant une année, leur donne son fruit nourrissant et farineux, dont le goût ressemble à la fois à celui du pain de froment et de l'artichaut ; sa sève laiteuse et glutineuse remplace la glu et le ciment ; son écorce fournit la matière d'une étoffe légère ; ses feuilles servent de nappes, de serviettes, de seaux et de parapluies ; elles ombragent la cabane du pauvre, les palais des rois et les temples des dieux, et, dans quelques tribus, on y inscrit les annales, les lois et le culte des nations ; du tissu filamenteux on tire de la bourre et de la filasse dont on fait des nattes, des cordages, des câbles et des toiles à voile, et dont on calfeutre des pirogues ; enfin son tronc, converti en navire, transporte l'habitant d'Ouahou à Taïti, le naturel de Setoual à Gouaham, et le Tonga à la Nouvelle-Zeeland.

Les grands quadrupèdes, les animaux féroces, les reptiles venimeux, les insectes nuisibles n'infestent pas ces beaux climats comme en Amérique, dans l'Inde, dans la Malaisie, et dans les plus belles contrées du globe : on y trouve les poules, les pigeons, les cochons, le chien, une multitude d'excellents poissons et d'admirables coquillages, le chat et quelques animaux utiles, transportés par des navigateurs amis des hommes. Telle est la profusion des excellents fruits qui y croissent sans culture, et l'abondance des cochons, des poules et des poissons, que les indigènes, bien différents des sauvages de l'Amérique et de plusieurs tribus de l'Afrique, et même de l'Asie centrale, n'y sont jamais embarrassés de pourvoir à leur subsistance ; et la guerre seule vient quelquefois troubler le repos et l'harmonie de cet admirable panorama.

La plupart des Polynésiens, doux, simples, hospitaliers, gais et insouciants, ne semblent respirer que pour l'oisiveté. Nous, Européens orgueilleux, qui blâmons tout ce qui n'est pas nous, nous considérons cette oisiveté comme un vice qui engendre tous les vices : mais si nous jouissions de leur doux climat, si nous avions, comme eux, la nourriture, le vêtement et le logement sans efforts, est-il bien sûr que l'amour du travail fût notre première vertu ? et sans sortir de notre Europe, les Napolitains et les Siciliens ne font-ils pas consister le suprême bonheur dans le *dolce far niente*, la douce oisiveté ? Les Polynésiens chérissent leurs mères et leurs amis ; ils respectent les vieillards et ont beaucoup de déférence pour leurs conseils, et ils mettent l'indépendance au-dessus de tout, tandis que la plupart de ces vertus manquent aux Européens.

La nature hâtive rapproche de bonne heure les deux sexes dans ces régions équinoxiales et intertropicales qui semblent être la patrie naturelle et privilégiée des hommes. L'amour ou plutôt la volupté est leur constante occupation. L'homme cherche à plaire à la femme par son courage et son adresse ; la femme emploie tous les charmes et la coquetterie dont la nature et l'art l'ont douée, pour fixer son amant ; et ils se voient l'un et l'autre reproduits, jeunes encore, dans une postérité nombreuse. Heureux peuples à qui la nature fournit avec tant de générosité la santé, la joie et l'abondance de tout ce qu'il faut pour se nourrir, se vêtir et se loger, ces trois premiers besoins de l'homme ; où le ciel, le sol, les productions, les habitants, tout forme une harmonie charmante, tout jusqu'à l'architecture, qui prend ici un caractère gracieux, inconnu dans le reste du monde !

(*) *Artocarpus*.

Tant d'avantages, comparés aux besoins infinis et progressifs des peuples de l'Europe, aux peines, aux travaux, aux difficultés sans nombre qu'il nous faut supporter pour pourvoir à ces besoins, ne rendent-ils pas les Polynésiens infiniment plus heureux que nous? Le fier Européen n'a-t-il pas souvent trouvé aussi le bonheur parmi eux? ne doit-il rien aux enfants de la Polynésie?

La Providence semble avoir placé ces îles charmantes au milieu du grand Océan, pour mettre ses habitants en état d'exercer l'hospitalité envers les navigateurs qui les parcourent. Elles leur offrent d'espace en espace des caravenseraïs commodes, où ils peuvent, tout à la fois, prendre haleine, s'approvisionner et se distraire ; elles sont pour eux, au milieu des solitudes immenses de la mer Pacifique, comme ces oasis qui charment le voyageur fatigué au milieu des déserts de l'Égypte. Les premiers navigateurs furent traités par eux comme des dieux ou des monarques. Mais en échange de leur affection et de leurs dons, ils leur portèrent les vices et rarement les bienfaits de notre civilisation ; aujourd'hui ils maudissent souvent cette hospitalité sans bornes que nous accordèrent leurs pères, moins prudents en cela que les Chinois. Ces peuples étaient autrefois très-nombreux ; ils ont été décimés par nos armes à feu, par les besoins factices et les maux réels, et les maladies honteuses, et tant de causes de divisions que nous avons semées parmi ces hommes simples : aussi croient-ils aujourd'hui, en apercevant un navire européen, que tous les fléaux vont s'élancer de ses flancs et s'attacher à eux comme à une proie, pour tourmenter leur existence.

PORTRAIT ET CARACTÈRE DES POLYNÉSIENS.

On a souvent exagéré l'innocence et le bonheur dont jouissent les insulaires de la Polynésie. Le bonheur et l'innocence sont fort rares partout, et même dans cette riante division de l'Océanie. Le despotisme des chefs, le tabou et autres superstitions, les guerres de tribus à tribus, et le sort horrible destiné aux prisonniers, répandent chez la plupart de ces insulaires plus de maux que ces mêmes causes n'en engendrent chez nous. Il ne faut pas croire que les Polynésiens qui sont restés dans l'état sauvage soient aussi doux, aussi humains, aussi hospitaliers que ceux qui sont parvenus à l'aurore de la civilisation. On ne doit pas non plus s'attendre à trouver en eux des Apollons et des Hercules, des Vénus et des Psychés, quoiqu'ils soient ainsi représentés dans les relations des voyages de Bougainville, de Cook, et autres navigateurs ou voyageurs. Ces portraits sont aussi peu exacts que la description pompeuse de l'île Tinian par Anson. Nous nous sommes efforcé de représenter dans notre texte et dans nos propres dessins les Polynésiens, les Malaisiens et les Mélanésiens, sans les embellir ni les enlaidir, c'est-à-dire tels qu'ils sont. En outre, nos lecteurs pourront juger que, dans la plupart des dessins qui accompagnent notre ouvrage, M. Danvin, un de nos peintres distingués, a été dignement secondé par le burin correct et gracieux de M. Lemaître.

Les Polynésiens sont de couleur jaunâtre plus ou moins foncée. Ils ont le nez et le front plus élevés que les Malais, et la physionomie plus délicate. Ils sont plus grands, plus robustes et mieux faits ; leurs cheveux sont noirs, abondants et roides ; leur tête n'a ni le caractère de la beauté, ni celui de la grandeur ; leur nez court indique peu d'énergie et de constance ; leur bouche grande annonce des appétits grossiers ; leurs yeux hagards et leur vue oblique sont l'indice de la timidité, de la crainte et de la tristesse ; leur extérieur est agréable, mais leur angle facial est un peu moins ouvert que celui de la race caucasique. Voilà les traits des Polynésiens, et ce sont aussi les traits des vrais Dayas.

Les Nouveaux-Zeelandais, les Tongas, les Nouka-Hiviens, les Taïtiens, les Carolins, sont les hommes les plus beaux et les plus intelligents de la Polynésie. Les Taïtiennes et les Nouka-Hiviennes surtout en sont les plus belles femmes (voy. *pl.* 134 et 152).

DIVERSITÉ DES RACES HUMAINES PRODUITES PAR L'ORGANISATION. — DESTINÉES DE L'HUMANITÉ ET SPÉCIALEMENT DE LA RACE POLYNÉSIENNE.

Il est vrai que dans les temps de la plus haute antiquité, la race rouge-sombre hindoue et égyptienne a dominé, par la civilisation, les races jaune et noire, et même la race blanche, c'est-à-dire notre race habitant à cette époque l'Asie occidentale, race alors plus ou moins sauvage et quelquefois tatouée, ainsi que je l'ai vue représentée sur le tombeau de Ousirei Ier, dans la vallée de Biban-el-Molouk à Thèbes, la ville des dieux. D'autre part, la race jaune a dominé pendant un temps une partie de l'Asie. La race noire elle-même nous a bannis de Saint-Domingue; mais ce ne sont là que des exceptions produites par des circonstances qui, empêchant l'égalité de population, ou produisant l'inégalité de civilisation, devaient amener cet ordre de choses qui a cessé avec les causes qui l'avaient produit. Quoi qu'il en soit, il nous reste à combattre les sophismes des écrivains qui envient le sort des hommes les plus sauvages d'entre les Polynésiens; et, sans nous étendre sur la différence qui existe entre les peuples sauvages et les peuples civilisés, sujet que nous avons déjà traité avec quelque étendue dans le *Tableau général de l'Océanie*, nous combattrons ces sophismes par une seule phrase. Pour placer l'état sauvage au-dessus de l'état social, il faudrait d'abord anéantir le seul caractère qui distingue l'homme des autres animaux, la perfectibilité immense, mais non indéfinie de l'espèce humaine. Il faudra un temps bien long pour que les sauvages nous égalent en civilisation. Les connaissances marchent pas à pas parmi les hommes : les idées des Polynésiens commencent à éclore; mais la science, à leurs yeux, ne déroula jamais ses pages immenses, enrichies par les dépouilles du temps. Ils ne sont pas aptes à recevoir une civilisation toute faite, mais seulement proportionnée aux modifications qu'ils éprouvent. Le développement de l'intelligence n'a lieu qu'à mesure que l'organisation cérébrale se développe elle-même de père en fils. L'idée morale agit sur le physique et l'améliore, et le physique amélioré se modifie de manière à recevoir des idées plus larges. Pour preuve de ce que j'avance, on n'a qu'à jeter les yeux sur les sauvages de la Tasmanie et de l'Australie, qui se font exterminer ou qui meurent de faim plutôt que d'adopter une seule des coutumes des Européens devenus leurs maîtres, et depuis trois cents ans les peuplades américaines disparaître devant les colonies européennes, au lieu de se fondre avec elles.

Les sens des Polynésiens ont plus d'étendue que les nôtres, parce qu'ils sont plus exercés. Leurs habitudes gymnastiques les ont rendus plus agiles et plus forts que nous ; mais leur intelligence n'égale pas la nôtre; la persévérance n'est pas leur partage. Ils resteront soumis à la grande loi qui régit les différentes races du genre humain, qui veut que l'inégalité physique des hommes amène une inégalité corrélative de penchants, d'intelligence et de facultés, et que la race blanche (composée de blonds et de bruns) domine par l'intelligence et la force, depuis près de 2000 ans, la race jaune et la race cuivrée, de même que celles-ci dominent les races noires, jusqu'à ce qu'un croisement universel et une longue éducation semblable, à une époque fort éloignée peut-être, produise une fusion telle qu'il y ait balance ou unité.

Ici se présente une grave question, question résolue différemment, selon les diverses époques et selon le point de vue des divers systèmes de philosophie. Celui qui étudie l'homme dans tous ses rapports, et qui regarde tous les hommes comme ses frères, à quelque couleur et à quelque religion qu'ils appartiennent, le vrai philosophe enfin, doit-il se féliciter de voir la civilisation européenne pénétrer chez les peuples de la Polynésie?

Quant à nous, plein de sympathie pour les maux de nos semblables, et nous plaçant au point de vue le plus élevé de l'anthropologie, nous reconnaissons dans l'homme un germe de perfectibilité, c'est-à-dire, la faculté de se développer sous toutes ses faces, au physique comme au moral. Dans l'histoire de l'humanité nous constaterons le progrès, et cette loi sera une conséquence nécessaire de l'organisation même de l'homme. Appuyé sur ces principes, qui sont pour nous des vérités incontestables : *perfectibilité immense, mais non indéfinie, des individus, progrès rationnel de l'humanité*, nous applaudirons aux efforts généreux qui auront pour but de développer la race polynésienne; mais c'est sur une autre base que celle qu'on a adoptée que nous aurions voulu voir établir sa civilisation et sa moralité. Là, sans doute, comme dans nos civilisations européennes, il y aura douleur; là aussi il y aura des temps d'arrêt; mais là, comme dans nos sociétés, nous trouverons la cause de cette douleur dans les institutions qui ne sont nullement harmonisées avec les besoins. Pour nous, chaque plainte accusera un vice d'organisation sociale; chaque cri avertira que la sainte loi du progrès a été méconnue, car l'humanité ne procède presque jamais par une voie droite et continue. Les gouvernants lui permettant rarement de progresser pas à pas, c'est de loin en loin et par bonds qu'elle s'élance pour reprendre haleine; mais ses haltes sont des repos et non de l'impuissance ou de l'apathie : Dieu, qui suit la marche des peuples, n'accepte pas leur démission. Enfin, après une élaboration plus ou moins longue, une marche plus ou moins pénible, la population polynésienne, arrivée au complément de son évolution, remplira la loi immuable que Dieu a imposée à l'humanité, et qui est le résultat définitif de notre organisation.

Du reste, nous ne devons être ni fiers de notre civilisation, ni contempteurs des peuples prétendus sauvages. Les hommes de tous les pays et de différentes couleurs sont frères; ils sont tous les enfants d'un Dieu juste, de même que les flots des rivages les plus opposés sont tous les fils de l'Océan. Cependant la plupart des poètes, des historiens et des philosophes prêchent à la fois le mépris des hommes et un scepticisme qui dessèche l'âme, et ils cherchent à détruire l'espérance pour l'avenir, avec une joie humiliante pour notre espèce. Il est affreux de désespérer de l'homme et des peuples : on peut étaler leurs plaies avec douleur, mais pourquoi ne verserait-on pas sur elles un céleste baume qui les adoucisse? L'indifférence, la calomnie, l'égoïsme des écrivains qui sont les premiers juges des sociétés, leurs efforts pour rapetisser l'homme, sont indignes d'une magistrature aussi sublime. Qu'il est plus juste, plus vrai et plus beau de consoler l'humanité, de la relever, et de fortifier l'homme par une morale religieuse qui le soutienne dans l'adversité et qui lui fasse sentir dans chaque circonstance toute sa dignité!

Commençons cette revue pittoresque et ethnographique de la Polynésie par en examiner les diverses situations sociales et politiques; car les gouvernements et les lois exercent partout la plus grande influence sur le caractère, les mœurs, le malheur ou la prospérité des peuples, en un mot, sur leur état matériel et sur leur état moral.

RESSEMBLANCE DE COUTUMES PARMI LES DIVERS PEUPLES DE LA POLYNÉSIE. SITUATION SOCIALE ET POLITIQUE. DIVISION PAR CASTES.

La plupart des peuples disséminés dans cette vaste Polynésie paraissent être divisés en trois castes, ainsi qu'une grande partie des Océaniens occidentaux ou Malaisiens; du moins le savant et consciencieux Forster (père) a trouvé établies dans les îles de Taïti ou de la Société les trois castes suivantes : celle des chefs, celle des propriétaires libres, et celle des serfs. Le Gobien nous apprend qu'aux îles Mariannes on trouve également ces trois castes, et le capitaine Lütke en dit autant pour les Carolines.

Dans toute la Polynésie, la noblesse est d'une fierté intolérable, et tient le peuple dans le plus vil abaissement. Cet état politique, ainsi que la religion, rappellent les lois, les institutions des Malais, et même des Malékasses (habitants de Malékassar, et non Madagascar), que nous avons déjà considérés comme les descendants des Dayas.

GOUVERNEMENTS ET LOIS DES POLYNÉSIENS

La forme du gouvernement est féodale dans presque toute la Polynésie, ainsi que dans la Malaisie. Dans Hamao, une des îles des Amis, *tamalao* signifie un chef; dans les îles Carolines le gouvernement se compose de plusieurs familles nobles, dont les chefs s'appellent *tamoles* : il y a, outre cela, dans chaque canton, un *tamole*, auquel tous les autres sont soumis. Cook nous apprend dans son troisième voyage, que les chefs mêmes n'abordent le monarque des îles Tonga qu'avec des marques d'un profond respect; ils touchent ses pieds de leurs têtes et de leurs mains. Les rois des îles Radak, Haouaï et Taïti, jouissent du plus grand pouvoir.

Voici ce que nous apprend le P. Cantova, missionnaire espagnol : on aborde les *tamoles* des îles Carolines avec une extrême vénération; lorsqu'un d'eux donne audience, il paraît assis sur une table élevée, les peuples s'inclinent devant lui jusqu'à terre, et du plus loin qu'ils arrivent, ils marchent le corps tout courbé et la tête presque entre les genoux, jusqu'à ce qu'ils soient auprès de sa personne; alors ils s'asseyent à plate terre, et, les yeux baissés, ils reçoivent ses ordres avec le plus profond respect. Ses paroles sont révérées comme des oracles; ses ordres sont exécutés avec une obéissance aveugle. Enfin on lui baise les mains et les pieds, quand on lui demande quelque grâce.

Un Carolin m'a assuré que les barques qui passent à la vue de Mogmog, siège du chef de ce groupe, plient leurs voiles en signe de respect. Cependant les chefs de Rotouma, des îles Noukahiva et autres, sont gouvernés par des rois électifs qui ont peu d'autorité.

RELIGIONS.

Quelques tribus des Carolines adorent une espèce de trinité, dont les personnages portent le nom d'*Alouelap*, *Lagueleng* et *Olifat*; ceux de la trinité adorée autrefois par les Taïtiens étaient *Tane* ou *Te Medoua* (le père, l'homme), *Oro* ou *Mattiou* (dieu le fils, le dieu sanguinaire ou cruel), *Taroa* ou *Manou te hooa* (l'oiseau, l'esprit, le dieu créateur).

« Les Nouveaux-Zéelandais, dit M. Lesson, comme tous les Polynésiens, quelle que soient les variations qu'ait éprouvées leur théogonie, reconnaissent une trinité. Ils nomment *Atoua*, *Akoua*, leurs dieux, et pensent que les âmes des justes sont les bons génies (*éatouas*), que les méchants ne deviennent point meilleurs dans un autre monde, et que, sous l'attribut de *Tii*, ils sont investis du pouvoir de pousser l'homme au mal. Malgré des nuances légères, ne retrouvons-nous pas cet ensemble des faits dans ce que l'on sait du culte des autres peuplades ? Soit que *Taroa*, brisant la coquille qui le tenait emprisonné, s'en servît pour jeter les bases de la Grande-Terre (*Fenoa-Naû*), ou l'île de Tahiti, et en composât, avec les parcelles qui se détachèrent, les autres îles qui l'entourent; soit que *Tangaloa* tirât le monde (les îles de Tonga) de la mer, en pêchant à la ligne, partout chez les Océaniens nous voyons établi une identité de croyances frappante, la divinisation des âmes, l'adoration de plusieurs sortes d'animaux et de certaines plantes, la puissance intellectuelle des prêtres et des augures, les sacrifices humains, les *Moraïs* (Maraes), les idoles et l'anthropophagie, qui naquit de leurs préjugés religieux, mais qui s'est effacée de plusieurs îles abondantes en subsistances alimentaires, et qui s'est conservée intacte chez celles où la rigueur du climat et la pauvreté du sol ont fait sentir le besoin d'une nourriture substantielle. Les îles de la Société avaient leur paradis, où se rendaient les âmes heureuses des *Tavanas*, que le dieu, esprit ailé, emportait et purifiait; celles des *Mataboles*, des îles des Amis, habitaient le délicieux séjour de *Bolotou*, d'où étaient bannies les âmes du vulgaire, qui mouraient en entier. Les Nouveaux-Zéelandais, après leur mort, ont la ferme croyance que les esprits de leurs pères planent sur l'*Hippah*, qui leur donna le jour, et se rendent à l'Élysée, qu'ils nomment *Ata-Mira*, en plongeant dans la mer, au lieu nommé *Reinga*, vers le cap Nord. Ces âmes, au contraire, errent autour du *Pouké-Tapou*, ou montagne sacrée, et sont éternellement malheureuses, lorsque les corps qui les renfermaient ont été mangés sur le champ de carnage, que leurs têtes sont restées au pouvoir de leurs ennemis, et que les cadavres sont ainsi privés de l'*oudoupah*, ou sépulture de leurs pères. A ces principes d'une religion corrompue, mais dont l'ensemble ne nous est malheureusement que peu connu; à ces restes d'un fanatisme barbare, sont liées des idées de sabéisme; et, dans leur croyance, ils placent au ciel quelques-uns de leurs organes, qu'ils transforment en météores célestes. Arracher les yeux d'un ennemi, boire son sang, dévorer ses chairs palpitantes, c'est hériter de son courage, de sa valeur, commander à son dieu, et enfin accroître ainsi la puissance que chaque guerrier ambitionne. »

« Avant l'introduction du christianisme dans les archipels de Sandwich et de Tahiti, et encore à présent, dans plusieurs archipels de la Polynésie, dit le savant géographe Balbi, le sacerdoce est exercé par des hommes influents, dont les fonctions mystérieuses ont une puissance extraordinaire sur l'esprit des insulaires. Le roi, ou chef suprême, chez ces peuples, est considéré, dans chaque état, comme le premier pontife, et, après lui, les dignités les plus élevées sont distribuées aux diverses classes de la société, suivant l'importance des fonctions. Les prêtres, dans l'opinion de ces insulaires, jouissent de la science la plus surnaturelle : lire dans l'avenir, annoncer les volontés des dieux, interpréter les songes, guérir les maladies les plus invétérées, demander des offrandes, sont leurs attributions les plus ordinaires et leurs occupations journalières. Honorés, respectés, leur personne est généralement sacrée dans les combats; car ces Calchas, à l'exemple des anciens prêtres de Mars, unissent l'encensoir au glaive, et, après s'être battus sur un champ de carnage, ils adressent aux dieux les prières de la tribu victorieuse. »

La religion des habitants de l'archipel de Tonga (des Amis), ajoute cet auteur, a un culte public et une foule de divinités, et leur *Touitonga* et leur *Veachi* sont une espèce de grands pontifes qui rendent des oracles. La religion des îles Mogmog, Yap et Ngali, dans l'archipel des Carolines, a aussi un culte public avec des temples et des sacrifices; circonstance remarquable dans cette partie de la Polynésie occidentale, où la religion des naturels n'a aucun culte public. Les habitants des *îles Mulgraves* (Radack) se contentent d'offrir à la divinité des fruits qu'ils suspendent aux arbres. Dans l'*île d'Ualan*, qui est cependant très-civilisée, on n'a aperçu encore aucune trace de culte ou de superstition. Dans la plupart des religions de la Polynésie, et dans plusieurs autres de l'Océanie occidentale, on trouve l'affreux usage des *sacrifices humains*; et de barbares mutilations sont pratiquées d'un bout à l'autre de l'Océanie.

CÉRÉMONIES FUNÈBRES.

Nous voyons dans les Lettres édifiantes, tome XV, pag. 308, que quelques peuplades dans les Carolines conservent les corps de leurs parents morts, dans un petit édifice de pierre qu'ils gardent en dedans de leurs maisons; que d'autres les enterrent loin de leurs habitations : ce qui ressemble, d'une manière frappante, au *feiatouka* de l'archipel de Tonga. Au reste, la plupart des peuples polynésiens laissent dessécher les cadavres à l'air. Les cimetières sont aussi enclos de la même manière.

Les naturels des îles de Taïti déposent autour des endroits où ils enterrent leurs morts, des guirlandes du fruit du palmier et des feuilles de coco, ainsi que d'autres objets consacrés particulièrement aux cérémonies funèbres, et qu'ils placent à peu de distance des provisions et de l'eau. Voici ce que Le Gobien dit à ce sujet :

« Les naturels des îles Mariannes font quelques repas autour du tombeau ; car on en élève toujours un sur le lieu où le corps est enterré, ou dans le voisinage ; on le charge de fleurs, de branches de palmier, de coquillages, et de tout ce qu'ils ont de plus précieux. »

Les Taïtiens n'enterrent pas les crânes des chefs avec le reste des os, mais ils les déposent dans des boîtes destinées à cet usage. On trouve encore aux îles Mariannes cette coutume bizarre ; car Le Gobien dit expressément qu'ils gardent les crânes en leurs maisons, qu'ils mettent ces crânes dans de petites corbeilles, et que les chefs morts sont les *anitis* (esprits) auxquels les prêtres adressent des prières.

IDÉES SUR L'AUTRE VIE.

La plupart des peuples polynésiens professent les mêmes opinions sur la vie future et sur l'immortalité de l'âme. Ils reconnaissent même un paradis et un enfer ; mais ce n'est point, selon eux, la vertu ni le crime qui y conduisent. Les habitants de la Nouvelle-Zeeland pensent que l'homme qui a été tué et mangé par l'ennemi est condamné à un feu éternel. Les naturels des îles Mariannes pensent aussi que ceux qui meurent de mort violente ont l'enfer pour partage : mais les Carolins croient généralement que les justes seront récompensés, et que les méchants seront punis après leur mort.

L'INTERDICTION DU TABOU.

La terrible superstition du *tabou*, qui accable les Polynésiens d'une foule de privations, et qui a coûté la vie à tant d'innocents, existe encore dans la plus grande partie de cette division de l'Océanie. Sous peine de la mort, la femme ne doit pas manger du cochon, des bananes et des cocos, ni faire usage du feu allumé par des hommes, ni entrer dans l'endroit où ils mangent. Le prédécesseur du fameux Tamehameha Ier était tellement *tabou*, qu'on ne devait jamais le voir pendant le jour, et que l'on mettait à mort impitoyablement quiconque l'aurait vu un instant, ne fût-ce que par hasard. Cette institution épouvantable, qui caractérise si bien les Polynésiens, et que nous avons prouvé exister chez les Carolins ou Polynésiens occidentaux, et chez quelques peuples malais, tels que les Kalamantans et les Célébiens, mérite quelques détails. Nous avons déjà emprunté à M. le capitaine d'Urville un article fort intéressant sur le tabou en usage chez les Nouveaux-Zeelandais, et qui ne diffère que par quelques petites modifications de celui qui est pratiqué chez les autres peuplades de cette partie du monde, et nous emprunterons encore au Voyage Pittoresque de ce savant navigateur d'autres détails sur le tabou en usage dans l'archipel de Nouka-Hiva ou des Marquises.

« Le tabou règne en souverain à Nouka-Hiva ; il frappe les aliments recherchés, comme les cochons, les tortues, les bonites, les dorades, réservés aux classes privilégiées, et ne laisse au reste des insulaires que des aliments communs, comme le fruit de l'arbre à pain, les cocos, les ignames et les poissons. Les premiers ne sont accessibles à aucun individu des autres classes, pas même à leurs propres femmes, qui sont reléguées dans des logements particuliers. Les individus taboués, en revanche, peuvent aller partout et manger de tout. Ce sont les personnages sacrés par excellence ; on ne peut rien placer au-dessus de leur tête, et toute chose qui est trouvée en contravention avec cette loi ne doit plus servir à un usage profane. La vengeance de la personne dont le tabou a été insulté poursuit le violateur jusqu'à ce qu'il meure ; et cette crainte du châtiment, autant que les habitudes de l'enfance, en maintient partout la stricte observation.

« Si une femme s'oublie jusqu'à passer ou à s'asseoir sur un objet devenu tabou par le contact d'un individu taboué, cet objet doit être mis hors de l'usage ordinaire, et la femme doit expier son crime par la mort. Si un homme tabou pose ses mains sur une natte à dormir, elle ne doit plus servir de couche, mais on peut en faire un habillement ou une voile de pirogue. Des modifications semblables ont été imaginées pour atténuer les immenses inconvénients du tabou. Il faut croire aussi, quoiqu'il n'en soit question nulle part, qu'on peut se faire pardonner les violations ou les racheter. Autrement, à chaque heure, par inadvertance ou par espiéglerie, on serait exposé à devenir violateur du tabou, c'est-à-dire, suivant la dénomination, *kikino*, et tout *kikino* est destiné à être sacrifié et mangé tôt ou tard. C'est bien la plus terrible des excommunications. »

Les personnages taboués ont aussi leurs charges. A des époques solennelles un rigoureux tabou pèse sur eux ; ils doivent s'abstenir de danser, de s'oindre d'huile, de fréquenter leurs femmes, même d'entrer dans les cases qu'elles habitent. Ces grands tabous, décrétés à la mort de quelque chef célèbre, a pour but de désarmer l'esprit du défunt.

Certains endroits étaient constamment taboués pour le peuple, tels que les lieux où les mets étaient déposés et les salles des festins.

Ces salles, dit Porter, formaient autrefois de grandes constructions, exhaussées de six ou huit pieds sur une plateforme de belles pierres habilement assemblées. Longues parfois de trois cents pieds sur quarante de large, elles étaient renfermées dans une enceinte de bâtiments dont l'élégance faisait honneur à ce peuple, qui les avait élevés sans le secours du fer ni d'aucun autre métal. La plupart des pierres avaient huit pieds de long sur quatre de large, et autant d'épaisseur. C'étaient des édifices purement de luxe, nombreux sur l'île, et ne pouvant servir qu'à des réunions solennelles.

SACRIFICES HUMAINS EN GÉNÉRAL.

Les Hindous, les Égyptiens, les Crétois, les Carthaginois, les Grecs, les Gaulois, les Romains, même du temps de l'empereur Claude, les Mexicains, les Péruviens et autres peuples, se sont livrés à l'horrible superstition de sacrifier des victimes humaines. Elle règne aussi chez plusieurs tribus des trois grandes divisions de l'Océanie ; mais c'est surtout dans la Polynésie et particulièrement dans les archipels de Tonga (des Amis), de Haouaï (Sandwich), et de Taïti (de la Société), qu'elle sacrifie le plus de victimes : mais dans les deux derniers le christianisme a fait cesser presque entièrement cette infernale coutume.

Dans la famille du *Touitonga*, dans l'île Tongatabou (archipel de Tonga), la femme se donne la mort aux funérailles de son mari. Nous avons vu ces horribles usages à Timor, à Bali, à Célèbes, à Kalémantan (Bornéo), et on les retrouve dans l'archipel de Viti.

Laissons parler M. Lesson sur les sacrifices humains qu'on faisait autrefois à Taïti : ce que ce savant en dit s'applique, à quelques modifications près, à presque toutes les autres îles de la Polynésie.

« Ces offrandes humaines étaient presque toujours prises dans la classe du peuple : ce n'était que dans des circonstances rares qu'on sacrifiait des femmes enceintes ; et l'on dit même que les chefs ou le roi avaient soin de choisir des individus qui, sans amis ou sans parents, n'excitaient les regrets de personne, et dont la mort ne pouvait occasionner de troubles. Souvent aussi on réservait cette sorte de vengeance publique à ceux qui s'étaient fait remarquer par leur turbulence ou par des actes criminels. C'est au milieu des ombres de la nuit qu'on entourait la maison de la victime : on l'appelait, et à peine mettait-elle le pied sur le seuil de la cabane, qu'elle était mise à mort. D'autres fois des hommes vigoureux s'élançaient sur elle, et alors le patient, résigné à son sort, et encore religieux adorateur du dieu qui ordonnait sa mort, faisait ce que les Tahitiens appelaient *hpapa*, c'est-à-dire qu'il se couchait et attendait avec calme le coup de casse-tête qui devait lui briser le crâne. Mais les odieuses divinités qui inspirèrent aux Tahitiens, doux par caractère, des superstitions aussi barbares, ne se bornaient point à voir arroser les marches des *morais* avec le sang humain, elles leur inspirèrent la pensée, tant leur aveuglement sacrilége les asservissait au culte affreux d'*Oro*, que le plus pur encens, que les offrandes les plus chères aux dieux étaient les angoisses de la douleur, les tortures d'un être souffrant et la longue agonie d'un malheureux, se débattant contre des tourments sans cesse renaissants, jusqu'à ce qu'un trépas vivement attendu vînt l'y soustraire. Ainsi les victimes étaient souvent attachées aux arbres des *morais*, et là, elles étaient frappées avec des bâtons pointus, couvertes de blessures mortelles, et expiraient dans une lente agonie, en adressant aux cieux des cris de douleur et de rage. »

SACRIFICES HUMAINS OFFERTS DURANT LA GUERRE.

De même que les anciens Gaulois offraient des victimes à leur dieu Teutatès (dieu de la guerre), de même les Nouveaux-Zéelandais offrent des sacrifices humains aux dieux durant la guerre.

Voici ce que nous lisons à ce sujet dans le Voyage de l'*Astrolabe* :

« J'étais curieux de savoir si décidément les Nouveaux-Zéelandais mangeaient ceux qui sont tués dans le combat : c'est pourquoi je priai Chongui et Temarangai de me faire connaître ce qui avait lieu sur le champ de bataille, quand les ennemis en venaient aux mains, et, en outre, s'ils mangeaient ceux qui étaient tués. En réponse à mes questions, ils firent le récit suivant :

« Quand le chef de l'un des partis est tué, son corps est aussitôt réclamé par ses ennemis; et, comme nous l'avons déjà dit, si le parti du chef tué est intimidé, le corps est sur-le-champ livré. Si le chef était marié, sa femme est aussi réclamée, et sur-le-champ livrée aux mains de l'ennemi; elle est emmenée avec le corps de son mari, et mise à mort. Si elle aimait son mari, elle se livre volontairement, ainsi que ses enfants; car elle désire que le vainqueur lui fasse subir, ainsi qu'à ses enfants, le même sort que son mari a éprouvé. Si le parti refuse de remettre la femme du chef, il est de nouveau attaqué par l'ennemi, qui ne renonce au combat qu'après être devenu maître de la femme, ou avoir tout à fait remporté la victoire.

« Quand ils ont pris possession d'un chef et de sa femme, après avoir tué celle-ci, les corps sont placés devant les chefs. L'ariki, ou grand-prêtre, appelle alors les chefs, afin de préparer le corps de l'homme pour leur dieu; la prêtresse, qui est aussi ariki, ordonne aux femmes des chefs de préparer également le corps de la femme. Les corps sont ensuite placés sur des feux par les chefs et leurs femmes; car, étant taboués, ces corps ne peuvent être touchés par personne du peuple.

« Lorsque les corps sont préparés, les arikis prennent chacun un morceau de viande dans un petit panier qu'ils suspendent à deux bâtons plantés en terre, comme devant être la nourriture de leurs dieux (à qui ils vont offrir leurs prières, et qu'ils vont consulter touchant leur guerre actuelle), afin que ces dieux aient la première part des sacrifices.

« Tandis que ces cérémonies s'accomplissent, tous les chefs sont assis en cercle autour des corps, dans un profond silence, le visage couvert de leurs mains et de leurs nattes; car il ne leur est pas permis de jeter les yeux sur ces mystères. Pendant ce temps, les arikis prient et prennent de petits morceaux de la chair des sacrifices, qu'ils mangent. Les arikis seuls ont le droit de manger de ces corps consacrés.

« Quand tous les rits sacrés sont accomplis, les arikis rapportent la réponse qu'ont faite leurs dieux à leurs prières et à leurs offrandes. Si ces prières et ces offrandes sont accueillies, le combat recommence immédiatement, et tous en commun se nourrissent de la chair de ceux qui sont ensuite tués. Ils les mangent, non pas tant pour se repaître de leur chair que par gratification mentale, et pour donner une preuve authentique de leur vengeance amère aux yeux de leurs ennemis.

« Désirant connaître si les arikis priaient leurs dieux en secret, au moment où ils accomplissent les cérémonies en question, je leur fis une demande à ce sujet. Ils répondirent : « Non; mais à voix haute et intelligible, afin que tout le monde entende leurs prières; à moins que les arikis ne désapprouvent leurs projets; en ce cas, leurs prières ne peuvent être entendues. » Non seulement les Nouveaux-Zélandais ont peur d'être tous tués dans le combat, s'ils entreprennent la guerre sans la permission de leur dieu, mais leur superstition leur fait craindre de succomber sous la fureur de leur propre dieu ou de celui de leurs ennemis.

« Ils croient fermement qu'un prêtre a le pouvoir de faire périr par des charmes ou des enchantements; et c'est à cette cause qu'ils attribuent la mort de plusieurs personnes.

« Je dois observer que je n'avais jamais découvert que les Nouveaux-Zélandais fissent des sacrifices humains à leurs dieux en aucune occasion, avant que Chongui et Temarangai m'eussent fait ce rapport. Mais je suis maintenant convaincu qu'ils pratiquent ces cruelles cérémonies.

« Lorsque j'eus fini cette conversation, je me promenais sur le rivage, quand je rencontrai une femme d'une figure et d'une tournure fort intéressantes. Elle me pria de lui donner une pioche. Je lui demandai qui elle était et d'où elle venait. Elle me dit qu'elle était prisonnière de guerre; qu'elle avait été prise entre le cap et la rivière Tamise, et amenée à Rangui-Hoa par l'armée de Chongui; et que sa tante, qui était une grande reine, se nommait Hina. A Parramatta j'avais entendu parler aux naturels de cette femme, comme possédant un vaste territoire et ayant de nombreux sujets; et M. Kendall, dans sa correspondance avec moi, m'avait par hasard mentionné son nom. Cette jeune femme m'apprit que Chongui avait attaqué leur pays à l'improviste. Elle avait été faite prisonnière dans la ville : son père, sa mère et ses sœurs s'étaient échappés; aucune de ces personnes n'avait péri. La cause de l'invasion dont elle avait été la victime, était que ses ancêtres avaient tué trois personnes de la tribu de Houpa, et les amis de celui-ci étaient venus pour tirer vengeance de ce meurtre. Ce récit confirmait celui que Chongui venait de me faire.

« Tandis qu'elle me racontait ces particularités, le jeune homme qui l'avait enlevée dans l'attaque de la ville, était debout près d'elle; elle faisait partie de son butin. Je lui fis observer que lorsque *l'Active* serait de retour, si j'en avais le temps, j'irais visiter son pays. Le jeune homme dit que si elle allait sur *l'Active*, il la suivrait, et qu'il lui permettrait de voir sa patrie, mais non pas d'y débarquer, de peur qu'elle ne s'échappât. »

ANTHROPOPHAGIE.

Nulle part l'anthropophagie n'est plus répandue que dans l'Océanie. On trouve cet usage exécrable dans la Polynésie, parmi plusieurs tribus de l'Australie, et même chez plusieurs peuples de la Malaisie qui jouissent déjà d'une certaine civilisation. Nous avons nommé, dans cette division, les naturels de l'île d'Ombaï, les tribus noires de Timor, les Dayas de Kalemantan, les Alfouras de Maïndanao et les Battas de Soumâdra, et nous avons donné les détails de cette abominable pratique chez les Battas et les Kalémantans. Les habitants de Noussa-Laout, dans le groupe d'Amboine, étaient encore anthropophages au commencement du siècle dernier. Quelques tribus célébiennes et javanaises mangent quelquefois le cœur de leurs ennemis. Il n'existe guère dans les premières de guerrier fameux qui n'ait goûté de cet horrible mets dans quelque circonstance de sa vie. Dans l'Australie on retrouve l'anthropophagie chez les naturels les plus abrutis des environs du port Western, parmi ceux qui vivent dans le voisinage des montagnes Bleues et autres lieux du continent austral, ainsi que parmi les nombreuses peuplades tannées de la Nouvelle-Zeeland, les tribus noires de la Nouvelle-Calédonie, des archipels de Salomon, des Nouvelles-Hébrides et de la Louisiade. Dans la Polynésie, les cannibales les plus féroces sont les naturels de l'archipel de Viti ou Fidji, surtout ceux de l'île Navihi-Levou, ceux de la Nouvelle-Zéeland, les naturels des archipels de Samoa, ou des Navigateurs, et ceux de Nouka-Hiva. Dans ce dernier, non seulement les habitants dévorent leurs prisonniers, mais, ce qui les distingue de presque tous les anthropophages connus, c'est qu'en temps de disette ils dévorent leurs parents âgés, leurs enfants, et jusqu'à leurs propres femmes! Les naturels de Malilegotot, dans le groupe oriental de l'archipel des Carolines, et ceux des groupes de Repith-Urur et de Palliser, sont anthropophages, et les habitants des archipels de Tonga, ou des Amis, et de Peliou ou Palaos, dans le grand archipel des Carolines, les plus humains et les plus réservés des Polynésiens, le sont également, malgré les éloges exagérés que leur ont prodigués Cook et Wilson. Les habitants de l'archipel de Taïti n'y ont renoncé que depuis environ un demi-siècle; et s'il faut en croire un voyageur anglais, nous y trouverons récemment un exemple de cette coutume infernale.

CONSTRUCTION DES NAVIRES.

La position insulaire de presque toutes les tribus océaniennes en fait des marins aussi habiles qu'intrépides, et a contribué sans doute à porter à un haut point de perfection l'art de construire leurs pirogues et leurs *korokoros* ou barques de guerre. Les pirogues à balancier, légères, rapides et propres à la navigation des côtes et des mers tranquilles, se trouvent en usage parmi les habitants des archipels des Mariannes et des Carolines, et dans presque toutes les peuplades de la Polynésie. Les Carolins, particulièrement ceux du groupe de Gouliaï (Ouléa ou Ouli), sont les navigateurs les plus expérimentés et les plus intrépides de cette partie de la Polynésie. Leurs pirogues, qu'on a appelées *volantes*, sont les plus rapides et les plus parfaites que l'on connaisse. Nous avons déjà mentionné le voyage qu'elles font aux Mariannes; nous rappellerons ici l'intéressante observation faite par Malte-Brun, sur les renseignements que M. Gaimard lui avait fournis : ces insulaires divisent la rose des vents précisément comme le faisaient, d'après Timosthènes, les Grecs et les Romains depuis Alexandre jusqu'à Claude. A l'autre extrémité de la Polynésie, les naturels des îles Pomotou, qui habitent également des îles basses ou atolons, possèdent de grandes pirogues doubles, dans la conduite desquelles ils se montrent aussi habiles navigateurs. Les Nouveaux-Zéelandais possèdent de superbes pirogues de guerre sans balancier; mais ils ne s'éloignent jamais hors de vue de terre, comme les Carolins et les Pomotous, qui se dirigent d'après les astres.

Qu'il nous soit permis d'ajouter quelques lignes sur ces embarcations des Océaniens, car elles ont excité l'admiration de tous les navigateurs européens qui ont eu occasion de les observer, et elles ont été, jusqu'à ces derniers temps, l'objet sur lequel ces insulaires déployaient toutes les ressources de leur industrie. « Les pirogues simples, creusées dans un tronc d'arbre, dit M. Lesson, peuvent se reproduire ailleurs; mais il n'en est pas de même des *pirogues doubles*, ou accolées deux à deux, qu'on ne rencontre nulle part chez les peuples d'une descendance étrangère aux Polynésiens. Nous vîmes à Tahiti des pirogues doubles qui arrivaient des îles Pomotou : c'étaient de vrais petits navires, propres à faire de longues traversées, et capables de contenir des vivres en proportion déterminée pour l'équipage, qui est logé dans une cabane en bois, solidement tissée et disposée sur le tillac. La coque de chacune des deux pirogues est calfatée avec soin et enduite de mastic, et de forts madriers solidement liés les unissent. Leur gouvernail est remarquable par un mécanisme ingénieux que nous ne pouvons point indiquer ici. Ces pirogues étaient anciennement, chez les Tahitiens, décorées de sculptures qu'on retrouve encore aujourd'hui sur les embarcations sveltes des Nouveaux-Zélandais. Ces reliefs, débris des arts traditionnels que ces peuples ont conservés, et dont le fini étonne lorsqu'on examine l'imperfection des instruments qu'ils employaient, sont toujours identiques par leurs représentations. Ils les négligent depuis que les Européens leur ont porté le fer. Les idées nouvelles qu'ils ont reçues feront bientôt disparaître les traces de ces ingénieux travaux, qui s'effaceront avec le sens mythologique qu'on y attachait, et que remplace déjà, chez plusieurs, une imitation plus ou moins grossière de nos arts et de nos procédés. Les pirogues doubles sont usitées à Tahiti et dans les archipels voisins, aux Sandwich, aux îles Marquises et jusqu'à Rotouma. Nous ne les avons pas vues à la Nouvelle-Zéeland, où la nature des baies nécessite des embarcations plus légères ; il paraît cependant qu'ils s'en sont parfois servis. Toutes les pirogues zéelandaises ont leur avant surmonté d'une tête hideuse, tirant la langue, ce qui est chez eux le signe de guerre et de gloire ; et l'arrière est terminé par une pièce sculptée, haute de quatre pieds, représentant un dieu et des cercles sans fin, dont la signification est entièrement symbolique. »

INDUSTRIE ET COMMERCE.

Toutes les tribus policées de la Polynésie fabriquent des étoffes fines avec l'écorce de l'aouté (*broussonetia papyrifera*), et des toiles plus grossières avec le liber de l'arbre à pain (*artocarpus incisa*). C'est avec un maillet quadrilatère et strié sur ses quatre faces qu'elles les façonnent, en frappant sur les écorces ramollies et invisquées avec un gluten. Toutes emploient les mêmes procédés de fabrication, ainsi que l'art de les enduire d'une sorte de caoutchouc pour les rendre imperméables à la pluie. De tels rapprochements doivent dériver des arts pratiqués jadis par les pères de ces peuples. Tous les Polynésiens préparent et font cuire leurs aliments dans des fours souterrains, à l'aide de pierres chaudes. Ils se servent de feuilles de végétaux pour leurs besoins divers. Ils convertissent le fruit à pain, la chair du coco et le taro en bouillies ; tous boivent le kava ou l'ava, suc d'un poivrier, qui les enivre et les délecte.

Les Haouaïens font les étoffes les plus remarquables avec l'écorce de mûrier. Les Nouveaux-Zéelandais confectionnent de beaux manteaux avec leur fameux *phormium tenax*. Les Carolins sont les seuls Polynésiens qui fabriquent de vrais tissus. Les habitants de Rotouma font de très-jolies nattes. Les habitants des archipels de Tonga (des Amis), de Taïti (de la Société), et de l'île Rouroutou (Ohiteroa), dans le groupe de Touhouaï, se distinguent aussi par leur industrie.

Nous ne saurions quitter ce sujet sans signaler à nos lecteurs le goût et les dispositions pour la sculpture qu'ils montrent dans les ornements de leurs pirogues, de leurs pagaves, de leurs tambours, et même, chez quelques tribus, dans ceux de leurs cabanes.

Les sculptures des Nouveaux-Zéelandais, des Taïtiens, des naturels des Péliou et des autres îles Carolines, sont des chefs-d'œuvre d'élégance.

Quant au commerce, il n'y a que les Haouaïens et les Carolins occidentaux qu'on puisse regarder comme des peuples commerçants. Le port d'Hanarorou, dans l'archipel de Haouaï, est déjà devenu le rendez-vous des bâtiments qui se rendent en Amérique, aux Philippines et à Kangton. Depuis 1805, une flottille part de Setoual, d'Ouiea, et autres îles de l'archipel des Carolines, se rend à Lamourek, et va tous les ans à Agagna, dans l'île de Gouaham (groupe des Mariannes), où elle commerce avec les Espagnols de cette colonie.

TATOUAGE ET MÉTHODE EMPLOYÉE POUR TATOUER (*).

Le tatouage est pratiqué par tous les insulaires de la Polynésie, et en général par toutes les nations sauvages ou à demi civilisées. Les Nouka-Hiviens et les Nouveaux-Zéelandais surpassent tous les Polynésiens dans cet art. Le climat qu'ils habitent ne comporte pour tout vêtement qu'une draperie légère; mais si le corps des insulaires est peu vêtu, du moins ils ne négligent pas de l'orner de différents dessins qu'ils impriment sur la peau même.

L'opération de *tatouer*, c'est-à-dire, d'imprimer ces dessins, appartient à des *tatoueurs* en titre. Ils la font très-adroitement, en se servant d'un petit morceau d'écaille de tortue, semblable, pour la forme, à une portion de lame de scie présentant cinq ou six dents droites et aiguës. Le tatoueur, après avoir enduit les dents de l'outil d'une peinture noire, qui n'est pas autre chose que de la poussière de charbon délayée dans de l'eau, applique l'outil à la peau, et frappe dessus à petits coups, avec une baguette, jusqu'à ce que les pointes des dents aient pénétré jusqu'au vif. L'opération occasionne une légère inflammation et une enflure peu douloureuse, qui, cependant, ne cesse qu'au bout de quelques jours. Par le moyen de ces piqûres, les sauvages de la mer du Sud se dessinent, sur le visage et sur toutes les parties du corps, des figures indélébiles, dont les unes sont des cercles parfaitement tracés; d'autres des portions de cercle; d'autres des lignes spirales, des figures carrées ou ovales, des échiquiers; d'autres enfin, des lignes inclinées et croisées diversement. Tous ces dessins sont distribués avec la plus grande régularité : ceux d'une joue, d'un bras, d'une jambe, correspondent exactement à ceux de l'autre; et cette bigarrure, tout extraordinaire qu'elle est, présente un ensemble qui plaît. Les chefs nobles de l'île Nouka-Hiva, surtout, semblent couverts d'un justaucorps de différentes étoffes, ou d'une cotte de mailles décorée d'un grand nombre de ciselures précieuses; mais les serfs, les esclaves et les hommes des classes inférieures sont tatoués avec moins d'art et de soin; quelques-uns ne le sont même pas du tout. Quant aux femmes, il est défendu de les tatouer autre part que sur les mains, sur les bras, aux lèvres et aux lobes de l'oreille.

« En me promenant ce matin au travers du village de Ranguihou (dans la Nouvelle-Zélande), dit M. d'Urville, j'ai observé Tawi qui tatouait le fils de feu Tepahi, sur la fesse et sur la partie supérieure de la cuisse. Cette opération était très-pénible; elle s'effectuait au moyen d'un petit ciseau fait avec l'os de l'aile d'un pigeon ou d'une poule sauvage. Ce ciseau avait environ trois lignes de large, et était fixé dans un manche de quatre pouces de long, de manière à former un angle aigu et à figurer une espèce de petit pic à une seule pointe. Avec le ciseau, l'opérateur traçait toutes les lignes droites et spirales, en frappant sur la tête avec un morceau de bois d'un pied de long, à peu près comme un maréchal ouvre la veine d'un cheval avec la flamme. Un des bouts du bâton était taillé à plat, en forme de couteau, pour enlever le sang à mesure qu'il dégouttait des plaies. Le ciseau paraissait, à chaque coup, traverser la peau et l'entail-

---
(*) Notre mot tatouage paraît évidemment venir du mot *tataou* qui, aux îles Taïti et Tonga, sert à désigner cette opération. Les Papouas emploient le mot *pa*.

ler comme un graveur taille une pièce de bois. Le ciseau était sans cesse plongé dans un liquide extrait d'un arbre particulier, et ensuite mêlé avec de l'eau ; c'est ce qui communique la couleur noire, ou, comme ils le disent, le *moko*. J'observai une chair baveuse qui s'élevait dans quelques endroits qui avaient été taillés presque un mois auparavant. L'opération est si douloureuse que tout le tatouage ne peut être supporté en une seule fois ; et il paraît qu'il faut plusieurs années avant que les chefs soient parfaitement tatoués. »

« Ces dessins, dit M. Lesson, que l'art grave sur la peau d'une manière indélébile, qui la revêtent et voilent en quelque sorte sa nudité, paraissent étrangers à la race nègre ; qui ne les pratique que rarement, toujours d'une manière imparfaite et grossière, et qui les remplace par les tubercules douloureux et de forme conique que des incisions y font élever. Cette opération, dont le nom varie chez les divers peuples, est employée non-seulement comme un ornement de fantaisie ou hiéroglyphique, mais paraît avoir pour objet la désignation des classes ou des rangs. Le soin et la fidélité que ces insulaires apportent à reproduire ces dessins, sont une sorte de présomption pour croire que des motifs qui nous sont inconnus, ou des idées dont la tradition s'est effacée, y attachaient un sens. Les insulaires des Pomotous (îles Basses) se couvrent le corps de figures tatouées ; leurs voisins, les Tahitiens, en ont beaucoup moins, et, surtout, n'en placent jamais sur le visage, et se bornent, avec ceux de Tonga, à y dessiner quelques traits légers, tels que des cercles ou des étoiles ; tandis que plusieurs des naturels de l'archipel des Sandwich, et la masse des peuplades de celui de Mendana et du groupe de la Nouvelle-Zélande, ont le visage entièrement recouvert de traits toujours disposés d'après des principes reçus et significatifs.

« Les mères, dans l'archipel de Sandwich, dit M. Morineau, se chargent de tatouer leurs enfants. Le tatouage de bas âge a pour but d'indiquer l'extraction de l'individu. Ces marques, qui nous semblent si bizarres, font d'abord connaître à quelle tribu, à quelle famille il appartient ; plus tard, d'autres dessins servent à perpétuer un fait glorieux ou tout autre événement. Les marques les plus ordinaires sont des raies en zigzag sur les bras et les jambes. Beaucoup d'hommes de moyen âge portent à la poitrine, ou sur un bras, le nom de Tamehameha. Les femmes ont toutes un damier autour de la jambe droite, et très-souvent l'intérieur d'une main garni d'étoiles, d'anneaux, de croissants et d'autres figures; plusieurs même ont la langue tatouée. Les chèvres jouent un grand rôle dans le tatouage moderne ; plusieurs indigènes en ont de dessinées sur toutes les parties du corps, et même sur le front, les joues et le nez. Du reste, continue ce voyageur, cet usage commence à s'affaiblir dans cet archipel ; le roi n'est point tatoué, et les jeunes gens de sa suite ne le sont que fort légèrement. »

M. Lesson prétend que leur aspect acquérant un caractère de férocité remarquable, cet usage est né du désir d'inspirer une grande terreur à l'ennemi, ou de blasonner des titres de gloire, et qu'il s'est conservé par la suite, comme le témoignage de la patience du guerrier à endurer la douleur qu'accompagne toujours une pratique qui blesse les organes les plus sensibles de la périphérie du corps. Les femmes, à la Nouvelle-Zéeland, comme dans l'archipel de Mendana, se font piquer des dessins à l'angle interne des sourcils et aux commissures des lèvres, et souvent sur le menton.

A Tahiti, selon M. Jules de Blosseville, le tatouage (tatou) offrait des dessins particuliers pour les sept classes d'arreoys. Il rappelait quelquefois le deuil ou des souvenirs historiques, lorsqu'il n'était pas un simple ornement. Souvent un cocotier était représenté sur les jambes, tandis qu'on voyait sur la poitrine des combats, des exercices, des récoltes de fruits, des armes, des animaux, un sacrifice humain porté au moraï.

« En général, dit M. Lesson, le tatouage des peuples appartenant au foyer de civilisation polynésienne se compose de cercles ou demi-cercles, opposés ou bordés de dentelures, qui se rapportent au *cercle sans fin* du monde de la mythologie indienne. Cependant, celui des naturels de Rotouma diffère assez essentiellement, puisque le haut du corps est recouvert de dessins délicats, de traits légers de poissons ou autres objets, tandis que celui qui revêt l'abdomen, le dos et les cuisses, est disposé par masses confuses et éparses. Le tatouage des peuplades comprises dans le foyer de civilisation carolinienne diffère de celui en usage chez les autres Polynésiens, en ce qu'il est placé généralement par larges masses sur le corps, et que chez divers de ces insulaires il couvre le tronc en entier, en formant ainsi une sorte de vêtement indélébile, mais arbitraire par les détails. »

Aux Carolines, le tatouage ne doit être opéré que sous les auspices des idées religieuses, et qu'avec certains signes divins. Le chef qui doit exécuter l'opération invoque la divinité en faveur de la maison et des personnes qui doivent y être tatouées, et ce n'est qu'à une sorte de sifflement qu'on reconnaît son consentement. Si ce signe ne se manifeste point, l'opération n'a pas lieu. De là vient que quelques individus ne sont jamais tatoués; parce que si l'opération se faisait dans l'absence des signes divins, la mer submergerait leurs îles, et toute la terre serait détruite. C'est la mer seule que redoutent ces insulaires, et, pour arrêter l'effet de son courroux, ils ont recours aux conjurations. Kadou dit à M. de Chamisso qu'un jour il avait vu la mer monter jusqu'au pied des cocotiers, mais qu'elle se retira, parce qu'elle fut conjurée à temps.

Le capitaine Lütke nous apprend que les habitants d'Otdia refusèrent plusieurs fois de conférer la décoration du tatouage aux officiers russes qui le demandaient; et pour s'excuser poliment, le plus souvent ils alléguaient les conséquences pénibles de cette opération, l'enflure, la douleur, etc. Enfin un chef de Aur désigna sa maison à l'un des Russes pour y passer la nuit, promettant de le tatouer le lendemain matin; mais le lendemain, le chef éluda de nouveau sa promesse sous toutes sortes de prétextes. Peut-être une sorte de distinction nationale, attachée au tatouage, empêche-t-elle les Polynésiens de l'appliquer aux étrangers.

Quelques voyageurs et géographes ont longuement disserté sur la question de savoir pourquoi cet usage est commun à presque tous les peuples sauvages. La solution de cette question ne me paraît pas difficile à donner. Tous les hommes naissent avec le goût de la parure; et ceux qui, par la nature du climat ou par le défaut d'étoffes, éprouvent l'impossibilité de s'envelopper, comme nous, d'un tas de vêtements plus ou moins gênants, ou sans dignité et sans goût, incrustent sur leur peau des vêtements qui leur tiennent lieu d'habits.

Voilà ce que nous connaissons sur cette coutume des divers peuples polynésiens. Au reste, le tatouage était connu des anciens peuples barbares. J'ai vu à *Biban-el-Molouk*, près de l'ancienne Thèbes, en Égypte, des tableaux du tombeau d'Ousirei Ier, où les ancêtres asiatiques de la race blanche européenne, et peut-être même de ceux qui étaient établis dans la Thrace, sont représentés tatoués et couverts de peaux d'animaux. Jules César, dans ses Commentaires, nous apprend que les habitants de la Grande-Bretagne pratiquaient également cette opération.

Certes il n'était pas nécessaire d'aller jusqu'en Océanie pour se faire une idée du tatouage, puisque de tout temps les soldats et les matelots français et étrangers ont connu le moyen de dessiner sur leur peau des figures indélébiles. Mais leur procédé diffère de celui de ces insulaires : le dessin se fait en piquant la peau jusqu'au vif avec une aiguille; la partie dessinée est sur-le-champ couverte de poudre à canon réduite en poudre impalpable; on y met le feu, et l'explosion qui fait pénétrer dans la peau des particules de poudre, y laisse gravé le dessin, qui s'y montre sous une couleur bleue, qu'aucun ingrédient ne saurait désormais effacer.

Les rapports si frappants que nous avons remarqués dans les lois, la religion, les cérémonies, les mœurs et l'industrie des Polynésiens, ne peuvent être l'effet du hasard, vain mot qui ne signifie rien pour le philosophe et le mathématicien. On doit ajouter l'affinité de l'idiome des diverses peuplades.

Un Tagale des îles Philippines, qui se trouvait à bord d'un des vaisseaux de Lapérouse, et qui parlait le tagale (langue dérivée du malai), fut entendu par les habitants des îles Samoa. Souvent la même expression désigne la même cérémonie et le même spectacle national; par exemple, le mot tatou signifie une interdiction, depuis Haouaï jusqu'à la Nouvelle-Zeeland, où l'on prononce tapou; les mots *tanger tfaifil*, dans l'archipel des Carolines, signifient *complainte des femmes;* ils dénotent une espèce de spectacle, et désignent également une fête publique. Dans l'archipel de Tonga, la même chose est nommée *tangi cefaine*. A Homao, une des îles Tonga, *Tamolao* signifie un chef; aux Carolines occidentales les chefs sont nommés *Tamoles*. Quant à la société des *Aritoys*, en retranchant la lettre *t*, car la langue taïtienne adoucit singulièrement la prononciation, le mot *aritoy*, en usage aux Mariannes, devient le mot *arioy* des îles de la Société.

DANSES ET CHANTS SOLENNELS.

Les danses dans les îles Peliou et Carolines, aux Mariannes et dans l'île Onatou, qui appartient au groupe d'Harvey, ont ensemble une ressemblance frappante (*). Le cérémonial, dans plusieurs occasions solennelles, est le même dans des îles très-éloignées les unes des autres. Les habitants des îles *Peliou*, ceux des *Carolines*, et ceux de *Manaia*, éloignés d'environ 1500 lieues, saluent de la même manière. Leurs civilités et la marque de leurs respects consistent à prendre la main ou le pied de celui à qui ils veulent faire honneur, et à s'en frotter doucement tout le visage. Le salut, en se flairant le nez, est également en usage depuis les îles Haouaï jusqu'à la Nouvelle-Zeeland. Dans les îles Tonga, on honore les chefs et les étrangers par des danses nocturnes, accompagnées de chants et de musique (*). Dans les îles Carolines, on exécute, le soir, de pareils concerts autour de la maison des chefs et ils ne s'endorment qu'au bruit d'une musique exécutée par une troupe de jeunes gens (**).

Dans la plupart de ces îles, les Polynésiens reçoivent les étrangers avec des chants solennels, et leur présentent, en signe de paix, une branche de bananier. Au contraire, la race noire repousse le plus souvent toute communication avec des étrangers.

SOCIÉTÉ INFAME DES ARITOYS.

La société des Aritoys est ce qu'il y a de plus singulier et de plus scandaleux dans les mœurs de Taïti. Ces réunions d'hommes et de femmes, qui ont érigé la débauche et l'infanticide en lois fondamentales, sont un phénomène horrible, mais presque unique dans l'histoire morale de l'homme. Le P. Le Gobien nous apprend qu'il existe une pareille société aux îles Mariannes. Les Aritoys, dit-il (***), sont des jeunes gens qui, vivant avec des maîtresses, sans vouloir se marier, forment une association particulière.

AUTRES RESSEMBLANCES.

Le salut par l'attouchement du nez existe dans l'archipel des Carolines, à Peliou et dans l'île Manaïa, c'est-à-dire à des distances de quinze cents lieues. On y prend le pied ou la main de celui à qui on veut montrer du respect, et on s'en frotte doucement le visage. Observons que cet usage existe aussi chez plusieurs Dayas ou naturels de l'île Kalemantan ou Bornéo. Enfin dans toute la Polynésie on professe le plus grand respect pour les morts et les lieux de sépulture.

(*) Cook, troisième voyage, t. I, p. 358.
(**) Lettres édifiantes, ibid., p. 314.
(***) Le Gobien, *Istoria de las islas de los Ladrones*.

(*) Cook, troisième voyage, t. I, p. 251, gr. in-4; Lettres édifiantes, t. XV.

DISSEMBLANCES ENTRE PLUSIEURS PEUPLES DE LA POLYNÉSIE.

Après avoir soigneusement examiné les ressemblances qui existent entre les différents peuples de l'immense Polynésie, nous devons aussi examiner les dissemblances qui existent entre ces peuplades séparées par de si grands espaces.

Les insulaires des îles Haouaï sont plus bruns que ceux de Taïti, quoiqu'à la même distance de l'équateur. Les naturels de Nouka-Hiva et des îles Washington sont d'un brun très-foncé et presque noirs; cependant les chefs de la noblesse, moins exposés aux ardeurs du soleil, ont un teint plus clair, ainsi que dans les autres archipels. Mais tous ces peuples ont les cheveux noirs comme les Malais. Les habitants de la Nouvelle-Zeeland et de l'archipel de Nouka-Hiva l'emportent sur tous les autres par les belles proportions de leurs formes et la régularité de leurs traits. Les femmes y sont d'une beauté remarquable, et celles d'un rang supérieur sont presque aussi blanches que les femmes du midi de l'Europe. Les indigènes des îles Samoa ont une haute stature et une force athlétique. Ceux des îles Tonga, au contraire, sont petits, et les naturels de Taïti sont d'une taille inférieure à la première, et supérieure à la seconde. Toutes ces peuplades laissent apercevoir aussi diverses nuances dans leur caractère national. Ainsi, les habitants de la Nouvelle-Zeeland, de Nouka-Hiva et de Samoa sont plus braves, plus fiers et plus hardis que les Taïtiens. Les habitants des îles Peliou, et de presque toutes les îles Carolines, charment par un caractère de douceur et de gaieté; tandis qu'à Nouka-Hiva et à la Nouvelle-Zeeland, les habitants de chaque vallée se font souvent la guerre, et cherchent à se dévorer mutuellement, et que, dans les temps de famine, l'homme y tue sa femme et son enfant, et les mange. Au reste, à peu de chose près, ils ont une ressemblance générale et frappante. Mais ces sauvages, objets de l'admiration de quelques auteurs qui ne les connaissaient pas, ou qui voulaient faire la satire de leur pays, sont loin de mériter les éloges de ces déclamateurs optimistes et de ces fabricateurs d'utopie qui veulent nous faire trouver en eux les hommes de l'âge d'or, et chercher dans leur pays le véritable Éden.

PREMIÈRES NOTIONS QU'ON A EUES DES POLYNÉSIENS.

Les îles de la vaste mer du Sud n'étaient pas absolument inconnues à l'Europe, avant les voyages de Bougainville et de Cook; elles avaient été découvertes, en 1616, par le célèbre navigateur hollandais Jacques le Maire, après qu'il eût trouvé le passage du sud de l'Amérique qui porte son nom. Mais en vain avait-il tracé la route de son voyage, et donné des noms à ces îles, personne, depuis lui, n'avait été assez heureux pour les retrouver. Il semblait qu'elles eussent disparu du milieu des mers avant Wallis. Néanmoins, long-temps avant les Européens, et dès le quatrième siècle de l'ère chrétienne, les Chinois voyageaient sur les mers de l'Amérique, allaient jusqu'au Pérou, et parcouraient toutes les îles de la Malaisie et plusieurs de celles de la Polynésie, ou Océanie orientale (*). Enfin l'auteur du *Monde primitif* (**) remonte bien au-delà des navigations des Chinois, pour chercher ceux qu'il pense avoir peuplé les premiers les îles de la Polynésie. « Dès qu'il est démontré, dit-il, que les Phéniciens ont fait le tour de l'Afrique, et qu'ils ont été aux Indes, ils ont pu faire le tour de la mer du Sud, en allant d'île en île, et suivre les côtes de l'Amérique orientale et occidentale : ceci est d'autant plus possible, que les Chinois eux-mêmes, navigateurs bien inférieurs aux Phéniciens, voyageaient, dès le quatrième siècle, sur les mers de l'Amérique... Comme la plupart de ces îles, telles que la Terre de Feu, les

(*) On en trouvera la preuve dans un Mémoire de M. de Guignes, imprimé dans le XXVIII⁰ volume, in-4, des Mémoires de l'Académie des inscriptions, et dont le titre est : *Recherches sur les navigations des Chinois du côté de l'Amérique, et sur quelques peuples situés à l'extrémité orientale de l'Asie.*

(**) Court de Gébelin.

îles de la Sonde, l'île de Bourbon, qui en est criblée, etc., renferment des volcans, qui occasionnent encore de nos jours de terribles ravages, et que les autres portent les marques les plus sensibles d'avoir subi autrefois les mêmes désastres, on ne saurait douter qu'elles ne soient les restes d'un ancien continent bouleversé par les eaux et par les volcans; et si on suppose que ce bouleversement est postérieur aux navigations des anciens Phéniciens, à ces navigations antérieures à nous de plus de trois mille ans, il en résulterait une plus grande facilité pour les voyages de ce peuple dans la mer du Sud. Mais, quoi qu'il en soit de cette conjecture et de celle qui attribuerait aux Phéniciens ces monuments en pierre qu'on trouve dans les îles Mariannes et dans quelques autres îles de la mer du Sud (*), et que leurs habitants actuels sont incapables d'avoir exécutés, on peut donner en preuve du séjour que les Phéniciens ont fait dans ces contrées, 1° la conformité des noms de nombre qu'on observe dans l'île de Madagascar, dans toutes ces îles, avec ceux des anciens Phéniciens; 2° le rapport prodigieux des langues qu'on parle dans toutes ces îles, avec la langue malaye et le phénicien, etc.... »

Malgré ces assertions hasardées, il est bien difficile d'expliquer comment ces îles innombrables de la Polynésie, étrangères, pour ainsi dire, au reste du globe, ont été formées, et comment elles ont été peuplées. A-t-il existé un temps où elles communiquaient avec le monde connu? A quelle époque, dans l'immensité des siècles, placer cette communication? Quel événement a pu y donner lieu? Quel événement a pu la détruire? Toutes ces questions se présentent en foule à l'esprit incertain. On consulte, pour les résoudre, l'histoire, les religions, les monuments, les langues et les voyageurs; mais les voyageurs, les langues, les monuments, les religions et l'histoire, tout s'entoure du mystère et du silence.

(*) A Tinian, à l'île des Pâques, etc.

HYPOTHÈSES PROPOSÉES PAR ELLIS, COURT DE GÉBELIN, LESSON, MARSDEN, MALTE-BRUN, FORSTER (PÈRE) ET D'URVILLE SUR L'ORIGINE DES POLYNÉSIENS.

Le savant missionnaire Ellis(*) suppose que les Polynésiens sont sortis de l'Amérique méridionale; mais ces peuples diffèrent totalement de langage, de lois et de constitution physique. Nous venons de voir que Gébelin (**) considère leurs îles comme des colonies phéniciennes. M. Lesson fait descendre les Carolins, qui en occupent une partie considérable, des Mongols et des Japonais. Marsden fait venir la plupart de ces peuples de Soumâdra. Malte-Brun dit en propres termes que Java doit être la mère-patrie des Malais et des Polynésiens. Forster (père) (***) et M. Dumont d'Urville (****) pensent que les Polynésiens sont originaires d'un ancien continent submergé par quelque cataclysme, et dont leurs îles seraient les débris. Mais en replaçant cet ancien continent au milieu de ces terres de nouvelle formation, ces savants expliquent une difficulté, pour en susciter cent autres. Comment expliquera-t-on les migrations de cet ancien peuple et sa dispersion de l'est à l'ouest, sans qu'il se soit répandu dans les îles Salomon, dans la Papouasie, dans la vaste Australie et dans le reste de la Mélanésie, où l'on n'a trouvé que des peuplades de la race noire?

OPINION DE L'AUTEUR SUR L'ORIGINE DES POLYNÉSIENS.

Une langue première, divisée en divers dialectes, dont le tonga, le plus poli et le plus harmonieux de tous, est enrichi de ces formes grammaticales qui annoncent une civilisation assez avancée; des institutions et des cérémonies semblables; une interdiction presque générale; souvent les mêmes lois et le même culte se rencontrent dans ces terres, si éloignées les unes des

(*) *Polynesian Researches.*
(**) Voy. le Monde primitif, par Court de Gébelin.
(***) Dans le second Voyage de Cook.
(****) Voyage de *l'Astrolabe.*

autres. Tout m'autorise à conclure que les habitants de toutes ces îles ont tiré leurs usages et leurs opinions d'une même source, et qu'on peut les regarder comme des tribus dispersées d'une même nation, qui se sont séparées à une époque où les idées politiques et religieuses de cette nation étaient déjà fixées.

Ces idées, ces mœurs et cette langue ont dû naître dans un état central, au sein d'un peuple puissant et navigateur. Selon nous, cet état central, ce foyer, c'est l'île Kalémantan ou Bornéo, et les Dayas-Bouguis sont ce peuple (*). Quelques hommes parmi ces hommes, naturellement navigateurs, auront quitté leur antique patrie, et auront porté le surcroît de leur population, en suivant la mer qui est entre l'île Kalémantan et Maïndanao, et, par cette voie, auront pénétré dans le grand archipel des Carolines, d'où ils se seront établis successivement dans d'autres îles à mesure que les polypes et les volcans auront placé de nouvelles terres sur l'Océan. Je fonde au reste mes preuves sur la comparaison suivante entre les Dayas et les Polynésiens, comparaison que je crois devoir fournir un témoignage d'un grand poids.

Le teint blanc-jaunâtre plus ou moins foncé des Polynésiens et des Dayas (**), l'angle facial presque aussi ouvert que celui des Européens, leur haute stature, la physionomie régulière, le nez et le front élevés, les cheveux longs, roides et noirs, et l'usage de l'huile de coco pour les adoucir et les rendre luisants, la beauté, la grace, les manières souples et lascives de leurs femmes, et surtout des danseuses, les rapports, quoique altérés, de leurs langues, l'habitude de l'agriculture, de la chasse et de la pêche, l'habileté à construire leurs pirogues et à fabriquer leurs ustensiles, leurs immenses cases, leurs croyances religieuses, les sacrifices humains, leurs coutumes et une sorte particulière de consécration ou *tabou*, le régime féodal, à peu près semblable à celui qui est en usage dans la Malaisie, tout indique la plus grande ressemblance entre les Dayas et les Polynésiens. La comparaison serait même plus exacte entre ceux-ci et les Touradjas et les Bouguis de Célèbes; mais les Touradjas et les Bouguis, chez lesquels les propriétés des grands et des prêtres sont réputées sacrées, ainsi que dans la Polynésie et parmi les Dayas, nous paraissent, ainsi que nous l'avons déjà dit, appartenir à la race Daya, de même que les Balinais, les peuples des îles Nias, Nassau ou Poggy, les Ternatis, les Guiloliens et ceux d'une partie des Moluques, de l'archipel de Holo, des îles Philippines et des îles Peliou. Ces trois derniers surtout paraissent originaires de Célèbes et de Kalémantan ou Bornéo; mais la ressemblance des Taïtiens, des Nouveaux-Zeelandais, et surtout des Battas (*), avec les Dayas, est frappante, selon le récit des voyageurs les plus dignes de foi. Nous ajouterons que leur langue forme, en quelque sorte (**), le milieu entre le malayou, le polynésien et le malekassou, qui en est le type le plus parfait, et que les Malais et les Javans des côtes de l'île Kalémantan ou Bornéo les reconnaissent comme les aborigènes, les *Orang-Benoa* du pays.

Il est facile de voir que la différence des climats, les communications avec les îles placées dans les différentes divisions de l'Océanie, de nouvelles relations, de nouveaux besoins, des aliments quelquefois opposés, l'influence des peuples étrangers, et surtout le mélange des deux races noires et de la race malaise avec celle des Dayas, ont

---

(*) Voy. notre description de l'île Bornéo.

(**) Le véritable nom de cette nation, la plus considérable de l'île Kalémantan ou Bornéo, est Daya et non Dayak.

(*) Les Battas descendent des Biadjous, tribus des Dayas. Les savants désignent quelquefois les Biadjous sous le nom de *malem*, qui en hindoustani signifie *montagnards*.

(**) Nous avons pris pour point de comparaison la langue des Dayas-Marouts, qui habitent le nord de l'île Kalémantan, avec celles de Taïti, d'Haouaï et de la Nouvelle Zeeland, et le Malayou de Soumâdra.

dû introduire des changements notables entre ceux-ci et les peuples polynésiens, et peuvent seuls expliquer toutes ces nuances qu'on rencontre parmi les habitants de cette partie du monde. Ainsi le mélange des Lampouns, des Reyangs et des Chinois, a donné aux premiers les yeux obliques des seconds; ainsi la réunion des Nikóbariens et des Andamens a fait de ceux-là des mulâtres; ainsi, dans les îles de Loucon, de Soumâdra, et dans l'archipel des Carolines, s'est opéré le mélange de toutes les races de l'Océanie. Tous les Polynésiens ignorent l'usage de l'arc et des flèches comme instruments de guerre; tous font usage de la boisson enivrante du *Kava*, et chez quelques-uns les lois de l'étiquette ont déjà acquis un assez grand développement.

Les peuples de Haouaï, de Taïti et de Tonga, sont de tous les habitants de la Polynésie, ceux qui ont fait le plus de progrès vers la civilisation. Les Nouveaux-Zeelandais, réunis en peuplades peu considérables, et vivant sous un ciel plus âpre et sur un sol pauvre en ressources alimentaires, sont beaucoup moins avancés; mais leur population plus grande que celle des autres états polynésiens, leur énergie, leur activité et leur aptitude pour les arts et métiers, font espérer que leur civilisation plus tardive fera un jour des progrès plus rapides.

VENTS ET COURANTS.

Les vents et les courants qui règnent dans ce vaste océan, suivent le mouvement général de l'atmosphère et de la mer, de l'est à l'ouest, en sens inverse de la rotation du globe; de même la Polynésie, qui, sauf la Nouvelle-Zeeland et ses annexes, est tout entière en dedans des tropiques, est généralement soumise à la force, à la direction et à la constance des vents alisés de l'est, qui soufflent ordinairement en dedans et près du cercle arctartique; tandis qu'à 40 degrés du nord et au sud de l'équateur règnent les tempêtes et les vents variables, et que dans la partie nord de l'Océan, les vents d'ouest sont les plus généraux.

Chaque île a ses brises de mer et de terre, les unes pendant le jour, les autres pendant la nuit; ce qui rafraîchit constamment les terres équatoriales ou intertropicales. Dans le voisinage des grandes îles, la rencontre des montagnes altère souvent leur direction, et ils sont même remplacés quelquefois par des brises alternatives de terre et de mer. Pendant les mois d'hiver, c'est-à-dire, lorsque le second passage du soleil au zénith amène les pluies, les vents tournent tout à fait, et soufflent très-fréquemment du sud et du sud-ouest. Aux équinoxes, les coups de vent sont quelquefois très-impétueux aux îles Haouaï; ils ont beaucoup moins de force dans l'archipel de Taïti. Les îles Mariannes et la partie occidentale des Carolines, situées à la rencontre des vents alisés avec ceux des moussons, subissent particulièrement l'influence de ces derniers, qui se font quelquefois sentir à une distance encore plus grande dans l'est. Dans le voisinage de l'équateur, les brises ont moins de régularité, et les calmes sont plus fréquents.

Aux environs de la Nouvelle-Zeeland, les vents sont plus souvent ouest, et soufflent pendant l'hiver avec fureur.

Les alisés des îles Tonga sont le sud sud-est et l'est sud-est. Cependant, en février, mars et avril, le nord-ouest et l'ouest règnent quelquefois. Ils déterminent des temps orageux, accompagnés de pluies et de violentes rafales.

GÉOLOGIE GÉNÉRALE.

Avant de tracer l'esquisse de la géologie et de la formation du sol de la Polynésie, nous avons cru devoir établir la théorie la plus récente et la plus complète de cette belle science, telle que les travaux de Fourier, de Cuvier, de Cordier, de Reboul et autres savants l'ont faite. Cet ouvrage n'étant pas seulement destiné aux savants, mais aussi aux gens du monde, nous avons pensé qu'il importait de détruire en eux les idées erronées qui sont répandues à ce sujet. Les sources où nous avons puisé doivent offrir une puissante garantie; car nous avons extrait le chapitre suivant des Revues trimestrielle et démocratique, et de l'Encyclopédie pittoresque, en y mêlant nos idées et le résultat de nos observations. D'ailleurs, pour être bien compris de nos lecteurs, il a fallu établir la base des principes auxquels se rattachent les faits que nous avons déjà donnés, et ceux qui vont suivre.

TEMPÉRATURE DE LA TERRE ET DU CIEL. CRÉATION DES MONDES. LES QUATRE AGES DE LA GÉOLOGIE. FOSSILES.

Jadis l'esprit de système avait supposé l'existence du feu central, principe fondamental de la géologie moderne. Aujourd'hui cette supposition nous paraît être devenue une preuve, grâce aux observations et aux travaux de Constans, Lagrange, Dolomieu, Hutton, Playfair, Laplace et Fourier. Cette preuve résulte de l'étude exacte, approfondie de phénomènes d'ordres bien différents; et, certes, on ne peut croire que ce soit par hasard que la physique, la mécanique céleste et la géologie arrivent au même terme, en suivant des routes si diverses. Ainsi la supposition d'un feu central qui a fourni le fond de quelques-unes des fables dont le genre humain a été bercé dans son enfance, dont on trouve des traces dans la mythologie de presque tous les peuples, qui n'a commencé à prendre quelque consistance que depuis la découverte des lois du système du monde, et que Descartes, Halley, Leibnitz, Mairan, Buffon, surtout, et plusieurs autres philosophes des temps modernes, avaient adoptée, présente déjà les caractères d'un principe réel et fondamental.

Les expériences du savant Fourier confirment pleinement l'existence d'une température intérieure, qui ne tient point à l'influence des rayons solaires, qui est incontestablement propre à la terre, et qui augmente rapidement avec les profondeurs. En les rapprochant de toutes celles qui ont été faites antérieurement, on est, en outre, autorisé à conclure:

1° Que l'augmentation de la chaleur souterraine ne suit pas la même loi partout; qu'elle peut être double et même triple d'un pays à un autre;

2° Que ces différences ne sont en rapport constant, ni avec les latitudes, ni avec les longitudes;

3° Enfin, que l'augmentation est certainement plus rapide qu'on ne l'avait supposée; qu'elle peut aller à un degré pour quinze, et même pour treize mètres en certaines contrées; et que, provisoirement, le terme moyen ne peut être fixé à moins d'un degré pour vingt-cinq mètres.

Ces conclusions fortifient les inductions desquelles on a conclu que la fluidité dont le globe a très-probablement joui avant de prendre sa forme sphéroïdale, était due à la chaleur; que cette chaleur était immense; qu'elle subsiste encore à l'intérieur, ainsi que la fluidité originaire; en d'autres termes, que la terre est un astre éteint superficiellement, dont l'écorce a cristallisé, par l'effet d'un refroidissement successif qui est infiniment loin d'avoir atteint sa limite. L'existence des métaux prouve qu'il peut se trouver au centre de la terre des matières ayant, par leur nature, une extrême densité. Ainsi, selon M. Cordier, de l'Institut, il peut y avoir de la vraisemblance dans l'hypothèse déjà ancienne de Halley, qui attribue les actions magnétiques à l'existence d'une masse de fer métallique irrégulière, et jouissant d'un mouvement particulier de révolution au centre de la terre.

On trouve que la température de cent degrés du pyromètre de Wedgwood, qui est capable de tenir en fusion toutes les laves et une partie des rochers connus, existe à une profondeur très-petite, et qui n'égale pas, terme moyen, la quarantième partie du rayon terrestre. D'autres faits concourent pour faire présumer que l'écorce consolidée a moins de vingt lieues d'épaisseur moyenne, d'après l'inégalité des températures souterraines d'un pays à un autre. On est d'ailleurs fondé à croire que cette épaisseur est très-variable; cela résulte évidemment de l'influence que la différente conductibilité des matières consolidées a dû exercer sur les progrès du refroidissement depuis l'origine des choses.

On obtient aussi ce singulier résultat, que les terrains primordiaux sont d'autant plus anciens qu'ils sont plus voisins de la surface, ce qui est l'opposé de ce qu'on a cru jusqu'à présent en géologie.

On peut fondre ces rochers, ces porphyres, ces calcaires ; mais la fusion des uns ni des autres ne reproduit de la lave : celle-ci a une composition chimique différente. Il est donc bien certain déjà que le foyer d'où les volcans tirent les matières qu'ils rejettent, n'existent pas dans les terrains où s'ouvrent leurs cratères : il existe au-dessous.

Les expériences faites jadis avec la balance de torsion ont conduit les physiciens à un des résultats les plus singuliers des sciences physiques : on a déterminé le poids du globe terrestre. Comme ses dimensions, d'ailleurs, sont bien connues, il a été facile d'en conclure sa pesanteur spécifique, laquelle n'est autre chose que le rapport du poids au volume. On sait aussi que la terre pèse environ cinq fois plus que ne pèserait un sphéroïde égal d'eau.

La fécondité des applications est remarquable, et cette fécondité ajoute à la probabilité du principe. Il n'en a pas été de même du système neptunien qui a dominé si long-temps en Allemagne, et qui nous représentait le globe comme une masse solide jusqu'au centre, froide, inerte, et formée de bas en haut par des dépôts aqueux. Ce système a été stérile, et aucune de ses applications ne soutient maintenant un examen sérieux. Il va se réduire à d'étroites limites, à l'explication de ces couches superficielles formées de sédiments consolidés, de débris agglomérés et de dépouilles organiques, qui constituent presque en entier l'enveloppe excessivement mince qu'on nomme sol secondaire. Il ne fallait qu'une épreuve bien simple pour anéantir ce système, celle de la comparaison des masses d'eau, et des matières terreuses et métalliques qui entrent dans la composition du globe. Il est aisé d'établir que le poids de toutes les eaux n'excède pas la cinquante-millième partie du poids du globe entier ; or, de quelque dissolvant qu'on veuille aiguiser cette masse, il est inadmissible qu'elle ait jamais pu dissoudre une masse cinquante mille fois plus grande de pierres et de métaux.

Il ne peut donc rester aucun doute sur l'incandescence antique de la terre ; incandescence qui en avait fait une masse entièrement liquide. Sa forme d'ellipsoïde aplati aux pôles, renflé à l'équateur, le peu d'eau qu'elle contient proportionnellement à la masse des éléments terreux et métalliques, la persistance de la chaleur centrale qui se fait encore sentir à peu de distance au-dessous de nous, et qui croît rapidement vers les profondeurs ; telles sont les preuves qui donnent une certitude complète à la liquéfaction de la terre par le feu.

La terre, notre système planétaire, notre soleil, qui nous paraît si grand, les étoiles, à côté desquelles il est si petit, et dont nous sommes séparés par de si prodigieuses distances ; enfin ce qui est par-delà les étoiles, tous les corps, en un mot, sont semés à de vastes intervalles et comme des points dans une mer sans rivages, que sillonnent sans cesse les rayons lumineux. Cette mer, cet espace, a une température qui lui est propre ; et cette température, qui serait un froid excessif pour nous, est d'environ soixante degrés au-dessous de zéro. C'est là l'immense réservoir qui, à la longue, a absorbé les feux de la terre ; ils sont venus s'y perdre et s'y amortir, comme le plus petit des ruisseaux se perd et se confond dans l'Océan. Dans les premiers temps, le refroidissement fut rapide ; car la différence entre la chaleur de l'espace et celle de la terre était énorme. Cependant qu'on ne s'imagine pas qu'il ait fallu seulement quelques milliers d'années, ou même quelques millions, pour que la chaleur du globe fût, à une certaine époque, de deux mille degrés, température qui suffit pour tenir en fusion la plupart des corps solides.

On trouve, par le calcul, que cent millions d'années ont été nécessaires pour répandre dans l'espace et épuiser les deux mille degrés de la croûte de notre globe. On ne peut dire si sa chaleur n'a pas été même plus grande, de sorte que la date la plus récente que l'on puisse donner à cette petite planète, notre mère, est un million de siècles. Que ces nombres n'effraient pas l'imagination; ils sont proportionnels aux dimensions de notre système planétaire. Que serait-ce si nous avions quelques idées de ceux qui règlent la durée, les phases et les révolutions des soleils et des systèmes de soleils ! On comprendra ce que seraient les nombres du temps pour ces corps, par une observation de l'astronomie moderne. « Une étoile de la constellation du Cygne, dit M. Arago, se déplace tous les ans, en ligne droite, de plus de cinq secondes : à la distance qui nous en sépare, une seconde correspond *au moins* à huit millions de millions de lieues; donc, tous les ans, cette étoile parcourt au moins quarante millions de millions de lieues; naguère cependant on l'appelait une étoile fixe. »

Franchissons ce chaos, et cherchons la période où la vie a pu se manifester en végétation et en animalité. Pour arriver de la température moyenne de cent degrés (il n'est ici question que de la surface) à la température moyenne de treize degrés, qu'elle a maintenant, la terre a mis plusieurs millions d'années. C'est dans cet intervalle qu'apparurent les êtres vivants. Mais il faut remarquer que les pôles furent les premières régions habitables. La température moyenne de l'équateur est de vingt-huit degrés au-dessus; celle des pôles, de seize au-dessous de zéro. Il y a donc entre ces deux régions quarante-quatre degrés de différence; de sorte que, lorsque le pôle avait une chaleur de trente degrés, que l'on peut regarder comme compatible avec l'existence de l'homme et des animaux ses contemporains, l'équateur avait 74 degrés, température tout à fait insupportable aux êtres actuels.

Tous les climats, depuis les pôles, ont été successivement à la température que l'équateur offre aujourd'hui; et ce que la théorie physique annonce d'une manière positive a été confirmé par les recherches de la botanique : on a trouvé dans les couches superficielles du globe une flore antique, comme on avait trouvé une zoologie perdue.

Ainsi le palmier suppose, au minimum, une température moyenne de vingt-un degrés centigrades, c'est-à-dire la température de la Palestine; et lorsqu'on en rencontre des troncs dans les environs de Paris, on peut affirmer, sur la foi de la botanique, que ces lieux ont eu jadis une température moyenne de vingt-deux ou vingt-trois degrés; fait déjà établi d'une autre façon par la théorie mathématique de la chaleur que Fourier a créée.

La chaleur antique des climats qui, aujourd'hui, sont froids ou tempérés, avait suggéré une foule d'hypothèses sur des changements de l'axe de la terre et de sa position à l'égard du soleil. Mais aujourd'hui rien n'est plus simple à concevoir; tous les points de la terre sont venus de la température des corps en fusion à celle qu'ils ont maintenant; et les premiers lieux habitables, c'est-à-dire les premiers refroidis, ont été les régions polaires et les sommets des montagnes formées par le soulèvement de la terre de bas en haut, second principe de la géologie, si tant est que les montagnes d'aujourd'hui, nos Alpes, nos Cordillières, nos Himalayas, existassent au moment où les premières choses ayant vie commencèrent à se montrer.

Quelque réels que soient ces mouvements du sol et les accidents qui en naissaient, nous ne pensons pas, avec Cuvier, qu'ils aient été la cause de la mort et de la disparition des populations végétales et animales qui se sont succédé dans le cours des âges; mais nous admettrons, avec Fourier, que les conditions des milieux où ces populations étaient plongées, changeant avec la température qui baissait progressivement, ont déterminé la mort des uns et permis la vie des autres. C'est ainsi seulement que l'on conçoit l'anéantissement d'espèces entières, et l'apparition d'espèces nouvelles. Ce qui n'empêche pas d'admirer les travaux de Cuvier, qui expliqueront si bien l'organisation des animaux perdus qu'on retrouve à l'état fossile dans les terrains secondaires.

Les espaces célestes ont un état thermométrique parfaitement stable, puisqu'il résulte du rayonnement de tous les astres, dont les masses énormes et les immenses distances réduisent à rien les dimensions de notre système solaire. Cette belle découverte, qui est due à Fourier, éclaircit beaucoup de questions : l'on comprend aujourd'hui que les planètes les plus éloignées du soleil aient une chaleur compatible avec l'existence des corps organisés; et *Uranus* lui-même, qui est placé aux derniers confins du système, avant déjà la chaleur planétaire, peut, à l'aide d'une atmosphère, acquérir une température qui en permette le séjour à des êtres semblables à nous.

Ce n'est pas seulement sur notre petit globe, mais c'est aussi dans les régions illimitées que se poursuit le travail des créations sans cesse nouvelles. En observant les nébuleuses, Herschel a reconnu qu'il se formait continuellement des étoiles par la condensation des substances qui composent la nébuleuse ; et c'est sans doute de cette manière que notre soleil et ses planètes ont été constitués. Les lois de l'attraction, qui règlent tout notre système solaire, ont été reconnues vraies encore par-delà ce système. Ce sont elles qui déterminent aussi la marche des étoiles; et M. Savary a pu, à l'aide de ces lois, déterminer les orbites des étoiles doubles. Ainsi l'on conçoit que la matière et les forces qui la régissent sont les mêmes dans les bornes de l'empire de notre soleil et par-delà cet empire.

Il ne serait peut-être pas trop hardi de dire que, si cet entendement a pu saisir, jusqu'aux limites les plus reculées de l'univers visible, des rapports et des conformités avec ce qui existe ici, ces rapports et ces conformités donnent à croire, à leur tour, que les entendements et les intelligences semés dans ces mondes ne diffèrent pas essentiellement des nôtres. Là où les lois physiques sont les mêmes dans leur généralité, les lois intellectuelles ne peuvent pas être radicalement dissemblables.

Les idées de création par enchaînement et continuité pourront bien remplacer les anciennes idées de création avec explosion et instantanéité; car si l'espace d'un jour semble trop long pour la toute-puissance de Dieu, l'espace de plusieurs millions de siècles, au contraire, ne semble qu'un instant, si l'on considère que les temps ne sont rien dans son éternité.

La terre, dans le temps le plus ancien où la géologie la découvre, appartenait à la classe des astres lumineux. Sa surface était incandescente et probablement en fusion ; son atmosphère ardente et chargée de vapeurs, reflechissant l'incendie superficiel comme une auréole de feu, s'étendait dans l'espace bien au-delà des limites qu'elle occupe aujourd'hui. Il n'est guère douteux que la chaleur ne fût alors trop forte pour permettre à la pluie de tomber en aucun lieu; l'Océan demeurait donc dans les airs et ne s'était point encore mis en eau. Les seuls phénomènes de cette époque, ou premier âge, dont la trace soit venue jusqu'à nous, consistent dans la formation de ces vastes glaçons de schistes, de gneiss et d'autres roches cristallines que l'on rencontre partout où le noyau de la terre est à nu, et partout où l'on a percé les dépôts postérieurs jusqu'à lui. Aucune empreinte d'êtres vivants ne s'est conservée dans ces terrains, et rien n'autorise à supposer qu'il ait pu en exister alors. Il n'y avait rien à la surface qui ne fût intimement lié avec la masse entière, et les eaux n'étaient pas même encore venues détacher de l'écorce les fragments isolés et les cailloux ; il n'y avait qu'une seule existence, l'existence minérale, et, pour ainsi dire, qu'un seul principe de phénomènes, le principe chimique.

Dans l'âge suivant, l'*âge secondaire*, la terre cesse d'être exclusivement occupée par l'action minérale; l'Océan s'y montre et y tient une place considérable. La température commença alors à diminuer assez pour que des eaux, analogues, sans doute, à celles que nous nommons thermales, pussent s'étendre sur le globe; comme il était encore très-voisin de sa forme sphéroïdale primitive, elles y formèrent une couche qui le mouillait à peu près en entier; quelques saillies disséminées et peu nombreuses faisaient des îles. La vie minérale était encore fort active, surtout dans le principe, et les formations cristallines venaient s'épanouir à la surface, au travers des sédiments déposés par la mer. Il n'y avait guère de calme, comme l'attestent le bouleversement des couches et les amas de pierres triturées et roulées. Les orages de l'atmosphère dépassaient tout ce que nous imaginons aujourd'hui. Malgré cela, des animaux habitaient déjà dans les eaux, et des végétaux se montraient sur les îles. Leur structure était simple, et leur vie assez peu délicate pour s'accommoder des circonstances qui l'entouraient. Les empreintes de ces premiers êtres se sont perpétuées jusqu'à nous dans l'intérieur des grès et des calcaires, déposés dans leur temps par la mer. Les plantes appartenaient aux familles des fucoïdes, des équisétacées, des fougères. Les zoophytes, les astrées, les madrépores, les lithodendrons, et bien d'autres, élevaient, comme aujourd'hui, des récifs dans les eaux; certains mollusques se tenaient dans les fonds; d'autres, comme les orthocératites, les ammonites, etc., nageaient librement sur les flots; une famille particulière de crustacés, qui ne s'est point perpétuée au-delà, celle des trilobites, composée d'un grand nombre d'espèces, fourmillait en certains endroits; enfin, il y avait déjà quelques poissons. Ce sont là les êtres dont nous trouvons les dépouilles quand nous scrutons les sédiments déposés sur l'écorce de la terre à l'origine du second âge. De cette troupe mystérieuse, les plus élémentaires et les plus simples vinrent sans doute les premiers; mais d'où venaient-ils ces premiers vivants? Sortis sans génération du néant, quelle vie leur avait donc donné la naissance? Quelle réponse à cette question, sinon qu'ils étaient nés comme était née la terre, qui ne connaît d'autre père que Dieu.

Dans l'âge *tertiaire*, les causes que nous venons d'indiquer continuant à agir, l'élément continental se dessine entièrement. Les terres actuelles, avec leurs reliefs principaux, sont à peu près hors des eaux; des golfes sinueux et des mers profondes les découpent; des caspiennes salées et des lacs d'eau douce sont semés à l'intérieur; et de grands fleuves, avec leurs crues périodiques, descendent des montagnes et traversent les plaines. Les pays ont leurs climats, et les années leurs saisons. Les animaux et les plantes sont échelonnés géographiquement suivant chaque contrée. La grande classe des mammifères, qui avait déjà essayé de paraître, prend définitivement son rang dans la création, et peuple les campagnes. Parmi ces êtres, les premiers qui se montrent appartiennent à des genres qui ne se sont point perpétués jusqu'à nous; leurs squelettes, charriés jadis par les eaux, se retrouvent dans les sédiments de cet âge et les caractérisent. Les plus anciens sont des didelphis murina (*), des anoplothériums, des palæothériums, des lophiodons; puis des anthracothériums, des mastodontes, des rhinocéros, des hippopotames, des castors; enfin, des éléphants, des ours, des lions, des hyènes, des cerfs, des bœufs, des chevaux, etc. Il y a des oiseaux dans les bois; des insectes nombreux voltigent sur les plantes, et des reptiles glissent dans l'herbe. Les mers ont reçu, de leur côté, des mollusques et des poissons nouveaux; elles continuent à en niveler les débris sur leurs rivages et dans le fond de leurs bassins avec les argiles, les sables et les calcaires

(*) Espèce de sarigue de la taille de la marmose.

qu'elles y déposent en même temps. Du reste, l'action minérale n'était pas éteinte ; comme dans l'âge précédent, des roches cristallines venaient encore parfois s'épancher à la surface; en quelques points, des bouches volcaniques avaient pris naissance, et commençaient leurs éruptions aériennes. Enfin, l'enveloppe terrestre continuant à se contracter, le sphéroïde s'était sillonné de nouvelles vallées et de nouvelles rides de montagnes. Quelles furent les révolutions qui terminèrent cette époque sauvage? quelles furent les causes qui portèrent sur tant de pays à la fois, des rochers détachés des cimes les plus lointaines? Ces blocs erratiques dispersés sur les terres du Nord, dont quelques-uns pèsent jusqu'à trois cent mille kilogrammes et dont le volume dépasse mille mètres cubes, sont les témoins silencieux d'une grande catastrophe qui, dans ce temps, balaya une partie des continents, et ensevelit par milliers leurs rudes habitants dans les graviers qu'elle traînait. Nous voyageons d'un territoire à l'autre sans quitter la trace de ces forces immenses, devant lesquelles notre imagination s'étonne; nous essayons des théories, mais nous ne sommes pas plus capables d'en préciser la cause que d'en assigner la raison. C'est là le déluge des géologues : l'homme n'existait pas encore.

En recherchant la mesure du temps qui s'est écoulé depuis que nos continents ont acquis leur relief actuel, c'est-à-dire, depuis la dernière révolution qui a notablement modifié la surface du globe, il convient d'analyser la *Géologie de la période quartenaire*, par M. H. Reboul, correspondant de l'Institut. Cet ouvrage récent est d'une haute portée, et quelles que soient nos opinions et celles de nos lecteurs, il importe de connaître celles de ce savant.

La plupart des fleuves entraînent, dit-il, comme chacun sait, dans leur courant, sous forme de sables ou de limons, des débris arrachés aux portions de continents qu'ils arrosent. Dans les endroits où leur vitesse se ralentit, et mieux encore dans ceux où elle s'évanouit par leur arrivée dans la mer ou dans les lacs, ces boues et ces graviers se déposent et forment des accumulations progressives dont il est facile de calculer à la fois l'étendue totale et la marche annuelle. Ce sont là les principaux fondements de la chronologie géologique des périodes modernes. Un des fleuves les plus remarquables, et en même temps l'un des plus commodes pour ce genre d'observations, est le célèbre fleuve Nil qui traverse l'Égypte. Les anciens savaient déjà, et Hérodote l'atteste dans son Histoire, que le sol de l'Égypte avait été entièrement formé par les atterrissements de ce fleuve. En effet, des excavations faites dans la vallée jusqu'à une assez grande profondeur, montrent un sol entièrement composé de couches alternatives de limon ou de sable, qui ne sont autre chose que les résidus des inondations périodiques. Les prêtres de Memphis racontaient qu'au temps du roi Ménéi tout le pays depuis Thèbes jusqu'à la mer, c'est-à-dire une étendue de près de sept journées de navigation, n'était qu'un vaste marais qui, peu à peu, s'était comblé par les terres charriées de cette façon. Hérodote avait conclu de ses propres observations qu'il devait en être de même des parties supérieures de la vallée jusqu'à trois journées de navigation au-dessus de Thèbes. Il avait fort bien remarqué aussi que si le Nil, au lieu de se verser dans la Méditerranée, s'était versé dans la mer Rouge, il ne lui aurait guère fallu que dix mille ans pour combler entièrement cette mer étroite et peu profonde.

S'il était possible d'avoir complétement foi dans la chronologie des dynasties égyptiennes, Ménéi, placé par elle douze mille ans avant Hérodote, serait un excellent point de départ pour le calcul des progrès des atterrissements du Nil ; mais malheureusement l'époque de ce roi ne peut être considérée que comme représentant dans la tradition humaine une antiquité fort éloignée, et non point une date précise. Les seules données que l'on ait pour déterminer l'avancement séculaire du terrain, datent du temps des croisades; elles montrent que le continent gagne sur la mer environ mille mètres tous les cent ans; encore faut-il ne pas perdre de vue que cette quantité, qui a été adoptée par Cuvier, paraît fort exagérée, et que beaucoup de personnes sont portées à croire qu'il faut regarder le déplacement du rivage comme beaucoup moins rapide. Quoi qu'il en soit, la journée de navigation étant, chez les anciens, de cinq cent quarante stades (cinquante-quatre mille mètres), il faut porter au moins à cinq mille ans l'espace de temps nécessaire pour en combler une seule, ou à trente-cinq mille ans celui qui avait été nécessaire pour en combler sept, c'est-à-dire le golfe égyptien depuis Thèbes jusqu'à la mer. En portant à cinq mille ans seulement le temps nécessaire pour le comblement de la partie située au-dessus de Thèbes, nous trouvons donc en somme un espace de plus de quarante mille ans employé par le Nil pour transporter les terrains nécessaires à la formation du sol actuel de l'Égypte. Cette durée, qui, comparée à celle de nos révolutions politiques, nous semble gigantesque, est cependant bien certainement au-dessous de la réalité, puisqu'elle résulte d'une puissance de comblement estimée fort au-dessous de sa valeur, et qui exigerait que, dans les deux mille trois cents ans qui nous séparent d'Hérodote, l'Égypte eût poussé en avant de plus de cinq lieues sur la Méditerranée; ce qui n'a certainement pas eu lieu.

M. Becquerel, membre de l'Institut, a essayé une mesure d'un autre genre, et fort ingénieuse. Ayant remarqué que les rochers granitiques du Limousin subissaient, dans la partie exposée au contact de l'air, une décomposition lente et graduelle, il s'est proposé de calculer la vitesse de cette décomposition. Connaissant l'époque de la construction de la cathédrale de Limoges, il a observé sur ses murailles extérieures, dans l'endroit le moins abrité, une altération pénétrant à environ cinq lignes de profondeur; ce qui donne une vitesse d'un peu plus d'un pouce par mille ans. Or, dans les rochers qui forment le pays, la décomposition a partout pénétré à cinq pieds de profondeur: il y aurait donc, si l'observation est exacte, plus de soixante-dix mille ans que la surface actuelle de ces rochers est exposée à l'action désagrégeante de l'air.

Les formes générales des continents, desquelles résultent le courant et la direction des rivières, remontent donc à une antiquité bien plus haute qu'on ne le suppose la plupart du temps. Les chronologies traditionnelles ne sont qu'un point en comparaison des chronologies de la terre. On juge que les sociétés sont vieilles, quand on se borne à considérer dans les espaces du passé ce qui est de leur domaine; mais on comprend bientôt qu'elles sont nouvelles et nées d'hier, quand on compare leur histoire à l'histoire du globe où elles sont assises, et où les hommes ont dû demeurer si long-temps avant d'acquérir les premiers éléments de leur civilisation et de leurs traditions orales ou écrites.

Les fossiles sont des dépouilles d'êtres autrefois vivants; ce sont des sortes de médailles que la nature nous a laissées comme un témoignage d'existences anciennes, et comme une preuve des changements que le sol de notre globe a éprouvés.

On peut ranger toutes les découvertes que M. Cuvier a faites par ce moyen en quatre grandes vérités géologiques, toutes quatre extrêmement fertiles en conséquences :

1° Les êtres organisés ou les animaux vertébrés dont les débris existent dans les diverses couches qui composent ce que les géologues ont appelé terrains secondaires et tertiaires, diffèrent toujours par les espèces et souvent par les genres de ceux de ces mêmes êtres qui vivent actuellement sur la surface du globe. Ce fait nous semble suffisamment établi par les nombreux mémoires de l'auteur sur les animaux vertébrés fossiles; mémoires qu'il a souvent été obligé de faire précéder de recherches zoologiques et anatomiques sur les genres d'animaux analogues ou voisins de ceux dont il s'occupait, et dans lesquels on trouve toujours cette vaste érudition, cette critique éclairée, cette sagacité de vues et de rapprochements qui distinguent éminemment ce savant.

2° Les derniers animaux qui ont péri ne différaient que très-peu des nôtres; ceux qui avaient péri précédemment en différaient davantage; la somme des différences augmente aussi à mesure que l'on remonte dans les âges, de sorte que plus l'intervalle de temps qui sépare ces destructions est grand, plus les animaux de l'une diffèrent de l'autre.

Ce qu'il y a de singulier, c'est qu'il semble qu'à chaque grande révolution, de nouveaux êtres vivants, plus parfaits, ou du moins plus élevés dans l'échelle de l'organisation que ceux qui les avaient précédés, étaient ajoutés à la masse générale. C'est ainsi que l'on voit des zoophytes dans les terrains où il n'y a pas de coquilles; des coquilles et des crustacés dans des terrains où il n'y a point encore de vertébrés; des poissons dans des terrains où il n'y a point encore de mammifères; un grand nombre de mammifères dans des terrains où il n'y a point encore de quadrumanes et d'hommes.

Ce fait conduirait le philosophe, s'il voulait sortir de la série d'idées qui nous occupe, à des réflexions bien profondes sur l'espèce de fatalité qui entraîne, pour ainsi dire, la nature morale à suivre les errements de la nature physique: de sorte qu'en jetant un coup d'œil historique sur la forme des divers modes d'existence des peuples, sur leurs diverses constitutions, en même temps que sur la structure de notre globe, on pourrait trouver des événements pour ainsi dire parallèles dans l'une et dans l'autre nature. C'est ainsi que nous pourrions faire remarquer qu'il n'y a point dans le monde de changements insensibles et sans secousses. Ceux que notre globe a éprouvés, comme ceux que les sociétés humaines ont subis, ont été accompagnés des plus grandes catastrophes. D'un côté, chaque fois qu'un degré supérieur d'organisation a paru dans le règne animal, la terre s'est recouverte des eaux, les montagnes se sont écroulées, les plaines se sont élevées, les êtres vivants qui habitaient le sol ont été noyés, brisés, écrasés jusqu'au dernier; leur race anéantie n'a laissé pour témoins de son passage sur cette terre que quelques fragments d'os conservés sous ces masses qui s'écroulaient sur eux. De l'autre côté, chaque fois que les peuples veulent faire un pas dans la civilisation, chaque fois qu'ils veulent améliorer leur existence, ils ne peuvent obtenir de changements que par des efforts, des révolutions non moins terribles; si les races ne disparaissent pas comme dans les révolutions de la nature, des sacrifices de sang éteignent des familles entières, qui ne laissent d'autres traces de leur existence ici-bas que les actions qu'elles ont faites, et qui déposent, ainsi que les dépouilles fossiles enfouies dans le sein de la terre, de la nature plus ou moins élevée de ceux dont elles proviennent.

3° Jusqu'à présent l'on n'a point trouvé d'ossements humains parmi les fossiles proprement dits, au moins dans les contrées déjà connues géologiquement, et qui ne sont qu'en très-petit nombre; et tout porte à croire que l'on n'en trouvera pas davantage ailleurs. Il est à remarquer qu'on n'a pas plus découvert de quadrumanes fossiles que d'hommes.

4° Toutes les couches qui composent la croûte de notre globe n'ont point été formées dans les eaux de la mer; les eaux douces ont produit aussi des dépôts pénétrés de débris de corps organisés, terrestres et fluviatiles, et qui alternent avec ceux qu'a déposés la mer. Ce qui distingue les terrains en deux classes : les terrains marins et les terrains d'eau douce. Ceci résulte évidemment du beau travail de Cuvier et de Brongniart sur la géologie des environs de Paris (*).

(*) Voyez le second volume des Recherches sur les ossements fossiles, par Cuvier. 5 vol. en 7 tom. in-4°.

Il est probable que dans les divers continents il y a une foule de bassins circonscrits comme celui des environs de Paris, qu'il serait important de décrire à la manière de MM. Cuvier et Brongniart, c'est-à-dire, en cherchant à déterminer la nature des divers terrains qui les composent, leur position respective et leur analogie avec ceux qui sont déjà connus. Chacun de ces bassins renferme peut-être les débris d'animaux inconnus dans la nature vivante, et inconnus jusqu'ici dans la nature fossile.

L'étude des terrains secondaires est à peine ébauchée. Il faut chercher à bien connaître cette série d'êtres organisés, ces plantes, ces zoophytes, ces mollusques, ces poissons, ces reptiles, ces mammifères enfouis dans les couches de la surface de notre globe.

Nous verrons au moins par là quelle marche la nature a suivie dans la création des êtres organisés, et nous connaîtrons la progression à laquelle elle s'est astreinte pour arriver du zoophyte à l'homme, progression qui n'en est pas moins curieuse, quelque opinion qu'on se fasse de la nature de ces êtres et de celle du créateur. On entrevoit déjà, par ce que nous venons de rapporter sur les ossements des animaux vertébrés, et par d'autres ouvrages sur les autres fossiles, quoiqu'on ne puisse pas encore le démontrer, que, soit que la nature des liquides et de l'atmosphère ne le permette pas, soit que la force productrice des êtres ait eu plusieurs degrés d'intensité et de perfection, on entrevoit déjà, disons-nous, que les zoophytes ont été les premiers animaux. La vie existait déjà ; mais c'était une vie équivoque, sans sensibilité. Plus tard, les insectes ont montré un degré supérieur d'organisation : la sensibilité a paru dans le monde ; mais elle a été renfermée encore dans des bornes très-étroites. Peu après, les poissons sont venus, la vie a montré plus de force ; cependant elle était encore bornée à un sentiment automatique, à un pur instinct. Un peu plus tard, les îles et les rivages ont été peuplés de reptiles, êtres peu intelligents encore, mais probablement les seuls qui convinssent à la nature sauvage d'alors. La terre s'était peu à peu embellie ; des hôtes plus élevés, les mammifères, lui ont été donnés ; les quadrumanes lui sont venus les derniers. Enfin, quand elle a paru avec l'aspect majestueux que nous lui connaissons, quand la fertilité de son sol a pu nourrir des centaines de millions d'êtres capables d'apprécier sa beauté, de l'étudier et de la connaître, l'homme, dernier des grands animaux créés, a été placé à sa surface, et voilà le quatrième âge de la terre qui commence.

Nous avons vu que l'espèce humaine n'est pas contemporaine de la planète qu'elle habite, et qu'elle y a été jetée, après le reste des animaux, à une époque qui n'est pas même excessivement reculée. Tout ce que nous savons de l'histoire antique de l'humanité, nous prouve qu'elle a été longtemps faible à côté des grands phénomènes qui se passaient sur la terre. Les fleuves débordés, les marais sans limites, les froides et profondes forêts, les animaux ravisseurs, les innombrables insectes disputaient à l'homme un monde dont il ne pouvait pas encore se dire le roi. Mais enfin son génie s'est développé ; il s'est placé à la tête de l'organisation, parce que telle était sa mission. L'homme devait rendre les autres êtres ses tributaires ; il devait employer ses propres forces, conjointement avec celles de la nature que son intelligence lui a révélées, pour conserver l'harmonie entre les diverses espèces d'êtres, protéger les races faibles, empêcher que les fortes prissent trop de développement, entretenir la propreté, la fraîcheur et l'aspect riant des campagnes, en enlevant les plantes desséchées, en creusant des canaux pour l'écoulement des eaux stagnantes, en élevant des digues contre les torrents dévastateurs, en bâtissant, enfin, ces palais, ces temples, ces villes, dignes fruits des efforts de son industrie et de son imagination. Ainsi l'homme, animal pensant, sociable et perfectible, est le premier des êtres. Il est le chef-d'œuvre de la création; il comprend la nature et s'élève par le sentiment et par la pensée jusqu'à Dieu. Mais l'homme est un être fini : Dieu seul est infini.

L'homme fût-il immortel, rien ne prouverait que l'humanité le fût aussi. L'humanité n'est qu'une agglomération de molécules mouvantes, attachées à la surface d'une planète qui erre dans l'espace, au milieu du tourbillon de toutes les autres. Quelle providence lui répondra que ces astres, qui se meuvent et se balancent sur sa tête, lui seront toujours bienfaisants, et que quelque orbite étrangère et menaçante ne viendra pas croiser ou effleurer un jour l'orbite où elle se meut? Et si un jour les mers s'élèvent, si l'Océan remonte vers ses sources, en abattant le sommet des montagnes, qu'importe à la nature physique que les villes soient englouties et les peuples balayés? Et alors que devient notre orgueil, que deviennent ces chefs-d'œuvre que la presse croit éterniser? Les œuvres de l'homme périront avec lui. Nous ne sommes point autres, dans ce monde, que ces sociétés d'insectes, qui, sur la foi d'un beau jour, se réunissent pour vivre en commun, engendrer, pulluler, puis qu'une sécheresse, un ouragan, une crue d'orage consume, disperse, anéantit, sans qu'on ait pu le prévoir, et sans qu'au lendemain il demeure autre chose de la société de la veille, que la chétive place qu'elle occupait. Pour les hommes, comme pour les animaux, le monde physique domine le monde moral, et c'est dans ce monde supérieur que, par une obéissance fatale, tout le reste prend sa fin et son point de départ. Mais Dieu est le commencement et la fin. Reposons donc en paix dans cette unité divine dont tout procède, et dans laquelle tout respire et tout doit rentrer.

GÉOLOGIE PARTICULIÈRE DES ILES.

Les innombrables îles de la Polynésie n'appartiennent pas à une formation primitive, et elles sont, à quelques exceptions près, des produits volcaniques. Dans nulle autre partie du monde on ne compte autant de volcans. Les principaux sont : le *volcan de Tofoa*, dans l'archipel de Tonga; le *Maouna-Vororai* et le *Keraouia*, dans l'île d'Haouaï, dans l'archipel de ce nom. Le *Keraouia* offre la singularité remarquable de n'être point au sommet d'une montagne, mais dans une plaine d'une élévation médiocre, au pied de l'énorme colosse nommé *Maouna-Roa*.

Toutes les îles de l'immense Polynésie, sauf la Nouvelle-Zeeland et ses dépendances, sont situées en dedans des tropiques. Les îles du tropique peuvent se diviser en hautes et basses.

Les hautes îles sont, ou entourées par des récifs, et ont des plaines près du rivage de la mer, ou bien elles sont sans récifs. Taïti, toutes les îles de l'archipel de ce nom, Maïtéa, les îles de Tonga les plus hautes, telles que Tongatabou, Gouaïret Anamouka, sont de la première espèce.

Parmi les hautes îles du tropique, sans récifs, il faut compter celles de l'archipel de Nouka-Hiva, Tofoua et O-Ghao, deux des îles de l'archipel de Tonga; les îles basses de la Chaîne; Tethooua, Tioukea, les îles de *Palmerston*, et l'archipel des îles basses des Amis (Tonga), auxquelles il faut ajouter la plupart des Carolines, de Pomotou et autres.

Au premier coup d'œil, on reconnaît la différence de ces îles d'une nature si dissemblable (*). Les îles basses sont communément des bancs de corail, étroits et circulaires, qui renferment au milieu une espèce de lagune. Leur surface offre çà et là de petits espaces sablonneux, un peu élevés au-dessus de la marque de la marée haute, et sur lesquels croissent des cocotiers et quelques autres plantes; le reste du banc de corail est si bas que la mer le couvre souvent à la marée haute, et de temps en temps à la marée basse.

(*) Ce qui suit est extrait de Forster avec les additions et modifications de l'auteur de l'Océanie.

Plusieurs des grandes îles de cette espèce sont habitées. Les insulaires vont par intervalles pêcher, tuer des oiseaux, et chasser à la tortue sur les plus basses; plusieurs sont habitées, quoiqu'elles soient remplies de cocotiers et fréquentées par des nuées de frégates, de fous, d'hirondelles de mer, de goélands et de pétrels.

Les îles du grand Océan, dans la zone tempérée australe, sont l'île de Pâques ou Vaïhou, et la Nouvelle-Zeeland : toutes celles-ci sont hautes, et ne sont pas environnées de récifs. La Nouvelle-Zeeland est composée de très-hautes montagnes, dont quelques-unes sont enveloppées de nuages et couvertes de neige, et qu'on aperçoit à vingt ou trente lieues de distance. Ses montagnes inférieures sont revêtues presque partout de bois et de forêts. La cime la plus élevée paraît seule stérile.

Le récif, premier fondement des îles polynésiennes, est formé par les animaux qui habitent les lithophytes. Des coquillages, des algues, du sable, de petits morceaux de corail et d'autres choses s'amoncellent peu à peu au sommet de ces rochers de corail, qui, enfin, se montrent au-dessus de l'eau. Ce dépôt continue à s'accumuler jusqu'à ce qu'un oiseau ou les vagues y portent des graines de plantes, qui croissent sur le bord de la mer. Leur végétation commence alors. Ces végétaux, en se pourrissant annuellement et en reproduisant des semences, créent peu à peu un terreau qui s'augmente à chaque saison par le mélange du sable. Une autre vague y porte un coco qui conserve long-temps sa puissance végétative dans les flots, et qui croît d'autant plus vite sur cette espèce de sol, que toutes les terres lui sont également bonnes : c'est par ce moyen que ces îles basses ont pu se couvrir de cocotiers.

Les animalcules qui bâtissent ces récifs ont besoin de mettre leurs habitations à l'abri de l'impétuosité des vents et de la fureur des vagues : mais comme, en dedans des tropiques, le vent souffle communément du même côté, l'instinct ne les porte qu'à étendre le banc en dedans duquel est une lagune; ils construisent donc des bancs de rochers très-étroits, pour s'assurer au centre de l'enceinte un espace calme et abrité. Cette théorie paraît être la plus probable de celles qu'on peut donner sur l'*origine des îles basses du tropique* dans le grand Océan.

Quant aux îles plus hautes, on en trouve à peine une seule qui n'offre pas des vestiges frappants d'une altération violente, produite à sa surface par le feu, ou plutôt par un volcan.

On sait que beaucoup d'îles sont sorties de la mer par l'action d'un feu souterrain, comme le prouvent celles de Santorin et les deux Kamenis, dans l'archipel de la Grèce, et l'île formée en 1740 dans celui des Açores (*); elles semblent être des espèces de volcans qui ont paru tout à coup au milieu des vagues. Quelques îles de la Polynésie ont encore de ces fournaises; d'autres ont seulement une élévation et des marques qui annoncent un ancien volcan; il en est enfin qui n'offrent point de vestiges de volcan, mais bien d'une altération violente et d'une subversion produites, ou par un tremblement de terre, ou par un feu souterrain. Tafoua est de la première classe; Maïtea, Taïti, Houaheiné, Ouliétéa, O-Taha, Bolabola, Maouroua, Ouaïtahou ou Sainte-Christine, et le reste des îles Nouka-Hiva, appartiennent à la seconde, et l'île de Vaïhou à la dernière.

Je ne dirai pas, dit Forster, que toutes les îles polynésiennes ont été originairement produites par des tremblements de terre et des volcans; mais je puis le dire de plusieurs, à en juger par leur aspect extérieur, et je suis sûr que les autres existaient au-dessus de l'eau avant d'avoir ces volcans, et qu'elles ont été changées et bouleversées en partie par un feu souterrain. Écoutons encore Forster :

« L'aspect des bords de l'île Sainte-

(*) Et dernièrement celle de *Julie* dans la Méditerranée, qui a paru en 1822, et peu de temps après disparu sous les flots.

Hélène, surtout à l'endroit où mouillent les vaisseaux, est plus horrible et informe encore que celui de l'Ascension; mais à mesure que l'on avance, le pays est moins affreux, et les cantons intérieurs sont toujours couverts de plantes, d'arbres et de verdure. Cependant, on aperçoit partout des traces d'un bouleversement causé par un volcan ou un tremblement de terre qui, peut-être, a plongé la plus grande partie de l'île dans l'Océan.

« L'île de Pâques ou Vaïhou est aussi de la même nature. Tous ses rochers sont noirs, brûlés et poreux comme des rayons de miel; quelques-uns ressemblent parfaitement à des scories; le sol lui-même, qui recouvre en très-petite quantité les rochers brûlés, est une ocre brune ou jaune. Nous avons découvert beaucoup de pierres vitrifiées, noires, éparses au milieu de la grande quantité de pierres dont toute l'île est couverte; elles sont connues des minéralogistes sous le nom d'*agates d'Islande*, et on les trouve toujours près des volcans, ou près des endroits exposés à leur violence; ainsi, par exemple, elles abondent en Italie et en Sicile, dans l'Islande, près des volcans, et à l'île de l'Ascension.

« L'île Vaïhou ou de Pâques n'offre que peu de végétaux et aucun arbre; ce qui est remarquable dans une île de cette étendue, habitée depuis si long-temps, et située sous un aussi beau climat. Lorsque Roggeween la découvrit, en 1722, il y remarqua les colonnes de pierre que nous avons retrouvées et qui nous ont paru construites depuis bien des années. Les rédacteurs du voyage de Roggeween mettent aussi des bois sur cette île. Il paraît donc que depuis cette époque il lui est arrivé quelque désastre qui a détruit les bois et abattu plusieurs de ces énormes colonnes de pierres; en effet, nous en avons vu plusieurs couchées par terre. Cette révolution est peut-être arrivée en 1746, lorsque Lima et le Callao furent bouleversés par un tremblement de terre. On sait que les tremblements de terre se font souvent ressentir fort loin. Le capitaine Davis, en 1687, étant à quatre cent cinquante lieues du continent de l'Amérique, en ressentit un considérable; on éprouva aussi les effets les plus violents de ce même tremblement de terre à Lima et au Callao.

« L'île Vaïhou était-elle remplie de bois et de forêts au temps de Roggeween? Un des rédacteurs de son Voyage finit par contredire son propre récit, en racontant que l'homme qui vint à bord avait une pirogue formée de petits morceaux de bois, dont aucun n'excédait un demi-pied de longueur. Les pirogues sont encore aujourd'hui de la même espèce; ce qui est très-naturel, puisque les insulaires n'ont point de bois. J'ajouterai que nous avons trouvé toutes les figures et toutes les colonnes composées d'un tuf poreux qui avait subi une action violente du feu. Ces colonnes existaient déjà du temps de Roggeween; par conséquent l'île, ses pierres et ses couches avaient déjà subi la violence du feu, et les bouleversements dont il est question durent être antérieurs à 1722, époque du voyage de Roggeween.

« Les îles du tropique du grand Océan offrent aussi des vestiges incontestables des mêmes révolutions, quoique leur culture actuelle, le terreau fertile qui couvre leur surface, et les différents végétaux qu'elles produisent, cachent en partie les traces de ces bouleversements qui ne sont aperçues que par un homme accoutumé à ces recherches. Les sommets excavés des pics de Maïtéa, Bolabola et Moouroua, les aiguilles, les rochers fracassés de l'intérieur de Tierrebou ou de la petite péninsule de Taïti, ainsi que les rochers noirs, poreux, et la lave de Tobreonou et des Marquises, sont pour les naturalistes, et surtout pour ceux qui ont examiné les environs des volcans, des preuves incontestables de ces révolutions. De plus, les Marquises et les îles de la Société, ainsi que les Açores dans la mer Atlantique, attestent plus ou moins de grands bouleversements arrivés dans les premiers âges du monde. Mais si nous nous souvenons que les tremblements de terre et les feux souterrains ont, dans tous les temps, tiré des îles du fond de l'Océan ; si nous lisons l'histoire de l'origine de Therasia, d'Hiera ou de Santorin, et de Volcanello, ou des deux Kaménis, et d'une île située entre Terceira et Saint-Michel ; si nous comparons les couches et la stature de ces nouvelles îles, et de quelques-unes de la mer Atlantique et du grand Océan ; si nous considérons que plusieurs de ces îles ont encore des volcans, et que d'autres sont encore sujettes à des tremblements de terre, nous serons disposés à supposer que ces îles ont eu la même origine. »

Les Taïtiens et les habitants des îles de la Société semblent connaître les tremblements de terre. Suivant leur mythologie, le dieu *O-Maoui* est le créateur du soleil, et dans sa colère il ébranle la terre et produit des tremblements ; ce qu'ils expriment par *O-Maoui touroré té ouennoua*, c'est-à-dire : Maoui ébranle la terre. Au reste, quelque degré de vraisemblance que cette circonstance puisse donner à l'hypothèse exposée plus haut, Forster ne la présente pas comme démontrée, ni comme pouvant être appliquée à toutes les îles montagneuses du grand Océan. Il termine ces belles considérations en disant qu'il est persuadé que plusieurs de ces îles ont une origine plus ancienne, et formaient avant ces révolutions des terres plus grandes, qui n'ont été démembrées que par l'affaissement des parties intermédiaires. Les naturels des îles de la Société disent que leurs contrées ont été produites, lorsque O-Maoui traîna de l'ouest à l'est, à travers l'Océan, une grande terre qu'ils croient toujours située à l'est de leurs îles. Ils assurent que ces îles sont de petits morceaux qui se sont détachés de la grande terre pendant la route, et qui ont été laissés au milieu des flots. Cette tradition, continue Forster, semble indiquer que les habitants eux-mêmes conservent l'idée d'une grande révolution. On pourrait en conclure que leur pays faisait peut-être partie jadis d'un grand continent détruit par des tremblements de terre et une inondation violente : l'entraînement des terres à travers la mer paraît indiquer ces deux bouleversements.

Nous ne partageons pas l'opinion de ce grand observateur à l'égard de la dernière partie de ses considérations. Nous avons déjà essayé, dans le *Tableau général de l'Océanie* et dans les premiers chapitres de la Micronésie et de la Polynésie, à prouver que ces myriades d'îles sont toutes et séparément de formation récente. Quant à la Nouvelle-Zeeland, nous ne sommes pas encore en état de donner notre opinion sur la géologie de cette grande terre.

ZOOPHYTES ET VOLCANS.
FORMATION DES ILES.

Toutes les îles basses de la Polynésie paraissent avoir été produites par des animaux ressemblant aux polypes ou à des lithophytes, espèce de zoophytes composés de substances pierreuses de forme végétale (voy. *pl.* 8).

« Lorsqu'on examine, dit la *Quarterly Review*, les eaux, ces tubes calcaires et l'immense variété de leurs embranchements, on rencontre parfois, dans les couches supérieures, un état de moiteur, de malléabilité qui n'existe plus dans les autres, et qui cesse de se montrer dans les bancs de corail pétrifié qu'on aperçoit au-dessus des eaux. La conséquence naturelle de cette observation, c'est que les lithophytes travaillent toute leur vie, et que ce n'est qu'après leur mort que leur étui se durcit et se consolide. »

Deux naturalistes très-distingués ont reconnu de nos jours, que l'hypothèse de Forster, de Peron et autres voyageurs, était inexacte lorsqu'ils supposaient que le travail des zoophytes, qui forment si vite des milliers d'îles, partait des profondeurs immenses de l'Océan pour se terminer à sa surface. MM. Gaimard et Quoy prétendent, et nous croyons leur opinion fondée, que ces lithophytes n'établissent jamais leur demeure à une grande profondeur, où ils ne pourraient résister à la trop grande pression, et où ils seraient privés de l'action bienfaisante de la lumière; mais qu'ils commencent leurs étonnants travaux à quelques brasses seulement au-dessous du niveau de l'Océan, en s'établissant, non pas sur un fond sableux, mais sur les hauts-fonds qui s'élèvent jusqu'à une petite distance de sa superficie; et que ce n'est que de cette manière, qu'en élevant peu à peu leurs demeures, ils changent des bas-fonds en îles, et qu'ils parviennent à construire autour des terres ces récifs dangereux, effroi des navigateurs.

Ces animalcules semblent employer pour matériaux une espèce de chaux mêlée de substances animales.

Les îles de la Polynésie sont presque toutes madréporiques et volcaniques. L'archipel de Pomotou (Dangereux, etc.), l'archipel de Gilbert et les chaînes de Ralik et de Radak paraissent les quatre groupes d'îles, semées d'écueils madréporiques et s'élevant de bancs sous-marins, les plus étendus et les plus remarquables de ce genre qu'offre la Polynésie, et forment les murs à fleur d'eau, signalés par tant de naufrages.

Les hautes îles de la Polynésie ressemblent de loin à de grandes montagnes qui s'élancent du milieu de l'Océan; leur sommet est saillant hors de l'eau. L'Océan est la plaine sur laquelle s'élèvent ces hauteurs. Plusieurs sont si hautes, que leurs sommets sont rarement sans nuages. Celles qui sont entourées d'un récif et d'une plaine fertile le long des bords de la mer, ont communément une pente plus douce, au lieu que les autres ont un escarpement brusque.

La limite des neiges perpétuelles étant d'environ 1300 toises, et la neige paraissant occuper un tiers de la hauteur du mont Egmont, dans la Nouvelle-Zeeland, la plus haute et la plus grande des terres de la Polynésie, nous devons supposer que cette montagne est elevée de 1845 toises, ce qui est un peu moins que le pic de Ténériffe, haut de 1904 toises. Les sommets des autres montagnes, dans l'intérieur de la Nouvelle-Zeeland, tant au canal de la Reine-Charlotte, qu'à la baie Dusky, paraissent couverts de neiges éternelles.

En longeant la côte de la baie Dusky, au mois de mai de l'année 1773, le grand observateur Forster vit tous les sommets des montagnes couverts de neige, et remarqua la même chose, au mois d'octobre de la même année, de l'autre côté de l'île méridionale, lorsque les vents contraires le portèrent au loin le long de la côte sud-est, presque jusqu'à l'île Banks; ce qui lui prouva que ces montagnes forment une chaîne continue qui se prolonge à travers toute l'île du Sud, et qu'elles n'ont guère moins de 1600 à 1800 toises de hauteur. Forster conjecture, avec assez de probabilité, qu'une si longue chaîne renferme des veines métalliques aussi riches qu'utiles.

La montagne située au milieu de la grande péninsule de Taïti et de Tobréonou est une des plus hautes des îles du tropique. Dans plusieurs endroits, sa pente est aisée; elle est entrecoupée par un grand nombre de vallées très-profondes, qui convergent vers le milieu de l'île, où se trouve le sommet le plus élevé, et est éloignée, d'après une estimation très-exacte, d'environ sept milles de la pointe Vénus. En admettant l'exactitude de ces données, il s'ensuivra, d'après les calculs de la trigonométrie, que cette montagne a 1225 pieds de hauteur.

Il est évident que les îles tropicales du grand Océan jouissent depuis longtemps de leur fertilité actuelle; mais les parties les plus méridionales de la Nouvelle-Zeeland, le groupe Macquarie, etc., se trouvent encore dans cet état informe où elles sont originairement sorties du chaos, avec cette différence, que le sol devient meilleur et plus fécond à chaque pas que l'on fait depuis le pôle vers des climats plus doux, où le soleil exerce son influence bienfaisante.

OROGRAPHIE.

Toutes les chaînes des archipels de l'Océanie orientale sont dirigées du nord au sud, et elles offrent généralement, vers le milieu, une grande courbure dirigée de l'ouest à l'est. La mieux marquée de ces chaînes est celle que forment le groupe des îles Mariannes et le grand archipel des îles Carolines, y compris les îles Mulgraves qui paraissent se joindre par l'île Saint-Augustin, et quelques autres anneaux isolés, à l'archipel de Samoa, ou à celui de Tonga. La direction générale est du nord-ouest au sud-est, même dans les îles Carolines, où cette chaîne polynésienne se tourne droit à l'est; les chaînons particuliers paraissent se diriger du nord au sud. La Nouvelle-Zeeland forme aussi une chaîne très-marquée du nord au sud. Souvent chaque petite chaîne est terminée par une île plus grande que les autres. Ainsi les îles de Taïti et de Haouaï se présentent à la tête d'une suite de moindres îles, comme dans les opérations chimiques, on voit un grand cristal suivi d'une série de moindres. Malte-Brun fait, à ce sujet, une observation aussi exacte qu'importante, et qui aurait pu servir à hâter les progrès des découvertes, et surtout à compléter la reconnaissance de chaque archipel. « En remarquant avec soin la direction d'une chaîne (dit-il), on eût été à peu près sûr de découvrir des îles; et encore aujourd'hui, nous engageons les navigateurs à faire attention à un principe qui peut les mettre en garde contre les immenses récifs qui, probablement, suivent la direction des chaînes sous-marines. »

Voici les points les plus culminants du système de l'orographie polynésienne :

SYSTÈME DES MARIANNES.

toises.
Le volcan (île Assomption)............ 1,000 ?

SYSTÈME DES CAROLINES.

Le pic (île Poulou-Pa ou Seniavine)...... 500 ?
Le piton Crozer (île Oualan)........... 348

SYSTÈME DE HAOUAÏ.

Maouna-Roa (île Haouaï).............. 2,483
Maouna-Kuah (île Haouaï)............ 2,180
Maouna-Vororoy, volcan (île Haouaï)... 1,687
Pic oriental (île Mawi)................. 1,689
Le pic (île Atouï).................... 1,216

SYSTÈME DE NOUKA-HIVA.

Les plus hauts sommets des îles Nouka-Hiva, Oaapoa et Hivaoa........ de 650 à 750 ?

SYSTÈME DE TAÏTI.

L'Oroéna (île Taïti).... 1,725
Le Tubronon (île Taïti)............... 1,500
Le pic (île Eimeo).................... 625

SYSTÈME DE TONGA.

Le volcan de l'île Tofoa................ 500 ?

SYSTÈME DE LA NOUVELLE-ZEELAND.

Le pic Egmont, dans l'île Ikana-Mawi, environ 1300

SOL ET MINÉRALOGIE.

Voyons à présent le sol des différentes îles de la Polynésie, et le petit nombre de minéraux qui y ont été observés.

L'île méridionale de la Nouvelle-Zeeland est revêtue, à la surface, d'une couche de terreau noir et léger, formé de mousses, de feuilles et d'arbres tombés en putréfaction. « Cette couche, dit Forster, a quelquefois dix ou douze pouces d'épaisseur; mais, en général, elle n'est pas si profonde. Au-dessous, nous avons remarqué une substance argileuse, approchant de la classe des pierres de talc, qui est devenue une espèce de terre par l'action du soleil, de l'air, de la pluie, de la gelée, et dont l'épaisseur varie. Un peu plus bas, la même substance est durcie en pierre, qui se prolonge en couches obliques, et s'inclinant, en général, au sud. Sa dureté n'est pas partout la même ; quelques-uns des morceaux les plus compactes font feu avec l'acier; sa couleur est communément d'un jaune pâle, et elle a en outre, de temps en temps, une teinte verdâtre. Ces couches sont entrecoupées perpendiculairement ou presque perpendiculairement par des veines de quartz blanc; elles renferment une espèce de pierre verte, lamelleuse, qui approche des pierres de talc. Parmi les galets du rivage, j'ai trouvé (rarement, à la vérité) un petit nombre de pierres noires et polies de l'espèce des silex, et de gros morceaux isolés d'une lave solide, pesante, tachetée de gris, ou d'un vert noirâtre, dont les naturels font les armes qu'ils emploient dans les combats de corps à corps. J'ai remarqué aussi des pierres ponces, mais en petite quantité. Je ne puis pas dire si elles ont été produites par un volcan des environs, ou si la mer les y a charriées d'un parage éloigné. Parmi les autres productions de ce pays, se trouve aussi une pierre verte, tantôt opaque, tantôt absolument transparente, dont les naturels fabriquent des haches, des ornements, et qui semble être du talc néphritique (*). Ils la tirent des cantons de l'intérieur, au sud-ouest des parties les plus lointaines du port de la Reine-Charlotte. Ils nous indiquaient toujours ce côté quand nous les interrogions sur ce sujet. Ils nomment cette pierre *poénammou*, et il est probable que tout le pays où on la trouve en a reçu son nom de Tavaï-Poénammou.

« Près de *Motouara*, sur le petit îlot où était jadis un hippa(**) ou forteresse, on découvre des veines de cette pierre, perpendiculaires ou quelquefois obliques, d'environ deux pouces d'épaisseur, au milieu de rochers de pierre de talc grisâtre. Le talc néphritique est rarement solide ou en grosses masses; car les morceaux les plus considérables que j'aie vus n'excédaient pas dix à quinze pouces de largeur sur environ deux d'épaisseur. Sur le rivage on rencontrait communément un schiste argileux, feuilleté, d'un gris bleuâtre, qui se dissout aisément quand on l'expose à l'air. Quelquefois il est plus solide, plus pesant, et d'une couleur plus foncée, probablement à cause des particules ferrugineuses qu'il contient.

« L'île de Pâques paraît avoir subi récemment de violents changements par un feu souterrain. Tous ses rochers sont noirs, brûlés et poreux, et ressemblent à des scories. Le sol est couvert d'une terre rougeâtre, qui ressemble à de la poussière, et semble avoir été brûlé. On pourrait le regarder avec raison comme une espèce de pouzzolane, entremêlée d'une quantité innombrable de pierres poreuses. Quelques-uns des rochers que j'ai examinés étaient un tuf volcanique, ocreux et rougeâtre, rempli de crevasses, et mêlé de particules ferrugineuses. Les statues gigantesques de l'île sont faites de cette substance; elles ne peuvent pas être d'une antiquité fort reculée, puisque cette pierre se décompose promptement à l'air. La partie méridionale de l'île, du côté de la mer, dans l'espace de plus d'un quart de mille, est de lave, de scorie poreuse et pesante, qui probablement contient des particules de fer. Nous avons aperçu en outre plusieurs pierres noires vitreuses, ou de l'agate noire d'Islande, que l'on trouve aussi, comme je l'ai dit plus haut, en Islande, près du Vésuve, au royaume de Naples, près de l'Étna, en Sicile, sur l'île de l'Ascension, en un mot, dans tous les environs des volcans. J'y ai observé encore une espèce de lave pierreuse, légère, spongieuse, d'un gris blanchâtre.

« Les îles Marquises (Nouka-Hiva) ont un rivage de rochers composés d'une argile durcie, d'un schiste compacte, pesant, gris bleuâtre, contenant un peu de fer, et, enfin, d'une lave pierreuse, qui est ou grise et poreuse, avec du schorl pentagonal ou hexagonal, feuilleté et vitreux, brunâtre ou verdâtre; ou bien noire, avec du schorl radié, brun, et quelquefois blanc. Le sol est argileux, mêlé de terreau. Les naturels le marnent avec des coquillages. Au-dessous, se trouve une autre terre argileuse, mêlée de trass et de pouzzolane. Notre court séjour aux Marquises ne m'a pas permis d'examiner les parties plus élevées de l'île.

« Taïti et toutes les îles de la Société sont sans doute de la même nature; leurs côtes sont bordées de rochers de corail qui, à une certaine distance, s'étendent depuis le récif qui environne ces îles jusqu'à la marque des plus hautes marées; là commence le sable, formé, soit de fragments de coquillages et de corail, soit d'un mélange noirâtre avec des particules d'un mica

---

(*) C'était le jade ou la néphrite, vulgairement appelé jade oriental. Les indigènes de la Nouvelle-Zeeland en font des espèces de talismans. J'en ai vu à Kanlgon sculptés avec beaucoup de délicatesse par des artistes chinois. G. D. R.

(**) Ou plutôt un pah.

grossier, noires, souvent brillantes, et de minerai de fer réfractaire. Les plaines, depuis le rivage jusqu'au pied des collines, sont revêtues d'une couche très-épaisse de beau terreau noir et gras, mêlé du sable de la rive au-dessous. Quand les naturels cultivent un canton pour y planter la plante du poivre enivrant (*), ou bien le mûrier à papier, ils se servent fréquemment de coquillages pour engrais. Les chaînes de montagnes les plus basses sont ordinairement formées d'une terre ocreuse, quelquefois très-rouge, que les naturels emploient à peindre leurs pirogues et leurs étoffes. Dans cette terre j'ai trouvé çà et là des morceaux d'ostéocolles, ou concrétions calcaires cylindroïdes dont la cavité intérieure est vide où remplie d'une autre matière calcaire à l'état terreux et pulvérulent, ce qui leur donne quelque ressemblance avec la structure des os. Les montagnes plus élevées sont d'argile dure, compacte et tenace; elle se durcit en pierre dans les couches qui ne sont pas exposées au soleil, à l'air et à la pluie. On trouve sur le bord des rivières et dans les vallées qui, entre les montagnes, pénètrent profondément dans l'île, de grosses masses de granit grossier, mélangé diversement. Près d'une cascade que forme la rivière Matavaï, on voit une quantité de colonnes d'un basalte gris, solide et compacte; des fragments d'un basalte brun noir, avec lequel les naturels font ordinairement leurs battoirs à pâte, leurs haches, leurs ciseaux et leurs outils tranchants. A O-Aïtipiha, les naturels m'apportèrent une espèce de pyrite qui avait exactement la forme d'une stalactite, ou d'une substance qui s'était figée en coulant. L'existence de la pyrite sulfureuse confirme ce que le savant et habile docteur *Gasimiro Gomez-Ortega*, botaniste du roi d'Espagne et intendant du jardin de botanique à Madrid, m'a raconté des vaisseaux de guerre espagnols qui ont été à Taïti, et qui en ont rapporté un gros morceau de soufre natif, de la plus belle cristallisation transparente. Ce morceau est déposé maintenant dans le cabinet royal d'histoire naturelle de Madrid. Au sommet des profondes vallées qui entrecoupent ces îles, on voit de grandes masses de rochers noirs et caverneux, remplis de paillettes de schorl blanches et de différentes couleurs; en un mot, de véritable lave. Ces rochers sont entremêlés aussi d'une lave grise en forme de stalactite, et poreuse, qui renferme du schorl noir; enfin, une pierre ferrugineuse, argileuse et lamelleuse, d'un brun rougeâtre sale.

« Les îles des Amis (Tonga) ont le même sol que celles de la Société (Taïti), avec cette différence seulement qu'elles ne sont pas si hautes ni si remplies de rochers. »

Si on en excepte les rochers de corail et les madrépores qui servent d'entourage aux côtes de la plupart de ces îles, Forster ne vit pas une seule pétrification sur toutes les terres qu'il visita durant le cours de l'expédition commandée par le capitaine Cook.

D'après ce qui précède, il est évident que toutes les îles hautes et montagneuses, et les volcans situés entre les tropiques, dans le Grand-Océan, ont subi des changements, vérité qu'attestent encore d'une manière frappante les volcans en activité que nous avons observés à Toufoa et ailleurs.

On trouve sans doute sur plusieurs de ces îles des substances pyriteuses et sulfureuses, ainsi que des particules ferrugineuses et cuivreuses; mais les montagnes de la Nouvelle-Zeeland sont celles qui semblent renfermer les veines métalliques les plus riches. La violence du feu souterrain a probablement détruit et scorifié les substances métalliques de toutes les îles volcaniques. Celles de la Nouvelle-Zeeland, au contraire, paraissent encore intactes, parce que les roches qui y dominent sont des substances que les minéralogistes ont regardées jusqu'à présent comme primitives, et dans lesquelles se trouvent toutes les veines métalliques de notre globe. Cette con-

(*) C'est le *piper methysticum* avec lequel on fait le kava.

jecture générale est la seule probable qu'on puisse offrir sur cette matière. La courte relâche que nous avons faite dans ces deux îles nous a empêché d'examiner plus en détail leurs productions minérales.

Dans le groupe des îles Gambier, situé près du grand archipel de Pomotou, et exploré par le capitaine Beechey, toutes les îles basses et le rivage des îles hautes sont d'une nature madréporique ; mais l'intérieur des îles hautes est d'origine volcanique. La roche est en général une lave basaltique poreuse, et en quelques endroits on aperçoit des cristaux assez réguliers de basalte compacte. Beechey y trouva des zéolithes, du carbonate de chaux, des calcédoines, des olivines et des jaspes de diverses couleurs. Nulle part il ne remarqua de cratère ; toutes les îles étalaient la plus admirable verdure. La terre végétale y paraît peu profonde, mais très-fertile.

SOURCES ET RUISSEAUX (*).

Les îles hautes de la Polynésie possèdent des sources assez abondantes. Celles de Taïti sont riches en eau fraîche et limpide. Une des sources d'Ouliétéa semble pouvoir le disputer, dit Forster, au *Fons Blandusiæ* d'Horace. Les naturels en ont fait un beau réservoir entouré de grandes pierres. La fontaine est rustique et d'une simplicité agréable. Des groupes d'arbres magnifiques et d'arbrisseaux fleuris, ainsi que les rochers vénérables d'où jaillit le ruisseau, l'enveloppent d'un ombrage perpétuel et y entretiennent une fraîcheur délicieuse. Le courant de cristal qui s'échappe du bassin, la verdure des bocages et des plaines des environs, invitent le voyageur à ranimer par le bain ses membres fatigués. Cette ablution lui rend sa vigueur, épuisée par un soleil ardent.

Les îles de Tonga paraissent privées de sources. Les éminences d'Éouah et d'Anamocka ne sont pas assez considérables pour attirer les nuages, ou, par leur humidité constante, produire des sources. Les naturels rassemblent l'eau de pluie dans des étangs. Quelques-uns de ces étangs sont vastes ; mais l'eau est un peu saumâtre, à cause de la proximité de la mer. Outre ces étangs d'eau douce, Anamocka renferme une lagune considérable d'eau salée d'environ trois milles de long, parsemée de petites îles ornées de groupes d'arbres, remplie de canards sauvages, et entourée de mangliers et de collines qui forment un charmant paysage.

On trouve aussi sur la pointe nord de Houahéiné, l'une des îles de la Société, deux lagunes considérables d'eau salée, dont le fond est très-vaseux. Comme elles sont peu profondes, fort avancées dans la terre, entourées de buissons épais et de grands arbres, et, par conséquent, très-peu agitées par le vent, elles répandent une puanteur excessive, et il semble qu'il en sort des exhalaisons insalubres. C'est peut-être par cette raison que je n'ai remarqué qu'un petit nombre d'habitations le long des montagnes, au sud de ces lagunes, et elles n'étaient pas très-proches de leurs bords.

L'île de Vaihou n'a d'eau que celle de quelques réservoirs en forme de puits ou d'étangs. Cette eau provient, peut-être, de la pluie ; elle est stagnante, un peu saumâtre et mauvaise.

Les îles Marquises ou Nouka-Hiva sont remplies de très-belles sources, qui forment une multitude de jolies cascades et de ruisseaux ; les montagnes, couvertes de nuages, et constamment humectées par leur vapeur, entretiennent les sources de ce climat chaud.

La Nouvelle-Zeeland possède une grande quantité de sources et de ruisseaux, et l'on voit à peine un îlot ou un rocher sans une source d'eau douce. La baie Dusky offre plusieurs belles sources ; mais toute l'eau, serpentant et s'écoulant au milieu d'un sol fertile, spongieux et mou, composé de végétaux tombés en putréfaction, a pris une couleur d'un brun foncé : cepen-

---

(*) Chapitre extrait de Forster, le seul voyageur qui ait traité cette partie.

dant elle n'est point salé ; elle n'a point de goût particulier, et elle se conserve bien à la mer.

Toutes les sources des îles de la Société, des Marquises et de la Nouvelle-Zeeland forment des ruisseaux; mais aucune, dit Forster, n'est assez considérable pour mériter qu'on en fasse une description particulière. C'est une erreur; on doit nommer dans Ika-na-Maoui, l'île septentrionale de la Nouvelle-Zeeland, deux rivières assez importantes, le Chooukianga et le Naipa.

A la baie Dusky, où tous les bras de mer sont très-profonds, nous avons trouvé que l'eau diminue peu à peu de profondeur au fond des baies ou des criques où un ruisseau a son embouchure, de sorte que les bateaux sont obligés d'y échouer à une assez grande distance de la côte ; ce qui doit faire supposer que ces ruisseaux, après une grosse pluie ou la fonte des neiges, entraînant un grand nombre de particules terreuses jusqu'à leur embouchure, les y déposent graduellement, et que la résistance de l'eau de mer, plus pesante que l'eau douce, celle des vents et des marées les empêchent d'être portées plus loin. On observe dans les bras de mer innombrables et profonds de cette baie spacieuse, une quantité de cascades magnifiques qui se précipitent d'une hauteur prodigieuse sans que le moindre rocher interrompe leur chute. Il faudrait avoir le pinceau et le génie de Salvator Rosa pour peindre avec vérité quelques-unes de ces cascades, ainsi que la scène pittoresque qui les environne.

Les habitants des îles de la Société savent mettre à profit la partie supérieure de leurs ruisseaux. Partout où la vallée s'élargit entre les flancs escarpés des montagnes, ils forment un barrage avec de grosses pierres qu'ils entassent en travers des ruisseaux, ce qui élève l'eau au niveau et quelquefois au-dessus de la surface de la vallée; ils entourent la plaine d'un petit rebord en terre, et y plantent des eddoës, ou *arum esculentum* (espèce de gouet), plante qui aime à être sous l'eau, et qui y pousse de grosses racines tuberculeuses. Quand l'eau est, par l'effet de la digue, parvenue à la hauteur convenable, on la fait couler dans les champs. Après qu'ils ont été suffisamment inondés, on la fait écouler à l'extrémité opposée. Ces digues servent en même temps de pont aux naturels, qui sont fort adroits à sauter d'une pierre à une autre, lors même qu'ils portent un fardeau sur leur dos.

Outre les ruisseaux et autres cours d'eau, on trouve un assez grand nombre de lagunes dans les petites îles de la Polynésie ; mais jusqu'à présent on n'a connaissance que d'un seul lac dans Ika-na-Maoui, une des deux grandes îles de la Nouvelle-Zeeland. Ce lac porte le nom de *Roto-Doua*.

BOTANIQUE.

Le règne végétal est plus riche dans la Malaisie que dans le reste de l'Océanie, parce qu'elle offre de grandes terres bien arrosées. Mais la Polynésie présente, à peu d'exceptions près, toutes les plantes utiles.

Dans l'archipel de Haouaï, nous verrons la plupart des plantes de l'Océanie orientale unies à plusieurs plantes de l'Europe, de la Chine et de l'Amérique, qui y ont déjà été naturalisées. Aux îles Taïti, la nature frappe le voyageur par la magnificence du coup d'œil. Une harmonie ravissante de toutes sortes de formes et de couleurs donne l'idée de chaque espèce de beauté. Un grand nombre d'arbres fruitiers répandent un ombrage qui abrite des nappes de verdure sans lequel elles seraient bientôt dévorées par les rayons brûlants du soleil des tropiques. Les montagnes offrent plusieurs espèces de grandes fougères. L'intérieur possède des eugénies, des *mimosa*, des bambous et des palmiers, et les côtes produisent l'arbre à pain, le bananier, le cocotier et l'*inocarpus edulis*, dont les habitants mangent le fruit, semblable à la châtaigne par la forme et le goût, et le to, la meilleure canne à sucre du monde, le kava (*piper methysticum*), et tant d'autres.

L'arbre précieux et parfumé de sandal, rouge ou blanc, se trouve à Haouaï, à Taïti et à Nouka-Hiva.

Dans la plupart des îles de la Polynésie on rencontre l'*hybiscus*, l'*erythrina*, l'*aralia*, l'*euphorbia*, l'*ixora*, le *bauhinia*, et d'autres plantes qui se distinguent par le plus brillant coloris, par la grâce ou la singularité de leurs formes. Nous en parlerons en détail en décrivant chacun des archipels polynésiens. Voici, en attendant, l'analyse de quelques observations générales du plus grand intérêt, que nous emprunterons aux expéditions de Cook, et particulièrement à Forster et au chevalier Banks.

La Nouvelle-Zeeland, qui gît dans la zone tempérée, offre un aspect très-différent de toutes les contrées du tropique. L'île septentrionale, quoique remplie de montagnes comme l'autre, a cependant des plaines très-étendues, dont les naturels savent tirer parti en les cultivant; on y trouve d'énormes fougères qui servent à la nourriture des habitants. Quant à l'île méridionale, l'œil y aperçoit plusieurs chaînes de montagnes qui s'élèvent les unes au-dessus des autres, et dont la plus haute est couverte de neige à la cime. Les rochers escarpés, les vallées étroites, tout est couvert d'épaisses forêts. La seule différence entre les extrémités nord et sud de l'île consiste en ce que, plus on avance vers la dernière, plus les rochers deviennent âpres, plus les terrains sont couverts de graminées, de joncs, etc., tels qu'on en trouve dans le nord, et moins on rencontre de terrains unis et sans bois. Le climat de cette île est si tempéré, que toutes les plantes de nos jardins d'Europe (que les naturalistes de l'expédition de Cook semèrent dans le voisinage du port de la Reine-Charlotte) y croissent très-bien au milieu de l'hiver. La flore indigène est très-féconde, et la variété des genres nouveaux et des espèces nouvelles est considérable; mais l'industrie n'ayant peut-être jamais fait sentir son influence à ce pays depuis sa première existence, les forêts y sont de véritables labyrinthes, rendus presque impénétrables par une quantité innombrables de liserons, de buissons et d'arbrisseaux entrelacés, qui, d'ailleurs, empêchent en grande partie les plantes herbacées de croître. Ces dernières ne se trouvent que sur les bords des forêts, et consistent principalement en végétaux anti-scorbutiques et en herbes potagères. La plante la plus précieuse de la Nouvelle-Zeeland est le *phormium tenax*, le plus beau lin du monde.

A mesure que l'on va au sud, l'aspect des terres devient de plus en plus stérile : la Terre de Feu, à l'extrémité méridionale de l'Amérique, gémit sous les rigueurs du froid ; toutes ses côtes occidentales offrent des montagnes de rochers pelés dont les sommets sont toujours couverts de neige. Dans une baie située au nord-ouest du cap Horn, on voit à peine quelques traces de végétation, excepté sur des îlots bas, couverts de petites plantes marécageuses, analogues aux mousses, et dans le fond des vallées ou dans les crevasses des montagnes, où l'on aperçoit de chétifs arbrisseaux.

« En examinant les côtes stériles de la Terre de Feu, disent Anderson et Solander, nous n'imaginions pas de pays plus affreux ; mais après avoir navigué quelque temps à l'est, nous rencontrâmes sous la même latitude l'île de la Nouvelle-Géorgie, qui paraît si horrible qu'avant d'y aborder nous la prenions pour une masse de glace. Nous croyons pouvoir assurer qu'il n'existe pas sur le globe de montagnes dont la forme soit aussi hachée et aussi aiguë. Au milieu de l'été, elles sont couvertes de masses de neige, presque jusqu'au bord de l'eau, où sans doute les végétaux sont plus abondants. Ce n'est que sur les points de terre que leur position rend accessibles à l'action du soleil, que cette croûte gelée parvient à fondre, et que le rocher, mis à nu, montre son aspect noir et repoussant. Nous ne trouvâmes dans la baie de Possession que deux espèces de plantes, l'une nouvelle, particulière à l'hémisphère austral (*ancistrum decumbens*), et l'autre une graminée déja connue (*dactilis cespitosa*) : la maigreur et la petite taille de toutes les deux annoncent la misère du pays. Enfin, comme si la nature eût voulu nous convaincre qu'elle peut produire une terre encore plus hideuse, nous en avons découvert une, la terre de Sandwich, située quatre degrés au sud de celle-ci, plus haute en apparence, et absolument couverte de glace et de neige (excepté sur quelques rochers détachés), et incapable, suivant toute apparence, de produire une seule plante. Elle est enveloppée de brumes presque continuelles; nous ne pouvions l'apercevoir que par intervalles : alors même nous n'en découvrions que les cantons les plus bas. Un volume immense de nuages occupe sans cesse le sommet des montagnes, comme si l'aspect de toutes ces horreurs était trop épouvantable pour être regardé par l'œil de l'homme. Notre imagination frissonne encore à son souvenir, et s'éloigne avec précipitation d'un objet si triste. »

De toutes ces observations on peut adopter, je pense, l'opinion suivante de Forster, « que le froid rigoureux des régions antarctiques étouffe à peu près le germe des végétaux; que les pays des zones tempérées produisent une diversité de plantes qui n'ont besoin que du secours de l'art pour égaler la richesse de la zone torride; que le climat et la culture donnent aux îles du tropique une végétation abondante; que le nombre des végétaux est communément proportionné à l'étendue du pays : ce qui fait que les continents ont été remarquables dans tous les temps par l'immensité de leurs richesses en botanique. Celui de la Nouvelle-Hollande, entre autres, examiné avec soin par MM. Banks et Solander, récompensa si bien leurs travaux, qu'ils donnèrent à un de ses havres le nom de *Baie de la Botanique*. Les îles produisent un nombre plus ou moins grand d'espèces, suivant que leur circonférence est plus ou moins étendue; ainsi, je crois, ajoute l'honorable et savant Forster, que la Nouvelle-Zeeland et les îles du tropique sont proportionnellement riches en productions végétales. Il est impossible de déterminer avec quelque précision le nombre de leurs plantes, parce que nous avons eu peu d'occasions de les examiner. Nous avons trouvé à la Nouvelle-Zeeland plus de cent cinquante espèces nouvelles, et nous n'en avons découvert que dix connues de Linné; proportion qui prouve combien les formes des végétaux de ce pays sont éloignées et différentes des nôtres. Nos récoltes en botanique n'ont eu lieu qu'au printemps, et une fois au commencement de l'hiver; enfin, nous n'avons visité que deux cantons de l'île méridionale. On a donc lieu de supposer qu'en y comprenant les deux îles, des recherches exactes porteraient la flore de la Nouvelle-Zeeland au moins à quatre ou cinq cents espèces, surtout si les botanistes y arrivaient dans une saison plus favorable que nous et y séjournaient plus long-temps. »

« Dans les îles du Tropique, continue Forster, la proportion des espèces nouvelles aux espèces connues est très-différente de celle de la Nouvelle-Zeeland. Nous y avons découvert environ deux cent quarante espèces nouvelles, et cent quarante décrites par Linné. Le nombre total est donc de trois cent quatre-vingts, dont un tiers était déja connu. La culture contribue surtout à cette différence. Ces terres contiennent probablement des plantes que les premiers habitants de ces îles ont apportées avec eux des Indes orientales, leur demeure primitive; il est par conséquent très-naturel qu'elles soient connues; mais avec ces plantes cultivées, il est vraisemblable qu'il a pu venir aussi des semences de plusieurs plantes sauvages, indigènes également des Indes orientales, et par conséquent connues des botanistes. Les nouvelles plantes ne peuvent donc être que des indigènes de ces îles, et celles qui ont échappé aux observations des Européens dans les Indes.

« On rencontre peu de végétaux sur les îles basses, parce qu'elles sont extrêmement petites; cependant on en a découvert plusieurs nouveaux. L'île Sauvage n'est qu'une île basse, élevée de quelques pieds au-dessus de l'eau; les rochers nus de corail dont elle est composée en attestent bien l'origine : ils offrent de nouvelles plantes qui croissent dans les fentes du corail, sans la moindre portion de terre. On pourrait vraisemblablement recueillir dans l'intérieur plusieurs végétaux rares; mais le caractère farouche des naturels en a empêché la plupart des voyageurs.

« Pour former un contraste avec les îles du Tropique, nous devons citer l'île de Pâques ou de Vaïhou, qui en est si peu éloignée. Les Hollandais, qui l'ont découverte, en ont fait une description très-fausse, ou bien elle a été presque entièrement bouleversée depuis cette époque. Son misérable sol, parsemé de pierres, n'offre que vingt espèces de plantes; dix seulement sont cultivées; aucune ne parvient à la grandeur d'un arbre, et presque toutes sont petites, ridées et sèches. Dans la partie opposée, ou dans la parage le plus occidental du Grand-Océan, gît la petite île de Norfolk; presque toutes ses plantes ont du rapport à celles de la Nouvelle-Zeeland, dont elle n'est pas fort éloignée (*). On observe seulement une différence occasionnée par la douceur plus grande du climat, qui donne à chaque plante plus de vigueur; nous y avons découvert un arbre conifère qui est particulier à cette île et à l'extrémité orientale de la Nouvelle-Calédonie : cette forme fait croire qu'il est de la classe des cyprès; il prend une hauteur et une grosseur considérables, et le bois en est très-pesant.

« Comme le Grand-Océan est borné, d'un côté, par l'Amérique, et de l'autre par l'Asie, les plantes qui croissent sur ces îles ressemblent en partie à celles de ces deux continents; elles participent plus ou moins de celui des deux dont elles sont plus ou moins proches. Ainsi les îles les plus orientales produisent un plus grand nombre de plantes d'Amérique que de plantes de l'Inde; et à mesure qu'on

(*) Elle fait partie de la Mélanésie, quoiqu'elle soit située dans le Grand-Océan.

avance à l'ouest, la ressemblance des végétaux avec ceux de l'Inde se montre davantage. Cette règle générale a cependant des exceptions; par exemple, le *gardenia* et le mûrier à papier, qui sont tous les deux des plantes des Indes orientales, ne se trouvent que sur les îles des Amis et les îles de la Société, qui font partie des groupes orientaux; le *tacca pinnatifida*, qui est une plante des Moluques, décrite d'abord par Rumph, savant naturaliste hollandais, ne se rencontre qu'aux îles de la Société. D'un autre côté, des espèces d'Amérique ne frappèrent nos regards que lorsque nous eûmes atteint les Nouvelles-Hébrides et la Nouvelle-Calédonie, qui sont cependant, de toutes les îles du Grand-Océan, les plus éloignées de ce continent. Une partie de ces exceptions provient, peut-être, de ce que les habitants, étant plus civilisés aux îles de l'est, ont apporté avec eux des plantes de l'Inde, que les autres ont négligées. On peut aussi expliquer par là l'introduction des espèces spontanées de l'Inde dans ces îles les plus orientales; car j'ai déjà observé que probablement elles ont été transportées parmi les semences des espèces cultivées. J'ajouterai, à l'appui de ces conjectures, que les espèces de l'Inde se trouvent communément sur les plaines des îles de la Société, et les espèces spontanées de l'Amérique sur les montagnes. Un petit nombre de plantes est commun à tous les climats du Grand-Océan : le céleri et des espèces de crucifères se trouvent sur les îles basses entre les tropiques, sur les grèves de la Nouvelle-Zeeland et les îles marécageuses de la Terre-de-Feu. Plusieurs autres espèces semblent participer aux différences du climat par une taille plus haute ou plus basse; une plante, par exemple, qui occupe les sommets les plus élevés des montagnes de Taïti, comme de toutes les autres îles de la Société, et qui n'y croît qu'en arbrisseau, se trouve à la Nouvelle-Zeeland, dans les vallées, et y forme un arbre d'une hauteur considérable. Cette différence même est sensible dans les diverses parties de la Nouvelle-Zeeland ; ainsi le *pimelea-gindia*, bel arbrisseau de la baie Dusky, ou de l'extrémité méridionale, qui y croît dans la partie la plus basse du pays, n'est plus qu'un très-petit arbuste au port de la Reine-Charlotte, et dans la partie nord, où on ne le voit que sur les hautes montagnes. Une égalité de position et de climat occasionne quelquefois une ressemblance de végétation, et voilà pourquoi les montagnes froides de la Terre-de-Feu produisent des plantes qui, en Europe, habitent la Laponie, les Pyrénées et les Alpes.

« La différence du sol et du climat produit plus de variétés dans les plantes des îles du Tropique du Grand-Océan que dans celles des autres terres de cette mer : rien n'est plus commun que de voir sur ces îles, deux, trois, quatre et un plus grand nombre de variétés de la même espèce de plante, dont les extrêmes auraient formé à nos yeux de nouvelles espèces, si nous n'avions pas connu les intermédiaires qui les unissent et qui en montrent la gradation. J'ai toujours remarqué que les parties les plus sujettes à varier sont les feuilles, les poils, et quelques-uns des pédoncules de la fleur ; et que toutes les parties de la fructification sont ce qu'il y a de plus constant. Cette règle, ainsi que toutes les autres, n'est pourtant pas sans exception, et les variétés qui proviennent du sol, y produisent quelquefois des différences ; mais elles sont trop peu considérables pour être rapportées. Un climat froid ou une exposition élevée réduisent un arbre à la taille d'un arbrisseau, et *vice versâ*; un sol sablonneux ou pierreux produit des feuilles succulentes, et donne de pareilles feuilles à des plantes qui, dans un sol gras, en ont de maigres et de flasques : une plante qui est très-amère dans un terrain sec, perd son âcreté quand on la trouve dans un canton plus humide ; ce qui cause souvent de la différence parmi les variétés de la même espèce, aux îles des Amis et sur les montagnes des îles de la Société ; car les premières, n'étant pas très-hautes, sont moins humides que celles des dernières terres, couvertes souvent de brumes et de brouillards.

« On sait que la culture produit de grandes variétés dans les plantes ; mais on le remarque surtout dans les îles du Tropique du Grand-Océan, où l'arbre à pain seul a quatre ou cinq variétés, et le dragonnier pourpre, deux ; le *tacca* (*), dans son état cultivé, a un aspect tout différent du *tacca* sauvage, et le bananier varie presque à l'infini, comme notre pommier. Le règne végétal fournit aux naturels des terres équatoriales du Grand-Océan la plus grande partie de ce qui leur est nécessaire pour leur nourriture, leur habillement, leur habitation, leurs meubles, et, en un mot, tous leurs besoins. Les habitants de la Nouvelle-Zeeland, au contraire, vivent surtout de poisson, et les plantes spontanées leur fournissent des vêtements, de manière qu'ils ne s'occupent point de l'agriculture, particulièrement dans l'île méridionale. La plante dont ils font leurs étoffes, leurs lignes de pêche, leurs cordages, etc., forme un nouveau genre, que nous avons appelé *phormium*, et appartient proprement à l'ordre naturel des liliacées qu'elle rapproche intimement des glaïeuls ; mais dans les îles du Tropique, où le climat conduit à la civilisation, les naturels aiment la variété dans les aliments, la commodité dans l'intérieur, la propreté et les ornements dans leurs vêtements : il arrive de là qu'ils cultivent à peu près cinquante espèces différentes de plantes, outre qu'ils en emploient plusieurs de spontanées. Le peu de travaux qu'entraîne l'agriculture, et les avantages considérables qui en résultent pour eux, ainsi que pour les insulaires des îles des Amis, font que le nombre des plantes cultivées sur ces îles surpasse de beaucoup celui des autres.

« On pense généralement que les goémons, ou varecs, sont des indices

(*) Ou *arrow-root*.

certains de la proximité des terres. Il n'est pas nécessaire, pour rejeter cette assertion, de parler des immenses lits de goémons que l'on trouve constamment au milieu de l'océan Atlantique, puisque nous pouvons citer le Grand-Océan, qui, dans la zone tempérée, a au moins quinze cents lieues d'étendue depuis la Nouvelle-Zeeland jusqu'en Amérique. Nous sommes bien sûrs que dans ce vaste espace il n'existe pas de terre, et cependant nous avons rencontré de temps en temps des monceaux de goémon nageant à la surface de la mer. Il est vraisemblable que quelques-uns de ces goémons ne prennent jamais racine sur un point solide, et croissent sur la mer, où le vent les ballotte, ainsi que d'autres plantes aquatiques des rivages. Mais, en supposant que cela n'est pas, il est aisé de concevoir que les gros vents d'ouest, presque constants sur ces parages, détachent ces goémons et les portent par tout l'Océan. »

Si cette dernière circonstance était bien constatée, il est probable que les goémons, une fois détachés, commencent à dépérir ; et, à la seule inspection de l'état de ces plantes, on pourrait peut-être former une conjecture hasardée sur le voisinage des terres.

ZOOLOGIE.

On conçoit sans peine que les grandes espèces n'ont pu se répandre dans les petites îles de la Polynésie. Il n'y a que le chien, le cochon et la poule qui y existassent dans l'état de domesticité avant que les Européens y eussent apporté des chèvres et du bétail.

L'ornithologie est assez variée. La volaille domestique y abonde; les poules sont plus grandes que les nôtres. De très-petits perroquets, d'un joli bleu de saphir, et des loris, d'un beau rouge, habitent, à Taïti, les cimes des cocotiers les plus élevés; le martin-pêcheur, d'un vert sombre, étale un cou blanc comme l'albâtre; les coucous, les tourterelles et les pigeons y abondent; l'oiseau tropique habite les cavernes en véritable troglodyte : les habitants l'attrapent pour avoir les plumes de sa queue, ainsi que la frégate, oiseau de passage. Des hérons bleuâtres s'y promènent avec une gravité imperturbable sur la grève, en mangeant des vers et des mollusques.

On distingue à Houaï le moho, nuancé des plus brillantes couleurs, et le superbe héaro-taire, et à la Nouvelle-Zeeland le merle à cravate frisée.

Les vampires (chauve-souris) sont nombreux dans plusieurs archipels polynésiens. Ils se nourrissent principalement de fruits; mais je ne pense pas qu'ils soient bons nageurs, quoique j'en aie remarqué qui nageaient, ce qui n'est peut-être qu'une exception; mais souvent ils se jettent à l'eau afin de laver l'ordure ou se débarrasser de la vermine qui s'attache à leur peau. Leur odeur est désagréable. Quand on les irrite, ils mordent avec fureur ; mais ils ne font d'ailleurs aucun mal.

Nous avons dit que les deux quadrupèdes domestiques sont le cochon et le chien. Au temps de Cook, ils étaient les seuls qu'on trouvât aux îles Taïti. La Nouvelle-Zeeland et les Iles-Basses n'avaient que des chiens; les Nouka-Hiva et les Tonga n'avaient que des cochons, ainsi que les îles Haouaï et les Carolines, et l'île de Vaïhou était privée de ces deux espèces d'animaux. Aujourd'hui les Européens en ont distribué dans la plupart des archipels, et, de plus, dans quelques-unes, des chèvres, des moutons, des bœufs et même des chevaux.

La race des cochons est celle que l'on appelle *chinoise*. Ils ont le corps et les jambes courts, le ventre pendant presque jusqu'à terre, les oreilles droites, et très-peu de soie. Il n'en existe point, je crois, dont la chair soit aussi succulente et la graisse aussi agréable. Cette qualité ne peut être attribuée qu'à l'excellente nourriture qu'ils prennent. Ils se nourrissent surtout du fruit de l'arbre à pain, frais, ou de la pâte aigrie de ce fruit, d'ignames, d'*arums*, etc. Ils sont très-nombreux aux îles de la Société; on en voit autour de presque toutes les maisons; quelques familles en ont un nombre considérable. Ils sont abondants aussi aux Marquises et à Tongatabou. La race des chiens du Grand-Océan est singulière; ils ressemblent beaucoup aux chiens de berger ordinaires, mais ils ont la tête prodigieusement grosse, les yeux d'une petitesse remarquable, les oreilles pointues, le poil long, et la queue courte et touffue; ils se nourrissent surtout de fruits aux îles de la Société; sur les Iles-Basses et à la Nouvelle-Zeeland, ils ne mangent que du poisson. Leur stupidité est extrême; ils hurlent de temps en temps; ils ont l'odorat très-faible, et ils sont excessivement paresseux. Les naturels les engraissent pour leur chair qu'ils aiment passionnément, et qu'ils préfèrent à celle du cochon. Ils fabriquent d'ailleurs avec leurs soies des ornements; ils en font des franges et des cuirasses aux îles de la Société, et ils en garnissent leurs vêtements à la Nouvelle-Zeeland.

Outre le chien et les quadrupèdes introduits par les Européens, la Nouvelle-Zeeland a quatre autres mammifères : le premier est le rat; le second, une petite chauve-souris; le troisième et le quatrième, deux espèces de phoques, l'un nommé l'*ours de mer*, l'autre l'*éléphant marin*.

Le gigantesque cachalot et le requin se trouvent en abondance sur divers parages.

Dans une des trois expéditions du célèbre capitaine Cook, Banks et Forster virent dans la mer du Sud les cétacés suivants : le gibbar (*balæna physalus*), la baleine à museau pointu (*balæna rostrata*), le nord-caper (*balæna glacialis*), l'orque, le dauphin vulgaire et le marsouin. Les deux derniers se trouvent par tout l'Océan, depuis la ligne jusqu'au cercle polaire antarctique.

Les oiseaux de la Polynésie sont nombreux et offrent une variété considérable d'espèces. Tous ces oiseaux vivent tranquilles dans chaque buisson et sur chaque arbre; les naturels ne les troublent presque jamais, et j'en ai vu venir manger à mes pieds. Ils égayent les bois par des chants continuels, et leur plumage varié contribue à la splendeur de la nature. On croit communément que les oiseaux de couleurs diversifiées ne chantent pas bien; mais, sans parler du chardonneret ordinaire, qui est peut-être un des plus beaux oiseaux du globe, et dont la voix est très-mélodieuse, il est facile de citer, d'ailleurs, un grand nombre d'exemples du contraire. Le chant des oiseaux retentit également dans les forêts sauvages de la Nouvelle-Zeeland et dans les bocages cultivés de Taïti. A proprement parler, il n'existe qu'une espèce d'oiseaux apprivoisés aux îles du Tropique du Grand-Océan, à savoir : le coq ordinaire et la poule, qui sont de même nombreux à Vaïhou, où il n'y a pas d'autres animaux domestiques. On en trouve également aux îles de Nouka-Hiva, de Taïti et de Tonga, et dans les deux derniers archipels. Leur grosseur est prodigieuse; mais les Iles-Basses et celles de la zone tempérée en manquent tout à fait. On ne peut pas compter les perroquets et les pigeons parmi les animaux domestiques; car quoique les naturels des îles Tonga et des îles Taïti apprivoisent quelques individus, ils n'en ont jamais de couvées. J. R. Forster a compté cent quatorze nouveaux oiseaux, dont la moitié est aquatique. La quantité des nouveaux oiseaux est étonnante, comparée à celle qui était connue il y a soixante ans des naturalistes. C'est pourquoi on peut concevoir de grandes espérances sur les continents qu'on n'a pas encore examinés.

Quoique la plupart des oiseaux de la Nouvelle-Zeeland soient remarquables par les jolies couleurs de leur plumage, cependant, à l'île de Norfolk (*) qui en est voisine (qui contient exactement les mêmes espèces de plantes que la Nouvelle-Zeeland), le plumage des oiseaux a des teintes plus vives et plus animées, ce qui prouve que le climat influe prodigieusement sur les couleurs. Une espèce de martin-pêcheur, commun sur toutes les îles du Grand-Océan, offre des variétés qui, entre les tropiques, sont beaucoup plus brillantes que celles

(*) Dans la Mélanésie.

de la Nouvelle-Zeeland. Le plumage dépend aussi du climat sous un autre rapport. Les oiseaux des pays chauds sont médiocrement couverts, tandis que ceux des pays froids, et ceux surtout qui voltigent sans cesse sur la mer, ont un plumage très-épais, et leurs plumes sont doubles; c'est-à-dire qu'il en sort deux de chaque tuyau. Les plumes des manchots, qu'on confond trop souvent avec les pingouins, qui vivent presque toujours dans l'eau, sont courtes, oblongues, couchées l'une sur l'autre comme les écailles des poissons; ils ont en même temps une enveloppe épaisse de graisse qui les met en état de résister au froid. Il en est de même des phoques, des oies et des autres animaux aquatiques des terres australes. Les oiseaux terrestres, en dedans et en dehors des tropiques, construisent leurs nids sur les arbres, excepté la caille ordinaire de la Nouvelle-Zeeland, qui a les mœurs et les habitudes de la caille d'Europe. Quelques-uns des oiseaux aquatiques font leurs nids à terre, tels que les échassiers, qui ne vivent que deux ensemble, tandis que plusieurs espèces de nigauds vivent en troupes, les uns dans les arbres, et les autres dans les crevasses des rochers. Les pétrels s'enfoncent par milliers dans des trous sous terre; ils y nourrissent leurs petits et ils s'y retirent toutes les nuits. L'espèce la plus prolifique du Grand-Océan est celle des canards, qui font plusieurs œufs par couvée; et quoique les nigauds, les manchots et les pétrels n'en fassent qu'un ou deux, ou tout au plus trois à la fois, cependant, comme on ne les trouble jamais et qu'ils se tiennent toujours en troupes considérables, ils sont devenus les plus communs et les plus nombreux.

Le peu d'animaux amphibies qui habitent le Grand-Océan, habitent les pays du tropique : ce sont 1° le caret, qui donne l'écaille propre aux fabriques; 2° la tortue verte, qui est bonne à manger; 3° le lézard commun; 4° le gecko; 5° le serpent amphibie, et 6° l'*anguis platura* de Linné. Aucun d'eux n'est venimeux.

Le Grand-Océan est riche en poissons; on y trouve une grande variété d'espèces. Jusqu'à ce jour, on n'a guère pu faire des collections dans cette branche de l'histoire naturelle, parce que la relâche de la plupart des navigateurs et des voyageurs a été courte, qu'ils ont rarement à bord des pêcheurs habiles; qu'il leur a fallu avoir recours aux indigènes pour se procurer des poissons; et que plusieurs ont perdu leurs collections par des naufrages. Forster, le père, en rassembla, en divers lieux, soixante-quatorze espèces, et environ quarante autres décrites par Linné.

Les espèces de poissons les plus agréables à manger sont aussi les plus prolifiques. Mais il faut observer qu'aucune île du Grand-Océan, si on en excepte les Mariannes et les Carolines, n'en offre autant que la Nouvelle-Zeeland. Labillardière (*) y vit des bancs de poissons qui produisaient, par leurs mouvements, une sorte de flux et reflux dans la mer. Voilà pourquoi il est devenu la principale nourriture des naturels, qui ont trouvé cette manière de se nourrir plus commode et plus aisée, quoiqu'ils soient moins indolents que la plupart des Polynésiens.

La plupart des poissons de la Polynésie sont bons à manger; plusieurs sont délicieux; un petit nombre seulement des *branchiostègues* sont nuisibles. A Taïti, il y a une petite écrevisse rouge qui donne la mort (**) à ceux qui la mangent. Le *tétrodon*, qui empoisonna Forster sur la côte de la Nouvelle-Galles du sud, existe dans la Polynésie, et renferme constamment un poison narcotique.

On rencontre dans le Grand-Océan polynésien ou mer du Sud des crabes qui se nourrissent de noix de coco.

Il est difficile de trouver moins d'insectes que dans ces îles innombrables.

On rencontre un petit scorpion aux îles du Tropique, mais il est plus com-

(*) Labillardière, Voyage, t. II, p. 186.
(**) Voyages des missionnaires, *appendice*, chap. 8-10.

mun dans les îles les plus occidentales. Celui de Taïti ne fait point de mal; cependant il est armé précisément de la même manière que les autres espèces congénères. Il reste à découvrir par quelles circonstances accidentelles le virus de l'aiguillon du scorpion devient plus ou moins venimeux. Plusieurs expériences anciennes et modernes semblent annoncer que les individus de la même espèce ne sont pas tous également venimeux, et que le même individu est, à différents temps, plus ou moins dangereux.

Les coquillages du Grand-Océan sont moins variés qu'on n'aurait lieu de l'attendre, et les récifs des îles du Tropique donnent en général les coquillages les plus ordinaires, tels que les porcelaines, les mitres, les murex, les buccins les plus communs, les vis et les nérites. Il y a quelques espèces nouvelles à la Nouvelle-Zeeland, la plupart très-petites. Néanmoins les dernières expéditions à Haouaï, aux Carolines et ailleurs, ont enrichi la conchyliologie de nouvelles espèces d'une grande beauté.

Nous entrerons dans de plus grands détails, à ce sujet, dans la description particulière de chaque archipel.

CLIMAT ET POPULATION.

Nous avons déjà dit qu'un si beau climat était la patrie naturelle de l'homme. En effet, si on en excepte les hautes montagnes des grandes îles qui sont sœurs, et dont l'intérieur, encore agreste, est tel qu'il sortit des mains de la nature, on ne voit nulle part de champs plus fertiles, et souvent mieux cultivés, qu'aux îles Haouaï, Taïti, Tonga et autres. Le terrain est couvert de cocotiers et d'arbres à pain : on aperçoit partout des plantations de bananiers, de jeunes mûriers, qui servent à fabriquer des étoffes, et d'autres plantes utiles, telles que les ignames, les *arum*, les cannes à sucre, etc., etc.

A l'ombre des charmants bocages de Taïti, Forster avait vu une multitude de cases qui paraissaient n'être que des hangars, mais qui suffisaient pour mettre les naturels à l'abri de la pluie, de l'humidité et de l'inclémence de l'air. Aujourd'hui les missionnaires et les chefs y ont des maisons à demi européennes. Les maisons des naturels sont remplies d'habitants, et les plus grandes contiennent plusieurs familles; et de quelque côté que l'on porte ses pas, on trouve les chemins bordés d'insulaires, sans cependant qu'aucune des habitations soit déserte. La population est extraordinaire dans cette métropole des îles du Tropique, et tout concourt à l'augmenter. Voici ce que dit Forster sur cette importante matière :

« Le climat de Taïti est doux et tempéré, et les brises de terre et de mer, en modérant l'action trop vive du soleil, excitent le développement des végétaux. Cette heureuse combinaison est, en quelque manière, aussi favorable à l'organisation humaine, à Taïti principalement, il y a une telle abondance d'excellents fruits, qui y croissent sans culture, que personne n'est embarrassé de pourvoir à sa subsistance. Les insulaires ont d'ailleurs l'utile ressource de pouvoir prendre jour et nuit, le long des récifs, une grande quantité de très-gros poissons, de coquillages, d'oursins de mer, d'écrevisses, et plusieurs espèces de mollusques. Ils vont souvent sur les îles basses, situées à quelques lieues au large, pour en rapporter des *cavallas* (sorte de petits poissons), des tortues et des oiseaux aquatiques. Autour de chaque maison ou cabane, on voit un chien, des coqs et des poules, souvent deux ou trois cochons. L'écorce du mûrier à papier, l'arbre à pain, et d'autres, fournissent la matière d'une étoffe légère et chaude, dont on fabrique différentes qualités, que l'on teint de diverses couleurs, et dont on fait des vêtements.

« Lors de la seconde relâche du capitaine Cook à Taïti, au mois d'avril 1774, les habitants faisaient des préparatifs pour une grande expédition navale contre Moréa, canton de l'île d'Iméo. Nous aperçûmes une flotte de pirogues de guerre et beaucoup de petits bâtiments ; nous vîmes les naturels préparer d'autres pirogues de guerre en quelques endroits : les rameurs et les guerriers s'exerçaient, et l'armement de deux cantons passait déjà en revue devant la maison du principal chef à O-Parri. Le canton d'Atahourou est un des plus grands, et celui de Tittahah un des plus petits. Le premier avait équipé cent cinquante-neuf pirogues de guerre, et environ soixante-dix petits bâtiments destinés aux chefs, aux malades et aux blessés, et probablement aussi au transport des provisions. Le second district envoyait quarante-quatre pirogues de guerre, et vingt ou trente petites. Cette partie de Taïti, qu'on appelle *T'Obréonou*, et qui est la plus grande et la plus occidentale des deux péninsules, contient vingt-quatre cantons. Tierrebou, la plus petite péninsule, ou l'orientale, en a dix-neuf : supposé que chaque district de T'Obréonou peut armer une quantité de pirogues de guerre, moyenne entre la plus grande et la plus petite de celles dont on vient de parler, cette quantité serait de cent. Pour faire un calcul plus modéré, supposons que chaque canton peut seulement envoyer cinquante pirogues de guerre et vingt-cinq petits navires de convoi, le nombre des pirogues de guerre de T'Obréonou sera de douze cents, et celui des petits bâtiments, de six cents. Nous comptâmes cinquante hommes dans les grandes pirogues de guerre, en y comprenant les guerriers, les rameurs et ceux qui gouvernent, et environ trente sur les plus petites. Quelques-unes des pirogues de guerre exigeaient, à la vérité, cent quarante-quatre rameurs, huit hommes pour gouverner, un pour commander les pagayeurs, et environ trente guerriers pour la plate-forme ; mais comme il y a seulement un ou deux bâtiments de cette grandeur à chaque île, ce n'est pas la peine de changer notre supposition, en mettant vingt hommes sur chaque pirogue de guerre. Or, le nombre de ceux qu'il faut pour défendre et manœuvrer douze cents bâtiments, sera de vingt-quatre mille. Chacun des petits navires de convoi contenait environ cinq hommes ; par conséquent les équipages de toutes les petites pirogues des vingt-quatre cantons (en comptant vingt-cinq bâtiments par chaque canton) forment un nombre de trois mille, qui, ajoutés au complètement des pirogues de guerre, donnent vingt-sept mille. Supposons d'ailleurs que chacun de ces hommes est marié, et qu'il a un enfant, le nombre total des insulaires sera donc de quatre-vingt-un mille. On conviendra que ce calcul est porté aussi bas qu'il est possible, et que le nombre des habitants de T'Obréonou est au moins double. En effet, tous ces insulaires ne sont pas guerriers, tous ne travaillent pas à la manœuvre des pirogues ; plusieurs vieillards restent d'ailleurs dans les habitations ; et ce n'est sûrement pas assez de donner un enfant à chaque époux : ils en ont ordinairement beaucoup plus. J'en ai vu six à huit dans plus d'une famille : Happaï, père d'O-Tou, roi actuel de T'Obréonou, en avait huit, dont sept vivaient quand nous relâchâmes à Taïti. Plusieurs autres familles avaient de trois à cinq enfants.

« On se demande d'abord comment une si prodigieuse quantité d'hommes, rassemblés sur un si petit espace, peut trouver assez de subsistance. Nous avons déjà dit combien ces terres sont fertiles : trois gros arbres à pain suffisent pour nourrir un homme pendant la saison du fruit à pain, c'est-à-dire pendant huit mois. Les plus gros de ces arbres occupent, avec leurs branches, un espace de quarante pieds de diamètre ; par conséquent, chaque arbre occupe seize cents pieds carrés, ou, s'il est rond, douze cent quatre-vingt-six pieds deux tiers. Une acre d'Angleterre contient quarante-trois mille cinq cent soixante pieds carrés ; il s'ensuit que plus de vingt-sept gros arbres à pain, et trente-cinq des moindres, trouveront place sur une acre : leurs fruits nourrissent dix personnes durant huit mois, dans le premier cas, et douze dans le second. Durant les quatre mois d'hiver, les naturels vivent

25ᵉ Livraison. (OCÉANIE.)

de racines d'ignames, d'eddoës et de bananes, dont ils ont des plantations immenses dans les vallées des montagnes inhabitées; ils font aussi une espèce de pâte aigre de fruit à pain fermenté, qui se garde plusieurs mois, et qui est saine et agréable pour ceux qui se sont une fois accoutumés à son goût acide. Comparons cette fertilité à la plus grande qu'on connaisse : en France, une lieue carrée, qui contient environ quatre mille huit cent soixante-sept arpents, ne peut nourrir que treize cent quatre-vingt-dix personnes dans les pays de labourage, et deux mille six cent quatre dans les pays de vignoble. Dans les premiers, un homme a besoin pour vivre de trois arpents et demi; et dans les derniers, il faut près de deux arpents pour la subsistance d'un individu. A Taïti et aux îles de la Société, dix ou douze personnes vivent huit mois sur un espace de terre égal à une acre d'Angleterre, c'est-à-dire sur quarante-trois mille cinq cent soixante pieds carrés, au lieu que l'arpent, qui est de cinquante-un mille cinq cent cinquante pieds carrés (mesure d'Angleterre), ne nourrit qu'un homme pendant six mois en France. D'après ce calcul, en prenant de part et d'autre les terrains les mieux cultivés, la population de Taïti est à celle de France à peu près comme dix-sept est à un. De plus, supposons que sur toute l'île de Taïti quarante milles carrés anglais seulement soient plantés d'arbres à pain (cette supposition n'est pas trop forte); chaque mille étant composé de six cent quarante acres, quarante mille font vingt-cinq mille six cents acres. Or, dix à douze hommes vivent huit mois sur une acre, par conséquent, trente ou trente-six hommes subsistent le même espace de temps sur trois acres, et vingt ou vingt-quatre trouveront leur subsistance pendant une année entière sur trois acres ; et sur toute l'étendue de vingt-cinq mille six acres, cent soixante-dix mille six cent soixante personnes, suivant la première supposition, ou deux cent trente-quatre mille huit cents, suivant la seconde, peuvent y vivre annuellement : mais on a vu plus haut que le premier calcul ne suppose à Taïti que cent quarante-quatre mille cent vingt-cinq habitants ; ce qui est près de vingt-six mille cinq cent trente-cinq de moins que la terre ne peut en nourrir dans le premier cas, ou soixante mille six cent soixante-quinze dans le second.

Enfin, dit Forster en terminant ses belles et importantes observations, j'ajouterai deux remarques à cet état de la population des îles du Grand-Océan. 1° Je ne prétends pas que mes évaluations soient parfaitement exactes ; ce ne sont que des conjectures qui approchent de la vérité, autant que l'ont permis les données que nous avons eu occasion de recueillir; elles sont plutôt fautives en moins qu'en plus. 2° La population des pays augmente à proportion de la civilisation et de la culture : ce n'est pas que la civilisation et la culture soient véritablement des causes d'une plus grande population ; je crois plutôt qu'elles en sont les effets. Dès que le nombre d'hommes, dans un espace borné, augmente à un tel degré qu'ils sont obligés de cultiver des plantes pour leur nourriture, et que les productions spontanées ne suffisent plus, ils imaginent des moyens de faire ce travail d'une manière facile et commode; ils sont contraints d'acheter d'autrui des graines et des racines, et de stipuler entre eux de ne pas détruire leurs plantations, de se défendre mutuellement contre les invasions, et de s'aider les uns les autres. Tel est l'effet des sociétés civiles; elles produisent plus tôt ou plus tard les distinctions de rang et les différents degrés de puissance, de crédit, de richesses qui se remarquent parmi les hommes ; elles produisent même souvent une différence essentielle dans la couleur, le tempérament et le caractère de l'espèce humaine.

DIVISION GÉOGRAPHIQUE DE LA POLYNÉSIE.

La Polynésie, dans les limites que nous lui avons assignées, renferme les îles Mariannes, celles de Pelíou,

Peli ou Palaos, des Matelotes, des Guèdes, ou Saint-David, ou Freewill, l'île Nevil, le grand archipel des Carolines, y compris les groupes de Ralik et de Radak, celui de Gilbert et Marshall, le Grand-Cocal et les autres îles de cette chaîne, et enfin toutes les îles de la mer du Sud ou du grand Océan, depuis l'archipel d'Haouaï ou de Sandwich, au nord, jusqu'aux îles de l'*Évêque-et-son-Clerc*, au midi; et depuis l'île Tikopia, près de Vanikoro, à l'ouest, jusqu'à l'île Sala (*), à l'est, en s'approchant de l'Amérique; de sorte que la division de la Polynésie, telle que nous l'avons établie, aurait pour limites, au nord, la Micronésie et l'océan Boréal, au nord-ouest la Malaisie, au sud-ouest la Mélanésie, à l'est la côte occidentale de l'Amérique, et au sud l'océan Austral.

ARCHIPEL DES MARIANNES.

Ces îles sont comprises entre le 13°10' et le 20°10' lat. nord, et elles n'occupent qu'un degré dix-sept minutes en longitude à l'est du méridien de Paris. Elles sont au nombre de 17; leur superficie est d'environ 385 lieues carrées; leur distance du nord-est des îles Philippines est d'environ 400 lieues.

Les quatre îles les plus méridionales et les plus importantes sont Gouaham (San-Juan de), Rotta, Saypan et Tinian. D'après les informations que nous avons prises aux Philippines, la population de Gouaham doit être de 2000 Espagnols et métis, et de 2500 indigènes; total : 4500 habitants, dont 1000 dans la seule ville d'Agagna. Quelle différence du chiffre primitif, que les anciens voyageurs portent à 44,000! Les malheureux habitants de cet archipel ont été exterminés par les Espagnols des seizième et dix-septième siècles, ainsi que l'avaient été les Américains; et c'est encore le fanatisme qui peut revendiquer cet affreux privilége.

L'île de Rotta est la plus peuplée après Gouaham. Saypan est une des plus grandes et des mieux boisées; elle a un volcan en ignition, où, selon M. J. Arago, se trouve une petite colonie de Carolins. Tinian est remarquable par ses monuments en ruine. Il importe d'observer qu'autrefois toutes les îles situées au nord de Tinian étaient connues sous le nom générique d'îles *Gani.*

En outre de ces quatre îles, l'archipel des Mariannes comprend Agouigan, où les Espagnols ont laissé établir une petite colonie aux Américains des États-Unis; l'Assomption et Pagon, remarquables par leurs volcans; les deux îles Farallon de Medinilla et Farallon de Torrès, Anataxan, Sarigoan, Grigan, Gougouan, Mangs, Goui, Ouracas, Farallon, l'Assomption, et Farallon de los Paxaros, qui n'offrent rien qui mérite une description, soit à cause de leur étendue, soit pour leur population insignifiante.

Nous ne décrirons que les îles principales.

ILE GOUAHAM.

L'île de Gouaham ou Gouahan a environ trente lieues de tour; elle renferme plusieurs montagnes dont les plus hautes sont : le mont Ilikio, estimé à quinze cents pieds; le mont Tinkio, qui en a environ mille, et le mont Langayao. Elle possède des eaux ferrugineuses et quelques jolies habitations (voy. *pl.* 88).

Les ports de Gouaham sont les plus sûrs de l'archipel des Mariannes. Celui d'Oumata est une bonne station par les vents d'est, et son aiguade est renommée; la *casa real* en est l'édifice le plus remarquable (voy. *pl.* 94). Le costume de ses habitants est très-gracieux (voy. *pl.* 93). Le port San-Luis, sur la côte nord-ouest, est également bon, mais l'entrée en est difficile. Le petit port d'Agagna, capitale de l'île et de l'archipel, ne reçoit que des prahos et des pirogues; mais la vaste baie d'Apra, qui est dans son voisinage, reçoit les grands navires. Agagna est située par le 13° 28' de latitude septentrionale et par le 142° 37' de longitude orientale.

(*) C'est l'île appelée Sala y Gomez.

SAYPAN ET ROTTA.

Saypan a une rade foraine remplie de hauts-fonds. On aperçoit cette île de loin, grâce à son pic en forme de cône, et son volcan qui est presque toujours en activité. Elle est bien boisée, et, selon quelques anciens géographes, on trouve un petit lac d'eau douce au milieu de l'île. En 1815, les Espagnols en ont chassé les Américains, qui s'y étaient établis depuis 1810. M. Arago assure qu'il y existe une petite colonie de Carolins. Ils sont vraisemblablement protégés par le respectable don Luis de Torrès, commandant en second des Mariannes. Saypan est éloignée de Tinian par un canal de deux lieues. Rotta n'a qu'un mouillage peu sûr. Le fond en est hérissé de coraux. Les câbles de fer peuvent seuls y résister. L'eau douce y est peu commune. Une montagne, qui s'élève en amphithéâtre du bord de la mer jusqu'à environ six cents pieds de hauteur, occupe le centre de cette île. On y monte par des sentiers que les naturels ont eu l'art d'y pratiquer.

TINIAN.

L'île Tinian, fameuse par la relation d'Anson, est petite et désolée. On jouit, dans ses bois, de points de vues romantiques (voy. pl. 86). Sa population ne monte pas à une vingtaine d'habitants, pauvres et chétifs. On n'y trouve que deux mares d'eau douce, l'une dans la partie orientale de l'île, l'autre dans le nord-ouest. La meilleure eau est celle du Puits des Anciens (*Pozo de los Antiquos*). Le mouillage est dans l'ouest de Sonharem, qui est situé par le 14° 59' de latitude et le 143° 28' de longitude orientale. Les pirogues et les petits navires mouillent entre la terre et un banc qui est près de la côte. Nous décrirons plus tard les monuments de Tinian.

GÉOLOGIE ET HISTOIRE NATURELLE.

Le petit archipel des Mariannes se compose de roches calcaires ou de masses madréporiques et de couches volcaniques. Son sol paraît être produit par les volcans sous-marins qui, à certaines époques, auront tourmenté ce groupe. Buffon pensait que ces îles ont formé une seule terre avec l'Océan indien, tandis que tout annonce qu'elles sont d'une formation récente et particulière.

Le fond du terroir est quelquefois rougeâtre et aride, ce qui n'empêche pas que ces îles ne soient naturellement fertiles ; mais les habitants, peu nombreux et singulièrement partisans du *dolce far niente*, et une administration pauvre et peu éclairée, ont laissé presque improductifs les bienfaits du sol.

Gouaham, et surtout Saypan, sont d'une rare fécondité. Cependant, les forêts de Gouaham n'ont pas cet aspect de grandeur et de luxuriance qui distingue la végétation équatoriale. Plusieurs de ses cantons sont occupés par de vastes forêts ; d'autres sont en champs et en pacages. La nature y a prodigué les racines nutritives et surtout d'innombrables cycas.

Agouigan et Rotta offrent la végétation la plus puissante. Partout des halliers impénétrables que dominent le tamarhinde, le cocotier, le rima, le figuier multipliant, l'aréquier, et le cyca, palmier qui donne une excellente fécule, semblable à celle du sagou. On fait subir au cica une préparation afin de lui enlever ses qualités vénéneuses par la macération.

Ces îles n'avaient autrefois que les fruits du pays, qui paraissent avoir été communs aux îles Carolines ; mais les Espagnols y ont introduit l'ananas, la goyave, la grenade, le raisin, le coton, l'indigo et les cannes à sucre. C'est surtout au sage gouverneur *Tobias* que les indigènes doivent ce bienfait. Il ne s'y trouve d'ailleurs aucun animal féroce ni aucun reptile venimeux.

L'arbre à pain, les melons d'eau, les melons musqués, s'y trouvent en abondance, ainsi que le *doucdouc* des Philippines (*artocarpus incisa*). Cet arbre, dont le fruit est vert en dehors, a la forme d'une longue poire. La pulpe en est blanche et molle; elle renferme quinze noyaux qui ont le goût de la châtaigne quand on les a fait rôtir. Ces îles possèdent aussi des bois propres à la construction et à la médecine, ainsi que le bambou et le curcuma. Ce qui donne beaucoup de ressemblance entre les productions des Mariannes et celles des Carolines, ce sont les oranges, les citrons et les limons, qui ne viennent pas naturellement dans le reste de la Polynésie.

Les Européens y ont naturalisé également le riz, le maïs, l'arrow-root, les patates, le tabac, et un certain nombre de légumineuses fort utiles, telles que fèves, pois chiches (*garvanizos*), etc.

Pour donner une idée de l'utilité des végétaux dont se compose la famille des légumineuses, il nous suffira d'en citer quelques-uns dont les usages sont bien connus. Elle offre, par exemple, en graines propres à nous servir de nourriture, les *haricots*, les *fèves*, les *pois*, les *lentilles*, etc.; en fourrages pour les bestiaux, les *trèfles*, les *sainfoins*, les *luzernes*; en bois propres à la teinture, les *brésillets* des Indes, de Fernambouc et de Campêche, qui donnent une couleur violette; en fécules colorantes, les *indigos* des Indes et de l'Amérique, qui donnent le bleu le plus solide; en plantes curieuses et remarquables par le mouvement instantané de leurs feuilles, la *sensitive* et le *sainfoin* oscillant; enfin, en substances médicinales, le suc de *réglisse*, les follicules de *séné*, la *gomme adragant*, la pulpe de la *casse* et celle du *tamarinde*.

Enfin, la flore et la faune du pays réunissent la plupart des espèces qui caractérisent la zone équinoxiale.

On n'y trouvait autrefois que des rats et des poules (*), la chauve-souris-vampire, l'iguane, la tortue de mer, le tripan ou balaté; mais les Espagnols y ont naturalisé le bœuf, le cerf, le porc, la chèvre, le cheval, l'âne, le chat, et le gouanaco du Pérou, espèce du genre chameau, qui y ont heureusement multiplié, soit à l'état domestique, soit à l'état sauvage. Il s'y est introduit des souris que les navires européens y ont apportées. On n'y voit d'ailleurs aucun animal féroce, ni aucun reptile venimeux. Les poissons y sont nombreux. On y trouve, entre autres, un petit poisson qu'on appelle magnahak, qui est d'un goût exquis.

Les maladies du pays sont l'érésypèle, la gale, la syphilis, l'éléphantiasis et la lepre. Ceux qui sont infectés de ces deux dernières maladies ont un aspect hideux et repoussant (voyez *pl.* 91).

ANCIENNE RELIGION DES ILES MARIANNES. ORIGINE DU GENRE HUMAIN.

Jusqu'à l'arrivée des Espagnols, les insulaires des Mariannes, séparés de toutes les nations par des mers immenses, renfermés dans leurs limites comme dans un petit monde, ignoraient entièrement qu'il y eût d'autres terres, et se regardaient comme les seuls hommes qui fussent dans l'univers. Comme ils ignoraient leur origine, ils s'en fabriquèrent une à peu de frais, en assurant que le premier homme avait été formé d'une pierre du rocher de *Fauna*, petite île sur la côte occidentale de *Gouaham*. Aussi regardaient-ils ce rocher comme une merveille, tant par sa structure singulière qui ne le rend accessible que par un endroit, que pour avoir été le berceau du genre humain.

ORIGINE DU MONDE.

« Tout ignorants qu'ils sont, dit le P. le Gobien, dans l'histoire qu'il a écrite de ces îles (*) peu de temps après leur soumission, ils ne croient pas que le monde soit de toute éternité;

(*) Et peut-être n'y avait-il d'autre oiseau que le sessenghet, espèce de gallinacé à longues pattes, auxquels les naturalistes voyageurs donnèrent le nom de *mégapode lapérouse*.

(*) *Istoria de la provincia de las islas Filipinas*. T. II.

ils lui donnent un commencement, et racontent sur cela des fables exprimées en vers qu'ils chantent dans leurs assemblées. Ils ne reconnaissent aucune divinité, et n'avaient pas la moindre idée de ce que c'est que religion avant qu'on leur eût parlé du christianisme; ils étaient sans temples et sans autels, et ils n'avaient ni sacrifices, ni culte, ni prêtres; seulement ils disaient que *Puntan*, homme extraordinaire qui vivait dans l'espace, chargea ses sœurs de faire avec ses épaules le ciel et la terre, de ses yeux, le soleil et la lune, de ses sourcils, l'arc-en-ciel. »

SORCIERS.

On trouvait chez les anciens Mariannais quelques charlatans qui se mêlaient de prophéties. Ces sorciers ou devins, nommés, en leur langue, *makahnas*, s'étaient mis en crédit parmi eux en leur faisant accroire que, par l'invocation de leurs morts, dont ils gardaient les crânes dans leurs maisons, ils avaient le pouvoir de commander aux éléments, de rendre la santé aux malades, de changer les saisons, de procurer une récolte abondante et une pêche heureuse. On ne rendait néanmoins aucun honneur aux têtes de morts dont les makahnas se servaient dans leurs enchantements. On se contentait de les renfermer dans de petites corbeilles qui traînaient par la maison, sans qu'on s'en mît en peine, ni qu'on y fît la moindre attention, à moins que quelque dupe ne vînt les consulter. Toutes les pratiques et cérémonies roulaient donc, non sur la divinité, mais sur les morts.

ÉTAT DE L'AME APRÈS LA MORT. DIABLES, SPECTRES, etc.

A la mort d'un indigène, on mettait une corbeille près de sa tête pour recueillir son esprit : on le conjurait, puisqu'il quittait son corps, de venir se placer dans cette corbeille pour y faire désormais sa demeure, ou du moins pour s'y reposer quand il voudrait les venir voir. Quelques-uns frottaient les morts d'huiles odoriférantes, et les promenaient par les maisons de leurs parents; pour leur donner la liberté de choisir une demeure qui leur convînt, et un lieu pour se reposer quand ils voudraient venir de l'autre monde rendre visite à leurs amis. *Hou, hou*, criaient-ils; et après ils nommaient le mort dont ils invoquaient l'âme, et lui disaient : « C'est maintenant que votre secours m'est nécessaire; secourez-moi si votre famille vous fut jamais chère. » D'autres déposaient les ossements des morts dans des cavernes voisines de leurs habitations, et nommaient ces espèces de charniers *goma alomsig* (maison des morts). Ils croyaient en effet à l'immortalité de l'âme. Ils reconnaissaient même un paradis et un enfer. Ils appelaient l'enfer *zazarragouan*, ou la maison de *kaifi* (le diable). Kaifi entretient une fournaise ardente, où il chauffe les âmes, comme nous faisons le fer, et les bat continuellement. Leur paradis était un lieu sous terre rempli de délices, qui consistaient toutes dans la beauté des cocotiers, des cannes à sucre et des fruits d'un goût merveilleux. Au reste, ce n'était point, selon eux, la vertu ni le crime qui conduisait dans ces lieux-là ; les bonnes et les mauvaises actions n'y servent de rien : tout dépend de la manière dont on sort de ce monde. Si on a le malheur de mourir de mort violente, on est renfermé dans le zazarragouan; si l'on meurt de mort naturelle, on a le plaisir d'aller en paradis pour y jouir des arbres et des fruits qui y sont en abondance. Ils étaient persuadés que les esprits des morts reviennent. Il est certain qu'ils avaient grand'peur des *anitis* (*), et qu'ils se plaignaient souvent d'être maltraités par les spectres. Dans ces cas, ils avaient recours aux *anitis*, non pas tant pour en obtenir quelque grace, que pour empêcher qu'ils ne leur fissent du mal. C'est par la même raison que, pendant leurs pêches, ils gardaient un profond silence, et observaient de longs jeûnes, de peur que les anitis ne leur nuisissent, ou ne les épouvan-

(*) Ames de morts.

tassent la nuit dans leurs songes, auxquels ils avaient une croyance entière. Toutes ces superstitions ont disparu devant le catholicisme.

CARACTÈRE DES ANCIENS MARIANNAIS.

Le Gobien assure, et l'examen attentif des lois et des principaux usages de ces contrées le confirme jusqu'à un certain point, que les hautes classes de la société étaient animées des sentiments les plus honorables, et surtout d'un grand amour pour la vérité (*). Quoi qu'il en soit, les mœurs des *Mangatchangs*, ou hommes du peuple, étaient bien loin de mériter un éloge aussi flatteur; on pourrait même dire qu'elles formaient un contraste tranchant : menteurs effrontés, lâches, inhospitaliers et sans foi, souvent ils encouraient le blâme de transgresser les lois de leur pays, que les nobles, au contraire, mettaient un soin si religieux à observer personnellement et à faire respecter.

Ce missionnaire cite (**) l'horreur qu'avaient les matouas pour l'homicide et le larcin, et leurs dispositions bienveillantes envers tous les hommes; mais ces bonnes qualités étaient ternies par une vanité incroyable et par un orgueil qui rappelle celui de la noblesse japonaise. On conçoit bien, d'après cela, pourquoi le bas peuple était tenu dans l'avilissement.

Les habitants de la partie septentrionale de Gouaham passaient pour être beaucoup plus farouches et plus indociles que ceux de la côte du sud. Il est difficile de dire la raison de cette différence, mais il paraîtra singulier qu'une observation analogue ait été faite dans l'île Timor. (Voyage de *l'Uranie*.)

Habiles à dissimuler leurs desseins pendant la guerre, dit M. de Freycinet, ils comptaient aussi la vengeance au nombre de leurs passions favorites. « Quand on leur a fait une injure, dit Le Gobien, ils n'en marquent pas leur ressentiment par des éclats ou par des paroles; rien ne paraît au dehors; mais ils en renferment dans leur cœur toute l'aigreur et toute l'amertume. Ils sont tellement maîtres de leurs passions, qu'ils passent deux ou trois ans sans laisser rien échapper qui puisse la faire connaître, jusqu'à ce qu'ils aient trouvé une occasion favorable de se satisfaire. Alors ils se dédommagent de la violence qu'ils se sont faite, et se livrent à tout ce que la trahison la plus noire et la vengeance la plus outrée ont de plus affreux.

« Leur inconstance et leur légèreté sont incroyables. Comme ils ne se gênent en rien, qu'ils se livrent aveuglément à leurs caprices et à leurs passions, ils passent aisément d'une extrémité à l'autre. Ce qu'ils souhaitent avec le plus d'ardeur, ils ne le veulent plus un moment après (*). »

Humains après la victoire, ponctuels surtout à tenir leur parole, ils avaient coutume de n'exiger d'un prisonnier fait à la guerre qu'un simple engagement verbal de ne point s'enfuir : celui qui, en pareil cas, eût faussé la foi donnée, aurait été mis à mort par sa propre famille, qu'un tel acte de déloyauté couvrait d'une honte intolérable.

Quand un ancien disait à un de ses compatriotes, ou même à un étranger, *Je veux que nous soyons amis*, c'était entre eux un contrat sacré, selon Le Gobien. Mais s'il arrivait que ce dernier vînt à agir contre les intérêts de son ami, la famille tout entière de celui-ci devenait alors ennemie de la personne qui avait manqué de foi. Or les torts imputés pouvaient être réels ou imaginaires, et c'est en examinant la chose sous

---

(*) « Le respect le plus scrupuleux pour la vérité, et l'exactitude la plus religieuse à remplir tous ses engagements, formèrent, dans le moyen âge, le caractere distinctif d'un gentilhomme, parce que la chevalerie était regardée comme l'école de l'honneur et qu'elle exigeait à cet égard la plus grande délicatesse. » (Robertson, *Hist. of Charles the fifth*, introd.)

(**) Le Gobien, *Histoire des Mariannes*. Paris, 1701, 1 vol. in-12.

(*) Le Gobien, *op. cit.*

ce point de vue, qu'on parvint à s'expliquer les altercations des Marianais avec les premiers missionnaires. Par d'horribles calomnies, le Chinois Chocosangley rendit d'abord ces courageux ecclésiastiques suspects à un grand nombre d'habitants ; d'un autre côté, les efforts des Espagnols pour extirper le libertinage et changer certains usages, finirent par exciter contre eux l'indignation des gens même qui d'abord les avaient le mieux accueillis.

A des dispositions intellectuelles assez heureuses, les anciens insulaires joignaient de la docilité à s'instruire, et une grande aptitude aux professions manuelles et même à l'étude des arts.

Nous remarquerons, en passant, que les fours des anciens Mariannais, nommés *tchanon*, étaient presque semblables à ceux du groupe Tonga.

Peu de mots suffiront pour peindre les modernes : esprits plus paresseux qu'actifs, gens simples, hospitaliers et généreux, en général fort soumis à leurs chefs. Ajoutons qu'ils ont presque oublié leur langue et qu'ils ne parlent plus guère qu'un espagnol corrompu.

COSTUMES ET ANCIENNES MOEURS.

L'ancien costume des peuples de Gouaham était celui des sauvages. Les hommes étaient généralement nus, et les femmes ne se couvraient que les parties secrètes du corps. Elles se noircissaient les dents et blanchissaient leurs cheveux avec des eaux préparées (voy. *pl.* 87). Leur costume moderne est à peu près semblable à celui des indigènes chrétiens des Philippines, dont nous avons donné la description dans la partie de notre ouvrage qui traite de la Malaisie (voy. *pl.* 92). Les femmes jouissaient des droits qui sont ailleurs le partage des maris ; ceux-ci n'avaient aucune autorité sur elles, et ne pouvaient les maltraiter en aucun cas, même pour cause d'infidélité : leur unique ressource était le divorce. Mais s'ils manquaient eux-mêmes à la foi conjugale, l'épouse en tirait une vengeance signalée : les unes en informaient toutes les femmes du canton, qui se rendaient, armées d'une lance, à l'habitation du coupable ; elles ravageaient ses moissons, coupaient ses arbres, pillaient sa maison : les autres se contentaient d'abandonner le mari dont elles avaient à se plaindre, et de faire savoir à leurs parents qu'elles ne pouvaient plus vivre avec lui ; ceux-ci alors se chargeaient de cette cruelle exécution, et l'époux coupable s'estimait trop heureux s'il en était quitte pour la perte de sa femme et de ses biens. De quelque côté que vînt la cause du divorce, la femme avait le pouvoir de se remarier ; ses enfants la suivaient et étaient adoptés par le nouvel époux ; de sorte qu'un mari avait la douleur de perdre à la fois ses enfants et sa femme par l'inconstance d'une épouse capricieuse. De pareilles lois donnaient à l'épouse un empire si absolu dans la maison, que le mari n'y pouvait disposer de rien sans son consentement. S'il n'avait pas toute la déférence qu'elle croyait pouvoir en exiger ; si sa conduite n'était pas réglée, ou si c'était un homme fâcheux, peu complaisant, peu soumis, elle le maltraitait, le quittait et rentrait dans tous les droits de la liberté. Ce qui était plus juste, cette supériorité des femmes éloignait un grand nombre d'hommes du mariage ; la plupart prenaient le parti d'entretenir des filles qu'ils achetaient de leurs parents ; ils les mettaient dans des lieux séparés, où ils se livraient avec elles à toutes sortes de débauches. Ainsi la violation des droits et des vœux de la nature amène le désordre dans la société où elle s'introduit.

RELATION ENTRE LES HOMMES ET LES FEMMES.

Les liens de famille étaient et sont encore fort resserrés aux Mariannes ; nulle part les parents ne montrent une affection plus tendre pour leurs enfants, et ne s'occupent avec plus d'ardeur de ce qui peut leur être agréable ou utile.

Jadis (*), quoiqu'il fût loisible à un homme d'entretenir plusieurs concubines toutes tirées de la caste à laquelle lui-même appartenait, il ne devait avoir qu'une femme légitime (**); il était sévèrement interdit aux nobles, non seulement de s'allier avec des filles mangatchangs, mais encore de prendre des concubines parmi elles. On cite cependant des exemples d'infraction à cette règle : dans ce cas, le matoua (noble) qui s'en rendait coupable, avait bien soin de se cacher de sa famille, qui, si elle l'eût su, l'aurait puni de la peine capitale. A la vérité, le délinquant, pour éviter les poursuites, avait l'alternative de renoncer à sa caste et de passer en qualité d'atchaot dans une autre peuplade. Il est assez remarquable, au reste, que la fille plébéienne ne recevait aucune punition.

HISTOIRE DU CAP DES AMANTS.

Depuis l'arrivée des Espagnols à Gouaham, un matoua du village de Gnaton, étant devenu amoureux d'une jeune et jolie mangatchang, s'enfuit avec elle, mais ne put trouver asile dans aucune autre peuplade, parce qu'il refusait de se détacher de sa compagne. Poursuivis par les parents du jeune homme, les deux amants errèrent pendant quelque temps au milieu des bois et des rochers les plus inaccessibles. Une existence si précaire et si misérable les réduisit au désespoir: résolus d'y mettre fin, ils construisent une enceinte en pierre, où ils déposent l'enfant, triste fruit de leurs amours; puis, égarés, éperdus, ils gravissent à la cime d'un roc élevé et taillé à pic du côté de la mer ; là, s'étant enchaînés l'un à l'autre, en nouant ensemble leurs chevelures, et se tenant embrassés, ils se précipitent dans les flots. Ce cap a été nommé depuis, par les Espagnols, *Cabo de los Amantes* (cap des amants).

LICENCE DES FEMMES.

Avant le mariage, la plus grande licence régnait entre les personnes des deux sexes, et même il y avait, dans les principales bourgades, certaines maisons ouvertes pour favoriser leurs lubriques réunions : elles portaient le nom de *gouma oulitaos* (maisons des célibataires). A la différence des lieux de prostitution que la politique tolère dans nos villes, et où n'habitent que des femmes vouées au mépris public et qui ont dépouillé toute honte, les *gouna oulitaos* étaient hantées par de jeunes filles, sans qu'il en rejaillît aucun déshonneur ni sur elles, ni sur leurs parents; et, chose étrange, dans un pays où les devoirs des époux et les degrés de parenté qui s'opposent aux alliances, étaient clairement définis, le frère pouvait là, sans encourir aucun blâme, avoir un commerce charnel avec sa propre sœur. Souvent on avait vu les pères vendre, sans rougir, les prémices de leurs filles au jeune libertin qui voulait y mettre le prix ; les mères elles-mêmes engager leurs enfants à suivre l'impulsion de leurs sens et à s'empresser d'aller sacrifier effrontément dans ces temples d'impudicité; de même qu'en France on permettrait aux siens d'aller au concert ou à une soirée chez d'honnêtes gens.

CHANSON.

On possède encore une des chansons que les mères chantaient à leurs filles pour les exciter à la prostitution. Elle peint trop bien les mœurs du peuple qui nous occupe, pour que je ne la transcrive pas ici. J'y joins une traduction interlinéaire et quelques explications (*).

(*) Nous empruntons tout ce qui suit jusqu'à l'épisode, ainsi que les notes, à M. de Freycinet, le voyageur qui a le mieux observé les Mariannes et leurs habitants. Nous aurions cru lui faire injure en analysant cette partie de sa relation, nous avons préféré le citer textuellement, ainsi que nous croyons devoir le faire à l'égard des navigateurs et des voyageurs de premier ordre.

(**) Le Gobien (*op. cit.*) avance que la polygamie était permise aux Mariannes; mais il convient en même temps que la coutume voulait que l'on n'eût qu'une femme.

(*) Les mots placés entre parenthèses in-

hodjong *etaga* *makanna*
sors ma chère fille (pour) être mangée [pour
qu'on profite de toi.]

ra *jago* *sal*
parce que maintenant (*pi*) donner (toi) [si tu te
oum (*) *maangki*
livres maintenant] ... (tu serais) savoureuse [goû-
tée avec plaisir.]

so *pouin* *lamouna* *oam*
Parce que lorsque (il sera) plus tard ...(tu seras)
daghi
frustrée dans ton attente.

dja oum hago poulan — *sapit*
et ... toi à garder [et tu auras] (du) chagrin(**).

SOCIÉTÉ INFAME DES OULITAOS.

A l'instar des *Arioys* de Taïti (***),
les *Oulitaos* formaient des sociétés
particulières, dont le but, comme
on voit, était un épicurisme grossier. Ils avaient un langage mystérieux et allégorique [*fino gouatafon*],
principalement destiné à leurs chansons amoureuses, dont eux seuls pouvaient comprendre le sens. On les
voyait, les jours de fête, marcher

diquent les idées qu'il faut sous-entendre
pour se rapprocher de la syntaxe française;
ce qu'on a mis entre crochets développe la
phrase ou portion de phrase mariannaise,
afin d'en éclaircir le sens.

(*) *Oum*, signe de la seconde personne du
futur au singulier.

(**) A la morale près, la traduction qui
suit serait plus dans le génie de notre langue :

Sors pendant tes beaux jours, sors, ma fille chérie,
Va maintenant chercher et donner le bonheur ;
Plus tard avec dédain tu serais accueillie,
Et ce triste abandon ferait gémir ton cœur.

(***) « Un nombre considérable de Taïtiens
des deux sexes forment, dit Cook, des sociétés
singulières où toutes les femmes sont communes à tous les hommes ; cet arrangement
met dans leurs plaisirs une variété perpétuelle, dont ils ont tellement besoin que le
même homme et la même femme n'habitent
guère plus de deux ou trois jours ensemble.
Ces sociétés sont distinguées sous le nom
d'*arioys*. Ceux qui en font partie ont des
assemblées auxquelles les autres insulaires
n'assistent pas : les hommes s'y divertissent
par des combats de lutte, et les femmes y
dansent en liberté la *timorodi*, afin d'exciter
en elles des désirs qu'elles satisfont souvent
sur-le-champ. » (Cook, premier voyage,
collect. d'Hawkew, t. I.)

sous une enseigne symbolique fort
ornée, et connue, chez eux, sous le
nom de *Tinas*.

C'était une chose établie à Pago, et
probablement aussi dans d'autres villes
de Gouaham, qu'une fille ne devait
pas se marier étant vierge; ordinairement on chargeait un des amis du
père de lui épargner cet affront, lorsque, ce qui était rare, elle pouvait en
être menacée.

TRAVAUX.

Chacune des îles mariannaises se par-
tageait jadis en un certain nombre de
peuplades, régies par une autorité
particulière, à laquelle ressortissaient
un ou plusieurs villages. Lorsqu'il fallait exécuter des travaux d'un intérêt
général, la peuplade entière allait y
prendre part. Ces travaux étaient, soit
l'érection de grands hangars pour re-
miser les pirogues, de maisons pour
quelque habitant hors d'état d'en faire
les frais lui-même, ou pour un nouveau marié qui n'en possédait pas dans
laquelle il pût installer sa compagne;
soit la culture du champ et la rentrée
de la récolte de quiconque était notoi-
rement empêché d'y donner ses propres
soins, etc. On nommait *hodjong songsong* (sortie de la peuplade) toute réunion qui avait lieu à cet effet.

Si quelque homme aisé d'une peuplade voisine passait par hasard à proximité des travailleurs rassemblés pour
un pareil motif, les femmes couraient
s'emparer de lui et l'amenaient : un
ruban de feuille de latanier, qu'on lui
attachait au bras, témoignait qu'il était
prisonnier; puis on le conduisait dans
une maison en le comblant de politesses.
Instruite de sa captivité, sa famille se
cotisait en grande hâte pour fournir
une rançon, qu'elle s'appliquait, par
amour-propre, à rendre la plus magnifique possible, et les plus proches parents se chargeaient de l'aller offrir
avec pompe. Cette rançon appartenait
de droit au chef de la peuplade des travailleurs, lequel se piquait, en revanche,
de traiter splendidement le prisonnier.
Ce chef était libre au reste de faire pa-
rade de sa munificence, **en refusant de**

l'accepter, et en manifestant l'unique désir de voir la paix et la concorde continuer à régner entre les deux peuplades. Quel que fût le parti auquel il s'arrêtât, la liberté était sur-le-champ rendue au noble captif : tous les habitants du village où l'*hodjong songsong* se trouvait réuni, chargés des objets les plus précieux et les plus utiles que leur pays pût offrir, comme nattes, poissons, racines farineuses, bétel, etc., etc., s'empressaient de se mettre en route pour lui faire la conduite, et présenter leur offrande au chef de sa peuplade. Parés de leurs plus beaux ajustements, hommes et femmes égayaient la marche par des chants et des danses. A son arrivée, la bande joyeuse faisait honneur à un banquet préparé d'avance. Les hôtes insistaient pour reconduire leurs convives chez eux, et ceux-ci ne voulaient pas souffrir qu'on leur fît tant d'honneur; enfin, pour terminer le différend, les uns et les autres tombaient d'accord qu'on irait de compagnie jusqu'à moitié chemin.

L'usage ancien de faire ainsi un prisonnier de marque pendant un *hodjong songsong*, bien loin d'être un acte hostile, était plutôt considéré comme un moyen propre à entretenir des relations de bonne amitié entre les insulaires; en effet, lors même que la rançon du prisonnier était acceptée, on ne manquait jamais de le renvoyer chez lui avec des cadeaux excédant en valeur ceux qui la composaient.

Si la personne mise ainsi en chartre privée faisait connaître qu'elle eût des affaires urgentes, on la laissait librement partir, après une promesse mutuelle d'union et de bonne amitié, promesse qui était regardée comme inviolable. Quoi qu'il en fût, cette espèce de contrainte ne s'exerçant jamais qu'à l'égard de gens jouissant d'une haute considération, était toujours prise en bonne part, et même passait pour un hommage flatteur aux yeux de celui qui en était l'objet.

Personne ne s'entremettait dans une querelle d'homme à homme; mais si une femme était engagée dans quelque rixe, tout le monde prenait parti pour elle. C'était une conséquence de la haute estime que les Mariannais avaient pour leurs femmes, qui exerçaient en tout le commandement, hormis à la guerre et dans la conduite des pirogues.

Demandait-on asile ou secours à un parent, il accourait seul ; mais quand une demande de cette nature était adressée à la parente la plus élevée dans l'ordre des degrés que nous ferons connaître (la mère néanmoins exceptée), toute la famille, parents et alliés compris, devait s'y rendre.

Sur la simple observation faite par un homme marié à la plus âgée de ses ascendantes, que sa maison se trouvait en mauvais état, tout le parentage était appelé à la faire réparer, ou à contribuer à la construction d'une neuve.

PRATIQUES DE POLITESSE.

Les Mariannais n'avaient jadis aucune des manières de saluer qui nous sont familières en France, à l'exception du baise-main; encore, au lieu de baiser la main, ils la flairaient, et cet acte de civilité se nommait *gnhignhi* (flairer). Le baiser réciproque proprement dit était désigné par le mot *tchoumik*, c'est-à-dire, *se flairer mutuellement le nez*. Nous avons vu le même usage chez les Carolinois, les Papouas et les Timoriens. En entrant dans une maison, on se bornait à dire *adjin djo* (me voici, et sous-entendu, pour vous servir); à quoi le maître du logis répondait *atti haou?* (veux-tu que je verse de l'eau sur toi? et sous-entendu, pour te laver les pieds) : la personne qui rendait visite disait pour refuser, *ti gouailadji* (ce n'est pas nécessaire), et pour accepter, *adjan* (ici). Dans ce dernier cas, suivant la qualité du personnage reçu, l'hôte allait lui-même quérir l'eau dans une calebasse, ou la faisait apporter par un domestique, et l'un ou l'autre la versait, en dehors et près de la porte d'entrée, sur les pieds du nouveau venu, qui se les frottait lui-même.

Quand on se rencontrait dans la

rue(*), tout le cérémonial se réduisait à s'adresser mutuellement ces questions *manou haou* (où vas-tu?); *gouini méno haou* (d'où viens-tu?). Cependant, si la personne accostée était d'un rang supérieur ou au moins égal, et qu'elle fût chargée, le bel usage exigeait qu'on lui offrît de porter son fardeau. On ne faisait pas tant de façons à l'égard d'un inférieur; et même, celui-ci, pour se montrer civil, devait inviter le personnage éminent qui l'abordait à recevoir le don d'une partie de sa charge.

En signe d'estime ou d'amitié, un habitant qui voyait passer devant sa porte une personne de connaissance, l'invitait à entrer et lui offrait le bétel ou tout autre régal. C'était une grande marque de respect que de passer la main sur l'estomac de quelqu'un; cracher en sa présence eût été, au contraire, le comble de l'impolitesse, et l'on mettait une extrême attention à ne point s'en rendre coupable. Les Mariannais se débarrassaient rarement de leur salive, ou ils ne le faisaient qu'avec de méticuleuses précautions. Ils évitaient aussi de satisfaire à ce besoin naturel près de la maison d'un autre, et même le matin; ce dont ils apportent, dit le Gobien, je ne sais quelles raisons qu'on n'a pas exactement pénétrées.

Un *mangatchang* se gardait bien de passer tête levée devant un noble ou *matoua*; il s'inclinait, en pareil cas, au point de marcher presque à quatre pattes; pour lui parler, il fallait qu'il se tînt accroupi. Un matoua, de son côté, eût cru se dégrader en demeurant

(*) Le Gobien (*loc. cit.*) assure qu'ils se saluent par ces mots, *atti arinmo*, qu'il traduit par *permettez-moi de vous baiser les pieds*. Il y a ici erreur manifeste; l'expression citée, qu'il faut écrire *atti adingmo* (au moins dans le dialecte d'Agagna), signifie, mot à mot, *jeter de l'eau (sur) pieds tiens*, et doit se traduire par *voulez-vous que je verse ou qu'on verse* de l'eau sur vos pieds? Or cette phrase se rapporte fort bien à l'usage que j'ai indiqué et serait tout à fait déplacée si on la prononçait dans la rue ou toute autre part que chez soi.

assis devant un de ses inférieurs. Le mangatchang n'était pas tenu à de si humiliantes déférences à l'égard de l'atchaot.

Depuis l'entière pacification des Mariannes, la plupart des habitants de Gouaham ont adopté des manières espagnoles. Aujourd'hui lorsqu'une jeune personne rencontre dans la rue ou à la maison un supérieur ou un parent à qui elle doit des égards, elle met un genou en terre, et baise la main que celui-ci lui présente gravement.

Après l'angelus du soir, on a la coutume, à Agagna, de souhaiter une bonne nuit aux personnes auprès desquelles on se trouve; et c'est à quoi les enfants se conforment scrupuleusement envers leurs grands parents, auxquels ils disent simplement, en faisant une légère inclination de tête, *seqnor* ou *seqnora*, sans ajouter *buena noche* (bon soir).

DIFFÉRENTES CLASSES DE LA SOCIÉTÉ, LEURS ATTRIBUTIONS ET LEURS OCCUPATIONS.

Nous allons ajouter ici quelques détails qui compléteront ceux que nous avons déjà donnés sur les rapports sociaux des habitants entre eux.

Les matouas établis sur les côtes possédaient, avons-nous dit, le privilége exclusif de la navigation et de la pêche maritime; il était assigné à chacun d'entre eux, pour se livrer à cette dernière occupation, une certaine étendue de mer qu'il n'avait pas le droit de dépasser sans l'agrément des concessionnaires voisins : ils pouvaient seuls aussi faire le commerce avec les îles voisines. Les matouas de l'intérieur s'adonnaient habituellement à la culture des terres et à la pêche sur les rivières; mais, pour pêcher en mer, il fallait qu'ils y fussent autorisés expressément par ceux à qui leur position locale semblait en garantir la jouissance.

On accordait parfois à l'*atchaot*, ou demi-noble, un bénéfice, soit sur les pêches auxquelles il prenait part, soit sur les cultures, quoique, au fond, le maître qu'il servait ne lui dût que la nourriture : mais on cherchait par ces cadeaux à exciter son zèle, ou à récompenser sa bonne conduite.

Il n'en était pas de même du mangatchang, qui devait se suffire à lui-même et n'avait droit à aucun salaire. L'espèce de mépris auquel il était voué ne lui permettait pas de prendre part à certains travaux regardés comme une prérogative des hautes classes. Sa coopération était-elle jugée nécessaire, il était obligé d'accourir; on en a même vu supplier leur seigneur de les employer, et s'informer s'ils avaient eu le malheur de déplaire, lorsqu'ils se croyaient délaissés.

Les Mariannais modernes s'adonnent volontiers aux travaux de l'agriculture et de l'industrie, et particulièrement à la distillerie (voy. pl. 90 et 89). Attaché à la glebe, autrefois le mangatchang faisait de la culture des champs sa principale occupation ; il était aussi obligé de travailler à la bâtisse des grands hangars, sous lesquels s'abritent les pirogues, au nettoyage et à la réparation des chemins, au transport des vivres pendant la guerre, et en temps de paix, au transport des matériaux nécessaires à la construction des maisons; en général, les détails les plus abjects et les plus pénibles lui étaient dévolus.

La pêche sur mer lui étant interdite, il fallait qu'il se réduisît à celle des rivières; encore l'anguille, poisson qui se prend dans la vase, était-il le seul qu'il lui fût permis de prendre. Cet excellent poisson était en horreur aux personnes des castes supérieures; antipathie inexplicable, et qui, quoique affaiblie parmi la population moderne, y subsiste encore en partie. Le mangatchang était obligé de saisir les anguilles avec la main, après les avoir étourdies d'un coup de bâton, la nuit, pendant une pêche au flambeau : l'usage de l'hameçon, du filet et de la fouène, lui était sévèrement interdit.

Les femmes des matouas et des atchaots ne daignaient pas employer à leur usage personnel et à celui de leur famille des ustensiles confectionnés par les mangatchangs; elles préféraient travailler elles-mêmes aux nattes, berceaux d'enfant, paniers, etc., qui avaient cette destination. Les ouvrages faits par ces êtres dégradés servaient aux étrangers qu'elles hébergeaient.

Il était aussi certains mets dont elles se réservaient la préparation, de peur qu'ils ne fussent souillés par les mains impures des mangatchangs; la cuisson du riz, des racines, et d'un petit nombre d'autres aliments, était seule confiée aux soins de ceux-ci.

Les tresses pour amarrages, les cordes pour gréement d'embarcations, l'étoupe, ou grosse tresse propre au calfatage, les nattes de diverses sortes, une multitude de paniers, sacs, boites et autres tissus, étaient l'objet du travail habituel des femmes de la basse classe.

Tout cela a bien changé. Ces priviléges n'existent plus. On lira avec plaisir le récit suivant d'une pêche dont M. de Freycinet a été témoin :

PÊCHE.

Dirigeons maintenant nos pas vers le rivage, pour assister à la pêche du magnahak, petit poisson d'un goût exquis, dont les Mariannais font une prodigieuse consommation. A une époque fixe, le magnahak ne manque pas d'arriver, et les habitants se portent alors en foule au bord de la mer pour y faire leur provision (voy. pl. 63). Au nombre des pêcheurs se trouvèrent les gens qui étaient venus complimenter le gouverneur, M. Médinilla, ainsi que plusieurs jolies filles, que nous aperçûmes dans l'eau jusqu'à la ceinture, occupées comme les autres à cette précieuse capture. Elles avaient ôté leur chemisette et se l'étaient nouée en cravate autour du cou; leur jupe relevée ne les couvrait pas plus qu'un *langouti*, ce qui les laissait presque nues: aussi, en sortant de l'eau, semblèrent-elles extrêmement embarrassées. Mais le plus plaisant, c'est que, tout en se hâtant de voiler leurs charmes, elles faisaient tout le contraire de la Vénus pudique, et leur premier soin fut de se couvrir le dos.

ÉPISODE.

Nous empruntons l'épisode qui suit à M. J. Arago :

« A Agagna, capitale de l'archipel, les femmes étaient jolies, les filles ravissantes, les maris et les frères d'une complaisance telle, que nous étions souvent honteux de nos faciles succès... L'air y était pur, les bois odoriférants et la chasse amusante. Mais ce n'était là qu'Oumata, Agagna et Gouaham ; je tenais surtout à visiter cette île voisine, célèbre par le séjour d'Anson, où la végétation était si vigoureuse et les habitants si hospitaliers. Je m'embarquai....

« Deux amis, Gaudichaud et Bérard, furent de la partie. En arrivant, le lendemain soir, à Rotta, le *proh volant* que je montais mouilla à quelques encâblures du rivage. J'avais soif de la terre, car le mal de mer m'a escorté pendant toutes mes traversées, et je m'embarquai dans un petit sabot de deux pieds de large sur quatre de longueur. Je ne sais pas nager ; je fis une grande imprudence. Près de franchir la barre sur laquelle la mer déferlait avec violence, mon embarcation chavira, et, jouant des pieds et des mains, je parvins à me cramponner aux jambes de mon pilote, qui, tranquille sur lui, me repoussait de toutes les forces de ses jarrets nerveux. Au lieu de lâcher prise, je lui dis qu'il avait deux hommes à sauver, et le coquin ne répondait que par de violentes bourrades : heureusement que je tiens bien ce que je veux tenir, et que j'avais jeté mes grapins sur une jambe nue.

« Cependant le flot nous poussait vers les rochers... J'appelai le roi des Carolines dont je venais de quitter le proh. Il m'entendit ; à la clarté de la lune, il vit que je luttais contre un grand danger, et, dans peu d'instants, j'entendis près de moi le sifflement de son haleine et le léger frémissement des eaux ouvertes par ses bras vigoureux.... Je le vois, il m'encourage et tourne autour de moi. Il me tend un débris d'aviron, il m'engage à le saisir, il le tient par l'autre bout, me presse de sa main et de son regard : j'abandonne le *chamorre* ; je m'empare du bâton libérateur, non sans boire quelques gorgées d'eau amère, et, dix minutes après, je me trouve en sûreté. Quant à mon sauveur, il rit comme un fou, se moqua de ma frayeur, de mes vomissements, et il trouva son action si naturelle, qu'il n'accepta qu'avec étonnement et répugnance les plus légers cadeaux, à l'aide desquels je voulus lui témoigner ma gratitude.... C'était un roi, un roi sauvage ! »

CÉRÉMONIES POUR LA NAISSANCE.

A la naissance d'un enfant, les parents de tout âge offraient, en arrivant, un *kotoud* de riz, surmonté d'un poisson sec, pour subvenir à la nourriture des personnes réunies près de l'accouchée. Les femmes qui apportaient des calebasses d'eau étaient seules exemptées de ce devoir (*).

Lorsque le nouveau-né appartenait à une famille de haut rang, on pilait du riz très-fin, et l'on en répandait sur les pas du père, en signe de respect.

On donnait aux enfants des noms pris, soit des talents ou qualités personnelles des pères, soit d'un fruit, d'une plante, etc. : par exemple, *gof-sipik* [adroit pêcheur] ; *tai-agnao* [intrépide] ; *tai-goualo* [paresseux] ; *faoulos-gna* [navigateur heureux], *gof-tougtcha* [adroit à jeter la lance] ; *misngon* [patient] ; *ninéti* [ingénieux] ; *massong song* [qui a peuplé une bourgade] ; *gof-higam* [adroit à manier l'higam (**)] ; *agad-gna* (***) [habile à donner la tonture aux pirogues] ;

(*) Il y avait jadis une sorte de honte d'aller chez un malade sans lui porter un *kotoud* de riz et un poisson sec.

(**) Higam, outil pour creuser les embarcations, espèce d'herminette.

(***) Agad-gna, dont, par corruption, on a fait Agagna. C'est le nom du chef qui a fondé la ville de ce nom.

ki-ighi [qu'on ne peut surpasser]; *matapang* [coco tendre et mou, mais dont le lait n'est pas doux]; *pountan* [coco mûr et qui commence à sécher sur l'arbre]; *djoda* ou *tchod-a* [bananier]; etc.

FUNÉRAILLES ET CHANTS DE DEUIL.

Le père Le Gobien nous transmet, à ce sujet, des détails intéressants.

Il n'y a guère, dit-il, de peuples plus éloquents à marquer leur douleur, ni plus expressifs dans leur air et dans leurs manières. Rien n'est plus lugubre que leurs enterrements (*) : ils y versent des torrents de larmes ; ils poussent des cris capables de pénétrer de douleur les cœurs les plus endurcis ; ils demeurent long-temps sans manger, et s'épuisent tellement par leurs cris et leurs longues abstinences, qu'ils ne sont pas reconnaissables. Leur deuil dure sept ou huit jours, et quelquefois davantage ; ils le proportionnent ordinairement à l'affection qu'ils avaient pour le défunt, ou aux graces qu'ils en avaient reçues. Tout ce temps se passe en pleurs et en chants lugubres. Ils font quelques repas autour du tombeau du défunt; car on élève toujours un tombeau sur le lieu où le corps est enterré, ou du moins à côté (**). On le charge de fleurs, de branches de palmier, de coquillages et de tout ce qu'ils ont de plus précieux. La désolation des mères qui ont perdu leurs enfants est inconcevable : comme elles ne cherchent qu'à entretenir leur douleur, elles coupent quelques cheveux de leurs enfants, et les gardent chèrement ; et elles portent à leur cou une corde, à laquelle elles font autant de nœuds qu'il y a de nuits que leur enfant est mort.

Si la personne qui meurt, ajoute Le Gobien, appartient à la haute noblesse, leur douleur est alors sans mesure. Ils entrent dans une espèce de fureur et de désespoir ; ils arrachent leurs arbres, ils brûlent leurs maisons, ils rompent leurs bateaux, ils déchirent leurs voiles et en attachent les morceaux au-devant de leurs maisons. Ils jonchent les chemins de branches de palmier, et élèvent des machines lugubres en l'honneur du défunt. Si le défunt s'est signalé par la pêche ou par les armes, qui sont deux professions de distinction parmi eux, ils couronnent son tombeau de rames ou de lances, pour marquer sa valeur, ou son habileté dans la pêche. S'il s'est rendu illustre par ces deux professions, on entrelace les lances et les rames, et on lui en fait une espèce de trophée.

Tout cela est accompagné de chants lamentables.

« Il n'y a plus de vie pour moi, dit « un des chanteurs ; ce qui m'en reste « ne sera qu'ennui et amertume : le so- « leil qui m'animait s'est éclipsé ; la « lune qui m'éclairait s'est obscurcie ; « l'étoile qui me conduisait a disparu. « Je vais être enseveli dans une nuit « profonde, et abîmé dans une mer « de pleurs et d'amertume. »

« A peine a-t-il cessé, que l'autre « chanteur s'écrie : « Hélas ! j'ai tout per- « du ! Je ne verrai plus ce qui faisait « le bonheur de mes jours et la joie de « mon cœur. Quoi ! la valeur de nos « guerriers, l'honneur de notre race, « la gloire de notre pays, le héros de « notre nation n'est plus ! il nous a « quittés ! Qu'allons-nous devenir ? « La vie nous sera désormais impor- « tune. »

Ces lamentations durent tout le jour et une partie de la nuit.

(*) Toute la famille du mort y assiste.

(**) L'enterrement avait lieu ordinairement tout auprès et en dehors de la demeure du mort, quelquefois aussi dans sa maison même.

FIN DU PREMIER VOLUME.

ERRATA DU PREMIER VOLUME

COMPRENANT LE TABLEAU GÉNÉRAL DE L'OCÉANIE, LA MALAISIE, LA MICRONÉSIE, ET L'APERÇU GÉNÉRAL DE LA POLYNÉSIE.

Pages.	colonnes.	lignes.	
24	1	17.	— après le mot opposée, *ajoutez* : quoique un peu plus grande. (Ces cinq mots ont été oubliés dans l'abrégé de géographie de M. Balbi.)
24	1	34.	— leur glotte, *lisez* : leur cou.
24	1	37.	— intelligence, *lisez* : mais ils parlent.
24	1	44.	— la plus petite, *lisez* : de très petite.
95	2	21.	— ont possédé, *ajoutez* : peut-être.
103	1	34.	— saguir (*borassus gomutus*), *lisez* : sagouer (*arenga* de Labillardière.)
133	2	4.	— ils donnent à tous ceux, *lisez* : il est arrivé qu'ils ont donné la mort à celui.
146	1	44.	— les Chinois sont au nombre de plus d'un demi-million, *lisez* : et près de 300,000 Chinois.
149	1	3.	— bicorne, *lisez* : unicorne.
165	1	28.	— *effacez* : le Javanais qui appartient à.
165	1		à la note. — l'île de Java, *lisez* : le pays montagneux de Sounda.
172	1	48.	— la sienne, *ajoutez* : la traduction de M. Marshall et quelques-unes de ses réflexions.
279	2	51.	— mai jusqu'en septembre, *lisez* : avril jusqu'en octobre.
ibid.	ibid.	53.	— pas, *lisez* : que.
281	2	52.	— de ces trois îles, *ajoutez* : la commission centrale de la Société royale de géographie ordonna que leur description fût imprimée dans son bulletin. Voici ce que dit d'une de ces îles, M. J. Mac Carthy, dans son important Dictionnaire géographique (édition 1835) : « L'île Rienzi, qui porte le nom de son découvreur, rappelle celui de l'un de ses ancêtres paternels, ce tribun fameux qui se rendit, au 14ᵉ siècle, l'arbitre de Rome et d'une partie de l'Italie. »
298	1	41.	— au-dessous de 4 pieds, *lisez* : qui est de 4 pieds 10 pouces à cinq pieds, car je ne partage pas l'opinion de M. Lafond qui, après la publication de mon mémoire sur les races, dans le Journal de l'Institut historique, mars 1835, a prétendu que la taille de ces noirs était plus près de 4 pieds que de 4 pieds et demi, et que celle de leurs femmes était au-dessous de 4 pieds.
303	1	47.	— fureur du, *ajoutez* : machété ou.
384	1	47.	— expériences anciennes et modernes, *ajoutez* : entre autres celles de Maupertuis.

AVIS

POUR LE PLACEMENT DES GRAVURES DU 1ᵉʳ VOLUME DE L'OCÉANIE

Planches.	pages.
Carte de l'Océanie, par l'auteur, en tête de l'ouvrage.	
Une Carte de la Malaisie et des îles découvertes par l'auteur, id.	
1 Portraits de Bougainville, de Cook, de la Pérouse et de Baudin.	8
2 Kangarous, babi-roussa, échidné épineux et ornithorynque.	4
3 Fruit du vaquois, du papaya, du rima, de la flindersie et de la plante pour enivrer et prendre le poisson.	45
4 Grand oiseau de paradis ou émeraude kasoar et roussettes-vampires.	48, 49 et 227
5 Trigle-lyre, marteau, coffret triangulaire et python colossal.	50
6 Haliotide, turbo marbré, tridacne et aplysie d'Urville.	51
7 Labophyllie, cavieria ou échorée, universibranche et physsophora.	50
8 Orang-houtan roux dînant avec l'auteur.	28
9 Habitants de la Malaisie.	9
10 Métive de Manila, Tagale, Nouveau-Zélandais tatoué, et Carolin.	18
11 Tonga, Papou, Australien et habitant de Tanna.	21 et 23
12 Idoles.	52
13 Pirogues.	84
14 Habitation malaise et hutte des sauvages de la terre d'Arnheim.	id.
15 Armes et instruments.	83
16 Masques et costumes théâtrals.	id.
17 Temple tabou.	52
18 Assemblée où l'on boit le kava.	64
Tableau polyglotte comparatif de 21 langues de l'Océanie.	72 et 73
19 Sacrifice humain.	52
Douze morceaux de musique.	78, 79 et 80
20 Trombe et typhon.	39 et 285
21 Habitation malaise avec un maiba apprivoisé.	90 et 126
22 Poivrier, mangoustan, vaquois, rafflesia.	108, 106 et 124
23 Malais, Malaises et soldats soloriens.	138
24 Javanais de la classe commune, homme de cour, homme de guerre, ronguine ou danseuse.	92, 150 et 153
25 Costume de fiancé et de fiancée javanais.	150
26 Argus mâle.	159
27 Rechas ou gardiens des temples.	159
28 Temple de Jabang.	150
29 Temple de Boro-Bodo.	159 et 160
30 Statue du temple de Loro-Djongrang, de la Trimourti indienne, et de la déesse Loro-Djongrang.	158 et 159
31 Statue mutilée à Sing'a Sari, statue du taureau Nandhi.	161
32 Statue de Mahadeva, statue de Bouddha.	160 et 161
33 Palais de Kalassan.	159
34 Zodiaque de Java.	168
35 Déesse du culte brahmânique.	161
36 Sculpture antique.	159
37 Temple de Brambanan.	158
38 Statue de Ganesa.	161
39 Vue d'Anyer.	156
40 Habitants de Bali. Portrait du Brahmân Rammohun-Roy.	198 et 204
41 Tombeau d'une jeune brahmânadi dans l'Hindoustan.	198
42 Rampock ou scène d'assassinat.	208
43 Tombeaux.	209
44 Costumes.	210
45 Femmes jouant au tchouka.	209
46 Jeune demoiselle jouant de la harpe.	id.
47 Occupations domestiq. (Delly, île Timor).	id.
48 Chantier de construction (Koupang, île Timor).	id.
49 Temple chinois.	id.
50 Chapeau chinois, armes et ustensiles.	id.
51 Femmes chinoises jouant aux échecs.	id.
52 Portraits.	id.
53 Intérieur chinois.	206
54 Tombeaux.	id.
55 Danse.	207
56 Chute de la rivière de Tondano.	225
57 Route de Tondano.	id.
58 Sources chaudes de Passo.	id.
59 Costumes de guerriers.	231
60 Jonque chinoise.	256
61 Combat d'anthropophages.	260
62 Arbre oupas.	225 et 260
63 Camphre et bambou.	239
64 Squelette de Chimpanzé, squelette humain, tête d'orang-roux.	28
65 Scorpène.	249
66 Actinies et ouaïd ou crocodile de Bornéo.	248
67 Alfouras en grand costume, instruments de musique.	260 et 275
68 Rhinocéros unicorne, tigre.	247 et 248
69 Rivière Passig.	294
70 Vue de Manila.	id.
71 Ruines dans un faubourg de Manila.	id.
72 Intérieur de l'île de Louçon.	293
73 Habitation de l'île de Louçon.	id.
74 Volcan de Taal.	296
75 Trombe et typhon.	286
76 Tagales de l'île de Louçon et jeune montagnarde Aeta.	301 et 304
77 Costumes.	296
78 Chapelle rustique de Bacor.	293
79 Combat de coqs.	297
80 Forêt vierge de Maindanao.	300
81 Forêt vierge de Mounin-Sima.	315
82 Habitation de deux matelots naufragés.	314
83 Autre forêt vierge de Mounin-Sima.	315
84 Femme de Loth.	311
85 Ancien monument de l'île Tinian.	383
86 Vue prise dans les bois.	389
87 Mœurs et costumes anciens des indigènes de l'île Gouahan.	392
88 Habitation de l'île Gouahan.	387
89 Distillerie.	397
90 Travaux d'agriculture.	id.
91 Indigènes atteints de la lèpre et de l'éléphantiasis.	389
92 Danse de l'empereur Montezouma. Costumes.	392
93 Hommes et femmes d'Oumata.	387
94 Vue de la Casa-Real d'Oumata.	id.

OCEANIEN. AUSTRALIEN.

Bougainville. Cook.

La Pérouse. Baudin.

Navigateurs – Découvreurs.
Seefahrer und Entdecker.

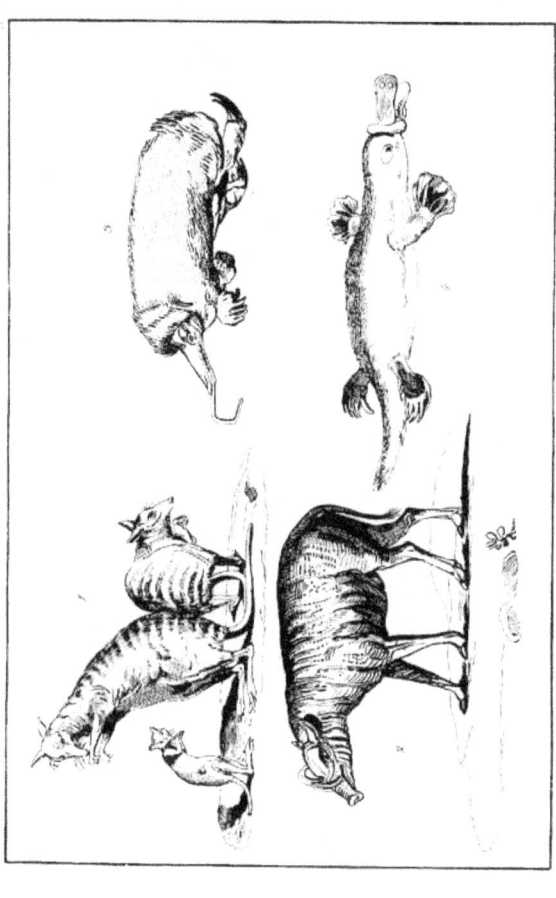

AUSTRALIEN

OCÉANIE

1. Grand casoar de Nouvelle Hollande 2. Haine de l'Australie 3. Roussettes Vampire

Grosser Paradis vogel · Australischer Casuar · Roussetten - Vampyr

POISSONS ET SERPENT.   FISCHE UND AMPHIBIEN.

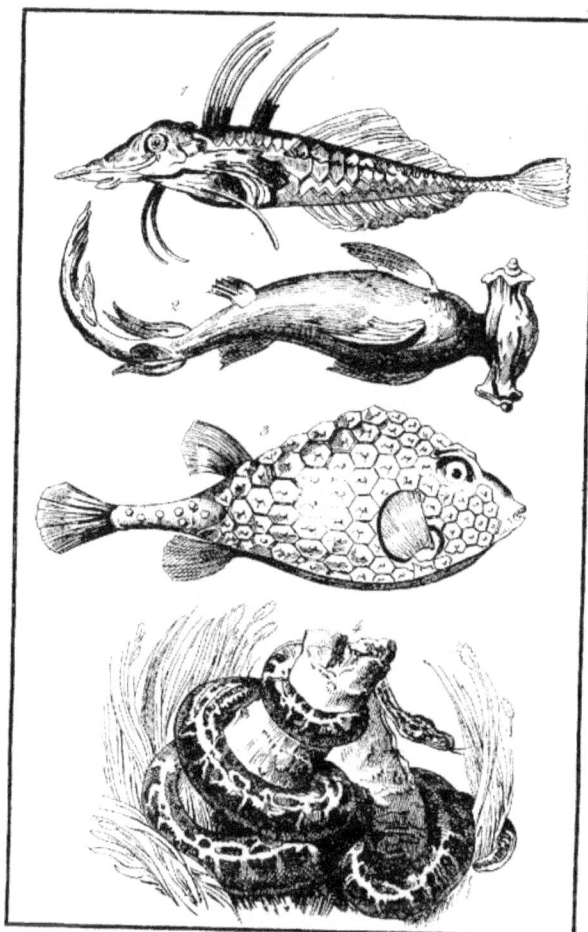

1. Trigle-Lyre.   Leyerfisch.
2. Marteau.   Hammerfisch.
3. Coffret triangulaire. Ostracio Tricornis.
4. Python Avaleur.   Riesen-Python.

Océanie.

COQUILLAGES.   MUSCHELN.

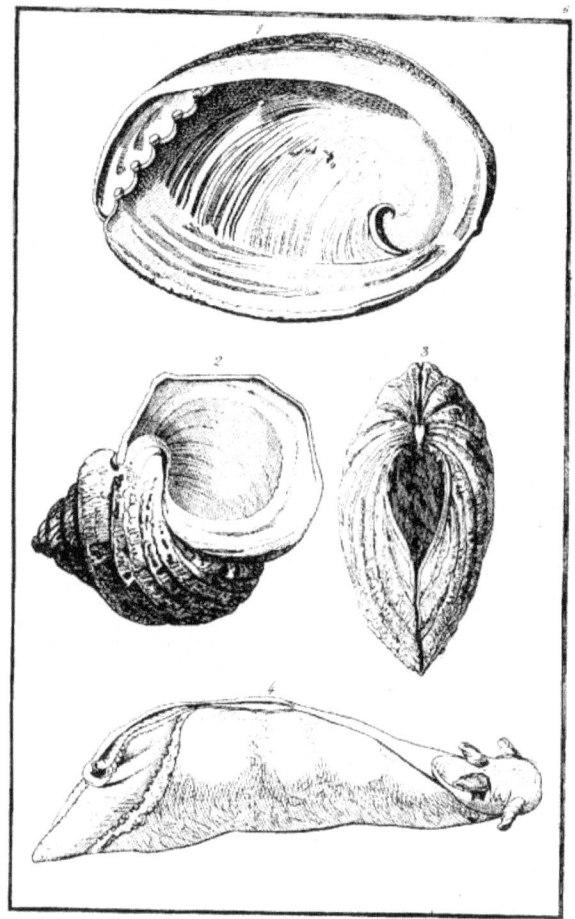

1. Haliotide.   Haliotide.
2. Turbo marbré.   Marmorfarbiger Turbo.
3. Tridacne.   Tridacne.
4. Aplysie d'Urville.   d'Urvilles Aplysia.

ZOOPHYTES. PFLANZENTHIERE.

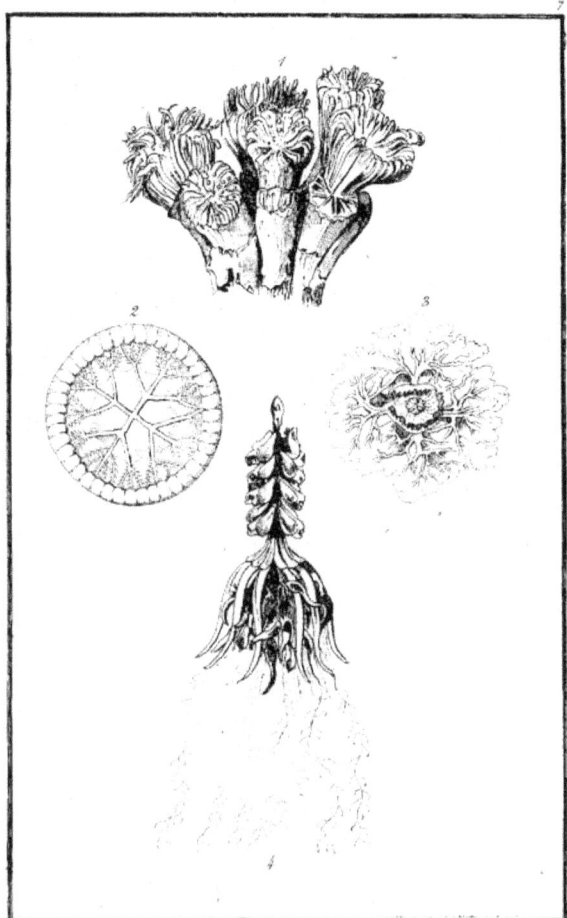

1. Labophyllie.   Labophyllia.
2. Cuvieria ou Echorée.   Cuvieria.
3. Universibranche.   Universibrancha.
4. Physsophora.   Physsophora.

VILLE DE PARIS
BIBLIOTHÈQUE
CENTRALE
DU 10e ARRONDT

OCÉANIE. AUSTRALIEN.

Rouge-Horten. Boui devant leurs Hollen.   Rother Orang-Hotten. mit dem Verfasser bey Tisch.

OCÉANIE. AUSTRALIEN.

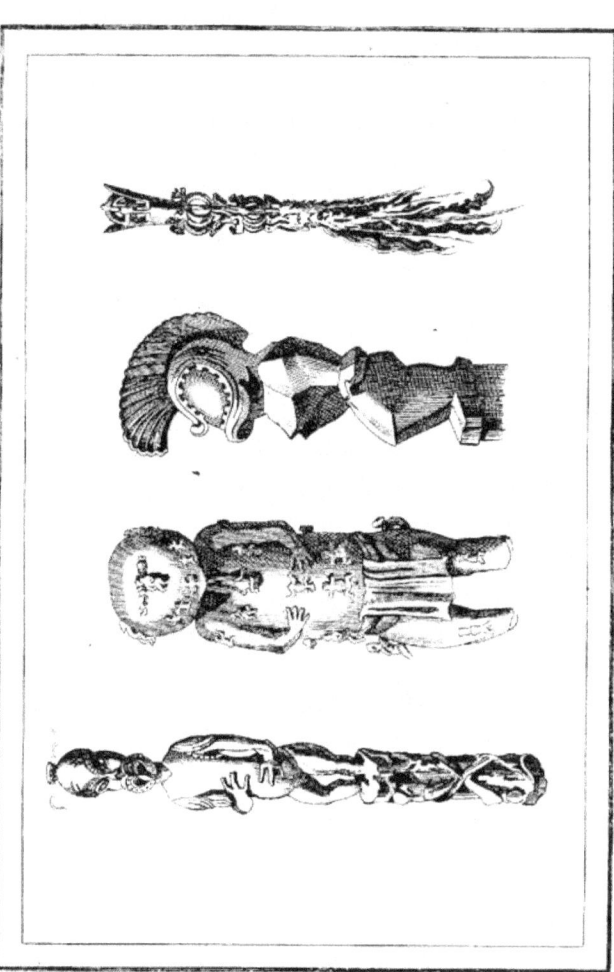

Pirogue.   Pirogue.

Habitation malaise.   Malayisches Bohausund.
Hutte des Sauvages de la Terre d'Arnheim.
Hutte der Wilden in Arnheims-Land.

VILLE DE PARIS
BIBLIOTHÈQUE
CENTRALE
DU 10e ARRONDI

OCÉANIE. LE ISLANDE DE L'OCÉAN.

Masques et Costumes Théâtrales de Java.

Temple Tabou. Tahahtoumpl.

AUSTRALIEN

OCÉANIE

Jeunes filles mar...es à l'Île Ouô le Grand.   Jeune fille bain mar mar Cava (Viti).

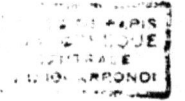

OCEANIE — AUSTRALIEN

Trombe et Typhon
Wasserhose.

MALAISIE.   MALAYEN.

Habitation malaise près de Maloc japonaise.   Malayische Wohnung bei einer japanischen Haus.

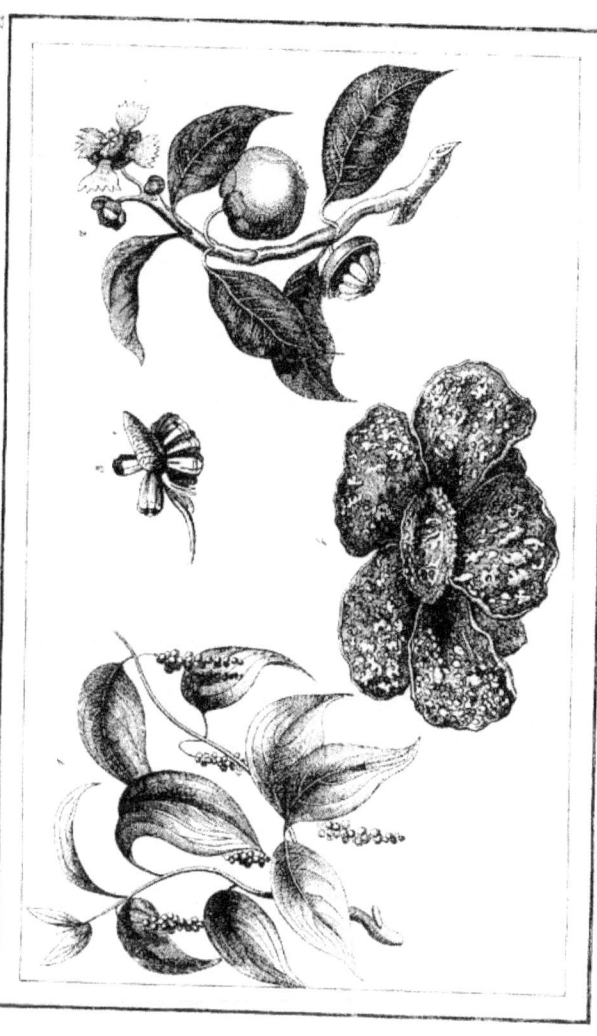

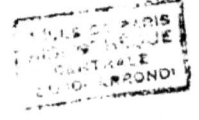

Costume de fiancé et de fiancée Javanais.

VILLE DE PARIS
BIBLIOTHÈQUE
CENTRALE
DU 10e ARROND!

VILLE DE PARIS
BIBLIOTHÈQUE
CENTRALE
DU 10ᵉ ARR.

JAVA. JAVA.

Déesse ou Gardien du Temple.   Sembac ou Bestrager der Tempel.

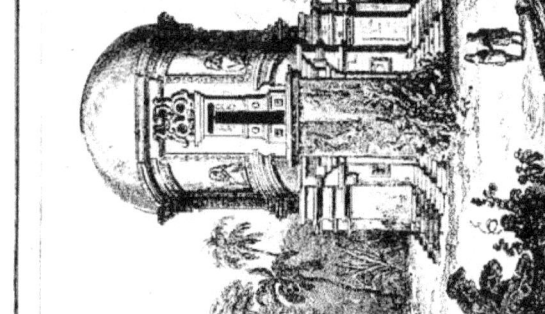

Temple de Tobang. Temple des Sabaks.

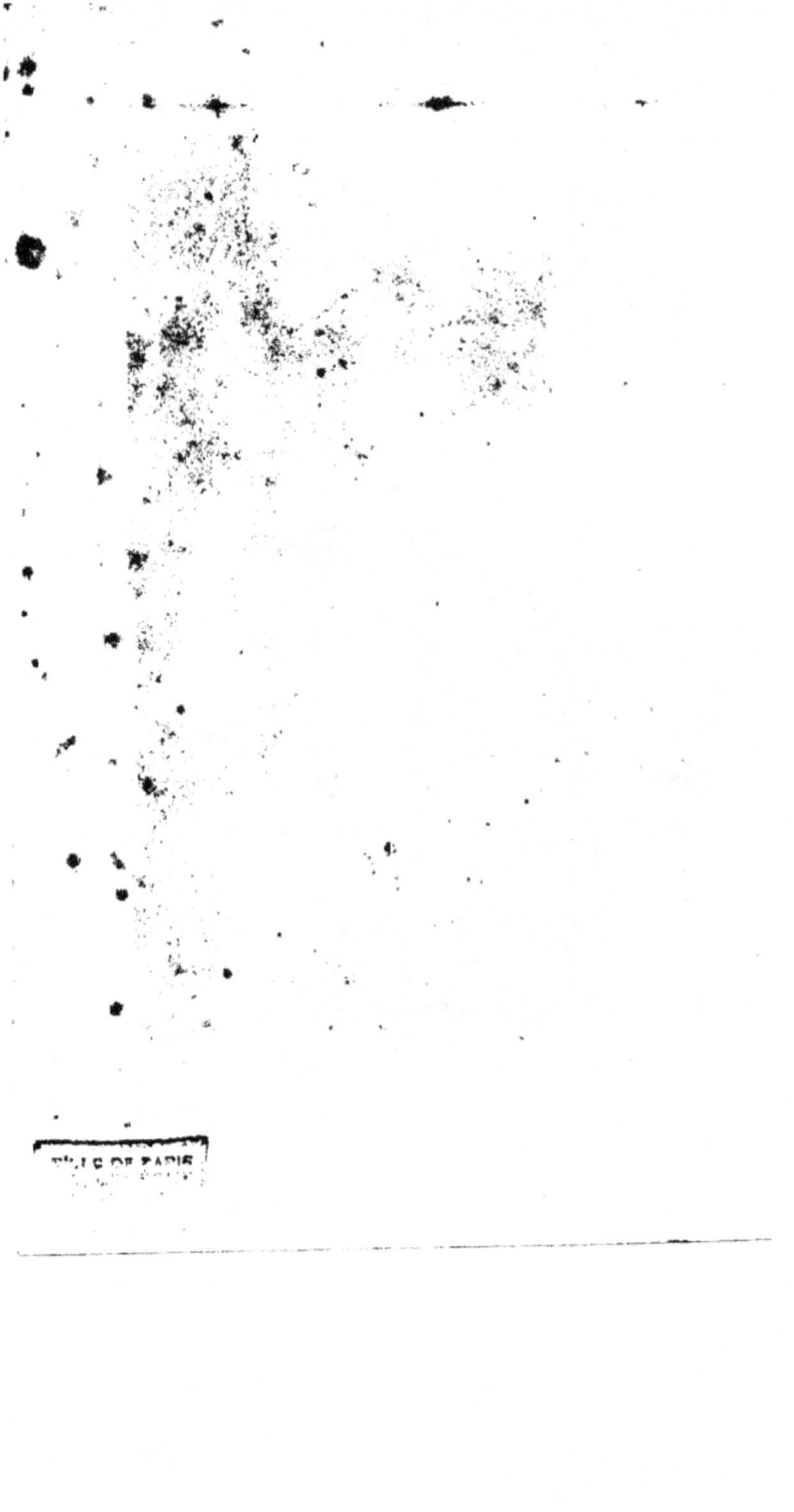

JAVA.

Temple de Boro-Bodo.

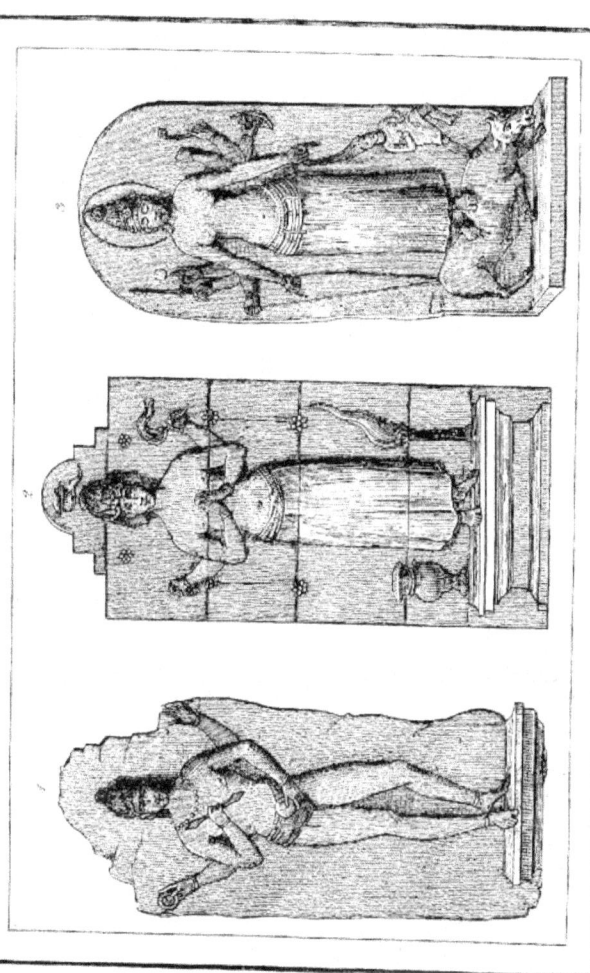

1. Statue du Temple de Lara-Ijongrang. 2. La Favorite indienne. 3. Statue de la descendante du Brahma. Statue des temples de Gunung-sore-Prambuch. Die Indische Favorit. Statue des Gotts des Prambuch.

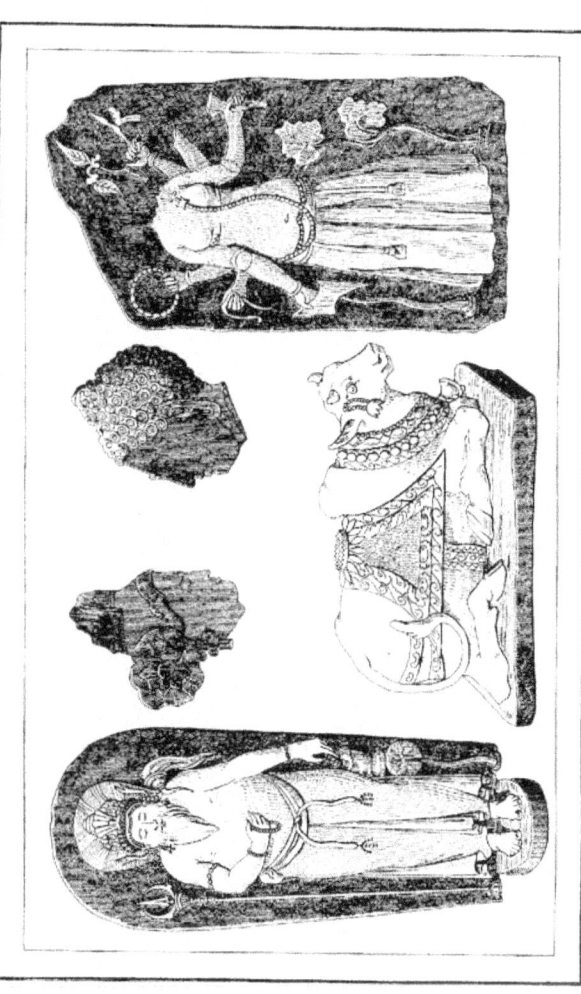

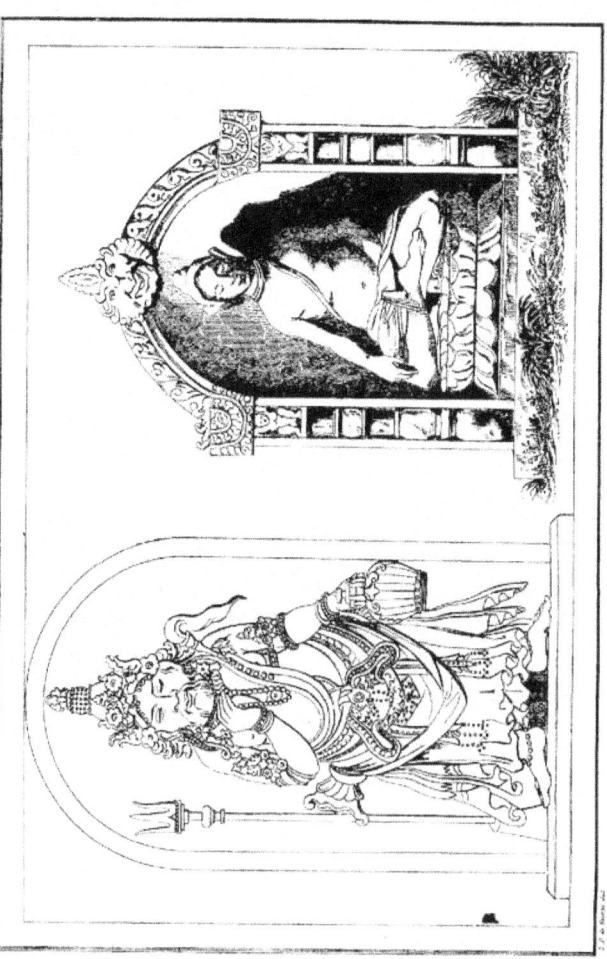

JAVA. JAVA.

Statue de Mahadeva. Statue de Bouddha.
Statue des Mahadeva. Statue des Buddha.

Palais de Rhedischeran.

JAVA. JAVA.

Zodiaque. Thierkreis.

Divinité du Culte Brahmanique.

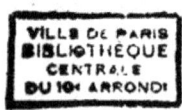

MALAIEN

Tempel zu Brambano.

MALAISIE. MALAISIEN.

Statue de Ganesa.
Statue des Ganesa.

MALAISIE. MALAISIEN.

Vue d'Anyer

Ansicht von Anyer

ILE BALI.

Sépulture d'une jeune Badiouve dans l'Hindoustan.

ILE TIMOR.

Rampok ou arbre d'armement.

I.S. TIMOR.

COUPANG ILE TIMOR. KUPANG INSEL TIMOR.

ILE DE TIMOR.

Compatriotes Domestiques.

Häusliche Beschäftigungen.

COUPANG (ILE TIMOR). KUPANG INSEL TIMOR.

Chantier de Construction. Bauplatz.

Griechischer Tempel.

Chapeau Chinois, Armes et Ustensiles.

TIMOR

Portraits.

AMBOINA

Chinesisches Zimmer

VILLE DE PARIS
BIBLIOTHÈQUE
CENTRALE
DU 10e ARRONDT

Chûte de la Rivière de Tondano.
Fall des Flusses Tondano.

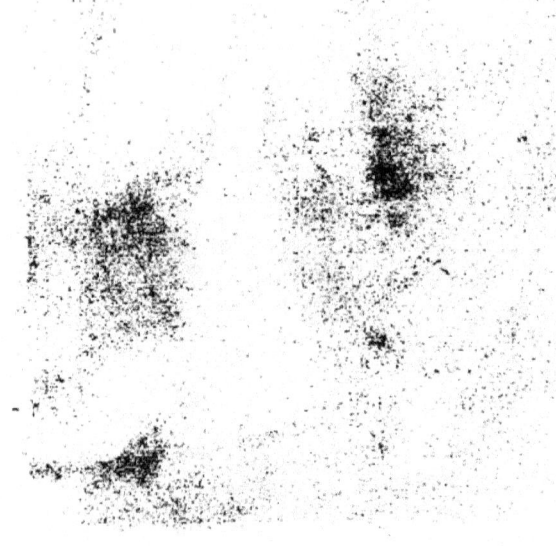

ILES CÉLÈBES

Route de Toucoan.

Sources chaudes de Passo.

VILLE DE PARIS
BIBLIOTHÈQUE
CENTRALE
DU 19e ARROND

ILE KALEMANTAN OU BORNEO

BORNEO

Combat d'Anthropophages. Gefecht mit Menschenfressern.

BORNÉO.

Arbre Upas. Upas-Bâton.

VILLE DE PARIS
BIBLIOTHÈQUE
CENTRALE
DU 10e ARROND!

BORNEO.

Camphor and Bamboo.

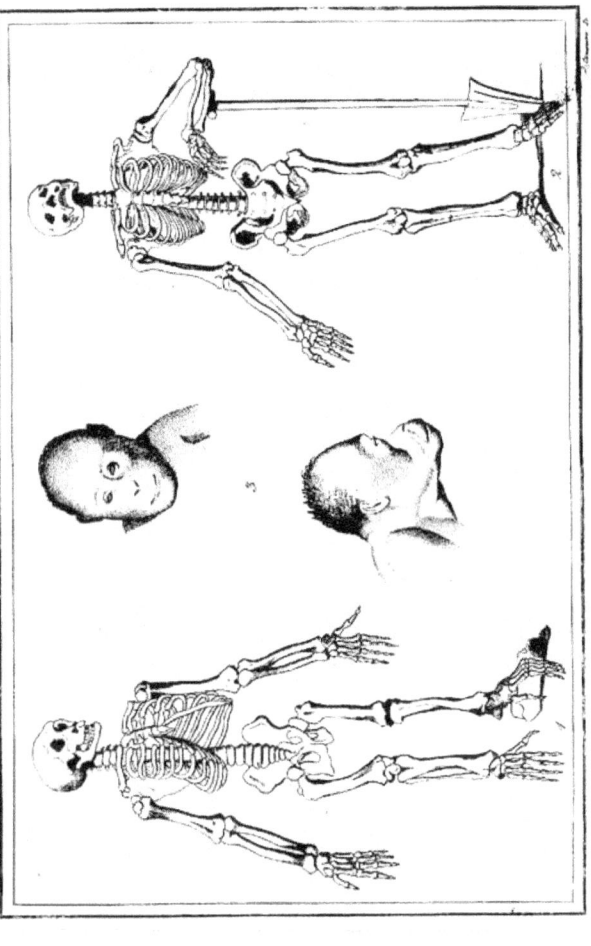

1 Squelette du Chimpansé 2 Squelette humain 3 Tête d'Orang-Outang
Skelett des Chimpansé   Menschen-Skelett   Kopf des rothen Orang.

BORNEO.

BORNEO.

Scorpæna

Scorpène.

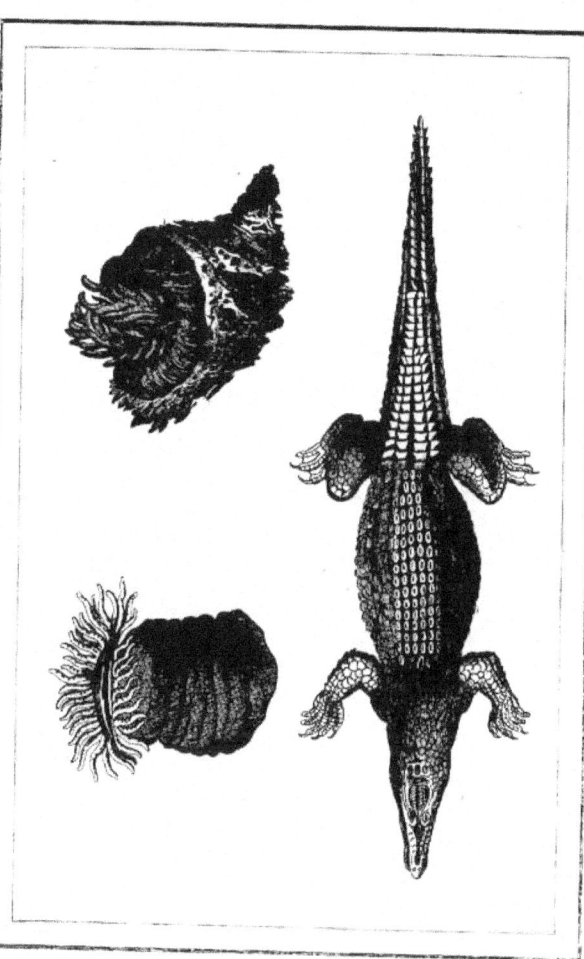

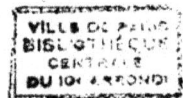

1. Alfouras en grand Costume.
Alfura in seiner Festtracht.
2. Instruments de Musique.
Musikalische Instrumente.

BORNEO.

1. Rhinoceros sumatrensis.   2. Tiger.
Einhörniger Rhinoceros.   Tiger.

PHILIPPINES. PHILIPPINEN.

Rivière Pasing. Pasig-stroom.

VILLE DE PARIS
BIBLIOTHÈQUE
CENTRALE
DU 10e ARROND!

PHILIPPINEN. PHILIPPINES.

Manila. Manila.

MANILA

Fumeurs dans un fumoir.

Intérieur de l'Ile de Luçon.

PHILIPPINEN

Habitation de l'Isle de Lucon.   Wohnung auf der Insel Luçon.

PHILIPPINES. PHILIPPINER.

Inwoners van der Insel Luzon, een der voornaamste Philippinen.

PHILIPPINES Waterspout

Sample of Typhoon

OCÉANIE. AUSTRALIEN. Tahitien.

Chapelle marquise de Bauer.

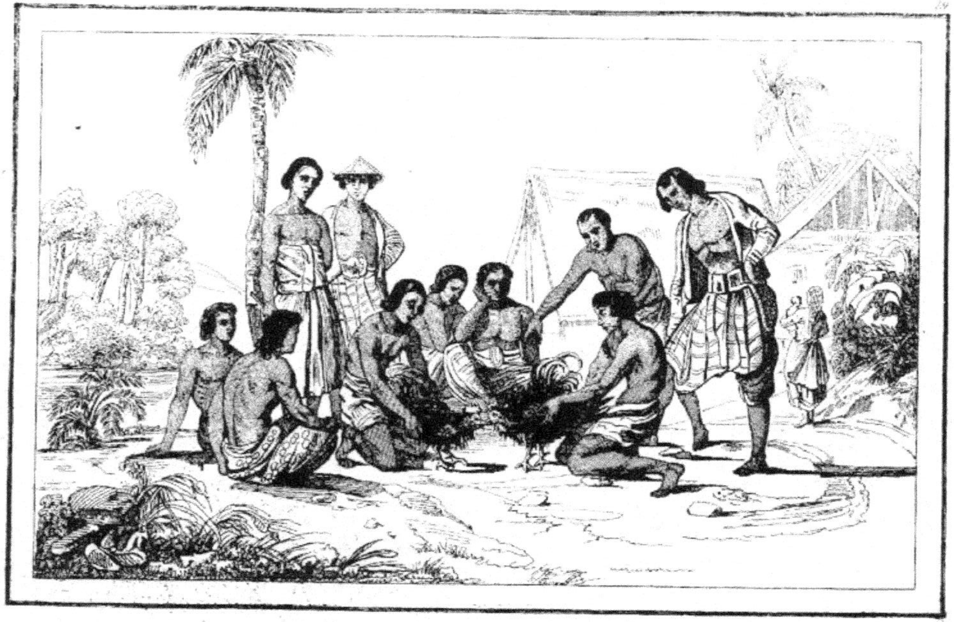

Combat de Coqs. Hahnengefecht.

OCÉANIE. AUSTRALIEN.

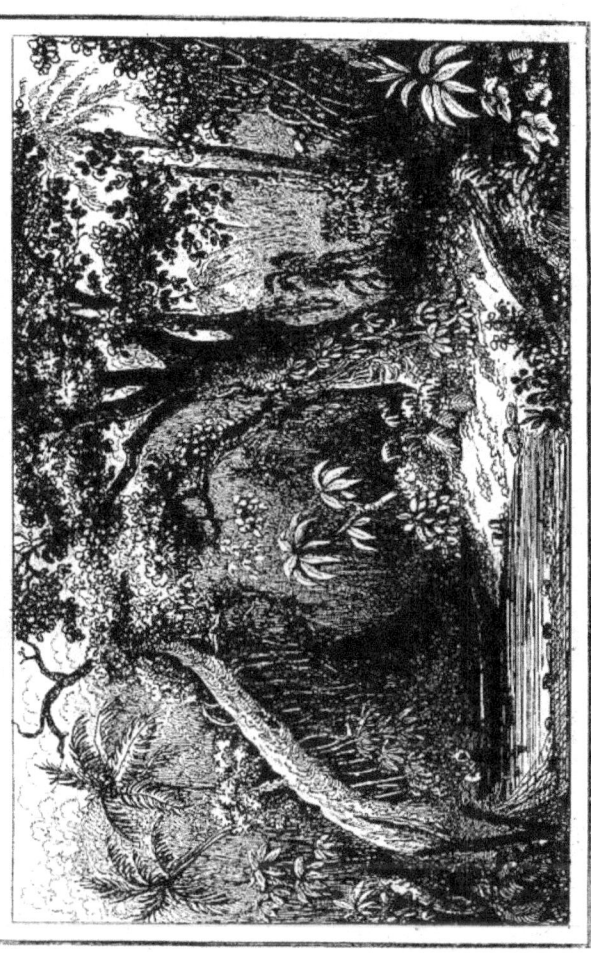

Forêt de Maria Land. Wald in Maria Land.

OCÉANIE. AUSTRALIEN.

Habitation de deux matelots naufragés. Wohnung zweier schiffbrüchigen Matrosen.

OCEANIE. AUSTRALIEN.

Forêt vierge de Mouna-Sima. Urwald am Mouna-Sima.

VILLE DE PARIS
BIBLIOTHÈQUE
CENTRALE
DU 10e ARRONDI

OCÉANIE. AUSTRALIEN.

Femme de Cook.

www.ingramcontent.com/pod-product-compliance
Lightning Source LLC
Chambersburg PA
CBHW060508230426
43665CB00013B/1440